lonely planet

莫斯科
和圣彼得堡

“只要决定出发，最困难的部分就已结束。

那么，出发吧！”

托尼·惠勒（Tony Wheeler），Lonely Planet联合创始人

U0821773

本书作者

玛拉·沃赫斯（Mara Vorhees） 雷尼奥·拉格金（Leonid Ragozin）
汤姆·马斯特斯（Tom Masters） 西蒙·里奇蒙德（Simon Richmond）

中国地图出版社

目录

计划你的行程 4

探索莫斯科和圣彼得堡 60

了解莫斯科和圣彼得堡 329

生存指南 379

莫斯科和圣彼得堡地图 417

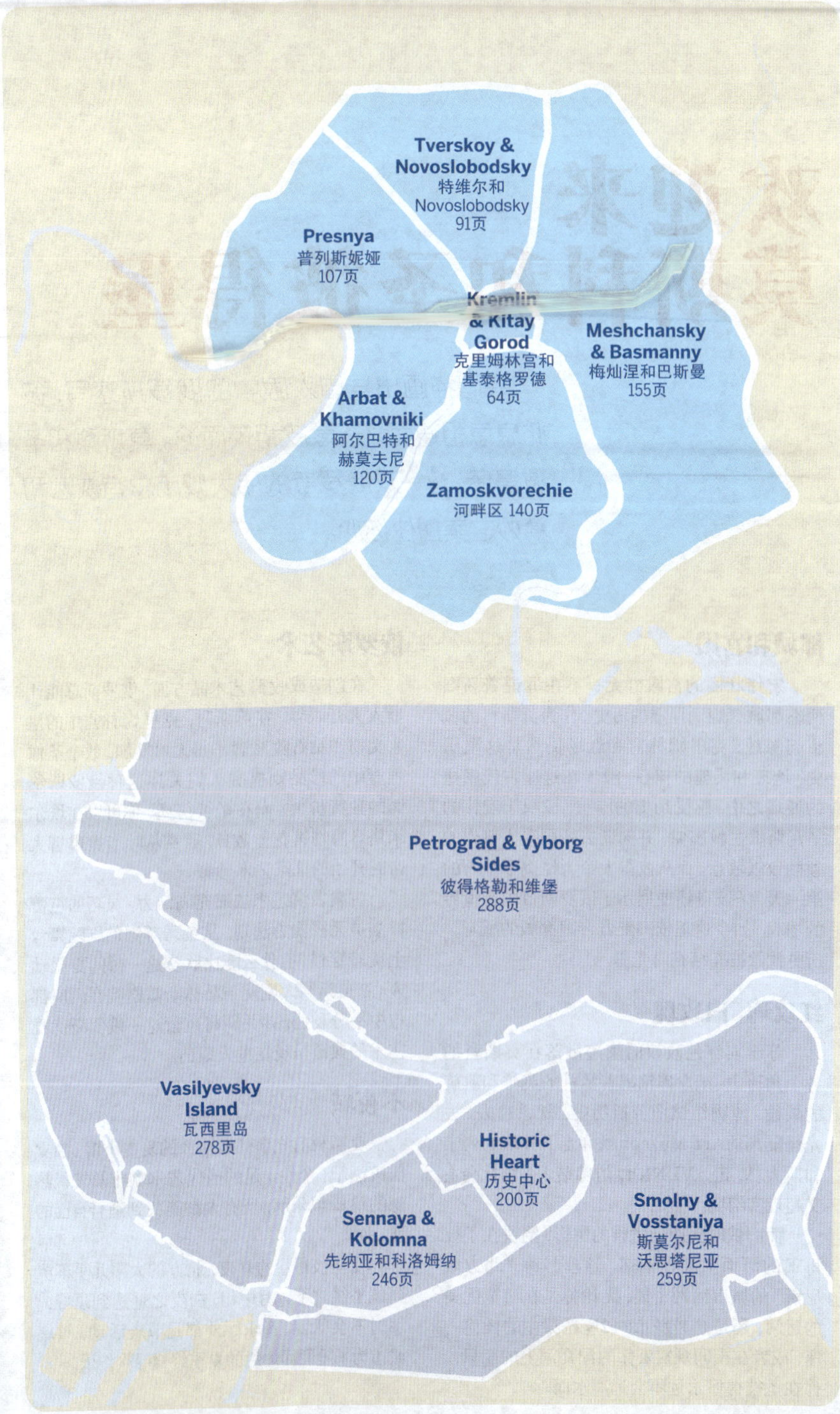

Tverskoy & Novoslobodsky
特维尔和Novoslobodsky
91页
Presnya
普列斯妮娅
107页
Kremlin & Kitay Gorod
克里姆林宫和基泰格罗德
64页
Meshchansky & Basmanny
梅灿涅和巴斯曼
155页
Arbat & Khamovniki
阿尔巴特和赫莫夫尼
120页
Zamoskvorechie
河畔区 140页
Petrograd & Vyborg Sides
彼得格勒和维堡
288页
Vasilyevsky Island
瓦西里岛
278页
Historic Heart
历史中心
200页
Sennaya & Kolomna
先纳亚和科洛姆纳
246页
Smolny & Vosstaniya
斯莫尔尼和沃思塔尼亚
259页

欢迎来莫斯科和圣彼得堡

共同描画出异国人眼中的俄罗斯速写，彼此息息相通而又不愿被相较而论。莫斯科和圣彼得堡，这一双俄罗斯的伟大城市总有恢宏和精妙之美攫住你心。

都城和宫殿

宏伟壮丽的宫殿群无一不在诉说着新旧两座都城辉煌而厚重的历史。作为莫斯科的城市起源地，克里姆林宫和红场仍然是这里历史、地理和灵魂的核心。漫步在这座古代堡垒的城墙之中，感受历史的厚重，惊叹于宏伟的圣瓦西里主教座堂，并向逝去帝国受人尊崇的领袖致以敬意。而从彼得大帝为她奠下基石的第一天，圣彼得堡便展示了俄罗斯帝国在世界的崛起。如今这里依旧带着帝国都城的感觉，历史就像被冻结在时光里。

红玫瑰，白玫瑰

苏维埃红色政权的遗迹散落在莫斯科的各个角落中：纪念碑铭记着牺牲的英雄和凯旋的战役，博物馆试图分析历史、复原过去。去光怪陆离的Art Muzeon瞻仰走下神坛的列宁和斯大林，走入VDNKh，仿佛踏入一场社会主义超现实幻境。

而旧俄时代冷艳优雅的留影，倒映在圣彼得堡的河面上波光粼粼。这座号称“北方威尼斯”的城市河网密集，无论你是在游览优美的运河，还是跨越城市342座桥梁中的任何一座，或者在夜间观赏宏伟的涅瓦河上的船只，你在圣彼得堡永远不会远离水面。

俄罗斯艺术

在创造或收藏艺术品方面，俄罗斯总能让世人大开眼界。在莫斯科，克里姆林宫中的皇家文物和钻石收藏奢华得无可复加，数个圣像画廊中的珍品则提醒人们关注这种俄罗斯绘画的独特价值。而在圣彼得堡，你可以在埃尔米塔日博物馆花上数日，欣赏从叶卡捷琳娜大帝时开始的皇家艺术珍藏。

古典表演艺术依旧充满活力。灵巧的芭蕾舞演员无视重力法则，从金碧辉煌的剧院舞台上旋转穿过，有什么能比欣赏这一瞬间更激动人心？莫斯科大剧院与马林斯基剧院在两座都市中平分秋色，并共同将芭蕾这一俄罗斯优雅艺术的典范呈现在世人眼前。

不夜城

莫斯科有充满怀旧情怀的复古小馆、独立摇滚酒吧、个性十足的当代艺术咖啡及气氛热辣的跳舞俱乐部，所有人都能找到适合自己的那一处。

在圣彼得堡的夏夜，北方的太阳几乎不沉到地平线之下。6月中旬，白夜之魅达到顶峰，那时不会天黑，音乐厅外都是节庆活动，整座城市为了短暂而灿烂的夏季终日寻欢作乐。

JANE SWEENEY / GETTY IMAGES ©

我为什么喜欢莫斯科

本书作者 玛拉·沃赫斯
(Mara Vorhees)

俄罗斯的首都总以出其不意的方式带给我启发和困惑。如今的公园生活让我激动不已。它不仅仅是我钟爱的夏日咖啡馆，也是骑行小径、乒乓球俱乐部、户外剧院和热舞派对。参加户外活动变成一种时尚，而这座城市也提供了漂亮的绿地。

我为什么喜欢圣彼得堡

本书作者 汤姆·马斯特斯
(Tom Masters)

圣彼得堡总是令我留恋；它的色彩与不可思议的光线留在了我的心里。这座城市如今不断发展的地下艺术与享乐主义的氛围令人振奋，展现出现代俄罗斯不同的一面。

了解更多作者信息，见454页。

上图：基督救世主主教座堂前的舞者

莫斯科和圣彼得堡 Top 10

1

克里姆林宫（见66页）

1 这座古代堡垒是莫斯科的起源地，也是俄罗斯政治权力的终极象征。古老的城墙中，你可以瞻仰俄罗斯最伟大的圣像画家精巧的作品，为伟大悲壮的统治者潸然泪下，从巨大的沙皇炮上向下俯视，出神地盯着引发了一场革命的珍宝库。走出这里时，顺路去欣赏无名烈士墓前新婚夫妇们留下的花束，再仔细观察整齐划一的卫士换岗仪式。

克里姆林宫和基泰格罗德

红场（见81页）

2 步入红场永远令人灵感迸发：克里姆林宫的高塔与巍墙，圣瓦西里主教座堂活泼的色彩图案混拼，国家历史博物馆庄严的红砖，以及古姆国立百货商店精心设计的大厦，共同环绕着巨大的卵石广场。每一座建筑都精彩绝伦，组合在一起更是令人震撼。晚上来看红场，人群散去，而它们依然在流光之中。图为圣瓦西里主教座堂（见83页）。

克里姆林宫和基泰格罗德

视觉中国提供

2

视觉中国提供

3

白夜（见27页）

3 6月中旬的白夜是圣彼得堡的终极体验：此时太阳落向地平线却不会完全落下去，带来灰白色的美妙夜晚。这是拜访城市的最热闹时节：整座城市享受着一反常态的放松氛围，人们整夜沉迷于寻欢作乐，举行各种节庆活动，这也意味着你需要至少提早一个月预订酒店。不过，就算你在5月或7月前来，也会对那时的白夜留下深刻印象。

每月热门

4

埃尔米塔日博物馆(见202页)

4 馆藏丰富的埃尔米塔日，或许是世界上最棒的博物馆，藏品包括埃及木乃伊、比卢浮宫还多的伦勃朗作品，以及几乎无敌的20世纪初期艺术藏品。此外，持门票还可以参观罗曼诺夫迷人的公寓和炫目的会客室。别错过埃尔米塔日的其他附属展馆：彼得一世冬宫（见229页）、总参谋部大楼（见216页）、缅希科夫宫（见282页）和Imperial Porcelain（见277页）。还有精彩的埃尔米塔日博物馆藏品保存库（见296页）。

历史中心

去剧院欣赏芭蕾舞

5 不管是在莫斯科大剧院（见93页）还是圣彼得堡的马林斯基剧院（见249页），坐在历史悠久的剧院里欣赏一场世界一流的芭蕾舞，总会让你度过一个流光溢彩的优雅俄国之夜。莫斯科大剧院的主舞台刚刚完成了装潢，光芒更加耀眼，而马林斯基剧院隔壁的新馆则拥有先进的现代化设施和外观。两处的演出票一直很抢手，请提前预订。图为舞者表演《天鹅湖》。

苏兹达尔（见177页）

6 温柔蜿蜒的水道、鲜花遍布的草地和点缀着穹顶的天际线，让这座中世纪的都城成了完美的童话世界。在莫斯科公国的统治下，苏兹达尔曾经是富裕的修道士中心，到了17世纪及18世纪晚期，富裕的商人出资建造了30座迷人的教堂。近现代的铁路线从苏兹达尔经过，这座城市也受到过苏联政府的保护。历史上的种种因素限制了这一区域的发展，如今这里最丰富的珍宝正是古建筑及纯粹的乡村氛围。图为木制建筑与农民生活博物馆（见179页）。

莫斯科周边一日游

洗俄罗斯浴

7 为了真正地感受异域文化，请体验一次俄罗斯浴。应对都市压力，有什么比蒸、洗、拍打身体更见效的方式呢？即便是在冬天，热气腾腾的浴室也能驱赶持续的严寒，而用树枝拍打身体可以促进循环。Sanduny Baths（见106页）是莫斯科最古老的浴室，你能在奢华的环境中享受这项俄罗斯式消遣。而在圣彼得堡，你同样可以挑一家浴室（见55页）和当地人一起体验这种每周一次的放松。

6

7

8

莫斯科地铁（见40页）

8 比起更简洁实用的圣彼得堡地铁，莫斯科地铁既是一堂历史课也是艺术博物馆（当然也是高效的交通工具），且“门票”低廉。整个地铁系统的建设工程始于20世纪30年代，并一直延续至今，站台的设计和延伸的方向讲述了近一个世纪的莫斯科故事。更有趣的是地铁站的艺术作品和建筑设计，站台大多使用花岗岩和大理石建成，装饰以马赛克、浮雕及其他细节，这些精美而富有寓意的装饰，让每个车站都与众不同。

地铁之旅

乘船游河

9 两座城市的脉搏都与繁忙的水上运输息息相关，乘船游河会为你带来独特的视角和体验。在莫斯科登上渡轮（见35页），一边沿着莫斯科河漂流，避开拥堵的交通，一边任清风吹拂在脸颊上，从另一个视角欣赏城市最著名的景观。90分钟的游览将城市概况尽收眼底。而圣彼得堡的运河系统让这里不负“北方威尼斯”之名，你可以沿迷人的运河漂流（见35页）在壮阔的涅瓦河上，并窥见一些冷僻的建筑珍宝。冬季无法乘船游览运河，但不怕冷的话，请沿着河岸漫步，享受不同的美景。

导览游

彼得和保罗堡垒（见290页）

10 位于兔子岛上的彼得和保罗堡垒是圣彼得堡最早的建筑，彼得大帝在此为这座城市奠基。堡垒中的教堂金色尖顶高达122米，从市中心各处都能看到。历史爱好者一定要慢慢参观这组大型的建筑：你能看到罗曼诺夫的墓地，并参观一座出色的历史博物馆，在怡人的海滩上放松时，还能看见对岸薄荷绿色的埃尔米塔日宫墙。

彼得格勒和维堡

新线报

更多博物馆

莫斯科博物馆这座城市博物馆在前身为国防部仓库的新馆址开放，提供发人深省的艺术展览。而1812年战争博物馆（见85页）则为纪念俄法1812年战争200周年而落成。

在圣彼得堡，历史悠久的埃尔米塔日博物馆做出改变，将著名的藏品从主建筑转移到总参谋部大楼（见216页）现代化的新画廊。

莫斯科的公园生活

市中心主要绿地高尔基公园（见142页）和埃尔米塔日花园（见94页）经过翻修，成了活力四射的体育文化中心。大多数儿童摇摆车和杂乱无章的地区已经消失不见，取而代之的是运动俱乐部、骑行车道、音乐节、艺术展、舞会，当然还有夏日咖啡馆。值得一提的是从红色十月绵延至高尔基公园的海滨大道，这条堤坝路如今已禁止车辆通行，其间林立着喷泉和艺术品，提供了完美的步行路线。

博物馆里的街头趣味

圣彼得堡的时髦总带着点街头趣味。不妨去郊区工厂里的街头艺术博物馆（见298页）看俄罗斯最杰出的街头艺术家们的涂鸦。或者去滴血大教堂旁边的苏维埃游戏机博物馆（见233页），和怀旧的俄罗斯人一起玩20世纪70年代至80年代制造的街机游戏。

新生代艺术区

在莫斯科，Flakon（见98页）这座艺术家及设计师的工坊由从前的玻璃工厂改造而成。而在圣彼得堡，Taiga（见243页）这处城中的艺术创意新港湾靠近埃尔米塔日博物馆，值得探索。

街头美食和“计时咖啡馆”

莫斯科的公园和广场分布着各式咖啡馆、售货亭和餐车，提供便宜的美味点心。在高尔基公园和埃尔米塔日花园，你可以品尝莫斯科最好的街头美食（见49页）。总是引领不羁风潮的圣彼得堡则开始流行“计时咖啡馆”：按小时付款即可享用不限量的免费咖啡和小吃，并畅享从Wi-Fi到电脑游戏乃至乐器在内的一切，值得一试。

道路礼仪

莫斯科不仅实行了停车禁令（人行道上不得停车），司机也会在行人过马路时停车礼让（见330页）。而在圣彼得堡，礼让行人的规则更令人习以为常。

城市公共自行车

莫斯科和圣彼得堡在2013年和2014年先后开始推行公共自行车项目。如今在两个城市的中心地带都分布有租车点，只要有信用卡就可以使用。（见383页和390页）

夏日音乐节

这是莫斯科的城市音乐节。在VDNKh、高尔基公园、科洛门斯克及Art Muzeon举办的活动大牌云集，市民在此一扫夏日的炎热。

了解更多建议和点评，请见
lonelyplanet.com/russia/moscow和**lonelyplanet.com/russia/st-petersburg**。

行前参考

了解更多信息见生存指南(见379页)。

货币

卢布(₽)

语言

俄语(在两座城市尤其是圣彼得堡,年轻人能说有限的英语)

签证

几乎所有的外国人在访问俄罗斯时都需要签证入境。申请流程各异,取决于你在何处申请何种签证(见32页)。

现金

自动柜员机随处可见。大部分酒店和餐厅都接受信用卡。

手机

全网通手机和联通定制手机支持俄罗斯各通信运营商SIM卡的4G连接,移动定制手机则受到制式限制,只能使用2G连接。

时间

莫斯科和圣彼得堡均使用莫斯科时间(格林威治时间加3小时)。

每日预算

经济:少于₽1500

- 宿舍床位:₽500起
- 咖啡餐厅便宜管饱的一餐或超市食物:少于₽300
- 使用学生证或充分利用免费景点和活动

中档:₽1500~8000

- 双人房:旅舍₽2500起,迷你酒店₽3500起
- 午餐套餐:₽200~500
- 含两道菜、葡萄酒的晚餐:₽1000起
- 剧院演出票:₽500起

高档:高于₽8000

- 双人房:₽8000起
- 含三道菜、葡萄酒的一餐:₽1500起
- 莫斯科大剧院演出票:₽1000起

行前提醒

提前3个月 着手准备申请签证。如果在白夜时段造访圣彼得堡,请提前3个月预订住宿。

提前1个月 预订住宿。预订莫斯科大剧院及马林斯基剧院的演出票。

提前1周 预订想要参加的导览游,也可着手预订埃尔米塔日博物馆门票,并打印出来。

提前1天 预订机场接机和热门餐馆。

网络资源

Lonely Planet(www.lonelyplanet.com)目的地信息、酒店预订、旅行者论坛等。

Calvert Journal(www.calvertjournal.com)俄罗斯当代创新文化的精彩文章。

Art Guide(www.artguide.ru)列举展览等艺术活动,也包含艺术博物馆列表。

Moscow is My Oyster(http://moscowismyoyster.tumblr.com)关于莫斯科美食、美酒、购物和观察路人的有趣博客。

The St Petersburg Times(www.sptimes.ru)圣彼得堡英语新闻报。

In Your Pocket St Petersburg(www.inyour pocket.com/russia/st-petersburg)绝佳的圣彼得堡本地导览。

礼仪

俄罗斯人固守礼仪。遵循下列贴士可以避免失礼。

- **家庭拜访** 脱掉鞋子和外套后再进入房间。一定要带礼物。如果你想送花,一定要送奇数,偶数的鲜花是葬礼上使用的。别在门口握手,俄罗斯人相信这会引起口角。
- **宗教** 进入教堂时,女士应包

何时去

拜访莫斯科和圣彼得堡的最佳季节都在春末秋初，5月初和9月前来能避开人潮。夏季也十分舒适，长时间的日照为这里带来了不少游人，特别是圣彼得堡的白夜期间。冬季黑暗寒冷但同样美丽。

莫斯科

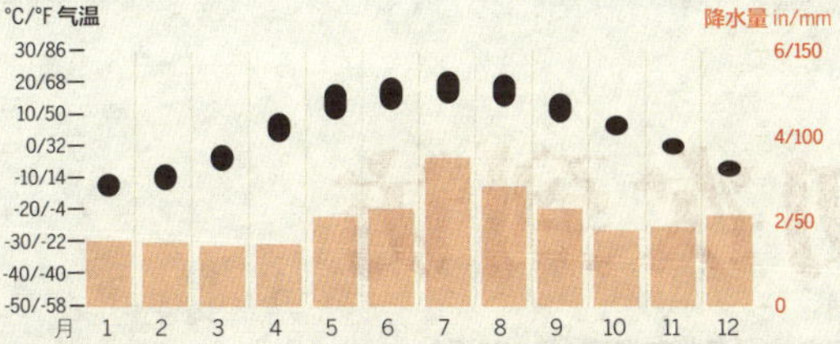

圣彼得堡

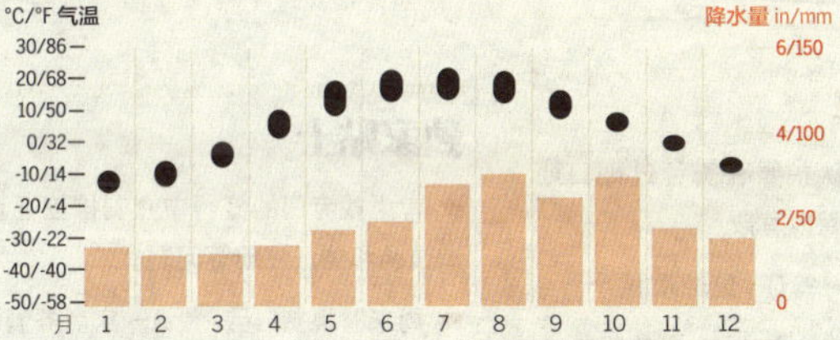

好头部和肩膀，因此可随身携带一条丝巾。一些修道院和教堂对裙子也有要求。男士应脱帽，不能穿着短裤。

➡ **餐饮** 俄罗斯人在吃饭时喜欢将自己的手腕放在桌边，左手用叉，右手持刀。和俄罗斯人一起吃饭时，男士通常会被劝酒，一口干一小杯。把空酒瓶放在地上，若放回桌上会招致厄运。

住宿

莫斯科酒店的平均房价位居世界前列，圣彼得堡略低一些（但也绝不能算便宜）。强烈建议提前预订，尤其是在圣彼得堡的白夜期间。

参考网站

➡ **Booking.com**（www.booking.com）通常提供最划算的房价。

➡ **Airbnb**（www.airbnb.com）能找到各具特色的私人公寓和迷你酒店。

➡ **Moscow Hotels**（www.moscow-hotels.com）介绍房间和服务，也提供在线预订。

➡ **HOFA**（www.hofa.ru）预订公寓和民宿。

更多信息请见184页和318页。

抵达莫斯科

机场 在所有三个机场，都可以通过便捷的机场快轨到达市中心（见380页）。如果想要乘坐出租车，可以通过派车中心预订官方机场出租车（₽2000~2500）。

火车站 乘坐火车可以到达几个中央火车站中的一个。所有的火车站都位于市中心，方便接驳地铁。除此之外，大多数出租车公司都提供到达火车站的服务，车费为₽400~600。

抵达圣彼得堡

机场 从圣彼得堡的普尔科夫国际机场出来，搭乘官方出租车到市中心的费用大约为₽900，也可以花费₽30乘公交前往Moskovskaya地铁站，再从Moskovskaya（2号线）花费₽28乘地铁前往城中各处。

火车站 从莫斯科站前往附近的Pl Vosstaniya站（1号线）和Mayakovskaya（3号线）地铁站十分方便。芬兰站直通Pl Lenina（1号线）地铁站。

乘船 圣彼得堡所有的游轮码头都很容易打到车。地铁站或公交车站步行可达。

更多信息见380页交通指南。

同性恋旅行者

虽然同性恋在俄罗斯合法，但仍要注意，俄罗斯在2011年颁布的新法律禁止向未成年人“宣传”同性恋，因此在公共场合最好避免做出过于亲密的行为。在莫斯科，针对同性恋夜店和娱乐区域的警方骚扰频发，在这些区域活动要加倍注意（或避免前往）。而圣彼得堡则相对安全，酒店通常不会为难两名同住的同性，但在街上仍需谨慎（更多关于同性恋旅行者的信息见395页）。

初次到访

了解更多信息见生存指南（见379页）。

清单

- 确认护照在签证过期日期前6个月内有效。
- 办好签证（见32页）。
- 了解航空公司的行李限制。
- 查看旅行咨询网站。
- 将旅行日期告知银行和信用卡提供商。
- 购买旅行保险。

带什么

- 欧洲电源插头转换器。
- 舒适的休闲鞋——俄罗斯的城市最适合步行探索。
- 词语手册或翻译App。
- 耳塞和眼罩，以防酒店吵闹或明亮的白夜。
- 为宿醉准备好充足的止疼片。
- 应对各种天气的衣物，以备温度骤变。

独家贴士

- 考虑找专门的旅行中介安排签证事宜，最好确定他们能帮助解决邀请函和签证注册等问题。
- 周末时犒赏自己，预订一家商务酒店或豪华酒店，此时的房价会大幅下降。
- 在莫斯科和圣彼得堡，实惠的固定价格午餐很常见，这是品尝高档餐厅美食的理想选择。
- 找个时间离开大都市，去周边另辟蹊径，欣赏俄罗斯的独特之处。

穿什么

比起俄罗斯其他城市，莫斯科和圣彼得堡的人们的衣着打扮更为时髦，努力让自己看上去体面，不仅在剧院或高档餐厅如此，到公园游玩或在城市漫步时也是这样。如果出没于市中心，最好“盛装”打扮一番——女士穿上连衣裙和高跟鞋，男士应选择有领子的衬衣和皮鞋。即使不精于打扮，也要保持鞋子的干净。

去远足观光，穿着防水的休闲鞋非常方便，也可准备雨伞和冲锋衣（别穿到城里去）。

冬天多裹上衣服，包得暖暖和和的，再穿上一件长长的大衣，又舒服又暖和。进入博物馆和餐厅时，要摘掉帽子、脱掉外套，将它们放在衣帽间里。

预警

莫斯科和圣彼得堡都是很安全的城市，街头犯罪相对较少，城里也没有“危险区”。需要采取的预防措施包括：

- 格外注意火车站和地铁站的扒手。
- 避免在深夜乘坐黑车，尤其是在郊区，也不要乘坐等待在夜店和酒吧外的车辆。
- 不要乘坐已经搭载了2名或更多乘客的出租车。

➡ 随身携带护照、签证和注册信复印件。深肤色人种可能会成为警察检查的目标。

现金

➡ 最好随身携带一些卢布现金。有些商品的标价是美元或欧元，但埋单时可能需要卢布结账。

➡ 联网国际网络的自动柜员机遍布莫斯科，都带有"bankomat"（банкомат）的标识。信用卡的使用比较普遍，但是使用中国一些发卡行的芯片密码卡时可能会遇到困难，在商店遇到这种问题的概率比在酒店和餐馆更高。出行前最好向发卡行报备在俄罗斯的旅行时间，以避免卡被冻结。

讨价还价和税费

➡ 商店中的价格是固定的，但是在纪念品市场（如伊兹麦洛娃市场）你可以有礼貌地砍价。稍作努力就可以享受九五折，但是商户很少能将价格降到九折以下。

➡ 俄罗斯有18%的增值税，通常包含在商品和服务内，但有时不包含在酒店的房价内，所以请在预订之前查询清楚。

➡ 没有针对外国旅客的退税服务。

小费

➡ **餐厅** 如果服务不错，就餐后需要留下10%的小费。

➡ **导游** 每日价格的10%，送小礼物会获得感激。

➡ **出租车** 不需要小费，价格在出发前商议好，或打表计价。

➡ **酒店** 豪华酒店提供优质服务时，你需要给门童小费。如果有员工协助搬运行李则按件付小费，一般每件₽50。

语言

英语变得越来越普及，尤其是在年轻人之间。所有的酒店都有会说英语的员工，但餐厅和博物馆员工的英语水平比较有限。近几年来，地铁站和主要景点中也出现了英语标识。大部分餐厅都有英文菜单。不过，学习西里尔字母和一些关键的语句可以帮助你解读路标和时刻表。了解更多信息请见语言（见397页）。

学点常用句

你好。	Здравствуйте.	zdrast·vuy·tye
再见。	До свидания.	da svi·*da*·nya
对不起，打扰一下。	Простите.	pras·*ti*·tye
抱歉。	Извините.	iz·vi·*ni*·tye
请。	Пожалуйста.	pa·*zhal*·sta
谢谢你。	Спасибо.	spa·*si*·ba
不客气。	Пожалуйста.	pa·*zhal*·sta
是的。	Да.	da
不。	Нет.	nyet
我不理解。	Я не понимаю.	ya nye pa·ni·*ma*·yu
这个多少钱？	Сколько стоит за ...?	*skol'*·ka sto·it za ...
那个很好吃！	Было очень вкусно!	*bih*·la o·chin' *fkus*·na
结账。	Принесите, пожалуйста счёт.	pri·ni·*sit*·ye pa·*zhal*·sta shot
麻烦你写下来。	Запишите, пожалуйста.	za·pi·*shih*·tye pa·*zhal*·sta

街道名称

我们使用俄罗斯街道和广场的俄语音译名称，来帮助你解读西里尔文标识，或向本地人问路。

➡ al——alleya（аллея；小巷）

➡ bul——bulvar（бульвар；大道）

➡ nab——naberezhnaya（набережная；路堤）

➡ per——pereulok（переулок；车道或辅路）

➡ pl——ploshchad（площадь；广场）

➡ pr——prospekt（проспект；大街）

➡ sh——shosse（шоссе；高速路）

➡ ul——ulitsa（улица；街）

当地交通

了解更多信息见交通指南(见380页)。

地铁

莫斯科和圣彼得堡的地铁便宜、高效、充满视觉乐趣而且便捷。缺点是高峰时期拥挤不堪，尤其是莫斯科。

出租车

标注清晰的"正规"出租车不会漫无目的地遍地巡客。你可以挥动手臂拦车(但很有可能是没有标识的黑车)或是通过持照机构预订。

步行

虽然地广路遥，但莫斯科和圣彼得堡都适合步行，尤其是在市中心。穿越繁忙的街道时，使用地下人行道。

自行车

在马路上骑行有些危险，注意戴好头盔。沿着河岸或公园中的骑行路骑车是愉悦的出行方式。VeloBike在两座城市的中心区域都有租赁点，许多青年旅舍和租车店也提供自行车租赁。

其他交通

长途汽车、无轨电车、有轨电车和marshrutki(走固定路线的小巴)都是两地市民常用的出行工具，虽然外国旅行者使用起来会有一些障碍，但若勤于用手机地图查找线路，就会有意外的收获。

关键短语

Poezdka(Поездка)地铁车程。买地铁票时，可要求单程或者5程联票等。

Vy seychas vykhodite?(Вы сейчас выходите?)字面意思是：你现在下车吗？在车厢里往车门走时使用(言外之意：如果不下车请让一下)。

Perekhod(Переход)在地铁内表示"换乘通道"。

Vykhod v gorod(Выход в город)至城市的出口。

如何拦出租车

要乘坐官方出租车需致电出租汽车公司，或者让酒店帮你叫车，也可以在网上订车。

➡ 如果在街头拦车，非官方出租车很常见，也相对安全。

➡ 走到街上，伸出手臂，挥舞拦车。

➡ 如果车上已经有乘客，不要上车。如果你感到车辆或司机不合适，都可以挥手示意其离开。

➡ 如果满意，说明目的地。司机可能报价，这时你可以随意砍价。

➡ 如果司机没有报价，则由你决定车价。一般在市中心出行的车费为₽200~300。交通拥堵或夜晚打车时价格更高。

重要建议

➡ 莫斯科的地面交通非常拥堵，尤其是在旅游旺季，果断选择地铁吧！

➡ 购买多程车票或智能卡，避免每次都要排队买票。

➡ 出发前研究地铁图：莫斯科地铁换乘需要长距离步行，圣彼得堡地铁换乘站在不同线路上有不同的名字。

➡ 如果你想选择莫斯科河渡轮作为交通工具，可以购买全天通票，这样沿途的每一站都可以随上随下。

➡ 圣彼得堡的6路有轨电车连接了瓦西里岛与彼得格勒区、维堡区，非常适合往来于河北岸不出市中心的区域。

➡ 4月至11月，圣彼得堡涅瓦河上的桥会在夜间升起。如果你想在夜间过河，就需要事先规划。桥梁时刻表见390页。

何时出行

➡ 莫斯科地铁的运行时间为5:30至次日1:30，圣彼得堡地铁的运行时间为5:45至次日00:45。

➡ 莫斯科地铁在工作日（周一至周五）无时无刻不忙碌。高峰时期（8:00~10:00和17:00~19:00）更是爆满。要想轻松出行，只能在周末或20:00以后进入地铁。圣彼得堡地铁在高峰时期同样有拥挤的情况。

地铁礼仪

➡ 进地铁站时，确保自己走的是入口（вход）而非出口（выход），进站时请为后边的人扶门。

➡ 自动扶梯上右侧站立，左侧通行。

➡ 车门打开时，先下后上。

➡ 将座位让给老幼孕等类型的乘客。

➡ 若准备下车，可在车辆进站时站在车门附近。如果有人站在你前面，可以说“你要下车么？”（Vy seychas vykhodite?）以暗示你需要下车。

➡ 换乘时，走通道（Переход）左侧。

车票

➡ 莫斯科地铁单程₽40，但是购买多程票（5程₽160，11程₽320，20程₽540）既省钱又省时间。圣彼得堡地铁单程₽28，在自动售票机购买智能卡（₽55）并充值则更便利。

➡ 在两座城市，你均可在窗口或自动售票机购票。莫斯科地铁票为纸卡，进门前放在圆形灯状读卡器上。圣彼得堡单程地铁票为硬币，投币开闸。

了解更多信息，见381页和385页当地交通。

LP MAGAZINE / GETTY IMAGES ©

莫斯科地铁（见40页）

最佳行程

第一天

克里姆林宫和基泰格罗德（见64页）

我们的旅程从莫斯科开始。9:30准时到达克里姆林宫售票处，预约进入**军械库**（Armoury）的时间。早上，欣赏古代圣像，惊叹于克里姆林宫的黄金和珠宝。之后，漫步穿梭**亚历山大公园**（Alexander Garden），观看无名烈士墓的卫兵换岗仪式。从亚历山大公园出来，加入红场上排队的人群，前去瞻仰**列宁墓**（Lenin's Tomb），这里13:00后便不再对外开放。

午餐 在Stolovaya 57（见87页）或Bosco Cafe（见87页）吃午餐。

克里姆林宫和基泰格罗德（见64页）

去仰望克里姆林宫的尖塔和圣瓦西里的穹顶。如果想要参观大教堂内部，可以在午餐后去。不进入教堂的话，可以漫步穿过基泰格罗德，去探索不计其数的17世纪教堂。

晚餐 到ul Petrovka的餐厅就餐，比如Lavka-Lavka（见99页）。

特维尔（见91页）

想去享誉世界的**莫斯科大剧院**（Bolshoi Theatre）看演出必须提前订票。演出结束后，到**埃尔米塔日公园**（Hermitage Garden）的3205去享受夜晚的小酒。

第二天

赫莫夫尼（见120页）

游览**新圣女修道院**（Novodevichy Convent）那历史长达5个世纪的城堡时，一座17世纪的美丽钟楼将是为你指路的灯塔。在欣赏过修道院的艺术和建筑后，前往隔壁的同名公墓，这里安葬着著名的政治家和文化名人，几乎每个墓碑都是雕塑艺术品。

午餐 在Golubka（见136页）或Stolle（见136页）能够享受到传统午餐。

阿尔巴特（见120页）

午后前往阿尔巴特区，用整个下午来欣赏艺术。在世界著名的**普希金美术博物馆**（Pushkin Museum of Fine Arts）中仔细研究馆藏，或是去探索那些小众博物馆，比如异想天开的**布尔加诺夫故居**（Burganov House）或是颇具前瞻性的**多媒体艺术博物馆**（Multimedia Art Museum）。

晚餐 在Elardzhi（见135页）享受美味绝伦的格鲁吉亚菜肴。

阿尔巴特（见120页）

晚餐后，你可以沿着俄罗斯最著名的ul Arbat散步，看街头艺人表演，感受老莫斯科的气息。如果你想选择更加正式的娱乐场所，可以到**Rhythm Blues Café**欣赏音乐会。

视觉中国 提供

无名烈士墓（见80页）

第三天

河畔区（见140页）

早早出发，在游客到来前进入**特列季亚科夫画廊**（Tretyakov Gallery），花些时间观察圣像，欣赏巡回展览画派，赞叹俄罗斯复兴作品，解读当代先锋艺术。

午餐 在红色十月的Produkty（见149页）或Mizandari（见149页）吃午餐。

河畔区（见140页）

午餐之后，沿着**海滨路**（Krymskaya naberezhnaya）漫步，在喷泉间嬉戏，探索**Art Muzeon**的户外艺术画廊。然后到马路对面的**高尔基公园**（Gorky Park）度过下午时光，你可以骑自行车或划船。傍晚时分留在这里，享受露天电影、落日晚饮和星空下的舞蹈。

晚餐 在夏日咖啡馆中享受晚餐，如AC/DC in Tbilisi（见149页）。

河畔区（见140页）

高尔基公园是轻松消磨夏夜的好去处。在附近，从前的**红色十月**工厂现已成为莫斯科最炙手可热的夜生活亮点，这里挤满了餐饮食肆和娱乐场所。在这里闲逛一番，停下来品尝甜点，驻足喝点小酒，找个地方跳跳舞，探索画廊，逛逛酒吧。总之尽情享受吧。

第四天

伊兹麦洛娃市场（见159页）

留出整个早晨，来到郊区的**伊兹麦洛娃市场**（Izmaylovsky Market）购物，这里挤满了各式纪念品小摊，出售的商品包括银制的samovars、苏联宣传海报和俄罗斯套娃（matryoshki）。

午餐 伊兹麦洛娃市场最著名的午餐是土耳其烤肉。

巴斯曼（见155页）

返回市中心的路上，可以在**Flakon**或**温萨沃得当代艺术中心**（Winzavod Center for Con-temporary Art）及其附近的ArtPlay稍作停留，看看莫斯科曾经的工业空间经历了怎样的变化。如今，这些当代艺术中心生产了另一种产品：艺术、时尚和设计。你也可以在这里继续纪念品购物之旅，或赶到**列宁格勒站**（Leningradsky vokzal）搭乘通宵列车前往圣彼得堡。

晚餐 提前预订Café Pushkin（见113页）的桌位，享受高级俄式大餐。

普列斯妮娅（见107页）

普希金咖啡馆为你呈上混合了多道菜的老式俄罗斯菜肴，搭配几杯伏特加吧。如果还没喝趴下，前往**Jagger**（见117页）或**Manon Club**（见117页），体验日落美酒，舞动整个夜晚。

第五天

历史中心（见200页）

到达圣彼得堡，沿涅夫斯基大街漫步，向这座城市说早安。这条中心大街连接了埃尔米塔日博物馆与远处尽头的亚历山大·涅夫斯基修道院，从沃思塔尼亚广场（Pl Vosstaniya）出发，穿过可爱的Fontanka河，进入**滴血大教堂**（Church on the Spilled Blood）和**喀山大教堂**（Kazan Cathedral），经过**冬宫广场**（Palace Square）、**冬宫**（Winter Palace）和**总参谋部大楼**（General Staff Building），沿路堤往**避暑花园**（Summer Garden）漫步，然后沿Moyka河溜达回来。

午餐 在Yat（见238页）享用乡村俄国菜。

先纳亚和科洛姆纳（见246页）

继续沿Moyka河漫步至**圣伊萨大教堂**（St Isaac's Cathedral），参观其精美的内部装饰。再沿Moyka河前往**尤苏波夫宫**（Yusupov Palace）和**马林斯基剧院**（Mariinsky Theatre），在美丽天蓝色的**尼科尔斯基大教堂**（Nikolsky Cathedral）结束步行，去**Entrée**喝咖啡吃蛋糕。

晚餐 在豪华的Teplo（见254页）提前预订餐位。

历史中心（见200页）

如果是周末，可前往**Dumskaya街**，与喜欢聚在这里喝酒、跳舞与放浪形骸的本地人热闹一下。要优雅一点就去**Belmond Grand Hotel Europe**喝鸡尾酒。

第六天

历史中心（见200页）

享用一顿丰盛的早餐，之后前往**埃尔米塔日博物馆**（Hermitage）并准备度过艺术的一天。选好你想参观的收藏区，为当场抉择留些余地：展品非常多，所以你会难以避免地发现新东西。除了艺术之外，别错过会客厅，多休息以免精疲力竭。

午餐 自带午餐，或是直面埃尔米塔日博物馆里咖啡馆的平淡无味。

历史中心（见200页）

你可能还想在博物馆待几个小时。或者你离开并且还有精力，漫步一会儿，然后在运河上搭一艘观光游船。

晚餐 享受Biblioteka（见233页）。

先纳亚和科洛姆纳（见246页）

如果你预订过，就在傍晚盛装打扮，观赏**马林斯基剧院**（Mariinsky Theatre）的古典芭蕾舞。就算你没订票，通常也能在最后一刻进入城里的其他剧院欣赏芭蕾舞。想喝一杯就去**Mayakovsky**。

视觉中国 提供

斯特罗加诺夫宫（见227页）

第七天

彼得格勒和维堡（见288页）

赶早去往美丽的彼得格勒区。先参观**彼得和保罗堡垒**（Peter and Paul Fortress），看看这座城市的起点，漫步经过清真寺，进**彼得小屋**（Peter' s Cabin）或是有意思的**政治历史博物馆**（Museum of Political History）看看。再沿**Kamennoostrovsky Pr**漫步参观现代风格建筑。

午餐 在Mesto（见300页）享用安静雅致的午餐。

瓦西里岛（见278页）

午餐过后，漫步到对岸的瓦西里岛，在**斯特列尔卡**（Strelka）附近的历史建筑周围溜达。参观彼得大帝的**珍品陈列馆**（Kunstkamera），去有趣的**缅希科夫宫**（Menshikov Palace）看一下城里现存最古老的宫殿。如果你喜欢当代艺术，继续前往出众的**艾拉尔塔当代艺术画廊和博物馆**（Erarta Museum of Contemporary Art）。

晚餐 在Restoran（见286页）柔和的俄式优雅中用餐。

斯莫尔尼和沃思塔尼亚（见259页）

往南前往时髦的沃思塔尼亚，去**Ligovsky pr**一带的美术馆、酒吧和演出现场。在**Loft Project ETAGI**欣赏一些新的艺术品，在**Dyuni**的沙滩上喝酒、玩桌上足球，或是在**Dead Poets Bar**喝杯优质鸡尾酒。

第八天

圣彼得堡周边一日游（见303页）

在旅程的最后一天，早些出城，感受沙皇时代的辉煌。先去**沙皇行宫**（Tsarskoe Selo）参观**叶卡捷琳娜宫**（Catherine Palace，位于普希金城）并在花园中散步。如果你还想继续玩，坐大巴很快就能到**巴甫洛夫斯克**（Pavlovsk），这座公园更狂野、更美丽。

午餐 在普希金镇的White Rabbit（见310页）用餐。

历史中心（见200页）

下午返城并顺便去一下**俄罗斯博物馆**（Russian Museum），博物馆引人入胜且逛起来没那么累，展示了7个世纪的俄罗斯艺术品，从教堂圣像到先锋派艺术，不一而足。购买套票则可欣赏**斯特罗加诺夫宫**（Stroganov Palace）、**大理石宫**（Marble Palace）和**米哈伊罗夫斯基城堡**（Mikhailovsky Castle）美妙的内饰。

晚餐 在Vinostudia（见269页）享用佳肴和大量葡萄酒。

斯莫尔尼和沃思塔尼亚（见259页）

享受Rubinshteyna街和Fontanka河沿线的酒吧：在**Terminal Bar**、**The Hat**或**Mishka**喝酒。想要音乐的话，就在**Petrovich**跳一场苏式舞蹈，或去另一家特别受欢迎的**Griboyedov**感受本地的音乐景象。

如果你喜欢

建筑

科洛门斯克的升天教堂 第一座建有帐篷顶的砖结构建筑，创造了一种独特的俄罗斯风格。（见150页）

Hotel Metropol 新艺术派的杰作，通体遍布马赛克、彩色玻璃和锻铁。（见187页）

国家经济成就展 浮夸的喷泉和社会现实主义建筑大观。（见96页）

鲁毕史斯基别墅 舍赫杰尔最光怪陆离的作品，是俄罗斯复兴和新艺术派的融合。（见109页）

莫斯科国立大学 斯大林七姐妹之一，斯大林式建筑风格的极致宏伟典范。（见134页）

胜家大楼 一座摩登建筑，位于新古典主义风格的涅夫斯基大街中心地段。（见244页）

艺术

埃尔米塔日博物馆 无与伦比的埃尔米塔日，有着可能是世界上最杰出的艺术收藏。（见202页）

车库当代艺术博物馆 一个令人振奋的当代艺术馆，位于高尔基公园内的一座档案馆中。（见146页）

温萨沃德当代艺术中心 这里曾经是葡萄酒灌装厂，如今汇聚了莫斯科最具声望的艺术画廊。（见157页）

红色十月 曾经的巧克力工厂，如今坐落着各式酒吧、咖啡馆和几家画廊。（见146页）

艾拉尔塔当代艺术博物馆 瓦西里岛上一座令人惊异的俄罗斯现代艺术馆。（见281页）

视觉中国 提供

青铜骑士（见229页）

莫斯科现代艺术美术馆 展品包罗万象，艺术作品贯穿20世纪和21世纪。（见94页）

Loft Project ETAGI 一个时髦的画廊与商店综合体，坐落在Ligovsky pr上的一家老面包工厂里。（见266页）

苏联历史

列宁墓 向苏联的奠基者致敬。（见81页）

地堡-42冷战博物馆 这座冷战时期的秘密地下通信中心，现已再次开放，亟待探索。（见158页）

莫斯科地铁 社会主义建设的丰碑。（见40页）

芬兰站 十月革命之前，列宁的那次历史性归国就发生在此地。（见297页）

“极光号”巡洋舰 打响十月革命第一枪的军舰。（见294页）

古拉格历史博物馆 纪念苏联严酷司法系统的受害者。（见94页）

现代历史博物馆 在各类苏联怀旧物品中，精选宣传海报成为亮点。（见95页）

列宁格勒保卫战纪念碑 一座令人动容的纪念碑，以铭记这里被纳粹德国封锁的900天。（见265页）

教堂

基泰格罗德的ul Varvarka 一条林立着17世纪教堂的小道。（见89页）

上圣彼得修道院 可爱的彼得都市大教堂就在修道院中。（见94页）

普丁基圣母降生教堂 帐篷屋顶和洋葱穹顶的精巧搭配。（见95页）

赫莫夫尼圣尼古拉教堂 一座色彩斑斓的织布工行会教堂，也是列夫·托尔斯泰常去的教堂。（见134页）

滴血大教堂 有着炫目的穹顶，以及让人难以置信的马赛克装饰画。（见225页）

喀山大教堂 走进教堂内部，去欣赏那些戏剧性的细节。（见227页）

圣像

特列季亚科夫画廊 拥有全世界最好的圣像画藏品，包括安德烈·鲁布廖夫庄严的《圣三一》。（见144页）

克里姆林宫的圣母领报主教座堂 这里的圣帐下有安德烈·鲁布廖夫、狄奥凡和普罗霍尔的作品。（见77页）

俄罗斯圣像画博物馆 一位俄罗斯商人的上千幅私人收藏。（见158页）

鲁布廖夫早期俄罗斯文化艺术博物馆 这座小博物馆的所在地曾经是一座修道院，鲁布廖夫曾是那里的僧侣。（见160页）

公园和花园

高尔基公园 莫斯科最著名的绿地，如今成了河边散步和骑自行车的理想场所。（见142页）

夏宫 圣彼得堡最古老的花园，在重新设计后焕发新活力。（见229页）

埃尔米塔日花园 夏日咖啡馆和露天剧场点缀着这座城市绿洲。（见94页）

亚历山大公园 这座花团锦簇的公园就位于克里姆林城墙外。（见80页）

巴甫洛夫斯克大公园 最适合随意游逛的沙皇宫殿和花园。（见312页）

了解更多莫斯科和圣彼得堡的顶级景点，请见下列章节：

- 博物馆和画廊（见38页）
- 地铁之旅（见40页）
- 就餐（见46页）
- 饮品和夜生活（见50页）
- 娱乐（见53页）
- 购物（见57页）

俄罗斯文学与文化

托尔斯泰故居博物馆 俄罗斯最伟大的现实主义小说家在莫斯科的居所。（见133页）

布尔加科夫故居博物馆 经久不衰的朝圣地，如今也是一处挺酷的文艺去处。（见110页）

果戈理大楼 果戈理在这里度过了他受尽折磨的最后几个月。（见109页）

普希金决斗处 任何一位了解这位桂冠诗人的读者，都知道这处悲剧发生地背后的故事。（见297页）

拉斯柯尔尼科夫寓所 在先纳亚的破旧街道里，看《罪与罚》中场景重现。（见250页）

马林斯基剧院 世界级的芭蕾舞和歌剧演出，马林斯基举世无双。（见249页）

俄罗斯博物馆 俄罗斯文化与艺术的一站式体验地。（见218页）

俄罗斯伏特加博物馆 一处绝佳场所，让你了解这种“little water”对俄罗斯人是多么重要。（见252页）

Mechta Molokhovets 别找了，就到这里体验最棒的俄式大餐。（见268页）

每月热门

最佳节庆

冬日节，1月

马林斯基芭蕾舞节，4月

莫斯科电影节，6月

白夜，6月

莫斯科当代艺术双年展，10月

十二月狂欢夜，12月

艺术广场冬日节，12月

1月

1月虽然意味着最严酷和黑暗的寒冬，但却是洋溢着节日气息的月份。新年庆祝是最盛大的传统，拉开欢庆活动的帷幕。

冬日节

不怕冷的人能够在12月和1月享受两周充满乐趣的户外节庆活动。欣赏红场上的冰雕，去看ul Arbat边的雪人，或是在伊兹麦洛娃公园乘坐三套车。

冬季节日

本地人会与朋友共度新年，宏大的全城庆典分别在莫斯科红场和圣彼得堡冬宫广场上演。东正教圣诞节（1月7日）有虔诚的教堂守夜活动，而主显节（1月中旬）最著名的活动就是人们在全城各指定地点跳入冰水之中。

2月

谢肉节标志着冬季的结束，但似乎庆祝得有些早，天气仍然寒冷，-10℃左右的气温将延续数周。城市中积雪处处可见，此时是乘雪橇和滑雪的好季节。

谢肉节

确切的日期取决于东正教复活节的时间，不过通常在2月或3月初。这一祭祀拉开了东正教大斋期（Orthodox Lent）的序幕。除了大啖可丽饼（bliny），在长达一周的节日中你还可以看到马拉雪橇和小丑说书。人们燃烧稻草人迎接春天，节日在此时达到高潮。

3月

3月末，春季融化了冰雪，到处泥泞不堪。此时的莫斯科最为枯燥乏味，连游人都不太愿意在此时前来。

国际妇女节

俄罗斯最受欢迎的节日是3月8日，用来纪念妇女运动。这一天，男士会为自己的另一半和他们生命中的所有女性买香槟、鲜花和巧克力。

4月

虽然常常狂风大作，但空气中洋溢着春意。由于此时游客不多，莫斯科市民选择在这个季节涌入景点和博物馆。

金面具节

金面具节（www.goldenmask.ru）在莫斯科持续两个月，其间呈现俄罗斯戏剧、歌剧、舞蹈及音乐首映表演。节日在4月的颁奖典礼中达到高潮。

复活节

人群拥挤的东正教堂在午夜举办庆祝活动，这标志着复活节的开始。之后，人们会食用名为kulichy的圆顶点心，并交换绘制精美的木制复活节彩蛋。与西方的复活节一样，它每年的日期都不一样，而东正教复活节取决于俄历的日期。

马林斯基芭蕾舞节

圣彼得堡最重要的舞蹈剧院会举办为时一周的国际

节庆活动，俄罗斯的芭蕾舞精英会在此时展现他们的舞蹈才华。

5月

春天来了！由于公共假期，5月的上半月不少地方都只开放半天。不过此时百花盛放，处处欢庆。

☆ 5月假日

从五朔节（5月1日）到胜利日（5月9日），5月上半月都是假期。莫斯科红场上组织了游行，Park Pobedy站还有烟花和其他活动。胜利日对圣彼得堡人来说非常重要，当地居民牢记着当年纳粹的900日封锁。人们聚集在皮斯卡廖夫公墓（Piskaryovskoe Cemetery）纪念受害者，然后沿涅夫斯基大街游行，以涅瓦河傍晚的烟火结束一天。

契诃夫国际戏剧节

奇数年时，剧院团体从全世界各地来到莫斯科，参加全球知名的双年节日（www.chekhovfest.ru）。从5月中旬到6月中旬，莫斯科市内各大场所都有戏剧和音乐剧演出。

圣彼得堡城市节

5月27日是圣彼得堡的官方生日，标志着彼得大帝在1703年建立了这座城市，这一天被称作城市节（dyen goroda）。大量的庆祝活动在市中心举行，铜管乐队、民族舞蹈与酩酊大醉是人们多年来的最爱。

6月

6月是最舒适的季节。昼长夜短，阳光明媚，市场上摆满了野莓子，圣彼得堡因白夜而疯狂。

莫斯科电影节

长达一周的电影节（www.moscowfilmfestival.ru）活动吸引了来自美国和欧洲的电影人，以及前途无量的俄罗斯艺术家。全城的电影院都放映电影。

白夜

在6月末的白夜期间，圣彼得堡会举行一年一度的国际电影节。电影节由列宁格勒电影制片厂（Lenfilm）主办，届时城中各家电影院都将展映海内外的一流电影。莫斯科没有官方的白夜节，但是首都依然可以在6月享受18个小时左右的白昼。欢庆的人们迟迟不归，在公园里游荡，到夏日露台和啤酒花园中畅饮。

Park Live音乐节

作为夏季最盛大的音乐活动，为期3天的露天音乐节Park Live（www.parklive.pro）于6月的最后一个周末在莫斯科的VDNKh举行。

☆ 白夜之星节

从5月末到7月中，这个圣彼得堡的年度节日有着世界一流的歌剧与芭蕾舞表演。演出在全城各处举行，尤其是马林斯基剧院。节日以沙皇行宫（Tsarskoe Selo，位于普希金城）的一场舞会作为终结。

7月和8月

天气炎热潮湿，很多莫斯科人都回到自己的乡间宅邸中避暑。酒店房价7月和8月有所下降。圣彼得堡仍持续着炎热明亮的白夜好时节。

☆ 露天音乐会

虽然莫斯科不少剧院此时都不营业，但音乐会却排得满满的。夏天是享受露天音乐节的好季节，如高尔基公园的Subbotnik（www.subbotnikfestival.ru）和科洛门斯克的Afisha Picnic（picnic.afisha.ru），奥斯坦金诺和察里津宫这样的庄园也会举办古典音乐会。

海军日

7月25日，圣彼得堡为这里数以千计的海军官员与悠久的海上历史而骄傲，海军部大楼外的涅瓦河上有一支舰队，河岸有庆祝活动，如果你喜欢制服男就很棒。

9月

秋初是莫斯科最美丽的季节。暑热退去，秋叶绚烂。圣彼得堡温暖舒适且游人锐减。

莫斯科城市节

9月的第一个周末，城市节（Den goroda）庆祝莫斯科的生日。庆典从节日游行开始，接下来有红场现场音乐表演、各种美食、烟火和好玩的东西。

☆ 古典音乐节

这场在圣彼得堡举办的音乐节，旨在复兴已经被遗忘的中世纪、文艺复兴时期与巴洛克时期杰作。节庆活动包括一场巴洛克歌剧，以及由叶卡捷琳娜女皇乐团(Catherine the Great Orchestra)奉献的演出。从9月中到10月初，音乐人在不同的场所演出。

10月

10月仍然有温和的气候和绚丽的秋叶。不过，在这个月，莫斯科往往会迎来初雪。

莫斯科当代艺术双年展

双年展(www.moscowbiennale.ru)长达一个月，每逢奇数年举办(有时会在其他月份举行)，旨在将首都打造为国际当代艺术中心。莫斯科各场馆都会展出全世界各地艺术家的作品。

克里姆林杯

这项国际网球锦标赛(www.kremlincup.ru)每年10月在奥林匹克体育场(Olympic Stadium)举行。毫无疑问，俄罗斯选手将称霸赛事。

11月

圣彼得堡的冬季一般在11月到来，你可能会见到初雪，它会给城市蒙上魔幻的色彩。

和谐和解日

11月7日是十月革命的发生日，如今也是法定节日，尽管现在的人们不怎么承认它。在圣彼得堡，它对于摇旗抗议(特别是在Gostiny Dvor前)的老派共产党员来说仍然是个大日子。

12月

昼短夜长的12月里，人们基本都在室内。但是也有很多人把自己穿得暖暖和和，去欣赏雪中晶莹剔透的城市，参加音乐和艺术活动。

十二月狂欢节

这或许是莫斯科最有声望的音乐盛事，一年一度的节日(www.artsmuseum.ru)在普希金美术博物馆举行，除了艺术展览外，整月都有知名音乐家登台表演。

艺术广场冬日节

这一圣彼得堡的音乐盛事现由指挥家Yury Temirkanov主持，每年在肖斯塔科维奇爱乐乐团(Shostakovich Philharmonia)举行。在12月末和1月初的10天里，艺术家们上演古典与当代作品，其中包括交响乐和歌剧。

带孩子旅行

权力、历史、宗教和艺术，这些莫斯科和圣彼得堡的关键词会让孩子们打哈欠？其实一切出乎意料，在这两座城市，小朋友完全可以找到专为他们打造的博物馆、公园、剧院甚至餐厅。

视觉中国 提供

莫斯科动物园的日本猕猴（见111页）

博物馆

大部分博物馆都为12岁甚至18岁以下的孩子提供折扣票。5岁以下的孩子通常免票。有的还有家庭票。

艺术类博物馆

莫斯科的普希金美术博物馆（见125页）和装饰与民俗艺术博物馆（见97页）都有学习中心，5~13岁的孩子可以在那里创造自己的艺术品。车库当代艺术博物馆（见146页）也提供了儿童项目。圣彼得堡奢华庞大的埃尔米塔日博物馆（见202页）则适合大一些的孩子在艺术宫殿中上一堂美学课。

科技类博物馆

莫斯科天文馆（见112页）的互动展品可以让孩子们进行科学实验，品尝太空食品，在月球表面上玩耍。在实验室（见97页）里，孩子们能够自己探索十万个为什么的答案。在圣彼得堡的铁路技术博物馆（见252页）能看到各种列车与车厢。

军事类博物馆

俄罗斯从不掩饰对自己军事史的骄傲，孩子们也会对坦克和潜艇着迷。莫斯科的中央陆军博物馆（见97页）陈列有不同时期、型号的坦克、卡车和导弹。在圣彼得堡，炮械博物馆（见294页）适合所有喜欢坦克的孩子。瓦西里岛上有三艘苏联旧军舰，探索起来很好玩：参加一场“克拉辛号”破冰船（见283页）之旅，还可探索“人民意志号”（见283页）或C-189（见283页）这两艘如今对外开放的苏联潜水艇。

好玩的博物馆

在莫斯科的苏维埃街机游戏博物馆（见158页）和圣彼得堡的苏维埃游戏机博物馆（见233页），孩子们可以通过操纵古老的游戏及设备，了解苏联时期的儿童如何玩耍。

户外乐趣

即使在市中心，两座城市都有拥有众多绿意的开阔公园。即便是在冬天，也可以走出户外，呼吸新鲜空气，锻炼身体。

公园

拥有上百处公园的莫斯科有足够的空间让孩子们来消耗精力，很多公园都提供游乐场。大一些的公园，如高尔基公园（见142页）、沃罗比约夫自然保护区（见134页）和伊兹麦洛娃公园（见159页）都出租自行车和小船。圣彼得堡彼得格勒区的基洛夫斯基群岛（见295页）适合带孩子去，那里有游乐场，能租船和自行车，还有大量的开放空间，适合从市中心出来短暂玩乐。

河上游船

大部分小朋友都喜欢坐船。莫斯科河上游船（见35页）是带孩子观看城市历史景点的完美方式，在圣彼得堡历史中心区坐船游览运河（见35页）也是有趣的户外活动。

动物园

即便是幼儿也会因莫斯科动物园里的儿童动物园（见111页）而兴奋不已，这里可以近距离接触他们最喜爱的动物。圣彼得堡彼得格勒区的亚历山大罗弗斯基公园（见294页）也适合小朋友，那里有动物园、天文馆以及多样的树木。

就餐

两座城市都不乏适合全家的餐厅，这类地方有娱乐室、儿童菜单和婴儿餐椅。很多餐厅会在周六或周日下午举办“儿童派对”，提供玩具、游戏和娱乐活动，还会在大人享受美食的时候替你照顾孩子。

餐馆

莫斯科的经典餐厅（如Starlite Diner，见101页和151页）是全家最爱，尤其是在周末。圣彼得堡涅夫斯基大街上拥有漂亮橱窗的Kupetz Eliseevs（见244页）不光可以购买手信，你也能在店内的咖啡馆带孩子吃简餐。

比萨和点心

比萨一定会受到孩子们的欢迎，莫斯科Akademiya的几家分店还在周末提供了儿童课程。想要适合儿童的小吃可以试试无处不在的连锁店Teremok（Теремок），这里有便宜美味的甜点和好吃的薄饼。

娱乐

在两座富有童话气息的城市里，小朋友从未有过如此多样的娱乐选择。

音乐剧和动物剧

莫斯科的本地传奇娜塔莉亚·萨特斯创建了莫斯科儿童音乐剧院（见137页）。库克拉切夫猫剧场（见137页）和杜罗夫动物剧院（见104页）适合各年龄段的孩子。

木偶剧

在莫斯科，孩子们先在奥布拉兹佐夫木偶剧院和博物馆（见104页）中看到数百种木偶，之后走进博物馆剧院，见证它们活灵活现的演出。圣彼得堡出色的博利绍伊木偶剧院（见274页）的剧目包括精彩的《小王子》。戴姆尼木偶剧院（见243页）也很棒，剧目包括《格列佛游记》和《木偶与小丑》。

马戏团

莫斯科的杂技表演足以让孩子们惊叹和欢笑。你需要在两家精彩的马戏团间做出选择：莫斯科大马戏团新团（见137页）和尼库林马戏团（见103页）。

交通

孩子们觉得幽深的地铁值得探险，但高峰时间一定要小心，列车和站台都非常拥挤。Detskoe Taxi出租车公司会帮你照顾孩子，根据你的要求，他们还会提供无烟车和儿童座椅。

省钱妙计

虽然近年来卢布汇率不景气，但莫斯科和圣彼得堡仍然不能算是便宜的旅行目的地，尤其是在住宿和就餐方面。可从一些小细节来省钱，你还是能找到一些划算的选择。

免费博物馆

在每年5月的“博物馆之夜”，两座城市的绝大多数博物馆都可免费入场。圣彼得堡的埃尔米塔日博物馆（见202页）在每个月的第一个星期四免费开放。此外，一些大型博物馆出售通票或套票，博物馆爱好者不妨加以留意。

下列博物馆永久免费：

莫斯科 犹太博物馆和宽容中心（见95页）、鲁毕史斯基别墅（也被称为高尔基故居博物馆，见109页）、俄罗斯圣像画博物馆（见158页）、沙卡洛夫中心（见160页）。

圣彼得堡 纳博科夫博物馆（见252页）、门捷列夫博物馆（见282）、西格蒙德·弗洛伊德梦之博物馆（见295页）、地质博物馆（见284页）。

教堂

莫斯科和圣彼得堡的许多教堂都免费开放，入内只需注意衣着和举止，很多教堂内的圣像、壁画和其他装饰细节都大有可观。莫斯科的基督救世主主教座堂（见129页）与其说是教堂，不如说是博物馆。圣彼得堡的喀山大教堂（见227页）则是涅夫斯基大街中心地段地标式的必访之地。

公园

在莫斯科，高尔基公园（见142页）有免费的露天剧场和一座气象台，埃尔米塔日花园（见94页）中有免费的乒乓球台、瑜伽课和舞蹈课。圣彼得堡的米哈伊罗夫斯基公园（见230页）、战神公园（见231页）和塔夫利达宫殿和公园（见263页）都免费且美丽。

庄园

莫斯科的科洛门斯克博物馆—保护区（见150页）和察里津宫（见153页）收取门票，但美丽的草地和教堂免费。在圣彼得堡参观叶拉金宫需要买门票，不过叶拉金岛（见296页）在工作日可免费登岛。

另类看点

墓地 莫斯科的列宁墓（见81页）、新圣女公墓（见123页）以及圣彼得堡的皮斯卡廖夫公墓（见297页）均免费开放。

地铁 虽然并不是免费的，但乘坐地铁只需要₽40，而这里集艺术博物馆、历史课堂和大型交通体系于一身。圣彼得堡地铁也不乏看点。

艺术中心 莫斯科和圣彼得堡的大部分后工业艺术中心免费进入（个别画廊和特别展览需要付费）。

国家经济成就展 苏联时代留存在莫斯科的奇观，即使不看展览，也值得欣赏这处华丽而巨大的建筑群（见96页）。

省钱贴士

如果你仍是在校学生，可在旅行前办好ISIC国际学生卡，景点的学生票一般只通用这种证件打折。一些景点向老年人和儿童免费开放，请带上护照以证明年龄。

办理一张本地手机卡，并选择可全国通用的不限流量数据包，因为莫斯科和圣彼得堡分属两个州，如果数据包只在州内不限流量，漫游费就会很贵。两座城市的酒店、餐厅和咖啡馆基本都提供免费Wi-Fi。

买莫斯科地铁多程车票以及圣彼得堡地铁智能卡，不但能省下一点小钱，更能节约每次排队买票的时间，并免去满口袋硬币的麻烦。

签证

除了极少数例外，几乎所有人都需要持签证前往俄罗斯。拿到签证的速度和签证的价格成正比，越加急的签证费用越高。所以，最好在旅行前2个月开始准备材料，进入申请流程。

视觉中国 提供

圣瓦西里主教座堂的游客

签证种类

对于大多数旅行者来说，旅游签证（单次或两次入境，最多停留30天）足够了。如果你希望停留1个月以上，可以申请商务签证。过境签最多只能停留72小时。中国大陆居民只有参加旅游团才能享受免签游。

旅游签证

旅游签证最多可让你在俄罗斯停留30天，有单次入境和两次入境两种，入境停留的起始日期和次数都以你获得的签证上的信息为准。签证无法延期。除了所有的标准申请材料外，还需准备酒店的邀请信。俄罗斯领事馆有权查看你的返程机票或任何离开俄罗斯后的行程证明，不过这种情况较少发生。

2019年10月1日起，中国公民可以免费申请电子签证前往圣彼得堡和列宁格勒州进行个人旅行，该签证30日有效，入境次数为1次，停留期为8天。

商务签证

单次入境的商务签证有效期可达3个月，多次入境的有效期可达12个月。到达俄罗斯后，这两种签证都可以保证你在俄境内自由活动。除了办理所有俄罗斯签证需要的标准申请资料以外，你需要提供一封说明信，写清行程的全部细节，包括日期和旅行目的。需留意，不能用旅游签证在俄罗斯从事商务活动，俄罗斯入境检查时有拒绝入境并遣返的案例。

过境签证

如果乘坐飞机过境，过境签证有3天的有效期。跨西伯利亚铁路旅行的过境签10日有效，因此一路西行的旅客就可以在莫斯科停留几天。但向东旅行的乘客则不得停留。申请过境签证需要提供行程的全部内容，以及之后所需的签证。

免签游

从2012年开始，持中国护照的旅行者只需参加一个经由官方承认资质的旅行社组织的团队，即可享受免签游，条件是团体人数5~50人，且免签证旅游期限不超过15个自然日。此外，香港居民享有15日的免签证旅游待遇，且不必参团。

所有国籍旅行者（非申根国公民则需持有效的申根签证）如果从赫尔辛基、斯德哥尔摩和塔林等城市搭乘游船和渡轮抵达圣彼得堡，都可享有72小时免签，不过必须通过官方承认的旅行社出游，请在参团时确认。

申请流程

邀请信

所有人在申请签证时都需要提供邀请信，作为“签证支持”。个人（例如你的俄罗斯国籍朋友）没有出具邀请信的资格，只有俄罗斯官方认可的酒店、旅行社或签证机构等单位才有资格发出邀请信。部分酒店和旅舍会为他们的客人提供这样的服务，如果你无法通过酒店或旅舍得到邀请信，就需要旅行社或专门的签证机构提供邀请。下列公司可以为你提供签证支持：

- **Visa House**（www.visahouse.ru）
- **Visa to Russia**（www.visatorussia.com）
- **Way to Russia**（www.waytorussia.net）

申请

中国大陆居民请尽可能在中国大陆境内申请签证，有些领事馆会拒签申请人在非永居国的申请。俄罗斯在中国实行领区划分：俄罗斯驻上海总领事馆（www.rusconshanghai.org.cn）办理上海、江苏、浙江和安徽四省市的签证业务；驻广州总领事馆（www.rfcg.org.cn）办理广东、广西、江西、福建、海南和云南六省区的签证业务；驻沈阳总领事馆（www.rcsy.org/e_ling_guan.html）办理黑龙江、吉林和辽宁三省的签证业务；俄罗斯驻华大使馆（北京；www.russia.org.cn）办理中国大陆其他地区的居民签证业务。

目前，中国的各大城市都有旅行社代办赴俄罗斯的旅游签证。根据实际情况，申请材料可能会简化到护照、1张证件照和身份证正反面复印件。收费800~1500元，一般取决于在多长时间内出签，通常情况下10个工作日内可以拿到签证。

请注意，通过旅行社代理申请旅游签证时，如果你无法自行提供合法的邀请信，请确保旅行社可提供合法的邀请信，并提供邀请信复印件以供你入境时随身携带，否则在入境检查和注册签证时可能会有麻烦。

如果不通过旅行社代理，而是自行向大使馆或领事馆申请签证，请先登录户口所在领区的总领事馆或大使馆的官网，将自己的信息填入电子版签证申请表，然后按网站提示开始准备申请材料。签证的价格各有不同，取决于你想申请何种签证，以及需要多快拿到。目前，在中国大陆申请正常速度的单次入境签证价格为325元，不同的领事办公室有不同的流程要求，所以要查看你所申请的领事馆的要求。

行前参考

申请签证时，你需要下列所有材料：

- **护照** 有效期至少达到返程日期后6个月
- **照片** 1张或2张证件照
- **申请表** 表格非常复杂，多留一些时间
- **手续费** 自行向大使馆或领事馆申请签证，正常速度的单次入境签证价格为325元，不含服务费。旅行社代办旅游签证的价格一般是800~1500元
- **邀请信** 由酒店、旅行社或在线服务商提供

注册

每个到访俄罗斯的旅客，都有义务在7个工作日内注册签证。如果在莫斯科的时间不超过7个工作日，则不需要注册。在离开莫斯科时，如在其他任何城市有超过7天的行程，则需要再次注册。

到酒店或旅舍办理入住时，需要上交护照和签证，这样酒店就可以替你在本地签证处注册。第二天，就可以拿回你的证件。

如果你选择寄宿或者住在出租公寓中，你的房东可以通过本地邮局帮你注册。但很多房东声明不提供签证注册服务。更方便的方式是通过为你出具邀请的旅行社注册，当然你可能需要支付额外的费用。

延期

签证延期耗时较长且复杂。旅游签证完全不能延期。注意，很多从圣彼得堡及莫斯科出发前往东欧的列车都在午夜之后过境，一定要保证你的签证当天有效。

导览游

莫斯科和圣彼得堡虽是大都市，但陌生的语言却让人无所适从。因此，让本地人带你参观游览是适应环境、了解新事物的好方法。付小费给导游（₽200~500）是习惯做法；从家乡带来的小礼物也很受欢迎。

视觉中国 提供

莫斯科河上乘船游

步行游览

莫斯科

Moscow Free Tour

这些热情的女士每天都提供内容丰富、令人振奋的2小时红场及基泰格罗德导览游，且完全免费。免费导览游出色到（她们认为）你会报名参加她们精彩的**付费游览**（见419页地图；☎495-222 3466；http://moscowfreetour.com；Nikolskaya ul 4/5；付费游₽950~1550），游览地点包括克里姆林宫、阿尔巴特和地铁，也可以选择她们的主题游，如共产主义莫斯科或神秘的莫斯科。

Moscow 360

这家抱负不凡的**公司**（☎8-915-205 8360；www.moscow360.org）免费提供4种不同的步行导览游，全部免费，不过显然他们乐于接受小费。导览主题包括红场、基督救世主主教座堂、地铁和最非比寻常的AK-47之旅（导览和交通免费，但体验射击需付费）。这家公司也提供大巴车游览线路，3小时游览₽600。

圣彼得堡

Peter's Walking Tours

（☎812-943 1229；www.peterswalk.com；₽750起；⏲4月至10月）Peter Kozyrev始创于1996年的导览游充满创造力和热情，你可以和知识渊博的当地人一起发现圣彼得堡。每年4月中至10月末，备受喜爱的Peterswalk经典游每天10:30从Hostel Life（见326页）开始。其他圣彼得堡主题游包括周五夜酒吧游、拉斯普廷游，以及"二战"和列宁格勒围城战游。

Sputnik Tours

（www.sputnik8.com）这是个独特的网络旅行社，为那些想给旅行者带来独特城市导览游的本地人提供媒介。通过网站浏览、选择行程、注册并付款，你就能拿到提供导览者的电话号码。这是一个与当地人沟通的绝好方式。

乘船游

莫斯科

这两条乘船游线路大致相同，从Radisson Royal出发，到达塔甘卡（Taganka）的救世主新修道院（Novospassky Monastery）。游览的亮点是新圣女修道院（Novodevichy Convent）、莫斯科国立大学、高尔基公园、基督救世主主教座堂和克里姆林宫。

Capital Shipping Co

渡轮（CCK, Столичная Судоходная Компания; ☎495-225 6070; www.cck-ship.ru; 90分钟游船 成人/儿童 ₽500/300，24小时通票 ₽800/400）本来仅是交通工具，而游人逐渐发现乘坐全程（1.5小时）是欣赏城市的好方式。5月至8月，沿着莫斯科河巡游（每20分钟1班），在沿途的任何一座码头都可以上船。你也可以购买24小时通票，方便随时上下。该公司也提供莫斯科市中心以外的游船，如前往城东郊区Dzerzhinsky的尼科罗尤格雷斯基修道院的乘船游。

Radisson River Cruises

Radisson酒店经营的**big river boats**（www.radisson-cruise.ru; 2.5小时游船 成人/儿童 ₽900/650，1.5小时游船₽650/450; ⏲13:00~21:00; Ⓜ Kievskaya）可搭乘140人，从酒店前的码头或高尔基公园码头出发，沿着莫斯科河巡回游览。夏季时，每天每个乘船点发船5~6次。船体封闭并安装破冰器，因此可全年乘坐，不过冬季发船不太频繁。

圣彼得堡

有数十家公司经营圣彼得堡的游船线路，不过大多数只提供俄语服务。因为冬季封冻，游船只在每年4月至10月运营。船只一般都从涅夫斯基大街与Moyka河、Griboyedov运河和Fontanka河的交叉口附近发出。

Anglo Tourismo

（☎921-989 4722; www.anglotourismo.com; 27 nab reki Fontanki; 1小时游船 成人/学生 ₽650/550; Ⓜ Gostiny Dvor）这是圣彼得堡唯一一家提供英文服务的游船公司。5月至9月，每天11:00~18:30每隔1.5小时发船6月1日至8月31日还提供夜航加班船。这家公司还有免费步行游，每日10:30开始，时长为3小时。

骑行游览

虽然在城里的马路上骑自行车不能得到机动车司机的充分尊重和礼让，但你可以到达更多的地方，参观更多景点，呼吸新鲜空气的同时还能锻炼身体。骑行时请注意安全，并做好必要的防护措施。

莫斯科的**Moscow Bike Tours**（☎8-916-970 1419; www.moscowbiketours.com; 3小时游览₽1800）经营颇受推崇的骑行游，你可以充分享受莫斯科的壮丽景色，从海滨大道堤坝路出发，骑车穿过高尔基公园，一路到达麻雀山，再拐弯进入赫莫夫尼。白天和夜晚都可以出发，周末还有扩展线路。

圣彼得堡的**Skatprokat**（☎812-717 6838; www.skatprokat.ru; Goncharnaya ul 7; 租自行车每天₽400起）提供的白夜骑行受到资深旅行者的充分赞誉，活动从6月初至8月末在每个周二和周四举行。

大巴车游览

莫斯科

Hop On, Hop Off

作为首都旅行下属的一部分，这一多彩巴士（www.hoponhopoff.ru; 成人/儿童 ₽600/400; ⏲10:00~17:00）环绕着市中心运营，经停13个固定站点。你可以在24小时内随时上下车。大巴车每30分钟一班。

圣彼得堡

City Tour

（☎2-718 4769; www.citytourspb.ru）红色双层观光大巴为行走不便或不太愿意走路的人群提供便捷服务。大巴顺涅夫斯基大街开行，经埃尔米塔日博物馆后穿过斯特列尔卡到达彼得格勒，再返回历史中心。成人1日票₽600，可随意上下，上车购票即可。

两地间交通

在莫斯科和圣彼得堡之间旅行非常方便，两地间每小时最少有一班飞机互通往来，白天有特快的游隼列车，较慢的通宵列车可以睡觉，更慢的还有船。

视觉中国 提供

向火车窗外张望的男孩

火车

莫斯科所有去圣彼得堡的火车都从列宁格勒火车站（见381页）发出。圣彼得堡所有前往莫斯科的火车都从莫斯科站（见384页）发车。

不怕排队的话，可直接到两个车站的售票柜台买票，两个车站内都有可以使用信用卡的自动售票机，提供英文菜单。两个车站内都有提供英语服务的旅行社，它们可以代你订票，部分酒店可以帮助订票，这些服务都有手续费。你也可以在www.tutu.ru（俄语）或俄罗斯铁路（www.rzd.ru）购票。

通宵列车

莫斯科至圣彼得堡有10趟通宵列车。大部分列车在22:00到午夜发车，次日6:00~8:00到达。圣彼得堡至莫斯科也有10趟通宵列车。大部分在夜间10:00或次日1:00发车，次日6:00~8:00抵达首都。

在更加舒适的特级或豪华列车（firmeny）上，一等座豪华包厢（lyuks，2人包厢）的票价为₽5500~6000，二等包厢（kupe，4人包厢）的票价为₽3000~4000。

部分从莫斯科发出班次的发车时间和票价如下：

- 2 Krasnaya Strela 23:55，8小时，1等/2等 ₽5800/3600
- 4 Ekspress 23:30，9小时，1等/2等 ₽5500/3400
- 20 Tversk 12:56，8小时，1等/2等 ₽6000/4000
- 54 Grand Express 23:40，9小时，1等/2等 ₽7600/3600

游隼列车

这种列车时速达200公里/小时，全程约4小时，在白天发车。舒适座位的票价为₽3100~3400（早上除外），早上的车票价格超过₽10,000。

部分从莫斯科发出班次的发车时间和票价如下：

- 752 Sapsan 6:45，4小时，₽11,800
- 758 Sapsan 13:30，4.5小时，₽3400

高速列车的窗外

➡ 762 Sapsan 16:30，4小时，₽3200

➡ 764 Sapsan 19:25，4小时，₽3200

飞机

莫斯科与圣彼得堡之间的飞行时长为75~90分钟。从莫斯科3个机场飞出的航班抵达圣彼得堡后，都停靠在普尔科夫机场。从圣彼得堡飞出的航班则由普尔科夫机场出发，不同航空公司的航班分别至3个不同的机场。虽然正常票价是₽3000~3600，但若提前在网上订机票，单程票价可以低至₽2200。

从莫斯科出发

➡ Aeroflot（www.aeroflot.ru）每天从谢列梅捷沃机场出发，一天最多10次航班。

➡ Rossiya Airlines（www.rossiya-airlines.com）从多莫杰多沃出发，每天约8次航班。

➡ S7 Airlines（www.s7.ru）从多莫杰多沃出发，每天约5次航班。

从圣彼得堡出发

➡ Aeroflot（www.aerofl ot.ru）每天有25~30班飞机，分别前往莫斯科的3个机场。

➡ Rossiya Airlines（www.rossiya-airlines.com）约有10班飞机飞往莫斯科的多莫杰多沃。

➡ S7 Airlines（www.s7.ru）每天约有7班飞机至莫斯科的多莫杰多沃。

➡ Transaero（www.transaero.ru）每天约有3班飞机抵达多莫杰多沃和伏努科沃。

➡ UTair（www.utair.ru）每天有4班飞机飞至伏努科沃。

船

莫斯科和圣彼得堡之间有多趟游轮，每趟可搭乘约250名乘客。大部分游轮经停乌格里奇、雅罗斯拉夫尔、戈里茨基修道院、基日岛和Mondrogy（拉杜加湖附近）。游轮到达圣彼得堡后停靠在River Port码头（见385页），其距离Proletarskaya地铁站只有很短的步程。

➡ Mosturflot（www.mosturflot.ru）航程7~10天。

➡ Orthodox Cruise Company（www.cruise.ru）安东·契诃夫号在几大城市间巡航11天。

➡ Rechturflot（www.rechturflot.ru）最快的旅程是雷列耶夫号的6天航程。

➡ Vodohod（www.bestrussiancruises.com）航程时间为10~13天。

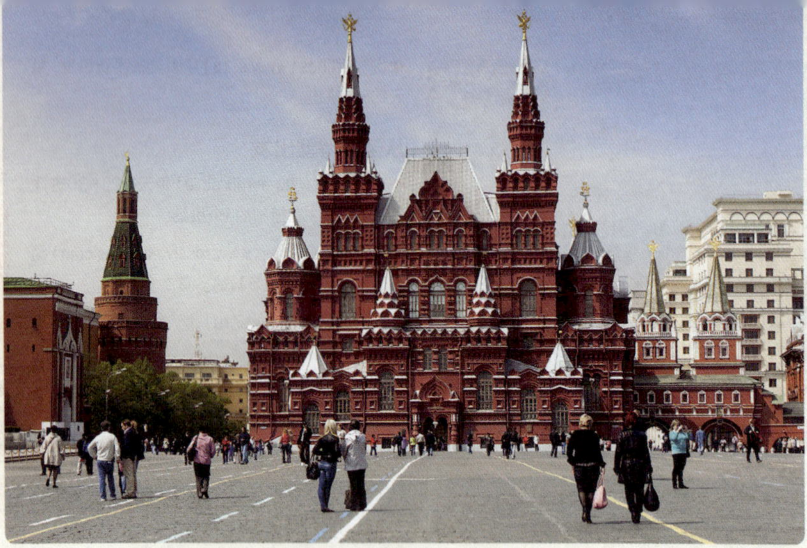

视觉中国 提供

国家历史博物馆（见85页）

博物馆和画廊

莫斯科丰富的历史和多样的文化是这座大都会的亮点，这一切都展现在越来越多的博物馆和画廊中。除了鼎鼎有名的珍品收藏场馆，圣彼得堡城中较小的机构关注着面包、玩具、有轨电车、火车、宗教和伏特加。

博物馆

莫斯科到处是博物馆。历史博物馆铭记着俄罗斯过往的每一个时代，数不胜数的国家大厦如今成了建筑博物馆，军事博物馆铭记着俄罗斯的国家英雄，似乎所有名人都有纪念他们的“故居博物馆”。

作为一座让人惊叹的综合性国立博物馆，圣彼得堡的埃尔米塔日博物馆始于叶卡捷琳娜大帝的珍贵收藏享誉全球，你可以一站式欣赏欧洲名画、金银珍宝以及希腊罗马的雕塑。

画廊

莫斯科拥有两座世界级的美术馆：特列季亚科夫画廊展示俄罗斯艺术，普希金美术博物馆则主要陈列欧洲艺术。两座美术馆都极为壮观，值得花上一天甚至更久去欣赏丰富的馆藏。除此之外，莫斯科还有不计其数的小而精的画廊，专门展示特定艺术家或流派的作品。

在圣彼得堡，埃尔米塔日几乎向你展示了一部西欧艺术史，艾拉尔塔当代艺术画廊和博物馆则把目光放在俄罗斯当代艺术上。

Lonely Planet 最佳选择

莫斯科

军械库（见80页）俄罗斯无价之宝和古董的仓库。

特列季亚科夫画廊（见144页）从古代圣像画，到精致的现代主义，这里收集了俄罗斯艺术精华中的精华。

犹太博物馆和宽容中心（见95页）魔鬼与流浪者，不同政见者及革命分子——一览俄罗斯犹太人的历史。

圣彼得堡

圣彼得堡"三巨头" 埃尔米塔日博物馆（见202页）、俄罗斯博物馆（见218页）、艾拉尔塔当代艺术博物馆（见281页）。

珍品陈列馆（见280页）彼得大帝诡异的收藏，胆小勿入。

法贝热博物馆（见230页）这个新博物馆收藏了帝国时代末期的俄罗斯珠宝。

最佳历史博物馆

莫斯科

克里姆林宫（见66页）从莫斯科的建立起，详述近千年历史。

地堡-42冷战博物馆（见158页）步入地下，看看冷战时期的秘密地堡。

古拉格历史博物馆（见94页）讲述斯大林时期史上最严酷监狱系统的历史。

国家历史博物馆（见85页）海量藏品跨越从石器时代到苏联的俄罗斯历史。

圣彼得堡

彼得和保罗堡垒（见290页）其中有个不错的博物馆讲述城市的历史。

基洛夫博物馆（见294页）以基洛夫为样本，看看布尔什维克精英在20世纪30年代是如何生活的。

最佳文学博物馆

莫斯科

托尔斯泰故居博物馆（见133页）参观俄罗斯最著名的小说家居住和工作的地方。

果戈理大楼（见109页）去看看著名的壁炉，果戈理就是在这里烧掉了《死魂灵》的手稿。

圣彼得堡

普希金故居博物馆（见131页）1837年，国宝诗人在这处"俄罗斯最著名的地址"离开人世。

陀思妥耶夫斯基博物馆（见267页）在这家阴郁的博物馆探索陀思妥耶夫斯基烦扰而卓越的一生。

最佳小众景点

莫斯科

苏维埃街机游戏博物馆（见158页）以街机游戏为题的一堂历史课和社会学研究。

莫斯科设计博物馆（见85页）在一辆黑白大巴上欣赏展品。

莫斯科博物馆（见133页）中世纪历史部分很一般，但巡回展览引人深思又令人费解。

圣彼得堡

珍品陈列馆（见280页）彼得大帝为开启民智而建的私人珍品馆，以展品诡异而闻名。

装饰与应用艺术博物馆（见264页）寻找这座博物馆并不容易，但漂亮的家居展品值得你前来。

行前参考

开放时间

大多数博物馆在10:00~18:00开放，但具体时间常有变化，可留意各博物馆的网站。注意，大多数博物馆每周都至少有一天完全闭馆，一般都是周一或周二。此外，一些博物馆一周中至少有一天将闭馆时间延至夜间。

票价

外国人的票价比本国人的多出50%~100%。儿童、学生和老年人通常有门票优惠，带上ISIC国际学生卡和护照等证件以备用。

语言问题

少数博物馆配有全套英文标识。英文语音导览越来越多，不过质量参差不齐，通常需要提前预约。

最佳当代艺术场所

莫斯科

温萨沃德当代艺术中心（见157页）这座原创后工业艺术建筑群曾经是葡萄酒灌装厂。

红色十月（见146页）曾经的巧克力工厂如今成为艺术和娱乐热点。

Flakon（见98页）曾经的玻璃厂挤满了售卖设计师作品的精品店。

圣彼得堡

街头艺术博物馆（见298页）位于郊区的一家塑料层压板工厂内，墙上画有俄罗斯最著名街头艺术家的作品。

Taiga（见243页）这处城中的艺术创意新港湾靠近埃尔米塔日博物馆，值得探索。

Ploshchad Revolyutsii地铁站

地铁之旅

莫斯科地铁每天运载900万乘客——比纽约和伦敦加起来都要多。当然，这个交通系统的美貌比运力还要惊人且不可忽视：很多站台装饰大理石，绘制壁画，配以镀金装饰品。踏上地铁之旅，去了解莫斯科最有趣、最令人难忘的地铁站台。

Mayakovskaya地铁站

行前参考

- 起点 Komsomolskaya
- 终点 Park Pobedy
- 距离 18公里，1~2小时
- 时间 莫斯科地铁每天的运行时间是5:00至次日1:00。高峰通勤时间，地铁拥挤不堪，所以最佳游览时间是周六和周日的上午，以及平日晚上的20:00以后
- 价格 单程票价₽40，只要不出地铁，不限站数。如果希望在莫斯科停留期间以地铁为交通工具，你也可以以折扣价格买到多程卡（5程₽160，11程₽320）

Komsomolskaya

Komsomolskaya即共青团站，是红线和环线的换乘站。站台根据两名参与早期建设的青年工人命名。可以在红线站台上找找石灰岩柱子顶上的共青团徽标，陶板雕刻展示辛勤工作的志愿者。环线站台巨大的粉刷大厅天花板上的马赛克描绘了俄罗斯的战斗英雄。从这里沿逆时针坐环线可以在沿途各站下车。

Prospekt Mira

Prospekt Mira即和平大道站。这一站台用优雅的白瓷描绘了人们植树、丰收、和谐生活的场景。

Novoslobodskaya

32块彩色玻璃板为新村庄站（Novoslobodskaya）带来了一股新艺术气息。6面窗户描绘了“知识职业”：建筑师、地理学家、农学家、工程师、艺术家和音乐家。

中央大厅的一端是镶嵌画《世界和平》。原先的斯大林画像现已被一对白鸽取代。

Belorusskaya

Belorusskaya即白俄罗斯站。天花板上的镶嵌画歌颂俄罗斯西部邻国的文化、经济和历史，而地板图案则再现了白俄罗斯传统装饰图案。

可以换乘绿色的莫斯科河畔线（依旧延

莫斯科地铁的历史

- 当斯大林宣布要在20世纪30年代建成地铁系统时，忠诚的共产党人挺身而出，伸出援手。数千人在艰苦的条件下辛苦劳作，能够使用的工具仅有铲子、镐头和手推车。约1万名莫斯科共青团员为建设共产主义梦想投入了自己的时间。
- 第一条地铁线路于1935年5月6日7:00开通。上千人通宵等候在地铁站门前，希望登上红线（南至Park Kultury站，北至Sokolniki站）的第一趟列车。1938年，又开通了两条线路。
- 建设工程一直延续到1941年卫国战争爆发，这期间继续增添了两条线路。1941年莫斯科战役期间，很多站台成了防空洞。环线则在20世纪50年代初开放运行。
- 赫鲁晓夫没有斯大林那么奢侈，因此在他继任后修建的站台采用了统一且注重实用性的设计。地铁系统一直在扩张中，如今正随着莫斯科的发展而不断延伸。

续白俄罗斯主题），一路向南。

Mayakovskaya

此站以著名诗人马雅可夫斯基命名，是莫斯科地铁的重中之重。站台赢得了1938年纽约世界博览会大奖，中央大厅为装饰艺术风格，全部用粉红色玫瑰辉石装饰，使用精致纤细的铁柱。天花板上动人的镶嵌画描绘了苏联大地上的24小时。它也是最深的车站（33米），“二战”曾作为防空洞使用。

Teatralnaya

Teatralnaya即剧院站，原名Ploshchad Sverdlova，用来纪念列宁的一位得力助手（他的半身像位于这座站台中）。不过这里的装饰风格恰如其名。陶瓷人像代表了苏联的7个共和国，它们身着民族服装，在自己的故土上演奏乐器。可在此换乘深蓝线。

Ploshchad Revolyutsii

Ploshchad Revolyutsii即革命广场站，充满戏剧张力，简直是一座地下雕塑馆。真人大小的铜塑代表着革命及其后“新世界”中人民的角色。面对电梯，雕像的主题分别为革命、工业、农业、狩猎、教育、体育和育儿。据说摸摸边防卫兵的狗的鼻子会有考试运。可乘坐深蓝线继续往西。

Arbatskaya

这座地铁站位置较浅，1941年曾毁于德军的轰炸中。车站原计划永久性关闭，之后人们又在更深的平行位置新建了一座站台。而在随后的一个世纪里，这条线路的列车服务逐渐恢复，这也解释了为什么两条线路上都

Tour of the Metro 地铁之旅

有Arbatskaya站。

长达250米的Arbatskaya站有最长的站台之一。穗带装饰着拱形天花板，红色的大理石和细致入微的装潢为整个站台增添了一丝巴洛克气息。

Kievskaya

这座典雅的白色大理石大厅点缀着基辅风格的华丽饰带，油画装饰壁板描绘了身穿民族服饰的农民、巨大的蔬菜和其他乌克兰田园元素。

大厅一端的壁画庆祝俄罗斯乌克兰合作300周年。

Park Pobedy

Park Pobedy即胜利公园站，在纪念卫国战争胜利50周年的胜利广场完工后开放。站台极深，拥有世界上最长的扶梯。大厅两端的瓷釉装饰板由祖拉布·采列捷利设计，描绘了1812年和1945年的胜利场景。可以从这里沿着深蓝线返回市中心。

视觉中国 提供

Komsomolskaya地铁站（见41页）

圣彼得堡的地铁艺术

虽然比不上莫斯科地铁的繁复浮夸，但圣彼得堡的地铁也充满艺术细节。最早在1955年开放的红色1号线，其车站设计尤其动人，但其他的新车站也有艺术装饰。

Admiralteyskaya 城里最深的地铁站，有关于彼得大帝统领俄罗斯舰队的马赛克。

Avtovo 支撑顶部的圆柱上有大理石和雕花玻璃，庙宇般的入口有士兵浮雕。

Baltiyskaya 天花板的线性装饰上有波浪起伏的图形，站台尽头的大理石马赛克描绘了1917年“极光号”的一声炮响。

Kirovsky Zavod 装饰灵感来自油井和工业。站台尽头有列宁半身像。

Narvskaya 扶梯上方有列宁和欢庆的无产阶级浮雕，站台圆柱上雕刻有矿工、工程师、水手、艺术家和教师。

Pl Vosstaniya 站台两边各有列宁和斯大林的雕刻圆盘。找一下坦克上的列宁及与喀琅施塔得水手在一起的列宁。

Pushkinskaya 站台尽头有一尊普希金的雕像，扶梯上方有他头部的铸像。还可到站外看一眼附近现代风格的Vitebsk火车站。

Tekhnologichesky Institut 往南的站台有俄罗斯著名科学家的浮雕，往北的站台沿圆柱列出了俄罗斯重大科学成就的取得时间。

1

3

1. Avtovo 地铁站

2. Narvskaya 地铁站雕塑

3. Pushkinskaya 地铁站

视觉中国 提供

三文鱼子菠菜煎饼

就餐

请感受在餐馆里享用俄式佳肴的美好时光，莫斯科和圣彼得堡都在成为新兴的美食之都。从老式的俄罗斯大餐到名厨美食，大胆的厨师打破陈规，向全世界展示他们的创造力。他们引进外来食材，重新发现古老的烹饪技术，并创造出新的技巧。

本地传统特色

俄罗斯传统美食受到了气候和阶层的严重影响。漫长的冬季和短暂的生长季节决定了这里的美食必须依赖于根茎蔬菜，如土豆和甜菜。新鲜的农产品比较罕见，蔬菜通常为腌制的，水果则以蜜饯的形式供应。俄罗斯有句老话："圆白菜汤和燕麦粥是我们的营养品。"这句话强调汤和谷物的重要作用：帮助农民度过寒冷黑暗的冬季。

早餐

俄式早餐包括半份燕麦粥（其中有荞麦、小米、燕麦和粗麦粉）、俄罗斯可丽饼——一种薄薄的、类似可丽饼的煎饼，有甜、咸口味的馅料。

开胃菜和沙拉

无论是作为正餐的头盘，还是搭配伏特加的下酒菜，开胃菜都是俄罗斯菜肴中的重要部分。曾几何时，一位好客的主人总是在桌子上摆满各式开胃菜，等待宾客的到来。

鱼子酱是沙皇时代和现代俄罗斯最著名的开胃菜。最好的鱼子酱是来自奥斯特拉鲟鱼的黑色鱼子酱。然而，由于过度捕捞，鲟鱼数量近年来直线下降，导致鱼子酱价格攀升，鱼类面临灭绝。比较便宜的选择是红色的鲑鱼鱼子酱。俄罗斯人会把鱼子酱涂在抹好黄油的面包上，配上少量伏特加或香槟。

比较传统的菜单提供各种各样的沙拉，它们的名字往往令你百思不得其解。最受喜爱的是俄式马铃薯沙拉，搭配切好的鸡肉或火腿、土豆、鸡蛋、豌豆和美乃滋酱。另外一款经典沙拉叫作“穿裘皮大衣的鲱鱼”，由鲱鱼、甜菜和土豆制作而成，色彩丰富。

汤

汤类可能是俄式烹饪的顶峰，经典菜单和居家厨房中都有各式冷热汤品。最著名的便是红菜汤（甜菜根汤），其他深受青睐的汤有由腌制蔬菜和一点柠檬制作的酸辣浓汤solyanka，以及用格瓦斯烹制的冷汤okroshka。

汤品是俄罗斯正餐中的头盘，因此它们通常会出现在标题“Pervaya”（头菜）的下面。

主菜

传统的俄罗斯主菜多是油腻的肉菜。炸肉排和烤肉串是菜单上常见的人气配菜，常常列在主菜或第二道菜下面。

火锅恰如其名，是一种肉类炖菜，热气腾腾地盛放在单人陶锅中食用，是冬季最舒心的选择。

俄罗斯饺子源自西伯利亚，如今处处可以品尝到。这些一口一个的俄罗斯小饺子通常是牛肉或猪肉馅，配酸奶油食用。三文鱼和蘑菇馅饺子也可以在现代莫斯科餐厅的菜单中见到。

都市新潮流

站在全俄罗斯时髦新潮的浪头之巅，莫斯科和圣彼得堡永远引领美食的潮流变革，不用担心你的胃口对传统俄餐水土不服，请尽情享受都市新口味带来的满意微笑。

外国料理

莫斯科和圣彼得堡都经历过寿司热，现在你还会在很多菜单中看到寿司，但这股对生鱼的狂热正逐渐消退。如今莫斯科美食圈对国际美食萌生兴趣。如果厌倦了甜菜汤和炖牛肉，你也可以在莫斯科找到精美的法国、意大利和美式餐厅，更不用说中餐、黎巴嫩菜、泰国菜、土耳其菜等。在莫斯科，你值得留意那些来自中亚及高加索的丰富美食。城里遍布最具代表性的亚美尼亚、阿塞拜疆、

行前参考

营业时间

很多餐厅的营业时间都是从中午到晚上，一般周五和周六营业到较晚才打烊。

商务午餐

16:00或17:00前就餐，有时可以享受高至八五折的优惠。此外，很多地方在这个时间段提供价格固定的“商务午餐”，这也是品尝城里昂贵餐厅里美味的好方法。

餐厅订位

大部分奢华的餐厅需要提前预订晚餐，周末的午餐和早午餐也需要提前预订。对于不需要订位的餐厅，如果你想坐在特定的位置还是建议预订，比如露台。

小费

莫斯科的小费标准是10%，比较休闲的餐厅也会接受稍小的份额。服务费往往包含在餐费里，所以不需要单付。在圣彼得堡，小咖啡馆和便宜的餐馆不用给小费，不过如果你对服务满意的话可以在付款的时候顺便凑个整。

服务

服务有改善，但除了高档餐厅之外其他的地方不算理想，而高档餐厅又经常热情过头。最主要的问题是大部分服务员的英语不太好。

英文菜单

它们是母语非俄语顾客的命根子，几乎所有的好餐馆都提供，不过便宜的咖啡馆里通常没有，就算有也有翻译问题。

网络资源

➡ **Restoran.ru**（www.restoran.ru）餐厅评价、菜谱和莫斯科美食圈的其他新闻。

➡ **Moscow Times**（www.themoscowtimes/guides/dining）出版了一本美食指南，可以按照美食、地铁站和其他特点搜索。

像本地人一样吃喝

在莫斯科，你可以尝试自己烹饪俄罗斯大餐。**Taste of Russia**（见434页地图；☎8-906-717 8290；www.tasterussia.ru；bldg 4, Kazarmenny per 3；3小时课程 ₽3500，市场游览 ₽1500；Ⓜ Kurskaya）提供英语课程，以及市场游览、品酒及儿童特别课程。烹饪课晚上开班，你可以先制作好美食，最后享用。

而在圣彼得堡，和当地人一起吃食堂的体验非常入乡随俗。这类食堂是苏联时代的遗存，通常没有招牌且位于地下室和院子里，但如果你偶然遇到（找一下столовая的标识），大家通常会非常欢迎你进去。除了奇特的体验，你在这种地方吃饭会省下一大笔钱。

Marketplace（见284页）和Obed Bufet（见267页）采用了食堂的基本理念，并以现代迷人的空间将其变得更加吸引圣彼得堡的就餐者。

格鲁吉亚和乌兹别克餐厅，后厨掌勺的往往是来自该国的大厨。特别是被称赞为“天堂饭菜”的格鲁吉亚菜，除了第比利斯，你只在莫斯科有机会尝试这种调味丰富的美食。

如今的圣彼得堡也健康地混合了非俄罗斯的菜系，从泰国菜和印度菜到美国菜甚至立陶宛菜，不一而足。如今的潮流似乎是风味汉堡包，但风向可能会很快转变：这里有大量不错的法国菜、德国菜、意大利菜和泛亚洲菜系。不过更常见的是融合了国际口味的菜单：俄罗斯菜、比萨、寿司和面条全部列在一起吸引你的注意，如此这般很多时候都意味着这四种都相当平庸。

创意餐饮

莫斯科当下最令人兴奋的美食潮流是“名厨名菜”。从名字中不难看出，一群年轻的厨师结合了本地和国际最佳元素，打造出了自己的烹饪品牌。时令菜单注重本地食材，但烹饪技艺、食材制备和口味都融合了世界各地的元素。经过他们设计的菜单创意十足、独具一格，而且非常美味。这一烹饪新趋势在一年一度的**Omnivore Festival**（www.omnivore-moscow.ru）上得到充分展示。节日在每年3月举办，为期5天，设有大师烹饪课、试吃、餐饮，最后在大型美食派对中达到高潮。

在圣彼得堡，有越来越多的创意餐饮结合了传统与现代俄罗斯菜。大厨们重新探索了他们的烹饪历史，慢慢摒弃了数十种常见的俄国标准菜式。他们烹饪更为罕见甚至已经被遗忘的菜式，比如精细而有趣的鹿肉和鸭肉，并结合了香草与新鲜的有机蔬菜。

素食

素食的美食革命为素食主义者带来更多的选择，大多数餐馆提供至少一道素食菜肴。另外，莫斯科也不乏印度及意大利餐厅，它们都提供素食选择。

在圣彼得堡，你可以找找素食连锁店Troitsky Most和Ukrop，以及Botanika（见268页）、Idiot（见255页）和Samadeva（见237页）等独立餐厅。不少非素食餐厅也为素食者提供丰富的选择。

在东正教复活节之前的40天里，两座城市的许多餐厅均提供没有任何动物类食材的四旬期菜单。

Lonely Planet 最佳选择

莫斯科

Delicatessen（见99页）在莫斯科最小、最友好的美食餐厅里喝酒、吃饭、聊天。

Café Pushkin（见113页）莫斯科经久不衰的人气餐厅，可以在最具贵族气息的小楼里品尝传统俄罗斯美食。

Khachapuri（见112页）这家以格鲁吉亚特色美食命名的餐厅休闲而现代。

圣彼得堡

Teplo（见254页）迷人、亲切而古怪，一直很受欢迎。

Yat（见238页）一家有着乡间小屋之感的传统迷人餐厅。

Duo Gastrobar（见267页）有超级时髦的融合菜式，以及同样讲究的环境。

各类预算的最佳选择

€

莫斯科

Varenichnaya No 1（见134页）这家友好的家庭餐厅提供饺子和其他老式俄罗斯菜肴。

Shawarma Republic（见98页）独特的烤肉"联合国"在一座花园里为你奉上大餐。

Dukhan Chito-Ra（见162页）这里有高加索山脉这一侧最好的格鲁吉亚大褶包子。

圣彼得堡

Soup Vino（见237页）热情时髦的小咖啡馆，食物很多，适合吃一顿便宜的午餐。

Dekabrist（见254页）适合在逛完埃尔米塔日之后来吃饭，这家现代的咖啡馆性价比极高。

€€

莫斯科

Ragout（见115页）富有创意的佳肴、时尚的食客和实惠价格的稀有结合。

Favorite（见113页）这里深受本地人和外国侨民青睐，提供汉堡、牛排和啤酒。

圣彼得堡

Chekhov（见300页）在传统俄式别墅的环境里供应美味的俄国菜。

Romeo's Bar & Kitchen（见254页）这家新开的意大利餐厅快速收获了很高的风评。

€€€

莫斯科

Ugolyok（见113页）一次性享受前卫、艺术、优雅的美食和设计。

Brasserie Most（见101页）从布列塔尼、阿尔萨斯到科西嘉岛的奢华美食之旅。

圣彼得堡

Sinhoto（见239页）四季酒店里超级时髦的餐厅，美食与高雅的环境交相辉映。

MiX in St Petersburg（见239页）W酒店的餐厅，由Alain Ducasse掌舵，是城里最讲究的餐厅之一。

最佳菜肴

俄罗斯菜（莫斯科）

Café Pushkin（见113页）像一名老贵族一样，品尝俄式大餐。

Chemodan（见136页）来尝尝西伯利亚野味吧。

俄罗斯菜（圣彼得堡）

Sadko（见254页）在上菜间歇有侍者唱歌剧，人们最喜欢从马林斯基剧院来这里吃饭。

高加索菜（莫斯科）

Khachapuri（见112页）价格实惠，但格鲁吉亚美味不变。

Barashka（见101页）在怀旧的Baku小院中，品尝异域风格的阿塞拜疆美食。

Elardzhi（见135页）在舒适酷炫的院落中，为你奉上传统格鲁吉亚美食。

高加索菜（圣彼得堡）

Khochu Kharcho（见253页）这家格鲁吉亚餐厅全天候供应丰盛的餐食。

Brynza（见269页）也是一家全天供餐的高加索餐馆，紧邻涅夫斯基大街。

素食（莫斯科）

Fresh（见98页）不仅新鲜，而且多样、营养，令人食指大动。

Moscow-Delhi（见162页）莫斯科市中心的隐秘印度乡村厨房。

素食（圣彼得堡）

Idiot（见255页）这家素菜馆富有氛围，是游人的最爱，早午餐很有名。

Botanika（见268页）这家餐厅的素食主义化为一种你在别处找不到的禅意。

Griboyedov（见273页）

饮品和夜生活

过去，莫斯科和圣彼得堡的本地酒馆被称为“ryumochnaya”。这个词来自“ryumka”，指一口闷的烈酒杯。这种酒馆通常环境嘈杂，除了杯装烈酒以外不售卖其他任何商品。而现在，两座城市的饮酒选择已充分多元化，除了老式酒馆，人们还可去葡萄酒吧、威士忌吧、鸡尾酒吧、体育酒吧和精酿酒吧等场合畅饮。

喝什么

伏特加

伏特加在俄语中是对水的爱称，意思是“小水滴”。一般伏特加都会被倒入一个小酒杯中，之后配上一块泡菜。饭店里几乎没有劣质伏特加，所以不认识牌子也别怕。不过，冰伏特加才是最地道的喝法。近几年来，鸡尾酒变得日益时尚，不能饮酒的人们至少可以在伏特加中混合其他成分来逃过一劫。

啤酒

很多旅行者会感到意外：莫斯科和圣彼得堡最受欢迎的酒精饮料其实是啤酒。Baltika占据了主要市场份额，酿造至少12种啤酒。Vasileostrovskaya则是在圣彼得堡深受欢迎的本地牌子，得名于产地瓦西里岛。

葡萄酒

每逢特殊场合或剧院节目的间歇，俄罗斯人都有饮用气泡酒的传统。这种酒甜得发腻，怕甜的话可以选择标有“sukhoe”（干）的气泡酒。如今莫斯科还剩下少数几间气泡酒酒吧，如Gavroche Wine Bar（见137页）、3205（见102页）和Jean-Jacques（见270页），莫斯科人在这里啜饮来自欧洲的复古美酒。

格瓦斯

格瓦斯是经过发酵的黑麦面包水，含有少量酒精。其冰凉、清爽并稍带甜味，如同姜汁啤酒一般，是深受人们青睐的夏季饮品。在街头小吃车和餐厅中常可以享受到这份凉爽的美味。

去哪里喝

饮酒是俄罗斯最受欢迎的全民消遣。任何场合和任何季节都有饮酒场地。枝繁叶茂的庭院中坐落着啤酒花园，集体公寓已成为舒适的咖啡馆。像ul Arbat和Dumskaya街这样的街道，则是青少年、流浪汉和酒鬼的出没之地。新兴艺术场所自然会充满小酒馆，而在城里几乎所有的餐馆，你都可以点一杯酒喝个惬意舒适。

夜店

莫斯科夜店因快速的节奏和激烈的活动量而声名远扬。一些夜店为保证客人能够撑起夜店的脸面而实施“颜值门槛”，只允许被选中的少数人免费进入。不过被挑剩下的人也还有一些其他夜店可供选择，这些地方也有不错的音乐、浓烈的饮品和酷炫的气氛。

在莫斯科的这些不设“颜值门槛”的酒吧区探索夜生活，你可以遇到来自世界各地的友善的人：

➡ **City Pub Crawl**（www.citypubcrawl.ru; ₽1500）5家酒吧，5种饮品，偶遇一群快乐的莫斯科旅行者。

➡ **Moscow Pub Crawl**（www.moscowpubcrawl.com; ₽600）付入场费便可以进入4间热门酒馆，每人都可以获得一杯迎宾酒。

圣彼得堡有先进的现场演出场地、时髦的酒吧、英伦酒馆，以及为数不少的潮人场所。Dumskaya街无疑是圣彼得堡派对文化的中心，在周末的后半夜，这里确实很值得一看。要想去更具有波希米亚风情的场所，就去沃思塔尼亚和Fontanka河边的沿河街，你在那里能找到许多酷酷的酒吧和夜店。

咖啡馆

放心，你附近总会有一家Coffee House（Кофе Хауз）、Ideal Cup（Идеальная Чашка）或是Shokoladnitsa（Шоколадница），甚至能找到星巴克（Старбакс）和Costa Coffee等世界知名品牌。大多数餐厅也供应咖啡，质量都很好。不过，独立咖啡馆的氛围和意境更好，很值得一观。圣彼得堡大约有半打认真的咖啡店，制作方法包括虹吸和手冲。

莫斯科的夏日非常短暂，所以本地人需要充分利用此时的温暖。大家都喜欢待在户外。我们很喜爱这些莫斯科的夏日咖啡馆：Manon Club（见117页）、Le Boule（见151页）和3205（见102页）。

行前参考

营业时间

大多数酒吧的营业时间与餐馆保持一致（从中午到午夜）。一些酒吧会营业到次日5:00或6:00，周五和周六晚上尤其会这样。

多少钱?

一扎啤酒或一杯伏特加，价格在₽100~400。在高端的夜店里，鸡尾酒价格为₽500甚至更高。此外，除了非常高级的场合，你基本不需要付小费。

法律法规

在公共场合饮酒是合法的，甚至在上班的路上都可以喝酒，但禁止带上地铁。俄罗斯的合法饮酒年龄是18岁，超市卖酒时会检查身份证明。注意，商店不得在20:00至次日11:00卖酒，所以请提前买酒。

吸烟

俄罗斯从2014年开始禁烟。餐厅、咖啡馆、酒吧和酒店内均禁止吸烟，只能在室外吸烟。

如何通过夜店的“颜值门槛”

➡ 精心打扮：女士穿上短裙和高跟鞋，男士穿着长裤和皮鞋。

➡ 一群人一同到场，最好男士人数多于女士。

➡ 微笑，并向保镖展示你将为夜店带来的魅力。

➡ 预订位置。在一些高端夜店中，预订需要高昂的“订位押金”。

Lonely Planet 最佳选择

莫斯科

Enthusiast（见102页）一间伪装成滑板车修理厂的酒吧。

3205（见102页）坐落于一座美丽花园中的酒吧，提供内容丰富又富有创意的酒水单。

Time-Out Bar（见116页）美丽的景色配上够酷的鸡尾酒。

圣彼得堡

Borodabar（见239页）一家很潮的鸡尾酒吧，调酒师尽心尽力。

Dead Poets Bar（见272页）这家鸡尾酒吧名声不响但出色认真。

Union Bar & Grill（见272页）这家位于利特尼大街的酒吧大而热闹，满是大胡子客人。

最佳饮品

啤酒（莫斯科）

Favorite（见113页）提供莫斯科本地酿造的Brickstone啤酒。

Cafe Vokzal（见102页）一个面积巨大的小酒馆，便宜的啤酒吸引了学生。

Edward's（见164页）坐落于重建工厂中的本地酒吧。

啤酒（圣彼得堡）

Grad Petrov（见286页）游览一下这里的微型自酿酒吧，然后再品尝其令人印象深刻的杰作。

Brúgge（见287页）这里是比利时啤酒的圣殿，纯粹的精选啤酒就足以让人们光临。

Brimborium（见273页）供应手工麦芽啤酒和有机啤酒，是鉴赏家要去的地方。

鸡尾酒（莫斯科）

Jagger（见117页）Trekhgornaya地区一家令人兴奋的夜店酒吧。

Time-Out Bar（见116页）一天中的任何时间都可以来杯特调鸡尾酒。

Delicatessen（见99页）这家美食酒吧为你提供一系列杀手级鸡尾酒。

鸡尾酒（圣彼得堡）

Borodabar（见239页）这家时尚酒吧的调酒师十分专业。尝尝他们冒烟的老派鸡尾酒。

Dead Poets Bar（见272页）这家成熟的鸡尾酒吧有长绒靠垫和迷人的鸡尾酒。

Mayakovsky（见256页）这家致敬诗人的酒吧里理智的氛围并不影响其享乐主义的酒品。

最佳同性恋和波希米亚场所

莫斯科

12 Volts（见103页）友好而舒适的同性恋夜店，既是避难所也是享受美好时光的好去处。

Secret（见164页）一处同性恋夜店，人们冒着被政治干扰的风险来分享这里的秘密。

Noor（见102页）有一点嬉皮，有一点新潮，还有十足的酷炫。

圣彼得堡

Brimborium（见273页）饮用麦芽啤酒，大嚼自制乳蛋饼并欣赏这家酷酒吧的灯光变幻。

Stirka 40（见256页）店名意为"洗"，并且真的有3台洗衣机。无论你带不带衣服来洗，这家低调的酒吧都是赢家。

Buter Brodsky（见286页）来喝鸡尾酒或是药酒，这里是瓦西里岛最酷的酒吧。

最佳夜店

莫斯科

Gipsy（见151页）一处前巧克力工厂屋顶上的现代牧民聚会。

Manon Club（见117页）舞蹈直到黎明，然后欣赏太阳在莫斯科上方升起。

圣彼得堡

Griboyedov（见273页）这家地堡老夜店一直是本地人的最爱。

Kamchatka（见301页）纪念苏联传奇摇滚乐手维克托·崔（Kino乐队的灵魂人物）的圣殿，也是欣赏本地新乐团演出的佳地。

PETE SEAWARD / GETTY IMAGES ©

马林斯基剧院的表演（见249页）

娱乐

古典芭蕾舞、音乐和戏剧是俄罗斯文化的核心，在莫斯科和圣彼得堡，都有巴洛克风格的剧院让你欣赏一场俄罗斯歌剧、芭蕾或是古典音乐表演。如果你还渴望一些新体验，这里的俄罗斯浴、体育比赛和现代音乐会让你满意。

表演艺术

古典表演艺术是莫斯科最大的吸引力之一。艺术家受到高度赞誉，在遍布城市的优雅剧院中上演着各式节目。更好的消息是，莫斯科和圣彼得堡的大部分剧院刚刚经过翻修，更多现代化场馆投入了使用。

歌剧和芭蕾

从不会有人抱怨俄罗斯缺少古典戏剧或芭蕾。柴可夫斯基、普罗科菲耶夫、里姆斯基-科萨科夫或其他伟大的俄罗斯作曲家的名字绝对会出现在主要大剧院的节目单上。这类编舞或舞台表现相当传统（甚至可以说完全一成不变），不过这也是为什么它们能够成为经典的原因。如果你厌倦了传统，可以留意一些由本地演出公司制作的更加现代的剧目和演出。

莫斯科大剧院芭蕾舞团是莫斯科最大、最著名的歌剧和芭蕾舞公司。这家世界著名公司的保留剧目大都偏古典，风格为巴兰钦或裴堤帕式。近年来，莫斯科大剧院芭蕾舞团首演了很多新作。经过5年的翻新，莫斯科大剧院历史悠久的舞台于2011年向乐迷们开放。

斯坦尼斯拉夫斯基和涅米罗维奇-丹钦科音乐剧院是莫斯科大剧院芭蕾舞团的竞争对

行前参考

票务

如今大多数剧院都提供网络售票。你也可以用更加老式的方式，直接从散布在全市的几座剧院票房或剧院亭中购票。

价格

在莫斯科和圣彼得堡，古典表演艺术的价格挺划算，特别是在一流大剧院之外的地方。而且，这类剧院不会对外国人收取更高的价格。莫斯科的剧院一般票价为₽500左右起，最好的座位价格为₽2000~4000。在圣彼得堡，马林斯基剧院代表了古典表演艺术的最高水平，最好位置的票价是₽6000，其他的普通位置的价格则在₽2500左右。

休馆时间

夏季的旅行者就没那么幸运了，很多表演艺术场馆6月下旬至9月初闭门休馆。

礼仪

欣赏芭蕾舞、歌剧或任何体面的古典艺术表演时，请一定盛装打扮。俄罗斯人在前往这样的场合之前，都会精心装扮一番，因此朴素的你就会成为异类。别穿牛仔服或运动服，至少尝试穿上好看的衬衣或连衣裙。

手，剧院将在2019年迎来百年诞辰。除了古典剧目外，这家著名的剧团还在今年推出了一些具有突破性的芭蕾舞和新锐歌剧。更多年轻的歌剧和芭蕾舞团遍布莫斯科。想尝试实验性的、当代的演出，可以选择开拓性的New Ballet，他们在Basmanny一家小剧院中演出。

在圣彼得堡，马林斯基剧院为世界奉献了尼金斯基、纽瑞耶夫和巴瑞辛尼科夫等芭蕾大师，是所有游人在圣彼得堡的首选。在艺术指导瓦莱里·捷杰耶夫的带领下，剧院越来越强大，而2013年马林斯基剧院新馆的揭幕，无疑令这里重回伟大芭蕾舞与歌剧院的世界版图。上网购票很容易，甚至到了这里之后买票也不难，不过在白夜期间建议提前购票。

除了马林斯基，圣彼得堡还有不少优秀的剧院，如米哈伊罗夫斯基歌剧与芭蕾剧院、亚历山大林斯基剧院、埃尔米塔日剧院和圣彼得堡歌剧院。

古典音乐

在地铁站中，可能会见到才华横溢的音乐家于川流的人群中进行表演，通常是小提琴手独奏维瓦尔第的《四季》，或是长笛演奏家吹起莫扎特或巴赫的作品。虽然可以在地铁中听到好音乐，但我们还是强烈建议你前往地方音乐厅。

在莫斯科，成立于1922年的莫斯科爱乐乐团是这座城市中最古老、最负盛名的交响乐团，他们在柴可夫斯基音乐厅以及莫斯科音乐学院音乐厅演出。莫斯科爱乐乐团每年奉上数百场演出，定义了首都乃至全国管弦乐队的标准。而在城市另一侧的莫斯科国际音乐厅，成立于1990年的俄罗斯国家交响乐团是俄罗斯第一个私有交响乐团。也是在同一时期，活跃的Levine姐妹成立了莫斯科交响乐团，在年轻的弗拉基米尔·齐瓦的指导下，这个后起之秀的演出预算仍不是很高。

圣彼得堡人对待管弦乐十分认真，这也不奇怪，因为大多数的俄罗斯流派都发源自这里。里姆斯基-科萨科夫音乐学校是这里古典音乐界的中流砥柱，会在Bolshoy Zal（大厅）和Maly Zal（小厅）里举办学生表演的音乐会。其优质程度只有肖斯塔科维奇爱乐乐团可以匹敌，这个交响乐团由指挥大师尤里·特米尔卡诺夫带领，举办音乐会的两个音乐厅也分为大厅和小厅。

当代音乐

莫斯科和圣彼得堡不乏新新人类，全俄罗斯和欧洲各地的现场乐队及DJ纷纷在两座城市的夜店和剧院登台演出。在本地夜店的节目表或演出海报上可以看到一些大牌表演。夏季是尤其忙碌的演出季，几大户外音乐节连番上演。

观赏竞技

俄罗斯体育享有国际声誉，俄罗斯冰球、体操和花样滑冰运动员屡屡在国际舞台上获得荣誉。

足球

俄罗斯最受欢迎的观赏竞技运动是足球，俄罗斯超级联赛中有5支来自莫斯科的球队。为了迎接2018年的世界杯，几座崭新的球场正在建设中，足球运动也迎来了蓬勃发展。

莫斯科最成功的球队是**斯巴达克**（FC Spartak；www.spartak.com）。球队的绰号是“肉”。这是因为在苏联时代，球队由集体农场协会赞助。现在，斯巴达克的主场位于新建成的斯巴达克体育场（Spartak Stadium，也被称为Otkrytie Arena），它在市中心以北图什诺机场附近。而斯巴达克的对手**迪纳摩队**（FC Dynamo；www.fcdynamo.ru）也在期待崭新的超现代VTB竞技场（VTB Arena）的建成。这座球场将有45,000个座位，会配备自己的购物和娱乐中心。

圣彼得堡最著名的球队是**泽尼特**（FC Zenit；fc-zenit.ru），这也是一支俄罗斯超级联赛球队，他们的主场为彼得罗夫斯基体育场。

冰球

莫斯科的**中央陆军冰球俱乐部**（HC CSKA；www.cska-hockey.ru）或称“红军队”进入了欧洲曲棍球联盟（KHL）。它是历史上赢得苏联冠军和欧洲杯冠军最多的队伍。球队的主场在CSKA竞技场（CSKA Arena）。圣彼得堡的圣彼得堡陆军冰球俱乐部（SKA；www.ska.ru）同样是一支冰球劲旅，球队的主场是冰宫（Ice Palace）。

俄罗斯浴

除了俄罗斯浴，没有什么能够击败冬季了。没有桑拿那么炙热，却比桑拿湿润一些的俄罗斯浴，可以帮你排掉所有的毒素。

俄罗斯浴通常按性别分开洗浴，所以请赤身裸体地进入蒸汽房。客人可以自己控制温度，或者通过将水浇在灼热的岩石上来增加温度。你也可以添加几片桉树叶，为蒸汽增加香味，然后坐下来注视温度计缓缓上升。

为了排出毒素，改善循环，沐浴者用一束桦树枝（被称为veniki）拍打彼此，你或许需要找个专业人士来帮助。

热到不能忍受的时候可以离开。在公共俄罗斯浴室中，你可以步入一个充满冰水的小瀑布池中，水温的对比可以起到振奋、激励和净化的作用。

如果没有一张摆满零食的桌子或者一杯保温茶，那么俄罗斯浴是不完整的。就当你认为自己已经恢复时，重复整个过程。正如俄罗斯人常说的，lyokum parom（蒸得轻松）。

蒸得轻松

以下是俄罗斯浴注意事项：

- **充分利用瀑布池** 如果没有冷水池，冷水淋浴也可以。在俄罗斯浴结束后，将体温降到正常温度非常重要。
- **不要穿泳衣** 大多数公共俄罗斯浴室都按性别隔开，因此客人可以裸浴。如果男女混浴，可以用一块浴巾包裹身体（浴室会提供）。
- **蒸俄罗斯浴时补水** 茶和啤酒都很常见，多喝水和果汁也非常重要。
- **不要只蒸一轮** 大多数客人会反复回到蒸房。

Lonely Planet 最佳选择

莫斯科

Masterskaya（见103页）欢快的酒吧里提供各式现场音乐，如莫斯科一般兼收并蓄。

Sanduny Baths（见106页）在这座华丽的俄罗斯浴室中蒸去一身的疲惫。

莫斯科国际音乐厅（见154页）河畔的这座现代化音乐厅是享受音乐魔力的艺术殿堂。

圣彼得堡

尤苏波夫宫剧院（第257页）这家迷人的袖珍剧院曾经是尤苏波夫家族的私人剧场。

亚历山大林斯基剧院（见242页）在契诃夫《海鸥》首演的舞台旁观看芭蕾舞和戏剧。

埃尔米塔日剧院（见241页）在埃尔米塔日欣赏一场古典音乐会是很棒的体验。

最佳歌剧和芭蕾

莫斯科

莫斯科大剧院（见93页）在莫斯科最负盛名、历史最悠久的剧院中，欣赏舞蹈家的足尖划过舞台。

斯坦尼斯拉夫斯基和涅米罗维奇–丹钦科音乐剧院（见103页）经久不衰的剧院及芭蕾舞团正在迈向创新。

诺瓦亚歌剧院（见103页）在美丽的埃尔米塔日公园中重现经典。

圣彼得堡

马林斯基剧院（见249页）这家古典的圣彼得堡剧院拥有悠久的历史和炫目的内饰。

马林斯基剧院新馆（见256页）买票进来看看俄罗斯最新的歌剧和芭蕾舞剧院，机会难得。

最佳古典音乐

莫斯科

柴可夫斯基音乐厅（见118页）莫斯科最古老的爱乐乐团在这座巨大的礼堂中演出。

莫斯科国际音乐厅（见154页）俄罗斯国家爱乐乐团雄伟的演出场所。

莫斯科柴可夫斯基音乐学院（见118页）几家不同的专业管弦乐团及学生演奏会在这里表演。

圣彼得堡

里姆斯基-科萨科夫音乐学校（见257页）圣彼得堡古典音乐界的中流砥柱。

肖斯塔科维奇爱乐乐团（见241页）每年12月末举办艺术广场冬日节，上演交响乐和歌剧。

最佳当代音乐

莫斯科

Masterskaya（见103页）首都最热门的独立摇滚场所，藏身在莫斯科大剧院后一个隐匿的角落中。

Sixteen Tons（见117页）欣赏本地演出和俄罗斯大牌节目的经典场所。

圣彼得堡

Kamchatka（见301页）这家夜店致敬维克多·崔，在这里可以看到本地音乐新人的演出。

Fish Fabrique（见274页）圣彼得堡终极音乐现场，是波希米亚人的最爱。

最佳俄罗斯浴

莫斯科

Sanduny Baths（见106页）这座历史悠久、装饰华丽的浴室是俄罗斯浴界的沙皇。

Bersenevskiye Bany（见154页）曾经的Smirnov伏特加酒厂，现已被改建为时尚街区中的一座新浴室。

Krasnopresnkiye Bany（见119页）深受欢迎的公共浴室，设施干净完善。

圣彼得堡

Krugliye Bani（见302页）圣彼得堡最佳的传统俄罗斯浴场所之一。

最佳竞技

莫斯科

斯巴达克体育场（见118页）为莫斯科最成功的足球队提供最先进的设施。

卢日尼基体育场（见138页）仍然是首都最大、最传奇的体育场。

圣彼得堡

彼得罗夫斯基体育场（见301页）看看足球是怎样的全民运动，并去欣赏一场泽尼特的比赛。

购物

在莫斯科和圣彼得堡这两座摩登都市，除了豪华的名品购物中心，你还可以期待遇到由本地设计师设计的富有创意的优美服装和珠宝、创新的艺术、精致的手工艺品，以及亚麻布、玻璃器皿和民俗艺术品……总之，这里的独特纪念品你很难在别处找到。

时装

莫斯科的时装产业方兴未艾，购买时可别被价格吓倒。一些本地设计师另辟蹊径，制作了精妙且高雅的时装华服，你可以到莫斯科随处可见的精品店中试穿。圣彼得堡的时装产业小而富有进取精神，有几个本土设计师的风格先锋而富有创意，尽管他们在迷恋欧洲品牌的本地市场里花了很长时间才得到认同。

皮草

寒冬带来了“穿貂”这种最好也最差的俄罗斯风格，都市人依然将皮草视为最高效、最时尚的保暖方式。本地时尚专家建议，如果在莫斯科和圣彼得堡抗议皮草业的残忍，你会遭遇一圈白眼和尴尬的围观。如果皮草冒犯了你，那就不要在冬天来俄罗斯。

二手与古着

二手货（Секонд-ханд）在莫斯科和圣彼得堡都挺流行，苏联时期的设计、款式和面料如今在年轻人中很受欢迎。苏联时尚品不局限于服装，还包括饰品、音乐、艺术以及全城各处打折出售的垃圾（想想那些旧款相机）。如果你喜欢苏联小摆设，莫斯科的伊兹麦洛娃市场（见159页）除了新造的旅游纪念品也能淘到老宝贝，特别是在周六早上。在圣彼得堡，周日的尤德尔纳亚集市（见302页）有苏联时期的垃圾和古怪的珍宝。

艺术和手工艺

俄罗斯的特色手工艺品是木制彩绘的小摆件。这里有传统的俄罗斯套娃、盘子和器皿上装饰性的花朵图案，也就是著名的霍赫洛马花纹。彩绘漆盒通常是黑色漆底上绘制彩色的容器。

莫斯科的能工巧匠把各种小摆设和小玩意摆满了遍布全城的纪念品商店和伊兹麦洛娃市场。你可以随意砍价，但不要指望价钱会低到八五折或九折。值得一提的是，Gzhel村位于莫斯科东南50公里处，自14世纪起便以陶器出名。所有人都在离开俄罗斯时果断买上一件Gzhel瓷器：波浪曲线的白瓷上印着钴蓝色的花朵图案。

圣彼得堡全城满是出售手工艺产品的纪念品商店。寻求一站式丰富选择，不妨去Northway（见257页）逛逛。其他不错的纪念品还有琥珀首饰、传统木彩蛋和瓷器，瓷器可以去圣彼得堡众多的皇家瓷器厂专卖店购买。

纺织品

莫斯科曾因纺织业闻名于世，如今仍然出产各式物美价廉的柔软亚麻和羊毛制品。俄罗斯凉爽湿润的夏季和肥沃的土壤为生产亚麻提供了理想环境，这种优雅耐用的纺织品在俄罗斯被称作“亚麻殿下”。两座城市尤其是莫斯科都出产包括桌布、餐巾、床盖和睡衣在内的优质的亚麻布产品，价格和中国相比占不到优势，但质朴的款式和优良的质量值得你花钱。

行前参考

营业时间

大部分商店10:00~20:00营业。大型购物中心营业至22:00甚至更晚。周日商店营业时间缩短，中午至20:00。

海关规定

超过100年历史的物品不得带离俄罗斯。任何"艺术类"的物品，如艺术品、乐器、古董甚至古董书（即1975年之前出版的书籍）必须经由专家管理委员会（见392页）的评定。你需要带两张物品的照片、收据和你的护照。相关官员会开具付税证明，出境时你需要提供给海关人员。

信用卡

通常较高档、较大的店铺都接受主流信用卡，现在越来越多的小店和超市也接受了。

鱼子酱

鱼子酱可能是俄国特产的代表，在超市和专卖店有不同价位的鱼子酱供挑选。但请留意，购买黑鱼子酱会产生环境责任问题：里海的鲟鱼过度捕捞已经造成危机，野生鲟鱼子的国际贸易自2006年起已被禁止。

Lonely Planet 最佳选择

莫斯科

伊兹麦洛娃市场（见159页）巨大的纪念品市场是克里姆林的寻宝地。

Khokhlovka Original（见165页）这些非比寻常且颇有争议的服饰，都出自俄罗斯青年设计师合作社。

Podarki vMeste s Vorovski（见105页）设计师礼品——从毛毡靴子到源自民间瓷器中得到灵感的雅致设计，不一而足。

圣彼得堡

Taiga（见243页）这里的店铺很酷，距离埃尔米塔日不远，值得探索。

尤德尔纳亚集市（见302页）这里迷人而杂乱，可以在垃圾堆里淘宝贝。

Dom Knigi（见243页）这座漂亮的建筑是城里最令人印象深刻的书店。

最佳艺术品

莫斯科

温萨沃德当代艺术中心（见157页）莫斯科第一家后工业当代艺术中心内驻扎了几间高端艺术画廊。

Artefact Gallery Centre（见139页）这片高端画廊区出售各种绘画和艺术作品。

圣彼得堡

艾拉尔塔（见287页）这里的商业美术馆是购买当代俄罗斯艺术品的好去处。

博雷艺术中心（见275页）把握着本地地下艺术的命脉。

最佳手工艺品

莫斯科

Ochevidnoyeneveroyatnoye（见166页）超现实的、发人深省的、幽默有趣的以及一切非常规的礼品，都可以在温萨沃德当代艺术中心找到。

装饰与民俗艺术博物馆（见97页）一排迷你小店中堆满了手工艺珍宝。

Russian Embroidery & Lace（见138页）手工毛衣、连衣裙、亚麻制品和其他可爱的物品。

圣彼得堡

Northway（见257页）城里购买套娃以及许多其他俄式纪念品的好地方。

Yakhont（见245页）是购买本地产首饰的好地方。

最佳时装

莫斯科

Khokhlovka Original（见165页）在这家隐秘的展厅中体验最棒、最大胆的俄罗斯设计。

Flakon（见98页）改建后的工厂被售卖设计师产品和服装的商店所占据。

Razu Mikhina Workshop（见166页）坐落在温萨沃德当代艺术中心中的Darya Razumikhina工作室出售各式民族未来主义风格的服装和别致的珠宝。

圣彼得堡

Day & Night（见302页）大牌和国际时尚品牌专门店，位于彼得格勒区。

Nevsky 152（见277页）一家非常精致的"概念店"，各种国际时尚品牌都聚集在同一屋顶下。

8 Store（见243页）位于Taiga内，这家时尚的精品店出售来自本地设计师的服装与饰品。

莫斯科

视觉中国 提供

红场的救主门塔

LONELY PLANET / GETTY IMAGES ©

探索莫斯科

莫斯科

重要景点

区域速览

❶ 克里姆林宫和基泰格罗德

见64页

近900年来，红场和克里姆林宫一直都是莫斯科的历史、地理和精神中心。区内一些重要历史景点不容错过，例如固若金汤的城堡、圣瓦西里主教座堂那标志性的洋葱形屋顶，还有列宁的花岗岩陵寝。基泰格罗德附近大街布满教堂和古老建筑。这片区域是所有莫斯科之旅的起点。

❷ 特维尔和Novoslobodsky

见91页

特维尔大街附近街道纵横，活力四射的特维尔地区栖身其间。这个地区的古老建筑和现代商业出类拔萃，不但是文化中心（拥有20多座剧院和音乐厅，包括举世闻名的莫斯科大剧院），而且还是莫斯科最为活跃的商业区，街道两边布满餐馆、商店和其他类似

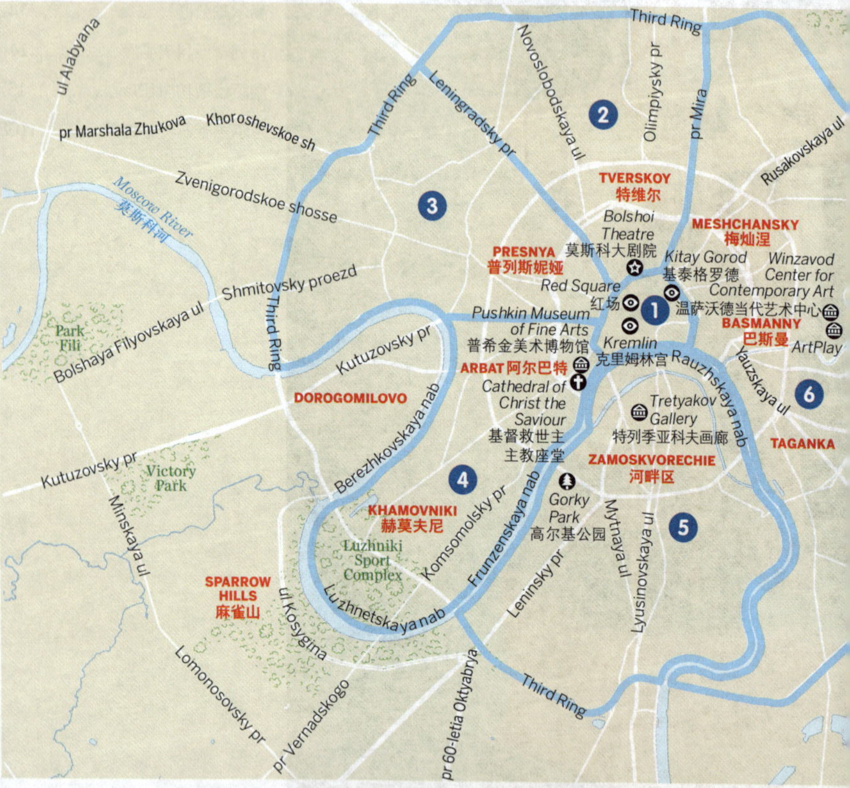

Sanduny Baths（湿蒸桑拿房）的场所。

③ 普列斯妮娅 见107页

普列斯妮娅地区地域广阔、丰富多彩，历史绵延数百年，最近300年开始发展。这个地区景点不一而足，包括各式各样、引人入胜的建筑，几处闻名遐迩的文学遗迹，还有更多常见的旅游场所，例如动物园和天文馆。普列斯妮娅亦是莫斯科高端餐馆聚集地，包括备受赞誉的Café Pushkin。原先的Trekhgornaya纺织厂正在迅速成为夜生活和餐饮中心。

④ 阿尔巴特和赫莫夫尼 见120页

阿尔巴特和赫莫夫尼相互毗邻，文化氛围浓郁。莫斯科最负盛名的阿尔巴特大街颇有几分艺术市场的意味，还有肖像画家和街头诗人游走其间。附近街道遍布博物馆和画廊，包括世界一流的普希金美术博物馆。赫莫夫尼既有历史悠久的新圣女修道院和公墓，又有几座别具一格、落成较晚的博物馆。继续远行，可去莫斯科河观览一些重要景致，例如胜利公园。

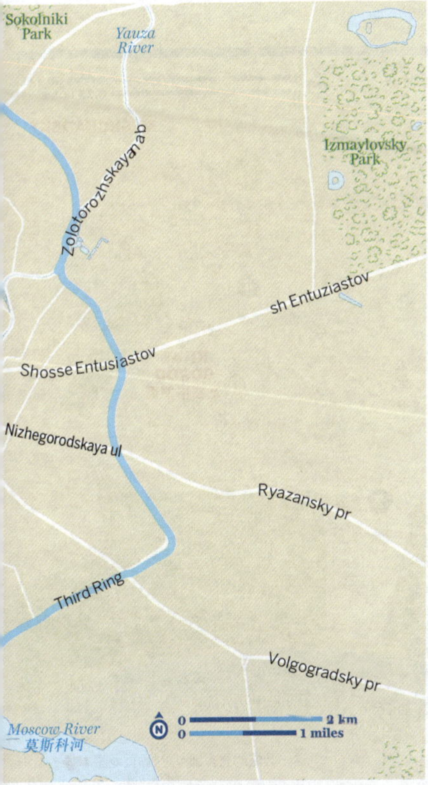

⑤ 河畔区 见140页

莫斯科河以外涵盖克里姆林宫对面河岸的大片区域。这里正是莫斯科传统艺术博物馆特列季亚科夫画廊的所在地，也是莫斯科首屈一指、激动人心的当代艺术和娱乐活动基地，就在红色十月巧克力工厂旧址。郁郁葱葱的高尔基公园位于莫斯科河沿岸以南，城市南面有两座古老的要塞修道院。

⑥ 梅灿涅和巴斯曼 见155页

梅灿涅和巴斯曼位于城市东部、小巧的亚乌扎河沿岸。前者人流熙攘，保持着19世纪的古色古香。后者基本上是老旧工厂，如今被特立独行的人士占据，他们开设风格新颖的后现代画廊和俱乐部。亚乌扎河南边的塔甘斯卡亚街道就像一个迷宫路口，实在难找，但是这里有一些非比寻常的旅游景点，例如地堡-42和俄罗斯圣像画博物馆。

克里姆林宫和基泰格罗德

区域亮点

❶ 漫步游览**克里姆林宫**（见66页）宫城；探索发现具有500年历史的精湛艺术、政权中心和虔诚信仰；前往军械库，瞻仰皇室珍宝。

❷ 欣赏**圣瓦西里主教座堂**（见83页）的绚丽色彩和多样圆顶。

❸ 来到**列宁墓**（见81页），缅怀弗拉基米尔·伊里奇·列宁和其他共产主义领导人。

❹ 寻找那些藏身**基泰格罗德**（见419页地图）陋街僻巷的古老教堂。

❺ 在**克里姆林宫芭蕾舞剧院**（见90页）观赏芭蕾舞演员在舞台上忘我旋转。

这一区域的更多细节见419页地图

探索克里姆林宫和基泰格罗德

如果只在莫斯科停留一天，你很有可能将全部时间都花在游览克里姆林宫及基泰格罗德。即便是停留更长时间，你也可能花费一天以上的时间去探访这里的教堂和博物馆，体会建筑背后蕴含的权力象征。

这个地区的主要景致集中位于红场周围和克里姆林宫围墙之内。先去红场还是克里姆林宫并不重要，关键是要为两处预留时间。克里姆林宫参观计划应该根据军械库入场门票进行规划：军械库门票必须提前购买，上面标明入场时间。

红场既是知名旅游景点，又是音乐会、节庆、阅兵以及其他官方活动的举办地点。因此，红场有时对外关闭，平时总是人满为患。要么清晨早来，要么深夜晚来，因为此时广场游客稀少、视野开阔、庄严宏伟，可以一饱眼福。

如果时间充裕，可以徜徉在基泰格罗德的中世纪街道，寻访那些古老隐秘的教堂，逛商店和咖啡馆。相比克里姆林宫和红场的熙攘喧嚣，这里真是别有洞天。

当地生活

➡ **公园** 莫斯科民众并不经常前往红场，他们特别喜欢亚历山大公园，来到公园沿着花丛漫步、拍照，累了就慵懒地躺在草地上。

➡ **婚宴** 无名烈士墓是莫斯科婚宴首选地点。婚宴期间，宾客抓拍照片、畅饮香槟，新郎新娘走向墓地献上鲜花，以示祭奠。

➡ **商场** 对于大多数莫斯科民众而言，古姆国立百货商店的商品价格昂贵、消费不起，而Solovaya 57的饮食价格并不算高得离谱，午餐时段门外本地人排起的就餐长龙就是最好的例证。

到达和离开

➡ **地铁** 三条地铁线路交会于红场。绿色线路设Teatralnaya站，红色线路设Okhotny Ryad站，蓝色线路设Ploshchad Revolyutsii站。

➡ **地铁** 橙色线路和紫色线路交会于基泰格罗德，两个站点都用该区名称命名。红色线路另设Lubyanka站，通过该站来往基泰格罗德比较方便。

独家贴士

如果白天来到红场，感觉景象壮观，夜晚应该再次造访，此时人潮散去，绚烂的灯光投射于古老建筑之上，如梦如幻。

最佳餐厅

➡ Loft Café（见87页）

➡ Friends Forever Cafe（见87页）

➡ Coffee Mania（见87页）

➡ Bosco Cafe（见87页）

详细介绍见87页 ➡

最佳饮品

➡ Cafe Tantsy（见88页）

➡ Dissident Vinoteca（见88页）

➡ Mandarin Combustible（见88页）

详细介绍见88页 ➡

最深刻的苏联印迹

➡ 列宁墓（见81页）

➡ Stolovaya 57（见87页）

➡ 卢比扬卡监狱（见158页）

➡ Four Seasons Moscow（见187页）

详细介绍见85页 ➡

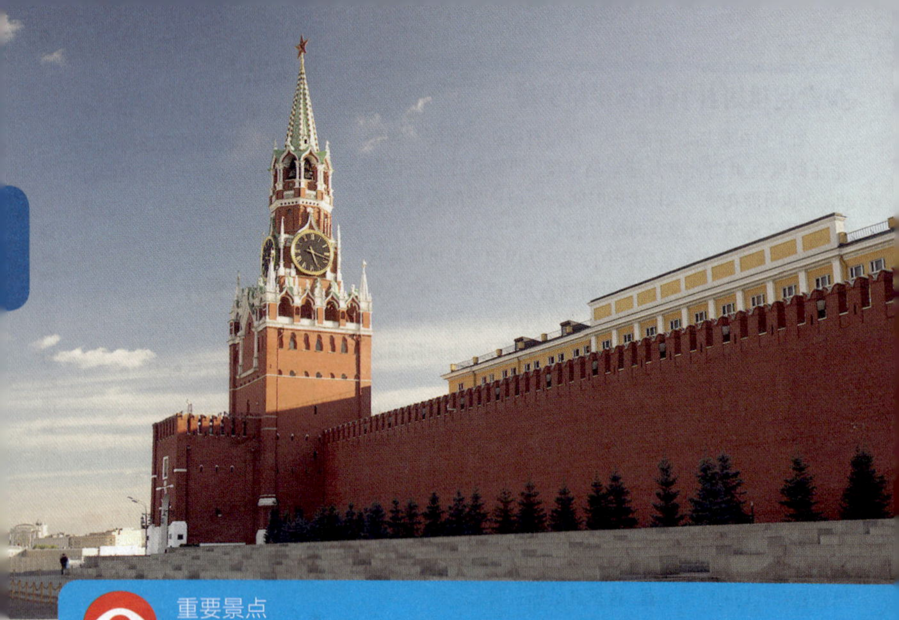

视觉中国 提供

重要景点

克里姆林宫

作为俄罗斯最高政权象征以及曾经的东正教中心——克里姆林宫（Кремль）不仅是莫斯科的核心，还是俄罗斯的核心。无论专制沙皇、共产主义领袖，还是当代总统，都在这里尽展才华，左右俄罗斯发展。在这些红砖墙壁内和篷顶塔楼下，蕴含着艺术成就、宗教礼仪和政治权力。

入口塔楼

库塔菲亚塔

库塔菲亚塔（Кутафья башня，Kutafya Tower，见419页地图）如今充当游客主入口。这段坡道曾是横跨涅格林纳亚河（Neglinnaya River）的大桥，过去也是克里姆林宫防御工事的一部分。19世纪以来，涅格林纳亚河已被改为地下河，川流于亚历山大公园之下。克里姆林宫这一侧原本矗立着许多外部桥塔，如今仅存库塔菲亚塔一座。

三一门塔

离开库塔菲亚塔，踏上那段坡道，穿过克里姆林宫城墙，头顶就是建于1495年的**三一门塔**（Троицкая башня255，Trinity Gate Tower）。该塔总高80米，高度位列克里姆林宫塔楼之首。门塔脚下就是16世纪的囚犯监狱。

不要错过

- 圣母升天主教座堂带有壁画的内部景象
- 天使长主教座堂德米特里沙皇皇子的镀金棺盖
- 圣母领报主教座堂狄奥法内斯和鲁布廖夫所作圣像
- 军械库的莫诺马赫王冠

实用信息

- 见419页地图
- www.kreml.ru
- 成人/学生 ₽350/100
- ⏲周五至周三 10:00~17:00，售票处 9:30~16:30
- Ⓜ Aleksandrovsky Sad

政府建筑

Poteshny宫

刚进入三一门塔，右手（向南）就有一条走道经过17世纪落成的**Poteshny宫**（Потешный дворец），斯大林曾经居住于此。这座黄色宫殿容纳了俄罗斯首家剧院。沙皇阿列克谢在此欣赏各式各样的喜剧表演。为了不违背俄罗斯东正教保守传统，阿列克谢看完表演，就去享受banya（俄罗斯浴），然后参加教会仪式忏悔过错。国家克里姆林宫（Государственный кремлёвский дворец, State Kremlin Palace）浮华奢侈，采用大理石、玻璃和混凝土筑成，建于1960~1961年，曾经是共产党代表大会所在地，如今则是克里姆林宫芭蕾舞剧院（Kremlin Ballet，见90页）。

兵工厂

国家克里姆林宫北面是18世纪的**兵工厂**（Арсенал, Arsenal），彼得大帝曾下令将其用作兵工厂和军火库。如今，这里是克里姆林宫守卫（Kremlin Guard）展厅，放置800门拿破仑时代的大炮。

参议院

俄罗斯总统府即当代俄罗斯最高权力组织，就在这座米黄色、三角形的前**参议院**（Сенат, Senate）大楼内。这座18世纪新古典建筑设计精美，位于兵工厂以东。建于1785年，其设计者是马特维·凯撒科夫（Matvei Kazakov），这里的巨型穹顶闻名遐迩。参议院隔壁便是20世纪30年代的最高苏维埃（Верховный Совет, Supreme Soviet）大厦。

牧首宫

牧首宫（Патриарший дворец, Patriarch's Palace）主要建成于17世纪中叶，专供牧首尼康（Patriarch Nikon）使用。尼康的改革措施导致其与旧信徒（Old Believers）关系分裂。如今，这里虽然安静沉寂，鼎盛时期却是繁忙熙攘。

目前，牧首宫展出17世纪家庭用品，包括珠宝、狩猎装备和家具。牧首宫经常举办**特别展览**（special exhibits），面向公众单独开放，但不得同时参观索博纳亚广场（Sobornaya pl）的其他建筑。

十二使徒教堂

可从牧首宫里面进入**十二使徒教堂**[Церковь двенадцати апостолов, Church of （下接内容71页）

禁止带包入内

进入克里姆林宫之前，去往**行李寄存处**（left-luggage office，见419页地图；每包₽60；⏲周五至周三 9:00~18:30）存包，其就在亚历山大公园的库塔菲亚塔下面。

1955年以来，克里姆林宫一直面向游客开放。

门票

售票总处（Кассы музеев Кремля, main ticket office，见419页地图；⏲周五至周三 9:30~16:00；ⓂAleksandrovsky Sad）设在亚历山大公园，紧邻克里姆林宫围墙。"索博纳亚广场建筑群"门票包含所有五座教堂—博物馆入门费，还有牧首宫入门费，但是不含军械库和钻石基金会博物馆入门费，所以应该另行购买军械库和其他特色展览的门票。亦可登录克里姆林宫网站订票，即便如此，仍然需要前往亚历山大公园的售票处取票。

克里姆林宫

克里姆林宫一日游

唯有在克里姆林宫，你可以一日之内纵览俄罗斯历史和艺术：穿过三一门塔进入古老的城堡，漫步经过令人印象深刻的兵工厂，身旁被大炮包围。你将发现自己仿若置身于白色城墙和金色穹顶的环绕之中。第一个停靠点是❶**圣母升天主教座堂**（Assumption Cathedral），其庄重的壁画随着门道延展。作为俄罗斯革命前最重要的教堂，这座15世纪的绝美建筑是牧首的埋葬地点。❷**伊凡大帝钟楼**（Ivan the Great Bell Tower）内现有关于克里姆林宫建筑历史的精巧多媒体展览。从钟楼顶端俯瞰到的风景让你值回票价。钟楼的两侧由❸**沙皇炮和沙皇钟**（Tsar Cannon & Bell）守护。

在东南一隅，内饰华美的❹**天使长主教座堂**（Archangel Cathedral）在长达3个世纪的时间里作为沙皇和皇后的寝宫。终点站是索博纳亚广场的❺**圣母领报主教座堂**（Annunciation Cathedral），教堂内的壁画和圣像画极其丰富。

沿着大克里姆林宫前行，按照你的门票预约时间进入❻**军械库**（Armoury），这里的藏品让你目瞪口呆。之后经由保罗维茨门（Borovitsky Gate），漫步通过亚历山大公园，直至❼**无名烈士墓**（Tomb of the Unknown Soldier）。

重要建议

➡ **午餐** 克里姆林宫内并没有餐饮地点，所以请在参观前吃饱或者带点零食。

➡ **观景** 当你对索博纳亚广场周围的景致叹为观止之后，穿过街道去公园中小憩，莫斯科河和南方的景色也同样让你陶醉。

视觉中国 提供

圣母升天主教座堂

一旦你的双眼适应了这种多彩的壁画、镀金镶嵌和圣像画，那就尝试着找找《怒目救世主》（*Saviour with the Angry Eye*），这幅14世纪的圣像画是克里姆林宫最古老的圣像画之一。

保罗维茨塔楼

如果你想跳过教堂，仅去军械库和钻石基金会，可以在保罗维茨塔楼的入口进入。

LONELY PLANET / GETTY IMAGES ©

军械库

语音向导带领你发现军械库最有趣的珍藏，譬如价值连城的金属制品、珠宝首饰、盔甲兵器、皇袍皇冠、马车雪橇。

视觉中国提供

无名烈士墓

无名烈士墓是为了纪念卫国战争中为国捐躯的伟大英雄。在整点参观这里，见证换岗仪式的庄重肃穆。

避免混淆

克里姆林宫的常规门票并不包含伊凡大帝钟楼。但是若购买参观伊凡大帝钟楼的门票，却可以参观克里姆林宫其余教堂。

视觉中国提供

伊凡大帝钟楼

观赏克里姆林宫历史上的电子艺术效果图，然后登上137级台阶到达钟楼上的艺术馆，索博纳亚广场内外的景色一览无余，令人惊叹。

沙皇炮和沙皇钟

凝视着沙皇炮的怪异圆炮筒，在巨大的沙皇钟前来次摆拍。它们实在是过于庞大而不能实现本来的功能。

圣母领报主教座堂

朝拜俄罗斯圣像画杰作，它们出自最伟大的圣像画画家——希腊的狄奥法内斯(Theophanes)和安德烈·鲁布廖夫(Andrei Rublyev)，他们为众多的主降日和节日创作圣像画。

天使长主教座堂

参观统治俄罗斯三百余年的帝国的王储和沙皇的最后安息之所，包括锐意革新的伊凡大帝、被折磨的恐怖伊凡和悲惨的沙皇长子德米特里。

视觉中国提供

KREMLIN & RED SQUARE
克里姆林宫和红场

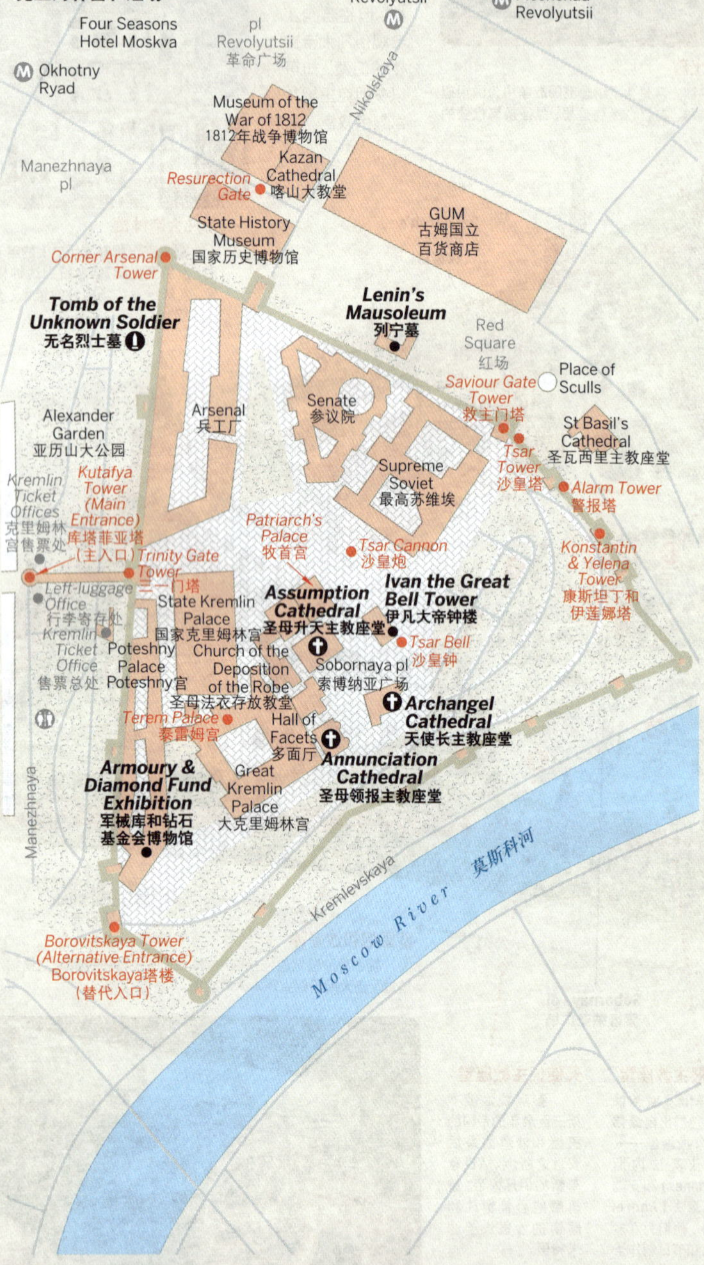

圣母升天主教座堂

（上接内容67页）the Twelve Apostles]。这座教堂包含镀金木制圣幛和17世纪顶级圣像画家画的圣像。

十字厅

牧首宫的亮点或许当属礼仪性场所**十字厅**（Крестовая палата，Cross Hall），这是沙皇和各国大使举行宴会的地方。从18世纪开始，这个房间用于加工miro（教会仪式用的圣膏，包含30多种草药）。加工过程用的炉灶和大锅也是展品。

圣母升天主教座堂

圣母升天主教座堂（Успенский собор，Assumption Cathedral）位于索博纳亚广场北面，是俄国革命之前的核心教堂，亦是14世纪20年代至1700年大多数俄罗斯东正教会（Russian Orthodox Church）主教的安葬地点。一幅17世纪60年代的圣母玛利亚（Virgin Mary）壁画异常醒目，其面对索博纳亚广场，位于原先举行皇室庆典的大门之上。如果没有时间遍览克里姆林宫，可以直接来此。游客入口设在西端。

1470年，伊凡大帝（Ivan the Great）下令俄罗斯建筑师科里维斯托夫（Krivtsov）和梅什金（Myshkin）重建这座始于1326年、古老破败的大教堂。天花板刚刚建成，一面墙壁旋即倒塌。据苏联时期的历史书籍记载，这次事故源于技艺不精。但今天有观点认为，

游览克里姆林宫和军械库至少需要半天时间。如果打算同时参观钻石基金会或其他特色展览，需要预留将近一天时间。如果时间有限，那就跳过军械库和钻石基金会，花上几个小时仔细欣赏索博纳亚广场（大教堂广场）周边的历史建筑，这是克里姆林宫围墙内的中心广场。

观赏仪式

4月至10月每个周六正午，总统府护卫队（Presidential Regiment）踏入索博纳亚广场举行仪仗队表演，亮点包括非常正式的阔步行走和舞蹈表演，既有徒步行军，又有骑马行军。克里姆林宫门票价格包含观赏这项表演的费用。

克里姆林宫博物馆的馆长是埃琳娜·加加林娜（Elena Gagarina），即飞行员兼宇航员尤里·加加林（Yury Gagarin）的女儿。

地震导致墙壁倒塌。无论哪种原因，都让科里维斯托夫和梅什金丢掉饭碗，意大利建筑师亚里士多德·菲奥拉万蒂（Aristotle Fioravanti）则被委以重任。基础建设完成之后，菲奥拉万蒂游历诺夫哥罗德（Novgorod）、苏兹达尔（Suzdal）和弗拉基米尔（Vladimir）并研究俄罗斯建筑。这座教堂似乎照搬弗拉基米尔的圣母升天主教座堂而建，不过空间更加开阔，气势更加雄伟，而且带有文艺复兴格调。

1918年，教堂关闭。据说，1941年纳粹驻军莫斯科郊外之时，斯大林在此举行秘密仪式，保佑莫斯科免遭敌军蹂躏。1989年，这座教堂正式回归教会，现在是一座博物馆。

壁画

圣母升天主教座堂的内部异常宽敞明亮，墙壁布满金色、红色、蓝色壁画。西面墙壁描绘天启（Apocalypse）景象，中世纪俄罗斯教会（Russian Church）特别喜欢这个主题。立柱上面画有殉道者，意即信仰之柱。南门上方，壁画描绘的是伊莲娜（Yelena）和君士坦丁（Constantine），正是他们将基督教传入希腊和俄罗斯南部。北门上方，壁画描绘的是奥尔加（Olga）和弗拉基米尔（Vladimir），他们将基督教传入俄罗斯北部。

教堂墙壁现存的图画多数采用镀金基调，源自17世纪40年代，南墙的三幅毗邻图像则与众不同，它们就是《天启》（Апокалипсис, *The Apocalypse*）、《彼得大主教生平》（Житие Митрополита Петра, *The Life of Metropolitan Pyotr*）和《万物因你而喜》（О тебе радуется, *All Creatures Rejoice in Thee*）。据说，这些画作出自狄俄尼索斯（Dionysius）及其追随者之手，他们都是15世纪最早来到教堂的壁画家。

牧首墓

许多俄罗斯教会首脑（1590年前的大主教和1590~1700年的牧首）的陵墓位于圣母升天主教座堂北面、西面和南面墙根处。西墙附近设有一个神龛，供奉牧首赫尔摩根（Patriarch Hermogen）的圣骸。1612年，趁着动荡之年（Time of Troubles），赫尔摩根发动起义。这位烈士同样支持米宁（Minin）和波扎尔斯基（Pozharsky）反抗波兰占领。其最后遭到逮捕，经历酷刑并饿死。

克里姆林宫的历史

在莫斯科初建的年代，已有一座坚固堡垒坐落于此。1147年，尤里·多尔戈鲁基（Yury Dolgoruky）将其盟友招至此地。14世纪20年代，莫斯科成为中世纪俄罗斯首都之后，克里姆林宫成为俄罗斯东正教会总部以及王公坐席所在地。

伊凡三世（伊凡大帝）雄心勃勃，想要建造一座无论是气势、技艺，还是建筑都足以媲美昔日君士坦丁堡的雄伟都会。为了建造这座“第三罗马”（Third Rome），伊凡从意大利招来石匠和建筑师，建起新城墙、三座宏伟的大教堂和其他建筑。现存的多数建筑都源自这一时期。

尽管彼得一世（彼得大帝）迁都圣彼得堡，沙皇仍旧至此举行加冕仪式和其他庆典。拿破仑后来占领这座城堡，并且大肆破坏，直到他1812年撤出。然而，它的历史光芒仍然闪耀。

莫诺马赫宝座

圣母升天主教座堂的南墙附近，放置有木制篷顶王座，是1551年为恐怖伊凡（Ivan the Terrible）打造的，俗称莫诺马赫宝座（Throne of Monomakh）。座上雕刻图画展示基辅大王公弗拉基米尔·莫诺马赫（Grand Prince Vladimir Monomakh of Kiev）的生涯，大家认为莫诺马赫就是伊凡的嫡祖。

圣幛

圣母升天主教座堂的圣幛可以追溯至1652年，但是它的最底层包含一些更加古老的圣像。14世纪40年代的《怒目救世主》（Спас Ярое око, *Saviour with the Angry Eye*）处于右二位置。中门左边就是《圣母弗拉基米尔》（Владимирская Богоматерь, *Virgin of Vladimir*），这是15世纪初期鲁布廖夫（Rublyov）对《圣母弗拉基米尔画像》（Владимирская икона Богоматери, *Vladimir Icon of the Mother of God*）的临摹。12世纪制作的原件如今收藏于特列季亚科夫画廊（Tretyakov Gallery），并在15世纪80年代至1930年悬挂于圣母升天主教座堂。来自诺夫哥罗德的12世纪的红衣《圣乔治》（Святой Георгий, *St George*）是俄罗斯最古老的圣像之一，靠近北墙。

下部、本土层段的原始圣像全是源自弗拉基米尔（Vladimir）、斯摩棱斯克（Smolensk）、大乌斯秋格（Veliky Ustyug）和其他地方的凯旋纪念标志。南门源自苏兹达尔（Suzdal）的圣母圣诞大教堂（Nativity of the Virgin Cathedral）。

圣母法衣存放教堂

圣母法衣存放教堂（Церковь Ризположения, Church of the Deposition of the Robe）设计精妙，只有一个圆顶。其矗立于圣母升天主教座堂的西门附近，建于1484~1486年，完全采用俄罗斯风格。它是教会首脑的专属教堂，那些首脑极不信任意大利建筑师。内墙、天花板和立柱绘有17世纪壁画。室内设有15世纪至17世纪的木雕展览。

伊凡大帝钟楼

两个金色圆顶高高矗立在索博纳亚广场东面，**伊凡大帝钟楼**（Колокольня Ивана Великого, Ivan the Great Bell Tower）成为克里姆林宫附近的最高地标建筑，30公里之外即可看见。20世纪以前，莫斯科禁止修建高于这座钟楼的建筑物。

根据“富豪”卡丽塔（Kalita）的意愿，14世纪30年代，克里姆林宫建起第一批石头建筑。

特色展览

圣母升天钟塔（Assumption Belfry）的底层和牧首宫经常举办临时展览，展品为克里姆林宫藏品。

1812年，法国军队将圣母升天主教座堂作为马厩，又从此地劫掠295公斤黄金和5吨多白银，不过大部分已经找回。

进入大克里姆林宫

大克里姆林宫（Great Kremlin Palace）不对公众开放，但是Patriarshy Dom Tours有时组织团队游，可进入这座金碧辉煌的宫殿参观。

钟楼的历史可以追溯至大钟之下的艾安·莱斯维克尼科教堂(Church of Ioann Lestvichnik Under the Bells),其1329年由伊凡一世(Ivan I)在此建造(后来毁坏)。1505年,意大利人马可·波诺(Marco Bono)设计新钟楼,其八角形状,只有两层,有圆形屋顶,悬挂大鼓。1600年,鲍里斯·戈都诺夫(Boris Godunov)将它加高至81米。

这栋建筑的中心楼体内,带有单个镀金圆顶和一座65吨重的大钟,建于1532~1542年。篷顶附楼紧邻钟楼主体,大约100年后由牧首费拉烈特(Patriarch Filaret)下令修建。

建筑展览

伊凡大帝钟楼内部开设**莫斯科克里姆林建筑历史博物馆**(Музей истории архитектуры Московскоро кремля, Museum of the History of Moscow Kremlin Architecture, 见419页地图; 门票₽500)。展览采用残垣碎片以及电子投影,描述12世纪以来克里姆林宫的变迁史。展览着重讲述建筑群内的各个教堂,包括已经不复存在的几座。团队游全程45分钟,最终攀登137个台阶,到达塔顶,观赏索博纳亚广场令人惊叹的景象,同时远眺基督救世主主教座堂(Church of Christ the Saviour)和莫斯科国际商务中心(Moskva-City)的摩天大楼。

不过,笔者到访之时,不知什么原因,钟楼对外关闭,开放日期悬而未决。如果重新开放,伊凡大帝钟楼门票可能包含在其他教堂(军械库除外)的参观费用里。

权力之塔楼

克里姆林宫现有围墙建于1485~1495年,代替14世纪遗留的石灰岩围墙。围墙根据地形而定,高度6~17米,厚度2~5米,总长2235米。最初,一条32米宽的护城河围绕克里姆林宫北端,连接莫斯科河和涅格林纳亚河(Neglinnaya River)。

20座独特的塔楼建于1485~1500年,17世纪增加篷顶。起初,塔楼设有放哨岗,配备重型火力。多数都由意大利石匠设计。

最为著名的塔楼当属救主门塔(Saviour Gate Tower, 见82页),就是高高耸立于红场的那座钟塔。门塔右侧即是随后建成的**沙皇塔**(Царская башня, Tsar Tower),其建于1680年,盘踞克里姆林宫围墙之上。据说,原先这里存在一座古老木制塔楼,恐怖伊凡通过其观看执行死刑和其他红场活动。接着就是警报塔(Набатная башня, Alarm Tower),其曾经悬挂斯帕斯基警钟(Spassky Alarm Bell),用于预报敌军入侵以及鼓动民众起义。剿灭一次民众起义之后,叶卡捷琳娜二世出离愤怒,摘掉大钟铃舌,大钟再也无法敲响。

两座分别矗立在东墙南北两端的塔楼,在保卫克里姆林宫的历史当中功不可没。**圣尼古拉斯塔**(Никольская башня, St Nicholas Tower)位于亚历山大公园一隅,原是东北侧一个带门的防御塔楼。通过这扇大门,德米特里·波扎尔斯基(Dmitry Pozharsky)和库兹马·米宁(Kuzma Minin)带领平民军队,赶走波兰占领者(就像圣瓦西里主教座堂门前雕塑所述)。康斯坦丁和伊莲娜塔(Константино-Еленинская башня, Konstantin & Yelena Tower)用于保护城外居民区。建有炮火平台,护城河配备吊桥。

圣母领报主教座堂（见77页）

沙皇钟

伊凡大帝钟楼近旁（而非内里）有世界上最大的钟，重达202吨，从未敲响。原先那口大钟重约130吨，但是1701年一场大火致使大钟跌落碎裂。18世纪30年代，人们利用这些碎片铸造了现存的**沙皇钟**（Царь-колокол，Tsar Bell），献给安娜·伊凡诺芙娜女皇（Empress Anna Ivanovna）。1737年，新铸大钟正在冷却，遇水，一块钟壁随即脱落。100年后，建筑师蒙特弗尔朗（Montferrand）将坏钟取出，放于一个基座之上。钟壁之上，刻有安娜女皇和阿列克谢沙皇的浅浮雕，还有一些圣像。

沙皇炮

伊凡大帝钟楼北面停放40吨重的**沙皇炮**（Царь-пушка，Tsar Cannon）。1586年，铁匠伊凡·乔霍夫（Ivan Chokhov）为费奥多尔一世（Fyodor I）铸造这门大炮，炮筒上面带有费奥多尔一世肖像。

天使长主教座堂

天使长主教座堂（Архангельский собор，Archangel Cathedral）位于索博纳亚广场东南角，数百年以来，它一直都是沙皇加冕，举行婚礼、葬礼的教堂。1333年，伊凡·卡利塔（Ivan Kalita）下令建造这座教堂，用以纪念大饥荒结束，并祭祀莫斯科王公的保护神大天使迈克尔（Archangel Michael）。进

1600年，鲍里斯·戈都诺夫（Boris Godunov）将伊凡大帝钟楼（Ivan the Great Bell Tower）从60米加高至81米。根据当地传说，这是一项公共建设工程，旨在雇用成千上万因为饥荒涌入莫斯科的灾民，但是历史文献记载完全不同，因为工程期间并无明显的灾荒发生。提升塔高，目的或许是将塔楼作为哨塔。

禁止拍照

无论军械库里面还是索博纳亚广场（大教堂广场）的任何建筑之内，一律禁止拍照。

根据东正教规定，恐怖伊凡已有四次婚姻，不能进入教堂主殿。因此，恐怖伊凡命人将圣母领报主教座堂的南面游廊改建为大天使加百列小教堂（Archangel Gabriel Chapel）。进入小教堂，他就可以通过格子窗观看教会仪式。

入16世纪，教堂已经年久失修，并于1505~1508年由意大利建筑师阿雷维布欧·诺维（Alevisio Novi）重建。教堂类似圣母升天主教座堂，具有五个圆顶，基本就是拜占庭—俄罗斯风格。但是，教堂外观带有许多威尼斯文艺复兴（Venetian Renaissance）特色，与众不同的扇贝壳形拱墙和门廊最为典型。

独裁者墓

14世纪20年代至17世纪90年代，几乎所有俄国统治者都安葬于此。只有鲍里斯·戈都诺夫（Boris Godunov）例外——1606年，“伪德米特里”（False Dmitry）下令，将他的尸首挖出坟墓，埋葬于谢尔吉耶夫镇（Sergiev Posad）。1591年，沙皇长子德米特里（Tsarevitch Dmitry；恐怖伊凡之子）一命呜呼，安葬于一个彩色石盖之下。德米特里之死导致一系列冒牌沙皇上位，俗称“伪德米特里”，动荡之年开始。伊凡陵墓位于圣幛之后，不在视线之内，紧邻伊凡其他皇子的墓穴。从彼得大帝开始，皇帝和女皇均安葬于圣彼得堡（St Petersburg），只有彼得二世（Peter Ⅱ）例外，其死于莫斯科，亦安葬于此。

壁画

20世纪50年代，人们在修复天使长主教座堂之时，发现一些17世纪壁画。南墙壁画描述许多埋葬于此的统治者。立柱壁画描述一些更加早期的统治者，包括安德烈·博戈柳布斯基（Andrei Bogolyubsky）、丹尼尔王公（Prince Daniil）和亚历山大·涅夫斯基（Alexander Nevsky）。

多面厅和泰雷姆宫

多面厅

多面厅（Грановитая палата，Hall of Facets）的名称来源于它的意大利文艺复兴石面。通往多面厅的楼梯位于室外的广场之上。1682年火枪队叛乱（Streltsy Rebellion）之时，彼得大帝的几位王亲贵戚被人从外面的**血红楼梯**（Red Staircase）踢滚而下，鲜血染红楼梯，故名血红楼梯（所以，彼得大帝厌恶莫斯科，决定另起炉灶，在圣彼得堡建立新都）。斯大林曾摧毁这段楼梯，但是楼梯在1994年得到重建。

大厅面积500平方米，一根支撑柱矗立中央。墙壁之上，满眼尽是圣经以及历史

克里姆林宫之旅

就让专业人员带你游览克里姆林宫：

克里姆林宫旅游处（Kremlin Excursion Office，见419页地图；☎495-697 0349；www.kremlin.museum.ru；Alexander Garden；90分钟旅程 ₽2500；Ⓜ Alexandrovsky Sad）组织“官方”旅程，游览克里姆林宫教堂和展览。

首都旅行（Capital Tours）只要克里姆林宫开放，每天都从Gostinny Dvor购物中心的旅行办事处组织旅程。价格包括门票；至少提前两天预订。

黛安娜克里姆林宫之旅（Kremlin Tour with Diana；☎916-333 2555；www.kremlintour.com）黛安娜·扎伦斯卡娅（Diana Zalenskaya）组织克里姆林宫专属游，包含或者不包含军械库（US$110~140，外加导游费）。

主题壁画，精美绝伦，不过全是仿作。可惜，这栋建筑对公众关闭。

泰雷姆宫

16世纪和17世纪的**泰雷姆宫**（Теремной дворец, Terem Palace）在克里姆林诸多宫殿当中可谓首屈一指。宫殿由瓦西里三世（Vasily Ⅲ）下令建造，采用石质结构。这个宫殿的居住区包括餐厅、客厅、书房、卧室和小教堂。遗憾的是，宫殿对外关闭。不过，可以前往圣母法衣存放教堂背后以及之上，一睹泰雷姆宫11座金色圆顶和方格屋顶的风采。

圣母领报主教座堂

圣母领报主教座堂（Благовещенский собор, Annunciation Cathedral，见419页地图；Blagoveshchensky sobor）位于索博纳亚广场西南角，绘画大师希腊人狄奥法内斯（Theophanes the Greek；俄语称为Feofan Grek）举世闻名的圣像画展示于此。

1397年，瓦西里一世（Vasily I）就在这个位置建立第一座木制教堂。1484~1489年，伊凡大帝命人重建圣母领报主教座堂，作为皇室专属小教堂。起先，座堂只有三个圆顶，三面都是开放式游廊。恐怖伊凡审美情趣相当不凡，因此他让人增加6个圆顶，在每个角落修建小教堂，封闭游廊、镀金屋顶。

壁画

圣母领报主教座堂游廊的许多壁画源自16世纪60年代，其中包括北面走廊的《占领耶利哥城》（*Capture of Jericho*）、游廊北面延伸部分的《约拿与鲸鱼》（*Jonah and the Whale*）、天花板上的《耶稣之树》（*Tree of Jesus*）。其他壁画勾勒古代哲人，他们手持书卷，上刻各自哲言。苏格拉底所持文卷写道："善人无厄运。灵魂不朽。善人死后得福报，恶人死后受惩罚。"柏拉图所持文卷写道："我们必须期待，上帝将会赐予我们良师益导。"

圣幛

圣母领报主教座堂的镇堂之宝当属圣幛。20世纪20年代，修复工匠发现圣幛内包含15世纪圣像，其出自三位中世纪俄罗斯艺术家之手。从左至右，依次为《圣母玛利亚》（*Virgin Mary*）、《基督升座》（*Christ Enthroned*）、《施洗者圣约翰》（*St John the Baptist*）、《大天使加百列》（*Archangel Gabriel*）、

亚历山大公园的方尖碑原本用于纪念罗曼诺夫家族（House of Romanovs）。1918年，其成为革命思想家纪念碑（Monument to Revolutionary Thinkers，见419页地图），用于歌颂那些在俄罗斯传播共产主义的人士。

卫兵换岗

每到整点，无名烈士墓的卫兵进行换岗，其动作整齐划一，简直完美无瑕。

无名烈士墓安葬了一位士兵的遗骨：1941年12月，他牺牲于Leningradskoe sh的41公里处，就是纳粹距离莫斯科最近的地点。

ARMOURY
军械库

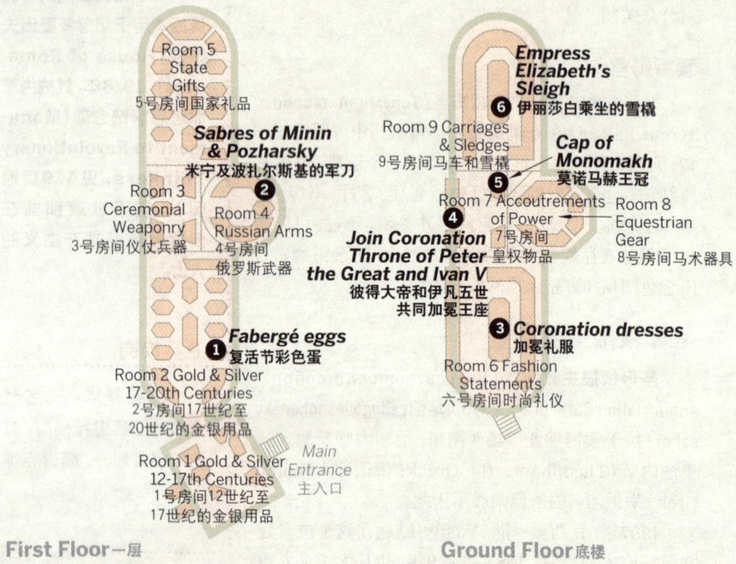

博物馆之旅
军械库

时长 1小时

参见 军械库（80页）

旅程始于楼上，前两间房间陈列12世纪至20世纪的金银用品，其中许多出自克里姆林宫制造坊。进入2号房间，将会看到世界知名的❶**复活节彩色蛋**（Easter eggs），其出自圣彼得堡珠宝匠法贝热（Fabergé）之手。按照惯例，沙皇和皇后每年复活节互赠这些礼物。其中，西伯利亚大铁路（Grand Siberian Railway）彩蛋名气最大，带有黄金车身、白金车头和红宝石前灯，用来纪念莫斯科—海参崴线路通车。

后面房间展示的除了盔甲和武器，还是盔甲和武器。不要错过雅罗斯拉夫王子（Prince Yaroslav）的头盔、鲍里斯·戈都诺夫（Boris Godunov）的锁子甲和❷**米宁及波扎尔斯基的军刀**（sabres of Minin and Pozharsky）。

楼下6号房间陈列着18世纪女皇（我们听说，伊丽莎白女皇拥有15,000套服饰）的❸**加冕礼服**（coronation dresses）。这里同时展出便装，包括一双属于彼得大帝的醒目靴子。下一房间收藏彼得大帝和同父异母兄弟伊凡五世（Ivan V）青年时期的❹**共同加冕王座**（joint coronation throne），王座带有一个密室，摄政王索菲娅（Regent Sofia）通过密室辅佐他们。房内同时陈列彼得父皇阿列克谢沙皇（Tsar Alexey）那个镶嵌800颗钻石的皇座。金质❺**莫诺马赫王冠**（Cap of Monomakh）镶嵌珠宝，以貂皮饰边，在两个世纪中用于加冕仪式。

最后一站到达9号房间，这里展示有着数百年历史的皇家马车和雪橇。寻找伊丽莎白坐过的❻**雪橇**（sleigh），她乘这辆雪橇从圣彼得堡赶往莫斯科加冕，一次采用23匹马拉橇，全程用马800余匹。

军械库的皇冠展（见80页）

《使徒保罗》(*Apostle Paul*)和《圣约翰·克里索斯托姆》(*St John Chrysostom*)。

左起第三圣像《大天使迈克尔》(*Archangel Michael*)被认为出自安德烈·鲁布廖夫之手，邻近的《圣彼得》(*St Peter*)或许同样由其所画。人们认为，鲁布廖夫也是节日排(festival row)第一、第二、第六、第七（或许还有第三和第五）圣像的作者，节日排位于篇幅最大(deesis)的那排之上。右端的七幅圣像被认为均由普罗霍尔·戈罗杰茨(Prokhor of Gorodets)绘成。

考古展览

圣母领报主教座堂的地下室常年举办克里姆林宫考古发现展览。

这里展出成百上千件手工艺品，包括玻璃器皿、陶瓷制品、工具和木器，它们20世纪60年代至70年代出土于博罗维茨基山(Borovitsky Hill)。考古学家在那里发现了30余座宝库，其中包含中世纪的银饰和钱币。

大克里姆林宫

大克里姆林宫(Большой Кремлёвский дворец, Great Kremlin Palace，见419页地图)共有700个房间，容纳军械库和其他场馆。建于1838~1849年，这里由建筑师康斯坦丁·索恩(Konstantin Thon)设计，是尼

购买军械库门票

游客只能按照规定时间(10:00、正午、14:30和16:30)进入军械库。入场前45分钟开始售票。尽量赶在售票开始前到达售票窗口，因为每次门票数量有限。

钻石基金会隶属财政部(Ministry of Finance)管辖，而财政部又垄断宝石开采和销售产业。正因如此，藏品中包括许多无与伦比的天然钻石，一些超过300克拉。

购买钻石基金会门票

前往展览大厅购买钻石基金会门票。

古拉一世（Nicholas I）的皇室宅邸，如今则是俄罗斯总统官邸，用于国事访问以及接待工作。然而，总统有别沙皇，在此没有居住场所。庞大的宫殿囊括一些早前建筑，例如多面厅、泰雷姆宫和几处小教堂。宫殿虽大，但是声誉不高。几间礼仪大厅采用先贤的名字命名，包括圣乔治（St George）、圣弗拉基米尔（St Vladimir）、圣安德鲁（St Andrew）、圣叶卡捷琳娜（St Catherine）和圣亚历山大（St Alexander）。圣乔治大厅主要举行国家颁奖典礼，圣弗拉基米尔大厅用于签署重大国际条约。大克里姆林宫（军械库除外）不对游客开放。

军械库

军械库（Оружейная палата，Armoury，见419页地图；成人/学生₽700/250；⏲10:00、正午、14:30和16:30；Ⓜ Aleksandrovsky Sad）的历史可追溯至1511年。该建筑由瓦西里三世下令修建，皇室专用，制造和储存枪械、皇家兵器和礼服。后来，这里也生产珠宝、圣像框架和刺绣品。彼得大帝统治时期，工匠、金匠和银匠全被派往圣彼得堡，军械库成为专门储存皇室珍宝的博物馆。如今，军械库仍然收藏着大量令人陶醉的珍品，成为克里姆林宫之旅的必到之地。

如果可能，在购买克里姆林宫门票之时，同时购买军械库门票。军械库门票将会清楚标注入场时间。提供语音导览，导览可以介绍精华展品。

俄罗斯钻石基金会

如果看完军械库的钻石藏品仍意犹未尽，可以前往独立的**钻石基金会博物馆**（Алмазный фонд России，见419页地图；www.almazi.net；门票₽500；⏲周五至周三10:00~13:00，14:00~17:00）观赏更多钻石。这个基金会成立于1719年，即彼得大帝组建俄罗斯皇室珍宝库的年代。

展品多为沙皇和女皇收藏的宝石和珠宝，包括格里高利·奥尔洛夫（Grigory Orlov）赠给爱人叶卡捷琳娜二世的190克拉钻石。镶嵌4936颗钻石的俄罗斯帝国皇冠（Great Imperial Crown）曾是叶卡捷琳娜二世及其继位者加冕使用的。这里安保措施严密，不能携带相机、手机或者各种包袋进入。

亚历山大公园

亚历山大公园（Александровский сад，Alexander Garden，见419页地图；Ⓜ Aleksandrovsky Sad）位于克里姆林宫西墙边缘，是莫斯科第一座公共园林。这里的鲜花五彩缤纷，克里姆林宫的景色美轮美奂，因此成为莫斯科民众以及游客休闲散步的绝佳场所。追溯至17世纪，涅格林纳亚河（Neglinnaya River）就流经现今的公园地带，河流沿岸分布大坝和磨坊。河流改道地下之后，1821年，建筑师奥斯普·波夫（Osip Bove）建造了这个公园。

无名烈士墓

无名烈士墓（Могила неизвестного солдата，Tomb of the Unknown Soldier，见419页地图）坐落在亚历山大公园的北端，堪称国家祭拜地点，新婚夫妇通常带着鲜花来此祭奠、拍照留念。铭文写道：“你的名字无人知晓，你的功勋永垂不朽。”还有一簇不灭的火焰。其他铭文罗列着第二次世界大战的苏联英模城市（挺过最为激烈战火的城市），纪念1941~1945年为国捐躯的儿女。陵墓南面，放置一排红色石碑，内装取自“英模城市”的泥土。

重要景点

红场

视觉中国 提供

首次来到红场，肯定肃然起敬。这里，鹅卵石地面整齐排列，宽阔悠长，四周矗立鬼斧神工的建筑精品，真是美不胜收，令人瞠目结舌。古俄语当中，“krasny”表示“美丽迷人”，克拉斯纳亚广场(Krasnaya Ploshchad)果然名不虚传。仿佛具有魔力，它会召唤人们进入俄罗斯这个重要的历史舞台一探究竟。

不要错过

- 列宁墓
- 斯帕斯基塔
- 复活门
- 喀山大教堂

实用信息

- 见419页地图
- 克拉斯纳亚广场
- Ⓜ Ploshchad Revolyutsii

列宁墓

尽管弗拉基米尔·伊里奇·列宁要求葬于圣彼得堡他母亲的陵墓旁，但是其遗体至今仍然停放在克里姆林宫围墙之下，供人瞻仰。前往广场西角排队，瞻仰**领袖遗体**(Мавзолей Ленина, embalmed leader, 见419页地图; www.lenin.ru; 周二至周四，周六和周日 10:00~13:00; Ⓜ Ploshchad Revolyutsii) 免费，这具遗体1924年以来一直安放于此。禁止拍照，警卫严厉，游客必须保持肃穆和安静。

瞻仰列宁遗体之后，走近克里姆林宫围墙，这里安葬其他一些共产主义伟人，包括：

- **约瑟夫·斯大林** 第二任总书记，列宁的接班人。
- **列昂尼德·勃列日涅夫** 第四任总书记，赫鲁晓夫的接班人。
- **费利克斯·捷尔任斯基** 契卡(Cheka，苏联秘密警察组织，克格勃前身)创立者。
- **亚科夫·斯维尔德洛夫** 十月革命核心组织者，苏维埃政权首任正式领袖。
- **安德烈·日丹诺夫** 斯大林的文化首脑，“二战”以后，一跃成为苏联二号人物。
- **米哈伊尔·伏龙芝** 红军(Red Army)领导人，20世纪20年代曾为苏联稳固中亚(Central Asia)形势。

拍照良机

夜间，红场空旷无人，此时气氛绝佳。克里姆林宫塔楼和圣瓦西里教堂圆顶由泛光灯照亮，并与夜空交相辉映，整个画面蔚为壮观。

1953~1961年，列宁和斯大林原本葬于一处。第二十二次共产党代表大会期间，知名的保守派、布尔什维克女性领袖杰斯皮里多诺娃（Spiridonova）声称，弗拉基米尔·伊里奇（列宁）托梦给她，说是不愿同继任者长眠一室。于是，斯大林的遗骨被迁走，安放于一处荣耀之地，紧靠这座陵墓后方。

斯库尔斯广场

圣瓦西里主教座堂前方存在一座圆形石台，名叫**斯库尔斯广场**（Лобное место, Place of Skulls，见419页地图）。民间传说这是法场。事实上，这是颁布沙皇法令和举行宗教仪式的地点。

➡ **伊内莎·阿尔芒** Zhenotdel组织领导人。Zhenotdel立足共产党内部，争取妇女平等。

复活门

复活门（见419页地图）位于红场西北角，位置有利，非常适合第一眼观览红场。门上矗立绿色尖顶双子红塔，不过建于1680年的原始门楼早已拆毁，因为斯大林觉得它会妨碍红场阅兵和游行。现存门楼按照原物仿建，于1995年落成。门楼以外就是灯火通明的**伊比利亚圣母教堂**（Chapel of the Iverian Virgin），其始建于18世纪末，安放同名圣像。

喀山大教堂

喀山大教堂（Казанский собор, Kazan Cathedral, 见419页地图; Nikolskaya ul 3; ⏲8:00~19:00; Ⓜ Okhotny Ryad）免费 曾经坐落于此，即红场北端，于1636年修建，用来庆祝1612年国家赶走波兰侵略者。300年后，喀山大教堂被夷为平地，据说因为它会妨碍五一国际劳动节（May Day）欢庆人潮以及革命节（Revolution Day）游行队伍。如今，此处的小教堂仿建于1993年。

古姆国立百货商店

古姆国立百货商店（ГУМ, GUM，见419页地图; www.gum.ru; Krasnaya pl 3; ⏲10:00~22:00; Ⓜ Ploshchad Revolyutsii）正面长达240米，设计精美，位于红场东北部。这是一座光线明亮、人潮熙攘的购物中心，开设成百上千家精品店铺和餐馆。配备玻璃屋顶和三层拱门，内部华丽壮观，19世纪90年代落成之时堪称创新设计，替代原先坐落于此的Upper Trading Rows。缩写GUM原本代表俄语“国立百货商店”的意思。2005年私有化之后，正式更名“中心百货商店”（Main Department Store）。凑巧的是，俄语“国立”和“中心”两个单词都以“G”开头。

救主门塔

从克里姆林宫前往红场的“官方”通道就是这座威严雄壮、红砖堆砌的**救主门塔**（Спасская башня, Saviour Gate Tower, 见419页地图）。这座大门早已被神化，沙皇时代以来一直是游行庆典场所。门上两块白石牌匾铭记1491年门塔落成。现存钟表19世纪50年代装入门塔。表针长达3米，表重25吨，门塔总共10层，钟表占去3层。钟声悦耳，每隔15分钟响彻红场。

重要景点
圣瓦西里主教座堂

视觉中国 提供

圣瓦西里主教座堂（Покровский собор, Храм Василия Блаженного, **St Basil's Cathedral**）**坐落于红场南端，堪称俄罗斯标志。其颜色混杂、构造多样、形状不一，设计剑走偏锋。这是俄罗斯特有建筑艺术的巅峰之作。1552年代祷节（Feast of Intercession）时，恐怖伊凡攻破鞑靼喀山大本营。于是，他下令建造这座标志教堂，官方称作代祷主教座堂（Intercession Cathedral），以纪念这次大捷。**

外观

这座大教堂从外观看起来杂乱无章。事实上，九座核心小教堂的规划耐人寻味。中央那座高耸、有篷顶的塔楼容纳同名教堂——圣母代祷教堂（Church of the Intercession of the Holy Mother of God）。四个最大圆顶之下是四座八角塔顶小教堂，而四座更小的教堂分散其间。小教堂是圣地，每座都代表喀山之战的一次事件或者战役。

洋葱形圆顶本是绿色，很有可能在18世纪的一次修复期间，拥有如此独特的色彩和构造。荷兰瓷片和镀金镶边装饰着篷顶。约300面多彩、半圆山形墙装帧教堂上层以及粉色和白色立柱，花格镶板装帧教堂下层。

不要错过

- 圣瓦西里主教座堂
- 法衣室至中央教堂沿途入口
- 《旧约》三位一体圣像
- 圣亚历山大·涅夫斯基日常圣像

实用信息

- 见419页地图
- www.saintbasil.ru
- 成人/学生 ₽250/50，语音导览 ₽200
- ⏲11:00~17:00
- Ⓜ Ploshchad Revolyutsii

圣瓦西里主教座堂

东北方那座小教堂就是圣瓦西里主教座堂，包含同名圣贤的华盖遮蔽地下室。瓦西里（写作Vasily the Blessed或Basil the Blessed）貌似“大智若愚”，有时赤身裸体，故意辱没自身，

圣瓦西里主教座堂的官方名称为代祷主教座堂。"圣瓦西里"实为误称，指代东北面一座加盖的小教堂，其建于瓦西里（写作Vasily the Blessed或Basil the Blessed）墓冢之上。

语音导览

介绍圣瓦西里主教座堂历史和建筑的语音导览花费₽200。

根据传说，恐怖伊凡让人刺瞎圣瓦西里主教座堂所有建筑师的双眼，这样他们再也不能建造任何与此媲美的工程。然而，25年后，他们又被雇用，在此加盖一座小教堂。

米宁和波扎尔斯基

库兹马·米宁及德米特里·波扎尔斯基雕像（Памятник Минина и Пожарского, Kuzma Minin and Dmitry Pozharsky，见419页地图）位于圣瓦西里主教座堂前方。他们两人一个是屠夫，一个是王子，携手招募并且带领军队于1612年将波兰侵略者赶出了克里姆林宫。

获取更大天主荣耀。此人位列莫斯科最受尊崇人物之一，人们认为他先知先觉，而且能够创造奇迹，就连恐怖伊凡也要对他敬让三分。这是第十座小教堂，也是底层的唯一一座教堂。注意寻找描绘圣瓦西里本人的圣像，红场和克里姆林宫是其圣像的背景。

圣母代祷教堂

中央有着高耸的篷顶塔楼，这就是圣母代祷教堂（Church of the Intercession of the Holy Mother of God）。其顶部高达47米。一些墙壁已经被修复为初始样貌（一种漆彩红砖结构），其他围墙留存晚期图绘的油画片段。从法衣室前往中央小教堂的那些门廊当属这座大教堂内最精妙建筑之列，采用瓷片和砖块装饰，妙不可言。

圣西彼廉和圣儒斯丁教堂

圣西彼廉和圣儒斯丁教堂（Church of Saints Cyprian & Justina）色彩斑斓，绘有油画，描述4世纪圣贤生活以及圣经故事。头上20米处，圆顶拱廊描绘《火焰丛林天神之母》（*Mother of God of the Burning Bush*）。画作和圣幛出自18世纪末期。

圣三一教堂

圣三一教堂（Church of the Holy Trinity）内部，墙壁雪白，拱顶绘有螺旋形永恒象征，灯火通明，因此深受青睐。一束16世纪枝形吊灯悬挂在20米高的天花板之上。然而，镇堂之宝还是那面非凡圣幛。第三层的16世纪《旧约三位一体圣像》（*Icon of the Old Testament Trinity*）是这座大教堂年代最久、名气最响的艺术作品之一。

耶稣进入耶路撒冷教堂

这个小教堂专门纪念耶稣进入耶路撒冷，东正教（Orthodoxy）将这一天称为圣柳周日（Willow Sunday）。其高23米，是大教堂内最高塔楼之一。雪白墙壁（初始色彩）突出建筑元素。北面入口上方，可见一处弹痕，为1917年10月所留。圣幛源自克里姆林宫的圣亚历山大·涅夫斯基大教堂（Cathedral of St Alexander Nevsky），1770年迁移至此。教堂之内最为神圣、最受尊崇的物件之一就是17世纪的《圣亚历山大·涅夫斯基日常》（*Life of St Alexander Nevsky*）圣像，其刻画了这位圣贤的33处生活场景。

景点

克里姆林宫
博物馆

见66页。

列宁墓
陵墓

见81页。

圣瓦西里主教座堂
教堂

见83页。

红场
古迹

见81页。

国家历史博物馆
博物馆

见419页地图(Государственный исторический музей, State History Museum; www.shm.ru; Krasnaya pl 1; 成人/学生 ₽300/100, 语音导览 ₽300; ⌚周三和周五至周一 10:00~18:00, 周四 11:00~21:00; Ⓜ Okhotny Ryad)国家历史博物馆位于红场北端,藏品浩若烟海,涵盖石器时代以来整个俄罗斯帝国历史。这座大楼建于19世纪末期,本身魅力四射,每个房间呈现不同时期或者地域风情,一些房间墙壁装饰华丽,类似古老的俄罗斯教堂。

中世纪俄罗斯的相关展品出类拔萃,有几个房间展示蒙古入侵和俄罗斯巩固时期的历史。二楼呈现皇权时期,展品囊括皇室私人物品、源自皇宫内部的私家装饰品,以及皇权时代各种艺术品和文件。有几间特定房间专门用于描述沙皇统治。还有一项很有亮点的展览,通过研究道路网络发展和人们的出行方式,阐释俄罗斯帝国扩张的原因,令人耳目一新。

考古博物馆
博物馆

见419页地图(Музей археологии Москвы, Archaeological Museum; www.mosmuseum.ru; Manezhnaya pl 1; Ⓜ Okhotny Ryad)人们在发掘瓦斯科列辛斯基桥(Voskresensky Bridge; 曾经横跨涅格林纳亚河,位于Tverskaya ul尽头)之时,出土了许多古老钱币、衣物和其他手工制品。陈列这些珍宝的博物馆位于深达7米的地下展馆中,入口就在Four Seasons Hotel Moskva底层。笔者到访之时,博物馆因为修缮对外关闭。

1812年战争博物馆
博物馆

见419页地图(Музей отечественной войны 1812 года, War of 1812 Museum; www.1812shm.ru; pl Revolyutsii 2; 成人/儿童 ₽300/100; ⌚周三和周五至周一 10:00~18:00, 周四 11:00~21:00; Ⓜ Ploshchad Revolyutsii)这栋红砖建筑既有俄罗斯复兴风格,又有新文艺复兴风格,建于19世纪90年代,先是莫斯科市政厅,后来用作列宁中心博物馆。为了纪念1812年战争200周年,这里又被改为1812年战争博物馆。艺术品、文件、武器和制服统统在列,详尽描述那场战争的历程和影响。

马捏兹展览中心
艺术馆

见419页地图(Выставочный центр Манеж, Manege Exhibition Centre; www.moscowmanege.ru; Manezhnaya pl; 展览 ₽200~300; ⌚周二至周日 11:00~20:00; Ⓜ Biblioteka Imeni Lenina)这栋矮长的新古典风格建筑就是莫斯科马捏兹(Moscow Manege),位于亚历山大公园以西,面积巨大,用于陈列艺术展品、举办其他活动。这里刚刚办过"俄罗斯先锋派黄金时代"(Golden Age of Russian Avant-Garde)展览,获得艺术鉴赏家关注。这里还会承办各种活动,例如诗歌朗诵、观影和文学庆典。

类似于其他场馆,马捏兹展览中心定期举办激动人心的活动,组织方为**莫斯科设计博物馆**(Moscow Design Museum; www.moscowdesignmuseum.ru)和媒体艺术实验室(Media Art Lab)。

ZAIKONOSPASSKY修道院
修道院

见419页地图(Заиконоспасский монастырь, Zaikonospassky Monastery; Nikolskaya ul 7-9; Ⓜ Ploshchad Revolyutsii)这个修道院于1600年由鲍里斯·戈都诺夫修建,不过教堂建于1660年。名字意为"圣像摊位背后",暗指此处曾经熙熙攘攘的圣像交易。在关闭90多年之后,修道院最近重新开放。现今开放的多层建筑**救主堂**(Saviour Church)位于庭院内里,远离街面。

依照阿列克谢沙皇谕令,Likhud兄弟(希腊学者)于1687年在修道院创办斯拉夫希腊和拉丁学院(Slavonic Greek and Latin

Academy)。米哈伊尔·罗蒙诺索夫(Mikhail Lomonosov)曾经在此就读。这个学院后来成为神学院,于1814年并入谢尔盖圣三一修道院(Trinity Monastery of St Sergius)。

主显节修道院 修道院

见419页地图(Богоявленский монастырь, Monastery of the Epiphany; Bogoyavlensky per 2; ⓂPloshchad Revolyutsii)这是莫斯科第二古老的修道院,由亚历山大·涅夫斯基之子、丹尼尔王公(Prince Daniil)下令修建。现存**主显节大教堂**(Epiphany Cathedral)带有高耸、粉色、金面的穹顶,建于17世纪90年代,采用莫斯科巴洛克风格。要是幸运的话,还能够听到附近古老木制钟塔的悠扬钟声。

宗教会议印刷厂 历史建筑

见419页地图(Печатный двор Синод, Synod Printing House; Nikolskaya ul 15; ⓂPloshchad Revolyutsii)这栋建筑装饰精美,现是俄罗斯国立人文大学(Russian State University for the Humanities)。据说,伊凡·费奥多罗夫1563年在此做出俄罗斯第一本印刷书籍《使徒》(*The Apostle*),可去Tretyakovsky proezd附近了解其人。螺旋式所罗门立柱和哥特式窗户勾勒出狮子和独角兽的形象,它们身处正面中央,虎视眈眈。直至19世纪初期,基泰格罗德一直堪称印刷中心,莫斯科的31家书店中,有26家开设于此。

TRETYAKOVSKY PROEZD 古迹

见419页地图(Третьяковский проезд; ⓂTeatralnaya)Tretyakovsky proezd(原本建于19世纪70年代)有通道,能引领人们从Teatralny proezd前往基泰格罗德。近旁,就是考古学家发现的16世纪曾围绕基泰格罗德的铜墙铁壁,以及1493年三一教堂的地基。此地还有一尊伊凡·费奥多罗夫雕像,他是16世纪印刷师,印出了俄罗斯第一本书籍。当年,拱廊是由特列季亚科夫(Tretyakov)兄弟(同名艺术馆创办者)出资修建的。显然,建造中世纪式样大门和开放通道都是为了缓解Nikolskaya ul上的交通拥堵。

老式英国庭院 博物馆

见419页地图(Палаты старого Английского двора, Old English Court; www.mosmuseum.ru; ul Varvarka 4a; ⓂKitay-Gorod)这栋经过重建的16世纪宅院,整体洁白,带有木制屋顶,曾是第一批英国驻俄罗斯密使的居住地。那时这里又是英国商贾中心,交易不收税费,但是商贾需向伊凡提供军用物资。如今,这里开设小型展览,专门展示这项早期国际交往活动。笔者到访之时,这里因为修缮而对外关闭。

罗曼诺夫贵族之家 博物馆

见419页地图(Палаты бояр Романовых, Chambers of the Romanov Boyars; www.shm.ru; ul Varvarka 10; 门票₽200; ⏲周四至周一 10:00~17:00,周三 11:00~18:00; ⓂKitay-Gorod)博物馆面积不大,但是引人入胜,专门展示罗曼诺夫家族成员生活。成为沙皇之前,他们只是波维尔(沙俄贵族阶层成员)。这座房屋由尼基塔·罗曼诺夫(Nikita Romanov)所建,他的孙子米哈伊尔后来成为持续300年的罗曼诺夫王朝的首任沙皇。

入口在大楼后面。

NIKITNIKI三一教堂 教堂

见419页地图(Церковь Троицы в Никитниках, Church of the Trinity in Nikitniki; Ipatyevsky per; ⓂKitay-Gorod)这座瑰宝教堂小巧玲珑,建于17世纪30年代,是俄罗斯巴洛克建筑的非凡代表。它的洋葱形圆顶和数层红白半圆山形墙矗立广场塔楼之上。内部覆盖17世纪50年代福音壁画,出自西蒙·乌沙科夫(Simon Ushakov)等人之手。一段雕梁画栋的门廊通往**圣尼基塔烈士教堂**(St Nikita the Martyr's Chapel),教堂位于Nikitnikov商业家族墓穴之上,家族亦是修建教堂的出资人之一。

国立技术博物馆 博物馆

见434页地图(Политехнический музей, Polytechnical Museum; www.polymus.ru; Novaya pl 3/4; ⓂLubyanka)这座大型博物馆占据整个诺瓦亚广场(Novaya pl),展示俄罗斯科学、技术和工业历史。实际上,这里号称世界最大的科学博物馆。该馆因为长期未经修缮更新,现已关闭。预计2018年开放,到时将会呈现一座全新的博物馆和教育中心。

博物馆专注于科学技术,大楼也是亮丽风景线,构造妙趣横生,外观赏心悦目。楼体三

马蒙托夫的METROPOL

Hotel Metropol属于新艺术建筑的代表作品，它是著名慈善家、艺术弘扬者萨瓦·马蒙托夫（Savva Mamontov）的众多杰作之一。酒店门面中央的饰板面朝Teatralny proezd，根据画家米哈伊尔·弗贝鲁尔（Mikhail Vrubel）的一幅素描制作。饰板画面描述公主梦（Princess of Dreams），情节就是：一个流浪歌手爱上美丽善良的公主，漂洋过海去找她，途中罹患疾病，奄奄一息之时，公主出现并拥抱歌手，歌手死在公主怀中，公主则毅然脱离红尘。那些陶瓷饰板出自马蒙托夫的阿布拉姆采沃（Abramtsevo）庄园。

酒店朝向剧院广场（Teatralnaya pl）一侧的陶瓷工艺出自艺术家亚历山大·戈洛温（Alexander Golovin）之手。其上文字原本引自尼采（Nietzsche）："老生常谈：建房之时，就能学到新东西。"苏联时期，这些哲言被带有鲜明时代色彩的话语代替："只有无产阶级专政才能将人类从资本主义压迫中解救出来。"当然，这话出自列宁。

部分建于不同时期，采用不同风格。中间部分（1877年）年代最久，代表俄罗斯拜占庭时代；靠东部分（1896年）深受17世纪俄罗斯风格影响；靠西部分（1907年）是新艺术派风格。

极权主义受害者纪念处

纪念物

见434页地图（Мемориал жертвам тоталитаризма）极权主义受害者纪念处看似平凡，位于臭名昭著的卢比扬卡监狱（Lubyanka Prison）东南的一座小花园。这里的石板取自20世纪30年代一座臭名远扬的劳改场，该劳改场在白海（White Sea）的索洛韦茨基群岛（Solovetsky Islands）。

就餐

STOLOVAYA 57

自助餐馆 €

见419页地图（Столовая 57; 3rd fl, GUM, Krasnaya pl 3; 主菜 ₽200~300; ⏲10:00~22:00; 📋; Ⓜ Okhotny Ryad）这家自助餐馆新近开张，古色古香，顾客仿佛身处后斯大林时代。菜品不错，对于此种精品门店而言，价格不贵。肉饼和凉拌沙拉首屈一指。这是品尝"蔬菜卷鲱鱼"（采用鲱鱼、甜菜、胡萝卜和土豆制成）的绝佳地点。

FRIENDS FOREVER CAFE

咖啡馆 €

见419页地图（Кафе Друзья навсегда; www.friends-forever.ru; 5th fl, Nautilus Shopping Center, ul Nikolskaya 25; 主菜 ₽200~400; ⏲9:00~23:00; 📶✍📋👪; Ⓜ Lubyanka）这家咖啡馆环境舒适，是完美早餐或者简便午餐的不错地点。天花板高耸，色彩柔和，窗户巨大，可以俯视Nikolskaya。午后，不妨来此啜饮一杯"提神醒脑"咖啡。另外，精美甜品令人无法抗拒。

COFFEE MANIA

咖啡馆 €€

见419页地图（Кофе мания; www.coffeemania.ru; Mal Cherkassky per 2; 早餐 ₽300~500，主菜 ₽500~1100; ⏲周一至周四 8:00至午夜，周五 8:00至次日2:00，周六 10:00至次日2:00，周日 10:00至午夜; 📶✍📋; Ⓜ Lubyanka）这是一家连锁咖啡店，食物价格昂贵，美味可口，正如全城其他分店一般。但是，这家无与伦比的"大咖啡馆"内部营造不同凡响的就餐体验。大理石地板、装饰艺术枝形吊灯以及精美格栅令人不禁记起往昔。服务也很高效。

LOFT CAFÉ

创意菜 €€

见419页地图（www.cafeloft.ru; 6th fl, Nautilus, Nikolskaya ul 25; 午餐 ₽450，主菜 ₽500~900; ⏲9:00~23:00; 📶✍📋; Ⓜ Lubyanka）这家咖啡馆小巧新潮，位于Nautilus购物中心顶层，拥有一个小阳台，能够欣赏卢比扬卡广场（Lubyanka pl）的壮丽景象。菜品别出心裁、时髦新潮，融合俄罗斯烹饪精髓以及西方和亚洲风味，例如菠菜橙子酱烧烤三文鱼（grilled salmon with spinach and orange sauce）和龙葵俄式牛柳丝（beef stroganoff with morels）。

BOSCO CAFE

意大利菜 €€€

见419页地图（☎495-620 3182; www.bosco.

ru; GUM, Krasnaya pl 3; 意大利面₽500~1000, 主菜₽1200~2000; ⏲10:00~22:00; 🄼; Ⓜ Ploshchad Revolyutsii)参观克里姆林宫期间, 可以来此喝杯咖啡或者吃点简餐, 远望列宁墓前排队的人群或者那些欣赏圣瓦西里主教座堂圆顶的人们。这家咖啡馆位于古姆国立百货商店一楼, 正是观赏红场壮阔景象的绝佳地点。如需晚餐, 建议预订。

饮品和夜生活

CAFE TANTSY 酒吧

见419页地图(Кафе Танцы; Nikolskaya ul 11; ⏲周日至周四 正午至午夜, 周五和周六 正午至次日6:00; 📶; Ⓜ Ploshchad Revolyutsii)这家咖啡馆确实不同凡响。莫斯科缺乏这种温馨小馆。狭窄空间和粗糙的毛边装饰都是亮点。高脚凳、裸砖和时髦顾客营造欢欣愉悦的波希米亚氛围。顾客喜欢午后来此啜饮, 或者深夜来此欢宴。

顺便说下, "tantsy"意为"舞蹈", 不过这里没有跳舞场地, 应该只是一种形象表达。

DISSIDENT VINOTECA 葡萄酒吧

见419页地图(Диссидент Винотека; www.dissident.msk.ru; 5th fl, Nautilus, Nikolskaya 25; ⏲11:00至午夜; Ⓜ Lubyanka)莫斯科这家葡萄酒吧舒适高雅, 提供200多种葡萄酒, 按杯出售, 还有适宜配菜, 例如奶酪、肉饼和其他什锦小吃。可在酒吧将卢比扬卡监狱全景尽收眼底。

MANDARIN COMBUSTIBLE 休闲酒吧

见419页地图(☎495-745 0700; Mal Cherkassky per 2; ⏲24小时; 📶; Ⓜ Lubyanka)来到这个灯红酒绿之地, 可以就餐、饮酒和跳舞。提供琳琅满目的泛亚菜品, 还有寿司、意大利面、西班牙小吃等, 昼夜供应, 满足无休止娱乐的人们。饮品乏善可陈, 服务懒散, 但是一切(包括每个人)看上去都感觉良好。有时, 尽兴才是关键。

ROMANOV BAR 鸡尾酒吧

见419页地图(Романов Бар; www.romanovbar.ru; Nikolskaya ul 19/21; ⏲周日至周三 正午至午夜, 周四至周六 正午至次日6:00; Ⓜ Lubyan-

步行游览
古老莫斯科: 红场和基泰格罗德

起点 LUBYANSKAYA PL
终点 STARAYA PL
全程 3公里; 3小时

这条步行路线涵盖莫斯科历史最久、氛围最好的地域, 从雄壮的红场到基泰格罗德那些亲切古老的街道。

行程起点位于❶**Lubyanskaya pl**, 来到这里, 抬头可见(昔日)监狱令人生畏的外观, 监狱曾经臭名昭著。附近, 朴实无华的极权主义受害者纪念处铭记那些在狱墙之内惨遭蹂躏的人。

进入基泰格罗德, 远离车辆尘嚣, 沿着Nikolskaya ul漫步。这是通往弗拉基米尔的主路, 曾是繁忙的圣像交易中心。如今, 这里变成一条赏心悦目的步行街, 两边林立着商店、教堂和咖啡馆。接着, 将会穿过❷**Tretyakovsky Proezd**(见86页)带有门栅的精致通道, 现在这里是莫斯科最为别致的设计精品店集中区。同时, 留意❸**宗教会议印刷厂**(见86页)装潢精美的哥特式外立面, 狮子和独角兽是其典型特征。还有, 留意❹**Zaikonospassky修道院**(见85页)高耸的金顶尖塔。

来到基泰格罗德, 你会发现, 教堂和修道院似乎无处不在。沿着Bogoyavlensky per前行, 参观另一座修道院❺**主显节修道院**(见86页)。这座修道院建于13世纪, 是莫斯科第二古老的修道院。现在矗立此地的粉色巴洛克教堂建成很晚。

穿过庭院, 进入革命广场(pl Revolyutsii)。广场上熙熙攘攘, 附近建筑令人瞩目。❻**Hotel Metropol**(见187页)堪称新艺术建筑代表作, 令人惊叹, 不过有点衰败。瓷片工艺蔚为壮观, 出自画家米哈伊尔·弗贝鲁尔之手。

继续西行, 到达非比寻常的❼**Four Seasons Moscow**(见187页), 这栋大楼展示两种对比鲜明的建筑风格。据说, 斯大林当时收到两份设计, 计划用于Manezh-

naya pl的Hotel Moskva。不明就里之下，斯大林同时批准了两个方案。建造者不敢指出斯大林的错误，于是一半采用建构主义风格，一半采用斯大林时代风格。

来到广场南面，你会发现❽**1812年战争博物馆**（见85页）的醒目红砖外立面，还有❾**国家历史博物馆**（见85页），两者均展示俄罗斯复兴和新文艺复兴辉煌。“二战”将领（也是英雄）朱可夫元帅（Marshal Zhukov）的雕塑矗立前方，刚毅坚定。

转身南行，漫步两座博物馆之间，穿过复活门，观赏❿**红场**（见81页）的壮阔景象，一饱眼福。南侧，巍峨的克里姆林宫围墙之上，塔楼高耸，救主门塔最为显眼。高墙之下，列宁墓仍旧迎接前来缅怀的游客。北侧，小巧玲珑的喀山大教堂和古姆国立百货商店的气派外观相互映衬。远端尽头，就是莫斯科最著名地标⓫**圣瓦西里主教座堂**（见83页）。徒步穿过鹅卵石地面，欣赏非凡建筑。

来到红场南端，左转即踏上ul Varvarka。该区古老建筑集中位于这条小街。ul Varvarka与河流之间的空地铺设石板，形成新的扎里亚季耶公园（Zaryadye Park）。从西至东步行，将会经过如下建筑：建于1804年的粉白色的⓬**圣巴巴拉教堂**（St Barbara's Church）、建于16世纪的尖顶的⓭**老式英国庭院**（见86页）、建于17世纪的⓮**圣马克西姆福祉教堂**（Church of St Maxim the Blessed）、⓯**Monastery of the Sign**的僧侣住所和金顶大教堂、古老的⓰**罗曼诺夫贵族之家**（见86页）以及建于1658年的⓱**圣乔治教堂**（St George's Church）。街道对面，就是Gostinny Dvor的交易场所。置身密集的古老建筑之中，脑海能够勾勒“古莫斯科”的样貌。

继续东行，进入斯达拉亚广场（Staraya pl）。来到街角的地下通道，寻找⓲**老市政厅遗址**（remains of the old city wall）。这个行人通道也通往Kitay-Gorod地铁站。

古姆国立百货商店（见82页）

ka）内里异常精美，放置天鹅绒外套家具，悬挂枝形水晶灯。凉台赏心悦目，可以落座小酌甚至用餐，酒保调配的鸡尾酒相当不错。

娱乐

克里姆林宫芭蕾舞剧院
芭蕾

见419页地图（Кремлевский балет, Kremlin Ballet; ☎495-628 5232; www.kremlin-palace.org; ul Vozdvizhenka 1; ⏰售票处 正午至20:00; Ⓜ Aleksandrovsky Sad）在莫斯科，莫斯科大剧院（Bolshoi Theatre）并非一枝独秀，也有顶级芭蕾舞演员效力克里姆林宫芭蕾舞剧院。莫斯科大剧院令人神往，但是进入克里姆林宫观看表演同样不落俗套。

售票处位于地铁站入口附近。

购物

古姆国立百货商店（见82页）是个光线明亮、人潮熙攘的购物中心，包含成百上千家精品店铺和餐馆。参观红场之时，值得到此一游。

GUS-KHRUSTALNY FACTORY STORE
纪念品

见419页地图（Гусь-Хрустальный заводской магазин; www.ghz.ru; Gostiny Dvor; ⏰10:00~20:00; Ⓜ Ploshchad Revolyutsii）1756年成立玻璃制造厂以来，Gus-Khrustalny小镇（莫斯科东部）一直久负盛名。这家工厂店面积不大、商品不多，不过全是上等精选水晶和玻璃器皿，外观迷人、价格合理。彩色玻璃更是出类拔萃。

ALENA AKHMADULLINA BOUTIQUE
服装和饰品

见419页地图（Бутик Алёны Ахмадулиной; www.alenaakhmadullina.ru; Nikolskaya ul 25; ⏰11:00~22:00; Ⓜ Lubyanka）2005年，圣彼得堡服装设计师阿莲娜·阿赫玛杜琳娜（Alena Akhmadullina）带着作品亮相巴黎，一鸣惊人，从此她引领时尚潮流，备受国际关注。这些精美的设计引人注目，提供了全新视角解读俄罗斯，因此为人熟知。

OKHOTNY RYAD
购物中心

见419页地图（ТЦ Охотный ряд; www.ox-r.ru; Manezhnaya pl; ⏰10:00~22:00; Ⓜ Okhotny Ryad）这个地下商场的最大亮点就是三驾马车喷泉。除了服饰和电子商店，还有一个规模较大、人头攒动的美食城。

特维尔和 Novoslobodsky

特维尔 | NOVOSLOBODSKY

区域亮点

❶ 落座**莫斯科大剧院**（见93页）度过良宵，欣赏由世界知名歌剧团和芭蕾舞团表演的俄罗斯经典作品。

❷ 前往**埃尔米塔日花园**（见94页）就餐、饮酒、跳舞或游乐。这是莫斯科最有活力的场所之一，几乎每周举办艺术、美食或音乐节。

❸ 来到超现代主义的**犹太博物馆和宽容中心**（见95页），感受从瓜分波兰事件至苏联解体时的俄罗斯犹太人的生活状态。

❹ 进入奢华的**Sanduny Baths**（见106页），蒸出热汗，排遣都市压力。

❺ 去往维克多·瓦斯涅佐夫画室，欣赏其天马行空的**作品**（见97页）。

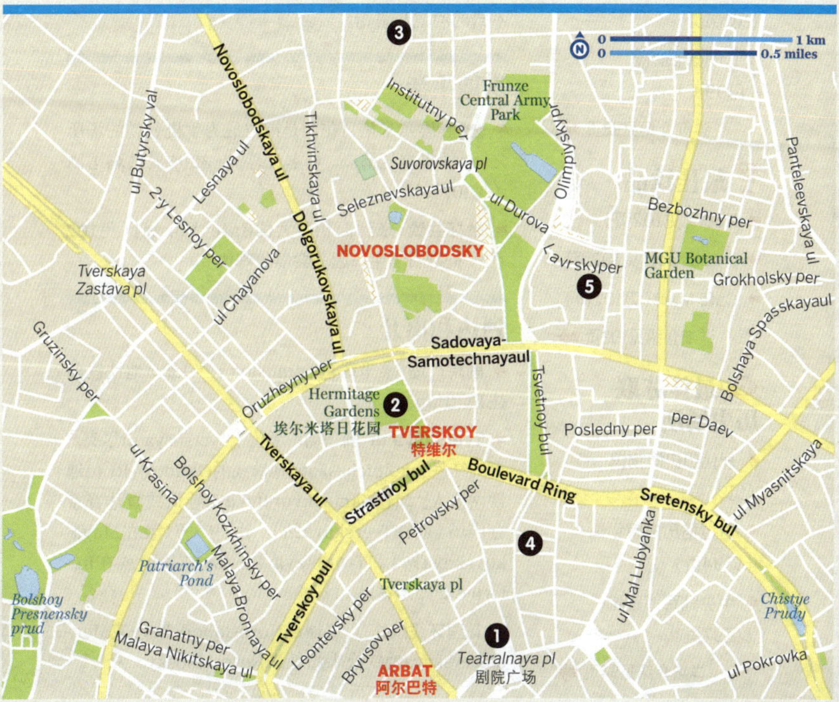

这一区域的更多细节见122页地图

独家贴士

莫斯科大剧院是俄罗斯名气最响的剧院，但是并非一枝独秀。还有几家具有同等水平和气派的歌剧和芭蕾舞剧院，价格远低于莫斯科大剧院，例如**诺瓦亚歌剧院**（Novaya Opera，见103页）或**斯坦尼斯拉夫斯基和涅米罗维奇-丹钦科音乐剧院**（Stanislavsky & Nemirovich-Danchenko Musical Theatre，见103页）。

最佳餐厅

- Delicatessen（见99页）
- Brasserie Most（见101页）
- Lavka-Lavka（见99页）

详细介绍见98页

最佳饮品

- Noor（见102页）
- Enthusiast（见102页）
- Cafe Mart（见102页）

详细介绍见102页

最佳苏联历史场所

- 现代历史博物馆（见95页）
- 古拉格历史博物馆（见94页）
- 中央陆军博物馆（见97页）

详细介绍见94页

探索特维尔和Novoslobodsky

特维尔是莫斯科最为繁忙、最为奢华、商业最为发达的地区。这里的居住成本极高，所以居民不多，但是每天数以百万计的民众涌入特维尔工作、前往商场购物或者就餐。

Tverskaya ul是莫斯科交通要道，起于克里姆林宫，路面宽阔，两侧分布庄严宏伟的苏联前期和斯大林时代建筑。道路东边就是雄伟壮丽的剧院广场（Teatralnaya pl），闻名于世的莫斯科大剧院就坐落于此。这个剧院仿似一颗闪亮珠宝，引人瞩目，经常吸引游客和顾客或落座于广场长椅或走近景观喷泉。

几条商业街从此向外散射延伸，朝向林荫环线（Boulevard Ring），街道两边精品店和咖啡馆林立。新潮的Stoleshnikov per将ul Bolshaya Dmitrovka和古雅的ul Petrovka连通，ul Petrovka通往魅力迷人的埃尔米塔日花园。

花园环线（Garden Ring）以外，特维尔接壤Novoslobodsky。相对而言，Novoslobodsky节奏缓慢、人员稀少，拥有犹太博物馆和宽容中心以及几家不错的酒吧和餐馆。

当地生活

- **公园** 埃尔米塔日花园是市内最为生机勃勃的场所之一，那里空气清新，草木青葱，在3205提供鸡尾酒（见102页）。
- **举杯共饮** 来到面积巨大的Cafe Vokzal（见102页），同数百学生一起品尝廉价啤酒。

到达和离开

- **剧院广场** 乘坐绿色Zamoskvoretskaya地铁线前往Teatralnaya站。
- **Tverskaya ul** 驯马场广场位于Tverskaya ul尽头，可从红色Sokolnicheskaya地铁线的Okhotny Ryad地铁站出入。绿色Zamoskvoretskaya地铁线直达普希金广场（就在Tverskaya站）、胜利广场（就在Mayakovskaya站）和Tverskaya Zastava广场（就在Belorusskaya地铁站）。
- **花园环线以外** 可以通过Novoslobodskaya或Mendeleevskaya地铁换乘站往来Novoslobosky。

视觉中国 提供

重要景点

莫斯科大剧院

莫斯科大剧院（Большой театр）仍是莫斯科最为浪漫、最为有趣的夜生活场所之一。金碧辉煌的六层演艺厅，气氛令人心旌摇曳，呈现一流的音乐和舞蹈。芭蕾舞团和歌剧团来此表演各种俄罗斯国内外艺术作品。

这栋粉白相间的建筑魅力迷人，建于1824年。这座历史悠久的大剧院在1877年和1919年分别见证了柴可夫斯基的《天鹅湖》（*Swan Lake*）和《胡桃夹子》（*The Nutcracker*）的首映。正面立有一座青铜三驾马车雕像，马匹正在奋力奔腾。维塔利喷泉装点剧院广场，造型就是三位缪斯，它是莫斯科年代最久的喷泉。2002年，莫斯科大剧院新馆就在隔壁开业，深受欢迎。

歌剧和芭蕾导演你来我往，留下演出印迹，同时激起无数争议。但是经典瑰宝剧目，例如具有代表性的《天鹅湖》和《鲍里斯·戈都诺夫》（*Boris Godunov*）长盛不衰。近年来，艺术家尝试采用20世纪和当代音乐，有些大获成功，但都不能持久。

不要错过

- 维塔利喷泉
- 青铜三驾马车
- Your performance!

实用信息

- 见422页地图
- www.bolshoi.ru
- Teatralnaya pl 1
- 票价₽200~4000
- Ⓜ Teatralnaya

有关莫斯科大剧院歌唱家和芭蕾舞女的花边新闻时常见诸街头小报。苏联解体之后，莫斯科大剧院历经磨难，包括政治蹂躏、丑闻攻击，甚至公然犯罪。然而，演出不能停止，而且必将继续。

提前数天从售票处买到门票的机会虽然渺茫，但是仍然存在，不过别抱太大希望，它总是一票难求。夏季，买到门票的可能性较大，进入旺季（10月至12月），可能性降至最低。可以登录剧院网站，通过网络购票（输入bolshoi.ru/en/timetable登录英文版本）。有报告显示，从2015年起，站票售价将为₽100。

景点

特维尔

埃尔米塔日花园 公园

见422页地图（Сады Эрмитажа, Hermitage Gardens; mosgorsad.ru; ul Karetny Ryad 3; ⌚24小时; Ⓜ Pushkinskaya）免费 最近几年，莫斯科公园日新月异，这个公园更是有了明显的改观。如今，这里或许是莫斯科最火的活动场所，几乎每周举办艺术、美食、工艺节以及音乐会，尤其是夏季。除了怡人的草地和长椅，这里还有大型儿童游乐园、夏季影院以及令人好奇的美食和工艺品摊位。你可以来此放松身心，结识莫斯科潮人。

公园建于1894年，原在一座剧院周边。1896年，这座剧院放映卢米埃（Lumiere）兄弟的首部电影。1898年，契诃夫《海鸥》（*Seagull*）的莫斯科首映在此上演，演奏者就是斯坦尼斯拉夫斯基（Stanislavsky）和涅米罗维奇-丹钦科（Nemirovich-Danchenko）临时拼凑起来的乐队。

古拉格历史博物馆 博物馆

见422页地图（Исторический музей ГУЛАГ, Gulag History Museum; ☎495-621 7346; www.gmig.ru; ul Petrovka 16; 成人/学生₽150/20; ⌚周二和周三，周五至周日 11:00~18:00，周四 正午至20:00; Ⓜ Teatralnaya）ul Petrovka之上，豪华商店林立，其间，一条拱道通往一处铺设倒刺铁丝网、悬挂政治犯肖像的庭院。这是一座与众不同的博物馆，专门介绍惩戒性劳改和集中营主管处（Chief Ad-ministration of Corrective Labour Camps and Colonies），而主管处又名古拉格（Gulag），这个名字则更加让人熟悉。导游扮作卫兵，讲述曾经的庞大劳改营网络以及劳改营恐怖的生活。

数以百万计的囚犯进入劳改营苦熬岁月，这一切通过亚历山大·索尔仁尼琴（Alex-ander Solzhenitsyn）所著《古拉格群岛》（*The Gulag Archipelago*）闻名于世。1929~1953年的高峰时期，超过1800万人经历劳改，许多劳改营直至20世纪80年代还存在。古拉格成为政治迫害的恐怖象征，许多囚犯的罪名都是“反社会”或“反革命”。博物馆讲述劳改体系的历史，同时纪念历史悲剧的受害者。

莫斯科现代艺术美术馆 博物馆

见422页地图（Московский музей современного искусства, Moscow Museum of Modern Art，简称MMOMA; www.mmoma.ru; ul Petrovka 25; 成人/学生 ₽250/100; ⌚周二至周三和周五至周日 正午至20:00，周四 13:00~21:00; Ⓜ Chekhovskaya）无所不在的祖拉布·采列捷利（Zurab Tsereteli）画作仅仅是博物馆收藏的一小部分，这座博物馆位于一栋18世纪的典型商贾宅邸内，由马特维·凯撒科夫（Matvei Kazakov; 克里姆林宫参议院的建造者）设计。馆内光线充足，环境适宜，陈列着许多20世纪令人瞩目的画作、雕塑和图像，既有本国人的作品，又有外国艺术家的作品。亮点就是先锋派艺术，例如夏加尔（Chagall）、康定斯基（Kandinsky）和马列维奇（Malevich）的作品。

博物馆的独到之处就是展出20世纪50年代和60年代“离经叛道”艺术家的作品，这些作品不被苏联政体接受。同时，美术馆经常举办聚焦当代艺术家的临时展览。谨记，不要错过出神入化的雕塑花园。莫斯科现代艺术美术馆（MMOMA）开设分支机构，主要用于举办临时展览，地点位于**Tverskoy bul**（MMOMA，见428页地图; www.mmoma.ru; Tverskoy bul 9; 门票 ₽150; ⌚正午至20:00; Ⓜ Pushkinskaya）和**Yermolayevsky per**（MMOMA，见428页地图; www.mmoma.ru; Yermolaevsky per 17; 成人/学生 ₽200/100; ⌚正午至20:00; Ⓜ Mayakovskaya）。

上圣彼得修道院 修道院

见422页地图（Петровский монастырь, Upper St Peter Monastery; ul Petrovka和Petrovsky bul交叉路口; ⌚8:00~20:00; Ⓜ Chekhovskaya）上圣彼得修道院建于14世纪80年代，是莫斯科防御圈的一部分。洋葱形圆顶主建筑**Bogolyubovo圣母教堂**（Virgin of Bogolyubovo Church）源于17世纪。最为亮丽的建筑结构当属砖砌的彼得大主教大教堂（Cathedral of Metropolitan Pyotr），其经过修复，带有瓦板屋顶。1690年，彼得大帝废黜摄政王索菲娅，他的母亲欣喜若狂，于是为他建造了这所教堂。

M' ARS当代艺术中心 艺术馆

见422页地图（Центр Современного Искусства M'APC, M' ARS Con-temporary Art Centre; www.marsgallery.ru; Pushkarev per 5; ⌚画廊 周二至周日 正午至20:00，咖啡馆 每天 正午至23:00; Ⓜ Tsvetnoy Bulvar, Sukharevskaya）这家画廊是由一些苏联时代遭禁的艺术家建立的，包含10个展厅，展出当代顶级艺术家的作品。地下室有别致的俱乐部和咖啡馆。

工会大厦和国家杜马 知名建筑

见422页地图（Дом Союзов и Государственная Дума, House of Unions & State Duma; Okhotny ryad 2/1; Ⓜ Teatralnaya）**国家杜马**（见422页地图）威严庄重，建于20世纪30年代，是苏联国家计划委员会（Gosplan）的本部，而这一委员会是苏联"五年计划"（Five-Year Plans）发源地。如今，这是俄罗斯议会下议院。绿色柱条的工会大厦（House of Unions）建于18世纪80年代。它的宴会厅名叫"立柱厅"（Hall of Columns），以斯大林公审列宁主义的追随者、共产主义理论家尼古拉·布哈林（Nikolai Bukharin）悬案而闻名遐迩。

两栋大楼都不对外开放。

特维尔卡亚广场 古迹

见422页地图（Тверская площадь, Tverskaya ploshchad）莫斯科奠基者**尤里·多尔戈鲁基**（见422页地图）的一尊雕像矗立在这座知名广场之上，广场位于Tverskaya ul尽头。谢尔盖·索比亚宁市长（Mayor Sergei Sobyanin）同样俯视广场，因为这栋光亮五层建筑的对面就是**莫斯科市长办公室**（见422页地图）。许多古老教堂藏身僻街小巷，包括17世纪的**圣葛斯默及圣达弥昂教堂**（见422页地图）。

普丁基圣母降生教堂 教堂

见422页地图（Церковь Рождества Богородицы в Путинках, Church of the Nativity of the Virgin in Putinki; ul Malaya Dmitrovka 4; Ⓜ Pushkinskaya）1652年这座教堂建成之时，牧首尼康禁止此处修建俄式篷顶。显然，他认为这种建筑风格俄国风太重，世俗味太浓，偏离拜占庭教会渊源太远。所幸的是，这座教堂保存下来，普希金广场因此熠熠生辉。

现代历史博物馆 博物馆

见422页地图（Музей современной истории России, Contemporary History Museum; ☎495-699 6724; www.sovr.ru; Tverskaya ul 21; 成人/学生₽250/100; ⌚周二至周日 10:00~18:00; Ⓜ Pushkinskaya）这座怀旧展馆以前被称为革命博物馆（Revolution Museum），呈现1905年至20世纪80年代的历史和1917年的革命。亮点就是广泛多样的宣传海报，以及所有布尔什维克用品。留意巨型苏维埃宫殿（Дворец Советов）的照片，这曾是斯大林想要在此建立的。如今，基督救世主主教座堂在原址上获得重建。这座豪华宅院装饰有石狮，曾是莫斯科英国俱乐部（Moscow English Club），深受沙皇时代亲英派人士和英国人的青睐。

Novoslobodsky

犹太博物馆和宽容中心 博物馆

（Еврейский музей и Центр терпимости, Jewish Museum & Centre of Tolerance; www.jewish-museum.ru; ul Obraztsova 11 str 1A; 成人/学生₽400/200; ⌚周日至周四 正午至22:00; Ⓜ Novoslobodskaya）这座大型博物馆位于一间古老的车库之内，车库专门用于停放一批20世纪20年代穿梭莫斯科大街小巷的利兰（Leyland）双层公共汽车。馆内采用各种尖端多媒体技术，阐释一个敏感主题：数百年来犹太人和俄罗斯国家的关系。展览采用平和、冷静的态度讲述迫害事件、犹太革命派、犹太人大屠杀（the Holocaust）和苏联反犹太主义。实物展品有限，但是交互视频展示的内容非常丰富。

我们特别喜欢其中一些展览，它们鼓励游客为20世纪初犹太人所面临的困境寻找解决办法：挺身反抗、远走他乡，还是隐姓埋名、顺从大流。

18世纪以前，俄罗斯的犹太人口非常稀少，而后，俄罗斯帝国兼并一大块波兰土地，那时，成百上千操着意第绪语（Yiddish）的犹太人栖息于此。直到20世纪初，那些犹太人才被准许迁入俄罗斯本土，这个限制政策名为

值得一游

国家经济成就展和奥斯坦金诺

劳动人民之家！**国家经济成就展**（VDNKh；ⓂVDNKh）将这个口号贯彻得淋漓尽致，世间罕见。VDNKh是国家经济成就展（Exhibition of Achievements of the National Economy）的缩写。这个斯大林时代的名称被重新启用，代替苏联解体后的VVTs（全俄展览中心）。

国家经济成就展就像一个斯大林时代主题公园，设有宫殿式展厅，每个展厅设计独特，代表所有苏联加盟国和各种产业，从地质学到太空探索不一而足。

亮点当属两座装饰豪华的喷泉。**民族友谊喷泉**（People' s Friendship Fountain）位于主门后方，四周分布16座镀金女性雕塑，其身穿民族服饰，代表苏联加盟国（第16座雕像令人费解，代表着1956年脱离的卡累利阿-芬兰共和国）。

苏联解体后，它年久失修，目前正在重建。**太空家园馆**（Space Pavillion）已经成为国立技术博物馆（Polytechnical Museum，见86页）的临时家园，又是深邃的自然科学和技术展览园地。再向前，是令人瞠目结舌的**石花喷泉**（Stone Flower Fountain），其以乌拉尔地区的矿石神话为主题，并用乌拉尔次等贵重的岩石进行雕刻。

乘坐地铁前往国家经济成就展，能够看到高耸入云的100米钛方尖塔，那是一座"纪念太空征服者"（To the Conquerors of Space）的纪念碑，建于1964年。塔底就是**宇航博物馆**（Cosmonautics Museum；kosmo-museum.ru；门票₽200；⏲周二至周日 11:00~19:00，周四 11:00~21:00；ⓂVDNKh），主要展示出色的太空设备，例如第一台苏联火箭发动机和月球车Lunokhod，以及那些鼓舞人心的太空主题宣传海报。

当你到达国家经济成就展末端，可选择继续前往**莫斯科植物园**（Moscow Main Botanical Gardens）的开阔地域，或者左转前往古朴的**奥斯坦金诺公园**（Ostankino Park），一处同名宫殿矗立其内。

如果面朝**奥斯坦金诺电视塔**（Останкинская башня，Ostankino TV Tower；☎8-800-100 5553；tvtower.ru；成人/儿童 ₽980/490；⏲周二至周日 10:00~20:00；ⓂVDNKh）方向前行，就不可能迷路。电视塔位于公园后方，建于1967年，曾是世界最高的独立建筑（超过帝国大厦）。其高达540米，目前的高度位列全球第四。

观光平台位于电视塔337米处，面向游客开放。超高速电梯只需不到60秒就可将游客送上观光平台。上面，可以欣赏360度全景，还有一处玻璃地面（真是恐怖！）。团队游每小时出发一次，必须提前预订。带上护照。工作日期间，10:00和11:00的团队游只需六折。

"居住隔离区"（Pale of Settlement）。

格林卡音乐文化博物馆 博物馆

见422页地图（Музей музыкальной культуры Глинки，Glinka Museum of Musical Culture；☎495-739 6226；www.glinka.museum；ul Fadeeva 4；门票 ₽200；⏲周二至周日 正午至19:00；ⓂMayakovskaya）这是音乐家的天堂，拥有3000多种高加索（Caucasus）和远东（Far East）乐器，全是纯手工艺术品。俄罗斯音乐文化得到充分体现：出自诺夫哥罗德的古斯里琴（gusli；俄罗斯传统乐器）、产自雅库提亚（Yakutia）的皮鼓、出自巨匠谢苗·纳利莫夫（Semyon Nalimov）之手的巴拉莱卡琴（balalaika；三角形乐器），同时你还能见到经典乐器，例如安东尼奥·斯特拉迪瓦里（Antonio Stradivari）制作的小提琴。许多罕见乐器附有录音，使游客能够聆听其音。

藏品令人叹为观止，首批藏品由莫斯科柴可夫斯基音乐学院（Moscow Tchaikovsky Conservatory）在19世纪末捐赠。苏联时期，藏品呈几何倍数增长。1945年，为了纪念民族主义作曲家米哈伊尔·格林卡（Mikhail Glinka）150岁诞辰，该馆以其名字命名。

瓦斯涅佐夫故居博物馆

艺术博物馆

见422页地图(Дом-музей Васнецова, Vasnetsov House-Museum; ☎495-681 1329; www.tretyakovgallery.ru; per Vasnetsova 13; 成人/学生 ₽250/100; ⏰周二至周六 10:00~17:00; Ⓜ Sukharevskaya)维克多·瓦斯涅佐夫(Viktor Vasnetsov)是一位俄罗斯复兴运动画家,他从神话故事和乡村神秘之中获取灵感。1894年他在莫斯科为自己设计的府邸现在已是博物馆。其屋前矗立一扇色彩缤纷的大门,房屋美丽迷人,采用新俄罗斯风格,里面放满原先的木制家具、一个瓦炉和他的许多画作。阁楼画室曾是他的工作场所,如今挂满画作,它们描绘芭芭雅嘎(Baba Yaga)以及其他俄罗斯神话故事人物。

最初,瓦斯涅佐夫天马行空的画风遭受蔑视,因为相比Peredvezhniki(巡览画派,19世纪艺术运动)的现实主义风格,反差太过显著。就连当时最有名望的艺术伯乐帕维尔·特列季亚科夫(Pavel Tretyakov),都不愿购买他的画作。然而,到了世纪之交,他得到萨瓦·马蒙托夫(Savva Mamontov)的赏识,马蒙托夫的经济资助也推动俄罗斯复兴运动画派的发展。

装饰与民俗艺术博物馆

艺术博物馆

见422页地图(Всероссийский музей декоративно-прикладного и народного искусства, Museum of Decorative & Folk Art; ☎495-609 0146; www.vmdpri.ru; Delegatskaya ul 3 & 5; 成人/学生 ₽200/100; ⏰周三至周一 10:00~18:00; Ⓜ Tsvetnoy Bulvar)这座博物馆位于花园环线以外,展示俄罗斯以及曾经的苏联加盟国数个世纪的工艺传统。在40,000余件藏品当中,或许你能够发现来自下诺夫哥罗德(Nizhny Novgorod)的霍赫洛马绘画木器,包括木头玩具和俄罗斯套娃;采用传统西伯利亚工艺制作的篮子和其他桦皮家用物件;产自北方的精细刺绣产品和针织饰品,还有到处可见的巴甫洛夫围巾;好玩的德姆科沃(Dymkovo)陶器和格热利(Gzhel)瓷器。

同时,留意一下那些所谓的"宣传瓷器":带有革命主题图案的精细瓷器。这家博物馆收藏的palekh特别有名,这是清楚绘有俄罗斯神话故事情节的黑色漆盒和托盘。展品摆满两个房间。特色展品包括伊凡·戈利科夫(Ivan Golikov)、伊凡·马奇且夫(Ivan Markichev)及他人的作品。而戈利科夫和马奇且夫通常被视为palekh风格的创始者。

实验室

博物馆

(Экспериментаниум, Experimentanium; ☎495-789 3658; http://experimentanium.ru; ul Butyrskaya 46/2; ⏰周一至周五 9:30~19:00,周六、周日和假期 10:00~20:00; Ⓜ Savylovskaya)同行儿童是否总是提出有关生命、宇宙和其他方面的问题?这里提供答案,供孩子们思考。这是一个令人兴奋的地方,孩子们可以来此,亲身体验以及实地操作五花八门的交互式项目,学习物理、化学、机械、声学、解剖学等知识。

英语语言之旅收费高达₽4500。

中央陆军博物馆

博物馆

见422页地图(Центральный музей Вооружённых Сил, Central Museum of the Armed Forces; ☎495-681 6303; www.cmaf.ru; ul Sovetskoy Armii 2; 成人/学生 ₽120/60; ⏰周三至周日 10:00~16:30; Ⓜ Novoslobodskaya)这座大型博物馆展示1917年以来苏联和俄罗斯的建军历史,收藏800,000件军事用品,包括军装、勋章和武器。重头戏包括美国U2侦察机残骸(1960年在乌拉尔被击落)和1945年插上柏林(Berlin)德国国会大厦(Reichstag)的胜利旗帜。从Novoslobodskaya metro乘坐无轨电车69路(或步行)向东前行1.3公里到达。

陀思妥耶夫斯基故居博物馆

博物馆

见422页地图(Дом-музей Достоевского, Dostoevsky House-Museum; ☎495-681 1085; ul Dostoevskogo 2; 成人/学生 ₽150/50; ⏰周四、周六和周日 11:00~18:00,周三和周五 14:00~19:00; Ⓜ Novoslobodskaya)虽然俄国著名作家费奥多尔·陀思妥耶夫斯基(Fyodor Dostoevsky)同圣彼得堡联系更为紧密,但实际上他出生于莫斯科,他家就在马林斯基医院(Marinsky Hospital)里的一所小公寓中。他16岁才离开那里,然后前往圣彼得堡进入军事学院。他家的小公寓已经根据其兄描述进行重建。

游客可以参观费奥多尔家的图书室、玩具和其他私人物品，包括他的羽管笔和拱顶木箱。小时候，他就睡在这个木箱上，这一经历显然让他感到，世界充满痛苦。而且，他家隔壁就是太平间和收容所，接收来自全市的乞丐和精神病患。从Novoslobodskaya地铁站出发，沿着Seleznevskaya ul步行向东，到达per Dostoevskogo左转。

就餐

特维尔

★ ZUPPERIA 各国风味 €

见422页地图（☎915-391 8309；www.facebook.com/Zupperia；ul Sadovaya-Samotechnaya 20；主菜₽250~300；⏲8:00~23:00；📶📋；Ⓜ Tsvetnoy Bulvar）这个餐馆朴实无华，设计独特，仿似出自某个古朴的欧洲城市，经营者是当地名厨威廉·兰贝蒂（William Lamberti）。极简风格菜单包括汤品、意式特色面包和沙拉。一眼望去，餐馆似乎仅有一条长桌，其实楼下还有餐座。提供外卖。

SHAWARMA REPUBLIC 中东菜 €

见422页地图（Республика Шаурма；shawarma-republic.ru；Hermitage Gardens；主菜₽250；Ⓜ Pushkinskaya）要是中东的某家餐厅能有这家新潮中东烤肉店的菜单，那该多好。在菜单上，黎巴嫩、叙利亚和以色列烤肉卷友好共存。口味地道自然不在话下，店主已经推出独创式样：中东烤肉卷仿似外形完美无瑕的圆筒，中间填满阿拉伯馅饼、肉食、沙拉和泡菜。位于埃尔米塔日花园入口近旁，是落座公园长椅享用午餐的理想选择。

FRESH 素食 €

见422页地图（Свежий；☎965-278 90 89；freshrestaurant.ru；ul Bolshaya Dmitrovka 11；主菜₽450；⏲11:00~23:00；📶🖉📋；Ⓜ Teatralnaya）起源于加拿大，这家素食餐馆顾客盈门，这里现代、混搭风味的食物以及逍遥自在的氛围确实不同凡响。一定品尝一下冰沙。严格素食主义者和天然食品倡导者不会感到无所适从。

ANDERSON 熟食 €

见422页地图（Андерсон；cafe-anderson.ru；Strastnoy bul 4；主菜₽360~460；⏲9:00~23:00；📋👪；Ⓜ Pushkinskaya）这家熟食店赏心悦目，适宜儿童，提供沙拉、汤品和蛋糕，还有冰沙和柠檬水。蜂蜜拿铁尚未试制成功，但是覆盆子果泥鼠尾草茶（tea with raspberry puree and sage）非比寻常。

DARY PRIRODY 各国风味 €

见422页地图（Дары природы；☎8-985-600 8035；主菜₽250~350；Ⓜ Pushkinskaya）这个长期驻扎埃尔米塔日花园的旅行拖车包含一间厨房，它由力图改变莫斯科餐饮业的人们经营，大量制作各国美食，从汉堡到亚洲面条，应有尽有（菜单每周更换）。

你可以利用旅行拖车附近的站立餐桌就餐，或者进入公园落座舒适长椅。

SELENGE 蒙古菜 €

见422页地图（Сэлэнгэ；selenge.ru；ul

值得一游

FLAKON

就像100年前的布尔什维克一样，莫斯科特立独行的人士正在占领一座座工厂，然后按照他们自己的格调加以改造。**Flakon**（www.flacon.ru；ul Bolshaya Novodmitrovskaya 36；⏲不定；Ⓜ Dmitrovskaya）或许算是城区附近经过改造的工业厂房之中最为赏心悦目的一处。这里过去是玻璃制品厂，现在开设许多时髦商店和其他生意。游客来此的主要目的就是购买名牌服装和独特纪念品。主购物区占据这个工厂中心大楼的两层。如需购买莫斯科特有服装，前往二楼，找到**Charismas Show Room**，这是一个俄罗斯品牌，生产时尚休闲装和化装舞会服装。最好周末前来，此时最有可能碰到庆祝活动或者工艺品展销会。在Flakon，还有咖啡馆、电影院，甚至小型阿育吠陀（Ayurvedic）水疗店。

Malaya Dmitrovka 23/15; 主菜 ₽250~490; ⏲正午至午夜; MMayakovskaya) 如想提前体验跨亚欧美食之旅的感受，可以来此品尝各种食物，包括布里亚特（Buryat）、卡尔梅克（Kalmyk）、提凡（Tyvan）和藏式风味。为了保险起见，可先尝尝布里亚特buuza饺子。如果无惧无畏，可以品尝卡尔梅克羊杂汤（Kalmyk lamb giblet soup）和主菜，同时喝点马奶酒。

BUTERBRO

三明治店 €

见422页地图（БутерБро; www.facebook.com/ButerBro; ul Karetny Ryad 3; 三明治 ₽250; ⏲正午至20:00）这家小店位于埃尔米塔日花园入口，提供可口三明治和美味汤品。站立餐桌装配手机充电器，方便实用。亦可进入公园，落座长椅并享用三明治。

★ DELICATESSEN

各国风味 €€

见422页地图（Деликатесы; www.newdeli.ru; Savodvaya-Karetnaya ul 20; 主菜 ₽450~700; ⏲周二至周六 正午至午夜; 📶🗒; MTsvetnoy Bulvar）这家餐馆的经营者和蔼友善（非常健谈），周游世界，反复钻研菜品，他们制作的汉堡、比萨和意大利面堪称现代烹饪艺术的佳品。还有塞满醇香果酒的橱柜，如果不加节制，这必将使你花费超标（我们知道，提醒也是徒劳）。

因为果酒的特色，这家餐馆荣登“世界酒吧50强”（World's Top 50 Bars）之列，排名第50位。找到它要穿过Shokoladnitsa咖啡馆隔壁拱道，左转，在右侧你将会看到一扇绿门。门上招牌写着：“感谢找到我们。”

★ LAVKA-LAVKA

各国风味 €€

见422页地图（Лавка-Лавка; ☎495-724 3532; http://lavkalavka.com; ul Petrovka 21 str 2; 菜肴 ₽400~600; ⏲周一至周五 18:00至午夜，周六和周日 11:00至午夜; 👪; MTeatralnaya）🌿欢迎来到俄罗斯的波特兰迪亚（Portlandia；美国波特兰市以环保出名），这里的食物全为有机，来自小型农场。暂且不论缺点，这是一个品尝时尚但随性的本地菜品的绝佳地点。

菜单的每个条目对应一位独立农场主，覆盖范围从俄罗斯中部至萨哈林岛（Sakhalin）。值得特别关注的是麦芽酒和不同种类的kvas（格瓦斯，发酵黑麦面包饮品），它们出自莫斯科附近的农场。餐馆带有一家精品商店（可能很贵），出售农产品。

DZHONDZHOLI

格鲁吉亚菜 €€

见422页地图（Джонджоли; ☎495-650 5567; www.ginzaproject.ru; Tverskaya ul 20/1; 主菜 ₽420~670; ⏲11:00至午夜; 📶🗒; MPushkinskaya）裸砖墙壁、木柳家具和柔和色调，这些特点使得开放厨房成为这家餐厅实际上的亮点。厨房之内，厨师忙着制作可口dolma（藤叶包肉）、khachapuri（奶酪面包）、kharcho（牛肉或羊肉米汤）和其他地道美食。

食物极其出色，我们所认为的莫斯科格鲁吉亚餐馆的不尽人意之处，这里完全没有。

趣事：美食家和食谱作家达拉·戈德斯坦（Darra Goldstein）在其著作《格鲁吉亚盛宴》（*A Georgian Feast*）中写道，dzhondzholi是“一种蒜味长茎绿菜，通常腌制食用”，这是格鲁吉亚烹饪的惯常做法。品尝一下，价格₽190。

SISTERS GRIMM

俄罗斯菜 €€

见422页地图（Сёстры Гримм; www.sgrimm.ru; Stoleshnikov per 11; 餐 ₽400~600; 📶🗒👪; MChekhovskaya）萨布丽娜（Sabrina）和达芙妮（Daphne）来到这个温馨村舍，会有归家之感，屋内放满罐装水果、蔬菜、书籍、照片和棋盘游戏。菜单主打俄罗斯风味“家常菜品”，还有精选香料红酒、柠檬水和果味鸡尾酒。

COURVOISIER CAFE

欧洲菜 €€

见422页地图（☎495-632 9995; courvoisier-cafe.ru; Malaya Sukharevskaya pl 8; 餐 ₽380~550; ⏲24小时; ✍🗒; MSukharevskaya）这家法国主题休闲咖啡馆配备野餐桌和公园长椅，营造户外田园氛围（也有户外餐座，但是面对花园环线，不太安静）。这里提供早餐、汤品、意大利面和烧烤，早餐、欢乐时段（16:00~19:00）和深夜便餐深受青睐。

TRATTORIA VENEZIA

意大利菜 €€

见422页地图（trattoria-venezia.ru; Strastnoy bul 4/3; 餐 ₽400~800; ⏲11:00至午夜; MChekhovskaya）假定林荫环线就是大运河（Grand Canal），而川流不息的车辆就好像河上的威尼

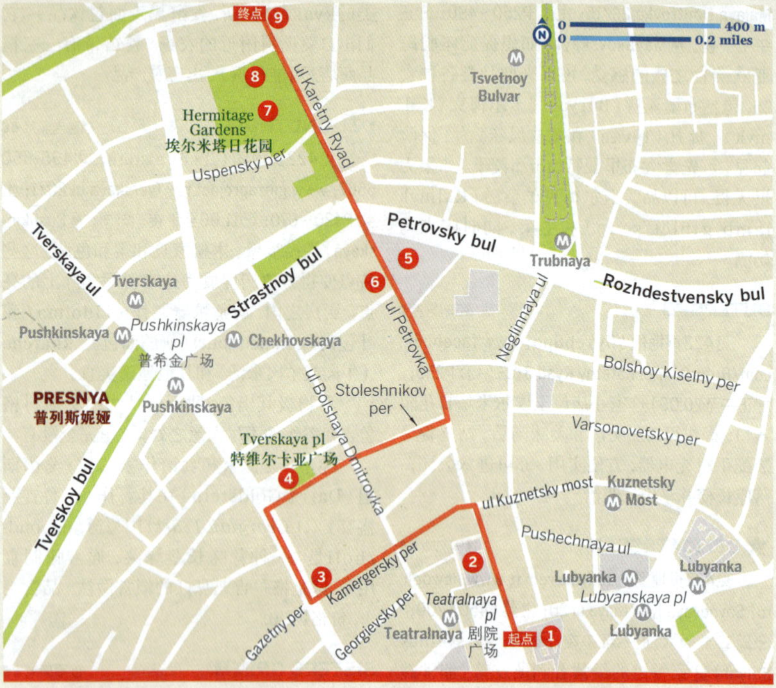

步行游览
特维尔

起点 剧院广场
终点 CHAIKHONA NO 1
距离 2.5公里，3小时

行程起点位于宏伟的剧院广场（Teatralnaya pl; Teatralnaya地铁站），广场周围林立着炫目建筑。富丽堂皇的❶**Hotel Metropol**（见187页）是新艺术主义的杰作。马路对面的❷**莫斯科大剧院**（见93页）是广场的核心建筑。马里剧院（Maly Theatre）和国家青年剧院（National Youth Theatre）分立两边。

沿着ul Petrovka前行，然后左转踏上Kamergersky per。这条舒适宜人的步行街两侧开满餐馆和咖啡馆，带有室外座椅，是莫斯科最佳"观察行人"的地点。留意❸**莫斯科艺术剧院**（见103页），这个剧院由康斯坦丁·斯坦尼斯拉夫斯基（Konstantin Stanislavsky）于1898年创立。

从这里，沿着Tverskaya ul前往❹**特维尔卡亚广场**（Tverskaya pl，见95页），广场之上，矗立着两位莫斯科英雄雕像。莫斯科缔造者尤里·多尔戈鲁基（Yury Dolgoruky）雕像位于中央，莫斯科市长谢尔盖·索比亚宁（Sergei Sobyanin）雕塑位于对面市政厅。东面，Stoleshnikov per又是一条奇特的鹅卵石街道，两边分布精品店和新潮咖啡馆。

从Stoleshnikov per左转，进入ul Petrovka，步行向北，前往Petrovskie Vorota广场，这座广场用昔日的城市护卫大门命名。来到这里，可以沿着❺**上圣彼得修道院**（见94页）或❻**莫斯科现代艺术美术馆**（见94页）漫步游览。

穿过林荫环线，走上ul Karenty Ryad，进入❼**埃尔米塔日花园**的绿地，结束行程。

驻足❽**3205**（见102页）喝点饮品，然后沿着花园环线（Garden Ring）向西漫步，到达Mayakovskaya metro station，或者前往❾**Delicatessen**（见99页）就餐甚至开怀畅饮。

斯小船。挂满广告牌的普希金电影院(Pushkinsky Cinema)正面就好像公爵宫(Ducal Palace)。如果读到这里还未厌烦,Trattoria Venezia就算适合你。菜单冗长,包含25种意大利面,还有比萨、意式调味饭、意式宽面以及意式肉类和鱼肉菜品。

STARLITE DINER

美国菜 €€

见422页地图(Strastnoy bul 8a;主菜₽430~600;⏲24小时;📶;Ⓜ Chekhovskaya)集体俄国遇见昔日美国,结果就是产生通宵营业、灯光闪亮的饭店。落座光滑镀铬餐台或者坐入塑料包厢,食用汉堡,啜饮奶昔,聆听旧日摇滚乐曲。

★ BRASSERIE MOST

法国菜 €€€

见422页地图(☎495-660 0706;brasseriemost.ru;ul Kuznetsky most 6/3;主菜₽620~2200;⏲周一至周五 8:00至午夜,周六和周日9:00至午夜;Ⓜ Teatralnaya)莫斯科最有名望、最为博学的餐饮大亨亚历山大·拉帕波特(Aleksander Rappoport)通过Kuznetsky most这家奢侈一流的餐馆,将其对于法国地方烹饪的热爱与大众分享。看菜单仿佛开启豪华味蕾之旅,几乎囊括法国布列塔尼(Bretagne)至阿尔萨斯(Alsace)所有重要地区的美食。宗旨就是地道。

BARASHKA

阿塞拜疆菜 €€€

见422页地图(Барашка;☎495-625 2895;www.novikovgroup.ru;ul Petrovka 20/1;主菜₽750~1500;⏲正午至午夜;Ⓜ Teatralnaya)不错,这里价格很高,但是环境雅致,就像在巴库(Baku)的一处不太起眼的庭院,装饰着腌制柠檬和盛开植物。菜单包含各种新鲜美味的沙拉、烤肉和文火炖菜,许多菜品突出羊羔肉特色。

UZBEKISTAN

乌兹别克菜 €€€

见422页地图(Узбекистан;☎495-623 0585;www.uzbek-rest.ru;Neglinnaya ul 29;主菜₽750~1900;⏲正午至次日3:00;📖;Ⓜ Trubnaya)1951年,按照乌兹别克苏维埃共和国(Uzbek Soviet Republic)贸易部(Ministry of Trade)指示,这家店面开业。60多年后,菜品更加丰富,除了乌兹别克常见菜品,还有中国、阿拉伯和阿塞拜疆食品。让自己舒舒服服地坐在毛绒坐垫上,吃点辣味plov(手抓饭)或美味炸肉串。现在,打起精神,欣赏肚皮舞表演。

Novoslobodsky

FARMER' S DINER

法式小馆 €

见422页地图(Новослободский;ul Lesnaya 5;₽300~450;⏲11:00~23:00;Ⓜ Belorusskaya)这个法式小馆的经营者痴迷威廉斯堡(Williamsburg)的饮食文化。焦糖洋葱汉堡是招牌菜,但这里主推的实惠餐饭,当属两道菜的午饭套餐,价格₽350,含饮品。

IZYA GRILL

各国风味 €

见422页地图(Изя Гриль;izia-grill.ru;ul Sushchevskaya 27/1;主菜₽200~450;⏲周日至周四 正午至午夜,周五和周六 正午至次日6:00;📶;Ⓜ Novoslobodskaya)菜单反映现代以色列人就餐的三大特色:犹太母亲厨艺、东南亚别样菜品和一些美国元素。按照这个顺序,就能有滋有味地品尝开胃菜鲱鱼酱(forshmak)、首道菜香辣椰奶汤(spicy coconut milk soup)和主食汉堡。

这里气氛轻松,带有开放式厨房,旁边就是出售廉价(₽100)啤酒的酒吧。优势很多,而且是前往犹太博物馆途中一处绝佳休憩点。

DRUZHBA

中国菜 €€

见422页地图(Дружба;☎499-973 1212;www.drugba.ru;Novoslobodskaya ul 4;餐₽600~800;⏲11:00~23:00;🌶;Ⓜ Novoslobodskaya)这家餐馆口味纯正,深受好评,提供四川菜品,特色就是麻辣。莫斯科的中国餐馆通常减轻饭菜调味品,适应俄罗斯人口味,但是这家餐馆例外。因此,这里经常坐满中国顾客。川椒鸡很受关注。

MI PIACE

意大利菜 €€

见422页地图(☎495-970 1129;mipiace.ru;1-ya Tverskaya-Yamskaya 7;主菜₽300~720;Ⓜ Mayakovskaya)这是一家时髦、别致的比萨连锁店,靠近Triumfalnaya pl。窗户宽大,阳光可自由洒进餐厅。钻石形状酒架摆满酒瓶和书籍。如果愿意,可以落座餐桌。但是,落座沙发享用比萨饼的感觉更加舒爽。

饮品和夜生活

★3205 咖啡馆

见422页地图（☎905-703 3205；www.veranda3205.ru；ul Karetny Ryad 3；⊙11:00至次日3:00；ⓂPushkinskaya）这个长廊是埃尔米塔日花园最大的餐饮场所，位于主楼后方，仿似温室。夏季，餐桌（和顾客）延伸进入公园，使得这里成为市内最佳户外啜饮场所之一。带有长廊酒吧，气氛欢快，冬季同样顾客盈门。

★ENTHUSIAST 酒吧

见422页地图（Энтузиаст；per Stoleshnikov str 5；⊙正午至23:00；ⓂTeatralnaya）这里实际就是滑板车发烧友聚点。不过，并非滑板车发烧友才能享受这间酒吧无限惬意的氛围。酒吧藏身于一个形状奇妙的庭院中，表面是个零配件商店。天气暖和的日子，可以拿着啤酒或苹果酒，躺进沙滩椅，尽享那份和谐。

NOOR 酒吧

见422页地图（☎499-130 6030；www.noorbar.com；ul Tverskaya 23；⊙周一至周三15:00至次日3:00，周四至周日 正午至次日6:00；ⓂPushkinskaya）这个酒吧看似平淡无奇、乏善可陈，可实际上，一切近乎完美。位置优越，氛围欢快，DJ音乐形式多样，酒保热情友善，饮品出类拔萃，简直无可挑剔。虽然在一些场合被各类杂志称为“最佳”，但是他们似乎并不在意。

CAFE MART 咖啡馆

见422页地图（Кафе Март；www.cafemart.ru；ul Petrovka 25；餐₽800~1200；⊙周日至周三11:00至午夜，周四至周六 11:00至次日6:00，爵士音乐会 周四 21:00；👪；ⓂChekhovskaya）看似是一家地下酒吧，但是如果步行穿过地下迷宫，你会发现自己置身地上“花厅”：马赛克墙壁、温暖灯光，可能还有爵士音乐会。如果天气怡人，营业场地向外延伸，会占据邻近莫斯科当代艺术博物馆的布满雕塑的庭院。

CAFE VOKZAL 酒吧

见422页地图（Кафе вокзал；cafe-vokzal.ru；ul Sushchevskaya 21；⊙11:00至午夜；ⓂNovoslobodskaya）这间铁路主题酒吧顾客盈门，大家开怀畅饮。招牌啤酒定价₽100，毗邻的自助餐厅价格低廉，因此，附近大学生常来此处消磨青春。

KAMCHATKA 酒吧

见422页地图（Камчатка；novikovgroup.ru；ul Kuznetsky most 7；⊙周日至周四 10:00至次日1:00，周五和周六 正午至次日3:00；ⓂTeatralnaya）这家空旷的洞穴式酒馆似乎就是为了证明，即使TsUM（莫斯科中心百货商店）门前的黄金地段，啤酒亦仅售₽80。谨记，选择主打Kamchatka啤酒，否则你将得到高价啤酒。夏季，Kamchatka最为精彩，可以带着酒水走上街头，同失业人士一起享受阳光。

GOGOL 夜店

见422页地图（Гоголь；www.gogolclubs.ru；Stoleshnikov per 11；⊙正午至次日5:00；ⓂTeatralnaya）这里乐趣十足，气氛闲适，价格合理（在奢华的Stoleshnikov地区，这非常罕见），非常适合用餐和欣赏音乐。这个地下夜店突出“防空洞”主题，采用空袭警报笛声告知顾客饭菜就绪。夏季，活动挪至庭院，巨大的帐篷设置得就像昔日街头。

SIMACHYOV 酒吧

见422页地图（Симачёв；www.bar.denissimachev.com；Stoleshnikov per 12/2；⊙11:00至顾客散尽；ⓂChekhovskaya）白天，它是精品店和咖啡馆，经营者兼老板与该店同名，是位知名服装设计师。夜晚，变成嘻哈舞蹈夜总会，魅力迷人，幽默搞笑。陈设五花八门：豹皮地毯覆盖瓷砖地板，如厕凳靠近脸盆把手，天主教忏悔室被用作包间。需要盛装出席，但是至少不用墨守成规。

ARTEFAQ 夜店、咖啡馆

见422页地图（☎495-650 3971；www.artefaq.ru；ul Bolshaya Dmitrovka 32；⊙24小时，音乐会 周五至周日；ⓂChekhovskaya）这里既是夜店，又是餐馆，还是画廊！总共四层，充分利用每寸空间，地下室聚焦音乐，一楼设有酒吧和户外平台，楼上开设餐饮。如果想去地下一探究竟，记得戴上耳机，因为迪斯科音乐震耳欲聋。

KUKLY PISTOLETY 酒吧

见422页地图（Куклы Пистолеты; kuklypistolety.ru; Novoslobodskaya ul 16A; ⊙周日至周四 正午至午夜，周五和周六 正午至次日5:00; Ⓜ Mendeleevskaya）这是一家本地酒吧，一群客人时常光顾，他们畅饮冰镇酒水，观看大屏幕，感受友谊之情。身处酒吧，可以审视墙上那些玩偶和枪支，酒吧的怪异名称正是来源于此。

☆ 娱乐

莫斯科大剧院 芭蕾、歌剧

见93页。

MASTERSKAYA 现场音乐

见422页地图（Мастерская; www.mstrsk.ru; Teatralny proyezd 3 str 3; ⊙正午至次日6:00; 📶; Ⓜ Lubyanka）莫斯科顶级娱乐场所全部藏身庭院的角落，而且门外通常不带标记。这个超级新潮的音乐场所也不例外。而门内风格多样，艺术气息浓郁，白天是个舒缓情绪的好地方。夜晚，各种各样现场音乐表演华丽登场，有时上演舞蹈或戏剧表演。

12 VOLTS 夜店

见422页地图（12 Вольт; www.12voltclub.ru; bldg 2, Tverskaya ul 12; ⊙18:00至次日6:00; Ⓜ Mayakovskaya）莫斯科女同性恋运动发起者开办这家咖啡和社交夜店，其位于Tverskaya ul附近一个庭院深处。进门安检。入内，你会发现环境温馨，男女同性恋在啜饮美味特制饮品，并聆听流行音乐。

莫斯科艺术剧院 剧院

见422页地图[Московский художественный театр(МХАТ), Moscow Art Theatre(MKHT); http://art.theatre.ru; Kamergersky per 3; ⊙售票处 正午至19:00; Ⓜ Teatralnaya]这里常被称作欧洲最有影响力的剧院，100多年前，斯坦尼斯拉夫斯基（Stanislavsky）和涅米罗维奇-丹钦科（Nemirovich-Danchenko）在此创立体验派表演方法。除了剧院本身和一间表演工作室，还有一座关于剧院历史的小型博物馆。

诺瓦亚歌剧院 歌剧

见422页地图（Новая опера, Novaya Opera; ☏495-694 0868; www.novayaopera.ru; ul Karetny Ryad 3; ⊙售票处 正午至19:30; Ⓜ Tsvetnoy Bulvar）1991年，时任市长的卢日科夫（Luzhkov）和艺术指导叶夫根尼·科洛博夫（Evgeny Kolobov）成立这家剧院。科洛博夫大师说："我们并非假装是这个复杂而又迷人的歌剧流派的创新者。"因此，"新歌剧"（New Opera）剧院上演经典曲目，而且成绩斐然。这个无与伦比、新潮现代的歌剧院位于埃尔米塔日花园之间。

斯坦尼斯拉夫斯基和涅米罗维奇-丹钦科音乐剧院 歌剧

见422页地图（Музыкальный театр Станиславского и Немирович-Данченко, Stanislavsky & Nemirovich-Danchenko Musical Theatre; ☏495-629 2835; www.stanislavskymusic.ru; ul Bolshaya Dmitrovka 17; ⊙售票处 11:30~19:00; Ⓜ Chekhovskaya）这家剧院历史悠久，1941年，莫斯科戏剧行业的两位传奇人物康斯坦丁·斯坦尼斯拉夫斯基（Konstantin Stanislavsky）和弗拉基米尔·涅米罗维奇-丹钦科（Vladimir Nemirovich-Danchenko）联手建立剧院。新建剧院成为创新舞台，将莫斯科艺术剧院的创新戏剧方法应用于歌剧和芭蕾。

DOME CINEMA 电影院

见422页地图（☏495-931 9873; www.domecinema.ru; Renaissance Moscow Hotel, Olympiysky pr 18/1; Ⓜ Prospekt Mira）这是莫斯科最早的奢华美式剧院之一。目前，这里放映原声电影（通常为英文电影）。

RUSSIAN BALL AT YAR 卡巴莱歌舞

（Яр; ☏495-960 2004; www.sovietsky.ru; Leningradsky pr 32/2, Sovietsky Hotel; 票价₽1000，正餐₽800~1200; Ⓜ Dinamo）这里的主题表演因为服装设计繁杂而无人不知。老式俄罗斯食品异常精致。提前购票。

从Dinamo地铁站朝东南步行1公里到达。

尼库林马戏团 马戏团

见422页地图（Цирк Никулина на Цветном бульваре, Nikulin Circus on Tsvetnoy

Bulvar; ☎495-625 8970; www.circusnikulin.ru; Tsvetnoy bul 13; 票价 ₽400~2500; ⊙售票处 11:00~14:00和15:00~19:00; ⓂTsvetnoy Bulvar）马戏团成立于1880年，现有名称取自深受爱戴的丑角尤里·尼库林（Yury Nikulin; 1921~1997），他在这里演出多年。尼库林的表演围绕既定主题，可使那些作品更加连贯。马戏团还有许多高空秋千表演者、走钢丝者和驯养动物。

奥布拉兹佐夫木偶剧院和博物馆　儿童剧院

见422页地图（Театр и музей кукол Образцова, Obraztsov Puppet Theatre & Museum; ☎495-699 5373; www.puppet.ru; Sadovaya-Samotechnaya ul 3; ⊙售票处 11:00~14:30和15:30~19:00; ⓂTsvetnoy Bulvar）这是俄罗斯最大的木偶剧院，上演生动有趣的俄罗斯民间故事以及经过改编的经典剧目。来到博物馆，儿童能够亲密接触那些不可思议的木偶，现馆内收藏有3000多只木偶。

杜罗夫动物剧院　儿童剧院

见422页地图（Театр животных Дурова, Durov Animal Theatre; ☎495-631 3047; www.ugolokdurova.ru; ul Durova 4; 票价 ₽150~600; ⊙演出时间不定，周三至周日 11:00~17:00; ⓂProspekt Mira）Dedushka Durov（Durov爷爷）为儿童创建这家滑稽剧场，对待动物友善，不像马戏团那样虐待动物。他的表演主要选用家养动物（包括猫和狗）、农场动物，偶尔有熊。他最出名的表演就是“老鼠铁路”（Railway for Mice）。博物馆导览游可令儿童近距离观看铁路。从Prospekt Mira metro station乘坐7路有轨电车，或者沿着ul Durova向西步行1.5公里到达。

BB KING　现场音乐

见422页地图（☎495-699 8206; www.bbkingclub.ru; Sadovaya-Samotechnaya ul 4/2; ⊙正午至午夜，音乐 20:30开始; ⓂTsvetnoy Bulvar）这家老式蓝调音乐俱乐部周三晚上举行开放式即兴演奏，周日晚上举办原声蓝调演出，其他夜晚推出现场音乐活动。餐馆提供午餐和晚餐，此时，可以聆听点唱机播放的爵士乐和蓝调音乐。俱乐部从庭院进入。

伦科剧院　剧院

见422页地图（Ленком театр, Lenkom Theatre; ☎495-699 9668, 售票处 495-699 0708; www.lenkom.ru; ul Malaya Dmitrovka 6; 票价 ₽200~2000; ⊙售票处 正午至15:00和16:00~19:00; ⓂPushkinskaya）Lenkom不是最有魅力的剧院，但是外界普遍认为它有最强大的表演团队。表演和音乐剧花里胡哨，即使不懂俄语，也会感到愉悦。

马里剧院　剧院

见422页地图（Малый театр, Maly Theatre; ☎495-624 4046; www.maly.ru; Teatralnaya pl 1/6; ⊙售票处 11:00~20:00; ⓂTeatralnaya）“马里”意为“小型”，意思就是，小于街道对面的莫斯科大剧院。事实上，这些名称历史悠久，那时城内只有两家剧院：歌剧院通常名为“Bolshoi”，戏剧院名为“Maly”。这家剧院建于1824年，主要上演19世纪奥斯特洛夫斯基（Ostrovsky）和其他剧作家的作品。

萨蒂里孔剧院　剧院

（Театр Сатирикон, Satirikon Theatre; ☎495-602 6583; www.satirikon.ru; Sheremetyevskaya ul 8; ⊙售票处 11:00~20:00; ⓂMarina Roshcha）这家剧院拥有莫斯科最有天赋的戏剧制作人之一康斯坦丁·瑞金（Konstantin Raikin）和其他大牌导演。20世纪90年代初期，这里推出成本惊人的作品《三便士歌剧》（*Threepenny Opera*），并且因此声名大噪。该剧打破了《雄鸡》（*Chantecler*）创造的成本纪录。

CSKA ARENA　运动场

（Арена и Стадион ЦСКА; ☎495-225 2600; Leningradsky pr 39a; ⓂAeroport）这个赛场可以容纳5500人，建于1980年奥运会筹备阶段，当年奥林匹克篮球赛在此举行。目前，它是莫斯科最出色的篮球和曲棍球队主场。位于Aeroport地铁站以南1.5公里处。

购物

DEPST　时尚饰品

见422页地图[www.depst.ru; Tsvetnoy bul 15

（Tsvetnoy购物中心内）；⊙10:00~22:00]如想购买出自俄罗斯设计师的物品，无论珠宝或服饰，还是家具和餐具，这都是理想地点。这个商店几乎占据整个Tsvetnoy购物中心地下领地，购物中心顶层开有一家不错的美食城。

PODARKI VMESTE S VOROVSKI 纪念品

见422页地图（Подарки вМесте с Воровски；www.m-rosemarie.ru；Kuznetsky most 21/5；⊙10:00~21:00；Ⓜ Lubyanka）这家小巧的精品店赏心悦目，由四位设计师合作经营。空间促狭，放满有用和无用（但是漂亮）物品，多达成百上千件，包括Galereyka毡拖鞋、帽子和带有东欧民俗的Ptitsa Sinitsa雅致陶器。

★ TRANSYLVANIA 音乐

见422页地图（☎495-629 8786；www.transylvania.ru；Tverskaya ul 6/1，Bldg 5；⊙11:00~22:00；Ⓜ Teatralnaya）来到庭院，寻找通往这家如地牢般商店的黑色金属大门，商店储存整屋整屋的CD碟片，类型无所不包。如果对于俄罗斯摇滚圈心存好奇，可来此处聆听相关歌曲。

YELISEEV GROCERY 食品和饮品

见422页地图（Елисеевский магазин；Tverskaya ul 14；⊙周一至周六 8:00~21:00，周日 10:00~18:00；Ⓜ Pushkinskaya）来此瞧瞧，一睹革命前的宏伟壮观，因为商店位于巨商Yeliseev旧宅之内。如今，这是一片高档市场，出售鱼子酱和其他佳肴，是食品采购的佳地，可来此处为国内吃货朋友购买礼物。

RESPUBLIKA 书籍

见422页地图（Республика；☎495-251 6527；www.respublica.ru；1-ya Tverskaya Yamskaya 10；⊙10:00~21:00；Ⓜ Mayakovskaya）这是书店，同时又是礼品店、音像店和咖啡馆。如果觉得朋友似乎什么都有，可以来此为其购买一件别致礼物。来到这里，你会发现你的朋友肯定会缺些什么，定然能买到非比寻常的物件。

SIMACHYOV BOUTIQUE & BAR 服装、饰品

见422页地图（☎495-629 5701；www.denissimachev.com；Stoleshnikov per 12/2；Ⓜ Chekhovskaya）“俄罗斯时尚界的狂野男孩”丹尼斯·西马切夫（Denis Simachyov）是位不拘一格的服饰设计师，在莫斯科家喻户晓。他的设计灵感来自各种主题，例如俄罗斯水手、车臣战争、西伯利亚农民、嘻哈古惑仔和吉卜赛流浪者。

PODIUM CONCEPT STORE 服装、饰品

见422页地图（Kuznetsky most 14；⊙正午至午夜；Ⓜ Kuznetsky Most）这间“概念店”无与伦比，六层楼包含了高级服饰和有趣设计。宽大窗户带有厚重窗帘，金属天花板带有浮雕，家具豪华舒适，营造雅致环境，适合出售时尚、异域（而且昂贵）服饰。

TSUM 百货店

见422页地图（ЦУМ；www.tsum.ru；ul Petrovka 2；Ⓜ Teatralnaya）TsUM是Tsentralny Universalny Magazin（中心百货商店）的缩写。其建于1909年，原名Muir & Merrilees，属于苏格兰人所有。它是第一家定位中产阶级消费者的百货商店。目前，这里满眼都是品牌和奢侈品。

DOM FARFORA 家庭用品

见428页地图（Дом Фарфора；www.domfarfora.ru；1-ya Tverskaya-Yamskaya 17；⊙10:00~21:00；Ⓜ Belorusskaya）这家瓷器商店出售全球知名品牌的精致瓷器，包括俄罗斯的Imperatorsky farforovy zavod（皇家瓷器工厂）。设计或高雅或传统，或奇特或非凡，有些瓷器兼具所有特点。将一套莫斯科主题茶具作为纪念品简直完美。

RUSSIAN BRONZE 纪念品

见422页地图（Русская бронза；www.russkayabronza.com；ul Kuznetsky most 20；⊙9:00~21:00；Ⓜ Kuznetsky Most）这是Vel冶金公司的工厂店，摆满青铜雕塑和小雕像，还有办公用品、餐具、茶匙、枝状大烛台、存钱罐和其他纪念品。

DOM INOSTRANNOY KNIGI 书籍

见422页地图（Дом иностранной книги；www.mdk-arbat.ru；Kuznetsky most 18/7；Ⓜ Kuznetsky Most）外文书店（House of Foreign Books）面积不大，摆放着许多精选

文学书籍。多数都是英文书，还有少量德语、法语和其他欧洲语种书籍。

★ YEKATERINA 服装、饰品

见422页地图（Екатерина; www.mexa-ekaterina.ru; ul Bolshaya Dmitrovka 11; Ⓜ Teatral-naya）这是俄罗斯最古老的毛皮服饰作坊之一，1912年以来一直生产shapky（毛皮帽）和shuby（毛皮大衣）。因为毛皮质量出众，设计不断变化，紧跟时尚潮流，所以一直享有盛誉。

运动和活动

★ SANDUNY BATHS 俄罗斯浴

见422页地图（☎495-628 4633; www.sanduny.ru; Neglinnaya ul 14; 男宾和女宾一等 ₽1500，男宾二等和女宾特等 ₽1850，男宾特等 ₽2300; ⏲8:00~22:00; Ⓜ Kuznetsky Most）Sanduny是莫斯科历史最久、最为奢华的banya（俄罗斯浴）。哥特式浴间（Gothic Room）满眼都是木刻，仿似艺术品，艺术气息无所不在。主淋浴间散发罗马贵族气息。浴间划分等级，就像火车座位一样。不过，常客说道，此处男宾二等浴间实际上好过特等浴间。

无论选择什么等级的浴间，都会花费不菲，如果租赁洗浴必备用品，花费更高。必备用品包括浴巾（₽170）、防止烫伤头发的毡帽（₽410）以及一双拖鞋。

普列斯妮娅

内普列斯妮娅 | 外普列斯妮娅

区域亮点

❶ 欣赏普列斯妮娅的独特建筑，包括新艺术风格的**鲁毕史斯基别墅**（见109页）和结构主义风格的**那康芬公寓楼**（见110页）。

❷ 追寻《大师与玛格丽特》的情节线索，从开篇地点**牧首塘**（见110页）至高潮现场**Central House of Writers (CdI)**（见110页），然后前往**布尔加科夫故居博物馆**（见110页）参观。

❸ 来到**莫斯科天文馆**（见112页），观察星空，体验模拟飞行。

❹ 前往**Café Pushkin**（见113页），尽情享用一顿豪华俄罗斯大餐。

❺ 进入**柴可夫斯基音乐厅**（见118页）或**莫斯科柴可夫斯基音乐学院**（见118页），聆听世界一流的音乐会。

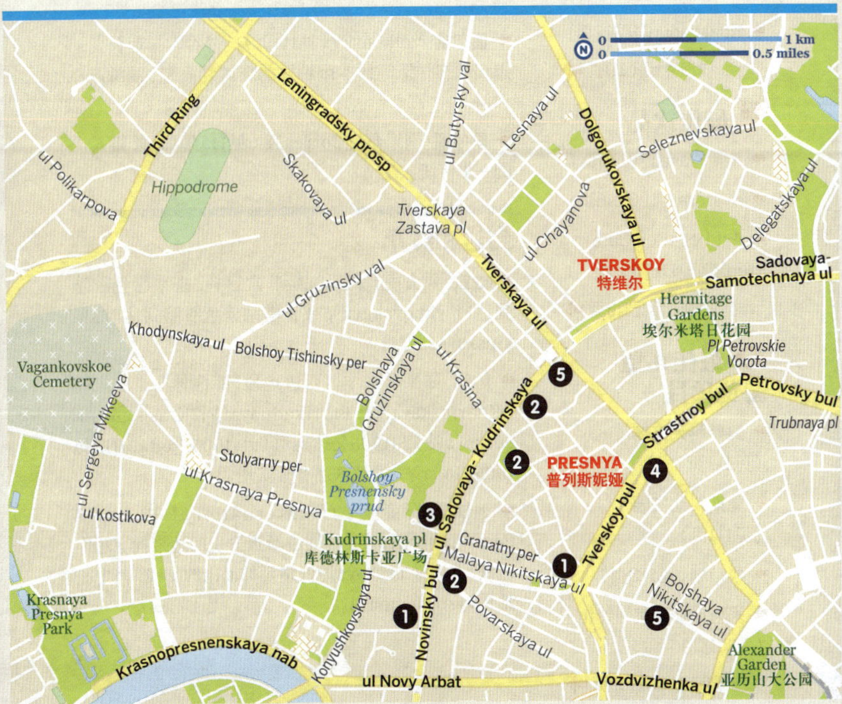

这一区域的更多细节见428页地图

独家贴士

Bolshaya Nikitskaya ul的后街小巷内，许多古老楼阁保存至今，一些经过修缮，而另一些年久失修。克里姆林宫附近街道的大多数房屋由18世纪的贵族所建，远离克里姆林宫的楼宇由19世纪崛起的实业家所建。如今，这些建筑有许多被用作大使馆和文化机构。Bolshaya Nikitskaya ul车辆稀少，堪称静心漫步佳地。

最佳餐厅

- Café Pushkin（见113页）
- Volkonsky（见111页）
- As Eat Is（见112页）
- Khachapuri（见112页）

详细介绍见111页

最佳饮品

- Bar Klava（见116页）
- Kvartira 44（见116页）
- Art Lebedev Cafe Studio（见116页）

详细介绍见116页

最佳儿童游览项目

- 莫斯科天文馆（见112页）
- 莫斯科动物园（见111页）
- 牧首塘（见110页）
- 采列捷利画室博物馆（见111页）

详细介绍见109页

探索普列斯妮娅

普列斯妮娅既有莫斯科最为古老的街区，又有最新开发的地段。首先，游览内普列斯妮娅那些赏心悦目的居民区，这里充满触动回忆的建筑、历史悠久的公园和极其出色的餐饮场所。整个地区非常适合漫步游览，如果带上一本布尔加科夫的《大师与玛格丽特》则更加完美。傍晚前来，在此享用晚餐。牧首塘周边，餐饮渐成气候。Spiridonovsky per两边，餐馆林立。

最近重新开放的天文馆和面积巨大的动物园是两处更加传统的景点，位于花园环线（距离克里姆林宫3公里的环形公路）。随便哪处都能令你身心愉悦地度过几个小时。

继续向外，就是外普列斯妮娅，那里道路宽阔、交通拥挤，到处施工，氛围不是太好。除非打定主意要去一个地方，否则不要前往外普列斯妮娅。

当地生活

- **公园** 许多青少年、带小孩的老奶奶和含情脉脉的情侣聚集在牧首塘边，落座树荫蔽日的长椅，喂喂鸭子。
- **面包店** Volkonsky（见111页）门外经常排起长龙，忠实顾客排队等候本市最好的新鲜烤面包、油酥点心和派。
- **早午餐** 周末落座Correa's（见115页）是外籍人士的一贯传统。

到达和离开

- **地铁** 要去内普列斯妮娅非常容易，搭乘绿色线路到达Mayakovskaya站或者搭乘紫色线路到达Pushkinskaya站即可。
- **地铁** 如果要去本区西边地段，库德林斯卡亚广场（Kudrinskaya pl; Barrikadnaya站和Krasnopresnenskaya站）和1905戈达街道（ul 1905 goda; Ulitsa 1905 Goda站）的地铁站非常实用。
- **地铁** 国际商业中心（International Business Center; Moskva-City）周边新近开发的地带拥有迷你地铁，是从Kievskaya地铁站延伸而出的支线，其中一站是Vystavochnaya站。

景点

内普列斯妮娅

复苏教堂

教堂

见428页地图(Церковь Воскресения, Church of the Resurrection; Bryusov per 2; Ⓜ Pushkinskaya)穿过Tverskaya ul近旁的拱门，到达这座令人意想不到的金色圆顶复苏教堂，它是为数不多的在苏联时代仍旧开放的教堂之一。

大小升天教堂

教堂

(Церковь Большого Вознесения и Церковь Малого Вознесения, Churches of the Grand & Small Ascension; Bolshaya Nikitskaya ul; Ⓜ Arbatskaya)1831年，诗人亚历山大·普希金(Alexander Pushkin)同娜塔莉亚·康嘉若(Natalya Goncharova)在雅致的**升天教堂**(见428页地图)举行婚礼，教堂就在Nikitskie Vorota广场西侧。6年以后，普希金为了荣誉参加决斗，死于圣彼得堡。这对知名眷侣的雕塑出现在环形喷泉(Rotunda Fountain)旁，喷泉建于1999年，纪念普希金诞辰100周年。

沿着街道向前，喜庆的**小升天教堂**(Church of the Small Ascension, 见428页地图)矗立于Voznesensky per街角。这座教堂建于17世纪，墙壁雪白，带有石头雕刻饰品。

鲁毕史斯基别墅

博物馆

见428页地图(Особняк Рябушинского, Ryabushinsky Mansion; Malaya Nikitskaya ul 6/2; ⏲周三至周日 11:00~17:30; Ⓜ Pushkinskaya) 免费 又名高尔基故居博物馆(Gorky House-Museum)，这座令人着迷的新艺术宅院于1906年由费奥多尔·柴柯特尔(Fyodor Shekhtel)设计，1931年被赠予著名作家马克西姆·高尔基(Maxim Gorky)。这栋宅院鬼斧神工，带有雕刻门廊、屋顶壁画、彩绘玻璃、石雕楼梯和外部瓦饰。除了非同凡响的外部装饰，这里收藏了许多高尔基私人物品，包括他的大量藏书。

东方艺术博物馆

博物馆

见428页地图(Музей искусства народов востока, Museum of Oriental Art; ☎495-691 0212; www.orientmuseum.ru; Nikitsky bul 12a; 门票₽300; ⏲周二至周日 11:00~20:00; Ⓜ Arbatskaya)这座令人兴趣盎然的博物馆位于林荫环线，展厅共分三层，展品范围涵盖整个亚洲大陆。一楼展厅尤其引人入胜，基本上都是源自高加索、中亚和北亚的藏品。

整个亚洲大陆的艺术在这里都淋漓尽致地得到展现，甚至包括不属于俄罗斯或者苏联的那些国家。藏品的时间跨度同样巨大，从远古直到20世纪，包括画作、雕塑和民间艺术。一个意想不到的出彩之处就是尼古拉·罗利其特(Nikolai Rerikh)的展览，他是俄罗斯画家和探险家，曾经花费数年游览亚洲并作画。

ART4.RU

艺术馆

见428页地图(☎499-136 5656; www.art4.ru; Khlinovsky tupik 4; 门票₽200; ⏲提前预约; Ⓜ Okhotny Ryad)莫斯科人伊戈尔·马金(Igor Markin)原是商人，后来从事艺术品收藏，他的经历说明任何人都有可能成为博物馆馆长。马金有700多件藏品，家里已经无法容纳，因此他决定创建一座博物馆，用于陈列他的艺术收藏，与公众分享。这就是Art4.ru(Art for Russia)的来源。

这座小巧玲珑的艺术馆不仅展出马金本人的收藏品，而且展出被他"发现"的崭露头角艺术家的作品。如果你对俄罗斯当代艺术的火热状况饶有兴趣，那就应当来此体验那种独特感受。

果戈理大楼

博物馆

见428页地图(Дом Гоголя, Gogol House; www.domgogolya.ru; Nikitsky bul 7; 门票₽100; ⏲周三和周五 正午至19:00，周四 14:00~21:00，周六和周日 正午至17:00; Ⓜ Arbatskaya)19世纪作家尼古拉·果戈理(Nikolai Gogol)在此度过了他人生中最后几个月的痛苦时光。那些房间如今已是一个小型、迷人的博物馆，内里陈设就是果戈理生前的模样，甚至能够看到他将《死魂灵》手稿付之一炬的那个壁炉。

博物馆还有一间阅览室，放置果戈理的作品和其他有关这位作家的参考资料。庭院静谧，矗立一尊果戈理雕像——瘦骨嶙峋、满面戚容。他所创作的一些著名人物的雕塑环绕四周。

犹太人大屠杀纪念馆

犹太教堂

见428页地图（Любавическая синагога, Lyubavicheskaya Synagogue; Bolshaya Bronnaya ul 6; ⓂPushkinskaya）20世纪30年代，这栋建筑被改建为剧院，但在整个苏联时代，犹太人团体仍然将它用作集会场所。如今，这栋建筑既是犹太教会堂，又是莫斯科人数不多但是持续增长的犹太人团体的社交中心。

牧首塘

公园

见428页地图（Патриаршие пруды, Patriarch's Ponds; Bolshoy Patriarshy per; ⓂMayakovskaya）牧首塘令人忆起苏联时代，那时公园到处都是儿童和老奶奶。现在，你将看到推着婴儿车的老奶奶和坐在长椅上拥吻的情侣。夏季，儿童满心欢喜地荡秋千；冬季，他们进入池塘滑冰。这个小公园矗立着一尊19世纪俄罗斯作家伊凡·克雷洛夫（Ivan Krylov）的雕像，他的说教故事为俄罗斯儿童熟知。

米哈伊尔·布尔加科夫（Mikhail Bulgakov）所著《大师与玛格丽特》（*The Master and Margarita*）之中，魔王现身牧首塘，牧首塘因此为人牢记于心。小说开篇描述池塘以北地带，魔王就在那里现身，并且预言柏辽兹（Berlioz）即将死去。不同于小说情节的是，从未有一条有轨电车线路经过池塘附近。布尔加科夫的寓所位于花园环线一隅，他在那里居住、创作小说，直至生命终结。

布尔加科夫故居博物馆

博物馆

见428页地图（Дом-музей Булгакова, Bulgakov House-Museum; www.dombulgakova.ru; Bolshaya Sadovaya ul 10; 门票₽70; ⏲13:00~23:00，周五和周六 至次日1:00; ⓂMayakovskaya）《大师与玛格丽特》（*The Master and Margarita*）和《狗之心》（*Heart of a Dog*）的作者米哈伊尔·布尔加科夫是苏联小说家，他被定为反革命分子，终身受到审查。他的名著死后付梓，为其在苏联后期赢得了一批狂热的追随者。布尔加科夫同妻子伊莲娜·史洛夫斯卡娅（Yelena Shilovskaya；主人公玛格丽特的原型）居住于此处一所寓所内，现在已是一座小型博物馆和剧院。

20世纪90年代，这栋空旷寓所成为异见分子和小流氓的聚集场所，他们在墙上涂鸦、写诗。如今，墙壁经过粉刷，房门已经上锁，但是一楼有个小型博物馆和咖啡馆。展览主要突出私人物品，还有海报以及著作插图。更加吸引人的是此处举办的朗诵会和音乐会（查看网站），还有特色游览项目。一只黑猫出没于庭院中。

CENTRAL HOUSE OF WRITERS（CDL）

知名建筑

见428页地图（Центральный дом литераторов; ЦДЛ; www.moscowwriters.ru; Povarskaya ul 50; ⓂBarrikadnaya）Central House of Writers是一栋精致的新艺术风格大楼，其历史可追溯至1889年。苏联时代，这栋古老大楼几乎一直是作家协会的办公地点。因此，它出现在布尔加科夫的小说《大师与玛格丽特》之中。

契诃夫故居博物馆

博物馆

见428页地图（Дом-музей Чехова, Chekhov House-Museum; ul Sadovaya-Kudrinskaya 6; 门票₽150; ⏲周二、周三和周五至周日11:00~18:00，周四 14:00~20:00; ⓂBarrikadnaya）"这栋房屋色彩奔放，意思就是红色"，安东·契诃夫（Anton Chekhov）如此描述自己位于花园环线（Garden Ring）的寓所，1886~1890年他居住于此。这栋红房子如今是契诃夫故居博物馆，有卧室、客厅和书房，全部完好如初。傍晚，这里时常举行音乐演出，每周几次。

博物馆就是一处安静的书香门第。墙壁上的装饰画都是列维坦（Levitan；画家）和柴柯特尔（Shekhtel；新艺术派建筑师）赠给契诃夫的作品。他俩经常前来探望契诃夫。照片展示这位剧作家同文学巨匠列夫·托尔斯泰以及马克西姆·高尔基的交往。一个房间专门展示契诃夫在梅利霍沃（Melikhovo）的时光，展品有来自其乡村庄园的照片和手稿。

外普列斯妮娅

那康芬公寓楼

知名建筑

见428页地图（Наркомфин, Narkomfin;

Novinsky bul 25; ⓂBarrikadnaya）这座里程碑式的建筑是勒·柯布西耶（Le Corbusier）组合住宅（Unitè d' Habitation）设计原则的典范，是半公共生活（见111页）风格的一次早期尝试，由穆尔斯·金茨堡（Moisei Ginzburg）和伊格纳提·米利尼斯（Ignatii Milinis）于1928~1930年设计建造，为财政部军需处成员的住所。其根据建构主义理想设计，尽量放大公共空间，缩小私人空间。公寓厨房很小，以便促使居住者前往公共餐厅就餐。

这栋大楼长期处于失修状态，一家俄罗斯地产开发集团打算把它改造成公租公寓。

莫斯科动物园

动物园

见428页地图（Московский зоопарк, Moscow Zoo; www.moscowzoo.ru; Yaroslavskoe shosse; 成人 工作日/周末₽300/500，儿童免费；⏲4月至9月 周二至周日 10:00~20:00，10月至次年3月 至17:00；👪；ⓂBarrikadnaya）2014年，这座动物园进行大规模修整，庆祝开业150周年，因此焕然一新。一群群鸟儿聚集中央池塘，使得这里成为观鸟者的漫步天堂。如想换个角度体验莫斯科夜生活，就去观赏夜行动物展。其他精彩看点包括大型猫科动物（主打东北虎），还有海豚馆。如想观看更多四脚动物，沿着人行桥前往各个大陆动物展馆。

采列捷利画室博物馆

博物馆

见428页地图（Музей-мастерская Зураба Церетели, Tsereteli Stu-dio-Museum; www.mmoma.ru; Bolshaya Gruzinskaya ul 15; 门票₽250; ⏲周五至周三 11:00~18:00，周四 13:00~20:00；👪；ⓂBelorusskaya）莫斯科最多产画家开放他的"工作室"，作为展示其众多杰出作品的舞台。

在这里还能发现城内其他纪念地的缩小模型。室内有三层展示这位大师的素描画、油画和珐琅作品。

白宫

知名建筑

见428页地图（Белый дом, White House; Krasnopresnenskaya nab 2; ⓂKrasnopresnenskaya）白宫的官方名为俄罗斯联邦政府大楼（House of Government of the Russian Federation）。白宫位于Novoarbatsky大桥以北，门前，莫斯科河（Moscow River）拐了一个大弯。

就在此处，鲍里斯·叶利钦（Boris Yeltsin）集结反对力量，粉碎1991年的强硬政变，两年之后，他又派出坦克和军队打击保守派对手，其中一些曾在1991年支持过他。叶利钦在1991年爬上白宫门前一辆坦克的景象以及1993年白宫遭受攻击陷入火海的画面，就是那些动荡岁月最为令人难忘的场景。

当地知识

那康芬公寓楼内部

住在一栋新颖独特（甚至颠覆性）的里程碑式建筑（见110页）之内，到底感受如何？更加有趣的是，住在一栋任其腐坏的代表性建筑之内，到底感受如何？关于这些问题，当地电影拍摄者竭力想要阐释，并且制作**那康芬公寓楼：网络纪录片**（www.narkomfin.net），目的是让人们一睹这座知名建筑内部景象，毕竟许多人都在热议但是很少有人亲眼目睹，因为进入大楼有所限制。这部电影同时介绍一些居住者——大都是艺术家——他们述说自己每天同周围环境的交流。

就餐

内普列斯妮娅

★VOLKONSKY

面包房 €

见428页地图（Волконский; www.wolkonsky.com; Bolshaya Sadovaya ul 2/46; 油酥点心₽100~200; ⏲周一至周五 7:30~23:00，周六和周日 8:00~13:00；📶👪；ⓂMayakovskaya）在这里，门外经常排起长龙，忠实顾客排队等候本市最佳新鲜烤面包、油酥点心和派。这里的美味值得等候，尤其是当你决定买嵌满水果的羊角面包（croissant）或者梦寐以求的橄榄面包（olive bread）的时候。隔壁设有木制大餐桌，供应大杯咖啡和茶水。

CAFE RECEPTOR

创意菜 €

见428页地图（Кафе Рецептор; www.cafereceptor.ru; Bolshaya Nikitskaya ul 22/2; 主菜

重要景点

莫斯科天文馆

闭馆17年之后，2011年，莫斯科天文馆（Московский планетарий，Moscow Planetarium）重新开放，成为莫斯科寓教于乐的明星景点。天文馆影响力持续增强，面积扩大三倍，引入高科技装置、交互展览和寓教于乐项目。

最吸引人的就是**星空大厅**（Большой Звездный Зал，Large Star Hall；₽550~600），其银色圆顶高达25米。门票包含进入乌拉尼亚博物馆（Urania Museum；想想陨石藏品）的费用。参观这个展览（5月至10月）之后，可以游览**天空公园**（Sky Park），园内散布天文器械，从日晷仪到太阳能电池板，不一而足。

新开放的天文馆同时包含设计新颖、有交互体验的**Lunarium**（Лунариум；₽450），游客可以亲身体验。趣味十足的动手体验项目包括产生电能、骑乘宇宙自行车和衡量你在另外一个星球上的体重等。另外一个精彩项目就是4D影院（4D Кинотеатр，four-dimensional cinema；₽450），其呈现3D影像外加其他特殊感官效果，例如声响、气味和运动。

不要错过

- 星空大厅
- Lunarium
- 天空公园

实用信息

- 见428页地图
- www.planetarium-moscow.ru
- ul Sadovaya-Kudrinskaya 5
- 展览₽300~600
- ⏲博物馆 10:00~21:00，剧院 周三至周一10:00至午夜
- Ⓜ Barrikadnaya

₽200~400；⏲正午至午夜；📶📝👪；ⓂOkhotny Ryad）这家地下咖啡馆特异古怪，墙壁装饰多彩涂鸦、业余画作和老照片。这里的气息风雅，适合搭配健康素食餐饭、新鲜果汁、精品茶水、自斟葡萄酒、特酿鸡尾酒和偶尔上演的现场音乐。还有一家分店，位于**牧首塘**（见428页地图；Bolshoy Kozikhinsky per 10；ⓂTverskaya）附近。

COOL KULINARIYA 俄罗斯菜 €

见428页地图（Cool Кулинария；www.coolkulinariya.ru；Bolshaya Nikitskaya ul 24/1，bldg 6；主菜₽200~400；⏲周一至周五 8:00~23:00，周六和周日 10:00~23:00；📶📝；ⓂOkhotny Ryad）这家赏心悦目的小店藏身于一处温馨的地下室中，摆满舒适餐桌，顾客可以从容不迫地品尝新鲜俄罗斯汤品和沙拉，以及更多外国菜肴。不妨透过玻璃橱窗看看哪些菜品貌似美味。唯一的难点就是，油酥点心令人垂涎欲滴，怎么才能为它留点肚子呢？

PUSHKIN KONDITERSKAYA 咖啡馆 €

见428页地图（www.cafe-pushkin.ru；Tverskoy bul 26；甜品₽100~300；⏲正午至午夜；👪；ⓂPushkinskaya）如果想让约会过程令人难忘，但又消费不起Café Pushkin，可去隔壁konditerskaya（甜品店）享用甜品。Pushkin Konditerskaya同Café Pushkin一样豪华典雅，从水晶枝形吊灯到大理石地板，如出一辙，中间还有许多装饰设计（包括陈列甜品的玻璃橱窗）。

★AS EAT IS 各国风味 €€

见428页地图（Как Есть；☎495-699 5313；www.aseatis.ru；Tryokhprudny per 11/13；主菜₽500~900；⏲正午至23:00；📝📋；ⓂMayakovskaya）我们喜欢这家餐馆朴实无华、不拘一格的内里陈设，不规则的书架上物品摆放巧妙，细节设计古朴。我们更加喜欢现代当季菜品，外观赏心悦目，口味无与伦比。此类食品通常价格昂贵，但是这里的价格却较为适中。

★KHACHAPURI 格鲁吉亚菜 €€

见428页地图（☎8-985-764 3118；hacha.ru；Bolshoy Gnezdnikovsky per 10；奶酪鸡蛋烤饼₽200~350，主菜₽400~600；📶📋；ⓂPushkinskaya）这家都市咖啡馆并不华丽，但价格适中、美味诱人，显示着人们对格鲁吉亚文化的喜爱。服务生热情好客，新鲜烤制的奶酪鸡蛋烤饼（khachapuri）勾人味蕾。除了7种美味烤饼，还有许多汤品、烤肉串、汤包和其他格鲁吉亚美食。

★ FAVORITE 美国菜 €€

见428页地图（☎495-691 1850; www.favorite-pub.ru; ul Spiridonovka 24; 主菜 ₽500~800; ⊙8:00至顾客散尽; 📵; Ⓜ Mayakovskaya）莫斯科最受欢迎的酒馆就是这家出色、休闲的布鲁克林式店面，这里提供美味汉堡和烤牛排，还有桶装自制微酿啤酒（莫斯科生产的Brickstone Beer），电视上播放足球比赛。

UILLIAM' S 欧洲菜 €€

见428页地图（Вилльям'с; ☎495-650 6462; www.ginzaproject.ru; Malaya Bronnaya ul 20a; 主菜 ₽700~1200; ⊙10:30~23:30; 📵; Ⓜ Mayakovskaya）这个小巧玲珑的店面总是顾客盈门，他们前来参观开放厨房内的活动，厨房就是这个餐馆的亮点。大厨威廉·兰贝蒂（Uilliam Lamberti）相当自豪，因为其采用顶级食材，全心全意烹制食品。所以，菜品完美无瑕。

JEAN-JACQUES 法国菜 €€

见428页地图（Жан-Жак; www.jan-jak.com; Nikitsky bul 12; 主菜 ₽300~600; ⊙8:00至次日6:00; 📶; Ⓜ Arbatskaya）这个葡萄酒吧环境怡人，位于林荫环线一处黄金位置，欢迎顾客前来喝杯葡萄酒、吃点东西、听听音乐。虽是地下室，但很温馨，而且并不黑暗，因此是个啜饮波尔多葡萄酒（₽1200~2500）、品味干酪的绝佳地点。

MARI VANNA 俄罗斯菜 €€

见428页地图（Мари Ванна; ☎495-650 6500; www.marivanna.ru; Spiridonyevsky per 10; 主菜 ₽600~800; ⊙8:00至午夜; ✎📵👪; Ⓜ Pushkinskaya）不要试图寻找牌匾（根本没有），直接按响10号房屋门铃，你会被带到一个温馨似家的地方：书架塞得满满当当，黑白电视机播放苏联昔日影像。你将品尝到用小碟盛装的美味可口的家常菜。

SCANDINAVIA 瑞典菜 €€

见428页地图（☎495-937 5630; www.scandinavia.ru; Maly Palashevsky per 7; 主菜 ₽600~1000; 📶📵👪; Ⓜ Pushkinskaya）Scandinavia深受莫斯科外籍人士青睐，完美诠释"瑞典邂逅俄罗斯"将是什么情形。这是一家赏心悦目的夏日咖啡馆，主营三明治、沙拉和烧烤食品（包括莫斯科最好的汉堡，有人这样评论）。

PAVILION 俄罗斯菜 €€

见428页地图（Павильон; ☎495-697 5110; www.restsindikat.com; Bolshoy Patriarshy per 7; 主菜 ₽500~900; ⊙正午至午夜; 📶📵; Ⓜ Mayakovskaya）这家餐馆位于一个老船库之内，俯视牧首塘，氛围真是无与伦比。建筑架构可追溯到19世纪，内部采用"纯苏联"风格，还有与格调相得益彰的菜单。所有传统美味一网打尽，精心烹制，有时会有些许新意，令人意外。

TWENTY-TWO 各国风味 €€

见428页地图（☎495-776 8622; www.twentytwo22.ru; ul Novy Arbat 22; 主菜 ₽600~900; ⊙正午至次日6:00; 📶✎📵; Ⓜ Smolenskaya）一个餐馆能否兼容并包、满足所有顾客？我们不太清楚，但是Twenty-Two跃跃欲试。楼下环境温馨，适合啜饮咖啡、品味杯形蛋糕。楼上是个华丽的葡萄酒吧，菜单内容丰富，涵盖全球各国风味。尽管并不专业，但是食物深受好评，而落地窗外的景色更为这里加分。

★ CAFÉ PUSHKIN 俄罗斯菜 €€€

见428页地图（Кафе Пушкинъ; ☎495-739 0033; www.cafe-pushkin.ru; Tverskoy bul 26a; 工作午餐 ₽750，主菜 ₽1000~2200; ⊙24小时; 📶📵; Ⓜ Pushkinskaya）这是首屈一指的俄罗斯高档用餐地点，巧妙融合俄罗斯和法国美食特色，服务和菜品堪称完美。这栋迷人的19世纪建筑每层氛围截然不同，包括一间装修华丽的阅览室和环境怡人的屋顶咖啡馆。

★ UGOLYOK 欧洲菜 €€€

见428页地图（Уголёк; ☎495-629 0504; Bolshaya Nikitskaya 12; ⊙周日至周三 9:00至午夜，周四至周六 9:00至次日1:30; Ⓜ Biblioteka im Lenina）这里的一切都赏心悦目——无论华丽的后工业式内部装修，还是时髦精美的餐具，

步行游览
普列斯妮娅的今昔

起点 普希金广场
终点 KRASNOPRESNENSKAYA NAB
全程 4公里；2小时

从普希金广场出发，沿着❶**Tverskoy bul**漫步向南。这片区域的景致极度优美，街道两边鲜花盛开，宏伟建筑巍然屹立。到达尽头，可以一窥❷**鲁毕史斯基别墅**（Ryabushinsky Mansion，见109页）的风采，马克西姆·高尔基曾在这座新艺术风格华宅里居住。

❸**升天教堂**（见109页）赫然耸立在交叉路口附近，曾经见证亚历山大·普希金（Alexander Pushkin）和娜塔莉亚·康嘉若（Natalya Goncharova）的婚礼，这对眷侣的一尊雕塑位于门前喷泉处。踏上Bolshaya Nikitskaya ul，这条街上楼舍密布。其中最为醒目的包括外观巧夺天工的❹**No 51**以及54号❺**Lopatina Building**瓷片镶嵌的楼体。

到达Bolshaya Nikitskaya ul尽头，穿过地下人行通道前往库德林斯卡亚广场（Kudrinskaya pl），广场之上，一栋巨型摩天大楼高高耸立（"斯大林七姐妹"之一）。南边就是莫斯科硕果仅存、最具代表性的现代主义建筑❻**那康芬公寓楼**（Narkomfin，见110页）。虽然即将开始修复的传闻不绝于耳，但由于法律障碍和资金缺乏，所以这栋建筑将会继续倾颓。

右转进入Bolshoy Devyatinsky per，然后左转踏上Konyushkovskaya ul，继续向南前往Krasnopresnenskaya nab。莫斯科河岸边，❼**白宫**（White House，见111页）大楼赫然耸立，这是俄罗斯议会所在地，也是多次近代重大事件的发生地。另外一座"斯大林七姐妹"建筑Radisson Royal位于莫斯科河对岸。

远处，国际商务中心（International Business Centre）沿着莫斯科河拔地而起。留意双子塔建筑"都市之都"（City of Capitals），其代表莫斯科和圣彼得堡。水星城市大厦高达340米，俯视全城，是目前欧洲最高大楼。

或者摆在顾客面前、令人垂涎的食物和饮品。饮食不仅精致，而且可口，美味新鲜的食材采用独到方式烹饪。

NEDALNY VOSTOK 亚洲创意菜 €€€

见428页地图（Недальний Восток；☎495-694 0641；www.novikovgroup.ru；Tverskoy bul 15；主菜 ₽900~1300；📶📋；Ⓜ Pushkinskaya）美食家喜欢那些特别新鲜的水产，这些食材采用炒锅、烧烤架或者烤箱烹制，顾客能够清楚地看到烹制过程。这是一个打牙祭的好地方。

外普列斯妮娅

★STOLLE 咖啡馆 €

见428页地图（Штолле；www.stolle.ru；Bolshaya Sadovaya ul 3；主菜 ₽200~300；⏲8:00~22:00；📶📋👪；Ⓜ Mayakovskaya）Stolle的菜品出类拔萃，饺形馅饼特别诱人，令人无法抗拒。精选甜品和开胃菜肴摆在柜台，点心刚从烤箱新鲜出炉。面对美食，可能很难抉择（蘑菇还是肉？杏还是苹果？），但是无论如何选择，都很正确。

BOTANIKA 创意菜 €

见428页地图（Ботаника；☎495-251 9760；www.cafebotanika.ru；Bolshaya Gruzinskaya ul 61；主菜 ₽300~500；⏲11:00至午夜；📶📝📋；Ⓜ Belorusskaya）既新潮时髦又价格适中，这种餐馆在莫斯科实属罕见，Botanika就是一个。这里提供价格适中合理的美食，还有许多汤品、沙拉和烧烤。木制家具和精妙花卉图案使得花园主题装饰显得完美无瑕，所有这一切营造出令人愉悦、纯天然的就餐环境。

SOUP CAFE 俄罗斯菜 €

见428页地图（Суп кафе；www.soupcafe.ru；1-ya Brestskaya ul 62；汤品 ₽200；⏲24小时；📝；Ⓜ Belorusskaya）这个餐馆将俄罗斯美食精髓发扬至新高度，每天提供40余种冷热汤品。如果无法抉择，先去品尝。气氛闲适、灯光幽暗、家具新潮。晚上，DJ播放浩室音乐（house music）。

ANDERSON FOR POP 各国风味 €

见428页地图（Андерсон для Пап；☎499-753 1601；www.cafe-anderson.ru；Mal Gruzinskaya ul 15/1；主菜 ₽390~620；⏲周一至周五 9:00~23:00，周六和周日 10:00~23:00；👪；Ⓜ Barrikadnaya）这个地方就是家庭用餐天堂，专门为老爸和孩子们设计。设有游乐区（附带桌面足球）、阅读区和创意区，孩子们可以尽情嬉戏，妈妈们能够享受片刻宁静。食物和饮品确实出色，适合所有家庭成员，传统和新式烹饪恰当融合在一起。

BULKA 面包房 €

见428页地图（Булка пекарня；www.bulkabakery.ru；Bolshaya Gruzinskaya ul 69；油酥点心 ₽100~200；⏲8:00~23:00；📶👪；Ⓜ Belorusskaya）咖啡精美，油酥点心更加出色。无论想吃开胃菜肴还是甜品，都能在大玻璃橱窗内找到。晚些时候，所有物品打折出售，第二天早上接着现做现卖。

UPSIDE DOWN CAKE CO 面包房 €

见428页地图（www.upsidedowncake.ru；Bolshaya Gruzinskaya ul 76；甜品 ₽150~300；⏲周一至周五 9:00~23:00，周六和周日 10:00~23:00；📶📝📋；Ⓜ Belorusskaya）希望你能留点肚皮给甜品。这家街角面包房主营各种杯形蛋糕和油酥点心、美味果汁冰球以及各种精选壶装花草茶。

★RAGOUT 创意菜 €€

见428页地图（☎495-662 6458；www.caferagout.ru；Bolshaya Gruzinskaya ul 69；主菜 ₽600~900；⏲8:00至午夜；📶📝📋；Ⓜ Belorusskaya）莫斯科人对于Ragout评价很高。这里，酷炫的氛围不如酷炫的你。食品创意十足，但是并不出格。这个美食酒馆属于"合理价格提供精美餐饮运动"的参与者，对于莫斯科而言，这个理念真是姗姗来迟。

CORREA' S 欧洲菜 €€

见428页地图（☎495-933 4684；www.correas.ru；Bolshaya Gruzinskaya ul 32；主菜 ₽400~600；⏲周一至周五 8:00~23:00，周六和周日 9:00~23:00；📶📝📋；Ⓜ Belorusskaya）新颖的Correa's面积很小，只能摆放几张餐桌。但是窗户宽大、厨房开放，所以店内并不显得特别狭窄，反倒显得温馨惬意。菜单上（三明治、比萨和烧烤）没有特别精美的菜品，但是所有菜品采用最为新鲜的食材烹制。还有一家分店，位于**ul Grasheka**（见428页地图；☎495-789 9654；ul Grasheka 7；📶✏📋；Ⓜ Mayakovskaya）。

CORNER BURGER
汉堡包 €€

见428页地图（CBBG76；www.cornerburger.ru；Bolshaya Gruzinskaya ul 76；汉堡包₽500~650；📶✏📋；Ⓜ Belorusskaya）我们知道，你来莫斯科可不是为了吃汉堡包，但是万一你突然想吃，我们知道去哪买。这些汉堡包采用高品质绞牛肉烘烤，夹入英式松饼或者脆饼面包，上面带有各种酱汁。

SHINOK
乌克兰菜 €€

见428页地图（Шинок；☎495-651 8101；www.shinok.ru；ul 1905 goda 2；主菜₽750~1100；⏲正午至午夜；✏📋👪；Ⓜ Ulitsa 1905 Goda）如果你并不觉得莫斯科的主题餐厅十分出色，可来这家餐馆体验。这家餐馆仿佛在莫斯科市中心建起一座乌克兰农场，尽管采用了古怪但简单现代的装潢风格。本店特色食品是水饺，美味无比。

DOLKABAR
各国风味 €€

见428页地图（Долкабар；www.dolkabar.ru；ul Krasina 7；午餐₽400，主菜₽400~900；⏲正午至23:00；📶✏；Ⓜ Mayakovskaya）Dolkabar是由旅行家兼博客作家谢尔盖·柯尔亚（Sergei Kolya）创办的，他想让人们有个分享冒险经历并开启下一次旅程的地方。餐桌上的地图和墙壁上的照片营造一种理想环境，提供各种异国菜品。

BARASHKA
阿塞拜疆菜 €€€

见428页地图（Барашка；☎495-653 8303；ul 1905 goda 2；主菜₽500~1000；📋；Ⓜ Ulitsa 1905 Goda）离开莫斯科一条繁忙大街，进入一个魅力迷人的阿塞拜疆庭院。这里提供美味沙拉、烤肉和丰盛炖菜。

饮品和夜生活

内普列斯妮娅

TIME-OUT BAR
鸡尾酒吧

见428页地图（www.timeoutbar.ru；12th fl，Bolshaya Sadovaya ul 5；⏲周日至周四 正午至次日2:00，周五和周六 正午至次日6:00；Ⓜ Mayakovskaya）这家新潮酒吧位于古色古香的北京饭店（Pekin Hotel）楼上，这里有耍花格布的酒保和其调配的美味酒水，尤其是为一天不同时段调配的不同酒水。这是度过夜晚的佳地，也是迎接清晨的佳地（如果你能待那么久）。

BAR KLAVA
酒吧

见428页地图（Бар Клава；www.bar-klava.com；Malaya Bronnaya ul 26；⏲正午至次日6:00；📶；Ⓜ Mayakovskaya）时髦内部和惬意氛围笼罩了这家精致酒吧，时尚但不做作。菜单推出整整一页威士忌酒水和特色鸡尾酒。如果晚上来此尽兴，那么花费高昂。如果只在夜生活开始前或结束后来此啜饮一杯，这里堪称完美。

ART LEBEDEV CAFE STUDIO
咖啡馆

见428页地图（Кафе Студия Артемия Лебедева；lik.artlebedev.ru；Bolshaya Nikitskaya ul 35b；📶；Ⓜ Arbatskaya）这家小店为阿特米·乐比德芙（Artemy Lebedev）所有，吸引一部分魅力超群、具有艺术气息的顾客来品味精美茶水和咖啡。常客喜欢喝点麦粥作为早餐，喜欢夏日阴凉的露台。不要错过楼下的商店。

KVARTIRA 44
酒吧

见428页地图（Квартира 44；www.kv44.ru；Bolshaya Nikitskaya ul 22/2；主菜₽300~500；⏲正午至深夜；📶；Ⓜ Okhotny Ryad）有人很有创意，将一间古老的莫斯科公寓改造成拥挤却很惬意的酒吧。每个角落和空隙都摆着餐桌和餐椅，周五和周六夜晚上演爵士和钢琴音乐表演。

CONVERSATION
咖啡馆

见428页地图（Разговор；www.conversationcafe.ru；Bolshaya Nikitskaya ul 23/14/9；📶👪；Ⓜ Arbatskaya）这家咖啡馆拥有咖啡、意大利面和冰激凌，所以，我们想象不出有谁不愿来到这家魅力不凡、时髦新潮的咖啡馆。菜单包含汤品和三明治，但是顾客都是冲着滋味浓郁的甜品和提神醒脑的咖啡饮品而来的。

RYUMOCHNAYA
酒吧

见428页地图（Рюмочная；Bolshaya Nikitskaya ul 22/2；餐 ₽300~500；⏰11:00~23:00；M Okhotny Ryad）这家酒吧来自饮酒场所不需要专用名称的那个时代。Ryumochnaya是一种场所的统称，同志们上下班途中会到这个地方喝上一两杯，然后继续赶路。这个独特的Ryumochnaya同时提供一些美味食品。

CAFE MARGARITA
咖啡馆

见428页地图（Кафе Маргарита；☎495-699 6534；www.cafe-margarita.ru；Malaya Bronnaya ul 28；餐 ₽400~600；⏰正午至次日2:00；M Mayakovskaya）这家标新立异的咖啡馆位于牧首塘对面，店内靠墙摆满书架，深受博览群书的年轻一代青睐。晚上，这里活力四射，经常举办现场原声音乐、民俗音乐和爵士乐表演。

MAYAK
酒吧

见428页地图（Маяк；www.clubmayak.ru；Bolshaya Nikitskaya ul 19；工作午餐 ₽270，主菜 ₽300~350；⏰正午至次日6:00；📶；M Okhotny Ryad）这个酒吧根据楼下马雅可夫斯基剧院（Mayakovsky）命名。20世纪90年代，这个地方有一家夜店，深受民众喜爱。这家酒吧就是仿照那时的夜店所建。新建场所更像酒馆，而非夜店，散发热情迎客、古色古香的旅馆味道。但是，此处仍然吸引演员、艺术家和作家前来，他们在此邂逅那些脸庞友善、品尝欧洲食品的友人。

COFFEE MANIA
咖啡馆

见428页地图（Кофемания；www.coffeemania.ru；Moscow Conservatory，Bolshaya Nikitskaya ul 13；⏰24小时；📶；M Okhotny Ryad）这家休闲咖啡馆待客热情，深受富贵丽人的青睐，最受欢迎的饮食包括家常汤品、新鲜压榨果汁和（或许价格过高的）卡布其诺，夏日露台更是出类拔萃，能够俯瞰音乐学院的阴凉庭院。

外普列斯妮娅

JAGGER
夜店、酒吧

见428页地图（www.ginza.ru；Rochdelskaya ul 15，Bldg 30；⏰周一至周三 正午至午夜，周四至周六 正午至次日6:00，周日 14:00至午夜；M Ulitsa 1905 Goda）Jagger藏身于Tryokhgornaya Manufacturing区域的院落，生意非常火爆，气氛非常独特，鸡尾酒异常精美，顾客卓尔不凡，氛围轻松闲适。当然，你得知道去哪儿才能找到这个地方。而且，你需要看起来形象良好才能进入。从ul 1905 goda进入，走到内里庭院便能找到酒吧。

MANON CLUB
夜店

见428页地图（Клуб Манон；www.manon-club.ru；ul 1905 goda 2；⏰正午至次日6:00；M Ulitsa 1905 goda）来到这里，欣赏迷人景致，聆听超棒音乐，欢舞度过良宵。这是一个受人欢迎、温馨浪漫的就餐地点，虽然食物所得评价褒贬不一。但是，来此畅饮欢舞的人们不会对持续整晚、直至日出的欢宴时光感到失望。记得盛装出席。

VINTAGE
葡萄酒吧

见428页地图（Винтаж；www.barvintage.ru；ul Krasina 7，str 3；⏰正午至23:00；M Mayakovskaya）在本店，佳酿都是葡萄酒。葡萄酒单就像一部小说，奶酪和熟食菜品更是锦上添花，还有其他食品。不过人们来到这里的目的，仅仅是为了放松、互相陪伴和啜饮葡萄酒。

RED
咖啡馆

见428页地图（www.redespressobar.com；Sadovaya-Kudrinskaya ul 1；⏰周日至周三 8:00至午夜，周四至周六 24小时营业；📶；M Barikadnaya）这家咖啡馆采用极简主义装修风格，提供免费Wi-Fi，深受顾客青睐，喝上一杯香醇咖啡，感觉环境令人着迷。美味咖啡都是店内自制的。

娱乐

SIXTEEN TONS
现场音乐

见428页地图（Шестнадцать тонн；☎495-253 1550；www.16tons.ru；ul Presnensky val 6；₽600~1200；⏰11:00至次日6:00，音乐会 周日至周四 20:00，周四至周六 21:00，周五和周六 午夜；📶；M Ulitsa 1905 Goda）楼下，花哨俗气的英国酒馆兼餐馆提供出色的自制苦啤酒。楼

TREKHGORNAYA纺织工厂

Trekhgornaya（Трёхгорная Мануфактура）是俄罗斯最为古老的纺织工厂之一，1799年创立于莫斯科河边。工厂对于普列斯妮娅的发展贡献重大。多年以来，这里雇用数十万女工、织工和设计师。

虽然工厂继续设计和生产纺织品，但生产规模已经锐减，远远不及20世纪80年代高峰时期，公司产业大多迁至雅罗斯拉夫尔（Yaroslavl）。许多原先的仓库已经被改造成工作室和展览厅，主要面对室内设计。就像其他重新规划的工业区一样，Trekhgornaya已经成为夜生活的热点地区，餐馆和夜店充分利用这里的黄金位置和大片后工业场地。一些夜店，例如Jagger，不忘本源，展示织布机和其他纺织工厂设施。

尽管充满怀旧之情，Trekhgornaya却老当益壮。如果需要证明，就去**工厂自营店**（Трёхгорная Мануфактура фирменный магазин，Factory Outlet，见428页地图；www.trekhgorka.ru；Rochdelskaya ul 15；⏲周一至周六 9:30~20:30，周日 10:00~18:00；Ⓜ Barrikadnaya），看看那里的生产线。

上，夜店邀请一些来自莫斯科的俄罗斯一流乐队助兴，玛拉（Mara）和特奥多尔·巴斯塔德（Theodor Bastard）等人物也会到场。

柴可夫斯基音乐厅 古典音乐

见428页地图（Концертный зал имени Чайковского，Tchaikovsky Concert Hall；☎495-232 0400；www.meloman.ru；Triumfalnaya pl 4/31；票价 ₽300~3000；⏲6月至8月 歇业；Ⓜ Mayakovskaya）柴可夫斯基音乐厅（Tchaikovsky Concert Hall）建于1921年，是莫斯科国家爱乐乐团（Moscow State Philharmonic）的所在地，乐团是莫斯科历史最久的交响乐团。表演厅面积很大，可以容纳1600人，上演俄罗斯古典曲目，例如斯特拉文斯基（Stravinsky）、拉赫玛尼诺夫（Rachmaninov）和肖斯塔科维奇（Shostakovich）的作品，以及其他欧洲名作，还有特色儿童音乐会。

莫斯科柴可夫斯基音乐学院 古典音乐

见428页地图（Московская консерватория имени Чайковского，Moscow Tchaikovsky Conservatory；☎售票处 495-629 9401；www.mosconsv.ru；Bolshaya Nikitskaya ul 13；Ⓜ Okhotny Ryad）这是全国最大的音乐学校，以柴可夫斯基（Tchaikovsky）命名。学校拥有两座音乐厅，都会举办音乐会、独奏会和音乐比赛。学院举办知名的柴可夫斯基国际音乐大赛（International Tchaikovsky Competition；www.tchaikovsky-competition.net），并且因此闻名遐迩。比赛四年一届，奖项包括最佳钢琴师、最佳歌唱家、最佳大提琴演奏家和最佳小提琴演奏家。

斯巴达克体育场 运动场

（Стадион Спартак，Spartak Stadium；☎495-411 5200；www.otkritiearena.ru；Volokolamskoe shosse 67；Ⓜ Tushinskaya）这片运动场看起来形状古怪，是斯巴达克足球俱乐部（FC Spartak）所在地，2014年落成。除了42,000席位的体育场，还包括一个室内比赛场和多种其他体育设施。

购物

PROSTO TAK 纪念品

见422页地图（Просто Так；www.buro-nahodok.ru；Maly Gnezdnikovsky per 12/27；⏲11:00~21:00；Ⓜ Pushkinskaya）要想找到与众不同的纪念品，就去这种艺术家合作社连锁门店。每家分店名称不同，但是商品总体上比较类似。门店售卖俄罗斯特有礼品，例如拥有艺术家设计水准的拖鞋和手工亚麻制品。这里还设有艺术家尤里·莫夫昌（Yury Movchan）专区，陈列一排时髦用品（灯具、时钟等），但它们采用旧器具和工业废品制成。

BOLSHE

艺术品、纪念品

见428页地图（Больше；www.bolshe-chem.ru；Malaya Bronnaya ul 28/2；周一至周五 11:00~21:00，周六和周日 正午至21:00；Mayakovskaya）这是一家艺术家合作社分店，类似分店遍布莫斯科全城。这家店面主营手工、新颖、纯粹的观赏性物品：超棒礼品或趣味纪念品。

MOSTOK

艺术品、纪念品

见428页地图（Мосток；www.mostok.ru；Bolshaya Sadovaya ul 3；周一至周五 10:00~19:00，周六 正午至19:00；Mayakovskaya）货架上面，放满普通图书。柜台上面，明信片堆积如山。墙壁上面，贴满海报、印刷品和新颖图画，其中一些描绘不同凡响的壮观景色和俄罗斯历史场景。这里既是相框商店，又是文印店——你永远不晓得将会发现什么珍宝。

CHOCOLATE SALON

食品和饮品

见428页地图（Шоколадный салон；Povarskaya ul 29/36；10:00~21:00；Barrikadnaya）这家人头攒动的商店是工厂直营店，出售本地几家糖果生产商的产品，包括最为知名的品牌“红色十月”（Krasny Oktyabr）。展示柜放满令人垂涎的夹心糖果和各种形状的巧克力塑像。我们无法抗拒老式Alyonka巧克力糖块的诱惑。

运动和活动

KRASNOPRESNKIYE BANY

俄罗斯浴

见428页地图（Краснопресненские бани；男宾俄罗斯浴 495-255 5306，女宾俄罗斯浴 495-253 8690；www.baninapresne.ru；Stolyarny per 7；普通门票₽1200~1700；8:00~23:00；Ulitsa 1905 Goda）这个地方时髦、干净、高效，没有旧式、颓唐的浴池氛围，俄罗斯浴体验堪称一流。这里设有蒸汽浴室、芬兰桑拿、豪华小浴池，提供按摩服务。

阿尔巴特和赫莫夫尼

阿尔巴特 | 赫莫夫尼

区域亮点

❶ 来到**普希金美术博物馆**（见125页），细细欣赏各式珍藏，尤其是19世纪和20世纪欧美艺术馆的印象派和后印象派艺术，那些作品令人动容。

❷ 围绕**新圣女修道院和公墓**（见122页）漫步，一睹5个世纪的艺术和历史风采。

❸ 在**ul Arbat**漫步、购物，体验咖啡馆的服务。

❹ 惊叹**基督救世主主教座堂**（见129页）的华丽耀眼及庞大规模。

❺ 在前往卫国战争博物馆和**胜利公园**（见127页）纪念碑前，回顾俄罗斯20世纪最刻骨铭心的悲剧和胜利。

这一区域的更多细节见424页和426页地图

探索阿尔巴特和赫莫夫尼

这两个相邻的地区是艺术爱好者梦寐以求的地方。阿尔巴特到处都是世界一流的艺术博物馆和艺术家特展画廊，姑且不论鬼斧神工的基督救世主主教座堂。漫步游览这个地区，一天时间转瞬即逝：首先参观世界一流的普希金美术博物馆，午后沿着ul Prechistenka散步，观赏沿途景致。

夜晚是漫游古老阿尔巴特周围那些知名鹅卵石街道的绝佳时间，历史上，艺术家、音乐家和街头艺人经常在此露面。虽然现在阿尔巴特已被纪念品摊位占领，游客爆满，但是仍旧能够勾起人们对于昔日"百家争鸣"艺术精神的回忆。

赫莫夫尼的新圣女修道院和公墓被联合国教科文组织评定为世界遗产，值得花费半天时间参观，这算是艺术馆旅程当中的一个调剂。继续远离市中心，道路变得更宽，车速更快。正因如此，Dorogomilovo山和麻雀山不太适合漫步游览。但是，可以专程前往一些出色景点，例如胜利公园和沃罗比约夫自然保护区草木丛生的山腰林地。

当地生活

➡ **户外活动** 若要欣赏克里姆林宫极致美景，莫斯科那些夏日露台根本无法媲美基督救世主主教座堂后面的人行桥。但是，在人行桥上漫步是经济实惠的选择：不妨自带一瓶Shampanskoe，落座长椅。

到达和离开

➡ **地铁** 浅蓝线路和深蓝线路平行延伸，横穿阿尔巴特。两条线路都有一站叫Arbatskaya，入口就在阿尔巴特坎亚广场附近。Smolenskaya站也为两条线路共有，入口就在斯莫伦斯卡亚广场附近。然而，这些同名站点并不相通，因此务必搞清乘车线路。

➡ **地铁** 红色线路贯穿赫莫夫尼，起点Kropotkinskaya站位于Prechistenskie Vorota广场（靠近基督救世主主教座堂）。该线路沿着花园环线通往Park Kultury站或者到达西南角（靠近新圣女修道院）的Sportivnaya站。

独家贴士

该区域内许多博物馆每周有一天很晚关门。例如，周四，普希金美术博物馆及19世纪和20世纪欧美艺术馆营业至21:00，采列捷利画廊同样如此。周三，希洛夫画廊营业至21:00。

最佳餐厅

➡ Elardzhi（见135页）

➡ Black Market（见136页）

➡ Varenichnaya No 1（见134页）

➡ Zhurfak Café（见135页）

详细介绍见134页 ➡

最佳饮品

➡ Gavroche Wine Bar（见137页）

➡ Carabas（见137页）

➡ Zhiguli Beer Hall（见136页）

➡ Sky Lounge（见136页）

详细介绍见136页 ➡

最佳艺术馆

➡ 19世纪和20世纪欧美艺术馆（见126页）

➡ 尼古拉·罗利其博物馆（见130页）

➡ 普希金美术博物馆（见125页）

➡ 多媒体艺术博物馆（见133页）

➡ 布尔加诺夫故居（见131页）

详细介绍见130页 ➡

重要景点

新圣女修道院和公墓

1524年，大王公瓦西里三世（Vasily Ⅲ）建造新圣女修道院和公墓（Новодевичий монастырь и кладбище, Novodevichy Convent and Cemetery），纪念从立陶宛（Lithuania）手中夺得斯摩棱斯克（Smolensk）。很早以前，"新女子修道院"（New Maidens' Convent）就是贵族家庭女性归隐之地，她们中的一些人甘愿居住于此。

不要错过

- 斯摩棱斯克大教堂壁画和圣像
- 72米高钟楼
- 尼基塔·赫鲁晓夫和鲍里斯·叶利钦陵墓

实用信息

- www.novodev.msk.ru
- 成人/儿童₽300/100
- ⌚8:00~20:00，博物馆9:00~17:00
- Ⓜ Sportivnaya

围墙和塔楼

通过红白相间、莫斯科—巴洛克风格的**变容门堂**（Преображенская надвратная церковь, Transfiguration Gate-Church）进入这个修道院。变容门堂于1687~1689年建于北墙之内。那些引人注目的围墙和塔楼，以及附近许多其他建筑，都在这一时期按照索菲娅·阿列克谢耶芙娜（Sofia Alexeyevna）的指令进行重建。精美绝伦的钟楼（Колокольня, bell tower）紧靠东墙，高达72米，俯视整个修道院。1690年建成之时，它是莫斯科最高的塔楼之一。

斯摩棱斯克大教堂

修道院的核心建筑就是白色的**斯摩棱斯克大教堂**（Смоленский собор, Smolensk Cathedral；建于1524~1525年），其用于存放弥足珍贵的"斯摩棱斯克夫人"圣像。内部富丽堂皇，绘有16世纪**壁画**，可以入围莫斯科最佳壁画之列。镀金**圣幛**包含鲍里斯·戈都诺夫（Boris Godunov）时期圣像。

索菲娅·阿列克谢耶芙娜楼

17世纪80年代，索菲娅·阿列克谢耶芙娜作为摄政王统治俄罗斯之时，将新圣女修道院用作宅邸。统治期间，她根据个人喜好重建修道院。后来，因为涉嫌参与火枪队叛乱，她的同父异母兄弟彼得大帝成年之后把她终身囚禁于此，她多数时间住在**水塘塔楼**（Напрудная башня，Pond Tower）里。

叶芙多基娅·洛普欣娜楼

叶芙多基娅·洛普欣娜是彼得大帝的首任妻子，住在**叶芙多基娅·米洛斯拉夫卡亚皇后寝宫**（Палаты царевны Евдокии Милославской，Chambers of Tsarina Eudoxia Miloslavkaya）。虽然她为彼得大帝生下一子，但是彼得讨厌她的保守、严苛，很快抛弃她，与一位荷兰葡萄酒商的漂亮女儿走到一起。叶芙多基娅搬到苏兹达尔一座修道院，有了情人，并在教堂开展反对活动，致使双方关系更僵。彼得大帝因此处死涉事主教，并把前妻发配到更加偏远的地方。

彼得大帝死后，彼得二世继位，他将叶芙多基娅接回莫斯科。她晚年住在新圣女修道院，生活格调高雅。

新圣女公墓

新圣女公墓（Новодевичье кладбище，Novodevichy Cemetery，见426页地图；⌚9:00~17:00；Ⓜ Sportivnaya）免费是莫斯科最著名的墓地，是名副其实的俄罗斯政治与文化名人安息地。罗斯特罗波维奇（Rostrovpovich）、布尔加科夫（Bulgakov）、契诃夫（Chekhov）、果戈理（Gogol）、马雅可夫斯基（Mayakovsky）、普罗科菲耶夫（Prokofiev）、斯坦尼斯拉夫斯基（Stanislavsky）、爱森斯坦（Eisenstein）和其他许多文化名流，全部安葬于此。

苏联时代，新圣女公墓用于安葬那些当局认为不宜进入克里姆林宫围墙的显赫人物，最显著的例子就是赫鲁晓夫。赫鲁晓夫头像在黑白交织的花岗岩方洞中，出自雕塑家恩斯特·内兹韦斯特尼（Ernst Neizvestny）之手，其设计似乎暗示赫鲁晓夫一生功过参半的后人评价。

2007年去世的前总统鲍里斯·叶利钦（Boris Yeltsin）的墓穴是一面巨型俄罗斯国旗雕塑，似乎迎风飘扬。

谨慎一点

新圣女修道院仍旧发挥功用。进入教堂之时，女性最好盖住头部和肩膀，男性应该身穿长裤。

据说，列夫·托尔斯泰（Leo Tolstoy）冬天经常前往新圣女修道院，他就住在该区，喜欢来到修道院围墙外的池塘滑冰。《安娜·卡列尼娜》当中的主人公康斯坦丁·莱温（Konstantin Levin）就是在此滑冰期间邂逅未来的妻子基蒂（Kitty）的。

打探墓地

如想进入新圣女公墓一探究竟，买份俄罗斯地图（报摊有售），上面准确标明将近200余座名人墓地。

1922年，苏联政府关闭新圣女修道院，将它改为妇女解放博物馆（Museum of Women's Emanci-pation）。1994年，修女获邀重返修道院，次年，修道院活动恢复正常。

NOVODEVICHY CONVENT & CEMETERY
新圣女修道院和公墓

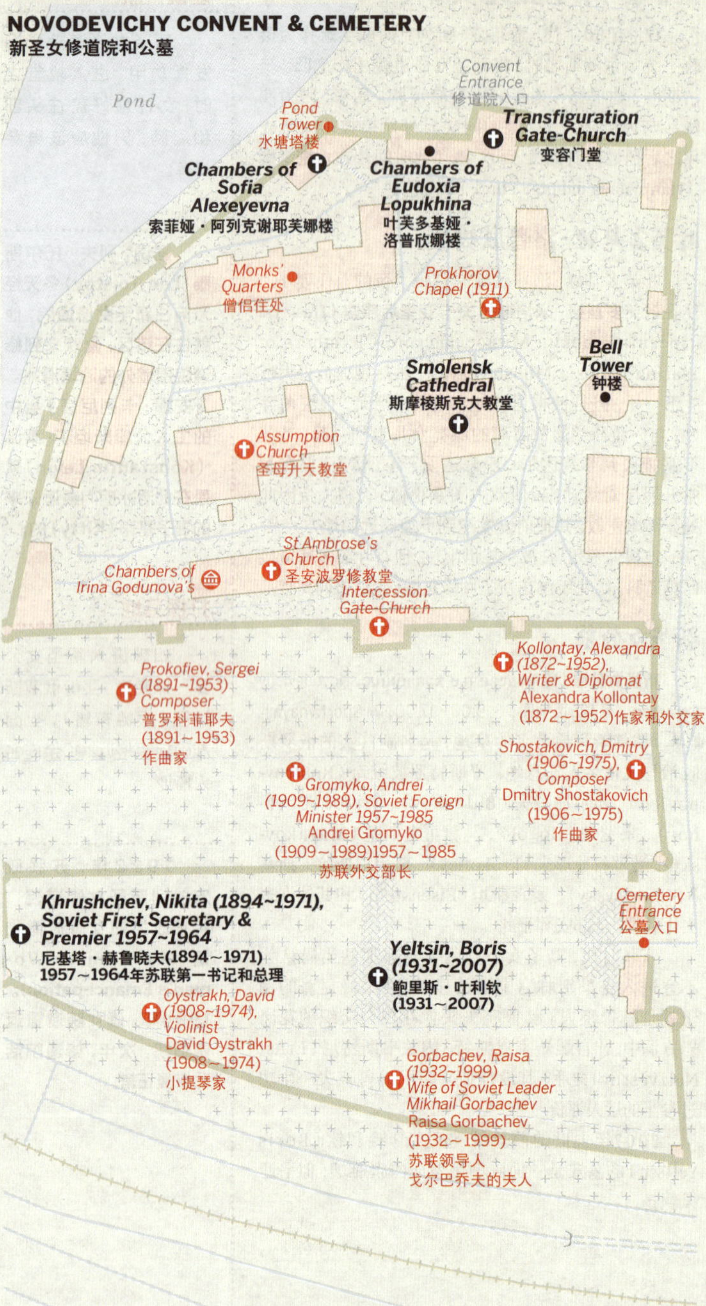

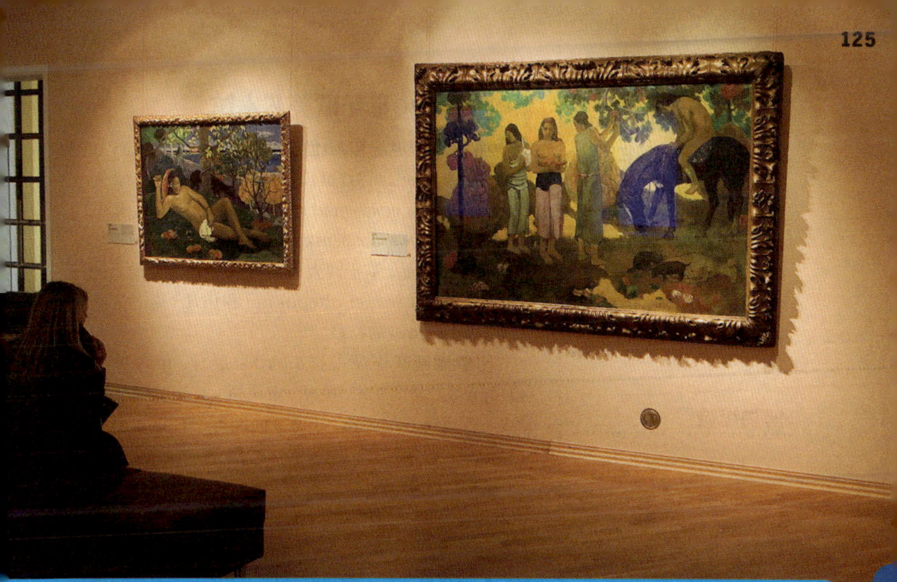

视觉中国 提供

重要景点

普希金美术博物馆

普希金美术博物馆（Музей изобразительных искусств им Пушкина）是莫斯科首屈一指的外国艺术博物馆，展出欧洲艺术作品，范围广泛。展品不仅陈列在主楼，而且出现在近旁的私人收藏馆（Museum of Private Collections）以及19世纪和20世纪欧美艺术馆。因为需要修缮和扩建，博物馆近期可能关闭，计划2018年完工。

不要错过

- 特洛伊宝藏
- 荷兰艺术黄金时代
- 印象派和后印象派展品

实用信息

- 见424页地图
- www.arts-museum.ru
- ul Volkhonka 12
- 门票 每个分支 ₽200~300
- ⏲周二至周日 10:00~19:00，周四 至21:00
- Ⓜ Kropotkinskaya

主楼

主楼（Главное здание; ul Volkhonka 12; 成人/学生₽300/150; ⓂKropotkinskaya）1912年开放，当时是莫斯科大学博物馆。如今，这里展出大量18世纪的古老物件。

1号和2号展厅的**古文明展**精彩绝伦，展品包括古埃及武器、珠宝、礼仪用品和墓碑。多数物件发掘自墓葬，包含两具引人注目的木乃伊。3号展厅是令人印象深刻的**特洛伊宝藏**（Treasures of Troy）展，陈列出土文物，它们源自公元前2500年。

博物馆的精彩看点当属源自17世纪的**荷兰名作**，其陈列于9~11号展厅。展品之中，**伦勃朗**（Rembrandt）出类拔萃，许多作品赫然在列，包括感人至深的《老妇人画像》（*Portrait of an Old Woman*）。

希腊和意大利展厅（Greek and Italian Courts; 14号和15号展厅）展示博物馆一些原始藏品。原始藏品来自古希腊和罗马，还有文艺复兴时期，都是不朽杰作的石膏复制品。楼上还有更多石膏作品，包括一个米开朗基罗（Michelangelo）特展（29号展厅）。二楼主要展示17世纪和18世纪的作品。17号房间展示多幅**意大利画作**，包括一些令人惊叹的巨幅油画。21~23号展厅聚焦法国，特设洛可可（Rococo）时期展台，展示布雪（Boucher）的梦幻画作。

12月，文化发烧友涌入普希金美术博物馆。1981年以来，十二月狂欢夜（December Nights Festival）上演音乐表演以及艺术展览，突出某个艺术家、作曲家、时代或者主题。

博物馆城

博物馆管理部门已经宣布，将会全面修整博物馆建筑和周边地带。初衷就是修复和改造现有博物馆建筑，以及三座历史性建筑，创建一个文化区，扩展更大展览空间和修建其他设施。这样一来，博物馆能够展示更多艺术作品、容纳更多游客，同时具备必要安全措施和其他条件，以便保护这些举世罕见的藏品。

私人收藏馆展品陈列有序，每类自成一体，放置在各自展台附近，因此，每项私人展览独立完整。艺术品旁边附有其收藏者的详细介绍。

19世纪和20世纪欧美艺术馆

独立的**19世纪和20世纪欧美艺术馆**（Gallery of European & American Art of the 19th & 20th Centuries，见424页地图；www.newpaintart.ru；ul Volkhonka 14；成人/儿童₽300/150；Ⓜ Kropotkinskaya）陈列许多知名印象派和后印象派作品，基于两大著名莫斯科艺术资助人谢尔盖·希楚金（Sergei Shchukin）和伊凡·莫洛佐夫（Ivan Morozov）的收藏。

印象派画家作品占据8~10号展厅，包含德加（Degas）、马内（Manet）、雷诺阿（Renoir）和皮萨罗（Pisarro）的画作，还有一间展厅专门展出莫奈（Monet）的作品。罗丹雕塑作品包括《地狱之门》（*The Gates of Hell*）以及《加莱义民纪念碑》（*The Monument to the Burghers of Calais*）的残片。

11号房间专门展示以凡·高（Van Gogh）为代表的**后印象派**作品。博物馆有凡·高的几件不太知名的杰作，包括画面热火朝天的《红色葡萄园》（*Red Vineyards*）和悲惨凄凉的《监狱庭院》（*Prison Courtyard*），均为凡·高晚年所作。14号展厅几乎全是塞尚（Cézanne）的作品，性感刺激的《浴女图》（*Bathers*）十分醒目。15号展厅专门陈列高更（Gauguin）的作品，代表其黄金创作时期。19号和20号展厅展出多幅马蒂斯（Matisse）的著名画作，例如《金鱼》（*Goldfish*）。21号展厅展出卢梭（Rousseau）的一些精美、原始的画作，22号展厅展示毕加索（Picasso）一些不太出名的作品。最后几个展厅陈列20世纪艺术作品，展品丰富多样，主要包括米罗（Miro）、康定斯基（Kandinsky）、夏加尔（Chagall）、阿尔普（Arp）等人的作品。

私人收藏馆

私人收藏馆（Музей личных коллекций, Museum of Private Collections，见424页地图；www.artprivatecollections.ru；ul Volkhonka 10；成人/儿童₽200/100；Ⓜ Kropotkinskaya）展出私人捐赠的艺术品。重头戏就是**伊利娅·西尔伯斯坦收藏品**（16~19号展厅），西尔伯斯坦是博物馆的创办者，亦是颇有造诣的俄罗斯文学和艺术史学家。收藏品当中，20世纪早期Mir Iskusstva艺术家的作品尤其丰富，例如贝诺瓦（Benois）、谢列布里亚科娃（Serebryakova）、谢罗夫（Serov）和库斯妥基耶夫（Kustodiev）的作品。

重要景点

胜利公园

视觉中国 提供

华美壮丽的胜利公园（Парк Победы, Victory Park）位于波克洛纳亚山（Poklonnaya Hill），是片规模巨大的纪念性建筑群，用于纪念卫国战争（Great Patriotic War）中的牺牲者并庆祝胜利。俄罗斯将“二战”称作“卫国战争”。卫国战争胜利50周年之际，公园正式开放。

方尖塔

一座巨大的方尖塔占据着瞩目的位置，塔顶矗立圣乔治屠龙雕塑（祖拉布·采列捷利作品）。塔高正好141.8米，每10厘米代表战争中的一天。2005年，在第60个胜利日庆典上，普京揭幕了15门雄伟的**青铜大炮**，象征那场战争的15个前线。喷泉和长椅环绕四周，还有迷人的**圣乔治教堂**（Church of St George）。

不要错过

- 高耸的方尖塔
- 缅怀和悼念厅
- 犹太人大屠杀受害者纪念碑

实用信息

- Kutuzovsky pr
- ⌚黎明至黄昏
- Ⓜ Park Pobedy

卫国战争博物馆

卫国战争博物馆（Центральный музей Великой Отечественной Войны, Museum of the Great Patriotic War; www.poklonnayagora.ru; ul Bratiev Fonchenko 10; 成人/学生 ₽250/100; ⌚11月至次年3月 周二至周日 10:00~18:00, 4月至10月 至20:00; Ⓜ Park Pobedy）是这个公园最吸引人的地方，也是许多儿童团体的参观地。

博物馆包含两座印象深刻的纪念厅：**荣耀厅**（Hall of Glory）颂扬千千万万的苏联时代英雄，令人动容的**缅怀和悼念厅**（Hall of Remembrance and Sorrow）悬挂玻璃“泪珠”，缅怀牺牲烈士。

20世纪60年代以来，胜利公园一直都是战争纪念场所，不过是为了纪念1812年战争。直到20世纪90年代，才建起这座博物馆和“二战”纪念建筑。

地铁艺术

留意一下Park Pobedy地铁站的图画。两幅拼接图画出自祖拉布·采列捷利（Zurab Tsereteli）之手，分别描绘1812年战争和卫国战争当中的事件。论及艺术水准，这个站点可以媲美那些更靠近市中心的站点，而且它是市内最深的地铁站。

凯旋门（Triumphal Arch）位于胜利公园以东，为纪念1812年战胜拿破仑而建。这座拱门原本矗立在现今Belorusskaya地铁站之前，但是20世纪30年代被夷为平地，后来在此重建。

军事装备博览会

军事装备博览会（Площадка боевой техники, Exposition of Military Equipment; www.poklonnayagora.ru; 成人/学生 ₽250/100; ⏲周二至周日 10:00~19:00; Ⓜ Park Pobedy）极具特色，展示300余种“二战”时期武器和军事装备，包括许多红军坦克、装甲车和自行火炮，更不必说闻名遐迩的卡秋莎（Katyusha）火箭筒。每种武装部队都有展示，所以可以看到土木工程单位所用的火车机车、战斗机和海军驱逐舰。

同时，展览包括缴获的德军和日军装备，还有同盟国使用的装备。

犹太教会堂

波克洛纳亚山的犹太教会堂（Мемориальная синагога на Поклонной горе; ☎499-148 1907; www.poklonnaya.ru; ⏲提前预约; Ⓜ Park Pobedy）免费 于1998年开放，既是犹太人大屠杀受害者纪念堂，又是俄罗斯犹太人博物馆。有导游带领才能进入，所以必须提前做好安排，如果需要英语导览游更要提前安排妥当。距离犹太教会堂不远处，矗立着一尊令人动容的**雕塑**，以纪念犹太人大屠杀受害者。

博罗季诺全景画博物馆

胜利公园是卫国战争纪念地，但是历史学家也在这里发现了1812年战争之中的许多遗址，其中比较重要的就是军队进攻和撤退路线。1812年8月，博罗季诺（Borodino）那场惨烈、胜负未明的战斗之后，莫斯科保卫者沿着如今的Kutuzovsky pr和ul Arbat撤退，拿破仑大军在后追击。胜利公园以东不到1公里处有一座博物馆纪念此事件。

博罗季诺全景画博物馆（Музей-панорама “Бородинская битва”, Borodino Museum-Panorama; www.1812panorama.ru; Kutuzovsky pr 38; 成人 ₽160; ⏲周六至周三 10:00~17:00，周四 10:00~20:00）是此处的核心建筑，这个展览馆有全景巨型绘画描述博罗季诺战役。画作由弗朗兹·侯堡（Franz Roubaud）绘制，油画全长115米，高15米。要想真切体验那场战役，最好站到这幅血腥的油画前，同时聆听音效。博物馆还展出其他与战役相关的工艺品和艺术品。

为了纪念博罗季诺战役200周年，博物馆利用两个房间举办展览“人类和战争”。展品多达400件，包括画作、武器、军服以及其他物品。展览还用多媒体设备重现那场战役。

视觉中国提供

重要景点

基督救世主主教座堂

基督救世主主教座堂（Храм Христа Спасителя, Cathedral of Christ the Saviour）规模宏大，高高矗立，占据了Prechistenskaya nab的天际线，仿佛鹤立鸡群。该建筑1997年完工，正好赶上莫斯科建城850年庆典。教堂富丽堂皇，气势磅礴，历史悠久。

这座大教堂规模庞大、华丽壮观，当之无愧成为让人喜爱的地标建筑。

这座大教堂坐落于早前一座同名、类似教堂的原址之上。那座教堂建于19世纪，纪念俄罗斯战胜拿破仑，但是毁于1931年。

目前的大教堂继承了前任教堂的许多特点。中央祭坛专门纪念天主降生，侧面两座祭坛专门纪念圣尼古拉（St Nicholas）和圣亚历山大·涅夫斯基（St Alexander Nevsky）。主廊周围的壁画描绘1812年战争场景，大理石牌匾记录战争参与者。

原先大教堂建于一座山上，现有大教堂建于更大面积之上，包含规模较小但魅力不减的**变容教堂**（Church of the Transfiguration）。底层小教堂陈列备受尊崇的圣像《非手绘基督》（*Christ Not Painted by Hand*），其出自索罗金（Sorokin）之手。这幅圣像能从原先大教堂保存下来，真是奇迹。

不要错过

- 绘有壁画的圆顶内部
- 变容教堂的《非手绘基督》
- Patriarshy人行桥上的景色

实用信息

- 见424页地图
- ul Volkhonka 15
- ⌚周一 13:00~17:00，周二至周日 10:00~17:00
- Ⓜ Kropotkinskaya

景点

阿尔巴特

普希金美术博物馆 博物馆

见125页。

私人收藏馆 博物馆

见126页。

19世纪和20世纪欧美艺术馆 博物馆

见126页。

基督救世主主教座堂 教堂

见129页。

希洛夫画廊 博物馆

见424页地图(Галерея Шилова, Shilov Gallery; www.shilov.su; ul Znamenka 5; 成人/学生 ₽160/80; ⏲周二至周日 11:00~19:00, 周四正午至21:00; Ⓜ Biblioteka imeni Lenina)"何为肖像? 不仅表现外表, 还要表现人物内心世界。"在画廊网站公开的一次采访当中, 俄罗斯当代最著名的肖像画家亚历山大·希洛夫(Alexander Shilov)如此描述其毕生事业。他以写实手法闻名遐迩, 通过画作反映人物内心, 包括一些高层政治人物。

格拉祖诺夫画廊 博物馆

见424页地图(Галерея Глазунова, Glazunov Gallery; www.glazunov.ru; ul Volkhonka 13; 成人/学生 ₽80/20; ⏲周二至周日 11:00~18:00, 周四 至21:00; Ⓜ Kropotkinskaya)这座设计精巧的俄罗斯帝国式楼阁位于普希金美术博物馆对面, 内里画廊专门陈列画家伊利亚·格拉祖诺夫(Ilya Glazunov)的作品。格拉祖诺夫赫赫有名, 以其画作色彩绚烂而颇具争议, 采用宏大篇幅描绘成百上千俄罗斯历史人物、场所和事件。他最著名的画作是《永恒的俄罗斯》, 最新的代表作品包括《二十世纪之谜》(*Mystery of the 20th Century*)和《我们的民主市场》(*Market of Our Democracy*)。

尼古拉·罗利其博物馆 博物馆

见424页地图(Центр-музей Рериха, Rerikh Museum; www.icr.su; Maly Znamensky per 3/5; 门票 ₽650; ⏲周二至周日 11:00~18:00; Ⓜ Kropotkinskaya)尼古拉·罗利其(Nikolai Rerikh; 国际上称之为尼古拉斯·罗利其)是19世纪末、20世纪初的俄罗斯画家, 他的作

阿尔巴特, 我的阿尔巴特

阿尔巴特, 我的阿尔巴特, 我内心的呼唤。令我欢喜令我忧。

布·奥库扎瓦(Bulat Okudzhava)

对于吟游诗人布·奥库扎瓦而言, 阿尔巴特既是故乡, 又是灵感之源。虽然大学时代是在格鲁吉亚度过, 但是直到返回莫斯科以及魂牵梦绕的阿尔巴特时, 他的诗歌才体现出自由思想的特色, 并且因此闻名。

后来, 他从诗人转变为歌曲作家, 他说: "我曾想为我的讽刺诗配上音乐。但是我只认识3个音弦。现在, 27年后, 我认识7个音弦。"尽管布·奥库扎瓦和好友都很喜欢他的歌曲, 但作曲家、歌唱家和吉他演奏家并不买账, 他们无法接受一个没有任何音乐背景的人创作歌曲。这种反感情绪后来有所缓解, 因为一个知名诗人说"这些不是歌曲, 只是诗词的另外一种表现形式"。因此, 一种全新的艺术形式诞生。20世纪60年代是黄金时期, 无论莫斯科还是其他地方, 奥库扎瓦推动了一场运动, 自由思想诗人纷纷走上街头, 表达思想。弗拉基米尔·维索茨基(Vladimir Vysotsky)和其他人(一些涉及政治, 其他并未涉及)追随奥库扎瓦的脚步, 他们的诗歌颠覆传统习俗, 韵律简单, 受到莫斯科人的热烈追捧。

如今的阿尔巴特, 到处都是纪念品商店和消费颇高的咖啡馆, 同奥库扎瓦青年时代的那个阿尔巴特相比, 已经大不相同。但是, 那种感觉仍然存在, 因为夏日夜晚, 吟游诗人、街头艺人、画家为路过的游客倾心表演。

品想象力丰富，特色就是色彩丰富、风格原始、主题神秘。这个博物馆由罗利其儿子谢尔盖（Sergei）所创，包括父子作品、传家珍品和个人物品。画作引人入胜：罗利其曾经长期旅居中亚、印度和西伯利亚的阿尔泰山脉（Altai Mountains），所以他的画作突出特色风景以及虚幻景象。博物馆所在的建筑是17世纪的洛普欣（Lopukhin）庄园，其环境华丽宏大，适合欣赏画作。

布尔加诺夫故居 博物馆

见424页地图（Дом Бурганова，Burganov House；www.burganov.ru；Bolshoy Afanasyevsky per 15；⏲11:00~19:00；Ⓜ Kropotkinskaya）免费 布尔加诺夫故居既是工作室，又是博物馆，在莫斯科独一无二，当你仔细观赏雕塑和其他艺术展品时，工匠就在周围工作。雕刻家亚历山大·布尔加诺夫（Alexander Burganov）的画作及其私人藏品摆满几个相通的庭院和房屋，摆放巧妙。阿尔巴特和赫莫夫尼周边街道同样包含了许多布尔加诺夫的作品。

外国人民友谊大楼 知名建筑

见428页地图（Дом дружбы с народами зарубежных стран，House of Friendship with Peoples of Foreign Countries；Vozdvizhenka ul 16；Ⓜ Arbatskaya）这座摩尔人城堡镶嵌贝壳，1899年由一位名叫阿尔谢尼·莫洛佐夫（Arseny Morozov）的古怪商人建成。内部（不对公众开放）堪称过分奢华。莫洛佐夫的母亲住在隔壁，她这样公开评论儿子的家："迄今为止，只有我知道你已着魔；现在大家都将知道。"

梅尔尼科夫故居 知名建筑

见424页地图（Дом Мельникова，Melnikov House；www.melnikovhouse.org；Krivoarbatsky per 10；Ⓜ Arbatskaya）这是苏联时代建成的唯一私人房舍，康斯坦丁·梅尔尼科夫的住宅是俄罗斯先锋派创新艺术的典型代表。梅尔尼科夫采用两个互相连接的柱体搭建房舍，这种设计新颖独到，内部无需承重墙。同时，使用新型卧室设计，全家睡在同一房间，彼此之间采用狭窄幕墙隔开。

梅尔尼科夫故居的未来堪忧，因为周边建设工程对它产生了腐蚀。梅尔尼科夫家族后人携手俄罗斯先锋派艺术遗产保护基金会（Russian Avantgarde Heritage Preservation Foundation），正将这所宅邸转变为国立博物馆（从而有效保护），但是由于所有权问题，多年以来，法庭判决一直悬而未决。

普希金故居博物馆 博物馆

见424页地图（Дом-музей Пушкина，Pushkin House-Museum；www.pushkinmuseum.ru；ul Arbat 53；门票 ₽120；⏲周二至周日 10:00~18:00，周四 正午至21:00；Ⓜ Smolenskaya）亚历山大·普希金（Alexander Pushkin）同娜塔莉亚·康嘉若（Natalya Goncharova）在附近的升天教堂（Church of the Grand Ascension）举行婚礼之后，搬到老阿尔巴特这栋迷人的蓝色房屋之中。这个博物馆展示普希金夫妇的家庭生活，那是许多俄罗斯浪漫情节的源头。

不要把这个地方同普希金文学博物馆（Pushkin Literary Museum）混淆，文学博物馆聚焦普希金的文学影响。

托尔斯泰文学博物馆 博物馆

见424页地图（Литературный музей Толстого，Tolstoy Literary Museum；www.tolstoymuseum.ru；ul Prechistenka 11；成人/学生 ₽200/100；⏲周二至周日 11:00~18:00；Ⓜ Kropotkinskaya）托尔斯泰文学博物馆恐怕是世界上最古老的文学纪念馆（1911年建立），这里不仅拥有令人瞩目的参考书阅览室，同时围绕列夫·托尔斯泰的文学影响和作品，展出手稿、信件和艺术品。托尔斯泰的家庭合影、私人书信和艺术品都能帮助游客深入了解他的工作。

毋庸置疑，这座博物馆收藏的这位俄罗斯伟大小说家的肖像是最多的。所有展品都与他的不朽巨著《安娜·卡列尼娜》（*Anna Karenina*）和《战争与和平》（*War and Peace*）有关。这个博物馆没有收藏太多托尔斯泰的生活物件，那些物件陈列在托尔斯泰故居博物馆（Tolstoy Estate-Museum，见133页）。

普希金文学博物馆 博物馆

见424页地图（Литературный музей Пушкина，Pushkin Literary Museum；www.

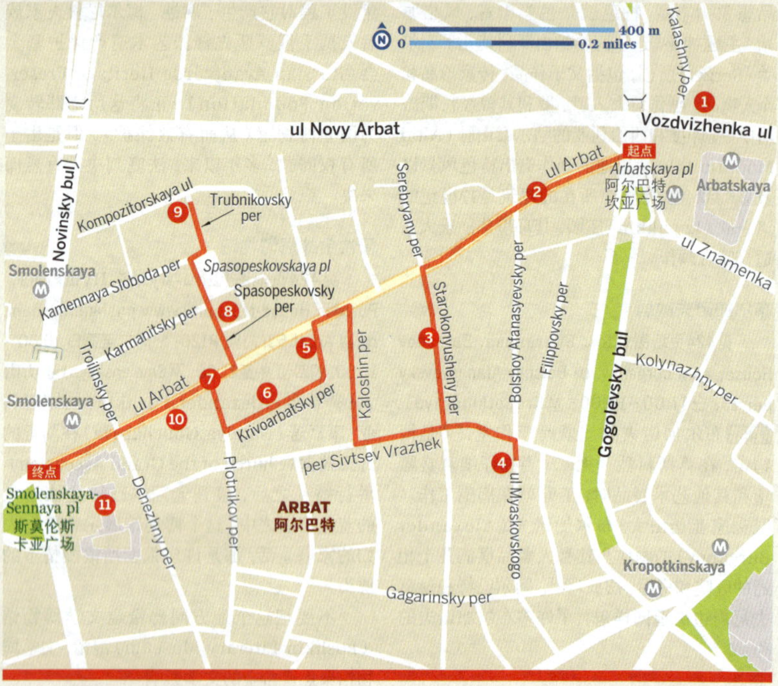

步行游览
漫步老阿尔巴特

起点 阿尔巴特坎亚广场
终点 斯莫伦斯卡亚广场
全程 3公里，2小时

漫步老阿尔巴特之旅从交通繁忙的阿尔巴特坎亚广场开始。留意❶**外国人民友谊大楼**（House of Friendship with Peoples of Foreign Countries，见131页），它那很不协调的摩尔风格耀眼醒目。

走上❷**ul Arbat**，人行道艺术和街头艺人在纪念品摊和戏服人物旁边。沿着僻静小巷漫步，例如❸**Starokonyushenny per**，那里有新艺术风格典范建筑。

来到Sivtsev Vrazhek per的街角，寻找场院内古怪而又美丽的雕塑。它们出自亚历山大·布尔加诺夫之手，他的❹**工作室**（见131页）就在附近，里面充满奇幻财宝。

前往Krivoarbatsky per和ul Arbat交叉路口，一睹老阿尔巴特的反主流文化风采，❺**维克多·崔纪念墙**就在这里，专门纪念苏联摇滚乐队Kino的主唱。1990年，崔死于车祸，英年早逝，当时他已成为另类偶像。沿着Krivoarbatsky per继续前行，将会看到重要的建构主义建筑❻**梅尔尼科夫故居**（Melnikov House，见131页）。

不要错过吟游诗人雕像❼**布·奥库扎瓦**（Bulat Okudzhava）。穿过街道，沿着Spasopeskovsky per继续向北。这条小巷包含建筑珍宝，例如魅力迷人的17世纪❽**佩斯基救世主教堂**（Church of the Saviour in Peski）。帅气硬朗的10号新古典主义宅院是❾**斯帕索故居**（Spaso House）。

来到亚历山大·普希金和娜塔莉亚·康嘉若的婚后寓所，如今这里是❿**普希金故居博物馆**（Pushkin House-Museum，见131页）。继续前往斯莫伦斯卡亚广场的⓫**外交部**（Ministry of Foreign Affairs），这栋斯大林时代的摩天大楼是“斯大林七姐妹”之一。

pushkinmuseum.ru; ul Prechistenka 12/2; 门票₽120; ⌚周二至周日 10:00~17:00; ⓂKropotkinskaya）这座博物馆位于一栋迷人的俄罗斯帝国式楼宇内，历史可追溯至1816年，专门展示俄罗斯最受欢迎的诗人普希金的生活与工作。私人物品、全家福、笔记和手写诗歌深入反映了这位深受爱戴诗人的工作。最有意思的展览或许当属"普希金和他的时代"，展览将这位诗人放入历史环境，描述拿破仑战争、十二月党人起义以及其他历史事件的影响。文学博物馆的展示内容要比阿尔巴特的普希金故居博物馆（Pushkin House-Museum，见131页）深刻。

采列捷利画廊 博物馆

见424页地图（Галерея Церетели, Tsereteli Gallery; www.tsereteli.ru; ul Pre-chistenka 19; 门票 ₽300; ⌚周二至周日 正午至20:00，周四 至21:00; ⓂKropotkinskaya）采列捷利画廊（Tsereteli Gallery）位于一栋18世纪的多尔戈鲁基（Dolgoruky）大楼之内，是孜孜不倦的画家祖拉布·采列捷利（Zurab Tsereteli）的心血。画廊表明，这位画家确实有很多作品。展厅中到处是有点夸张的雕塑和原始画作。如果不想花费时间或者金钱参观画廊，可以径直前往Galereya Khudozhnikov咖啡馆（见136页），咖啡馆本身就是展览。

俄罗斯国家艺术学院 艺术馆

见424页地图（Российская академия художеств, Russian Academy of Arts; www.rah.ru; ul Prechistenka 21; 门票价格不定; ⌚周二至周日 正午至20:00; ⓂKropotkinskaya）就在历史悠久、19世纪的莫洛佐夫庄园宅邸之内，俄罗斯国家艺术学院（Russian Academy of Arts）举办循环展览。听名字像是公共机构，但其实是祖拉布·采列捷利艺术帝国的一部分。这里举行各种各样不凡的展览，多数是当代国内外艺术家作品。

多媒体艺术博物馆 艺术馆

见424页地图（Мультимедиа Арт Музей, Multimedia Art Museum; www.mamm-mdf.ru; ul Ostozhenka 16; 门票 ₽300; ⓂKropotkinskaya）这座新潮华丽的艺术馆包含一座引人注目的摄影图书馆，收藏当代和历史摄影档案。通常同时举办多个展览，主要展出苏联时期知名摄影师作品，当然还有当代艺术家作品。

G点情色艺术博物馆 博物馆

见424页地图（Музей эротического искусства Точка-G, Tochka-G Museum of Erotic Art; www.tochkag.net; ul Novy Arbat 17; 门票 ₽500; ⌚正午至午夜; ⓂArbatskaya）在这里，色情展品铺天盖地，必定会有一些令你春心萌动。寻找那些通过"艺术视角"解读各个时期性行为的展览，从印度雕刻到当代（或许会有争议）性欲政治评述，不一而足。这里还有性用品店和咖啡馆！留意Om Café，从后方进入。

赫莫夫尼

新圣女修道院和公墓 女修道院

见122页。

莫斯科博物馆 博物馆

见426页地图（Музей Москвы, Moscow Museum; www.mosmuseum.ru; Zubovsky bul 2; 成人/学生 ₽300/120; ⌚周二、周三和周五至周日 10:00~20:00，周四 11:00~21:00; 👪; ⓂPark Kultury）精彩异常的博物馆原本是莫斯科历史博物馆（Museum of the History of Moscow），现在换了名称，搬到新址，功能也改变了。永久历史展览描述这座城市如何从克里姆林宫开始向外扩张。博物馆收藏了许多13世纪和14世纪手工艺品，特别是居家用品和武器。更加有趣的是，这个博物馆设有发人深省的短期展览专区，展品包括艺术家以及当地人对于莫斯科的看法。博物馆位于先前国防部仓库和车库之内，带有一个中央庭院，展示户外艺术和交互展品。

托尔斯泰故居博物馆 博物馆

见426页地图（Музей-усадьба Толстого 'Хамовники', Tolstoy Es-tate-Museum; www.tolstoymuseum.ru; ul Lva Tolstogo 21; 成人/学生 ₽200/100; ⌚周二至周三和周五至周日 10:00~18:00，周四 正午至20:00; ⓂPark Kultury）这是列夫·托尔斯泰（Leo Tolstoy）19世纪80年代至19世纪90年代的冬季寓所，如今则是引人入胜的博物馆，专门展示这位作家

值得一游

麻雀山

莫斯科南面的绿色山地名叫麻雀山，或者沃罗比约夫（Vorobyovy Gory）。河岸南面，赫莫夫尼半岛（Khamovniki peninsula）顶端的对面有一片赏心悦目的绿地，名叫**沃罗比约夫自然保护区**（Воробёвы горы, Vorobyovy Gory Nature Preserve; www.vorobyovy-gory.ru; Ⓜ Vorobyovy Gory）免费。这片森林山地属于高尔基公园（Gorky Park）和尼斯库奇内花园（Neskuchny Garden）延伸地带，尚未过多开发，游客并不算多。道路平整，沿着河流延伸数公里，可以在此租借自行车或者滑冰鞋。

河岸徒步小径蜿蜒曲折，穿过林地通往**莫斯科国立大学**（Московский Государственный Университет, Moscow State University; MGU; Universitetskaya pl; Ⓜ Universitet）。站在瞭望点上，城市景色尽收眼底。这是观赏卢日尼基体育场（Luzhniki）的绝佳地点，卢日尼基体育场面积巨大，位于河对岸，为1980年奥运会所建。此外还能瞭望新圣女修道院和基督救世主主教座堂。

斯大林式MGU尖塔耸立广场之上。作为"斯大林七姐妹"之一，这栋建筑耗时4年，建于1949~1953年，是囚犯辛勤劳动的结晶，拥有36层和33公里廊道。尖塔顶端的耀眼之星据说重达12吨。楼体正面带有社会主义现实风格的装饰，留意一下图画上那些热切期待实现共产主义的学生。大楼并不对外开放，真是令人遗憾，因为大厅同样巧夺天工，突出展示苏联著名科学家的青铜雕塑。

的家庭生活。虽然并不特别宽敞华丽，但是处处透出贵族气息，正好适合托尔斯泰的身份。展品展示托尔斯泰的日常生活，与其文学方面形成鲜明对比，他的文学成就通过托尔斯泰文学博物馆（Tolstoy Literary Museum，见131页）展示。参观一下拉赫玛尼诺夫（Rachmaninov）和里姆斯基-科萨科夫（Rimsky-Korsakov）弹钢琴的厅堂，还有托尔斯泰本人创作史诗巨著的书房。

赫莫夫尼圣尼古拉教堂 教堂

见426页地图（Церковь Святого Николая в Хамовниках, Church of St Nicholas in Khamovniki; ul Lva Tolstogo 2; mPark Kultury）这个教堂由织工行会1676年找人所建，是莫斯科最为多姿多彩的教堂之一。绿橘相间织锦外观绚丽多姿，内里同样精致细腻，到处都是壁画和圣像。列夫·托尔斯泰曾经住在这条街上，是圣尼古拉的教区居民，这在其小说《复活》（*Resurrection*）中有所描述。同时留意一下建于1689年的那座白石房屋，那里曾是织工行会所在地以及纺织品店（Бывшая ткацкая гильдия; ul Lva Tolstogo 10）的办公室。

AUTOVILLE 博物馆

（Автовиль; www.autoville.ru; ul Usachyova 2; 门票 ₽300; ⏲10:00~22:00; Ⓜ Sportivnaya）这个地方令人难忘，汇集几十辆产自世界各地的精美汽车，年代跨越数十载。这些汽车状况极佳，一些车的历史可以追溯至1907年，一些产自当代。

就餐

阿尔巴特

★ VARENICHNAYA NO 1 俄罗斯菜 €

见424页地图（www.varenichnaya.ru; ul Arbat 29; 主菜 ₽200~400; ⏲10:00至午夜; ; Ⓜ Arbatskaya）苏联复古风潮席卷莫斯科，但是这家旧式Varenichnaya真正懂行，墙边摆放书籍，黑白电视播放老电影，采用冷战时期价格。菜单主打美味、带馅的vareniki和pelmeni（各种饺子）。意外收获：绝佳家常腌菜出人意料。

RUKKOLA 意大利菜 €

见424页地图（Руккола; rucola.com.ru; ul Arbat 19; 主菜 ₽300~500; ⏲10:00至午夜; ; Ⓜ Arbatskaya）Rukkola提供特别酥脆、巧妙加料、薄皮的比萨。内饰时髦，服务热情，价格合理。落座舒适沙发，观看比萨师傅把馅饼抛得老高，或者落座室外座椅，欣赏阿尔巴特的景致。

CAFE SINDBAD

黎巴嫩菜 €

见428页地图（Кафе Синдбад; Nikitsky bul 14; 主菜 ₽200~300; ⏲正午至午夜; ✎ 📋; Ⓜ Arbatskaya）这家温馨餐馆内部类似传统黎巴嫩农舍，还有阿拉伯音乐和现磨小豆蔻咖啡香味。这是享用黎巴嫩家常美食的绝佳地点，有烤肉串和沙拉三明治。显然，还有水烟袋（hookah）。

MOO-MOO

自助餐馆 €

见424页地图（My-My; ul Arbat 45/24; 主菜 ₽200~300; ⏲10:00~23:00; 📶; Ⓜ Smolenskaya）这家受人欢迎的自助餐馆很易辨认，因为它有荷兰黑白花牛印花装饰。采用自助餐馆式服务，能够方便品尝所有俄罗斯美味。分店遍布全城。

★ ELARDZHI

格鲁吉亚菜 €€

见424页地图（Эларджи; ☎495-627 7897; www.ginzaproject.ru; Gagarinsky per 15a; 主菜 ₽600~800; 📋 👪; Ⓜ Kropotkinskaya）莫斯科所有的格鲁吉亚餐馆都很美味，这家也不例外。顾客刚进庭院，就会喜出望外，活蹦乱跳的兔子和羊羔欢迎到访者。让自己懒散地陷入浪漫餐厅的沙发，或者落座光线充足的走廊，然后大快朵颐，例如与店同名的菜品elarji（奶酪玉米粉）。

★ ZHURFAK CAFE

俄罗斯菜 €€

见424页地图（Кафе Журфак; ☎985-212 5050; www.jurfak-cafe.ru; Bolshoy Afanasyevsky per 3; 主菜 ₽500~800; ⏲9:30~23:00; 📶; Ⓜ Kropotkinskaya）这家新潮咖啡馆是家深受青睐的秘密餐饮聚点。夏天，户外就餐区域阴凉舒爽，亦可进入舒适的地下就餐地点，与人高谈阔论、品尝传统美食、聆听爵士音乐（周三和周五），同时怀念苏联时代。

CAFE SCHISLIVA

俄罗斯菜 €€

见424页地图（Кафе Щислива; ul Volkhonka 9; 主菜 ₽400~600; ⏲周一至周五 8:00至午夜，周六和周日 10:00至午夜; 📶 📋 👪; Ⓜ Kropotkinskaya）这个咖啡馆面积不大，地理位置优越，就在ul Volkhonka沿线艺术博物馆之间，完美平衡时尚和传统，提供经典俄罗斯汤品、沙拉和主菜，菜品制作巧妙，令人垂涎欲滴。亮点包括丰盛早餐、鲜榨果汁和非常出色的“工作午餐”。

VOSTOCHNY KVARTAL

乌兹别克菜 €€

见424页地图（Восточный квартал; ul Arbat 45/24; 主菜 ₽400~800; ✎ 📋; Ⓜ Smolenskaya）Vostochny Kvartal名不虚传，位于阿尔巴特的“东部边缘”。乌兹别克厨师和大量乌兹别克顾客在这里，表明这是品尝手抓饭的绝佳地点。

本店位于Plotnikov per，在布·奥库扎瓦（Bulat Okudzhava）塑像后方。

TIFLIS

格鲁吉亚菜 €€

见424页地图（Тифлис; www.tiflis.ru; ul Ostozhenka 32; 主菜 ₽500~900; 📋; Ⓜ Kropotkinskaya）餐馆的名字来源于格鲁吉亚首都第比利斯（Tbilisi）的俄语拼写，当你进入这家餐馆，你可能以为自己就是在第比利斯。通风的阳台和内部庭院让人回想起19世纪的格鲁吉亚楼宇，这里环境舒适，适合享用格鲁吉亚美食。

AKADEMIYA

意大利菜 €€

见424页地图（Академия; www.academiya.ru; Volkhonka ul 15/17; 午餐 ₽400，主菜 ₽400~800; ⏲周一至周五 8:00至午夜，周六和周日 10:00至午夜; Ⓜ Kropotkinskaya）啜饮精美咖啡或者津津有味地品尝脆皮比萨，看着时光流逝。餐馆距离普希金美术博物馆和基督救世主主教座堂咫尺之遥，经过一天艺术和建筑观赏之旅，来到这里就餐真是惬意无比。分店位于**Gogolevsky bul**（见424页地图; Gogolevsky bul 33/1; ⏲9:00至午夜; Ⓜ Arbatskaya），靠近老阿尔巴特。

BALKON

亚洲菜、意大利菜 €€

见424页地图（Балкон; www.ginzaproject.ru; Novinsky bul 8; 主菜 ₽500~1000; ⏲正午至顾客散尽; ✎ 📋; Ⓜ Smolenskaya）这个时髦餐馆位于乐天广场7层，拥有室外露台（全市最大），能够欣赏城市的壮丽景色。餐饮区同样精彩：在各个操作台前，你能够一睹各式美食

> 值得一游
>
> **SKY LOUNGE**
>
> **Sky Lounge**（www.skylounge.ru; Leninsky prospekt 29, fl 22; ⏲周日至周三13:00至午夜，周四至周六13:00至次日1:00; Ⓜ Leninsky Prospekt）位于俄罗斯科学院（Russian Academy of Sciences；又被称为"智囊"）大楼顶层，环境温馨，适合午后落座啜饮。欢宴在夜晚拉开序幕，这时，DJ调节音响，城市的灯光就在远处闪烁。

的烹制过程，仿似"美食秀"。

GALEREYA KHUDOZHNIKOV
创意菜 €€€

见424页地图（Галерея художников; ☎495-637 2866; www.gal-h.ru; ul Prechistenka 19; 主菜 ₽800~1200; ⏲正午至午夜; Ⓜ Kropotkinskaya）这家美妙绝伦的餐馆位于采列捷利画廊隔壁，店名意为"艺术家画廊"，真是店如其名，中庭面积不小、采光良好，使用彩绘玻璃和原始画作装饰。菜单融合欧洲和亚洲特色。虽然艺术水准较隔壁略逊一筹，但是食品制作精美，外观绝佳，恰如其分。

赫莫夫尼

GOLUBKA
俄罗斯菜 €

见426页地图（Голубка; www.golubka-moscow.com; Bolshaya Pirogovskaya ul 53/55; 主菜 ₽300~500; ⏲9:00~23:00; Ⓜ Sportivnaya）这个赏心悦目的地点位于新圣女修道院入口对面，来到这里，可以躺入扶手椅，欣赏落地窗外面的景色，享用新鲜面包、热汤和其他传统美味。菜品多是俄罗斯风味，但是包括意大利面、三明治和其他世界各地的美食。

STOLLE
咖啡馆 €

见426页地图（Штолле; www.stolle.ru; Malaya Pirogovskaya ul 16; 主菜 ₽200~400; ⏲9:00~21:00; Ⓜ Sportivnaya）游览新圣女修道院、瞻仰墓地之后，通常需要补充能量。Stolle正好是能量之源，专门出售美味撒克逊馅饼（Saxon pie）。可从柜台选择精美甜咸油酥点心，或从菜单选择更加充饥的食品。

BLACK MARKET
美国菜 €€

见426页地图（www.blackmarketcafe.ru; ul Usachyova 2/1; 主菜 ₽500~1000，牛排 ₽900~1500; ⏲10:00至午夜; Ⓜ Frunzenskaya）来到这里，无论是为了"汉堡店"还是"烤肉摊"，都能在这个高档美国酒吧兼烤肉店大快朵颐。肉类烹制过程堪称完美，采用新鲜、自制汉堡卷。你也会喜欢这里备货充足的酒吧、超级豪华的内里和赏心悦目的顾客。

PANE & OLIO
意大利菜 €€€

见426页地图（www.paneolio.ru; ul Timura Frunze 22; 意大利面 ₽600~1000，主菜 ₽1200~1600; ⏲正午至午夜; Ⓜ Park Kultury）Pane & Olio是家经典意大利饮食店，没有其他莫斯科餐馆的潮流元素。提供自制意大利面、薄皮比萨和精美烤肉烤鱼。厨师朱塞佩（Giuseppe）来回走动，询问顾客是否开心、满意。

CHEMODAN
西伯利亚菜 €€€

见424页地图（Чемодан; ☎495-695 3819; www.chemodan-msk.ru; Gogolevsky bul 25; 主菜 ₽900~1500; Ⓜ Kropotkinskaya）品尝西伯利亚菜的机会难得，但来到这里就能吃到。菜单主打野味，还有地方海鲜。餐厅装饰着老照片和古董，营造浪漫的氛围，所有漂泊在莫斯科的人都会欣然前往，仿佛归家。

饮品和夜生活

阿尔巴特

ZHIGULI BEER HALL
自酿酒吧

见424页地图（Пивной зал Жигули; www.zhiguli.net; ul Novy Arbat 11; 500毫升啤酒 ₽210~350; ⏲周日至周四 10:00至次日2:00，周五和周六 10:00至次日4:00; Ⓜ Arbatskaya）这家老式自助餐馆酿制出色啤酒，令人回想起苏联时代很受欢迎的同名酒吧。极简主义装修和自助餐馆式服务令人想起苏联的全盛时期，尽管这个地方已经配备大屏电视和独立的桌边服务区域。

GOGOL-MOGOL
咖啡馆

见424页地图（Гоголь-Моголь; www.gogol-mogol.ru; Gagarinsky per 6; 甜品 ₽200~300;

⌚10:00~23:00; 📶; ⓂKropotkinskaya)前门绘有蛋糕食谱，采用法语标注。顾客看到，立刻就会明白自己身处何地。菜单包括一些午餐菜品，但是实际上，这是一个尽享各式法国油酥点心和甜蜜饮品的地方，例如与店同名的饮品Gogol-Mogol(像是蛋奶酒，但是不尽相同)。

赫莫夫尼

GAVROCHE WINE BAR

葡萄酒吧

见426页地图(Винный бар Гаврош; www.thewinebar.ru; ul Timura Frunze 11; ⌚周日至周三 9:00至午夜，周四至周六 9:00至次日2:00; 📶; ⓂPark Kultury)这里先是啤酒吧，再是鸡尾酒廊，顺理成章，接着就是葡萄酒吧。这个地方新潮但不张扬，采用裸砖墙壁，葡萄酒品写在酒吧后面的黑板上。你会发现数十种来自世界各地的葡萄酒，还有地中海风味小碟作为下酒菜。

CARABAS

休闲酒吧

见426页地图(www.carabasbar.ru; ul Lva Tolstogo 18; ⌚正午至次日6:00; 📶; ⓂPark Kultury)Carabas内部宽敞、高雅、兼容并包，配备皮面扶手椅、枝形水晶灯，采用裸砖和混凝土墙壁，还有霓虹灯。价格昂贵但是受人欢迎，是个品味高端鸡尾酒、聆听DJ调音或者在深夜填饱肚子的好地方。

SOHO ROOMS

夜店

见426页地图(☎495-988 7474; www.sohorooms.ru; Savvinskaya nab 12; ⌚夜店 23:00至顾客散尽，餐厅 24小时; ⓂSportivnaya)这里仍是莫斯科最火的夜店之一。女性工作人员衣着暴露，音乐出色，鸡尾酒价格昂贵。当然，莫斯科许多夜店都能这样吹嘘，但是唯独Soho Rooms拥有游泳池和池边露台。这是个看脸的地方。

★ 娱乐

Rhythm Blues Cafe

现场音乐

见424页地图(Блюз Кафе Ритм; ☎499-697 6008; www.rhythm-blues-cafe.ru; Starovagan-

儿童娱乐活动

俄罗斯的剧院和娱乐历来丰富多彩，适合各类人群，甚至儿童。如果你带儿童旅行，很可能前往莫斯科西南部，因为这里有一些适合儿童的最佳娱乐项目。

莫斯科大马戏团新团(Bolshoi Circus on Vernadskogo; ☎495-930 0300; www.bolshoicircus.ru; pr Vernadskogo 7; 票价 ₽600~3000; ⌚表演 周三至周五 19:00，周六和周日 13:00和17:00; 👪; ⓂUniversitet)这家大型马戏团可以容纳3400名观众，座位很高，每个人都能清楚地观看表演。马戏公司拥有好几百名表演者，多是杂技演员，还有一些动物(熊、海狮、猴子)。表演精彩，观众定会感到愉悦惊叹。

库克拉切夫猫剧场(Театр кошек Куклачёва, Kuklachev Cat Theatre; ☎495-243 4005; www.kuklachev.ru; Kutuzovsky pr 25; 票价 ₽300~2000; ⌚表演 周四至周日 正午、14:00或16:00，夏季 每天演出; 👪; ⓂKutuzovskaya)在这家不同凡响的剧院，杂技猫咪表演各种绝技，取悦观众。负责人尤里·库克拉切夫(Yury Kuklachev)说："我们不用'训练'这个字眼，因为那就意味着强迫动物去做什么，我们不可能强迫猫咪去做任何它们不情愿的事情。事实上，我们是同猫咪玩耍。"

莫斯科儿童音乐剧院(Детский Музыкальный Театр им Н.И.Сац, Moscow Children's Musical Theatre; ☎495-930 7021; www.teatr-sats.ru; pr Vernadskogo 5; 票价 ₽200~1200; ⌚9月至6月 周三至周日; 👪; ⓂUniversitet)这家剧院1965年由戏剧传奇人物纳塔利娅·赛慈(Natalya Sats)创办，是俄罗斯第一家儿童剧院。显然，赛慈受到普罗科菲耶夫(Prokofiev)著名交响童话《彼得和狼》(*Peter and the Wolf*)的鼓舞，这部作品至今仍是最受欢迎的剧目之一。所有表演都趣味十足，寓教于乐，演员们预先穿上表演服装同儿童互动。

值得一游

尤达什金

俄罗斯最著名的服装设计师是瓦伦丁·尤达什金（Valentin Yudashkin），他的时尚服饰展出于卢浮宫和大都会博物馆，还有莫斯科国家历史博物馆（不可触碰！）。如想试穿衣服，就来这家华丽的**精品店**（www.yudashkin.com; Kutuzovsky pr 19; ⓂKievskaya），这里仿似博物馆，但是许多服饰对外出售。

kovsky per; ⌚表演 21:00; ⓂAleksandrovsky Sad）如果你的宠物狗遭遇小货车碾压，你或许能在Rhythm Blues Café找到心灵安慰。这里每晚播放伤感抒情的音乐，还有冰镇啤酒和整整一本菜单的咸腌肉。这里充满乐趣，环境亲切，有些顾客专心聆听音乐。提前预订餐桌。

GELIKON OPERA 歌剧

见424页地图（Геликон опера; ☎495-695 6584; www.helikon.ru; ul Novy Arbat 11; 票价₽300~3000; ⌚售票处 正午至14:00和14:30~19:00; ⓂArbatskaya）这家歌剧公司根据著名的海利肯山（Mt Helicon）命名，海利肯山是音乐女神的故乡，也是音乐家的灵感来源。这家剧院在莫斯科独一无二，因为它有新颖、独创甚至试验性的歌剧表演。导演德米特里·伯特曼（Dmitry Bertman）闻名遐迩，因为其能够"融合音乐优美和艺术激情"，这个评价出自一位当地剧作家之口。Gelikon的250座观众席剧院营造了表演者和观众互动的亲密氛围。

卢日尼基体育场 运动

见426页地图（Олимпийский Комплекс Лужники, Luzhniki Stadium; ☎495-780 0808; www.luzhniki.ru; Luzhnetskaya nab 24; ⓂSportivnaya）这个体育场面积巨大（莫斯科鱼雷队的主场），是莫斯科最大的体育场，可以容纳近80,000名观众。它是1980年夏季奥运会的主赛场，最近已被确定为2018年世界杯决赛的举办地。

购物

ASSOCIATION OF ARTISTS OF THE DECORATIVE ARTS 纪念品

见424页地图（Ассоциация художников декоративно-прикладного искусства; AHDI; www.ahdi.ru; ul Arbat 21; ⌚11:00~20:00; ⓂArbatskaya）寻找那个陶瓷牌匾和指示通往"展览厅"入口的标记，事实上，这个展览厅由许多小店组成，每家小店展示出自当地艺术家之手的艺术品和工艺品。除了画作和陶瓷，最吸引人的物件当属无与伦比的针织毛衣、羊毛大衣和绣花连衣裙，所有这些都是手工制作的。

RUSSIAN EMBROIDERY & LACE 纪念品

见424页地图（Русская вышивка и кружево; www.yp.ru/vishivka; ul Arbat 31; ⌚周一至周六 11:00~20:00，周日 11:00~17:00; ⓂSmolenskaya）考虑到这家店面缺少花里胡哨的标记和装饰，所以人们很容易错过阿尔巴特这个表面普通的店铺。事实上，店内仿佛珍宝库，从精美餐桌布到精巧手工毛衣和绣花衬衫，应有尽有。

BURO NAHODOK 艺术馆

见424页地图（Бюро находок; www.buro-nahodok.ru; Smolensky bul 7/9; ⌚周一至周五 10:00~21:00，周六和周日 11:00~20:00; ⓂPark Kultury）2003年，三位莫斯科艺术家开办这个店铺，出售他们有趣、时髦的礼品和纪念品。这是遍布莫斯科的艺术家合作社网络的首家店铺。

你会发现奇特的小玩意、服饰和家装饰品，许多展品饱含反讽意味。

DOM KNIGI 书籍

见428页地图（Дом Книги; www.mdk-arbat.ru; ul Novy Arbat 8; ⌚周一至周五 9:00~23:00，周六和周日 10:00~23:00; ⓂArbatskaya）Dom Knigi是莫斯科最大的书店之一，外文书籍出类拔萃，足以超越市内其他书店，更不必说旅游指南、地图以及参考书和纪念册。这个地方定期举办读书会、儿童节目以及其他弘扬读书的活动。

ARTEFACT GALLERY CENTRE 艺术馆

见424页地图(ul Prechistenka 30; ⏲10:00~18:00，各个画廊营业时间不同；Ⓜ Kropotkinskaya) Artefact Gallery Centre距离俄罗斯国家艺术学院(Russian Academy of Art)不远，仿似艺术广场，包含几十家店面。留意一下画作、雕塑、洋娃娃、陶器和其他种类艺术品，顾客可能特别想买这些物件。这些展品与其他艺术中心的先锋派展品形成鲜明对比。

RUSSKIE CHASOVYE TRADITSII 珠宝

见424页地图(Русские часовые традиции; www.smirs.com; ul Arbat 11; ⏲10:00~21:00; Ⓜ Arbatskaya) 如果想买精美钟表，就来阿尔巴特这个"俄罗斯手表行会"(Russian Watch Traditions)的分店。在这片旅游区，这些小店主要迎合游客需求，所以他们只卖俄罗斯品牌，包括Aviator、Buran、Vostok、Poljot、Romanoff和Denissov。

CHAPURIN BOUTIQUE 服装和饰品

见426页地图(www.chapurin.com; Savvinskaya nab 21; ⏲10:00~22:00; Ⓜ Sportivnaya) 服饰专家伊戈尔·恰普林(Igor Chapurin)最初设计戏服，但是其创造力没有边界：除了男女服装，也设计童装和运动装。他的代表风格是什么？大概是细密织物和翔实色彩。

河畔区

区域亮点

❶ 在焕然一新的**高尔基公园**（见142页）里散步、骑自行车、滑旱冰、跳舞、喝酒、晒日光浴、玩法式滚球以及其他运动（或者如你所愿般慵懒度日）。

❷ 在**特列季亚科夫画廊**（见144页）徜徉半日，在这里你可以欣赏琳琅满目的俄罗斯圣像、巡回展览画派尖刻的社会评论、象征主义者的奇思妙想以及其他前革命时期的艺术作品。

❸ 选择一间**红色十月**（见146页）的屋顶酒吧，坐看短暂的夏夜转瞬而逝。

❹ 在**Art Muzeon雕塑公园**（见146页）里漫步，穿过雕塑森林，还可以看到没落的苏联偶像人物雕像。

❺ 前往**科洛门斯克**（见150页）——一片离市中心不远的乡村郊野，这里充满诗情画意。

这一区域的更多细节见430页地图

探索河畔区

河畔区其实有点像一个俄罗斯乡下小镇，这里处处都是低矮的老建筑、古朴的院落和许多洋葱圆顶，但不知怎么就出现在了莫斯科中心区。这一景观以及其挥之不去的古朴氛围主要是来源于19世纪前这里定居的众多商户，他们和河对面的贵族们有着完全不同的生活方式和习惯。河畔区最出众的遗产是特列季亚科夫画廊，这里有俄罗斯最大规模的艺术品收藏。

也在这一区，正在出现一个崭新的、时髦的、宜居的、难以言表的莫斯科。新兴中产阶级地带正沿着河岸从红色十月（Red October）巧克力工厂旧址的红砖楼（莫斯科市内的时髦地带），通过新翻修的海滨（Krymskaya Naberezhnaya）路堤，一直延伸到重新复苏的高尔基公园（Gorky Park）。赶快忘掉那些老套的说辞吧——欢迎来到后历史时代的莫斯科！

当地生活

- **市场** Danilovsky Market距离市中心较远，但值得一去，尤其是在夏季和初秋，届时小摊上摆满了在超市找不到的水果和浆果。
- **户外活动** 从红色十月（Red October）通过高尔基公园（Gorky Park）直到沃罗比约夫（Vorobyovy Gory）的8公里，是莫斯科足以媲美伦敦南岸的地段，这里禁止汽车通行，但是欢迎骑行者、滑旱冰者和漫步者，此外还有从法式滚球到劲歌热舞的各类活动。

到达和离开

- **地铁** 共有三条南北方向的地铁线路穿过河畔区。绿色河畔线在Novokuznetskaya站和Paveletskaya站都有站点。橙色卡卢加-里加线（Kaluzhsko-Rizhskaya）也在Novokuznetskaya站以及Oktyabrskaya站停靠。灰色谢尔普霍夫-季米里亚泽夫线（Serpukhovsko-Timiryazevskaya）在Polyanka站和Serpukhovskaya站停靠。

独家贴士

河畔区北部——包括波罗特尼岛（Bolotny Island）上的红色十月建筑群——从克里姆林宫步行穿过Bolshoy Moskvoretsky大桥前往最为方便，也可以从基督救世主主教座堂（Cathedral of Christ the Saviour）步行穿过Patriarshy大桥前往。

最佳餐厅

- Mizandari（见149页）
- Produkty（见149页）
- Chugunny most（见150页）

详细介绍见149页

最佳饮品

- Bar Strelka（见151页）
- Le Boule（见151页）
- WT4（见153页）

详细介绍见151页

最佳艺术场馆

- 特列季亚科夫画廊（见144页）
- 车库当代艺术博物馆（见146页）
- Art Muzeon雕塑公园（见146页）
- 卢米埃尔兄弟摄影中心（见148页）

详细介绍见146页

视觉中国 提供

重要景点

高尔基公园

莫斯科市内的主要休闲区并不是你所想象的城市深处那些传统广阔的自然保护区。它曾经是一片有趣的集市，但已经今非昔比。它的官方名字说明了一切——高尔基文化休闲中央公园（Парк Горького）。这里有各类形式的文化和休闲活动。它由先锋派建筑师康斯坦丁·梅尔尼科夫（Konstantin Melnikov）设计建造，堪称一件20世纪20年代的共产主义作品。现在，它向世人展示着莫斯科这些年的文明转型。

不要错过

- 橄榄滩
- Le Boule

实用信息

- 见430页地图
- 24小时
-
- Oktyabrskaya

活动

这里的活动内容非常丰富。当然，在阳光明媚的日子里，成千上万的人也会选择完全放松地躺在散落在公园各处的大垫子上，或者躺在步行桥路堤旁的**橄榄滩**（Olive Beach，见430页地图；日光浴床 每天₽1000；10:00~23:00）日光浴甲板上。

周末公园里骑自行车和滑旱冰的人多，会带来交通堵塞，但他们可以享受这段到沃罗比约夫（Vorobyovy Gory）往返16公里长、没有机动车的河边路段。在公园周围有好几处自行车和溜冰鞋租借处，其中一处就位于步行桥下。

体育迷们还能找到沙滩排球、城市极限运动、乒乓球、甚至滚球的专用场地——当地说法语的人和Le Boule（见151页）的嬉皮士们都在这里玩耍。

夏天，公园完全淹没在狂热舞蹈里——年轻人成百上千地聚集在一起跳各种你能想象到的舞蹈，从杂技摇滚乐到萨尔萨舞和波尔卡。狂欢的中心位于**Novoandreyevsky大桥**下的木板道上，当然公园内也有几个舞蹈场地。

气温下降时，高尔基公园就变成了冬日仙境。池塘冻结，公园成为市区最大的**溜冰场**（Парк Горького，见430页地图；495-237 1266；ul Krymsky val；早上/晚上 周二至周四 ₽200/300，

周五至周日 ₽300/500；⏲周二至周日 10:00~15:00和17:00~23:00；Ⓜ Park Kultury）。有专门为越野滑雪者开辟的环绕公园的道路。当地有溜冰鞋和越野滑雪板出租。记得带上你的护照。

文化

过去几十年，高尔基公园都是一个俗气的被忽视的游乐场，现在它再次成为一个真正的文化公园。这里几乎每周都有音乐、戏剧、艺术和烹饪节日。

作为各种展览和节日的一部分，艺术作品在整个公园无处不在，而达瑞亚·朱可娃车库现代美术馆（Darya Zhukova's Garage Museum of Contemporary Art，见146页）起着旗舰作用。不幸的是，装饰公园小路的战前苏联雕塑几乎都没有得以保存，但如果你继续往尼斯库奇内花园（Neskuchny Garden）里走，还是会发现一个将要跃入莫斯科河的青铜女性游泳雕塑。

尼斯库奇内花园的露天**斯塔斯·纳明剧院**（Театр Стаса Намина，Stas Namin Theatre，又称Green Theatre，见430页地图；stasnamintheatre.ru；ul Krymsky Val 9，str 33）经常举办音乐会以及各项演出，大部分都是摇滚歌剧。新建露天**皮尔内电影院**（Pioner cinema）晚上放映电影，几乎全是俄语版本。

酒吧狂欢

高尔基公园的一项新任务就是改变城市的饮食文化，所以，在这里，各种最酷炫的烹饪项目大行其道。公园附近有大量的餐馆，从第比利斯AC/DC餐厅（见149页）的饮食亭，到大型餐馆和露天酒吧，应有尽有。最受人欢迎的是Lebedinoe Ozero（见151页）和Le Boule（见151页）。

尼斯库奇内花园

当你沿河西行，通过Andreyevsky大桥，就会发现一座看上去挺传统的公园。尼斯库奇内花园远不像高尔基公园那么人头攒动，这里遍布树荫，步行道和自行车道纵横交错，在山谷里穿行上下。

尼斯库奇内花园有一些运动设施，包括网球场、露天乒乓球场和国际象棋俱乐部，还有一座露天健身馆。

不知所云

Neskuchny（尼斯库奇内）的字面意思是"不乏味"，这不论在俄语还是英语里都是挺奇怪的说法。Sad（悲伤）的意思是"花园"——其实一点都不悲伤！

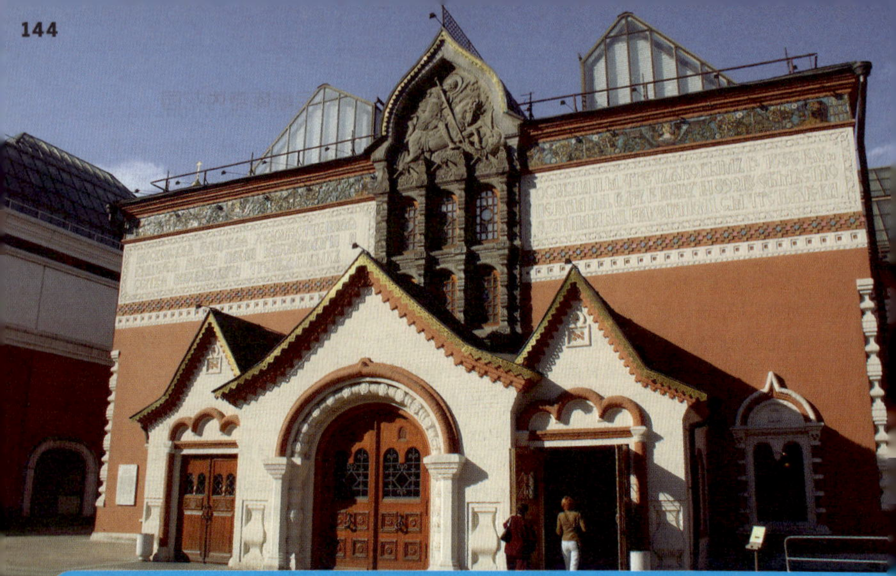

重要景点

特列季亚科夫画廊

特列季亚科夫画廊（Главный отдел Государственной Третьяковской галереи）是一座由俄罗斯的复兴艺术家维克多·瓦斯涅佐夫（Viktor Vasnetsov）设计的、类似异国情调的贵族城堡，这里收藏了世界上最多的俄罗斯圣像和前革命时期俄罗斯艺术品。

收藏

参观画廊是从二楼开始的，那里有18世纪至20世纪艺术家的展品。在一楼，参观者会首先观赏到19世纪末的艺术，之后是众多中世纪圣像。

二楼

从16号展厅开始才是精华所在。19世纪70年代，大胆的艺术家开始着手应对社会问题，发起了**巡回展览画派**运动。

17号展厅是**瓦西里·派罗芙**（Vasily Perov）专室，他是巡回展览画派运动创始人之一。找找他的陀思妥耶夫斯基（Dostoevsky）肖像和《三驾马车》（*Troika*）动画图，其对童工有鲜活的描绘。另两位与巡回展览画派（Wanderers）运动有关的人物是**伊凡·克拉姆斯科依**（Ivan Kramskoi；20号展厅）和**伊凡·希斯金**（Ivan Shishkin；25号展厅）。

维克多·瓦斯涅佐夫（Viktor Vasnetsov；26号展厅）主要描绘异想天开的童话故事和历史人物。他的绘画《英雄》（*Bogatyry*）也许是复兴运动最好的例子。**瓦西里·韦列夏金**（Vasily Vereshchagin；27号展厅）则是以其尖刻的现实主义风格而闻名，尤其是在描绘战斗

不要错过

- 《圣母弗拉基米尔画像》
- 《梦中公主》
- 《十字路口的一位骑士》
- 《恐怖伊凡和他的儿子》

实用信息

- 见430页地图
- www.tretyakovgallery.ru/en/
- Lavrushinsky 10
- 成人/学生 ₽400/250
- ⊙周二、周三、周六和周日 10:00~18:00，周四和周五 至21:00，售票处提前一小时关门
- Ⓜ Teatralnaya

LONELY PLANET / GETTY IMAGES ©

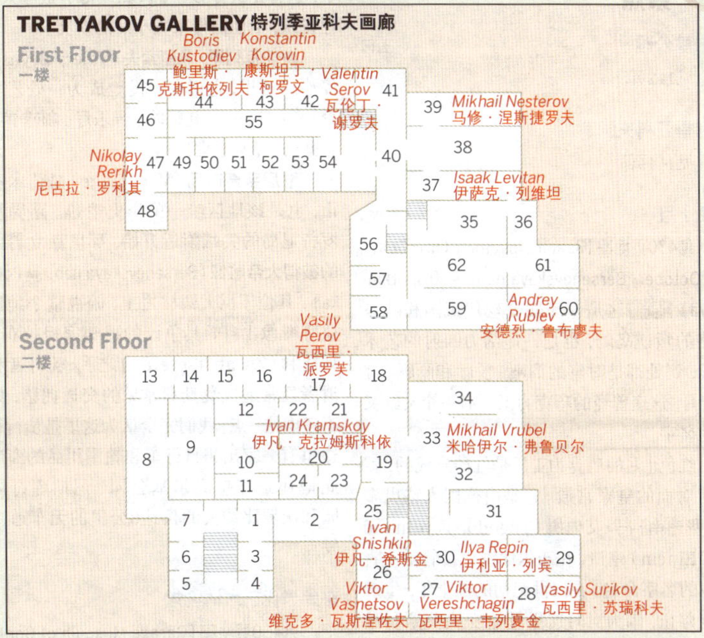

场景方面。**瓦西里·苏瑞科夫**（Vasily Surikov; 28号展厅）善于描绘大规模的历史场景。《女贵族莫洛卓娃》（*Boyarina Morozova*）反映了东正教分裂史以及它如何使一个家庭陷入衰落的悲剧。

伊利亚·列宾（Ilya Repin, 29号和30号展厅）也许是最受欢迎的俄罗斯现实主义画家。《恐怖伊凡和他的儿子》（*Ivan the Terrible and his Son Ivan*）令人毛骨悚然。**米哈伊尔·弗鲁贝尔**（Mikhail Vrubel, 32~34号展厅）是象征主义时代的标志艺术家，但他的作品不好归类。一整面墙都描绘着他神奇的艺术壁画《梦中公主》（*Princess of Dreams*）。

一楼

37号展厅是**伊萨克·列维坦**（Isaac Levitan）的风景画精选。**马修·涅斯捷罗夫**（Mikhail Nesterov; 39号展厅）结合象征主义和宗教主题。41号和42号展厅属于**瓦伦丁·谢罗夫**（Valentin Serov），他是当时最著名的肖像画家。

进入20世纪，艺术家们开始排斥现实主义。43号展厅显示了**康斯坦丁·柯罗文**（Konstantin Korovin）进军印象派的画作。44号展厅展示着以**亚历山大·戈洛文**（Alexander Golovin）和**鲍里斯·克斯托依列夫**（Boris Kustodiev）为代表的“世界艺术”的新艺术运动。

圣像画位于一楼的56~62号展厅。在60号展厅里，从谢尔吉耶夫镇（Sergiev Posad）运来的**安德烈·鲁布廖夫**（Andrei Rublyov）的《圣三一像》（*Holy Trinity*; 15世纪20年代）被认为是俄罗斯最伟大的圣像。博物馆地下是**托玛其圣尼古拉教堂**（Church of St Nicholas in Tolmachi，见430页地图；⏲周二至周日 12:00~16:00），其中最引人注目的是从克里姆林宫圣母升天主教座堂搬迁而来的12世纪的《圣母弗拉基米尔画像》（*Vladimir Icon of the Mother of God*），她是所有俄罗斯人的守护者。

景点

高尔基公园
公园

见142页。

特列季亚科夫画廊
画廊

见144页。

红色十月
艺术中心

见430页地图（Завод Красный Октябрь, Red October; Bersenevskaya nab; Ⓜ Kropotkinskaya）**免费**这是一座融合现代俄国和欧系风格的叛逆岛屿，也是一座活力四射的艺术中心，到处都是时髦的酒吧、餐厅和画廊。红色十月，这座曾经的巧克力工厂有一个又红又专的名字。

红色十月的巧克力工厂是红砖砌成的，就像河对面的皇家宫殿。它是由德国人特奥多尔·费迪南·冯·艾内姆（Theodor Ferdinand von Einem）建造，在布尔什维克接管前一直以他的名字命名。在21世纪初的前十年，生产一度停止，因为当时这里开始变成莫斯科最热门的餐厅和娱乐区。现在，它成了河滨到高尔基公园时尚地带的关键。来这里与莫斯科的时尚达人和酷炫丽人比肩而立吧，你可以去一个屋顶酒吧，或者在旗舰性的斯特列尔卡学院（Strelka Institute，见154页）看一场展览，还可以前往卢米埃尔兄弟摄影中心（见148页）。

ART MUZEON & KRYMSKAYA NABEREZHNAYA
雕塑公园

见430页地图（ul Krymsky val 10; Ⓜ Park Kultury）**免费** **Art Muzeon**现已全面翻新，并神奇地和海滨路堤合并，展示着五花八门的苏联偶像（斯大林、斯维尔德洛夫、列宁和勃列日涅夫）的雕塑和纪念碑，它们在1991年后的反苏浪潮中被从其基座上拉下。所有这些都放置在一座可爱的花园里，这里有许多木板栈道和亲切怡人的长椅。

Krymskaya Naberezhnaya是莫斯科媲美伦敦南岸的地段，这里的特色是波浪形的街边建筑，包括许多斯堪的纳维亚（Scandinavian）风格的木制结构建筑、美丽的花坛和一个喜怒无常的喷泉——能从地面的许多孔洞里随机喷出水来。在炎热的日子里，这肯定会令孩子们（和一部分成年人）欢呼雀跃，给他们带来数小时的欢笑。

游轮**瓦列里·勃留索夫**（Valery Bryusov）停泊在这里，它正在慢慢地成为一处艺术教育场所。这里有电影院、音乐厅、咖啡馆、联合办公室，甚至理发店！

维尼莎奇市场（Vernisage）是艺术家集市，也是该地区唯一的历史遗迹。路堤从波罗特尼岛的尖端附近开始，那里矗立着巨型的**彼得大帝雕像**（Bersenevskaya nab; Ⓜ Polyanka），其位于巨大圆柱之上，俯视整个地区，这尊雕像出自颇具争议的雕塑家祖拉布·采列捷利（Zurab Tsereteli）之手。骑行者和轮滑者经常造成莫斯科常见的交通拥堵，如果不考虑这一点，我们完全认为这里是步行街。这里有一家出租自行车和轮滑用品的商店。此地还是连接高尔基公园、尼斯库奇内花园和沃罗比约夫的长达8公里的无车道路出发点。

车库当代艺术博物馆
画廊

见430页地图（Garage Museum of Contemporary Art; www.garageccc.com; ul Krymsky val 9; 成人/学生 ₽300/150; ⏲周一至周四 11:00~21:00; Ⓜ Oktyabrskaya）这是俄罗斯大腕罗曼·阿布拉莫维奇（Roman Abramovich）的女友、莫斯科艺术仙子达雅·朱可娃（Darya Zhukova）的创意，它一度风光无限，现在仍然是最受欢迎的现代艺术场馆之一。这座车库艺术馆保留了原来的名字，现在坐落在高尔基公园一所临时建筑里——由建筑师斯基鲁·班（Sigeru Ban）用再生环保纸建造而成。

博物馆原本位于莫斯科北部壮观的巴克梅特耶夫车库（Bakhmetyev Garage）之内，那里现在是犹太人博物馆（Jewish Museum），不过名称沿袭了下来。本来几年前还计划在它旁边建造一座大型永久性建筑，但是这个计划似乎落空了。

博洛特纳亚广场
广场

见430页地图（Болотная площадь, Bolotnaya Ploshchad）博洛特纳亚广场得名于这里原来的沼泽，这里有很多关于克里姆林宫反抗者的故事，而克里姆林宫就在河对岸警惕地眺望着广场所在地。这里处处是花

点亮黑暗时代

2011年9月，弗拉基米尔·普京决定竞选第三任总统，但很多莫斯科人已经受够了他。之后，人们怀疑议会舞弊，随后展开了一系列的示威游行，其中多数在博洛特纳亚广场发生。抗议者都是和平友好的，有的人举着滑稽的示威牌。在某个示威牌上写着“我们是146%”（既表示支持占领纽约的标语，又是指在竞选新闻中地方电视台出示的图表上显示普京的党派占据了146%的选票）。

年轻的、属于中产阶级的城市居民（经常被叫作潮人）处于主导地位，他们有很多创意。把莫斯科转变成更适于居住的现代都市是他们议程上的要务，但他们也密切关注公平竞选。

2012年5月6日，在普京就职典礼的前夜，一次示威游行在莫斯科博洛特纳亚广场被暴力驱散，随后开始了一波镇压。几十名普通的示威分子因莫须有的罪名入狱。

大棒之后，胡萝卜随之而来。根据抗议示威者的议程，莫斯科市长Sergei Sobyanin开始实施把莫斯科转变成现代欧洲都市的宏大计划。副市长Sergei Kapkov是这个项目的总指挥。寡头政治家Roman Abramovich原先的得力助手负责把高尔基公园改造成具有现代感和吸引力的地方。他卓有见识的方法被用到莫斯科所有公园的改造上，而城市权威人士继续帮助推进工业重建计划，例如温萨沃德（Winzavod，见157页）和Flakon（见98页）。

随着中产阶级化席卷整个城市，反对普京的抗议者趋于平静了。莫斯科潮人们虽然同情乌克兰的抗议者们（这些抗议者推翻了Viktor Yanukovych主席），但基辅的那种僵局对他们来说耗时太久，太让人紧张也太暴力了。随着政体变得越来越具有压迫性，他们退回到斯特列尔卡艺术讲座、温萨沃德的展览会、高尔基公园的法式滚球项目，仿佛进入一座金色牢笼。大家都感到这种情况不会持久，很多莫斯科年轻人害怕自己最终会被逐出时尚乐园。

园，还有莫斯科的主要大道，两旁是冷酷的建构主义建筑Dom na Naberezhnoy，那是俄罗斯两次农民大起义的首领——斯特班·拉金（Stepan Razin）和艾米利安·普加切夫（Emelyan Pugachev）被公开处决的现场。

几个世纪以后的20世纪20年代，布尔什维克人自豪地搬进了新建的**Dom na Naberezhnoy**，然后在斯大林的清洗运动中逐渐从他们的公寓消失。一座小型**博物馆**（见430页地图；☎495-959 0317；www.museumdom.narod.ru; ul Serafimovicha 2; ⏰周三 17:00~20:00，周六 14:00~18:00; Ⓜ Kropotkinskaya）**免费**讲述着这些居住者的重要故事。广场的公园吸引着朋克、嬉皮士和夏夜在这里表演《指环王》的影迷们。这里还有由Mikhail Shemyakin制作的有趣雕塑“儿童是成人恶习的受害者”，其对恶习的描述很有娱乐性。2012年，它成为反普京抗议活动地点，也就是俗称的博洛特纳亚运动的场地。

新特列季亚科夫画廊 画廊

见430页地图（Новая Третьяковская галерея, New Tretyakov Gallery; www.tretyakovgallery.ru/en/; ul Krymsky val 10; 成人/学生₽400/250; ⏰周二、周三、周六和周日 10:00~18:00，周四和周五 10:00~21:00，售票处提前1小时关门; Ⓜ Park Kultury）特列季亚科夫画廊的这家分馆是观赏20世纪俄罗斯艺术的最佳地点，一般被称为新特列季亚科夫（New Tretyakov）。这个地方不仅有表现社会主义和现实主义的人物画作，例如挥舞镰刀的肌肉男和挤奶的丰满女人，还展示着如马列维奇（Malevich）、康定斯基（Kandinsky）、夏加尔（Chagall）、康嘉若（Goncharova）和波波娃（Popova）等前卫艺术家的作品。

特列季亚科夫画廊、**TsDKh**和艺术家中心（Central House of Artists）都在这栋建筑之内，此外还有大片空间展示当代艺术。许多画廊扎根于此。

卢米埃尔兄弟摄影中心

画廊

见430页地图（Lumiere Brothers Photography Centre; www.lumiere.ru; Bolotnaya nab 3, Bldg 1; ⏲周二至周日 正午至21:00）这是摄影爱好者的圣地之一，时髦现代、管理有方，经常举办各种俄罗斯和西方摄影艺术家的专题展览。馆内有不错的商店，出售相册和明信片。

圣约翰战士教堂

教堂

见430页地图（Церковь Иоанна Воина, Church of St John the Warrior; ul Bolshaya Yakimanka 48; mOktyabrskaya）这所河畔区最好的教堂融合了莫斯科和欧洲巴洛克风格，形成了混搭的形状和颜色。这里由彼得大帝（Peter the Great）命名，用来纪念1709年他在波尔塔瓦（Poltava）击败瑞典。这里的镀金木雕圣幛原本安装在附近的复活教堂（Церковь Воскрессения на Кадашах, Church of the Resurrection at Kadahi, 见430页地图; 2-y Kadashevsky per 7）。

巴赫鲁申戏剧博物馆

博物馆

见430页地图（Театральный музей Бахрушина, Bakhrushin Theatre Museum; www.gctm.ru; ul Bakhrushina 31/12; 成人/学生 ₽200/100; ⏲周二至周三和周五至周日 正午至19:00，周四 13:00~21:00; Ⓜ Paveletskaya）这是俄罗斯主要的舞台博物馆，成立于1894年，在Paveletskaya广场北侧的一所新哥特式建筑里。博物馆展示着关于戏剧表演的所有道具——舞台布景、表演服装、剧本和俄罗斯舞台巨星的个人物品。展品不仅与戏剧有关，也在追溯着歌剧、芭蕾舞和木偶剧的发展历程。亮点包括《鲍里斯·戈都诺夫》（*Boris Godunov*）的表演服装和舞台布景，还有Vaslav Nijinsky穿过的芭蕾舞鞋。

丹尼洛夫斯基修道院

修道院

（Даниловский монастырь, Danilov Monastery; msdm.ru; ul Danilovsky val; ⏲7:00~19:00; Ⓜ Tulskaya）免费 这个俄罗斯东正教的总部就在白色防护墙后面。在神圣的日子里，这里有信徒喃喃的祈祷、点燃的蜡烛，还有不少信徒在门内小教堂往壶里舀圣水。丹尼洛夫斯基修道院由首位莫斯科王子丹尼尔于13世纪末为了城市外部的防御而建造。

在过去的几百年里，修道院被多次翻修，苏联时代曾是一家工厂和拘留中心。它适时取代了谢尔吉耶夫镇，成为教会的精神和行政中心，并在1988年俄罗斯东正教千年庆典期间成为大主教的官邸。

进入北墙粉红色的**圣徒高柱修士西蒙门堂**（St Simeon Stylite Gate-Church）。最古老最繁忙的教堂是**圣父及七个大公会议教堂**（Church of the Holy Fathers of the Seven Ecumenical Councils），那里每天10:00~17:00都有人朝拜。这座教堂建于17世纪，之后多次重建，有两层楼和几个小教堂：楼上核心小教堂侧面紧邻圣丹尼尔（St Daniil；在北侧）和圣鲍里斯和格雷伯（Sts Boris and Gleb；在南侧）的附属小教堂。在底层，核心小教堂专门纪念Protecting Veil，北边小教堂专门纪念先知丹尼尔。

这座建于19世纪30年代的新古典主义风格的**三一大教堂**（Trinity Cathedral）显得格外朴素。西部是宗主教区的对外事务部（External Affairs Department），院落尽头是牧首官邸（Patriarch's Official Residence）。官邸东边靠北墙处，有一个13世纪**亚美尼亚石刻十字架**，或叫作khachkar，这是亚美尼亚教会的礼物。教堂客房位于修道院南边，已经成为雅致的Danilovskaya Hotel（见191页）。

顿斯科伊修道院

修道院

（Донской монастырь, Donskoy Monastery; ☎495-952 1646; www.donskoi.org; Donskaya ul; Ⓜ Shabolovskaya）顿斯科伊修道院是莫斯科最年轻的修道院，建于1591年，当时是"圣母"圣像（现在收藏在特列季亚科夫画廊）的保存地。这座圣像用来纪念1380年库里科沃（Kulikovo）战争的胜利。据说，1591年，鞑靼可汗吉利（Tatar Khan Giri）梦到圣像向他射出带火箭头，然后不战而退。

这所砖墙围砌而成、带有12座塔楼的修道院大部分建于1684~1733年，当时正处于摄政王索菲娅和彼得大帝的统治之下。北门是**季赫文圣母教堂**（Virgin of Tikhvin Church），建于1713~1714年，这是莫斯科巴洛克时期的最后一批建筑之一。中间是砖砌成的**新大教堂**（New Cathedral），建于1684~1693年。南边紧邻的是较小的**老大教堂**

(Old Cathedral)，建于1591~1593年。

1771年瘟疫之后，莫斯科中心禁止埋葬，顿斯科伊修道院成为贵族墓地，这里有精心制作的陵墓和小教堂。从Shabolovskaya地铁到顿斯科伊修道院步行需要5分钟。沿UL Shabolovka向南，然后到第一街口向西拐，踏上1-y Donskoy proezd。

就餐

★ MIZANDARI
格鲁吉亚菜 €

见430页地图（☎8-903-263 9990; nab Bolotnaya 5, str 1; 主菜₽300~400; ⊙11:00~23:00; Ⓜ Kropotkinskaya）莫斯科的格鲁吉亚餐馆要么昂贵，要么俗气。这个夫妻档口是个例外。跟朋友一起来，点一些开胃菜，如khachapuri（奶酪糕点）、kharcho（香辣羊肉汤）、pkhali和lobio（都是用核桃糊做的）。如果你吃完这些后还可以再吃一个主菜，就太厉害了！一瓶kindzmarauli红葡萄酒可能有助于你开胃。

MARUKAME
日本菜 €

见430页地图（Марукамэ; marukame.ru; ul Pyatnitskaya 29; 主菜 ₽150~200; ⊙11:00~23:00; Ⓜ Novokuznetskaya）这个自助面馆深受欢迎、位置便利。午餐时分，这里吸引大批公司员工前来就餐——队伍很长，不过前进迅速。除了乌冬面，还有大碗盖饭、天妇罗。

OCHEN DOMASHNEYE KAFE
俄罗斯菜 €

见430页地图（Очень домашнее кафе; ☎495-951 1734; www.dom-cafe.ru; ul Pyatnitskaya 9/28, str 1; ₽380~550; ⊙周一至周五8:00~23:00，周六和周日 11:00~23:00; Ⓜ Novokuznetskaya）这个餐馆的名字意为"一家非常温馨的咖啡馆"，这也是它的座右铭。它的食物接近俄罗斯人的家常菜，也就意味着以罗宋汤（甜菜根汤）或绿色野菌汤为开胃菜，并以各种kotlety肉丸为主菜。分量非常小，而且开胃菜和主菜基本上是一个价。

AC/DC IN TBILISI
格鲁吉亚菜 €

见430页地图（facebook.com/acdcintbilisi; Gorky Park; 主菜 ₽250~350; ⊙10:00~22:00; Ⓜ Oktyabrskaya）汉堡和格鲁吉亚似乎各自存在于平行时空之内，格格不入。但它们会在夏天营业的高尔基公园餐厅同时出现。一个原本很普通的汉堡，借助热adjika酱和suluguni奶酪，竟然成为格鲁吉亚风味。核桃satsivi酱肉丸是另一种应该在这里尝试一下的食物。

SOK
素食 €

见430页地图（Сок; Lavrushinsky per 15; 主菜 ₽340~400; ⊙11:00~23:00; 📶🖉📋; Ⓜ Tretyakovskaya）柑橘色的墙壁和美味的鲜榨果汁可以让你一天阳光明媚。所有的汤、沙拉、意大利面和传奇的甜点都是专为素食主义者准备的，还有许多其他严格素食菜品。甚至还有一些俄罗斯经典菜品，如用面筋（小麦为主的肉类替代品）做的俄式牛柳丝。

NASHA CHEBURECHNAYA
鞑靼菜 €

见430页地图（Наша чебуречная; Bolshoy Tolmachevsky per 3; 油煎饼 ₽80~100; ⊙11:00~23:00; Ⓜ Tretyakovskaya）如果你能接受一些苏联解体后的破旧感，那么来这里尝一下充分烹制的油煎饼吧：一种在熟铁板油里烹制的肉馅（多数）鞑靼糕饼。羊羔肉油煎饼最具代表性，还有其他十几种油煎饼可供选择，包括无肉油煎饼。

GRABLY
自助餐馆 €

见430页地图（Грабли; www.grably.ru; Pyatnitskaya ul 27; 主菜 ₽200~300; ⊙10:00~23:00; 📶🖉👪; Ⓜ Novokuznetskaya）大型自助餐包括一排排的鱼、家禽、肉类、沙拉、汤和甜点。颇费周章并付款之后，落座精致的冬季花园休息区。这个河畔区分店尤其令人印象深刻，瓷砖地板分为两层，藤蔓覆盖熟铁框架，枝状吊灯高悬天花板上。楼上酒吧提供啤酒和葡萄酒。

★ PRODUKTY
意大利菜 €€

见430页地图（Продукты; ☎8-903-789 3474; facebook.com/productscafe; Bersenevsky per 5, Bldg 1; 餐 ₽600~1000; ⊙周日至周四 正午至午夜，周五和周六 正午至18:00; 📶🖉; Ⓜ Kropotkinskaya）这个红色十月旗舰店相当成功，主要原因就是超酷的后工业时代装饰、简单纯粹的意大利食品和靠近几个编辑部的地理位置。店面从街上看不

值得一游

科洛门斯克博物馆—保护区

乘地铁只需几站路就可以到达莫斯科的城郊。**科洛门斯克**（Музей-заповедник 'Коломенское'; www.mgomz.com; ⏲区内 8:00~21:00; Ⓜ Kolomenskaya或Kashirskaya）免费 坐落在面积达4平方公里、风景如画的公园内，也在莫斯科河湾处的峭壁上。它是一座古老的皇家别墅，是联合国教科文组织认定的世界遗产。自14世纪建成后不久，这个小村庄就成了莫斯科王子最喜爱的去处。经年累月，这个皇家庄园现在成了一个由很多教堂、大门和其他建筑物形成的兼收并蓄的综合建筑群。

教堂和大门

从Bolshaya ul经17世纪建造的**救主门**（Saviour Gate）走进博物馆—保护区，到镶着星印的**喀山圣母教堂**（Our Lady of Kazan Church）。在前方17世纪的白墙帐顶处，有两座石狮守卫的**前大门**，是进入皇家宫殿的主入口。

升天教堂

在前门外眺望河流，就能看到科洛门斯克最可爱的建筑。**升天教堂**（Ascension Church; pr Andropova 39; ⏲周二至周日 10:00~18:00; Ⓜ Kolomenskoye）免费 有时也被叫作“白色石柱”。升天教堂建于1530~1532年，当时是为了王公瓦西里三世建造的，很可能是为了庆祝他的继承人恐怖伊凡（Ivan the Terrible）的诞生。升天教堂在当时是跨时代的建筑，专家们将此归功于意大利的大师。

木制建筑

地面上的老旧木制建筑是彼得大帝用来监视船只和城堡的**小屋**。这个小木屋四周环绕着后来重建的沙皇果园和花园，还有一些其他异域风格的漂亮建筑，特别是**布拉茨克堡垒塔**（Bratsk fortress tower）和**圣尼古拉斯修道院**（St Nicholas Monastery），它们具有卡累里亚（Karelia）风格。

大木宫

17世纪中叶，阿列克谢沙皇（Tsar Alexey）建造了一座神奇的宫殿，传说它被称为“世界第八奇迹”。这个异想天开的建筑因其混杂的帐篷顶塔和洋葱形屋檐而出名，所有木制结构没有一个钉子。不幸的是，这一传奇的建筑因年久失修在1768年被叶卡捷琳娜二世拆除。230年后，科洛门斯克公园（Kolomenskoe Park）的场地上出现了俗气、华而不实的**阿列克谢沙皇宫殿**（ворец царя Алексея Михайловича; pr Andropova 39; 门票₽400; ⏲周二至周日 10:00~18:00; Ⓜ Kashirskaya）。来这里欣赏一下豪华的内饰，据称这些都是基于历史记录复制而成的。

到，进入汉堡兄弟(Burger Brothers)窗口左边的院子，才能看到。

CHUGUNNY MOST

法式小馆 €€

见430页地图（Чугунный мост; ☎495-959 4418; facebook.com/chugunniimost; ul Pyatnitskaya 6; 主菜₽360~550; ⏲9:00至午夜; Ⓜ Tretyakovskaya）这里表明了整个莫斯科餐饮业前进的方向——永不过时的法式小馆兼酒吧！在这里，你会感觉跟柏林的普伦茨劳贝格区（Prenzlauerberg）等地方似曾相识。压抑的木制装饰有治疗作用，而富于创造性的多元族裔食物吸引着你在附近生活或工作，这样就可以天天品尝。₽390的午餐套餐堪称城内最物有所值的餐饭。早餐同样不同凡响。

CORREA' S

欧洲菜 €€

见430页地图（☎495-725 6035; ul Bolshaya Ordynka 40/2; 主菜₽400~600; ⏲8:00~23:00;

📶✏️📋; ⓂPolyanka）Correa's在全市各处都有分店，这家虽然没有普列斯妮娅的总店（见115页）那么舒适古朴，但空间却更大。位于水泥庭院之内，这里稍显奇特，设有室外就餐区，室内面积宽敞，光线充足，赏心悦目。食品无可挑剔。

DANILOVSKY MARKET　市场 €€

（www.danrinok.ru; Mytnaya ul 74; ⏲8:00~20:00; ⓂTulskaya）这是一个苏联时代的大型农贸市场，它和莫斯科的公园和旧工厂一起被中产阶级化浪潮所吞没。统一装饰的摊位和精心设计的经营场地使它看起来非常有序，只是带有一点刻意为之的感觉。它保留了古老俄罗斯集市的味道——忙碌、繁华，充满活力和色彩。

即使你不购物，看看桌子上五颜六色的产品也很有意思：自制的奶酪和果酱，直接从蜂房运来的金色蜂蜜，从塑料袋中倾倒出的色彩鲜亮的香料，摆在冰板上的光滑银鱼，还有从天花板上垂下来的巨大肉片。

STARLITE DINER　美国菜 €€

见430页地图（www.starlite.ru; Bolotnaya pl 16/5; 主菜 ₽350~700; ⏲24小时; 📶✏️📋👨‍👩‍👧; ⓂTretyakov skaya）汉堡和啤酒总是很好找。从早到晚的任何时间都可以来此吃一顿，并体会一下经典餐厅的怀旧装饰和朴实无华的耐饥食物。

🍷 饮品和夜生活

★GIPSY　夜店、咖啡馆

（www.bargipsy.ru; Bolotnaya nab 3/4; ⏲周日至周四 18:00至次日1:00，周五和周六 14:00至次日6:00）这个后现代酒吧仿似游牧营地，弥漫着愉悦气息，位于红色十月一处具有战略意义的屋顶位置。装饰鲜艳媚俗，有假的棕榈树以及人造皮革洗手间大门。DJ和现场音乐曲目显得这里不拘一格。并不是你表现得非常有钱才能通过夜店保镖的筛选，但酷一点还是对你有所帮助。

BAR STRELKA　咖啡馆、夜店

见430页地图（barstrelka.com; Bldg 5a, Bersenevskaya nab 14/5; ⏲周一至周四 9:00至午夜，周五和周六 至次日3:00，周六和周日 从正午开始；📶; ⓂKropotkinskaya）位于Patriarshy大桥下方，这是斯特列尔卡学院（Strelka Institute）的酒吧兼餐厅，也是红色十月街区夜生活的理想起点。屋顶露台拥有无与伦比的莫斯科河景，内部装修很酷，是一个破旧但别致的地方。菜品非常不错，通常有人弹琴。

LEBEDINOE OZERO　酒吧

见430页地图（Лебединое озеро; ☎495-782 5813; http://s-11.ru/lebedinoe-ozero; Gorky Park; ⏲4月至10月 正午至17:00; ⓂFrunzenskaya）它的名字是"天鹅湖"，是的，它俯视着一个小池塘，里面有天鹅自由自在地浮游。这个地方是夏季消磨时光的去处，这里有沐浴在阳光里的躺椅、水果鸡尾酒和一个小游泳池。

KVARTIRA 44　酒吧

见430页地图（☎499-238 8234; kv44.ru; ul Malaya Yakimanka 24/8; ⏲周日至周四 正午至午夜，周五和周六 正午至次日4:00; 📶; ⓂPolyanka）昔日，最佳啜饮地点就是临街公寓，那里有不配套的家具和私人回忆。Kvartira 44便能够勾起这些记忆。在这里，饮料很棒，音乐悠扬、气氛愉悦。

HUB　酒吧

见430页地图（https://www.facebook.com/hubyousomuch; ul Pyatnitskaya 82/34; ⏲8:00至次日3:00; ⓂSerpukhovskaya）在如此繁忙的Serpukhovskaya广场，居然有车库风格的酒吧，它散发着阿罗哈海滩（Aloha Beach）假期的氛围。食物重质不重量——供应三种扎啤（包括在莫斯科酿造的Fuel麦芽酒），数量有限的鸡尾酒，新鲜的咖啡和奶昔。

这里不只有饮品，还有三种美味的三明治。

LE BOULE　酒吧

见430页地图（☎8-926-376 9366; Gorky Park; ⏲正午至午夜; 📶; ⓂOktyabrskaya）在这个潮人光临的阳台酒吧，山羊胡和小胡子是流行风尚，这里还配有法式滚球道。拿上一壶甜酒或一杯果酒，去试一试这所谓的与酒精最兼容的运动吧。在傍晚的阳台上，经常有

步行游览
河畔区

起点 基督救世主主教座堂

终点 NOVOANDREYEVSKY MOST

全程 3公里；2小时

从基督救世主主教座堂出发，经过一座横跨莫斯科河的步行桥，到达克里姆林宫南边的波罗特尼岛。

在❶**Patriarshy大桥**上面能够观赏到梦幻般的克里姆林宫塔楼和教堂的全景。

波罗特尼岛大桥的南边是古旧的❷**红色十月巧克力工厂**（见146页），现在那里是艺术和娱乐聚集地，有最引人注目的❸**斯特列尔卡媒体、建筑和设计学院**（见154页）。

沿Sofiyskaya nab绕道北上，就到了❹**Dom na Naberezhnoy**（见147页），这是苏联时代著名的宅邸。它面对着❺**博洛特纳亚广场**（见146页），这是2012年反普京抗议活动的发生地。

穿过Maly Kamenny大桥。❻**特列季亚科夫画廊**（见144页）就在东边几个街区处，但如果你不想分散精力的话，就向南沿河堤经过祖拉布·采列捷利雕刻的❼**彼得大帝**的巨大雕塑（见146页）。

从河堤出发，沿着修整一新的海滨，进入❽**Art Muzeon**（见146页），这是一个艺术博物馆，讲述着所有的历史故事。从这里，你可以进入专门展示20世纪艺术的❾**新特列季亚科夫画廊**（见147页）。

向着❿**高尔基公园**（见142页）前进，通过Krymsky大桥下面的通道，你将面对众多路线选择——从⓫**Le Boule**的法式滚球游戏，到⓬**车库当代艺术博物馆**（见146页），再到⓭**橄榄滩**（见142页）的日光浴。走过⓮**Novoandreyevsky大桥**（步行桥，见142页）就能到Frunzenskaya地铁站。

值得一游

察里津宫

在莫斯科东南部一座树木繁茂的山丘上，**察里津宫**（Музей-заповедник Царицыно, Tsaritsyno; ☎495-355 4844; www.tsaritsyno-museum.ru; ⏰宫内 6:00至午夜，展览 周二至周五 11:00~18:00，周六和周日 11:00~20:00; Ⓜ Tsaritsino）免费是一个具有异域风情的避暑佳选，由叶卡捷琳娜二世（Catherine the Great）于1775年开始建造，但一直未完工。建筑师瓦西里·巴真诺夫（Vasily Bazhenov）在被开除前在这个项目上花了10年时间。叶卡捷琳娜二世又雇了一名建筑师马特维·扎科夫（Matvey Kazakov），但这个项目最终由于资金不足而被放弃了。几百年来，这座宫殿只是一个空壳，直到2007年俄罗斯政府终于决定将它修完。

如今，这座**大宫殿**（Большой дворец; 门票 ₽150）是一个梦幻般的建筑，结合了古老的俄罗斯、哥特式、古典派和阿拉伯风格。里面的展品展现了察里津宫（Царицыно）的历史，以及叶卡捷琳娜二世的生活。在膳房或**khlebny dom**（Хлебный дом; 门票 ₽300）有巡回展览，展览的主题有时是烹饪艺术，有时是圣像和艺术品等。

在夏天，khlebny dom是听古典**音乐会**（☎499-725 7291; 门票 ₽150~300; ⏰周六和周日 17:00）的好地方。

这片广阔的地带还包括其他一些可爱的建筑，如**小宫殿**（Small Palace）、**生命之泉圣墓教堂**（Church of Our Lady Lifegiving Spring）、骑士建筑群和一些有趣的桥梁。池塘边装饰着奇妙的音乐喷泉。英国风格、树木繁茂的公园一直延伸到南部的**Upper Tsaritsynsky Pond**，夏天那里出租船只，可以划船一路向西至察里津宫殿建筑群。

察里津宫很容易找到：只要从同名的地铁站出发，按照路标走即可。

乐队在演奏。

WT4

酒吧

见430页地图（☎495-771 7446; Bersenevskaya nabm 6/3; ⏰周日至周四 正午至午夜，周五和周六 至次日6:00; Ⓜ Kropotkinskaya）在焦糖皮沙发上放松一下或坐在长长的酒吧中央，盯着内壁上一只巨大鳄鱼吞咽一列火车的壁画。这里有24种鸡尾酒，可以缓解你的口渴（和拘束），还有消除饥饿的亚洲美食。

除了食物和饮料之外，这个地方还举办各种各样的艺术活动并放映电影。DJ调节旋律，一直持续到凌晨。

PROGRESSIVE DADDY & DADDY'S TERRACE

酒吧

见430页地图（www.progressivedaddy.ru; Bersenevskaya nab 6/2; Ⓜ Kropotkinskaya）这家餐厅酒吧俱乐部在岛的尖端、工厂的顶楼，这里是最好的观景点（就算看不到整个城市）。坐在露台上喝杯贝里尼，你还可以欣赏远处的基督救世主主教座堂。这就是非常现代的莫斯科。

ROLLING STONE

夜店

见430页地图（Bolotnaya nab 3; ⏰周四至周六 22:00至次日7:00; Ⓜ Kropotkinskaya）这个地方贴满了《滚石》杂志封面，裸露的灯泡照得灯火通明，有一种升级了的廉价酒吧的感觉。使它显得高端的是位于红色十月街区的时尚位置以及这里的顾客——他们可能穿着休闲，但是必须精神抖擞以便符合入门标准。音乐五花八门，还有小型舞池，适合舞蹈爱好者。

COFFEE BEAN

咖啡馆

见430页地图（www.coffeebean.ru; Pyatnitskaya ul 5; ⏰8:00~23:00; Ⓜ Tretyakovskaya）几乎可以说是Coffee Bean开启了莫斯科咖啡时代。原本在特维尔的那一家已经关门了，但是在城里还有几家物美价廉的分店。

KARLSON

酒吧

见430页地图（Карлсон; ☎8-964-571 6370; www.ginza.ru/msk; nab Ovchinnikovskaya 20/1; ⏰周日至周四 正午至午夜，周五和周六至次日3:00; Ⓜ Novokuznetskaya）这是一家豪华酒

吧，在它的屋顶可以俯瞰莫斯科壮观的景色，这也是为什么人们不惜挥洒几千卢布在此品尝鸡尾酒的原因。请放心，质量绝对与价格匹配。这个酒吧位于一所商业中心内。

只需要在入口处说你要去Karlson，就能轻松找到地方。

娱乐

斯特列尔卡媒体、建筑和设计学院 艺术中心

见430页地图（Strelka Institute for Architecture, Media & Design; www.strelkainstitute.ru; Bersenevskaya nab 14/5; Ⓜ Kropotkinskaya）这所学院发展的重点区域在红色十月巧克力工厂。除了课程和受欢迎的酒吧，斯特列尔卡还为莫斯科带来了健康的当代文化：讲座、工作坊、电影、音乐会。

莫斯科国际音乐厅 古典音乐

见430页地图（Moscow International House of Music; ☎495-730 1011; www.mmdm.ru; Kosmodamianskaya nab 52/8; 票价₽200~2000; Ⓜ Paveletskaya）这座优美的现代玻璃建筑内有三个大厅，包括斯维特兰诺夫大厅（Svetlanov Hall），这里有俄罗斯最大的风琴。不用说，这里举行的风琴音乐会一定令人印象深刻。这是**俄罗斯国际交响乐团**（National Philharmonic of Russia; ☎495-730 3778; www.nfor.ru）的常驻演出场地，它是一个由私人资助的、受到高度称赞的古典音乐团体。该交响乐团成立于1991年，由令人尊敬的史毕瓦科夫（Vladimir Spivakov）指挥和指导。

购物

CENTRAL HOUSE OF ARTISTS（TSDKH） 艺术品、纪念品

见430页地图（Центральный дом художника; www.cha.ru; 门票₽200; ⌚周二至周日 11:00~19:00; Ⓜ Park Kultury）这座庞大且附属于新特列季亚科夫的建筑物有时也以其缩写出现（ЦДХ），它包含几个艺术工作室、画廊以及巡回展览厅。如果你想在市场上找一幅莫斯科最新的当代艺术画或印刷品，那么一定要来这里看看。

ROTFRONT 食品和饮品

见430页地图（per 2nd Novokuznetsky 13/15; ⌚周一至周六 9:00~20:00，周日 9:00~17:00; Ⓜ Novokuznetskaya）这座糖果厂的名字是20世纪20年代德国社会主义工人互相打招呼的一个用语，当你注意到这个名字就会明白自己穿越到了苏联时代。这所工厂实际上比它的苏维埃名字老得多，自1826年起，莫斯科的糖果爱好者就来此光顾。这家商店出售与20世纪70年代基本相同的太妃糖、焦糖和巧克力糖果。

BOOKHUNTER 书店

见430页地图（www.bookhunter.ru; ul Tatarskaya Bolshaya 7; ⌚9:00~19:00; Ⓜ Novokuznetskaya）这家小店在一个商业中心里面，这里到处都是英语小说和非小说类书籍。你会发现各种各样的艺术、学术和其他参考书（包括一些精选的旅行指南），以及俄罗斯和外国文学。

运动和活动

BERSENEVSKIYE BANY 俄罗斯浴

见430页地图（Берсеневские бани; ☎495-281 5086; Bersenevskaya nab 16, str 5; 2小时₽1200，每加1小时₽600; ⌚8:00~23:00，周一至周三 女士专用，周四至周日 男士专用）事实上红色十月的潮人们并不厌恶历史悠久的传统，这个新公共浴室建得很雅致，运营得也很不错。之前的斯米尔诺夫酿酒厂的拱形地窖（斯米尔诺夫伏特加的发源地）在蒸汽屋里形成的循环恰到好处。除非你只喜欢老派俄罗斯浴，否则可以在此花钱享受一下。

如果觉得被小树枝鞭打算是享受的话，那么更要尝试一下。

OLIVER BIKES 骑车

见430页地图（Оливер Байкс; ☎499-340 2609; www.bikerentalmoscow.com; Pyatnitskaya ul 2; 每小时/天₽100/500起，团队游₽900; ⌚周二至周五 14:00~22:00，周六和周日 11:00~22:00; Ⓜ Novokuznetskaya）Oliver Bikes出租各类两轮交通工具，包括巡洋艇摩托、山地自行车、折叠自行车和双人自行车。这些交通工具性能佳，状态好。所处位置方便人们沿莫斯科河骑行。Oliver Bikes还提供周末骑行游，不过很少使用英语。

梅灿涅和巴斯曼

梅灿涅 | 巴斯曼

区域亮点

❶ 在莫斯科后工业艺术建筑群里任意挑选一个流行的当代艺术场所，好好审视一番，如**温萨沃德当代艺术中心**（见157页）、**ArtPlay**（见157页）以及**Proekt_Fabrika**（见166页）。

❷ 深入地下60米，在**地堡-42冷战博物馆**（见158页）探索一下冷战通信中心。

❸ 在**伊兹麦洛娃市场**（见159页）囤积一些纪念品和苏维埃时代的物件。

❹ 在**苏维埃街机游戏博物馆**（见158页）试戴苏维埃儿童帽。

❺ 在**Art Garbage**（见165页）吃吃东西，听听音乐，看看艺术品，消磨上几个小时。

这一区域的更多细节见434页地图

独家贴士

乘坐有轨电车从Chistye Prudy地铁站出发，可以观赏林荫环线的景色。所有电车开往河边，穿过大桥，直至河畔区的Novokuznetskaya地铁站。

最佳就餐

- Darbazi（见161页）
- Kitayskaya Gramota（见161页）
- Odessa-Mama（见162页）

详细介绍见161页

最佳饮品

- Art Garbage（见165页）
- Solyanka（见164页）
- Chaynaya Vysota（见163页）
- Tsurtsum Cafe（见163页）

详细介绍见163页

最佳艺术中心

- 温萨沃德当代艺术中心（见157页）
- Proekt_Fabrika（见166页）
- ArtPlay（见157页）

详细介绍见157页

探索梅灿涅和巴斯曼

与其他中心地区相比，梅灿涅的氛围明显很悠闲。它包括莫斯科中心的大片区域，这里的住宅以革命之前的建筑为主，其中许多都被涂成了统一的黄色。

此处最繁忙的主干道是ul Maroseyka，其起点位于基泰格罗德，直到林荫环线的ul Pokrovka。当然，这里到处都是吃喝的地方。

优雅安逸的林荫大道构成了一条枝繁叶茂的步行带，直达莫斯科河。Chistoprudny Boulevard可能是莫斯科最可爱的地区，非常适合悠闲散步。这里还有一处美丽的池塘，每年冬季此处就变成了溜冰场。

在花园环线（Garden Ring）和库尔斯克（Kursky）火车站外围，一片百年工厂区域正在成为莫斯科最热门的艺术、购物和创业场地。当代艺术的旗舰——温萨沃德当代艺术中心（Winzavod Center for Contemporary Art）以前是个酒厂，现在到处是画廊，而附近的ArtPlay地区专注于现代设计艺术。

当地生活

- **新莫斯科** 在温萨沃德当代艺术中心，看看这个城市的游戏规则制定者如何计划新项目和培育创新企业。
- **节省开支** 俄罗斯年轻人爱好什么？来Tsiferblat（见163页）看看20多岁的年轻人喜爱的几十种活动。
- **户外活动** 不论什么天气，当地人都在奇斯特耶普鲁迪（Chistye Prudy）附近散步和社交。

到达和离开

- **梅灿涅** 好几条地铁线路都经过梅灿涅。无论是紫色的Tagansko-Krasnopresnenskaya线路还是橙色的Kaluzhsko-Rizhskaya线路都在Kitay-Gorod站停靠。红色的Sokolnicheskaya地铁线途经林荫环线的奇斯特耶普鲁迪；橙色的Kaluzhsko-Rizhskaya地铁线途经Turgenevskaya；淡绿色的Lyublinskaya地铁线途经Sretensky Bulvar。
- **巴斯曼** 从Kurskaya地铁站到改造过的工厂是最近的，就在这个站点，地铁环线与深蓝色Arbatsko-Pokrovskaya线路、淡绿色的Lyublinskaya线路交会。

视觉中国 提供

重要景点

温萨沃德和ARTPLAY

100年前，“工业化”在莫斯科曾是时髦的代名词。而如今，“中产化”让那些古旧的百年红砖工厂再次熠熠生辉。库尔斯克火车站后面的巨大工业区如今正在被重建为一片富于当代文化的热闹区域。

这一切始于**温萨沃德当代艺术中心**，它的前身是一座葡萄酒厂。现在还有人叫它“发酵车间”，但现在处处都是画廊、时髦的商店和时尚精品店。

M&J Guelman画廊（23号入口）是其中的旗舰画廊，它自我宣称其使命是展示外来的现代艺术。在**Aidan Studio**（20号入口），每逢周末，你可以看到令人尊重的Aidan Salakhova和她的学生在此工作。**pop/off/art gallery**（22号入口）致力于“社会主义艺术”——苏维埃离经叛道的人士就是这么回应波普艺术大师安迪·沃霍尔的。**Fotoloft**（4号入口）全部是摄影内容。**Red & White Wine Workshop**展览当代艺术品。

ArtPlay（见434页地图；☎495-620 0882；www.artplay.ru；Nizhny Syromyatnichesky per 10；⏲周二至周日 正午至20:00；Ⓜ Chkalovskaya）免费 原来是一所压力表厂，后来也受到了中产化魔力大潮的影响，才变成现在这样。ArtPlay致力于设计，有许多家具展厅和古董店。里面仿似迷宫，就在它的尽头，你可以看到持久艺术展览大楼（building housing permanent art exhibitions）。

ArtPlay和温萨沃德正在和更大规模的**Arma factory**联合，这是一项重大的重建工程。

要到温萨沃德和ArtPlay，可以从花园环线出发，沿着Verkhnyaya Syromyatnicheskaya ul走，在铁路线下左手边找通道。第一个通道直通温萨沃德（左手边大约100米处）。第二个通道通往ArtPlay。

不要错过

- M&J Guelman画廊
- Fotoloft
- Tsurtsum Cafe（见163页）
- Edward's（见164页）

实用信息

- Винзавод（酒厂）
- 见434页地图
- www.winzavod.ru
- 4 Syromyatnichesky per 1
- Ⓜ Chkalovskaya

景点

梅灿涅

奇斯特耶普鲁迪 公园

见434页地图（Чистые пруды, Chistye Prudy; Chistoprudny bul; Ⓜ Chistye Prudy）奇斯特耶普鲁迪（干净的池塘）是片可爱的小池塘，位于ul Pokrovka十字路口，它使林荫环线变得典雅起来。林荫环线一直都是绝佳散步区，而这片古雅的池塘为这个区域平添了典雅的魅力。在这里，人们夏季划船，冬季滑冰。落座咖啡馆，一边喝啤酒或咖啡，一边看着人们漫步或溜冰。

唱诗班犹太教会堂 知名建筑

见434页地图（Московская Хоральная Синагога, Choral Synagogue; Bolshoy Spasoglinishchevsky per 10; ⏲9:00~18:00; Ⓜ Kitay-Gorod）在基泰格罗德是不允许建造犹太教堂的，所以莫斯科最古老、最著名的犹太教堂建在城外，离扎里亚季耶（Zaryadye）的犹太人定居点不远。它的建造始于1881年，但由于反犹太人的沙皇政府的阻碍而一直被拖延，直到1906年才竣工，是苏联时代唯一仍在使用的犹太教堂。

地堡-42冷战博物馆 博物馆

见434页地图（Bunker-42 Cold War Museum; ☎495-500 0554; www.bunker42.com; 5-ya Kotelnichesky per 11; 门票 ₽1300; ⏲预约; Ⓜ Taganskaya）在Taganskaya广场的一条安静小街上，有一座不起眼的新古典主义建筑，这是冷战时代通信中心的隐秘入口。该设施本是遭遇核攻击时的战时通信总部。因此，该建筑只是一个壳，一个通往地下60米、方圆7000平方米空间的入口。现在它是私人财产，而且已被变成一所专门的冷战博物馆。

不幸的是，冷战时代没留下很多东西，除了为游客放了几件诸如该设施的微缩模型之类的展品外，这片广阔的空间几乎是空的。游客们先观看一部20分钟的关于冷战历史的电影，随后由导游带领参观四个地下“街区”。

维索茨基文化中心 博物馆

见434页地图（Культурный центр Высоцкого, Vysotsky Cultural Centre; www.vysotsky.ru; Nizhny Tagansky tupik 3; 门票 ₽80; ⏲周四至周六 11:00~18:00; Ⓜ Taganskaya）这座文化中心既是博物馆，又是表演场地，还是艺术展厅，主要用以悼念当地的传奇人物弗拉基米尔·维索茨基（Vladimir Vysotsky）。维索茨基是歌手、词曲作者、诗人和演员，是苏联最有影响力的流行文化人物，以其诙谐的歌词和社会评论而著名。这里永久展示着大量照片和文件，以及吟游诗人的吉他之类的个人物品。每天晚上，在演出厅都有戏剧、舞蹈和音乐表演。

俄罗斯圣像画博物馆 艺术博物馆

见434页地图（Частный музей русской иконы, Museum of the Russian Icon; www.russikona.ru; ul Goncharnaya 3; ⏲周四至周二 11:00~19:00; Ⓜ Taganskaya）免费 这座博物馆展览的是俄罗斯商人和艺术赞助人Mikhail Abramov的私人收藏。他个人收集了超过4000件俄罗斯和东正教艺术品，包括大约600幅圣像画。这些收藏品之所以珍贵，是因为它代表了几乎所有流派的俄罗斯圣像画。亮点包括西蒙·乌沙科夫（Simon Ushakov）17世纪所绘的Virgin Odigitria和一幅St Nikolai Mirlikiisky的圣像画。

卢比扬卡监狱 历史建筑

见434页地图（Лубянка, Lubyanka Prison; Lubyanskaya pl; Ⓜ Lubyanka）20世纪30年代，卢比扬卡监狱为数千无辜的斯大林清洗运动受害者所畏惧。而今，这座灰色建筑在Lubyanskaya广场东北侧若隐若现，它不再是一所监狱，而是联邦安全局（Federalnaya Sluzhba Bezopasnosti）的总部。联邦安全局时刻关注着国内局势。这栋大楼不向公众开放。

巴斯曼

苏维埃街机游戏博物馆 博物馆

（Музей советских игровых автоматов, Soviet Arcade Games Museum; www.15kop.ru; ul Baumanskaya 11; ⏲13:00~20:00; Ⓜ Baumanskaya）此处集中着大约40台最有代表性的苏联游戏街机。在入口处，每位游客得到一个

值得一游

伊兹麦洛娃

伊兹麦洛娃市场

不要在意其中花里胡哨的仿制"沙皇宫殿"，**伊兹麦洛娃跳蚤市场**（Izmaylovsky flea market; www.kremlin-izmailovo.com; Izmaylovskoye shosse 73; ⏲10:00~20:00; ⓂPartizanskaya）是购买套娃、军装、圣像图、苏维埃徽章和古董的最佳地点。正经的古董商占据了宫殿周围由木头搭建的交易走廊第二层，但如果想找到真正的好东西，你需要在星期六早上很早就来，和那些莫斯科画廊的专家们抢一抢。请牢记：俄罗斯禁止出口历史超过100年的物品。

伊兹麦洛娃公园和皇家庄园

伊兹麦洛娃公园与伊兹麦洛娃市场隔湖相望，是由彼得大帝的父亲沙皇阿列克谢·米哈伊洛维奇（Tsar Alexey Mikhaylovich）开发的前皇家庄园。它方圆15平方公里，包括一个**休闲公园**和Glavnaya alleya（这条路南北贯穿整个公园）以东的一片更大的**林地**（Izmaylovsky Lesopark）。这里曲径通幽，远离城市，使它成为一个理想的远足或骑行的休闲地。

经过一个巨大的18世纪兵营，就可以看到1679年建造的拥有五个圆顶的**代祷主教座堂**（Intercession Cathedral），其恢宏壮观，是早期莫斯科巴洛克风格的典型代表。附近的三联拱、帐篷顶的**礼仪门**（Ceremonial Gates，1682年）和低矮砖墙**桥塔**（1671年）是仅剩的建筑遗迹了。

斯大林秘密地下堡垒

作为武装力量中央博物馆（Central Museum of Armed Forces）的一个分支，**斯大林秘密地下堡垒**（Бункер Сталин; www.cmaf.ru; Sovietskaya ul 80; ⓂPartizanskaya）于20世纪30年代建造在一座体育场下面，当时是为了防德国的袭击。之后，这里成了"红军最高统帅指挥中心"。必须提前预订团队游，游览内容包括指挥室、餐厅、一间高雅的大理石会议室，以及斯大林的办公室和住所。团队游多采用俄语，偶尔有旅行团采用英语。

装满了15戈比苏联硬币的纸袋。大多数游戏是射击或驾驶游戏。时代和观点已经不同了。所以，如果看到在冬季狩猎游戏里射击毛绒松鼠和兔子，请不要感到惊讶。你也可以通过拔萝卜或玩桌上冰球来测试自己。如果累得出汗，可以在自动售货机上找到水果味碳酸饮料——只需要3戈比！

药剂师花园 花园

（Аптекарский огород, Aptekarsky Ogorod; www.hortus.ru; pr Mira 26; 门票 白天/夜晚₽100/150; ⏲5月至9月 10:00~22:00，10月至次年4月 10:00~17:00; ⓂProspekt Mira）这个可爱的、经过全面修整的花园开满鲜花，处处都是可爱的长椅。建于1706年，这里最初是莫斯科总医院种植草药和其他药用植物的地方，也从而得名。游客可以沿着小径漫步，游览欣赏景观植物，探索栽培不同气候区植物的三个温室。这里还有不少花园阳台餐厅。逢周末，药剂师花园还有音乐会、时装表演和工艺品展销会。

索科尔尼基 公园

（Сокольники, Sokolniki; Wc; ⓂSokolniki）

免费 索科尔尼基公园近年来已经焕然一新。在这里有纵横交错的自行车道，一直延伸进驼鹿岛国家公园（Национальный парк Лосиный остров, Losiny Ostrov National Park）边的森林里。入口处有一个喷泉，围绕着它的是超酷的餐馆和可爱的长椅。入口左边更远的地方，是旋转木马游乐场。另一个景点是玫瑰园（Розариум, Rosarium），这里的植物修剪整齐。在公园的中心，至少有三家出租自行车和其他体育器材的专营店。夏天，海滩迷都前往Basseyn（Бассейн）露天游泳池，晚上这里则是聚会区。

冬季前来，公园开放溜冰场和莫斯科最长的滑雪山（200米）。全年各季，这里举办各类城市文化和体育节，包括流行的**马术节**（Конный Фестиваль, Equestrian Fest; 8月29日至9月1日）。

沙卡洛夫中心 博物馆

见434页地图（Sakharov Centre; ☎495-623 4401; www.sakharov-center.ru; ul Zemlyanoy val 57; ⏲周二至周日11:00~19:00; Ⓜ Chkalovskaya）免费这是以俄罗斯最著名抗议者名字命名的人权中心，里面有一个博物馆，讲述着由核物理学家变为人权倡导者的安德雷·沙卡洛夫（Andrei Sakharov）的生平。该中心举行了许多关于当代政治和人权问题的演讲和辩论。当局不断地对其施加压力。

公园各处有不寻常的雕塑，大部分是由武器和其他军事工业废料建造而成的。寻找那块经过改造、展示酸痛历史的柏林墙。临时展览主要是关于当前的人权问题和当代艺术的展览。

叶洛霍夫斯基大教堂 教堂

见434页地图（Yelokhovsky Cathedral; www.mospat.ru; Spartakovskaya ul 15; Ⓜ Baumanskaya）免费这座教堂建于1837~1845年，自1943年起已经是莫斯科高级东正教大教堂。带有5个圆顶，采用俄罗斯混搭风格，这座大教堂到处是镀金涂层和圣像图。北部是**圣尼古拉斯奇迹工人之墓**（tomb of St Nicholas the Miracle Worker）。在圣像右侧前的圣幛里停放着圣阿列克谢（St Alexey）的遗体。

鲁布廖夫早期俄罗斯文化艺术博物馆 艺术博物馆

见434页地图（Музей древнерусской культуры и искусства им Андрея Рублёва, Rublyov Museum of Early Russian Culture & Art; www.rublev-museum.ru; Andronevskaya pl 10; 成人/儿童 ₽350/200; ⏲周一至周二和周五至周六11:00~18:00，周四 14:00~21:00; Ⓜ Ploshchad Ilycha）该博物馆建在Andronikov修道院（Andronikov Monastery）的旧址之上，这里展示着从古至今的圣像图。不幸的是，这里并没有鲁布廖夫的任何作品。它仍然值得一游，尤其是因为它传奇的位置。15世纪时，安德烈·鲁布廖夫曾在此修道。他就被埋葬在这里，但没有人知道具体位置。

修道院的中心是精巧的**救世主大教堂**（Saviour's Cathedral），它建于1427年，是莫斯科最古老的石头建筑。kokoshniki（彩色砖瓦画山墙）是那个年代典型的俄罗斯建筑。左边是联合教区和17世纪莫斯科巴洛克式的**大天使迈克尔教堂**（Church of the

值得一游

旧信徒社区

作为俄罗斯最有氛围的宗教中心之一，**旧信徒社区**（Старообрядческая Община; ul Rogozhsky posyolok 29; ⏲周二至周日 9:00~18:00; Ⓜ Ploshchad Ilycha）位于罗戈日斯科耶（Rogozhskoe），也就是Taganskaya广场以东3公里处。1653年，旧信徒们因为拒绝接受某些改革而从俄罗斯东正教堂分裂出来，并一直保持着古老的礼拜习俗。18世纪末，他们暂时摆脱了迫害，其中一些富有的旧信徒商人建立了这片社区，这里后来成了该国最重要的社区之一。

黄色古典风格的**代祷主教座堂**（Intercession Cathedral）收藏有1653年以来莫斯科最好的圣像画，其中最古老的是南门边上玻璃框里14世纪的《怒目救世主》（*Saviour with the Angry Eye*）。圣幛的恳祈排（最大的一排）圣像画主要是鲁布廖夫（Rublyov）画派的作品。教堂的北面是**罗戈日斯科耶公墓**（Rogozhskoe Cemetery）。

教堂对游客开放，但是女性需要穿长裙（不允许穿长裤）、戴头巾。社区距离Ilycha广场有30分钟步程，或从Taganskaya广场东边乘16路、26路无轨电车，或51路公交车，穿过铁路后下车。

Archangel Michael)。右边是老修道士住处，就是博物馆所在地。

救世主新修道院 修道院

见434页地图(Новоспасский монастырь, Novospassky Monastery; ☎495-676 9570; www.spasnanovom.ru; Verkhny Novospassky proezd; 7:00~19:00; M Proletarskaya) 免费 救世主新修道院是一座15世纪堡垒修道院，在Taganskaya广场以南约1公里处。这座修道院的中心是**变容主教座堂**(Transfiguration Cathedral)，是由罗曼诺夫家族在1640年模仿克里姆林宫的圣母升天大教堂而建造的。壁画描绘了基督教在俄罗斯的历史，而整整一面墙都是可以追溯到维京王子鲁里克(Viking Prince Rurik)的罗曼诺夫族谱。另一座教堂是1675年建造的**代祷教堂**(Intercession Church)。在一座修道院塔楼下面的河岸，埋葬着成千上万的斯大林清洗运动的受害者。修道院的北头是砖砌的**圣母升天主教座堂**(Assumption Ca-thedral)和气势非凡的**莫斯科巴洛克式门塔**(Moscow baroque gate tower)。

ECCLESIASTIC RESIDENCE 历史建筑

(Крутицкое подворье; www.krutitsy.ru; 1-y Krutitsky per; 周三至周一10:00~18:00; M Proletarskaya) 免费 穿过马路，往救世主新修道院南边走，就是富丽堂皇的Ecclesiastic Residence。16世纪，俄罗斯东正教会成立，克里姆林宫则失势，当时Ecclesiastic Residence成了莫斯科大都市的中心。

就餐

梅灿涅

LIUDI KAK LIUDI 快餐 €

见434页地图(Люди как люди; www.ludikakludi.ru; Solyansky tupik 1/4; 餐₽300; 周一至周六11:00~22:00，周日11:00~20:00; M Kitay-Gorod) 这个可爱的咖啡馆有以下魅力：它的地理位置极佳，闲逛基泰格罗德的人在这里能享受一顿完美的午餐；它的招待热情，食物美味，也能让疲惫饥饿的人享受一顿完美的午餐；它的价格合理，更能给普通人一个享受完美午餐的机会。

FILIAL 各国风味 €

见434页地图(Филиал; ☎495-621 2143; www.filialmoscow.ru; per Krivokolenny 3 str 1; 主菜₽270~450; 周日至周四 正午至午夜，周五和周六 正午至次日6:00; M Chistye Prudy) 这座餐馆内部都是木制装饰，看起来像酒吧，甚至哥特式教堂，菜单像是烹饪比赛——意大利面旁边是亚洲面，意大利肉汁烩饭旁边是泰国咖喱。周五和周六晚上，DJ通宵表演。

KARAVAYEV BROTHERS CULINARY SHOP 熟食 €

见434页地图(Кулинарная лавка братьев Караваевых; www.karavaevi.ru; ul Pokrovka 14, str 2; 主菜₽200~300; 8:00~23:00; M Chistye Prudy, Kitay-Gorod) 这是一家熟食店，简单实用。在入口处拿一张票，然后等待，轮到你时，浏览在售菜品，然后点选。这里有俄罗斯经典食品，比如vinegret甜菜沙拉，还有西欧和亚洲经典菜式。

AVOCADO 素食 €

见434页地图(www.avocadocafe.ru; Chistoprudny bul 12/2; 主菜₽290~420; 10:00~23:00; M Chistye Prudy) Avocado内部风格略严肃，但菜品丰富，提供来自世界各地的美食。其特色食品是素食汤、沙拉、意大利面和pelmeni(俄罗斯饺子)。这里还有专门为素食者和生食者准备的菜品。

★ DARBAZI 格鲁吉亚菜 €€

见434页地图(☎495-915 3632; www.darbazirest.ru/; ul Nikoloyamskaya 16; 主菜₽390~860; 正午至午夜; M Taganskaya) 格鲁吉亚餐馆大都提供最驰名、最流行的饭菜，如shashlyk和khinkali(饺子)。而这个时髦的餐馆远不止这些，这里提供精美的不知名美食。我们最喜欢的是chakapuli(龙蒿白葡萄酒炖羊肉)和Megreli kharcho(核桃酱鸭)。

★ KITAYSKAYA GRAMOTA 中国菜 €€

见434页地图(Китайская грамота; ☎495-625 4757; ul Sretenka 1; 主菜₽300~900; 正午至午夜) 在这里，女服务员装扮成毛

主席警卫的模样。可以尝尝美妙的粤菜。中国厨师是真正的烹饪魔术师，可以将任何原料——从猪脚到章鱼，甚至简单的牛奶——变成令人垂涎的美味佳肴。

★ODESSA-MAMA 乌克兰菜 €€

见434页地图（☎8-964-647 1110; www.cafeodessa.ru; per Krivokolenny 10 str 5; 主菜₽380~540; ⊙正午至午夜; Ⓜ Chistye Prudy）这里的饭融合了犹太、乌克兰和巴尔干地区的食物，特别青睐黑海（Black Sea）鱼。在这里用餐就像在穿越岛屿——从forshmak（犹太鲱鱼酱）到乌克兰罗宋汤（Ukrainian borsch），最终到敖德萨炒刺鳍鱼（fried Odessa gobies）。如果不喜欢海鲜，试一试乌克兰varenyky饺子（Ukrainian varenyky dumplings）或希腊肉丸（Greek meatballs）。另外，为了体验不同文化和烹饪技法，可以尝试makarony po-flotski（海军风格的面食），这是经典的苏联主食，总能勾起本地人对过去美好时光的怀念。

MOSCOW-DELHI 印度菜 €€

见434页地图（☎8-925-193 1916; per Khokhlovsky 7; 套餐₽1000; ⊙17:00~23:30; ✎; Ⓜ Kitay-Gorod）在泥炉烘烤的加持下，印度厨师用香料烹制的印度式套餐让人垂涎欲滴。要找到Moscow-Delhi，先得进入庭院，在两座单层建筑物之间找到一个小通路。餐馆就在它的后面。必须预订。

SHCHERBET 乌兹别克菜 €€

见434页地图（www.scherbet.ru; ul Sretenka 32; 主菜₽350~400; ⊙24小时; Ⓜ Sukharevskaya）坐在毛绒枕头和编织挂毯之间，你会觉得自己是这个奢华餐厅里的酋长。美美地享受plov（羊肉蔬菜手抓饭）、烤肉串（shashlyk）和其他乌兹别克特色菜。当然，在莫斯科必须体验肚皮舞表演。

EXPEDITION 俄罗斯菜 €€€

见434页地图（Экспедиция; ☎495-775 6075; www.expedicia.ru; Pevchesky per 6; 餐₽940~2000; 📖👪; Ⓜ Kitay-Gorod）这座主题鲜明的餐厅仿佛可以带领食客体验西伯利亚冒险和刺激。这里有大量的典型北方菜，比如著名的贝加尔鱼汤（ukha）和塞满了野猪肉和鹿肉或堪察加（Kamchatka）蟹的俄罗斯饺子（pelmeni）。这里还有昂贵但正宗的西伯利亚俄罗斯浴（Siberian banya）。

巴斯曼

★DUKHAN CHITO-RA 格鲁吉亚菜 €

见434页地图（ul Kazakhova 10, str 2; 主菜₽200~300; ⊙正午至23:00; Ⓜ Kurskaya）幸运的是，这家备受关注的格鲁吉亚餐馆的价格很便宜。在这里，最有名的是khinkali（大肉馅饺子），而且其传统素食开胃菜也相当不错。但不可避免的是，这个地方总是人很多，经常需要排队。吃的时候小心，在饺子里有很多美味的肉汤，所以先咬一点，然后吸出汤来，再继续吃。

ART CLUMBA 各国风味 €

见434页地图（☎499-678 0225; www.art-clumba.ru; Nizhnyaya Syromyatnicheskaya ul 5/7, Bldg 10; 主菜₽310~480; ⊙11:00~23:00; 📶✎📖; Ⓜ Chkalovskaya）由于位于ArtPlay，这里充满了艺术气息，各类艺术家来此交际或在苹果电脑上点餐带走。该餐馆的特色菜单被称为具有"兼收并蓄的俄罗斯家庭烹饪口味"。这里供应伴有美味辅料的俄罗斯传统特色菜。即便最基本的食物（汤、俄罗斯饺子）也是精心烹制。

LAVKA-LAVKA 各国风味 €€

见434页地图（www.lavkalavka.com; per Nizhny Susalny 5, str 10; 主菜 ₽400~600; ⊙11:00~22:00; Ⓜ Kurskaya）这座餐厅位于以前的Arma工厂里，主要是为了促进当地农产品发展，同时也是各类农产品的烹饪实验区。其车库风格使之既像商店，又像咖啡馆，内有一张长桌。这里的菜品变化多端，因为他们有什么做什么，想到什么做什么。走过一个通往Kurskaya地铁（环线）和Kursky vokzal（沿着ul Kazakova）的地下通道，就可以到Nizhny Susalny per。一出通道，在你的右侧100米处有通向Arma的门。

MADAM GALIFE 格鲁吉亚菜 €€

（www.madamgalife.ru; Prospect Mira

26/1; 主菜₽370~800; ⏲正午至次日5:00; 📶; Ⓜ Prospekt Mira）作为著名的格鲁吉亚电影导演雷佐加·布里亚兹（Rezo Gabriadze）的创意，这里并不仅仅是一家高加索餐厅。它对面是迷人的药剂师花园（Aptekarsky Ogorod），室内设计一流，摆放着朴素的艺术品与来自格鲁吉亚的古董。食物既有格鲁吉亚风味也有欧洲风味（不想失望的话，还是选格鲁吉亚风味吧）。晚间现场音乐更加渲染艺术氛围：主要是钢琴和爵士乐团合奏。

饮品和夜生活

梅灿涅

★ SISTERS CAFE 咖啡馆

见434页地图（☎495-623 0932; www.facebook.com/sistacafe; ul Pokrovka 6; ⏲正午至23:00; 📶; Ⓜ Kitay-Gorod）这家舒适安静的咖啡馆兼酒吧有明显的女性化风格，好像契诃夫的姐妹终于来到了莫斯科，并在这里开始了新的生活。这里供应便宜的沙冰、柠檬水和茶，以及非常不错的葡萄酒和鸡尾酒。主食还有精心烹制的意大利餐。复古家具营造出一种舒适朴实的感觉，而一幅女孩面孔的画像对着蓝色深渊的壁画，表明这是个关于梦想和新视野的地方。

CHAYNAYA VYSOTA 茶室

见434页地图（Чайная высота; http://cha108.ru/; ul Pokrovka 27, str 1; 📶; Ⓜ Chistye Prudy）茶馆？意大利冰激凌店？这个地方看起来更像是一个茶和冰激凌的学术图书馆，因为它与一家书店连在一起。这里提供的茶叶品种丰富多样，包括普洱（pu' ers）和乌龙（oolongs）；而冰激凌的味道也不一而足，从醋栗（gooseberry）或冷杉针汁（fir-needle juice），到栗子（chestnuts）和克里米亚玫瑰花瓣味（Crimean rose petals）。其特色是那些不寻常的难以找到的配料，但也因此价格不菲。

BEAVERS & DUCKS 酒吧

见434页地图（Бобры и утки; bobryiutki.ru; Chistoprudny bul 1A; ⏲24小时; Ⓜ Chistye Prudy）这所气氛欢快的酒吧是由两位快乐女子经营的，她们混迹在顾客之中，发明了那些我们说不出口的有伤风化的鸡尾酒名字。这个地方全天开放，从4:00起供应早餐，吸引了大群饥饿的通宵达旦的派对狂。

TSIFERBLAT 反转咖啡馆

见434页地图（Циферблат; www.domnadereve.ziferblat.net; ul Pokrovka 12, str 1; 第一小时₽120，以后每小时₽80; 📶; Ⓜ Kitay-Gorod）你多久会只是因为需要一个地方消磨时间而去一家咖啡馆，而不是因为想喝杯咖啡？Tsiferblat是第一家在莫斯科设立的概念反转咖啡店。在这里你支付的是时间，而咖啡、柠檬水和饼干都是免费的。从楼后面进入，到第二层便是。

巴斯曼

TSURTSUM CAFE 咖啡馆

见434页地图（Цурцум кафе; 4th Syromyatnichesky per 1, str 6; ⏲10:00~23:00）Tsurtsum位于温萨沃德，也是其代名词，它为Kursky vokzal后面的具有后工业时代精神的人们提供酒水，他们聚集在这里的阳台上筹划创业、演出和革新。如果你听得懂俄语的话，在这里打发时间或者无恶意地窃听一下他们的计划也挺有意思。

OMG! COFFEE 咖啡馆

见434页地图（☎495-722 6954; www.omgcoffee.net/; ul Staray Basmannaya 6, str 3; ⏲周一至周五 8:30~23:00，周六和周日 11:00~23:00; Ⓜ Krasnye Vorota）俄罗斯与美国矛盾越大，这座莫斯科咖啡馆就变得越像布鲁克林。这个小地方对于咖啡的要求科学严谨（或用他们自己的话——神经质的），他们先从有信誉的焙烧专家那里购买原料，再用七种不同的方法煮制咖啡。这里还供应美味的汉堡和三明治。

KHITRYE LYUDI 咖啡馆

见434页地图（Хитрые люди; 4th Syromyatnichesky per, str 10; ⏲周日至周四 正午至午夜，周五和周六 正午至次日5:00）这家咖啡馆占用了一个看起来像是温萨沃德废弃教室的地方，它舒适轻松，服务员讨人喜欢，饮料清单上有各色诱人的柠檬水和酒品，而海明威的画像就挂在酒吧上方。

EDWARD' S

小酒馆

见434页地图(ul Nizhnyaya Syromyatnicheskaya 10, str 9; ⌚8:00至午夜; Ⓜ Kurskaya) Edward' s是一个小而吵闹的地方，提供淡啤(ale)、散装拉格啤酒(lager)和味道平平的食物，顾客从ArtPlay工厂区的各个要道里毫无预兆地涌现，这一切使它几乎像一座真正的20世纪80年代的英国俱乐部。

PROPAGANDA

咖啡馆、夜店

见434页地图(www.propagandamoscow.com; Bolshoy Zlatoustinsky per 7; ⌚正午至次日6:00; 📶; Ⓜ Kitay-Gorod)这个一直以来受人喜欢的咖啡店看起来像是直接从工厂仓库区搬来的，有裸露的砖墙和爬满管道的天花板。它是一所日间营业的咖啡馆，晚上是个舞池，DJ在这里玩他们的音乐。这里还是同性恋群体喜欢来的地方，特别是在星期天晚上。

TEMA BAR

酒吧

见434页地图(☎495-624 2720; www.temabar.ru; Potapovsky per 5; ⌚24小时; Ⓜ Chistye Prudy)此处有数不清的鸡尾酒，光马提尼就有20多种，这样你能想象一下酒单的长度了吧。极富才华的酒吧工作人员一定能提供你喜欢的服务。Tema的气氛是有趣的、友好的，有时又有点喧闹，外地人和当地人都喜欢来这里。

UKULELESHNAYA

咖啡馆

见434页地图(www.uku-uku.ru; ul Pokrovka 3/7; ⌚正午至23:00; Ⓜ Kitay-Gorod)在莫斯科买把尤克里里没什么太大用处，但这家音乐商店有个微型的"尤克里里酒吧"，提供几十种咖啡、饮料和茶。晚上，酒吧就变成了一个学习弹奏尤克里里和类似俄罗斯乐器balalayka的经典场所。

SOLYANKA

咖啡馆、夜店

见434页地图(http://s-11.ru; ul Solyanka 11; 价格 周五和周六 ₽500; ⌚11:00至次日6:00; 📶) Solyanka No 11是一座18世纪商人的豪宅，已被改造成一家前卫的艺术俱乐部。宽木地板、裸露砖墙、皮革家具和时髦灯具都使此处面貌一新。白天它是一家不错的餐厅，供应时下流行的富有创意的俄罗斯和欧洲食物。周四、周五和周六晚上，酒吧间里的大桌子都被搬走，DJ播放嘻哈乐、高科技舞曲和锐舞乐。音乐演奏通常从23:00开始(门禁管理也从此时开始)。

LIGA PAP

体育酒吧

见434页地图(☎495-624 3636; www.ligapap.ru; ul Bolshaya Lubyanka 24; ⌚24小时; Ⓜ Lubyanka)这是一家体育酒吧，十分时髦，内部华丽，窗户巨大，有瓷砖地板、哥特式拱顶，还有20多个平板电视。店里中心位置是巨大的屏幕，配有投影仪以及剧院礼堂式座位。

CAFE DIDU

酒吧

见434页地图(☎495-624 1320; www.cafedidu.ru; Myasnitskaya ul 24; 午餐₽190~320, 晚餐₽1000; 📶👪; Ⓜ Chistye Prudy)这个好玩的俱乐部式咖啡馆气氛放松愉悦，有客厅家具、诱人的鸡尾酒和各类黏土。每个桌上还有可塑橡皮泥(就在调味品旁)，而雕刻成果就摆在该餐馆各处。

ART LEBEDEV CAFE

咖啡馆

见434页地图(http://store.artlebedev.com/offline/lik; Myasnitskaya ul, 22/1; ⌚9:00~23:00; Ⓜ Chistye Prudy) Artemy Lebedev在莫斯科小有名气，以其艺术性和创新设计而闻名。先逛逛店，然后跟随美丽的波希米亚服务生到楼上舒适的咖啡厅选取咖啡和糖果。天气好的时候，坐在院子里也令人愉快。

SECRET

夜店

见434页地图(www.secret-club.ru; Nizhny Susalny per 7, Bldg 8; Ⓜ Kurskaya) "浮动费率制"服务费和便宜的饮料吸引了大批年轻学生来这所同性恋夜总会消费。到得越早，入场越便宜，而对于18~22岁的男性，任何时间都是免费的。在周末，两个舞池开放，还有现场音乐或反串变装秀。

COFFEE BEAN

咖啡馆

见434页地图(www.coffeebean.ru; ul Pokrovka 21; ⌚8:00~23:00; Ⓜ Chistye Prudy) 20世纪90年代初，变革之风将美国名人Jerry Ruditser吸引到了莫斯科，其创建了俄罗斯第一家咖啡连锁店。一些人认为，它仍然是首都最好的咖啡馆。

娱乐

KRIZIS ZHANRA 现场音乐

见434页地图（www.kriziszhanra.ru; ul Pokrovka 16/16; ⏲11:00至次日5:00; Ⓜ Chistye Prudy）每个人，无论是外地人还是本地人，老顾客还是新顾客，年轻人或是老人，都认为Krizis很不错。怎能不爱这里啊？每晚这里都有物美价廉的食品、种类丰富的饮料和摇滚音乐，所有这一切都吸引着人们聚集在这里寻欢作乐。

ART GARBAGE 现场音乐

见434页地图（www.art-garbage.ru; Starosadsky per 5; ⏲正午至次日6:00; 📶; Ⓜ Kitay-Gorod）穿过庭院中散落着的雕塑，就可以进入这个时髦的俱乐部咖啡馆。在里面，墙上满是各种风格的绘画，每晚还有DJ打碟或者演奏各种现场音乐。餐厅装饰相对简约，但菜品很有创新性。这是艺术还是垃圾？你自己决定。

PLATFORMA PROJECT 剧院

见434页地图（www.platformaproject.ru; per 4-y Syromyatnichesky 1, str 6）当戏剧、舞蹈和视觉艺术聚集在一起时，你称之为何？他们称之为"平台艺术"，并让来访的艺术家按个人喜好随意塑造它。这座剧院恰如其分地位于温萨沃德，主办各类艺术表演，以探索艺术前沿为使命。

果戈理中心 剧院

见434页地图（Гоголь-центр, Gogol Centre; ☎499-262 9214; www.gogolcenter.com/; ul Kazakhova 8; Ⓜ Kurskaya）这是最受关注的莫斯科剧院之一，因为不守传统信念而备受政治压力。果戈理中心设施现代，有很多音乐舞蹈表演，以及前沿尖端的戏剧，不懂俄语的话，后者显然难以欣赏。

35MM 电影院

见434页地图（☎495-917 1748; www.kino35mm.ru/en; ul Pokrovka 47/24; Ⓜ Krasnye Vorota）这家影院在莫斯科很独特，所有电影都是原声加上俄语字幕。这里主要是艺术片和欧洲电影，但好莱坞商业片也偶尔上映。

PIROGI ON MAROSEYKA 现场音乐、电影院

见434页地图（www.ogipirogi.ru; ul Maroseyka 9/2; ⏲24小时; 📶; Ⓜ Kitay-Gorod）如果你见过PirOGI早期的样子，就可能会对该俱乐部目前光鲜的店面惊讶不已。里面现在既不黑也不脏乱，其关键要素并没有改变：每晚这里都有味道不错的食物、价格合理的啤酒、电影和音乐，所有这些都吸引着年轻人、落魄者和丽人。

NEW BALLET 舞蹈

见434页地图（☎495-265 7510; www.newballet.ru; Novaya Basmannaya ul 25/2; ⏲售票处11:00~19:00; Ⓜ Krasnye Vorota）如果你不愿意再看一遍《天鹅湖》，可以在这里欣赏新派芭蕾舞的当代创新舞蹈。这种表演艺术被称为"可塑性芭蕾"，融合了古典与现代的舞蹈元素，同时也含有哑剧和戏剧的成分。剧院不大，提供了一个近距离观赏原创新潮舞蹈的机会。

购物

TRICOTAGE CLUB 服装、饰品

见434页地图（Трикотаж-клуб; www.sviterok.ru; ul Pokrovka 4; ⏲周一至周五 10:00~22:00，周六和周日11:00~22:00; Ⓜ Kitay-Gorod）这里不仅有手工编织的毛衣、袜子和手套，还有一些有趣的玩具、自制纪念品、时尚性感的男装和女装。此处不卖外婆那一辈喜爱的针织品。

ODENSYA DLYA SCHASTYA 服装

见434页地图（Оденься для счастья; ul Pokrovka 31; ⏲11:00~21:00; Ⓜ Kurskaya）这是一间可爱的时装精品小店，鼓励消费者"为快乐而着装"，这里还有著名设计师设计的独特服装，包括莫斯科本土设计师奥列格·比尔于克夫（Oleg Biryukov）的作品，他的同名品牌服装以修长流畅的线条和柔和的素色为特点。其优雅的格调体现着俄罗斯时尚的新方向。

KHOKHLOVKA ORIGINAL 服装

见434页地图（http://xoxloveka.ru/; per Khokhlovsky 7; ⏲正午至22:00; Ⓜ Kitay-Gorod）这可能是世界上最不好找的时装店。进入一

值得一游

PROEKT_FABRIKA

自2004年起，还在运营的十月玻璃厂就和这个新颖的**艺术中心**（www.proektfabrika.ru; Perevedenovsky per 18; ⏲周二至周日 10:00~20:00; Ⓜ Baumanskaya）免费共用一个场地了。Fabrika是莫斯科第一个独立的非营利性当代艺术组织，主办舞蹈、戏剧以及其他合作展览，还有视觉艺术展。其中最活跃的地方是**Aktovy Zal**（☎499-265 4935; www.aktzal.ru; 票价₽250~300）。这是一个剧场，以前用作工人们的业余剧场和会议厅。夜间有当代舞蹈、戏剧以及音乐表演。

个涂鸦覆盖的庭院，然后在左边寻找两个单层建筑之间的小通道，大门就在那里。商品陈列室展示着由几十个年轻的（但往往是非常优秀的）俄罗斯设计师制作的衣服和饰品。设计可能还有争议，但可以保证是独一无二的。

BIBLIO-GLOBUS 书店

见434页地图（☎495-781 1900; www.biblio-globus.ru; Myasnitskaya ul 6; ⏲周一至周五 9:00~22:00，周六和周日 10:00~21:00; Ⓜ Lubyanka）这座巨大的书店在莫斯科很受欢迎，有大量的参考书和纪念册，专营语言、艺术和历史以及精选的地图和旅游指南。有一个界面友好的计算机目录，能帮助读者很方便地找到书籍。为了证明俄罗斯的消费文化与时俱进，这家老派书店现在一楼设有一间咖啡馆。

RAZU MIKHINA WORKSHOP 服装

见434页地图（www.razumikhina.com; 4-y Syromyatnichesky per 1, str 9, entrance 21; ⏲11:00~19:00; Ⓜ Kurskaya）训练有素的设计师达尔亚·拉祖米吉娜（Darya Razumikhina）称她的流派为“民族未来主义”（ethnofuturism）。在她设计的鲜亮多色的服饰中，人们或许可以看出俄罗斯和南亚风格。这家商店还出售珠宝首饰。

OCHEVIDNOYENEVEROYATNOYE 纪念品

见434页地图（Очевидноеневероятное; www.orz-design.ru/; 4-y Syromyatnichesky per 1, str 6, entrance 13; ⏲11:00~21:00）店名意为“显然不可能”，店如其名，出售超现实的极富创意的礼品和纪念品——从石油钻机形的灯到帮助学习俄语单词的卫生纸，不一而足。

COSMOTHEKA 香水

见434页地图（www.cosmotheca.com; 4-y Syromyatnichesky per 1/8, str 6; ⏲10:00~22:00; Ⓜ Kurskaya）在这里，你会发现免税商店里找不到的香水品牌，而类似迪奥的大牌子却不在此列。

BEL POSTEL 家庭用品

见434页地图（www.belpostel.com; ul Sretenka 27/29; Ⓜ Sukharevskaya）这个可爱的家居用品商店出售各式浴袍、毛毯、床单和毛巾。带一套色彩斑斓的俄罗斯亚麻桌布和餐巾回家吧。你还能找到一些国际设计师作品，但大多数产品是软俄罗斯面料，带有东方国家的印花。

MAGAZIN CHAI-KOFE 食品和饮品

见434页地图（Магазин Чай-Кофе; ☎495-625 4656; Myasnitskaya ul 19; ⏲周一至周五 9:00~21:00，周六和周日 10:00~19:00; Ⓜ Turgenevskaya）1894年，这座古老的佩尔洛夫茶餐厅被重新装修成了中国宝塔风格。如今，这里出售来自意大利、巴西、哥斯达黎加和肯尼亚的咖啡，还有来自中国、印度和南非的茶叶。

SRETENIE 纪念品

见434页地图（Сретение; ☎495-623 8046; ul Bolshaya Lubyanka 17; Ⓜ Lubyanka）14世纪的列坚斯基修道院（Sretensky Monastery）已经所剩无几：只剩主教堂、弗拉基米尔大教堂，还有这家礼品店。找到你喜欢的圣像画——挂像、桌像、三折圣像画以及其他纪念品。

FACTORY-EXPEDITION 户外用品

见434页地图（Фактория-Экспедиция; www.expedicia.ru; Pevchesky per 6; Ⓜ Kitay-Gorod）想要找到所有狩猎远征用品，你可以在同名的餐厅下面找到这家小商店。除了枪、刀和野营用具，还能找到一些来自俄罗斯乡间的奇怪、罕有的物品。

莫斯科周边一日游

谢尔吉耶夫镇 见168页

谢尔吉耶夫镇是谢尔盖圣三一修道院的所在地，距莫斯科不远，历史氛围浓郁，因此成为金环地区最受欢迎的旅游目的地。

阿布拉姆采沃 见173页

阿布拉姆采沃是一处乡村庄园，也是艺术家的聚集地。19世纪，当俄罗斯复兴传统绘画、雕塑、建筑与艺术的时候，这里便是艺术创作的前沿。

弗拉基米尔 见174页

作为俄罗斯12世纪的首都，弗拉基米尔尝试树立独具俄罗斯特色的建筑风格。如今，古老的弗拉基米尔仍然保留着几处鼎盛时期留下的伟大建筑。

苏兹达尔 见177页

苏兹达尔的历史可追溯至11世纪，它曾是中世纪的首都与宗教中心。如今，村子仍被修道院和商人教堂环绕点缀，宛若田园诗般的童话场景。

博罗季诺 见182页

博罗季诺战场上打响了1812年拿破仑战争和卫国战争（“二战”）期间的多次转折性战役。这里远离浮躁与喧嚣，风光恬静如画。

视觉中国 提供

重要景点

谢尔盖圣三一修道院

在俄罗斯，最神圣的地方莫过于谢尔吉耶夫镇（Сергиев Посад）。1340年，俄罗斯最负盛名的贤人圣谢尔盖·拉多涅日（St Sergei of Radonezh）创建了这个宗教场所。14世纪以来，各地朝圣者源源不断地前往此地进行朝觐。

如今，谢尔吉耶夫镇仍是俄罗斯最重要的宗教场所之一，朝圣者常常云集于此。从莫斯科出发，到谢尔吉耶夫镇的一日游很是方便，很多人都不会错过这个机会。那里有几处不错的博物馆以及其他景点，但是谢尔盖圣三一修道院是这里的重头戏，绝对让你感到不虚此行。

需要注意的是，在修道院里，游客不能对着修士拍照摄像。女性需要佩戴头巾，男性则需要在进入教堂前脱帽。

不要错过

- 圣三一座堂
- 法衣室
- 泉水教堂

实用信息

- **地区代码** ☎496
- **方位** 谢尔吉耶夫镇位于莫斯科以北80公里处

历史

1340年，圣谢尔盖·拉多涅日创建了**谢尔盖圣三一修道院**（Troitse-Sergieva Lavra；☎496 544 5356；www.stsl.ru；⏲5:00~21:00）免费，很快，那里便成为俄罗斯东正教的中心。人们认为，在1380年Kulikovo Pole战役当中，圣谢尔盖给予德米特里·顿斯科伊大公（Prince Dmitry Donskoy）超乎寻常的帮助，因此其能够出人意料地战胜鞑靼军队。圣谢尔盖于78岁逝世后不久，便被追授为俄罗斯的守护圣徒。

2014年，在纪念圣谢尔盖诞辰700周年之际，修道院被修葺一新。现如今，它仍是活跃的宗教中心，大量修道士安居于此。这个神秘的地方如同一扇窗户，透过它，游客得以窥见几个世纪以来俄罗斯宗教稳定背后的古老信仰系统。

圣三一座堂

建造于15世纪20年代的**圣三一座堂**（Троицкий собор, Trinity Cathedral）造型低矮，色彩深沉，是整个圣三一修道院的中心。圣谢尔盖的坟墓位于座堂东南角，纪念他的活动会在那里持续一整天，日日如此。座堂内部，壁上的圣像在油灯的照耀下熠熠生光，这些圣像大多出自中世纪的伟大画家安德烈·鲁布廖夫（Andrei Rublyov）及其学生之手。

圣母安息主教座堂

星星点缀的**圣母安息主教座堂**（Успенский собор, Cathedral of the Assumption）仿照莫斯科克里姆林宫一座同名座堂而建。因弑子处于悔恨之中的恐怖伊凡（Ivan the Terrible）提供了修建座堂所需的资金。1585年，圣母安息主教座堂修建完成。西门外是鲍里斯·戈都诺夫之墓（grave of Boris Godunov）。鲍里斯·戈都诺夫是唯一一位既没有葬在莫斯科克里姆林宫也没有葬在圣彼得堡圣彼得和圣保罗大教堂（Sts Peter & Paul Cathedral）的沙皇。另一位安葬于此的伟人是被人们称为美洲使徒的圣因诺肯季（St Innokenty），就是他在阿拉斯加创建了俄罗斯东正教社区。

座堂的不远处，便是金碧璀璨的**泉水教堂**（Накладезная часовня, Chapel-at-the-Well）。相传，下面的泉水出现在波兰围攻期间。这座巴洛克式的五层钟楼于18世纪耗时30年才修建完成，最多的时候有42座钟，最大的重达65吨。

法衣室

圣三一座堂后面的**法衣室**（Vestry；⌚周三至周日10:00~17:30）陈列着600年以来各方权贵捐赠给修道院的诸多奇珍异宝——手织挂毯、镶钻法衣、纯金酒杯等。近期，展馆正在维护修缮中，不接待游客，重新开放的时间还没有公布。

圣谢尔吉耶夫镇餐厅教堂

那栋墙体彩绘犹如“墙纸”的巨大建筑便是**圣谢尔吉耶夫镇餐厅教堂**（Трапезная церковь преподобного Сергия, Refectory Church of St Sergei），它以前是信徒们进餐的场所，因而有了这个名字。每到严寒冬季，它便代替圣母安息主教座堂举行早祷。祷告时间以外，教堂对外关闭，不过导览游游客可以

游览期间

玩具博物馆（Музей игрушек, Toy Museum; www.museumot.ru; pr Krasnoy Armii 123; 成人/学生 ₽150/70; ⌚周三至周日11:00~17:00）的套娃收藏十分丰富。革命以前，谢尔吉耶夫镇曾是俄罗斯套娃生产的中心。

谢尔吉耶夫镇美食

修道院墙外的**Gostevaya Izba**（Гостевая Изба; Aptekarsky per; ₽300~500; ⌚11:00~23:00）再现过去大主教们斋戒期之外尽情享受的美食。此外，素食者不必担心，店里同样供给斋戒餐食。如果想吃沙拉、意大利面和其他素食，可以试试**Art Café San Marino**（pr Krasnoy Armii 138/2; ₽250~400; ⌚11:00至午夜）。距修道院如此之近，这个地下地点却与周围神圣的气氛完全不搭调，充满各种书籍，艺术氛围十分浓厚。

1

视觉中国 提供

2

4

视觉中国提供

1. 苏兹达尔的圣母圣诞大教堂（见178页）
城内这座13世纪的大教堂带有标志性金色闪耀的洋葱形圆顶和华丽壁画。

2. 弗拉基米尔的村舍（见174页）
融合西方与Kyivian传统风格的村舍建筑，在12世纪的弗拉基米尔崭露头角，其影响俄罗斯建筑史数百年之久。

3. 苏兹达尔的圣埃尔米菲斯救世主修道院（见179页）
这座宏伟修道院的17世纪墙壁保护着教堂、钟楼和其他如今举办艺术和历史展览的知名建筑。

4. 苏兹达尔的餐馆标记（见177页）
这些木屋与苏兹达尔的许多教堂融为一体，为这座历史城镇平添魅力。

视觉中国提供

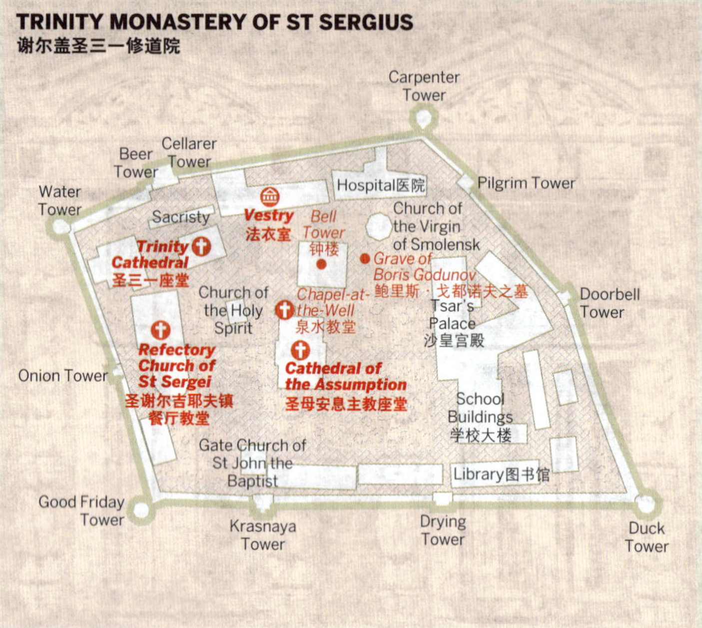

进入。隔壁的绿色建筑便是**大主教宅邸**（metropolitan's residence）。

到达和离开

从莫斯科到谢尔吉耶夫镇最快的交通方式就是搭乘从莫斯科雅罗斯拉夫尔火车站（Yaroslavsky vokzal）出发的特快通勤火车（₽160，1小时，每天6班）。也有几趟开往雅罗斯拉夫尔的长途列车每天经停谢尔吉耶夫镇（₽1200，3小时）。但莫斯科到大罗斯托夫（Rostov-Veliky）没有直达列车。

也可乘坐从莫斯科VDNKh地铁站开来的388路公共汽车到谢尔吉耶夫镇（₽145；7:00~22:00每小时1班）。从科斯特罗马（₽700）、雅罗斯拉夫尔（₽500）或雷宾斯克开来的公共汽车每小时都会经过谢尔吉耶夫镇；如果能买到票的话，你可以乘坐从这三个方向开来的任何一辆车到佩列斯拉夫尔-扎列斯基（₽150）和大罗斯托夫（₽320）。

从火车站和汽车站出发，沿着ul Voznesenskaya走500米就到了一个绝佳的观测点，在那里可以尽览拉夫拉的美景。从那里出发，再沿着pr Krasnoy Armii走300米就到达目的地了。

如果是自驾，从莫斯科出发沿着M8（Yaroslavl road）驾驶80公里即可到达目的地，但出城的交通混乱不堪。一定要避免在下午或者星期六上午出城。

阿布拉姆采沃（Abramtsevo）

探索

整整一代艺术家都把萨瓦·马蒙托夫（Savva Mamontov）的乡间庄园阿布拉姆采沃（Абрамцево）视为撤出莫斯科的理想目的地，相信你也不会例外。这里的建筑和风景基本保持了俄罗斯复兴时期伟大艺术家们在此处工作和生活时期的风格，漫步于旧时宅第以及周边建筑之间，徜徉在幽静的小路上，感受艺术家们留下的艺术作品，不知不觉，半天光景早已过去。此外，一些建筑内也会有当代作品的展览。

最佳

➡ **景点** Saviour Church 'Not Made by Hand'

➡ **就餐** Cafe Abramtsevo

独家贴士

探访阿布拉姆采沃的同时，不要错过维克多·瓦斯涅佐夫（Viktor Vasnetsov）版的《鸡腿上的小屋》（*Hut on Chicken Legs*），这是俄罗斯古老传说中巫婆芭芭雅嘎（Baba Yaga）的住所。

到达和离开

➡ **火车** 开往谢尔吉耶夫镇或者亚历山德罗夫的市郊列车每隔半小时从雅罗斯拉夫尔火车站（₽245，2小时）发车。从站台出发，沿着小道穿过小树林，跨过消防通道，穿过居民区，再经过一排陡峭的台阶。在公路前的路口左转，过桥，再继续走一会儿就到了火车停靠区。在这段1公里步程内，道路标识并不是很明确。

➡ **自驾** 沿M8莫斯科-雅罗斯拉夫尔公路行驶，在61公里路标以北的第一个路口西转，然后沿着火车轨道行驶。

行前参考

➡ **地区代码** ☎495

➡ **方位** 阿布拉姆采沃位于莫斯科以北60公里处

景点

1870年，铁路大亨和艺术爱好者萨瓦·马

搭乘列车

在莫斯科坐火车，一定要注意长途列车和"市郊"列车的区别。长途列车开往距莫斯科3小时或4小时车程的地方（比如弗拉基米尔），中途站点有限，设有不同等级的车厢。市郊列车（在当地被称为prigorodny poezdy或elektrichki）则开往距莫斯科100公里或200公里以内的地方（比如阿布拉姆采沃、谢尔吉耶夫镇和博罗季诺）。

长途列车

一般来说，长途列车都是快车（skory poezd）——只是相对来说比较快。外国游客通过代理机构预订的火车票基本都是这种类型。最好的长途列车（firmenny）配备干净整洁的车厢，出发和到站时间的安排也更加方便。你所购买的车票上一般都会注明你的车厢（vagon）号和座位（mesto）号。

市郊列车

在莫斯科，多数火车站都为市郊列车开辟了专门的售票厅，被称为prigorodny zal（Пригородный Зал），这种售票厅一般设在火车站主楼的侧面或背后。市郊列车的信息往往显示在专门的运行时间表上，发车站台也是和其他列车分开的。这种慢速火车中途停靠频繁，且只设有硬座一个等级。你只能在开车前买票，车厢没有人数限制。检票时，一般都用电子读票器：记得保存好自己的车票，因为在火车上或者在目的地的站台出口（更常见）可能会再次检票。

蒙托夫(Savva Mamontov)买下了莫斯科以北60公里处一座美丽的庄园，也就是现在的**阿布拉姆采沃博物馆-庄园**(Музей-заповедник Абрамцево, Abramtsevo Museum-Reserve; www.abramtsevo.net; Museynaya ul 1, Abramtsevo; 园内 ₽55，所有展览 ₽295; ⏲4月至9月 周三至周日 10:00~18:00，10月至次年3月 周三至周日 10:00~16:00)。在这里，他招待过许多在花园丛林中寻找灵感的画家：画家伊利亚·列宾(Ilya Repin)、山水艺术家艾萨克·列维坦(Isaak Levitan)、肖像画家瓦伦丁·谢罗夫(Valentin Serov)以及非典型斯拉夫风格的画家和陶瓷艺术家米哈伊尔·弗鲁贝尔(Mikhail Vrubel)。很多艺术家来木工和陶瓷工作坊参观，音乐家(包括夏里亚平)则在私人歌剧院表演。

阿布拉姆采沃庄园 博物馆

(Усадебный дом, Manor House; 成人/儿童 ₽250/150)庄园内有几个房间很好地保持了原样，很多在此居住过的艺术家的作品依然完好地保存在里面。马蒙托夫的用餐室是庄园的一大亮点，里面有列宾(Repin)为马蒙托夫和妻子画的肖像，还有谢罗夫(Serov)的名作《少女与桃》(*Girl with Peaches*)。花园里，有弗鲁贝尔(Vrubel)亲手打造的陶制长凳。

SAVIOUR CHURCH 'NOT MADE BY HAND' 教堂

(Храм Спаса Нерукотворного)整个区域最漂亮的建筑当属Saviour Church 'Not Made by Hand'(Tserkov Spasa Nerukotvorny)。它的结构概括了马蒙托夫(Mamontov)的初衷：用六位艺术家潜心研究的果实致敬14世纪的诺夫哥罗德(Novgorod)建筑。圣幛出自列宾(Repin)和瓦西里·波列诺夫(Vasily Polenov)之手。角落的瓷瓦火炉现在仍可使用，真是巧夺天工。近期该建筑正在翻新，不接待游客。游览之前记得查阅一下你去的时间是否开放。

STUDIO & KITCHEN 博物馆

(Мастерская и Кухня; 成人/儿童 ₽100/60)这间华丽的俄式木制工作室由维克多·加特曼(Victor Gartman)于1873年修建完成，它的亮点在于外墙上具有新艺术风格的浮雕细节设计。里面有一个米哈伊尔·弗鲁贝尔(Mikhail Vrubel)陶瓷作品的展览，展品包括精美绝伦的瓷炉。工作室的旁边就是以前的厨房，现在用来收藏马蒙托夫一家长期积累的民间艺术品。

浴室 博物馆

(Баня-Теремок, Bathhouse; 成人/儿童 ₽40/25)1878年建成的浴室是老式俄罗斯建筑的又一典型，外墙以木雕装饰，房顶被施以彩绘。当马蒙托夫一家居住在这里时，这栋建筑主要用作客房。如今，里面展示着一些木艺作品，包括当时曾在此处组织过木雕工作室的伊莲娜·波列诺娃(Yelena Polenova)的作品。

就餐

CAFE ABRAMTSEVO 俄罗斯菜 €

(Кафе Абрамцево; www.cafe-abramtsevo.ru/; 主菜 ₽250~400; ⏲10:00~18:00)从博物馆-庄园的主入口到马路对面，沿着小道往下走，你就会发现这家令人感到亲切的咖啡屋，店门外设有座位，菜单上全是本土和异国美味。菜品分量很足，食材美味可口。停车场还有冰激凌和油酥点心(pirozhki)出售。

弗拉基米尔 (Vladimir)

探索

乍看之下，弗拉基米尔(Владимир)就像是另一个哥谭市(Gotham City)，但当你经过中世纪的金门(Golden Gate)，窥见俄罗斯最古老的教堂和大教堂群的时候，你就会发现其实不然。这些是你弗拉基米尔之行的第一站(也有可能是你唯一的目的地)。1157年，安德烈·博戈柳布斯基公爵(Prince Andrei Bogolyubsky)选中弗拉基米尔作为自己的首都，邀请全欧洲顶尖的建筑师设计地标建筑。最后，该地建筑融合了西方和基辅的传统风格，也影响了后续的俄罗斯建筑风格。

一天之内，从莫斯科往返弗拉基米尔的时间完全够用，但是最好同时去一下附近的

Vladimir 弗拉基米尔

Vladimir 弗拉基米尔

景点

1 圣母升天主教座堂......C1
2 圣德米特里大教堂......C1
3 皇宫内廷......C1
4 水晶、袖珍漆器及刺绣品博物馆......A2
金门......（见6）
5 历史博物馆......C1
6 军事博物馆......B1
7 老城墙......B2

就餐

8 Piteyny Dom Kuptsa Andreyeva......B1
9 Salmon & Coffee......B1

住宿

10 Rus......B1
11 Samovar......B2
12 Voznesenskaya Sloboda......B2

实用信息

13 邮政电信局......C1
14 Sberbank......B1

交通

15 汽车站......D1

苏兹达尔（Suzdal），可以利用周末开展这项旅程。这样安排的话，就有时间去参观一座教堂附近妙趣横生的博物馆。

最佳

➡ **景点** 圣德米特里大教堂（见176页）

➡ **就餐** Salmon & Coffee（见176页）

➡ **饮品** Piteyny Dom Kuptsa Andreyeva（见177页）

独家贴士

如果你想把弗拉基米尔和苏兹达尔规划在一趟旅行内，最好在苏兹达尔过夜，那边有更多（更好）的住宿可供选择。

到达和离开

➡ **火车** 莫斯科发出的列车频繁途经这里，其中包括老式的Lastochka（₽300，每天3班）和最快的新型Sapsan（₽900，每天2班），全程只需1.75小时。两组列车都会继续前往诺夫哥罗德（Nizhny Novgorod；Lastochka ₽300，Sapsan ₽1050；2小时）。此外，所有开往鞑靼斯坦（Tatarstan）和西伯利亚（Seberia）的长途列车都会在弗拉基米尔站停靠。

➡ **自驾** 弗拉基米尔距莫斯科有178公里的车程，走M7公路可达。早上从莫斯科出发（星期六除外），这样出莫斯科城的时候可以少浪费点时间。

行前参考

➡ **地区代码** ☎4922

➡ **方位** 弗拉基米尔位于莫斯科以东178公里处

景点

圣母升天主教座堂
教堂

(Успенский собор, Assumption Cathedral; ☎4922-325 201; pl Sobornaya; 成人/儿童 ₽80/30; ⏲宗教仪式 周二至周日 7:00~20:00, 游客 13:00~16:45)在奥卡河(Oka River)畔, 陡峭的崖壁上巍然耸立着圣母升天主教座堂。这座精致的前蒙古时代建筑由安德烈·博戈柳布斯基公爵主持修建。他推动了权力中心从基辅向俄罗斯西北部(也就是后来的俄国)的转移。这座白色石砌建筑仿制了基辅的砖砌拜占庭式教堂, 于1158年开始修建——它造型简单, 却不失威严, 以精美雕刻作为润饰, 在当时算是难得的创新。

在教堂内部, 北边走廊里面那堵墙的中部有修复过的壁画, 作于12世纪的孔雀和先知图案还隐约可见。这座教堂里真正值得一看的, 还是安德烈·鲁布廖夫(Andrei Rublyov)和丹尼尔·乔尔内(Daniil Chyorny)创作的《最后的审判》(*Last Judgment*)。该作品创作于1408年, 现在位于教堂正厅南边走廊处, 正好在唱诗班席下面。

圣德米特里大教堂
教堂

(Дмитриевский собор, Cathedral of St Dmitry; Bolshaya Moskovskaya ul 60; 成人/儿童 ₽50/30; ⏲夏季 周三至周一 10:00~17:00, 冬季 至 16:00)圣德米特里大教堂是俄罗斯石雕史上的旷世奇作, 代表着俄罗斯石雕艺术的巅峰。教堂于1197年修建完成, 最大的亮点在于外墙, 其刻满各种各样的浮雕。在北、南、西三侧外壁顶部的中央, 都有大卫王(King David)演奏音乐以迷惑鸟兽的图案。弗拉基米尔公爵弗谢沃德(Vsevolod the Big Nest)出现在北墙左上方, 将小儿子抱在他的膝盖上。南墙右手边窗户上方, 亚历山大大帝(Alexander the Great)直升天堂的浮雕是王族威严的象征; 西墙上则刻着赫拉克勒斯(Hercules)的英雄事迹。

皇宫内廷
博物馆

(Палаты, Chambers; ☎4922-323 320; Bolshaya Moskovskaya ul 58; 成人/15岁以下 ₽150/70; ⏲周二和周三 10:00~16:00, 周四至周日 10:00~17:00)这栋宏伟的18世纪宫廷建筑位于两座教堂之间, 被称作Palaty(内廷)。其包含儿童博物馆、艺术馆和历史展厅。艺术馆展示了18世纪以来的艺术作品, 包括很多对金环(Golden Ring)城市的绝美描绘。

历史博物馆
博物馆

(Исторический музей, History Museum; ☎4922-322 284; Bolshaya Moskovskaya ul 64; 成人/儿童 ₽50/30; ⏲周三至周一 10:00~17:00)历史博物馆与皇宫内廷隔街相望, 里面的展品年代久远, 包含从基辅大公时代到1917年的各个历史时期, 有很多古物和弗拉基米尔两座教堂里装饰的复制品。这栋由红砖砌成的建筑建成于1902年, 常让人联想起莫斯科的历史博物馆。

金门
历史建筑

(Золотые ворота, Golden Gate; www.vladmuseum.ru; Zolotye Vorota; 成人/儿童 ₽50/30; ⏲周五至周三 10:00~18:00)弗拉基米尔的金门, 一部分为防御工事, 一部分为凯旋拱顶, 仿造基辅一处非常相似的建筑而建。它原是安德烈·博戈柳布斯基为保护该城西部要塞而建, 后来在叶卡捷琳娜二世时期得以重建。你可以爬上狭窄的石阶去参观一下里面的**军事博物馆**(☎4922-322 559; 成人/儿童 ₽40/20; ⏲周五至周三 10:00~18:00), 其核心展品是一个立体模型, 再现了古代的弗拉基米尔在1238年和1293年被游牧入侵者劫掠蹂躏的场景。

水晶、袖珍漆器及刺绣品博物馆
博物馆

(Выставка хрусталя, лаковой миниатюры и вышивки, Crystal, Lacquer Miniatures and Embroidery Museum; vladmuseum.ru; Bolshaya Moskovskaya ul 2; 成人/15岁以下 ₽50/30; ⏲周三至周一 11:00~19:00)这间博物馆位于原先的旧信徒圣三一教堂(Old Believers' Trinity Church)中, 里面收藏有产自Gus-Khrustalny及附近小镇的工艺品。地下室的商店有精选水晶出售。

餐饮

SALMON & COFFEE
各国风味 €€

(Лосось и кофе; www.losos-coffee.ru; Bolshaya Moskovskaya ul 19a; 主菜 ₽300~600;

值得一游

BOGOLYUBOVO

游客和朝圣者常常涌向弗拉基米尔以东12公里处的Bogolyubovo，并参观12世纪的**涅尔利代祷教堂**（Церковь Покрова на Нерли，Church of the Intercession on the Nerl；⌚周二至周日10:00~18:00），感受俄罗斯建筑的金牌标准。

除了其完美的比例，涅尔利代祷教堂还有很多其他亮点，比如在水边的选址就极其精明（且不论水灾风险），浮雕的使用也恰到好处。传说安德烈·博戈柳布斯基公爵（Prince Andrei Bogolyubsky）为了纪念他最喜欢的儿子Izyaslav而修建了这所教堂。Izyaslav死于抗击保加利亚人的战役中。三面外墙的顶部都有大卫王像，飞鸟走兽全为他的音乐所迷醉。教堂内部雕刻品更多，其中包括20对狮子。如果教堂没有开门（从10月到次年4月，开放时间很不固定），你可以去后面的房子里问一下。

要到达这座著名教堂，可以在金门或弗拉基米尔的Sobornaya pl乘坐152路公共汽车，在博戈柳布斯基修道院（Bogolyubsky Monastery）下车。博戈柳布斯基修道院里展示了安德烈公爵宫殿里的一些旧物，这里极易辨认，不用担心坐过站。然后，沿着修道院东边的Vokzalnaya ul一直走。在街尾穿过铁轨，再沿着鹅卵石小道穿过田野就到了。

🛜）这家DJ咖啡馆并未瞄准历史大做文章，而是提供亚洲和欧洲菜肴，为这座古城增添大都会气息。

PITEYNY DOM KUPTSA ANDREYEVA
俄罗斯菜 €€

（☎4922-232 6545；www.andreevbeer.com/dom；Bolshaya Moskovskaya ul 16；主菜₽250~400；⌚11:00至午夜；🛜）这家店的名字翻译过来是"商人安德列耶夫的酒屋"，这很可能会让人以为本店是一间传统俄罗斯kabak（酒馆），但店里的特色却是十几种桶装畅饮自酿啤酒，还有丰盛的俄罗斯菜肴，包括从shchi（卷心菜汤）到俄式薄煎饼（bliny）等经典美食。

住宿

酒店的房费一般包含早餐。

SAMOVAR
青年旅舍 €

（Самовар；☎8-900-586 0151；www.samovarhostel.ru；ul Kozlov tupik 3；铺₽400起，双₽1400；🛜🐾）首先，他们确实有一只正宗的俄式茶壶（samovar）——用在茶话会上再好不过了。更重要的是，这家旅馆新近开业，服务很有针对性，员工都会说英语，还设有很多便利设施，氛围很棒。周围环境虽然略为糟糕，但通往圣母升天主教座堂旁边花园的台阶就在旅馆门口。

RUS
酒店 €€

（Русь；☎4922-322 736；www.rushotel33.ru；ul Gagarina 14；标单/双 含早餐 ₽2900/3400起；❄🛜）跟金环地区其他城市一样，弗拉基米尔的酒店行业正在发生巨大的变化，新酒店层出不穷，不断刷新行业最高标准。Rus也是这样一家新酒店，它位于一条安静街道上的一栋老楼里，离主街不是很远，房间虽然没什么新意，却干净舒适。

★ VOZNESENSKAYA SLOBODA
酒店 €€€

（Вознесенская слобода；☎4922-325 494；www.vsloboda.ru；ul Voznesenskaya 14b；双含早餐 ₽4800；Ⓟ❄🛜）这家酒店坐落于一处高地，有绝佳的视野，可欣赏山谷美景，说它是整个金环地区风景最好的酒店或许不为过。酒店所在地区非常安静，雅致的升天教堂（Ascension church）高高耸立，俯视老木屋和新别墅。这栋新建筑内部设计高雅。著名餐厅Krucha就在这里。

苏兹达尔（Suzdal）

探索

如果金环上有一颗珍珠，这颗珍珠就是

苏兹达尔(Суздаль)。如果莫斯科附近的城市你只能选择一个地方游览，那你一定要选苏兹达尔——所有人都会这么选的。苏兹达尔很大程度上保持了它几个世纪以前的样子——美丽的木制村舍之间交错着金色的炮塔，河水蜿蜒，穿过平缓的山丘和长满鲜花的草地。

花上一个上午探索克里姆林(Kremlin)，去市场广场(Market Sq)购物，在克利亚济马河(Klyazma River)河畔欣赏乡村风光。到了下午，可以去圣埃尔米菲斯救世主修道院(Saviour Monastery of St Euthymius)。一路上你会经过很多精美的教堂、绚丽的圆木小屋，还有如画的景色。如果有时间或感兴趣的话，你还可以去附近的乡下骑自行车或骑马。

最佳

- **景点** 克里姆林
- **就餐** Chaynaya(见179页)
- **饮品** Kvasnaya Izba(见180页)

独家贴士

大多数从弗拉基米尔或莫斯科到苏兹达尔汽车站的长途汽车都会经过中央广场。让司机提醒你在广场下车，这样可以避免多坐两公里路。

到达和离开

- **汽车** 汽车站位于苏兹达尔Vasilievskaya ul上的市中心以东2公里处。从莫斯科坐火车到弗拉基米尔，再转汽车到苏兹达尔是最便捷的到达方式。往返弗拉基米尔和这里的汽车每45分钟就有一班(₽115，1小时)。
- **自驾** 从莫斯科出发，走M7，向弗拉基米尔方向行驶。之后沿着去苏兹达尔的道路指示，绕过弗拉基米尔继续向前，然后向北转向苏兹达尔(全程220公里)。

行前参考

- **地区代码** ☎49231
- **方位** 苏兹达尔位于弗拉基米尔以北35公里处

景点

克里姆林 要塞

(Кремль, Kremlin; 展览 每项 ₽30~70, 联票 成人/儿童 ₽250/100; ⏲周三至周一 10:00~18:00)这是莫斯科克里姆林宫的鼻祖。12世纪，这里曾是王公尤里·多尔戈鲁基(Yury Dolgoruky)的根据地。他统治基辅罗斯东北部广大地区，功绩显赫，建立了如今演变成俄罗斯首都的居民点。在苏兹达尔克里姆林1.4公里长的城墙内，有散布在几条街上的房屋和少数几间教堂，还有位于Kremlyovskaya ul的主教堂群。

圣母圣诞大教堂 教堂

(Церковь Казанской иконы Божьей Матери, Nativity of the Virgin Cathedral; Kremlyovskaya ul)蓝顶金星的圣母圣诞大教堂建于13世纪20年代，但是整个建筑只有下面的浮雕部分是原始的白色石块，其他都是16世纪的砖块。教堂内部非常华丽，墙上的壁画可追溯至13世纪和17世纪，西面和北面的门则运用了13世纪的铜镶金工艺。

主教宫 博物馆

(Архиерейские палаты, Archbishop's Chambers; Kremlyovskaya ul; 门票 ₽70; ⏲周三至周一 10:00~17:00)克里姆林的主教宫是苏兹达尔历史展(Suzdal History Exhibition; ☎49231-21 624; 门票 ₽70; ⏲周三至周一 10:00~17:00)的所在地。展厅内展示着一扇13世纪圣母圣诞大教堂大门的原件以及主教宫内部的照片，凭展览门票你还可以去一下18世纪的十字厅(Крестовая палата, Cross Hall)，这是以前接待客人的地方。房顶1635年呈帐篷状的克里姆林钟楼(звоница, kremlin bell tower)位于院子的东面，那里还有其他展览。

市场广场 广场

(Торговая площадь, Market Square)市场广场最抢眼的就是西边圆柱林立的商业长廊(Trading Arcades; 1806~1811年)。广场附近有四座教堂，其中包括**复活教堂**(Воскресенская церковь, Resurrection Church; Torgovaya pl; 门票 ₽50)。你可以爬上钟楼顶部，虽然有点危险，但从那里放眼望去，可以欣赏苏兹达尔的天际线。有五个圆顶的**君士坦丁大帝教堂**（Emperor Constantine Church）建于1707年，位于广场东北角，现在仍作为教堂运作，内部装饰非常华丽。它旁边另一座较小的教堂，是建于1787年的**圣母哀伤教堂**（Virgin of All Sorrows Church）。

圣埃尔米菲斯救世主修道院 修道院

（Спасо-Евфимиев мужской монастырь, Saviour Monastery of St Euthymius; ☎49231-20746; 院内和各个展览 每项 成人/学生 ₽70/30，通票 成人/学生 ₽350/150; ⏲周二至周日 10:00~18:00）苏兹达尔最大的修道院建于14世纪，最初的职能是保护该地的北部要塞。16世纪和17世纪，瓦西里三世、恐怖伊凡和贵族波扎尔斯基（Pozharsky）家族不断进行大型土地财产收购，用来为这里增添新的石制建筑，修道院的规模得以不断扩大。至17世纪，其四周又增添了大规模的砖墙和高塔。

就在**圣母领报门堂**（Благовещенская надвратная церковь, Annunciation Gate-Church）的入口，有一处关于德米特里·波扎尔斯基（Dmitry Pozharsky; 1578~1642年）的有趣展览。1612年，德米特里·波扎尔斯基领导俄罗斯军队击退了波兰入侵者。

有七座圆顶的**基督救世主变容大教堂**（Спасо-Преображенский собор, Cathedral of the Transfiguration of the Saviour）前，矗立着一座16世纪至17世纪的**教堂钟楼**（Звонница, cathedral bell tower）。11:00~17:00，每个整点都会鸣钟报时。这座教堂于16世纪90年代按照12世纪至13世纪弗拉基米尔-苏兹达尔的风格而建。教堂内部，可以看见几幅修复之后的1689年的壁画，都是出自科斯特罗马（Kostroma）的Gury Nikitin流派之手。王公德米特里·波扎尔斯基之墓位于教堂东墙。

1525年的**圣母升天教堂食堂**（Успенская церковь, Assumption Refectory Church）面朝钟楼，紧邻古老的男修道院院长楼（Палаты отца-игумена, Father Superior's chambers）。男修道院院长楼内有俄罗斯圣像展示，还有一处很精彩的朴素艺术展览，陈列着苏联时代本地业余画家的作品。

古老的**修道院地牢**（Монасты-рская тюрьма, Monastery Dungeon）位于整个建筑群的最北端，修建于1764年，当时主要是为了关押宗教异见人士。如今，它是一间非常棒的展厅，向人们展示着修道院监狱的历史，包括很多曾关押于此处的著名囚犯。1917年以后，布尔什维克一度把修道院作为集中营使用。“二战”期间，在斯大林格勒战役中被俘的德国和意大利士官也曾被关押在此处。

合并后的医院大楼和圣尼古拉教堂（Больничные кельи и Никольская церковь, Hospital Chambers and St Nicholas Church; 1669年）则展示着诸多金银珠宝。

代祷修道院 女修道院

（Покровский монастырь, Intercession Convent; Pokrovskaya ul）免费 河水缓缓流动，岸边绿色的草坪上是一位优雅白净的美人——这是经典的苏兹达尔图景，图中遍地是鲜花。修女们住在旧时乡村旅店留下来的小木屋里，她们好像对园艺栽培情有独钟。这间女修道院建于1364年，最开始是流放失宠的沙皇妃子的地方。

木制建筑与农民生活博物馆 博物馆

（Музей деревянного зодчества и крестьян-ского быта, Museum of Wooden Architecture & Peasant Life; www.vladmuseum.ru; ul Pushkarskaya; 成人/学生 ₽200/80; ⏲5月至10月 周四至周二 9:00~19:00，11月至次年4月 至16:00）木制建筑与农民生活博物馆位于克里姆林以南，过河便是。这是一座露天博物馆，展现了该区域旧时农民的生活图景。在这里，你可以看到圆木房屋、风车、一个谷仓、若干农具和工艺品。除了这些，还有两个亮点：1756年的变容教堂（Преображенская церковь, Transfiguration Church）和更简易的复活教堂（Воскресенская церковь, Resurrection Church）。

餐饮

大多数酒店带有餐厅。

★CHAYNAYA 俄罗斯菜 €

（Чайная; www.restoran-suzdal.ru/chaynaya; ul Kremlyovskaya 10g; ₽120~350;

Suzdal 苏兹达尔

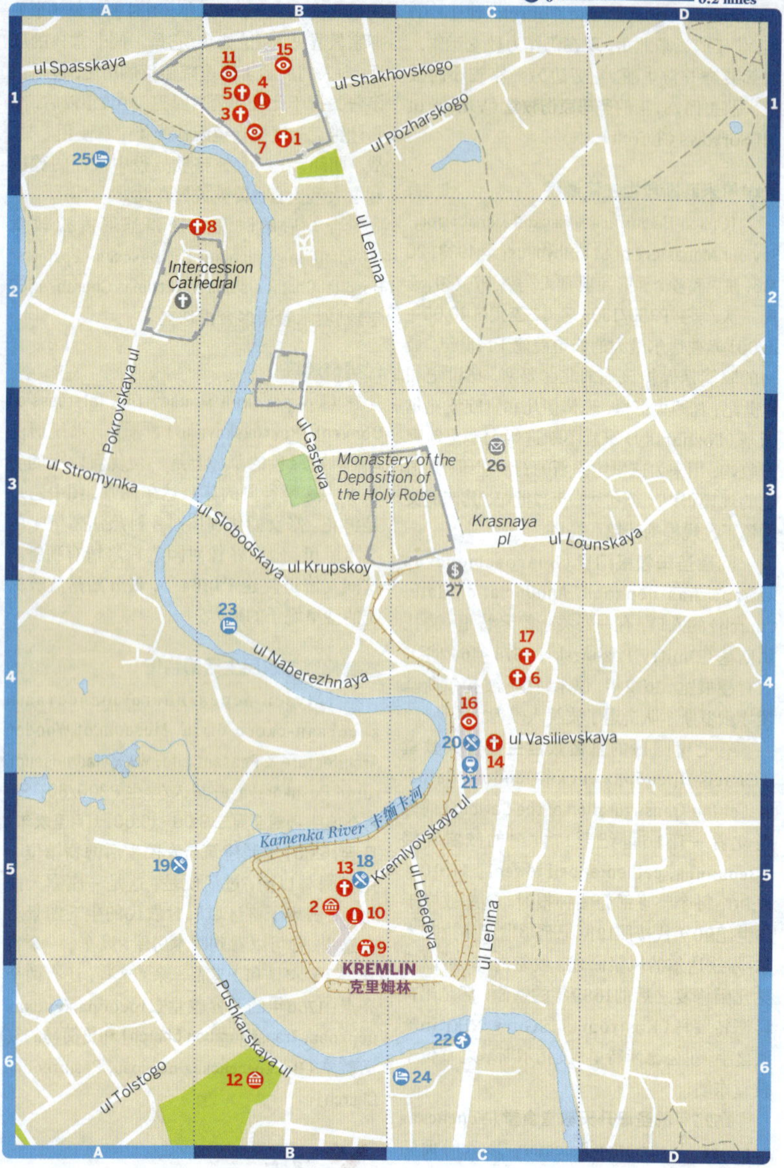

10:00~21:00）Chaynaya位于平价工艺品市场内，薄煎饼（bliny）、shchi（卷心菜汤）、菌菇菜肴和泡菜这些常见的俄式味道当然不在话下。但这家店之所以这么特别，还在于菜单上一些不寻常的菜式（也可以说试验菜品）。红荞煎饼有人想吃吗？鲱鱼馅儿的腌苹果呢？要不要尝试一下终极料理——油炸咸黄瓜和山茱萸配吐司？

KVASNAYA IZBA 俄罗斯菜 €

（8-915-779 0577; www.kvasnaya-izba.ru; ul Pushkarskaya 51; ₽200~400; 10:00~21:00;

Suzdal 苏兹达尔

景点
1 圣母领报门堂 B1
2 主教宫 B5
3 圣母升天教堂食堂 B1
4 教堂钟楼 B1
5 基督救世主变容大教堂 B1
十字厅 （见2）
6 君士坦丁大帝教堂 C4
7 男修道院院长楼 B1
8 代祷修道院 A2
9 克里姆林 B5
10 克里姆林钟楼 B5
11 修道院地牢 B1
12 木制建筑与农民生活博物馆 B6
13 圣母圣诞大教堂 B5
14 复活教堂 C4
复活教堂 （见12）
15 圣埃尔米菲斯救世主修道院 B1
苏兹达尔历史展 （见2）
16 商业长廊 C4
变容教堂 （见12）
17 圣母哀伤教堂 C4

就餐
18 Chaynaya B5
19 Kvasnaya Izba A5
20 Salmon & Coffee C4

饮品和夜生活
21 Graf Suvorov & Mead-Tasting Hall C4

运动和活动
22 Boat Cruise C6

住宿
23 Godzillas Suzdal B4
24 Pushkarskaya Sloboda C6
25 Surikov Guest House A1

实用信息
26 邮政电信局 C3
27 Sberbank C3

）Kvasnaya Izba的位置有点偏，但如果你想将所有的格瓦斯（kvas）都尝个遍，来这里就对了。格瓦斯是俄罗斯传统饮品，原料是发酵过的黑麦面包。你可以来一杯提神，也可以搭配这里同等品质且丰盛的俄罗斯餐食。

SALMON & COFFEE　各国风味 €€

（Лосось и кофе; www.losos-coffee.ru; Trading Arcades, ul Lenina 63a; 主菜₽340~590; ⏲10:00~23:00）如果你想好好吃顿午餐或喝杯咖啡，苏兹达尔的这家店是最好的选择。这里古朴雅致，白色的木制装修风格很容易让人联想到"樱桃园"别墅的景象。虽然店名叫"三文鱼和咖啡"，但三文鱼并不是菜单上的主要菜品，其他选择有欧式菜肴和寿司。

GRAF SUVOROV & MEAD-TASTING HALL　俄罗斯菜

（Граф Суворов и зал дегустаций; Trading Arcades, ul Lenina 63a; 品尝套餐 ₽130~350）这家店的天花板是拱形的，墙壁上并不精致的绘画描绘的是俄罗斯的军事英雄Count Suvorov在阿尔卑斯山的战绩。这里供应标准俄国餐（主菜 ₽200~300），还有数十种本地生产的medovukha：一种酒精含量很低的蜜酿，旧时专供贵族饮用。你如果想喝就点品尝套餐，每份包含10种菜品。

活动

BOAT CRUISE　乘船游

（₽250）每天，一只带篷小船会载着游客从克里姆林旁的桥边出发游览卡缅卡河（Kamenka River），来回40分钟，每天4班。在船上，你可以从一个不同的视角欣赏苏兹达尔众多的修道院和教堂。

HELIO SPA　俄罗斯浴

（Горячие ключи; ☎49231-24 000; www.parilka.com; ul Korovniki 14; ⏲11:00至次日1:00）在苏兹达尔乡下，你可以在一次俄罗斯浴（banya）中净化身体和灵魂。Helio Park Hotel（以前的Goryachie Klyuchi）有舒适且靠湖的木制小屋出租，每小时₽1200起，最多可容纳4人。每个木制小屋的蒸汽强度不同，舒适区域各异。

住宿

现在，苏兹达尔旅游业正蓬勃发展，这

就意味着中端和高端住宿琳琅满目——从只有两三间客房的古朴客栈到空间宽敞的度假村，不一而足。如果避开周末和节假日，每晚你可以省上₽1000。房费通常包含早餐。

GODZILLAS SUZDAL 青年旅舍 €

（☎在莫斯科 495-699 4223；www.godzillashostel.com；Naberezhnaya ul 32；铺 含早餐 ₽700起；📶）Godzillas Suzdal是莫斯科一家同名旅舍的分店。酒店超大的圆木建筑视野很好，经历了一次彻底的翻修升级。每间客房都有独立的卫生间和阳台。客人可以欣赏美丽的花园，享受俄罗斯浴，还可以去地下室的休闲室和酒吧打发闲散时光。

★ SURIKOV GUEST HOUSE 客栈 €€

（Гостевой дом Суриковых；☎49231-21 568；www.surikovs.ru；ul Kras-noarmeyskaya 53；含早餐，工作日 双/标三/四 ₽2000/2500/3000，周末 双/标三/四 ₽2500/3000/3500；📶）Surikov Guest House属于精品酒店，位于卡缅卡河在St Euphimius Monastery围墙下的一个河湾地带，景色如画。房间大小适中，环境舒适，里面很多古典风格的装饰品都是老板自己制作的。酒店内有一家俄罗斯餐厅。Surikov Guest House备受游客好评。

PUSHKARSKAYA SLOBODA 度假村 €€

（Пушкарская слобода；☎49231-23 303；www.sloboda-gk.ru；ul Lenina 45；含早餐，酒店 双 ₽2900，度假村 双 ₽4300起；❄🍴）这个度假村可以给你迪士尼度假般的满足：住宿风格有圆木小屋式的"俄罗斯客栈"，还有19世纪的"炮手小镇"。里面有三家餐馆，从粗犷的乡村酒馆到正式餐厅，服务种类只有你想不到，没有他们做不到。Pushkarskaya Sloboda很吸引游客，适合家庭入住，性价比很高。

博罗季诺（Borodino）

探索

博罗季诺（Бородино，Borodino）战场是1812年拿破仑战争中转折性战役的发生地。200多年后的今天，这处乡村遗址为世人上演着一堂生动的历史课。旅行第一站最好放在博罗季诺博物馆（Borodino Museum），这里可以让你对整个地方有个大致了解，然后你就可以花上一整天探访这片100平方公里的保护区了。如果是自驾游，你可以看见一些标志性战役的纪念碑，以及法俄双方军队的指挥部。但如果你是坐火车来的，就只能看见铁轨旁边的纪念碑和博物馆（数量也不少）了。由于其重要的历史地位，群山环绕的博罗季诺和谢苗诺沃斯科（Semyonovskoe）如今开发有限。各种设施很少，你来的时候最好自带一点食物作为午饭。

最佳

➡ **景点** 博罗季诺战场（见本页）

独家贴士

9月的第一个星期天，整个博物馆会举办一个重现历史性战役的活动。届时，会有很多来自俄罗斯和法国的参与者，你还可以看到军装和武器。

到达和离开

➡ **火车** 每天7:56和8:43，都会有从莫斯科的白俄罗斯火车站开往博罗季诺的市郊列车（₽228，2小时；周末加开班次）。返回莫斯科的列车于14:20和16:02发车。

➡ **自驾** 博罗季诺的纪念碑到处都是，所以自驾旅行会更方便，看到的东西也更多。如果开车从莫斯科出发的话，沿着M1公路（Minskoe sh）一直行驶，在距俄罗斯外环路95公里的莫扎伊斯克（Mozhaysk）岔道处转弯。从莫扎伊斯克向北行驶5公里，再从博罗季诺村向西行驶13公里就到目的地。

行前参考

➡ **地区代码** ☎49638

➡ **方位** 博罗季诺位于莫斯科以西130公里处

景点

博罗季诺战场 古迹

（Бородинское поле，Borodino Field；www.borodino.ru）占地超过100平方公里的战场就是现在的博罗季诺战场博物馆-保护区

(Borodino Field Museum-Preserve)，其间点缀着几十处纪念碑（大都是纪念1812年战争100年之际修建的）。博物馆前大约400米处的山顶上是巴格拉季昂墓（Могила Багратиона，Bagration's tomb）。王公巴格拉季昂是一位伟大的格鲁吉亚陆军将领，在战场上光荣牺牲。

战线基本上和博罗季诺到火车站约4公里的路线重合：在路边你可以看到很多纪念碑。再往南，**谢苗诺沃斯科**（Semyonovskoe）周围有一片纪念碑集中的区域，整个战役中最激烈的战斗就发生在这里。也是在这里，巴格拉季昂英勇的第二军团面对数量比自己多很多的法国军队，几乎全军覆没。很明显，俄方指挥官Mikhail Kutuzov有意牺牲巴格拉季昂的军队来拯救更加强大的第一军团，后者在北部战场对抗的法军数量要少得多。**Kutuzov的指挥部**用方尖碑表示了出来。另一座位于西南部的Shevardino附近的尖方碑于1912年由法国捐赠者出资修建，是战时**拿破仑营**（Napoleon's camp）的所在地。"二战"时，战争再次在这里打响，就在同一地点，苏联红军迎战了纳粹军队。对这场战役的纪念也随处可见，**"二战"时的战壕**（WWⅡ trenches）围着巴格拉季昂纪念碑。火车站附近有两座"二战"公墓。

博罗季诺博物馆 博物馆

（Бородинский музей, Borodino Museum; www.borodino.ru，门票₽50，⏲1月至10月 周二至周日 10:00~17:00，11月至次年3月 周二至周日 9:00~15:30）最好把这个博物馆放在旅行的第一站，因为在参观实物之前，你可以通过交互式的立体模型对此处的战役有个初步了解。此外，其他的展品还包括战役中留下来的原始物件，比如制服、武器、文件和私人物品。这些展览都是由士兵及其同时代的人组织的，向世人展示了当时他们对战争的理解。

博罗季诺救世主修道院 博物馆

（Спасо-Бородинский монастырь, Saviour Borodino Monastery; www.borodino.ru；每项展览₽30；⏲周三至周日 10:00~17:00）在这里，有几个展览是由在阿富汗战争中战死将士的遗孀组织的，都与博罗季诺的战役有关。列夫·托尔斯泰在他的小说《战争与和平》中描写过这附近发生的战事，写作时他就住在这里的一家酒店。

就餐

ART CAFE BORODINO 咖啡馆 €€

（Арт-Кафе Бородино；主菜₽400~600）如果忘了自带午餐，不要着急。现在在博物馆外面的广场上，有一家小型咖啡厅，供应俄式薄煎饼（bliny）、pelmeni（饺子）以及其他很受欢迎的俄罗斯大众菜。

住宿

在莫斯科，就算是普通酒店也能跻身“世界高价酒店排行榜”，因此在莫斯科住宿并不便宜。这个城市到处都是国际豪华酒店，实惠一点的酒店很难找到。不过，幸运的是，现在有很多新增的旅馆可供选择，更多中档酒店也在陆续出现，这种酒店通常被冠之以“微型酒店”的称号。

酒店

在莫斯科，富丽堂皇的四星级或五星级酒店随处可见，而且在过去10年间不断扩展。对于一些游客来说，即使按照市场价，它们也是贵得离谱。

相反，在“价格列表”的另一端则是苏联时代的gostinitsa酒店。这些旧式酒店不断适应现代旅客的需求，而且大多数已经进行了一定程度的改造。因此，就算是在同一酒店内，酒店房间的质量也可能差别很大，房间价格差别也很大。

近年来，莫斯科出现了一些规模较小的私营酒店。许多建在历史建筑物附近。其更小的空间意味着它们比大型连锁酒店更接地气。但是，在这些较小的酒店里，其舒适度和服务水平也参差不齐。

微型酒店

私营微型酒店通常由公寓大楼的几层楼改造而成。这些酒店的客房都经过重新装修，以便住客获得更加舒适的体验，但酒店本身（可能有十几个房间或更少）通常不提供其他便利设施。由于中端酒店短缺，微型酒店就成了莫斯科城最超值的住宿之一。

青年旅舍

近年来，数十家青年旅舍在莫斯科陆续开张，这让精打细算的游客欣喜不已。许多青年旅舍是从公寓或kommunalky（集体宿舍）改造而来，所以它们常常在普通居民街区的大楼之内，没有标识。

所有青年旅舍都配备英语工作人员、互联网、床单、厨房和洗衣设备。房费通常不包括早餐。

房价

说到莫斯科的酒店服务行业，其价格与价值是不相符的。豪华酒店确实是顶尖的，但他们的价格也让人望尘莫及。要是在莫斯科的高端酒店待上一晚，要花费₽10,000以上。如果奢华不是你的首要标准，你也可以住在一个位于市中心的酒店，不是很奢华，但是优雅、舒适，双人间需₽8000~10,000。

对于中端游客来说，也有许多酒店可供选择，这种酒店客房质量和便利设施良好，双人间的价格为₽3000~8000。这类酒店很多都是苏联时期留下来的，虽然很多都非常大气（反映在价格上），但是与21世纪的时代气息显得格格不入。

对于经济型住宿，尽管有一些单间的价格将近₽3000，但是大部分房间都类似于集体宿舍。

跟周末比，平日的房间更难预订，因此，周五和周六晚上的房间价格比平日要低。这里酒店住宿的季节性波动并不明显。房费一般包括早餐，除非另有说明。

独家推荐

Hotel Metropol（见187页）世纪之交的新奢华艺术风格，坐落在距红场几步之遥处。

Hotel de Paris（见190页）以实惠的价格，享受别致的客房、超凡的服务和繁华的地段。

Kitay-Gorod Hotel（见193页）在古基泰格罗德城边，简约、时尚。

Blues Hotel（见190页）这家精品酒店的环境静谧安逸，价格公道，物有所值。

Godzillas Hostel（见188页）多种客房和各式服务，因价格不同而不同。

按价位推荐

€

Godzillas Hostel（见188页）与其说是旅馆，不如说是旅客心仪已久的社交俱乐部。

Anti-Hostel Cosmic（见188页）如何在集体宿舍保护隐私？为旅客提供个人胶囊公寓。

€€

Blues Hotel（见190页）酒店服务友好，环境静谧安逸，绝对物有所值。

Sleepbox Hotel（见188页）不是客房，也不是胶囊公寓，而是类似于火车车厢内的床位，但一尘不染，干净舒适。

Danilovskaya Hotel（见191页）位于俄罗斯牧首所在修道院的地界，提供舒适住所。

€€€

Hotel Metropol（见187页）艺术和历史的大都会，为你提供一次体验莫斯科的独特机会。

Hotel Baltschug Kempinski（见192页）酒店极致奢华，历史悠久，与克里姆林宫隔河相望。

Nikitskaya Hotel（见189页）高雅的精品酒店，坐落在莫斯科最好的餐饮街之一。

最佳历史酒店

Hotel Metropol（见187页）从1907年莫斯科最古老的历史建筑改建而来，堪称建筑奇迹。

Hotel Baltschug Kempinski（见192页）最近的翻修工程为这座1898年的建筑增添了现代美。

Radisson Royal（见191页）在一座斯大林式摩天大厦内，这座奢华酒店让人忆起昔日辉煌。

最佳避世之所

iVAN Hostel（见188页）与其说是青年旅舍，不如说是时尚的精品酒店，提供足够的私人空间。

Bulgakov Mini-Hotel（见191页）坐落在阿尔巴特，从后门进入，找寻这个家一样的地方。

People Hotel（见191页）藏身于1913年的宫殿庭院。

行前参考

价格区间

下面的符号代表旺季双人间的费用。

€	₽3000以下
€€	₽3000~8000
€€€	₽8000以上

在线预订

- www.hotels.lonelyplanet.com
- www.booking.com
- www.moscow-hotels.com

价格单位

大多数酒店接受信用卡支付，但很多青年旅舍不接受。很多酒店接受的货币是美元或欧元。所谓uslovie yedenitsiy（通常缩写为“y.e.”）或标准单位，通常相当于欧元。你将会被要求以卢布（₽）为支付单位。

税费

酒店价格包括18%的增值税（VAT），而不是5%的营业税（主要是豪华酒店收取）。

预订

强烈建议你提前预订。一些老式酒店仍收取预订费用，一般为20%，有时第一天的预订费高达房费的50%。

住宿推荐

区域	优势	劣势
克里姆林宫和基泰格罗德	靠近城市最著名的历史遗迹，包括克里姆林宫和红场；景色优美，地理位置优越；交通条件良好	游客众多；极少有便宜的选择；市中心交通繁忙
特维尔和Novoslobodsky	一流的餐饮和娱乐项目；从白俄罗斯火车站到谢列梅捷沃机场交通便利	可能会很喧闹；交通拥挤
普列斯妮娅	一流的餐饮和娱乐项目；有大量绿地	
阿尔巴特和赫莫夫尼	靠近普希金美术博物馆和其他艺术场所；一流的餐饮和娱乐项目；大量绿地	
河畔区	靠近特列季亚科夫画廊；一流的餐饮和娱乐项目；从巴维列茨基火车站到多莫杰多沃机场交通方便；大量绿地	
梅灿涅和巴斯曼	巴斯曼拥有各类餐饮、娱乐项目；便于前往雅罗斯拉夫尔火车站；良好的交通条件	由于交通拥挤及多条地铁线交会，这里嘈杂喧闹

克里姆林宫和基泰格罗德

CAPITAL HOUSE 酒店 €€

见419页地图（☎8-968-931 6646；www.capitalhouse.su；Bol Cherkassky per 4，Bldg 1；房间 ₽4500起；⊖❄📶；Ⓜ Lubyanka）酒店坐落在基泰格罗德中心地带的一条街旁，当你走进酒店，穿过庭院，会略感简朴。周围的建筑都比较破旧，但这个小酒店的内部是新装修的，一层和二层有20间简单客房。这里的风格不花哨，但你会欣然接受，因为这里有宜家风格的家具、高高的天花板和充足的自然光线。

早餐安排在客房内。

★HOTEL METROPOL 历史酒店 €€€

见419页地图（☎499-5017800；www.metropol-moscow.ru；Teatralny proezd 1/4；双 ₽9930~11,400，早餐 ₽2000；⊖❄@🏊；Ⓜ Teatralnaya）建于1907年的Hotel Metropol完全就是新艺术风格的杰作，它的每一处，从壮观的外观到气派的大堂，再到装饰独特的客房（空间狭小），都给我们带来了艺术和历史的美感。自助早餐的价格贵得离谱，在餐厅华丽的彩绘玻璃天花板下供应。在周末和其他优惠时段可享受低价。

FOUR SEASONS MOSCOW 历史酒店 €€€

见419页地图（www.fourseasons.com；Okhotny ryad 2；双 ₽18,000起；⊖❄📶🏊👪；Ⓜ Okhotny Ryad）Hotel Moskva过去一直都是莫斯科的地标建筑，但名气不佳，2003年被拆除。现在的Four Seasons已经重建其外观，采用深槽式装饰设计；更新后的内饰现代而优雅。现酒店拥有200间豪华客房和套房，以及一座精品水疗中心和玻璃屋顶的游泳池。

据说，曾有人向斯大林提供了莫斯科酒店的两种设计方案，但两种方案均审批通过。建造者不敢指出斯大林的误会，所以两种方案各取一半：一半的酒店建构风格和一半斯大林时代风格。结果，这个并不协调的建筑却成了莫斯科一道亮丽的风景线，深受人们喜爱，甚至成为苏联红牌（Stolichnaya）伏特加的瓶身图案。

酒店式公寓

具有商业头脑的莫斯科人已经开始出租短期公寓。公寓配备厨房、洗衣设备和Wi-Fi。租赁机构通常会安排专人每天或每隔几天打扫公寓。通常情况下，相当大一间公寓的价格只相当于酒店里的一间房，甚至更低。这对于家庭旅客或小旅行团来说是个理想的选择。

公寓每晚的价格是₽4300~8600。全面装修的西式公寓会更贵一些。虽然通常会有长期入住的折扣，但是折扣并不多，所以对于长期租客来说，这并不是理想的选择。

Moscow Suites（www.moscowsuites.ru；单间公寓 每晚 US$199起；📶）亮丽的公寓，坐落在特维尔（Tverskaya）或新阿尔巴特（Novy Arbat）中心地带。机场接机和签证支持包含在房价内。

Intermark Serviced Apartments（www.intermarksa.ru；每晚 ₽6800起；📶）四星级酒店标准，主要面向商务旅客。

Enjoy Moscow（www.enjoymoscow.com；每晚 US$155起；📶）坐落在特维尔区，提供各式公寓。公寓大小不等，装饰各异，服务尽责，可安心入住。

Evans Property Services（www.evans.ru；📶）主要面向长期租客，也提供短租，每晚US$120~200。

HOFA（www.hofa.ru；公寓 每晚 €44起；📶）货真价实的俄罗斯民居。

Moscow4rent.com（www.moscow4rent.com；每晚 US$150起）公寓位于市中心，配有互联网、卫星电视和无限制国际电话。

特维尔和Novoslobodsky

GODZILLAS HOSTEL
青年旅舍 €

见422页地图（☎495-699 4223；www.godzillashostel.com；Bolshoy Karetny per 6；铺 ₽760起，标单/双 ₽2400/2600；❄@📶；Ⓜ Tsvetnoy Bulvar）Godzillas是莫斯科最有名的青年旅舍，这是毫无争议的。四个楼层包含几十个床位。客房有大小的不同，但它们都很宽敞，光线充足，色彩各异。为了满足旅客的需要，各楼层都配备了浴室设施、三间厨房和一间配有卫星电视的大客厅。

CHOCOLATE HOSTEL
青年旅舍 €

见422页地图（☎8-910-446 1778；www.chocohostel.com；Apt 4, Degtyarny per 15；铺 ₽700~800，标双/标三 ₽2600/3300；@📶；Ⓜ Pushkinskaya）爱吃巧克力的旅客喜欢这里，因为这个迷人、友好的青年旅舍会让你大饱口福。从国内带上你最喜欢的巧克力品牌，交给本店收藏起来。作为回报，你会得到相对友好的住宿环境——房间色彩绚丽，配有金属家具和旧式镶木地板。意外收获：可以租用自行车！

ANTI-HOSTEL COSMIC
青年旅舍 €

见422页地图（☎499-390 8132；http://anti-hostel.ru/；ul Bolshaya Dmitrovka 7/5, str 3；胶囊公寓 ₽1350起；📶；Ⓜ Teatralnaya）该酒店由一栋公寓改建而成，它将青年旅舍与胶囊旅馆结合在一起。酒店地理位置优越——到红场只要步行五分钟。胶囊公寓为旅客提供了一个狭小但舒适的环境，供旅客享受自己的快乐时光。还有一大片赏心悦目的公共区域。

IVAN HOSTEL
青年旅舍 €

见422页地图（☎8-916-407 1178；www.ivanhostel.com；per Petrovsky 1/30, apt 23；铺 ₽750起，双 带公共浴室 ₽2500起；📶；Ⓜ Chekhovskaya）iVAN由两座干净静谧的公寓组成，距离普希金广场仅几步之遥。作为青年旅舍，里面自然会有宿舍，宿舍非常漂亮。它的主要优点是，客房陈设简单但设计高雅，带有粉刷墙壁和大窗户。浴室是共享的，没有早餐，但你可以自己在设备齐全的公用厨房里做饭。洗衣机额外收费。

★ SLEEPBOX HOTEL
酒店 €€

见422页地图（☎495-989 4104；www.sleepbox-hotel.ru；ul 1st Tverskaya-Yamskaya 27；标单 不带浴室 ₽3200起，双 ₽4700起，四 ₽5500起；❄📶；Ⓜ Belorusskaya）与胶囊酒店比较，它看似平平，但实际上更加优秀。这家酒店不同寻常，一尘不染，就像是一节舒适的车厢，且地理位置优越，对于那些从谢列梅捷沃机场乘坐火车抵达的旅客来说非常便利。淋浴设施和卫生间时髦、干净，一般无须排队。

它既有配备浴室的传统双人间，也有大型家庭间。提供自行车出租服务。

GOLDEN APPLE
精品酒店 €€

见422页地图（☎495-980 7000；www.goldenapple.ru；ul Malaya Dmitrovka 11；双 ₽4900起；🚭❄📶；Ⓜ Pushkinskaya）该酒店临街而立，内部时尚而精致。酒店的客房装修简约，风格现代，在白灰色的映衬下，多彩窗帘和时髦灯具更加耀眼。在保证舒适性的同时，酒店配备了浴室加热地板和羽绒被，奢华丝毫不减。

网上提前预订可享受高达七折的优惠。

PUSHKIN HOTEL
酒店 €€

见422页地图（Отель Пушкин；☎495-201 0222；http://otel-pushkin.ru；per Nastasyinsky 5, str 1；标单/双 ₽7000/8000起；❄📶；Ⓜ Pushkinskaya）这家酒店致力于融合19世纪风格与现代舒适风格。民宿风格的接待区，若不是它面积小，称之为奢华毫不为过。酒店内配有餐厅，但没有必要一定去那里用餐，因为附近出色的餐饮场所林立。

笔者到访之时，虽然入口标记非常不明显，但不太可能找错，因为它是酒店唯一的入口。周末有机会享受大幅折扣。

GUEST HOUSE AMELIE
客栈 €€

见422页地图（☎495-650 1789；www.hotel-amelie.ru；Strastnoy bul 4, str 3, apt 17；标单/双 不含早餐 ₽3000/3500起；📶；Ⓜ Chekhovskaya）Amelie的地理位置优越，就坐落在普希金广场旁。你会发现，在附近找一个比这里更便宜的房间几乎是不可能的。至于缺点，该酒店是由一座公寓改造而来，这也就意味着酒店有共用浴室，入口位于Kozitsky per，没有明显标记。

一旦你找到这条小巷，寻找入口处标记为per Kozitsky 3的建筑。拨打17就能进入。

HOTEL SAVOY
精品酒店 €€€

见422页地图（Отель Савой; ☎495-620 8500; www.savoy.ru; ul Rozhdestvenka 3; 标单/双 ₽9500/12,600起; Ⓜ Lubyanka）Savoy建于1912年，直到现在还有一种沙皇特权时代的氛围，而且它比其他豪华酒店更贴心、实惠。所有客房都配有大理石浴室和意大利饰品、家具。这里有全国顶级的健康俱乐部，包括玻璃圆顶游泳池，并配有喷泉和瀑布，让疲惫的身体得到放松。

ARARAT PARK HYATT
酒店 €€€

见422页地图（☎495-783 1234; www.moscow.park.hyatt.com; Neglinnaya ul 4; 房间 ₽23,000起; Ⓜ Teatralnaya）这家豪华酒店是当代设计的典型代表：它的玻璃和大理石门面时尚得令人惊叹，将周边地区的古典和巴洛克式建筑融为一体，毫无违和感。优雅、现代的外观一直延伸到内部中庭式大堂和豪华的客房。客人可享受到他们心目中最好的住宿条件。这里的服务也是一流的（每日打扫两次）。

酒店有许多餐厅，但一定不要错过**音乐酒廊**（Conservatory Lounge），在那儿可欣赏剧院广场的全景。

普列斯妮娅

BEAR HOSTEL ON MAYAKOVSKAYA
青年旅舍 €

见428页地图（☎495-649 6736; www.bear-hostels.com; ul Sadovaya-Kudrinskaya 32; 铺 ₽550~1000; Ⓜ Mayakovskaya）相较于其他中规中矩的酒店，这里大胆的色彩调配和墙壁上的至理名言让它显得与众不同。它提供的宿舍，里面从4张床到14张床（包括一个女生宿舍），不一而足。就在牧首塘附近。

BEAR HOSTEL ON ARBATSKAYA
青年旅舍 €

见428页地图（☎495-649 6736; www.bear-hostels.com; ul Bolshaya Molchanovka 23; 铺 ₽500~1250，标双 ₽3000，早餐 ₽130; Ⓜ Arbatskaya）这家旅舍一尘不染，经营高效，进入前请脱鞋。如果你忘记了带你的tapochki（拖鞋），可以在自动售货机处购买。此外，你也可以在自动售货机处购买牙刷、内衣和盒装早餐等物品。

价格根据房间大小（2~16个床位）有所不同，女性可以选择女生宿舍。这个地方没有情调，同样没有意外。

FRESH HOSTEL ARBAT
青年旅舍 €

见428页地图（☎8-916-224 1212; www.freshhostel.ru; Merzlyakovsky per 16; 铺 ₽600~650; Ⓜ Arbatskaya）这个静谧、干净、惬意的旅馆就像阿尔巴特蕴藏的一颗宝石，配备出色的休闲区。这里提供8床位和10床位宿舍，总床位50张。来到庭院，寻找醒目字母"F"，看清门牌号，然后进入。

MARCO POLO PRESNJA
酒店 €€

见428页地图（Марко Поло Пресня; ☎495-660 0606; www.presnja.ru; Spiridonevsky per 9; 双 ₽5400起; Ⓜ Mayakovskaya）如果你要寻找整个莫斯科城位置最佳的酒店，那请你别观望，这里就是最佳选择。这个地方有一点老式机构的感觉，但是它足够舒适。这里的性价比颇高。

此外，如果提早预订，或者入住五晚，抑或适逢其时，会有超值优惠。快来一探究竟。

ELEMENT HOTEL
酒店 €€

见428页地图（Отель Элемент; ☎495-988 0064; www.hotel-element.ru; Bolshaya Nikitskaya ul 24/1, Bldg 5; 双 ₽3800~4500; Ⓜ Arbatskaya）酒店坐落在时尚的Bol Nikitskaya，地理位置相当优越，价格也是无可挑剔。所以，你应该不会计较酒店的劣势：入口位于陋巷，房间可按小时出租。实际上，这里相当不错，房间一尘不染，装饰赏心悦目，工作人员热情周到。

价格最低的客房空间狭小，所以，除非独自旅行，否则建议升级客房档次。

★ NIKITSKAYA HOTEL
精品酒店 €€€

见428页地图（Гостиница Никитская;

☎495-933 5001; www.assambleya-hotels.ru; Bolshaya Nikitskaya ul 12; 标单/双₽9300/11,300, 早餐₽500; ⊜❄📶; Ⓜ Okhotny Ryad）如果你喜欢古色古香的街区小酒店，你一定会喜欢Nikitskaya Hotel。整座大楼和客房维护良好，酒店保留旧式的安逸舒适气氛。酒店的地理位置也是无可挑剔的：在高级餐厅和Bolshaya Nikitskaya的宏伟建筑之中。早餐通过酒店附属餐厅Ugolyok（见113页）提供，这家餐厅颇受青睐。

尽管该酒店有其优越的地理位置和俄罗斯风情，但我们还是觉得价格太高。不过，周末和淡季会有折扣，可以充分利用。

★ HOTEL DE PARIS 精品酒店 €€€

见428页地图（☎495-777 0052; www.hotel-deparis.ru; Bol Bronnaya ul 23, Bldg 3; 标单/双₽9000/9450起; ⊜❄📶; Ⓜ Pushkinskaya）酒店离特维尔卡亚（Tverskaya）繁华区仅几步之遥，坐落在林荫环线旁的一座安静庭院中，样式新潮，赏心悦目。酒店位于较低楼层，房间没有充足的自然光线，但是设有特大号床和按摩浴缸，设计优雅。服务一向友好。周末价格优惠，可打六折，物有所值。

ARBAT HOUSE HOTEL 酒店 €€€

见428页地图（Отель Арбат Хаус; ☎495-643 1910, 预订 495-695 5136; www.arbat-house.ru; Skatertny per 13; 标单/双₽7800/8300起; ⊜❄📶; Ⓜ Arbatskaya）Arbat House是三星级酒店，但是收费达到四星级标准（性价比不算太低）。房间虽小，但是舒适惬意。服务热情周到。酒店虽不接近阿尔巴特，但位于古色古香之地，临居民街而立，周围使馆环绕，环境静谧。

周末和淡季往往会有折扣。预订时，一定要询问“当日最优惠的价格”。

PEKING HOTEL 酒店 €€€

见428页地图（Гостиница Пекин; ☎495-650 0900; www.hotelpeking.ru; Bolshaya Sadovaya ul 5/1; 标单/双₽7000/8600; ⊜❄📶; Ⓜ Mayakovskaya）Peking Hotel矗立在Triumfalnaya广场上，这幢斯大林式建筑拥有高高的天花板、镶木地板和大理石楼梯。房间各不相同，但是全部采用迷人宝石装修，配备时髦家具。

13层是不错的Time-Out Bar，那里的景观令人心旷神怡，气氛令人愉悦。注意：网上预订可以享受“不可退款”的折扣。

阿尔巴特和赫莫夫尼

DA! HOSTEL 青年旅舍 €

见424页地图（Да! Хостел; ☎495-212 9383; www.da-hostel.ru; ul Arbat 11; 铺₽650~1025, 标双₽2900; ⊜@📶; Ⓜ Arbatskaya）Da! Hostel是一家物有所值的青年旅舍，有开放、宽敞的公共区和厨房、一间Play Station游戏室，以及各种宿舍客房，干净整洁，配备坚固木床。共有两层，包含大约100张床位，其中有四床位房间、女生宿舍。旅客多是俄罗斯人，一些是长租客。

BEAR HOSTEL ON SMOLENSKAYA 青年旅舍 €

见424页地图（☎495-649 6736; www.bear-hostels.com; Smolensky bul 15; 铺₽600~950, 早餐₽130; ⊜❄@📶; Ⓜ Smolenskaya）这个青年旅舍时髦新潮、简单实用，位于阿尔巴特以西，靠近花园环线，客房配有空调（全部男女混住）。50张宽敞架子床带有护栏，保护儿童或者醉客。这是所有Bear连锁店当中最为漂亮精致的一个，其他连锁店还有不太起眼的马雅可夫斯基（Mayakovskaya）店以及面积更大的阿尔巴特坎亚（Arbatskaya）旗舰店。

★ BLUES HOTEL 精品酒店 €€

见426页地图（☎495-961 1161; www.blues-hotel.ru; ul Dovatora 8; 标单/双₽5800/6300起; ⊜❄📶; Ⓜ Sportivnaya）它的位置不在市中心，但这并不算是劣势。这里距离红色线路地铁仅几步之遥（五站就能到红场），离新圣女公墓也只有几个街区的距离，而且附近还有几个相当不错的餐厅。考虑到拥有这些优势，并且提供时髦新潮、一尘不染的客房，这家服务热情、经济实惠的酒店堪称瑰宝。

还有更好的事：周末有更多优惠！

★ MERCURE ARBAT HOTEL 精品酒店 €€

见424页地图（Гостиница Меркурий Арбат; ☎495-225 0025; www.mercure.com;

Smolenskaya pl 8；双 ₽7000起；⊖ⓦⓡ；ⓂSmolenskaya）我们被这家赏心悦目的精品酒店迷住了。从外观看，它并没有什么特别的地方，但是客房漂亮，相当奢华。价格最为实惠的客房配备大号床铺、工作区、平板电视和别致浴室，带有浴盆。位于花园环线核心地带，但很安静。性价比高，尤其是周末。

自助早餐丰盛，需要另外付费。

BULGAKOV MINI-HOTEL 酒店 €€

见424页地图（☎495-229 8018；www.bulgakovhotel.com；ul Arbat 49；双 ₽4000；⊖@ⓡ；ⓂSmolenskaya）这里有上等客房，天花板高耸。就其价格而言，该店堪称莫斯科首屈一指的酒店，地理位置尤其优越。浴室狭小但很私密。

从Plotnikov per进入庭院，自2号入口进入。

PEOPLE HOTEL 酒店 €€

见424页地图（☎495-363 4581；www.hotelpeople.ru；Novinsky bul 11；标单/双 ₽3890/4290，不带浴室 ₽2690/3290；⊖@ⓡ；ⓂSmolenskaya）这家赏心悦目的酒店占据一座宏伟新古典主义宫殿的三面，就在花园环线以外。其房间狭小，分布稀疏，墙壁较薄，房间每隔三天打扫一次。但是，阳光充足、时髦新潮的客房真是莫斯科不可多得的住处。此外，还有不错的厨房和公共休息室。

请注意，酒店无空调，夏天晚上炎热。

KEBUR PALACE 酒店 €€€

见424页地图（Кебур Палас；☎495-733 9070；www.keburpalace.ru；ul Ostozhenka 32；标单/双 ₽10,950/13,000；⊖❄ⓡ≋；ⓂKropotkinskaya）格鲁吉亚人一向热情好客。这一点体现在精品餐馆上，例如典型代表Tiflis（见135页），还有这家雅致的四星级酒店。本店拥有80间客房，提供温馨氛围和个性化服务。

酒店也有几个小单间（费用₽6600~9950）。预订一间带阳台的客房，可以俯瞰天井里的喷泉。

ARBAT HOTEL 酒店 €€€

见424页地图（Гостиница Арбат；☎499-271 2801；www.president-hotel.net/arbat；Plotnikov per 12；标单/双 ₽10,000/11,500起；⊖❄ⓡ；ⓂSmolenskaya）Arbat Hotel是少数保有苏联风貌的酒店之一。客房装饰高雅，舒适宜人，整体保持着过去时代的魅力。地理位置绝佳：位于静谧的居民街道，距离阿尔巴特咫尺之遥。周末房价打六折。

RADISSON ROYAL 历史酒店 €€€

（Радиссон；☎495-221 5555；www.radissonblu.com；Kutuzovsky pr 2/1；房间 ₽11,000起；⊖❄ⓡ≋；ⓂKievskaya）酒店是"斯大林七姐妹"其中之一，傍莫斯科河而建，面对莫斯科白宫，美不胜收。这个地方保留了旧式的排场和大气，有水晶吊灯、磨光大理石和主题天花板壁画。厚重的窗帘、花纹壁纸以及古董仿品，都营造出一种旧式贵族气息，但这里也有各种现代化设施。

如果提早预订或者愿意预付"不可退款"房间，可以享受超值优惠。

河畔区

THREE PENGUINS 青年旅舍 €

见430页地图（Три Пингвина；☎8-910-446 1778；www.3penguins.ru；ul Pyatnitskaya 20，str 2；铺/双 ₽750/2600；ⓡ；ⓂNovokuznetskaya）这间非常小的青年旅舍位于改建的公寓中，公共区域舒适宜人。该栋大楼紧邻ul Pyatnitskaya，Illarion咖啡馆非常醒目。除了宿舍，还有四间双人间——两间标准间和两间架子床客房。

Penguins以良好的服务态度而备受好评，位于河畔区商业核心地带（去克里姆林宫也很方便）。附近咖啡馆林立，还有特列季亚科夫画廊。

DANILOVSKAYA HOTEL 酒店 €€

（Даниловская гостиница；☎495-954 0503；www.danilovsky.ru；Bul Starodanilovsky per；标单/双 ₽6000/6500；⊖❄@ⓡ；ⓂTulskaya）Danilovskaya Hotel是莫斯科最神圣的酒店，位于一座12世纪同名修道院地界之上——环境高雅别致，18世纪教堂和修剪整齐的花园更是锦上添花。这座现代公寓共有五层，几乎所有客房都能欣赏院内风景。客房最近修葺一新，简朴整洁，早餐返璞归真：食物不会让人贪婪、暴食和懒惰。

MERCURE MOSCOW PAVELETSKAYA
酒店 €€

见430页地图（☎495-720 5301; www.mercure.com; ul Bakhrushina 11; 房间 ₽5900起; 📶; Ⓜ Paveletskaya）这家Mercure分店似乎全是优点。搭乘多莫杰多沃机场（Domodedovo Airport）快车非常便利，靠近Paveletskaya地铁站。这是上乘酒店，拥有豪华客房（紫色基调），位于一条安静街道，旁边林立19世纪的房屋，达到四星级标准，但是价格优惠，为莫斯科罕见。

配套水疗设施会让游客感到亲切，能够洗去游览莫斯科一天之后的疲惫。

IBIS BAKHRUSHINA
酒店 €€

见430页地图（☎495-720 5301; www.ibis.com; ul Bakhrushina 11; 房间 ₽3990起; ❄📶; Ⓜ Paveletskaya）这是Ibis（宜必思）最新进入市中心的一家酒店。诚然，这家酒店不过只是一家IBIS分店，但是，在莫斯科，清楚知道自己想要什么非常重要：价格实惠、客房舒适、服务专业可靠。可去邻近的Mercure酒店享受水疗服务，需要额外付费。

OZERKOVSKAYA HOTEL
精品酒店 €€

见430页地图（Озерковская гостиница; ☎495-783 5553; www.ozerkhotel.ru/eng; Ozerkovskaya nab 50; 标单/双 ₽5940/6900起; 🚭📶; Ⓜ Paveletskaya）这家酒店温馨舒适，只有27间客房，其中3间藏身于复折式屋顶下。房间装饰简单，但是配备镶木地板、舒适大号床铺，使其远超苏联解体后的收费标准。服务贴心周到，酒店位于核心位置（方便乘坐多莫杰多沃机场快车），因此，Ozerkovskaya Hotel是个超值住宿选择。

WEEKEND INN APARTMENTS
客栈 €€

见430页地图（☎495-648 4047; www.weekend-inn.ru; ul Pyatnitskaya 10, str 1; 双/标三 ₽3900/4500起; Ⓜ Novokuznetskaya）Weekend Inn Apartments占据一座19世纪大楼的上面两层，与克里姆林宫隔河相望（仅有几步之遥）。客房宽敞，墙壁素白粉刷，设计简约。公用浴室非常干净，还有一个公共厨房区域，说实话，完全没有必要自己做饭，因为附近咖啡馆林立。

ALROSA ON KAZACHY
精品酒店 €€

见430页地图（Алроса на Казачьем; ☎495-745 2190; www.alrosa-hotels.ru; 1-y Kazachy per 4; 标单/双 ₽6400/6700起; 🚭❄📶🏊; Ⓜ Polyanka）Alrosa on Kazachy坐落在河畔区中心，是莫斯科最古老、最令人回味的地域之一，营造出18世纪庄园氛围。中庭光线充足，装饰水晶吊灯，还有15间古色古香的客房。周末房价打折。

WARSAW HOTEL
酒店 €€

见430页地图（Гостиница Варшава; ☎495-238 7701; www.hotelwarsaw.ru; Leninsky pr 2/1; 标单/双 ₽4600/5600起; 🚭❄📶; Ⓜ Oktyabrskaya）本店位于一座交通繁忙的广场，抬头可见一尊巨大的列宁雕像，来往高尔基公园非常方便。这家苏联时代的老牌酒店经过全面装修，从金碧辉煌、时髦现代的大厅就能看得出来。就其地理位置而言，新客房物有所值。

PARK INN SADU
酒店 €€

见430页地图（☎495-644 4844; www.parkinn.ru; ul Bolshaya Polyanka 17; 标单/双 ₽3900/4500起; ❄📶; Ⓜ Polyanka）这家酒店就是Park Inn的一家非常普通的分店，所以对于舒适度不要期望过高。地理位置优越，步行可达克里姆林宫和红色十月酒吧及画廊聚集地。盛夏，房价低得吓人。

SWISSÔTEL KRASNYE HOLMY
酒店 €€€

见430页地图（☎495-787 9800; www.moscow.swissotel.com; Kosmodamianskaya nab 52; 房间 ₽17,000/19,800起; 🚭❄📶🏊; Ⓜ Paveletskaya）Swissôtel Krasnye Holmy矗立莫斯科河旁，仿似一座金属摩天大楼，亮丽时髦。客房华丽、精致、宽敞。装潢简约，有深色硬木地板和一些现代派画作，但是丝毫不影响其在城市天际线的耀眼地位。

如果夜晚不想额外消费，可到32楼的City Space Bar欣赏城市风景。

HOTEL BALTSCHUG KEMPINSKI
历史酒店 €€€

见430页地图（Балчуг Кемпински; ☎495-

287 2000; www.kempinski-moscow.com; ul Balchug 1; 房间 不带/带风景 ₽13,000/16,000起; ; MKitay-Gorod, Ploshchad Revolyutsii）如果你想一觉醒来就看到阳光下十分耀眼的克里姆林宫金色圆顶，那这家坐落在莫斯科河畔的豪华酒店就是你想找的地方。这是一座历史悠久的酒店，建于1898年，拥有230间高顶客房，设计鬼斧神工、奢侈豪华。酒店附属餐厅最著名的是周日早午餐，供餐时间为12:30~16:30。自助餐相当丰盛，配有俄罗斯香槟和现场爵士乐。

周五和周六晚上房价打折，是周末出游的绝佳选择。

梅灿涅和巴斯曼

PRIVET HOSTEL

青年旅舍 €

见434页地图（Хостел Привет; ☎495-374 5949; www.privethostels.ru; per Podsosensky 3, str 2; 铺₽800起; ; MKurskaya）Privet Hostel自称是苏联最大的青年旅舍，位于市中心风光绝美的奇斯特耶普鲁迪（Chistye Prudy）街区，占据一栋大厦。旅馆以深紫色为主色调，四床和六床宿舍放置实木架子床，配备矫形床垫，一些配备小巧玲珑的工作台。按照俄罗斯青年旅舍标准，淋浴间和洗手间堪称豪华。这里还有一间咖啡馆，提供早餐（额外收费），另外有一间小巧的公用厨房、一间健身房和一间放映俄语或英语影片的小型电影院。入口在per Barashevsky上。

COMRADE HOSTEL

青年旅舍 €

见434页地图（☎499-709 8760; www.comradehostel.com; ul Maroseyka 11; 铺/标单/双 ₽650/1800/2200; ; MKitay-Gorod）Comrade Hostel很小，很难找到。首先，进入庭院找到3号入口，在那儿能够看到3楼窗口一个电脑打印的标识。旅馆内部虽然人满为患，但是氛围相当温馨。一个房间一般塞进10~12张床，地板上甚至铺着床垫。

除了小门厅和厨房，旅馆内几乎没有任何公共空间，但每个人都像革命同志一样友好相处。不含早餐。

KITAY-GOROD HOTEL

酒店 €€

见434页地图（Отель Китай-Город; ☎495 991 9971; www.otel-kg.ru; Lubyansky proezd 25; 标单₽3800~5500，双₽5200~7500; ; MKitay-Gorod）对于经济型旅客来说，能找到这么靠近红场的住所实属不易。同时，这里搭乘地铁方便，附近餐馆林立。酒店占据这栋住宅楼的两层，提供46间狭小但舒适的客房。

这里可能比较吵。如想一直关窗，最好入住空调房。周末房价打折。

ELOKHOVSKY HOTEL

酒店 €€

见434页地图（Отель Елоховский; ☎495-632 2300; http://elohotel.ru/; ul Spartakovskaya 24; 标单/双 ₽3900/4600; ; MBaumanskaya）不可否认，本店不在市中心而且位于一个购物中心的顶层。然而，即便如此，它仍是莫斯科性价比最高的酒店。客房以世界各大城市为主题，采用柔和、舒适的色彩粉刷。大堂咖啡机24小时提供服务。距离Baumanskaya地铁站和Elokhovsky大教堂仅有一箭之隔。

HOTEL SVERCHKOV 8

酒店 €€

见434页地图（Сверчков 8; ☎495-625 4978; www.sverchkov-8.ru; Sverchkov per 8; 标单/双 ₽6000/7000; ; MChistye Prudy）Hotel Sverchkov 8坐落在一片安静的居民小巷中，这是一栋小巧雅致的19世纪建筑，提供11间客房。走廊两旁放置绿叶植物，墙壁装饰当地艺术家的画作。虽然客房的浴室已经过时，家具已经褪色，但是温馨亲切，仿似归家。

HILTON MOSCOW LENINGRADSKAYA

历史酒店 €€

见434页地图（☎495-627 5550; www.hilton.com; Kalanchevskaya ul 21/40; 双 ₽7000起; ; MKomsomolskaya）Hilton Moscow Leningradskaya在标志性的斯大林式摩天大楼内，它原本是Leningradskaya Hotel。改为Hilton之后，经过翻修，面貌焕然一新。Hilton保留苏联式的宏伟大堂，但是采用当代设计以及先进设施对客房进行改善。

如果搭乘火车到达或离开，这是最便利的住宿地点，因为靠近三个车站。酒店俯瞰Komsomolskaya广场。

BENTLEY HOTEL 酒店 €€

见434页地图（☎495-917-4436; www.bentleyhotel.ru; ul Pokrovka 28; 标单/双 ₽4300/5500起；；MKitay-Gorod）楼下就是受人欢迎的美式餐厅，Bentley Hotel全力以赴，使客人有宾至如归的感觉。除了奶酪汉堡和薯条，这家微型酒店还有宽敞、装饰华丽的客房，温馨而诱人。意外收获：住客在附近的水疗机构享受按摩和其他服务可获得折扣。

GODZILLAS URBAN JUNGLE LODGE 客栈 €€

见434页地图（☎8-925-347 4677; www.godzillashostel.com/ujl/; ul Pokrovka 21, 3rd fl; 标单/双 带公共浴室 ₽2450/3150；；MChistye Prudy）这家Godzillas Urban Jungle Lodge是莫斯科最受欢迎的青年旅舍的分店，提供十几个时尚的单人间和双人间，楼下就是深受青睐的Coffee Bean。位于莫斯科最美丽的街区之一。

浴室公用，需要走过陡峭楼梯，让人心有不悦。但是就其价格而言，已属不错。

SRETENSKAYA HOTEL 酒店 €€€

见434页地图（Сретенская гостиница; ☎495-933 5544; www.hotel-sretenskaya.ru; ul Sretenka 15; 标单/双 ₽7900/11,300；@；MSukharevskaya）Sretenskaya Hotel的独特之处在于地方小、服务好，到处弥漫着浪漫的俄罗斯气息。客房天花板高耸，采用雅致、传统的装饰。冬季很受欢迎，住客可在桑拿浴室温暖身体，或在湿热的"冬季花园"沐浴阳光。

圣彼得堡

视觉中国 提供

埃尔米塔日博物馆的约旦阶梯

探索圣彼得堡

圣彼得堡
重要景点

区域速览

Park 300-Letiya Sankt Peterburg
Bolshaya Nevka
Primorsky pr
Torzhkovskaya ul
Polyustrovsky pr
Yelagin Island
Vyborgskaya nab
Pesochnaya nab
Krestovsky Island
PETROGRAD SIDE
彼得格勒
Gulf of Finland (Finsky Zaliv)
芬兰湾
Petrogradsky Island
VYBORG SIDE
维堡
5
Malaya Neva
Petrovsky Island
Maly pr
Bolshoy pr
Kronverksky Island
Sverdlovskayanab
Arsenalnaya nab
Korablestroiteleyul
Dekabristov Island
Peter & Paul Fortress
彼得和保罗堡垒
Neva 涅瓦河
Smolenka River
Smolenskoe Cemetery
The Hermitage
埃尔米塔日
博物馆
ul Chaykovskogo
SMOLNY
斯莫尔尼
4
Kunstkamera
珍品陈列馆
Church on the Spilled Blood
滴血大教堂
Kirochnaya
Tulskaya ul
VASILYEVSKY ISLAND
瓦西里岛
Sredny pr
Vasileostrovets Gardens
ul Nekrasova
Grebnoy Port
Bolshaya Neva
General Staff Building
总参谋部大楼
Russian Museum
俄罗斯博物馆
3
Sinopskaya nab
Erarta Museum of Contemporary Art
艾拉尔塔当代艺术博物馆
Bolshoy pr
St Isaac's Cathedral
圣伊萨大教堂
HISTORIC HEART
历史中心
1
Alexander Nevsky Monastery
亚历山大·涅夫斯基修道院
MARIINSKY
2
Ligovsky pr
Gulf of Finland (Finsky Zaliv)
芬兰湾
SENNAYA
先纳亚
Fontanka
Zagorodny pr
KOLOMNA
科洛姆纳
Mariinsky Theatre
马林斯基剧院
nab reki Fontanki
Yusupov Palace
尤苏波夫宫
VOSSTANIYA
沃思塔尼亚
Novaya Kanonerskaya Gavan
Borovayaul
ul Rozenshteyna
Moskovsky pr
Ekateringofka
Park Yekateringoff
Ligovsky pr
pr Stachek
0 2 km
0 1 miles
Moskovsky pr
Vitebsky pr
Park Pobedy

❶ 历史中心 见200页

城市中心就是涅瓦河和丰坦卡河之间的区域。市内宽阔的主干道涅夫斯基大街将其一分为二，Gorokhovaya ul将先纳亚和科洛姆纳分隔开来。知名景点都在此扎堆，包括埃尔米塔日博物馆、喀山大教堂和滴血大教堂。这是圣彼得堡生活节奏较快、人口较密集的区域，亦是圣彼得堡的商业和旅游中心。圣彼得堡最佳的酒店和餐馆多数位于本区，无论是否下榻于此，到访圣彼得堡的游客必定会在此度过大部分时光。

❷ 先纳亚和科洛姆纳 见246页

这两个地区紧邻历史中心，本身也算历史悠久，尽管它们之间大相径庭。先纳亚围绕先纳亚广场（干草市场）分布，这是一个传统的贫民区，经过陀思妥耶夫斯基所著《罪与罚》的描述而广为人知。科洛姆纳环境静谧、非常偏僻，但是历史悠久、美不胜收。这里拥有世界知名的马林斯基剧院，运河和河流的数量超过圣彼得堡其他地区。

❸ 斯莫尔尼和沃思塔尼亚 见259页

这一片区包括四块——斯莫尔尼、利特尼、沃思塔尼亚和弗拉基米尔斯卡亚，也是市中心的一部分。斯莫尔尼半岛是个富有的居民区，地标建筑当属斯莫尔尼大教堂，附近的利特尼围绕Liteyny pr分布，Liteyny pr是一条商业街，位于斯莫尔尼和丰坦卡河之间。涅夫斯基大街以南是沃思塔尼亚和弗拉基米尔斯卡亚。沃思塔尼亚是圣彼得堡地下艺术和酒吧中心，弗拉基米尔斯卡亚（根据远近闻名的弗拉基米尔大教堂命名）是个商业区，满眼都是购物场所、市场和奇特的博物馆。

❹ 瓦西里岛 见278页

瓦西里岛东边历史景点云集。彼得大帝时代，这里原本会成为城市行政中心，但是计划没有付诸实施，如今这个岛上基本都是居民区，统一按照网格样式划分，还有几条熙熙攘攘的购物街。岛屿西端更加空旷，工厂更多，无与伦比的艾拉尔塔当代艺术画廊和博物馆就在这里，也是人们来此旅游的重要原因。

❺ 彼得格勒和维堡 见288页

彼得格勒令人沉醉，从彼得和保罗堡垒到引人注目、矗立闹市街道两边的现代风格建筑群，应有尽有。这里同时拥有美丽的清真寺、许多精美的博物馆、基洛夫岛上大片开阔地带——圣彼得堡最大的绿肺。维堡是芬兰站所在地，因其在苏联历史上的作用而闻名，可能有点荒凉。因此，漫步在这片丑陋但是趣味十足的后工业地带将会消除一些宫殿审美疲劳，一些知名景点会令你不虚此行。

历史中心

区域亮点

❶ 在**埃尔米塔日博物馆**（见202页）回顾全球艺术和文化的发展史，见识罗曼诺夫王朝金碧辉煌的寓所。

❷ 看到**滴血大教堂**（见225页）珠宝盒般闪耀的外貌时，你一定会目瞪口呆。走入其中后，你更会对那史诗般的马赛克拼花图案肃然起敬。

❸ 在绝妙的**俄罗斯博物馆**（见218页）欣赏世界上最棒的俄罗斯艺术藏品。

❹ 攀登262级台阶，爬上富有纪念意义的**圣伊萨大教堂**（见226页）的金色穹顶，观赏令人震撼的风景。

❺ **乘游轮**（见245页）沿历史中心的河流和运河游览，是观赏这座水上城市的最佳方式之一。

这一区域的更多细节见438页地图

探索历史中心

历史中心从金色尖顶的海军部大楼（Admiralty）向丰坦卡河（Fontanka River）呈放射状分布，该区不但有众多著名的景点（包括宏伟的宫殿、教堂和博物馆），还有苏维埃游戏机博物馆（Museum of Soviet Arcade Machines）和四个可爱的公园之类的奇特小去处。圣彼得堡旅游的主要内容就在这里，特别是该地区还恰好拥有丰富的美食、美酒。

想要获得一个难以忘怀的第一印象，请直奔巨大的冬宫广场，在那里能看到冬宫（Winter Palace），即埃尔米塔日博物馆（Hermitage）所在地。与其同样壮观的是总参谋部大楼（General Staff Building）和涅瓦河（Neva River）那令人咂舌的全景。从那里出发，你需要精心计划一下接下来几天的游览路线。

涅夫斯基大街（Nevsky pr）是该市的主要大街，每个行程都会包含它。不管喜不喜欢，最终你都会来到这条宽敞繁华的大道上。但也一定要在这条大街之外花些时间，其他迷人的地区也值得深入探索。

当地生活

➡ **公园** 广阔的战神公园（见231页）、避暑花园（见228页）、米哈伊罗夫斯基公园（见230页）和亚历山大花园（见230页）等绿色空间，都是暂时从参观行程中抽身而在阳光灿烂的日子里野餐休闲的好去处。

➡ **免费艺术** 每月第一个周四，当地人会蜂拥前往埃尔米塔日博物馆（见202页），当天门票免费，人非常多。

➡ **精彩活动** 查查活动日程表，看看Ziferberg（见239页）和Miracle（见240页）等计时咖啡馆里有没有免费的音乐会，查查苏维埃游戏机博物馆（见233页）里有没有举办乒乓球DJ夜活动。

到达和离开

➡ **地铁** 该区有三个地铁站：相连的Nevsky Prospekt（2号线）和Gostiny Dvor（3号线），以及埃尔米塔日博物馆拐角处的Admiralteyskaya（5号线）。

➡ **无轨电车** 7路车驶过整条涅夫斯基大街，经过冬宫广场，然后穿过Dvortsovy直到瓦西里岛。

➡ **公共汽车** 不想步行的话，可以在涅夫斯基大街乘坐7路、10路、24路、27路、181路或者191路公交车。

独家贴士

对于时间不多或者想要避开白天拥挤人流——特别是旅游团和学生群的游客来说，有一大好消息：该市的主要博物馆和艺术馆，每周都有一天的营业时间延迟到晚上9点，其中包括埃尔米塔日博物馆（周三）和俄罗斯博物馆（周四）。

最佳餐厅

➡ Yat（见238页）

➡ Marketplace（见233页）

➡ Jack & Chan（见233页）

➡ Gosti（见238页）

详细介绍见233页 ➡

最佳饮品

➡ Radiobaby（见239页）

➡ Borodabar（见239页）

➡ Ziferberg（见239页）

➡ Sidreria（见240页）

详细介绍见239页 ➡

最佳购物

➡ Taiga（见243页）

➡ Kupetz Eliseevs（见244页）

➡ Perinnye Ryady（见243页）

➡ Passage（见244页）

详细介绍见243页 ➡

重要景点
埃尔米塔日博物馆

圣彼得堡市中心的这片旅游区是世界上最出众的艺术区之一，也是大部分游客来该市观光的第一站，在这里主要是欣赏巴洛克风格的冬宫及其周围那片令人惊奇不已的建筑群。此处最能体现罗曼诺夫王朝的富饶与奢华。

艺术收藏

如今，只要买了门票，任何人都可以大踏步地走下那壮丽宏伟的楼梯，穿过镶木拼花地板，凝视水晶吊灯、镀金家具以及那些不能不令人感到惊奇的艺术品。

自从印象派、后印象派和现代派作品搬到了总参谋部大楼（General Staff Building，见216页）的新画廊后，埃尔米塔日博物馆的主体主要展现史前时代直至19世纪中叶的艺术品，其包括五座相连的建筑：冬宫（Winter Palace），小埃尔米塔日（Small Hermitage），新、旧埃尔米塔日（Old and New Hermitage）以及国立埃尔米塔日剧院（State Hermitage Theatre）。

西欧的展品涵盖广泛，有西班牙、佛兰德、荷兰、法国、英国和德国从15世纪到18世纪的艺术品，而意大利的艺术藏品可一直追溯到13世纪，其中有达·芬奇、拉斐尔、米开朗基罗和提香无价的艺术作品。最精彩的当属大量的荷兰和佛兰德绘画，特别是伦勃朗（Rembrandt）的各类作品，其中最著名的是他的杰作《浪子回头》（*Return of the Prodigal Son*）。

库内藏品数量是你在该博物馆里看到的20倍，其

不要错过

- 伦勃朗（254号展室）
- 大教堂
- 黄金屋
- 孔雀钟

实用信息

- Государственный Эрмитаж
- 见438页地图
- www.hermitagemuseum.org
- Dvortsovaya pl 2
- 成人/学生 ₽400/免费，每月第一个周四免费，照相₽200
- ⌚周二、周四至周日10:30~18:00，周三 10:30~21:00
- Ⓜ Admiralteyskaya

视觉中国 提供

中一部分在埃尔米塔日博物馆藏品保存库（Hermitage Storage Facility，见296页）。该博物馆分馆有瓦西里岛上的缅希科夫宫（Menshikov Palace，见282页）和城市南部的皇家瓷器厂（Imperial Porcelain factory，见276页）。

一层展览

首先得上二层，然后从153号和156号展室之间的楼梯，或者289号和288号展室之间的楼梯下来。

11~26号展室：史前手工制品

埃尔米塔日的史前展品包括数以千计的可以追溯到旧石器时代（公元前500,000年至公元前12,000年）的手工制品。最精彩的是：

- **12号展室** 1935年考古探险队员从奥涅加湖（Lake Onega）东北岸找到的雕刻岩画（可追溯到公元前2000年）。
- **13~14号展室** 北高加索一处墓冢的出土文物，包括衣着华丽、满身珠宝的游牧首领的尸体。
- **26号展室** 这个展室陈列着有2000多年历史的木乃伊，还有一辆复原得很好的木制手推车。

27~40号和46~69号展室：古代东方

这几个精妙的展厅里的展品来自中亚、西伯利亚和高加索地区，可以追溯到公元前10世纪。47~51号展室主要是令人印象深刻的7世纪、8世纪的来自彭吉肯特（位于现在的塔吉克斯坦）的文物遗迹，而67~69号展室主要展出在13世纪和14世纪横扫过俄罗斯的金帐汗国的艺术品和手工制品。

89~91号展室：古代近东

这几个展室展示着令人难忘的巴比伦和亚述石灰岩浮雕上的楔形文字。

100号展室：古代埃及

这个大厅里有俄罗斯考古学家挖掘出土的古代埃及文物。这些展品涵盖了从古王国时期（公元前3000年至公元前2400年）到新帝国时期（公元前1580年至公元前1050年）的整个埃及时代。这里有许多绘有图案的大理石石棺和刻有古埃及象形文字的墓碑，还有一具神奇的公元前10世纪的木乃伊。

埃尔米塔日旅游贴士

- 在线预订门票的话（www.hermitagemuseum.org），打印出来的兑换券不限日期。可以直接走进埃尔米塔日博物馆换票，而不用排大队。
- 或者在主入口处的电脑售票机上买票，记得票最后出来（先出付款收据后出票）。
- 要拍照的话，得买₽200的票。很多人不买，而在博物馆中也很少被查。
- 如果把外套和包存在衣帽间，要注意：不离开博物馆就不能回去拿任何东西。
- 在博物馆里，可以提手袋和塑料袋，但不允许背包。

在博物馆，厕所很多，不要像菜鸟一样，以为进门处那个约旦阶梯（Jordan Staircase）旁的厕所是唯一的厕所，那里排的队伍（尤其是女厕）可能很长。

埃尔米塔日博物馆

半日游

埃尔米塔日博物馆有4座相通的建筑和大约360个房间。在这里，成功地给前来参观的旅行者指路是一种艺术。我们的亮点半日游4小时可以完成，也能够延长到一整天。

通过检票口后，从巨大的❶**约旦阶梯**走下去，一路经过涅瓦河排屋（Neva Enfilade）和大排屋（Great Enfilade）就能到达令人印象深刻的会见室，包括前宝座室圣乔治大厅（St George's Hall）和位于197号展室的1812年战争画廊，以及罗曼诺夫皇室的私人公寓。欣赏一下新修复的❷**大教堂**（Great Church），然后穿过位于262号展室的西方展览厅（Western Gallery），回到建筑的涅瓦炮台区域，去寻找壮丽的❸**阁楼大厅**，在这里你能欣赏到空中花园的美景和镀金的孔雀钟，这里总是挤满了游客。

继续沿着大埃尔米塔日博物馆的一连串小型展览室前进，这些展览室内挂有意大利文艺复兴时期画作，其中包括❹**达·芬奇**和❺**卡拉瓦乔**的画作。位于227号展室的拉斐尔走廊同样令人过目难忘。先在布有西班牙艺术品的展厅逗留片刻，随后前往荷兰藏品区，254号展室中❻**伦勃朗**的油画是这里的一大亮点。

沿着206展室的国会楼梯（Council Staircase）走下去，你将看到一个巨大的孔雀石花瓶，一直走到底层，这里是位于100号展室的埃及藏品以及希腊和罗马藏品的展览区。如果你还有些时间，推荐预订团队游，去位于珍宝馆的❼**黄金屋**，并欣赏两个特别展览。

独家贴士

- **排队** 网上订票避免排长队。
- **就餐** 带上三明治和一瓶水：那里的咖啡馆糟透了。
- **鞋子** 穿舒适的鞋。
- **衣帽间** 记住：唯一一个衣帽间在检票口外面，所以你没法回去拿落下的毛衣。

视觉中国 提供

约旦阶梯

最初是由拉斯特利于18世纪设计，这个纯白的大理石建筑被称为大使阶梯（Ambassadorial Staircase），因为这是宾客在官方接待时进入宫殿的路径。

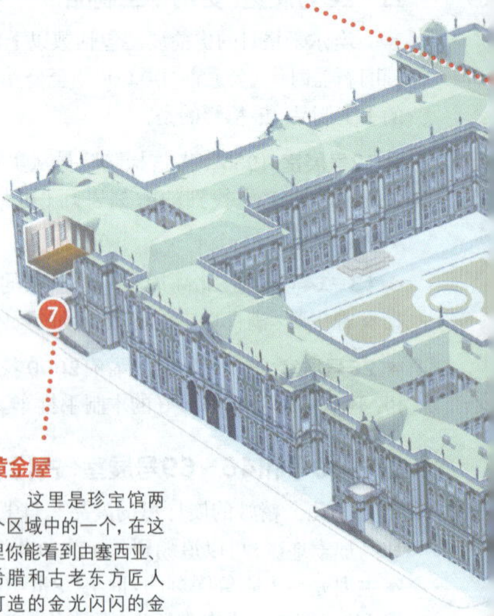

黄金屋

这里是珍宝馆两个区域中的一个，在这里你能看到由塞西亚、希腊和古老东方匠人打造的金光闪闪的金质珠宝和装饰物。

IMAGE SOURCE / GETTY IMAGES ©

大教堂

这个华美绚丽的教堂是罗曼诺夫王室的私人神殿，也是最后一位沙皇尼古拉斯二世婚礼的举办地。

视觉中国 提供

伦勃朗

位于254号展室的《浪子归来》是一幅关于懊悔和原谅的感人肖像画，它描绘了《圣经》中一个倔强的儿子重新回到父亲身边的场景。

视觉中国 提供

达·芬奇

这里展出的《哺乳圣母》是列奥纳多·达·芬奇少数几幅为人所知的画作之一，另外还有《柏诺瓦的圣母》。

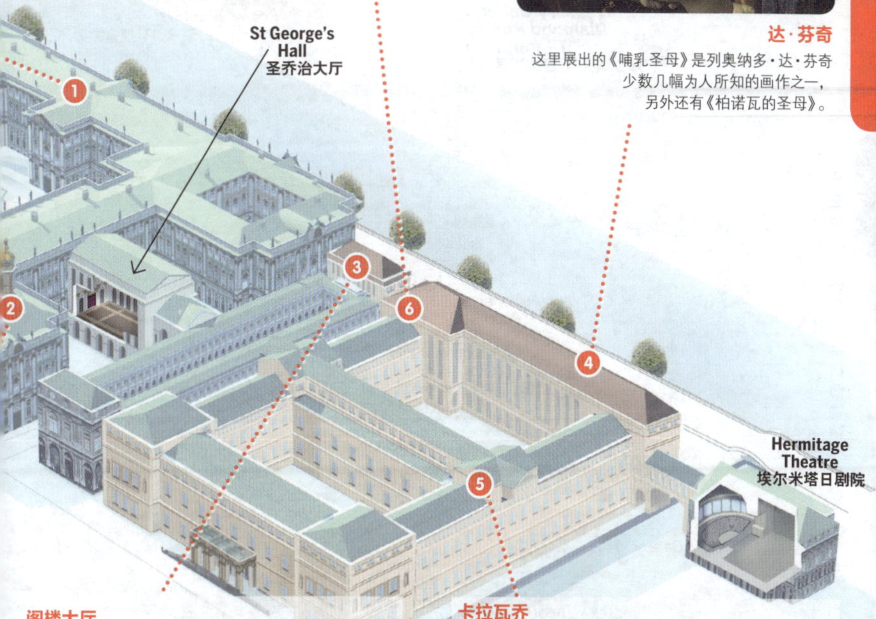

阁楼大厅

除了孔雀钟，阁楼大厅还设有细节精美的马赛克桌子，由19世纪中期的意大利和俄罗斯工匠打造。

卡拉瓦乔

237号展室的《鲁特琴演奏者》是埃尔米塔日博物馆唯一一幅卡拉瓦乔的作品，他在这幅作品中对光与影的精准掌控使得这幅画被公认为他最好的作品。

视觉中国 提供

视觉中国 提供

THE HERMITAGE — FIRST FLOOR
埃尔米塔日博物馆 一层

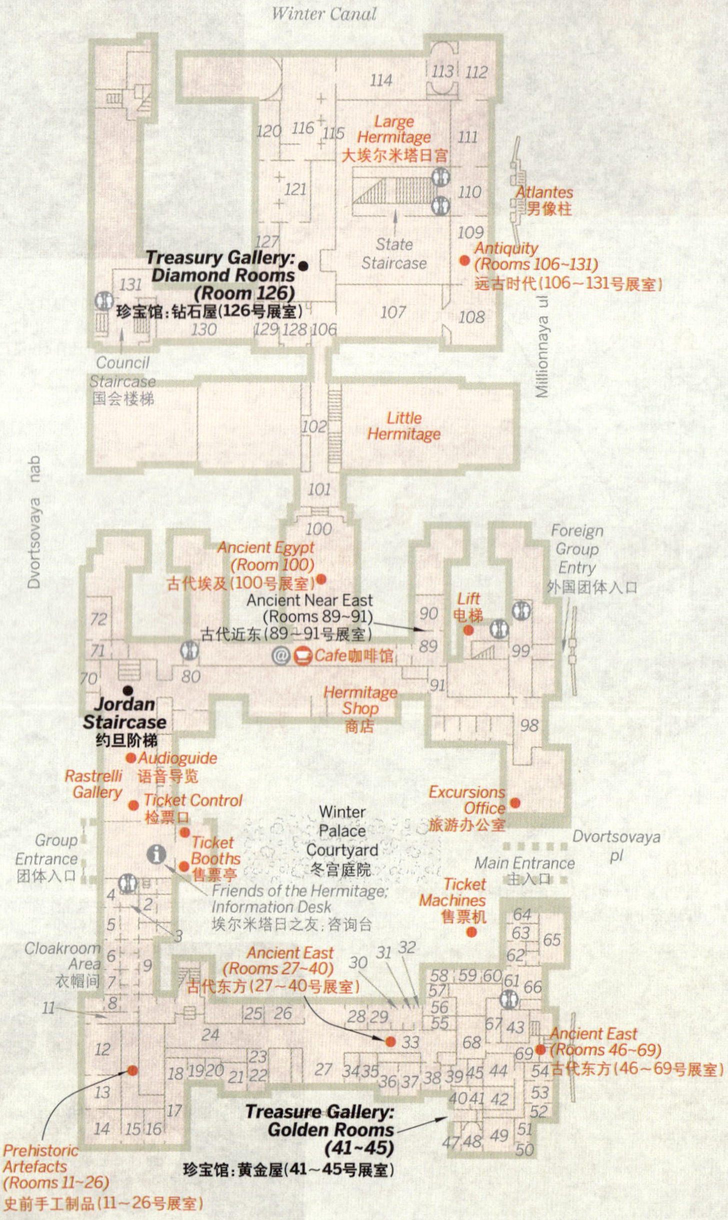

106~131号展室：远古时代

埃尔米塔日博物馆有超过10万件古希腊和古罗马文物，包括彩绘花瓶、古董宝石、罗马雕塑和希腊黄金。

➡ **107号展室** 木星大厅（Jupiter Hall）是一个华丽的展室，天花板上有雕塑家们的肖像。

➡ **108号展室** 由德国新古典主义者冯·克伦泽（von Klenze）模仿一个罗马庭院设计而成。

➡ **109号展室** 彼得一世从教皇克雷芒十一世那里得到了这座维纳斯雕像。这件作品是希腊原作的一个罗马副本，也是俄罗斯历史上第一座从外部引入的古董雕塑。

➡ **111号展室** 这是冯·克伦泽的另一个令人印象深刻的设计，这里本来是一座图书馆（这也就解释了为什么这里有哲学家的简介）。

➡ **130号展室** 二十柱大厅（Hall of Twenty Columns），这里有希腊罗马式陶土瓮展览。

二层精华展览

151~161号展室：俄罗斯文化和艺术

冬宫的西侧主要有自古俄国（10~15世纪）到18世纪的大量藏品，包括手工制品、圣像画、肖像画和家具。

➡ **151号和153号展室** 这条长廊有座巨大的钟表，还有从彼得大帝到尼古拉斯二世所有沙皇的肖像画。

➡ **155~156号展室** 摩尔式餐厅和圆顶大厅。

➡ **157~162号展室** 彼得罗夫斯基画廊（Petrovsky Gallery）展示着彼得大帝的私人物品和装备，以及一些漂亮的18世纪初的家具。还可以找找象牙吊灯，其中一部分是彼得大帝自己制作的。

➡ **161号展室** 1880年，曾有人试图在这个房间里要亚历山大二世的命。年轻的革命者哈尔图林（Khalturin）在楼下的房间里安装了炸弹。当时，11名士兵被炸死，而沙皇刚好去了另一个房间。

175~189号展室：皇家公寓

这几间展室是末代沙皇尼古拉斯二世及皇室的私人公寓。大部分房间于1894年建成，如今展示着精美的19世纪室内装饰。

➡ **178号展室** 尼古拉斯二世一生大部分时间都在这座哥特式的图书馆里度过，这里的胡桃木天花板十分

餐饮

随身带个三明治（或一些零食）和一瓶水。在埃尔米塔日博物馆，吃饭的地方不多，而且价格昂贵。

如果你想避开人群，到博物馆一层参观1~65号展室，那里有史前文物以及来自西伯利亚、中亚和高加索地区的珍宝。由于博物馆的布局，你必须走上二楼，然后从入口另一边下楼梯到这里。因此，你会发现一层许多画廊里只有你一个人。

约旦阶梯

冬宫的主楼梯是巴托罗米欧·拉斯特雷利的宏伟作品，最初被称为大使楼梯（Ambassadorial Staircase）。然而，在19世纪，它被改称为约旦阶梯，因为每年的1月6日，皇室会走下楼梯，到涅瓦河畔庆祝耶稣基督在约旦河（River Jordan）里的洗礼。

壮丽宏伟。

➡ **181号展室** 一个相对较小且私密的庞贝餐厅。

➡ **187号展室** 这座宫廷会客室里的狮鹫纹饰家具能上溯到1805年。

➡ **188号展室** 这个小餐厅就是1917年临时政府被布尔什维克攻破之地。

➡ **189号展室** 这个展室里有华丽的两吨多重的绿色柱子、箱子、碗、瓮等物品，所以又叫"青琅宫"(Malachite Hall)，也是整个宫殿中最引人注目的展室之一。这是建筑师亚历山大·布留洛夫(Alexander Bryullov)的作品，完成于1839年。墙上的三个小雕像代表白天、夜晚和诗歌。此处是临时政府的成员在1917年10月25日和26日那个紧要关头开会的地方。之后不久，他们就在隔壁的小餐厅里被捕了。

190~192号展室：涅瓦河排屋

➡ **190号展室** 这座音乐厅曾用于小型社交晚会。巨大华美的银色陵寝是伊丽莎白女皇用于摆放亚历山大·涅夫斯基的遗体的。

➡ **191号展室** 这座大厅(也叫尼古拉斯大厅)能容纳5000人，是皇家冬季舞会的场所。

➡ **192号展室** 这个前厅曾用于舞会前的香槟自助酒会。

193~198号展室：大排屋

➡ **193号展室** 元帅大厅(Field Marshals' Hall)以其军事主题吊灯和七位俄罗斯军事领导人的肖像而闻名。

➡ **194号展室** 彼得大帝大厅里有他那一点儿都不舒服的王座。

➡ **195号展室** 这个镀金的徽章大厅(Armorial Hall)里有刻着俄罗斯各地徽章的吊灯。

➡ **197号展室** 1812年战争画廊(1812 War Gallery)里挂着332幅战争领袖的肖像。

➡ **198号展室** 圣乔治大厅(St George's Hall)是国事大厅，以前皇座就在这里。这里壮观华丽，用白色的意大利卡拉拉大理石装潢，地板由16种不同树木的木材手工镶嵌而成。

204号展室：阁楼大厅及空中花园

充满仪式感的阁楼大厅是一个轻盈的白色和金色主题的房间，里面闪烁着28支吊灯。南窗面向叶卡捷琳娜二世的空中花园(翻修中)，而北窗俯瞰涅瓦河。窗前地板上令人惊叹的马赛克拼图图案，是罗马附近的奥特里科利的罗马浴室里的复制品。

207~238号展室：意大利艺术

三十多间展室展示着博物馆的意大利艺术收藏，横跨13世纪到18世纪。精华展品当然是文艺复兴时期艺术家的作品，包括列奥纳多·达·芬奇、拉斐尔、乔尔乔内、提香等的作品。波提切利、卡拉瓦乔和波洛的作品也值得一看。

➡ **207号展室** 此处藏品中历史最悠久的是《耶稣受难图》(*The Crucifixion*)，由乌戈利诺·迪·特迪斯在13世纪下半叶绘成。

➡ **214号展室** 在达·芬奇仅存的十几幅原作中，有两幅在这里。风格迥异的《柏诺瓦的圣母》(*Benois Madonna*; 1478年)和《哺乳圣母》(*Madonna Litta*; 1490年)都是以最后一位藏主命名的。多年来，后者被认为遗失了。然而，在1909年，俄罗斯建筑师列昂·比诺斯发现他岳父收藏着这幅画，这曾轰动一时。

➡ **217号展室** 乔尔乔内是文艺复兴时期最神秘的画家，因为只有少数现存的作品能确定是出自其手。理想之美的肖像画《朱迪丝》(*Judith*)据说代表着生命和死亡的不可分离性。

➡ **221号展室** 这里主要是提香的作品，他是16世纪威尼斯画派的最杰出代表。《达娜亚》(*Danaya*)和《塞巴斯蒂安》(*St Sebastian*)是两幅公认的杰作。

➡ **224号展室** 从这个房间出去就是埃尔米塔日剧院(Hermitage Theatre)。在涅瓦河上的连廊处，可以俯瞰美丽的风景。

➡ **226~227号展室：拉斐尔走廊** 叶卡捷琳娜二世访问梵蒂冈时对梵蒂冈画廊留下了深刻印象，因此她要求夸伦吉(Quarenghi)复制了这个走廊；拉斐尔的学生们组成团队，在画布上重新创作了大师的壁画。请留意在这些版本中偶尔出现的俄罗斯特点：罗曼诺夫王朝的双头鹰取代了教皇纹章。

➡ **229号展室** 这里有拉斐尔的两幅作品：《神圣家族》(*The Holy Family*)和《圣母与圣婴》(*Madonna and Child*)。这个展室里有埃尔米塔日博物馆唯一一件米开朗基罗的作品：一个蹲着的男孩的大理石雕像。

239~240号展室：西班牙艺术

16世纪到18世纪，西班牙"黄金时代"最引人关注的艺术家是穆里洛、里贝拉，这里就有他们的作品，当然还有委拉斯开兹的作品。藏品中还包括两幅16世纪名画：艾尔·葛雷柯的《圣彼得和圣保罗》(*St Peter and St Paul*)和里贝拉的《圣艾琳治愈的圣塞巴斯蒂安》(*St Sebastian Cured by St Irene*)。

243号展室：骑士大厅

尼古拉斯一世收集世界各地的艺术性武器和军械。这里主要是西欧藏品，有四个令人印象深刻的16世纪日耳曼骑士坐在他们的重甲马上。

245~247号展室：佛兰德艺术

这三个展室主要展示17世纪的三位佛兰德艺术家的作品：彼得·保罗·鲁本斯、安东尼·范·戴克和佛兰斯·斯莱德斯。

《俄罗斯方舟》

跟着一个幽灵徜徉于埃尔米塔日博物馆的33间展室里，纵览俄罗斯300年的历史长河。导演亚历山大·索科洛夫(Alexander Sokurov)在冬宫拍摄了这部96分钟的电影《俄罗斯方舟》(2002年)。

289号和304~308号展室是沙皇亚历山大二世的私人寓所。304号展室最为壮观，这是金色客厅(Golden Drawing Room)，其特点是拥有巨大的镀金天花板和一个覆盖着精美拼花图案的大理石壁炉。

孔雀钟

阁楼大厅(204号展室)的最精美展品，是一座令人难以置信的孔雀钟，它是由詹姆斯·考克斯创造的，1781年格里高利·波坦金将其作为礼物送给了叶卡捷琳娜二世。其中，一个蘑菇上的指针显示时间，而每当整点钟声敲响，自动装置孔雀就会开屏，而且蘑菇、猫头鹰和公鸡都会动起来。如果周三晚上八点不能来观看每周一次的表演，你可以在孔雀钟旁边的视频里观赏到表演的细节。

THE HERMITAGE — SECOND FLOOR
埃尔米塔日博物馆 二层

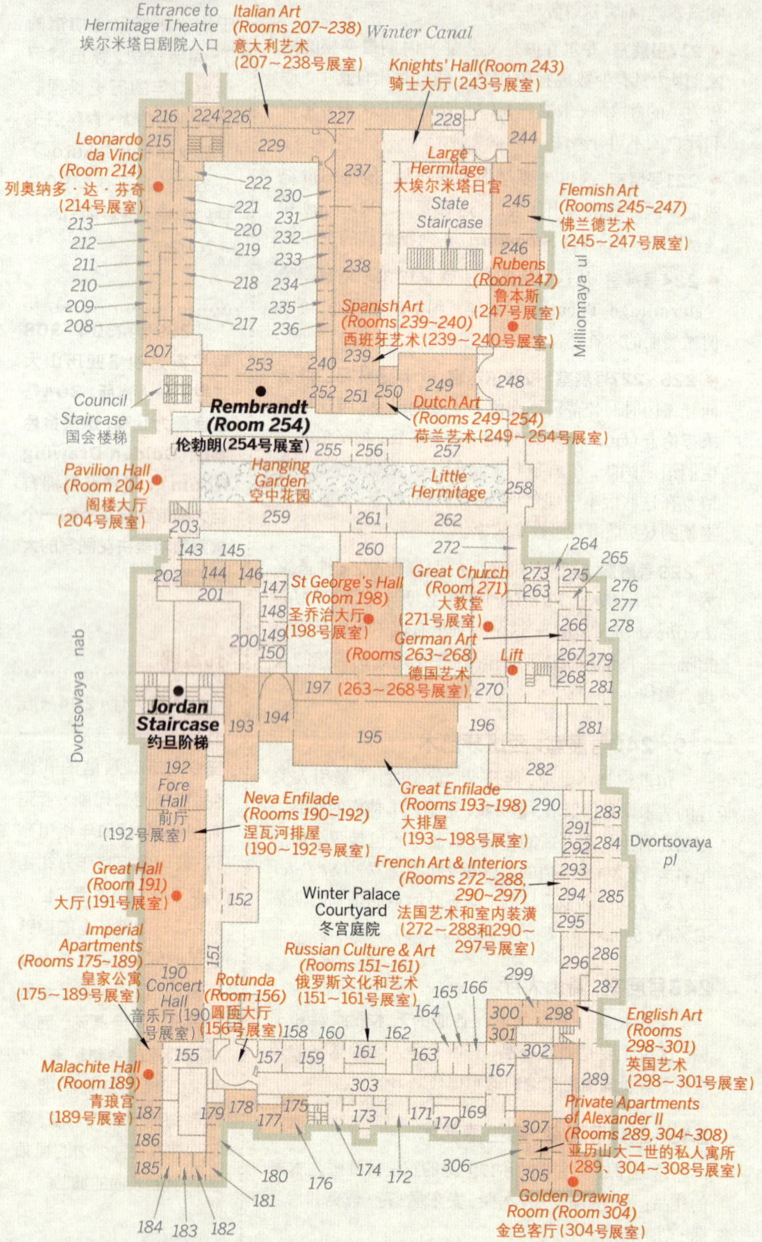

249~254号展室：荷兰艺术

254号展室里伦勃朗的26幅画是这些展室中最耀眼的展品。从《芙罗拉》(*Flora*)和《下十字架》(*The Descent from the Cross*)开始，作品的色彩明显更加清亮但也更注重细节。他后来的作品更黑暗更有穿透力，比如著名的《浪子回头》(*The Return of the Prodigal Son*)。该画绘于1663~1665年，代表了伦勃朗在他的绘画中对心理学的掌握。

271号展室：大教堂

这座拉斯特雷利设计的教堂成了冬宫最令人惊艳的场所之一，它有一个白色镀金的圆顶，天花板上是由皮欧特若·巴辛绘画的《基督升天图》(*The Ascension of Christ*)。

272~288号和290~297号展室：法国艺术和室内装潢

这些展室记述了从15世纪到18世纪法国艺术品的发展，包括挂毯、陶瓷、金属制品和绘画作品。找找尼克拉斯·普桑的艺术藏品展室，他是法国古典主义画派的创始人。而克洛德·洛兰则是古典风景画大师。282号展室是亚历山大大厅(Alexander Hall)，为1812年战胜拿破仑的证明。

298~301号展室：英国艺术

这些展室展示着15世纪到18世纪的英国艺术品。亮点包括由乔沙·雷诺兹爵士绘制的《婴儿大力士勒毙巨蛇》(*The Infant Hercules Strangling the Serpents*)，这是奉叶卡捷琳娜二世之命完成的作品，代表俄罗斯力量逐渐强大。托马斯·庚斯博罗(Thomas Gainsborough)的《穿蓝色衣服的女士》(*Portrait of a Lady in Blue*)也许是藏品中最著名的一幅。

三层精华展览

调研期间，已经有计划要把所有的印象派和后印象派作品从三层画廊搬到对面的总参谋部大楼。这一层的大部分展室或将关闭装修。

351~400号展室：东方和中东文化与艺术

这50个展室展示着来自远东的古老艺术品，包括中国、印度尼西亚、蒙古和印度的作品。还展出来自叙利亚、伊朗、伊拉克、埃及和土耳其的艺术品和手工制品。

珍宝馆

喜欢珠光宝气和工艺美术的游客一定不要错过埃尔米塔日的**珍宝馆**(Treasure Gallery，见438页地图；☎812-571 8446；团队游 ₽300)。藏品位于一楼的金库大门后面，这里只接受团队游，所以你要么提前打电话预约，要么在博物馆入口处买票。**黄金屋**(Golden Rooms)主要陈列令人难以置信的公元前7世纪到公元前2世纪来自高加索地区、克里米亚和乌克兰的黄金白银。**钻石屋**(Diamond Rooms)主要收藏西欧的珠宝，以及一些来自中国、印度和伊朗的物件。

埃尔米塔日博物馆历史

1764年，当叶卡捷琳娜二世购买Johann Gotzkowski的艺术藏品之时，没人怀疑此举将会创建世界最为知名的博物馆之一。那些藏品包括鲁本斯（Rubens）、伦勃朗（Rembrandt）和范·戴克（Van Dyck）的作品。如今，博物馆珍藏来自全球数以百万计的艺术杰作。

新冬宫

30多年前，安娜女皇让年轻的巴尔托洛梅奥·拉斯特雷利（Bartolomeo Rastrelli）将涅瓦河已有的皇家建筑组合成一栋真正的宫殿。她的继任者伊丽莎白女皇更是穷奢极欲，她想让宫殿更加宏伟。因此，在1754年，她签署一项法令，要求筹建一座冬宫，而且不遗余力地监督设计和建造。1761年，就在冬宫彻底完工前几个月，伊丽莎白去世了，但其历史功绩通过这座堪称圣彼得堡最为醒目漂亮的宫殿体现出来。

游客和居民对于首都这座新建筑赞不绝口："远远就能看见，高耸屋顶之上、新冬宫的上层装饰着许多雕塑。"一位18世纪到访的游客如此描述。但是，这座宫殿却是私属住所。伊丽莎白女皇死后，彼得三世仅在此居住3个月，就被一次宫廷政变推翻，叶卡捷琳娜二世取而代之。这栋巍峨的巴洛克风格建筑自此成为皇室官方住所。

皇家艺术收藏

叶卡捷琳娜二世痴迷于艺术收藏，买下了欧洲一些最为丰富的私人收藏，包括Heinrich von Brüh、Lord Robert Walpole和Baron Pierre Crozat的藏品。1774年，叶卡捷琳娜二世的藏品里有2000多幅画作，到1796年她去世时，数量又翻了一番。

她和她的继任者对于拉斯特雷利设计的巴洛克风格不感兴趣，于是将大多数房间重新改造成为古典风格。为了展示她的艺术藏品，叶卡捷琳娜二世首先建造了小埃尔米塔日博物馆（Small Hermitage），然后建造了所谓众所周知的老埃尔米塔日博物馆（Old Hermitage），允许达官贵人通过申请私下参观那些藏品。18世纪80年代，夸伦吉增加了埃尔米塔日剧院（Hermitage Theatre），作为皇室专用剧院。其今天仍在使用，不过已经面向公众开放。

19世纪初，因为持续买入其他藏品以及在俄国南部发现了大量珍品，藏品尤其是传统古董的规模快速扩张。俄国1812年大胜拿破仑之后，有了更多收获，包括拿破仑亲信Joséphine de Beauharnais的私人收藏。

1837年12月，元帅大厅（Field Marshals' Hall）的暖气井失火，这导致了严重损失。大火持续30多个小时，摧毁了内部的许多地方。多数皇家物品被扔出窗户或者拖到外面雪地上，才得以幸免。尼古拉斯一世很快宣布修复宫殿，他雇用建筑师Vasily Stasov和数以千计的工人夜以继日地辛苦劳作。他们的辛劳没有白费，因为修复工作只用一年多就完成了。今天，我们看到的举行仪式房间的多数经典内

1. 约旦阶梯（大使楼梯，见207页）
2. 冬宫（见202页）外观

1

2

饰，都是Stasov设计的，这些房间包括Grand Hall、Throne Room和徽章大厅（Armorial Hall）。

俄罗斯首家公共艺术博物馆

18世纪初，彼得大帝就将他的私人收藏馆即珍品陈列馆（Kunstkamera，见280页）向公众开放，但是尼古拉斯一世最终创立了俄罗斯首家公共艺术博物馆。1838年，尼古拉斯一世在访问德国期间被慕尼黑那些博物馆深深打动。他雇用德国建筑师Leo von Klenze和本国人Vasily Stasov在冬宫附近实施这项计划。结果就是建成了“新古希腊风格”的新埃尔米塔日博物馆（New Hermitage），采用了雕塑和浅浮雕装饰，上面描绘着伟大的艺术家、作家和其他文化巨匠。经过11年的建设，博物馆于1852年对外开放。

那时，埃尔米塔日博物馆第一任馆长走马上任，这里开始成为博物馆，而非沙皇的私属展馆。19世纪末、20世纪初，藏品继续增加，埃尔米塔日博物馆成为名副其实的世界顶级博物馆。珍宝级画作藏品包括列奥纳多·达·芬奇的两幅*Madonnas*（1865年和1914年获得）、Piotr Semionov-Tien-Shansky的众多荷兰和佛兰德艺术藏品（1910年购买），还有斯特罗加诺夫（Stroganov）收藏的意大利老派大师作品。

藏品扩展

革命之后，埃尔米塔日博物馆的藏品数量几乎增长了三倍。1917年，冬宫和埃尔米塔日博物馆被宣布成为国立博物馆。20世纪20年代至30年代，苏联政府将不计其数的私人藏品划归国家所有，包括斯特罗加诺夫（Stroganovs）、谢列梅捷沃（Sheremetyevs）、Shuvalov、尤苏波夫（Yusupovs）和斯蒂格利茨（Baron Stieglitz）的藏品。1948年，它将莫斯科实业家Sergei

1. 珍品陈列馆（见280页）的天文仪器
2. 冬宫广场、亚历山大凯旋柱（见227页）和总参谋部大楼（见216页）

Shchukin和Ivan Morozov的知名后印象派和印象派画作藏品纳入，包括马蒂斯和毕加索的作品。

“二战”中，进入德国和东欧的苏联军队掠夺了大量原本属于私人藏家的画作。1995年，收藏这些画作多年以后，埃尔米塔日博物馆最终将这些作品对外展出，包括莫奈、德加、雷诺阿、塞尚、毕加索和马蒂斯的作品。近年来，博物馆正在创建当代艺术馆藏，展品已经达到1500件，一些陈列于总参谋部大楼（General Staff Building，见216页）——相比于埃尔米塔日博物馆的300万件展品，真是九牛一毛。

视觉中国提供

重要景点

总参谋部大楼

这座宏伟建筑的东翼围绕着Dvortsovaya pl的南侧，是由卡洛·罗西（Carlo Rossi）在19世纪20年代设计的，将复原的内部装饰与当代建筑风格相结合。

新大排屋

走过新的大理石楼梯，就进入了这些画廊，同时大理石楼梯还是各类音乐表演的阶梯剧场。将这座建筑的内部庭院覆盖上玻璃天花板，就成了“新大排屋”各个展室。

巴比松画派和浪漫主义画派

浪漫主义画派艺术在19世纪风靡一时，德拉克洛瓦是当时最著名的法国浪漫主义画家。他的风格在《骑马的摩洛哥人》（*A Moroccan Saddling a Horse*）和《摩洛哥猎师》（*Lion Hunt in Morocco*）这两幅作品中得以集中体现。

巴比松画派以这群艺术家定居的村落命名，他们反对浪漫主义，倾向于现实主义。古斯塔夫·库尔贝、让-巴普蒂斯特-卡米尔·柯洛、泰奥多尔·卢梭和让-弗朗索瓦·米勒是其中的代表人物。

印象派和后印象派

埃尔米塔日博物馆印象派和后印象派的绘画作品可以说是世界上最好的，其中很多作品在20世纪90年代第一次展示，它们是当年红军在“二战”末期从德国得到的精彩藏品。

不要错过

- 莫奈
- 毕加索
- 马蒂斯
- 卡济米尔·马列维奇的《黑色方块》

实用信息

- Здание Главного штаба
- 见438页地图
- www.hermitagemuseum.org
- Dvortsovaya pl 6-8
- 门票 ₽100
- ⌚周二、周四至周日10:30~18:00，周三至21:00
- Ⓜ Admiralteyskaya

展品中有高更的作品，包括他在大溪地创作的作品；凡·高的《茅草屋》(*Thatched Cottages*; 1890年)和梦幻般的《埃顿花园的回忆》(*Memory of the Garden at Etten*; 1888年)；塞尚的《圣维克多山》(*Mont Sainte-Victoire*)、《蓝衣女子》(*Lady in Blue*)和《烟客》(*The Smoker*)；毕沙罗的《蒙马特大道》(*Blvd Montmartre*)和《阳光明媚的下午》(*Sunny Afternoon*; 1897年)；莫奈的题为《花园里的女人》(*Lady in a Garden*)的一幅早期作品以及他职业生涯晚期的杰作《滑铁卢大桥，雾之杰作》(*Waterloo Bridge, Effect of Mist*; 1903年)；还有雷诺阿标志性的《带鞭子的孩子》(*Child With a Whip*; 1885年)。这里还展示着罗丹的三座雕像作品。

俄国前卫艺术

俄国前卫艺术并不是埃尔米塔日博物馆的亮点(可以去俄罗斯博物馆)。尽管如此，总参谋部大楼里还是展示着几件康定斯基的早期作品和马列维奇的画作。这里是《黑色方块》(*Black Square*; 1915年)的常驻收藏地，这幅作品在苏联时代丢失，1993年又神秘地出现在俄罗斯南部。2002年，商业大亨弗拉基米尔·波塔宁以100万美元的价格买下了这幅画并捐给了埃尔米塔日博物馆。

20世纪

这里展出40多幅马蒂斯的画作，还有数量相当的毕加索作品。亨利·马蒂斯最初被归为野兽派，他坚持以自己的风格作画，甚至在20世纪初野兽派没落之时，他依然如故。那时，马蒂斯遇到了巴勃罗·毕加索，之后两人成了一生的朋友。毕加索是立体画派的创始人和大师，但他也覆盖了各种风格。

马蒂斯人生的转折点，或许是他最著名的作品《舞蹈》(*The Dance*; 1910年)。强烈的色彩和裸体舞者传达着自由思想。这幅画和配套的《音乐》(*The Music*)是专为俄罗斯商人希楚金创作的。不要错过《红色房间》(*The Red Room*)和《艺术家妻子的肖像》(*Portrait of the Artist's Wife*)。

毕加索蓝色时期的特点是忧郁的蓝色调画作。仅22岁时他就创作了《喝苦艾酒的人》(*The Absinthe Drinker*)，表现出一种挥之不去的孤独和孤立。《面纱艳舞》(*Dance of the Veils*; 1907年)和《拿扇子的女人》(*Woman with a Fan*; 1908年)是他立体主义作品的杰出代表。

受浪漫主义的启发，19世纪60年代，一群画家开始尝试画现代生活和风景，他们努力捕捉一个场景的整体效果，而不是过分关注细节。这个当时非常激进的新画派被称为印象派。

《黑色方块》

卡济米尔·马列维奇的《黑色方块》是彼得格勒前卫画派最引人注目的作品。在其职业生涯中，马列维奇在白色背景下创作了各种简单的黑色方块。而这幅是第四幅，也是最后一幅。许多人认为这幅画代表了“绘画之终结”的虚无主义宣言，让人既敬畏又愤慨。

视觉中国 提供

重要景点

俄罗斯博物馆

俄罗斯博物馆只展示俄罗斯艺术，从古老的教堂圣像到20世纪的画作，这里的收藏十分壮观。徜徉其中，半日时光飞逝。尽管藏品没有埃尔米塔日博物馆那么多，但是米哈伊罗夫斯基宫（Mikhailovsky Palace）及其附属的班诺瓦侧翼（Benois Wing）里的杰作依然令人目不暇接。

博物馆藏品

米哈伊罗夫斯基宫由卡洛·罗西设计，建造于1819~1825年。它是送给米哈伊尔大公（沙皇亚历山大一世和尼古拉斯一世的兄弟）的礼物。尼古拉斯二世将其改为一个画廊，在1898年3月7日对公众开放。

这座博物馆源于沙皇亚历山大三世开始的收藏。他的半身雕塑就在华丽的主楼梯上。现在藏品的数量大约是40万件（俄罗斯博物馆还包括其他几个宫殿，连同米哈伊罗夫斯基宫和避暑花园）。这里展出的是一系列古老的圣像、绘画、图形艺术、雕塑、民间艺术、装饰和实用艺术品。前卫派藏品尤为显眼，其中包括内森·奥尔特曼、娜塔莉亚·康嘉洛娃、卡济米尔·马列维奇和亚历山大·罗德琴科的作品。

俄罗斯博物馆的班诺瓦侧翼建于1914~1919年，它既收藏当代艺术品，也举办临时展览。它和原来的宫殿相连，可通过nab kanala Griboyedova的一个入口进入。

游览俄罗斯博物馆

从首层入口进入博物馆正面的右侧部分。在登上通往1层

不要错过

- 《彼得一世在夏宫审问阿列克谢大公》——尼古拉斯·霍尔
- 《伏尔加河上的纤夫》——伊利亚·列宾
- 《庞贝城的末日》——卡尔·布留洛夫

实用信息

- Русский музей
- 见438页地图
- www.rusmuseum.ru
- Inzhenernaya ul 4
- 成人/学生 ₽350/150，4座宫殿套票 成人/儿童 ₽600/300
- ⏲周三、周五至周日10:00~18:00，周一 至17:00，周四 13:00~21:00
- Ⓜ Nevsky Prospekt

的华丽主楼梯前，记得拿一份博物馆的地图，因为这里是按照时间顺序排列的10世纪到20世纪展品的起点。这些画廊会不时地关门整修或者重置，有时候艺术品还会被外借，所以做好有小变化的准备。

1~4号展室：宗教圣像

博物馆的前四个展室概括性地展示了简洁而辉煌的俄罗斯圣像画历史，包括俄罗斯圣像画三大流派中诺夫哥罗德和普斯科夫的作品。2号展室里有《圣尼古拉斯和他的生活》（*St Nicholas and Scenes of His Life*），而3号展室主要是俄罗斯大师安德烈·鲁布廖夫的巨幅画作《彼得和保罗》（*Peter and Paul*）以及《基督呈现在神庙》（*Presentation of Christ in the Temple*）。4号展室与前三个的风格截然不同，可以对比一下《创世纪场景中的旧约三位一体》（*Old Testament Trinity with Scenes from Genesis*）和完全不规则的《圣父》（*Our Father*；1669年）。

5~7号展室：彼得和后彼得艺术

彼得大帝是一个伟大的艺术赞助人，他几乎凭借一己之力使俄罗斯绘画得到了西方世界的注意。4号和5号展室就表现了从宗教风格到世俗主题的巨大跨越。这个展厅里有三尊彼得的半身像和两幅肖像画。

6号展室有彼得大帝和叶卡捷琳娜二世的马赛克画像，以及彼得大帝女儿伊丽莎白一世的肖像。除了缅希科夫大公令人印象深刻的半身像外，展室的中心还有一幅彼得三世的巨幅画像。7号展室华丽的天花板令人惊叹，这里有名为《安娜皇后和阿拉伯男孩》的雕像和一些令人难忘的挂毯，其中一件描绘着彼得大帝最辉煌的军事胜利：波尔塔瓦战役。

8~11号展室：学院派的崛起

这些展室展示了圣彼得堡艺术学院的早期作品。艺术家们借用欧洲古典美学进行创作。在8号和10号展室里欣赏一下肖像画（包括叶卡捷琳娜二世的两幅肖像和一尊真人大小的雕像）。

11号展室是罗西设计的白色大厅，这是米哈伊尔大公的会客厅。此处的内部装潢本身就是艺术，代表着帝国时代。这里的装潢华丽闪耀，使之成为接待施特劳斯和柏辽兹等音乐大师的完美场所，他们都在此表演过。

12~17号展室：学院派的风行

直至19世纪初，相较当时还不流行的法国艺术，

俄罗斯博物馆的其他分支

除了瑰丽的米哈伊罗夫斯基宫，在市中心，俄罗斯博物馆还有其他三座令人难忘的宫殿，在那里你也能观赏到临时展览、永久藏品和巨大的会客厅。这些宫殿包括大理石宫（Marble Palace，见228页）、斯特罗加诺夫宫（Stroganov Palace，见227页）以及米哈伊罗夫斯基城堡（Mikhailovsky Castle，见228页）。4座宫殿套票很划算，可以在三天内使用。在这些宫殿中，大理石宫有最出色的藏品，而斯特罗加诺夫宫的内部装潢最棒。

RUSSIAN MUSEUM — FIRST FLOOR
俄罗斯博物馆 1层

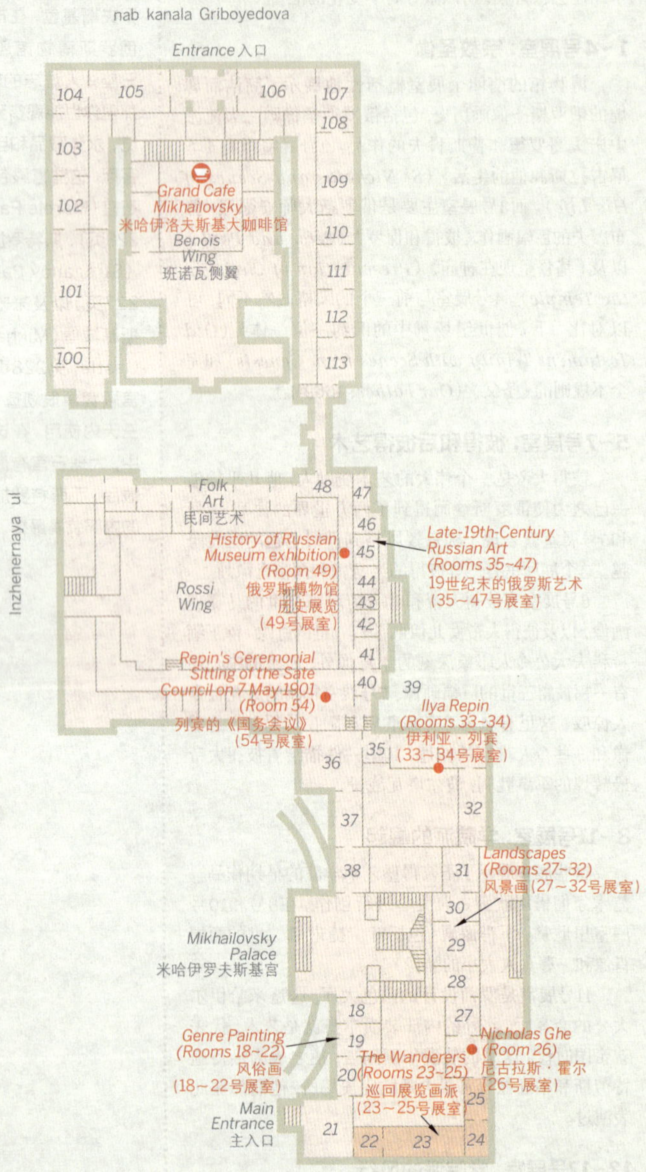

米哈伊罗夫斯基宫

学院派更多地受到意大利主题的影响。12号展室里有波罗维柯夫斯基的宏幅巨制《凯瑟琳二世沙皇行宫漫步》(*Catherine II Promenading in Tsarskoe Selo*)和《穆尔塔扎库里的肖像》(*Portrait ofMurtaza Kuli*)。13号展室的作品全都带有振奋人心的名字，它们都以农民为题材，如《削甜菜根》(*Peeling Beetroot*)。

14号展室真的很壮观，收藏着不少巨大的油画，比如布留洛夫令人咂舌的《庞贝城的末日》(*The Last Day of Pompeii*)、《耶稣受难图》(*The Crucifixion*)和伊万·艾瓦佐夫斯基可怖的《第九层浪》(*The Wave*)。

15号展室也令人印象深刻，较远的墙上都是关于亚历山大·伊万诺夫的代表作《基督出现在人们面前》(*The Appearance of Christ Before the People*; 1837~1857年)的研究成果，这幅作品现在挂在莫斯科的特列季亚科夫画廊(Tretyakov Gallery)。伊万诺夫在这件作品上花了20年时间，但当时却遭到了批评。然而，后人十分赞赏他的作品，甚至开展了许多关于它的研究。

18~22号展室：风俗画

在18号到20号展室，你会看到在18世纪、19世纪之交，"风俗画"多在描绘(一个非常理想的)俄罗斯农村。21号展室有一些巨大的油画：根里克·西米拉德斯基的《斐琳娜在极乐世界的海神庆典》(*Phrina at*

《彼得一世在夏宫审问阿列克谢大公》

尼古拉斯·霍尔这幅画的主题是彼得大帝和他儿子阿列克谢之间混乱的关系，彼得大帝将其监禁，为逼问"阴谋者"的信息，最后将其严刑拷打至死。这幅画捕捉到两个男人之间的鸿沟，也预示着阿列克谢在彼得和保罗堡垒(Peter & Paul Fortress)中的惨烈结局。虽然如今这幅画被公认为一大杰作，但起初它受到了严酷的批评，以致霍尔宣布该画不出售，并成为托尔斯泰的追随者。他买了一座农场，开始画售价低微的肖像画。

俄罗斯博物馆有几家咖啡馆，其中最好的是班诺瓦侧翼的米哈伊洛夫斯基大咖啡馆(Grand Cafe Mi-khailovsky, 见438页地图；周一、周三、周五至周日 10:00~17:00，周四 13:00~20:00；主菜 ₽300)，你可以在这个走帅气路线的现代风格沙龙里品尝咖啡、蛋糕或其他分量更足的美食。

RUSSIAN MUSEUM — SECOND FLOOR
俄罗斯博物馆 2层

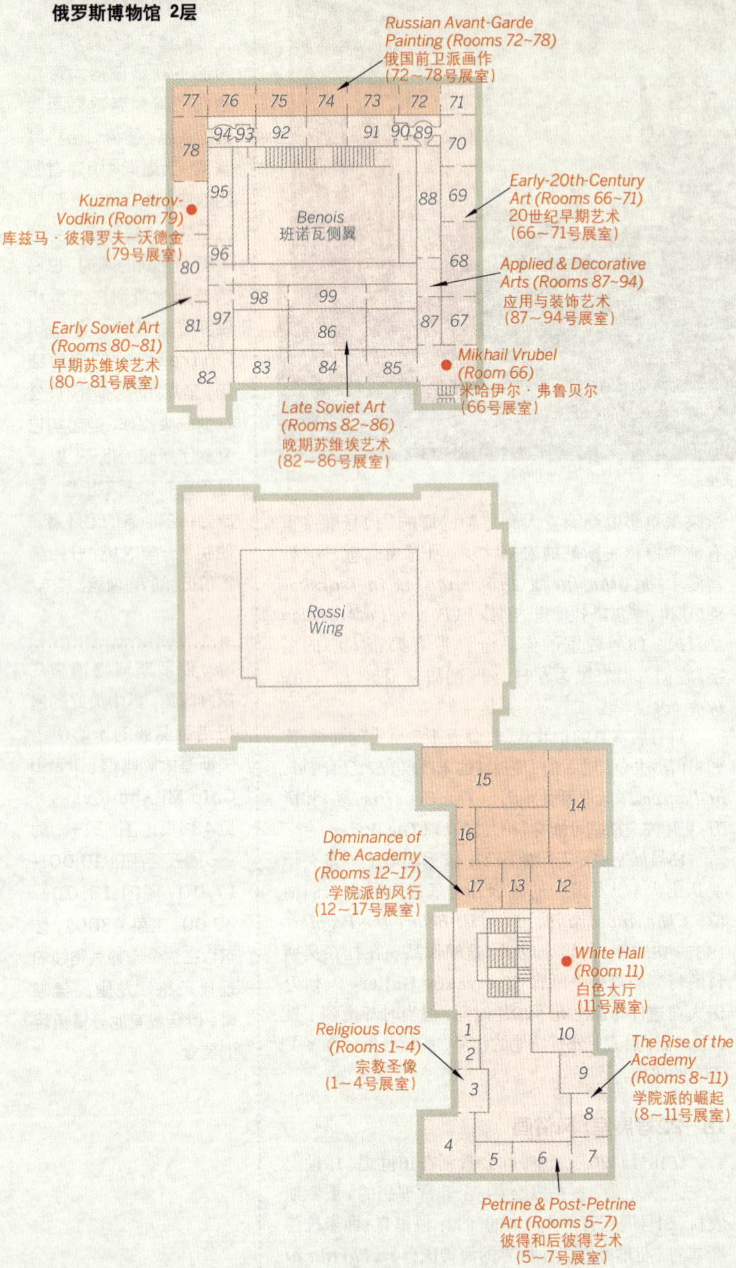

the Poseidon Celebration in Elesium)、康斯坦丁·夫拉维特斯基的《角斗场的基督教殉道者》(*Christian Martyrs at the Colosseum*)和瓦西里·斯米尔诺夫的《尼禄之死》(*Nero's Death*)。

23~25号展室：巡回展览画派

通常来说，这是巡回展览画派作品的展室，该画派是一群在学院派严格禁锢之外进行探索的学院画家。他们走进人民中间，描绘了从未在俄罗斯艺术中出现过的现实场景。典型的例子包括尼克尔·佩洛夫的《休息的猎人》(*Hunters at Rest*)和尖酸刻薄的《修道院食堂》(*Monastery Refectory*)。

26号展室：尼古拉斯·霍尔

霍尔的杰作《彼得一世在夏宫审问阿列克谢大公》一般就在这里展出。霍尔的其他作品，比如《基督和弟子来到客西马尼花园里》(*Christ and his Disciples Come into the Garden of Gethsemane*)和《最后的晚餐》(*The Last Supper*)，风格都是一样的阴暗。

27~32号展室：风景画

与巡回展览画派同一时代，伊万·希什金等风景画家仍受欢迎。这些展厅还记录着民粹主义艺术的崛起，它表现出很强的社会责任感，希望教育大众。其中最好的例子是弗拉基米尔·马科夫斯基的《死刑犯》(*The Condemned*；30号展室)和康斯坦丁·萨维茨基的《作战》(*To War*；31号展室)。

33~34号展室：伊利亚·列宾

这个展室里展示着几件伊利亚·列宾(1844~1930年)的杰作。除了标志性的《伏尔加河上的纤夫》(*Barge Haulers on the Volga*)，同样令人惊叹的是《哥萨克人给土耳其苏丹写信》(*Cossacks Writing a Letter to the Turkish Sultan*)。这里还有他给赤足的列夫·托尔斯泰绘制的精彩画像。

35~47号展室：19世纪末的俄罗斯艺术

这些展室里展示着大量风格迥异的作品。在前卫派盛行之前，这些作品在圣彼得堡非常受欢迎，其中包括历史画大师瓦西里·苏里科夫的作品，他的绘画《叶尔马克征服西伯利亚》(*Yermak's Conquest of Siberia*)和《苏沃洛夫翻越阿尔卑斯山》(*Suvorov Crossing the Alps*；36号展室)都特别浪漫，而生动描

伊利亚·列宾

伊利亚·列宾是俄罗斯最伟大的艺术家之一，他出生在丘古耶夫，那里现在属于乌克兰。列宾最初是巡回展览画派的一员，随后超越了画派，继续创作出了意义重大的俄国现实主义和民粹主义作品。他的杰作《伏尔加河上的纤夫》(*Barge Haulers on the Volga*)是对俄罗斯农民受到的苦难和奴役的一次无与伦比的刻画，也说明了为什么早期的苏维埃政权对他极为尊敬，并奉之为社会主义现实主义画家的典范。

绘了哥萨克叛乱者的《斯特班·拉金》(*Stepan Razin*; 37号展室)毫无疑问是最激动人心的。

48~49号展室: 安托可斯基的雕塑和民间艺术

马克·安托可斯基的雕像《恐怖伊凡》(*Ivan the Terrible*)和《苏格拉底之死》(*Death of Socrates*)分布在纪念品柜台的两侧。从这里你可以右转进入班诺瓦侧翼(Benois Wing)或者继续直行去欣赏全面的俄罗斯民间艺术陈列。

54号展室: 列宾

54号展室主要展出列宾巨幅画作《国务会议》(*Ceremonial Sitting of the State Council on 7 May 1901, Marking the Centenary of Its Foundation*)。

66~71号展室: 20世纪早期艺术

66号展室有俄国现代艺术之父米哈伊尔·弗鲁贝尔(Mikhail Vrubel, 1856~1910年)的作品。他的开创性作品包括《史诗英雄》(*Bogatyr, Epic Hero*)和《飞行恶魔》(*Flying Demon*)。67~71号展室包括重要的20世纪早期画家的作品。克斯托依列夫的《喝茶的商人妻子》(*Merchant's Wife at Tea*)也许是其中最知名的画作。

72~78号展室: 俄国前卫派画作

1905~1917年,俄罗斯艺术界创意灵感大爆炸,彻底否定了之前的风格类别。72号展室里是内森·奥尔特曼华丽的半立体派肖像《女诗人安娜·阿赫玛托娃的肖像》(*Portrait of the Poetess Anna Akhmatova*)。在同一个展室里,还有奥尔特曼的《自画像》(*Self Portrait*; 1911年)。74号展室里有艺术家夫妇冈察洛娃和拉里奥诺夫的原始主义画作。

在75~76号展室里布置着未来主义和至上主义的作品,包括马列维奇的《躯干》(*Torso*)、《红色方块》(*Red Square*; 在两维空间里刻画一个农妇的绘画现实主义作品)和《黑色方块》(*Black Square*)。

79号展室: 库兹马·彼得罗夫-沃德金

库兹马·彼得罗夫-沃德金(1878~1939年)一生跨越两个世纪,经历了俄国革命,是一位独特的画家。他的作品传达着一种梦一般的氛围,许多带有同性恋暗示。可以看看《上帝之母》(*Mother of God*; 1914~1915年)和《安娜·阿赫玛托娃的肖像》(*Portrait of Anna Akhmatova*; 1922年)。

80~81号展室: 早期苏维埃艺术

此处有一些有趣的描述日常生活的作品,比如亚历山大·萨莫科瓦洛夫的《军事化的共青团》(*Militarised Komsomol*; 1932~1933年)以及各类反映英雄反抗精神和国家团结的"二战"画作。

82~86号展室: 晚期苏维埃艺术

找找亚历山大和彼得·斯莫林创作的《极地探险者》(*Polar Explorers*; 83号展室),这是新简约风格的典范。还有德米特里·日林斯基描述祖孙三代人的《苹果树下》(*Under the Old Apple Tree*)。

视觉中国提供

重要景点

滴血大教堂

这是圣彼得堡最精致的教堂，其外观是典型的俄罗斯东正教风格，内部有约7000平方米的马赛克装饰。它的官方名字是基督复活教堂（Church of the Resurrection of Christ），现在这个引人瞩目的俗称源自1881年发生在这里的对沙皇亚历山大二世的刺杀未遂事件。

美景重现

这座教堂由建筑师帕兰德（AA Parland）和大司祭依格纳提（Ignaty，圣三一修道院院长）设计，结合了18世纪莫斯科和雅罗斯拉夫尔的俄罗斯建筑元素。由于过于奢华，以至于花了24年才建成，总费用超过100万卢布，这在当时是一笔巨款。为纪念主张改革的沙皇亚历山大二世，1907年它被改建成了糖果蛋糕结构。

苏联时代，这座教堂被用为他途。27年后，当它作为一座博物馆重新开门之时，游客们都惊叹于墙壁和天花板上壮观的马赛克拼图。这些设计来自当时顶级的艺术家，包括瓦斯涅佐夫、马修·涅斯捷罗夫和安德烈·里阿布什金。

在西边的后殿，暗杀现场的标志是玫瑰石和碧玉的华盖。在出口附近，有一个小型图片展展示着翻修的过程。

不要错过

- 在人行桥上留影
- 暗杀现场的华盖
- 马赛克拼图壁画
- 外墙的20块花岗岩拼板装饰

实用信息

- Церковь Спаса на Крови
- 见438页地图
- http://cathedral.ru
- Konyushennaya pl
- 成人/学生 ₽250/150
- ⏲周四至周二 10:30~18:00
- Ⓜ Nevsky Prospekt

外部

这个俄罗斯复兴奇迹的外观颜色多样，在城中非常独特。立面的20块花岗岩拼板上用金字记载着亚历山大统治时期的大事。大约半墙高的马赛克图案详尽地描绘着《新约》的场景。

视觉中国提供

重要景点

圣伊萨大教堂

这座教堂以达尔马提亚的圣伊萨命名。它是世界上最大的圆顶建筑之一。大多数人会绕过博物馆，然后去爬262级台阶，登上环绕穹顶鼓形基座的柱廊（kolonnada）。城市四方的景致一流。

有争议的设计

法国设计师奥古斯特·蒙费朗于1818年开始设计这座大教堂，尽管他本人并不是一名建筑师。当地建筑师对于指派一位外国新人来建造而感到愤愤不平，因此很快开始对设计图本中的技术缺陷进行指摘（往往都批评到了点子上）。

大教堂花了很长的时间来建立（直至1858年），以至于尼古拉斯一世坚持将其建造成了比蒙费朗原本的设计图本更雄伟的建筑。光是那个21.8米高的圆顶上就覆盖了超过100公斤的金叶子，而其立面的巨大花岗岩石柱每个都超过了120吨。在西面，还有一处捧着教堂模型的蒙费朗雕像，而尼古拉斯一世并不同意按照蒙费朗的遗愿将他埋葬在这里，因为这个荣誉对于一个工匠来说有点过高了。

内部装潢

教堂的内部装饰极为奢华，包括600平方米的马赛克拼图、16,000公斤的孔雀石、14种大理石和由卡尔·布留洛夫创作完成的816平方米的天花板画。去看看那些有意思的关于大教堂历史的照片吧。1990年，在时隔62年之后，圣伊萨大教堂重新开始在重要宗教节日举行礼拜，虽然它还被官方看作一座博物馆。

不要错过

- 在圆顶上观景
- 华丽的内部装潢
- 历史照片展览
- 蒙费朗雕像

实用信息

- Isaakievsky Sobor
- 见438页地图
- www.cathedral.ru
- Isaakievskaya pl
- 大教堂 成人/学生₽250/150，柱廊₽150
- ⌚周四至周二 10:00~18:00，大教堂 周三关闭，柱廊 每月第一个和第三个周三关闭
- Ⓜ Admiralteyskaya

景点

埃尔米塔日博物馆
博物馆

见202页。

总参谋部大楼
博物馆

见216页。

俄罗斯博物馆
博物馆

见218页。

滴血大教堂
教堂

见225页。

圣伊萨大教堂
博物馆

见226页。

冬宫广场
广场

见438页地图（Дворцовая пл，Palace Square；Ⓜ Admiralteyskaya）这片辽阔的区域是世界上最引人注目的广场之一，在罗曼诺夫王朝结束几乎一百年之后，依然让人对皇室的恢宏浮想联翩。为了留下最美的第一印象，请从涅夫斯基大街出发，沿着Bolshaya Morskaya ul，一直走到凯旋门下。

在广场中心，有1834年蒙费朗（Montferrand）设计的47.5米高的**亚历山大凯旋柱**（Alexander Column）。它是以亚历山大一世的名字命名的，用以纪念1812年战胜拿破仑。

广场北端是**冬宫**（Winter Palace；Zimny Dvorets），有大量的洛可可式柱子、窗户和壁龛，顶部有几排比真人还大的雕像。1762~1917年，这里一直是沙皇的寝宫，如今是埃尔米塔日博物馆（见202页）最大的一部分。

总参谋部大楼建成于1829年，由卡洛·罗西设计，是围绕广场南边、长达580米的曲形建筑。东翼（见216页）现在是埃尔米塔日博物馆的一个分支，而西翼是西部军区司令部。两翼由横跨Bolshaya Morskaya ul的凯旋门连接，顶上是雕塑家史蒂芬·皮米诺夫（Stepan Pimenov）和瓦西里·德姆斯-马力诺夫斯基（Vasily De-muth-Malinovsky）的作品《荣耀的战车》（*Chariot of Glory*），这是另一处拿破仑战争纪念碑。

喀山大教堂
教堂

见438页地图（Казанский собор，Kazan Cathedral；http://kazansky-spb.ru；Kazanskaya pl 2；⏲8:30~19:30；Ⓜ Nevsky Prospekt）**免费**这座新古典主义教堂是沙皇保罗授命建造的，而他在不久后的政变中被谋杀。教堂的一部分仿照罗马圣彼得大教堂建成。它的111米长的柱廊一直延伸到涅夫斯基大街，包围着一个布满雕像的花园。

这座教堂内部阴暗，是传统的东正教风格，还有一个令人敬畏的80米高的圆顶。这里常常有一长队信徒排队亲吻圣像图《喀山圣母像》（*Our Lady of Kazan*），这是俄罗斯最重要的圣像图之一的副本。

找找在拿破仑战争中获胜的元帅米哈伊尔·库图佐夫（Mikhail Kutuzov；他就被葬在这里）和他的朋友、助手米凯尔·巴斯雷·迪托里（Mikhail Barclay de Tolly）。

这座大教堂的设计反映了保罗想要联合天主教和东正教从而建立"超级基督教"的想法，以及他对马耳他骑士团的深深迷恋，而他本人也是骑士团成员。

斯特罗加诺夫宫
博物馆

见438页地图（Строгановский дворец，Stroganov Palace；www.rusmuseum.ru；Nevsky pr 17；成人/学生 ₽300/150；⏲周三、周五至周一 10:00~18:00，周四 13:00~21:00；Ⓜ Nevsky Prospekt）橙红色的斯特罗加诺夫宫有一副这座城市里最可爱的巴洛克风格的外表，它是由

历史的见证

在圣彼得堡的历史上，冬宫广场（Palace Sq）一直是许多重大事件的发生地。在血腥星期日（1905年1月9日），沙俄军队对和平聚集在广场上的工人开火，引发了1905年革命。穿过Dvortsovaya pl，就是1917年十月革命期间冬宫暴动发生之地。1920年，列宁和几千赤卫军重演了那一幕。之后，1927年，政府委派谢尔盖·爱森斯坦将之拍成了电影《十月》（*October*），以纪念布尔什维克革命10周年。

最受宫廷欢迎的建筑师巴托罗米欧·拉斯特雷利（Bartolomeo Rastrelli）在1753年为当时城里最有影响的贵族设计的。这座建筑由俄罗斯博物馆完美地翻修了，你可以上楼去欣赏那些令人难忘的大厅，比如阿拉贝斯克餐厅、矿物学书房和有装饰天花板的拉斯特雷利大厅，这些都是精华所在。

大理石宫 宫殿

见438页地图（Мраморный дворец, Marble Palace; www.rusmuseum.ru; Millionnaya ul 5; 成人/学生 ₽350/150; ⏲周一、周三、周五至周一 10:00~18:00，周四 13:00~21:00; Ⓜ Nevsky Prospekt）这是俄罗斯博物馆的分部，主要承办各种当代艺术临时展览，也永久展出来自科隆路德维希博物馆（Ludwig Museum）的画作，其中包括毕加索、沃霍尔、巴斯奎特和列支敦斯登的作品。这座宫殿由安东尼奥·里纳尔迪（Antonio Rinaldi）设计，因建造过程中使用了36种大理石而得名。其中的精华包括用乌拉尔大理石建造的加拉楼梯（Gala Staircase），材料的灰度有细微变化；还有令人难忘的大理石大厅（Marble Hall），它的墙面采用了天青石和颜色从黄色到粉红色的大理石。

这座宫殿建于1768~1785年，是叶卡捷琳娜二世送给奥尔洛夫的礼物，以奖励他成功地镇压了莫斯科起义。在博物馆外，矗立着亚历山大三世的骑马雕像。

米哈伊罗夫斯基城堡 博物馆

见438页地图（Михайловский замок, Mikhailovsky Castle; www.rusmuseum.ru; Sadovaya ul 2; 成人/学生 ₽300/150; ⏲周三和周五至周日 10:00~18:00，周一 10:00~17:00，周四 13:00~21:00; Ⓜ Gostiny Dvor）这座城堡是俄罗斯博物馆的一个分部，值得来这里欣赏临时展览，以及一些18世纪到19世纪初在俄工作的外国人创作的艺术品，还有一些翻修得不错的大厅，包括属于沙皇保罗一世的妻子菲尔多罗夫娜（Maria Fyodorovna）的酒红色王宫大殿。

拉斯特雷利起初为伊丽莎白皇后建造的童话般的木制宫殿在18世纪90年代被拆除，腾出的地方出现了这座庞大的宏伟建筑，其像是一座古怪的中世纪城堡，和城市里的其他建筑完全不一样。

叶卡捷琳娜二世的儿子沙皇保罗一世就出生在这座宫殿中，他希望自己的住所也在这里。由于害怕被刺杀（这相当明智），他还专门建造了城堡护城河。但是这位古怪残忍的沙皇只在这座新寓所里住了40天，就在1801年被闷死在了自己的卧室里。

1823年，这座宫殿成了一座军事工程学校，这里最有名的学员是费奥多尔·陀思妥耶夫斯基（Fyodor Dosto-evsky）。

避暑花园 公园

见438页地图（Летний сад, Summer Garden; ☎812-314 0374; nab reki Moyki; 团队游每组 ₽1200; ⏲5月至9月 10:00~22:00，10月至次年3月 10:00~20:00，4月关闭; Ⓜ Gostiny Dvor）**免费** 避暑花园是圣彼得堡市中心最漂亮、历史最悠久的公园，可以从北边的涅瓦河或者南边的莫伊卡（Moyka）进入。18世纪初的建筑师将这座花园设计成荷兰巴洛克风格，使用几何形状布局，其中有喷泉、亭子和散布各

亚历山大三世纪念碑

"我不关心政治。我只是将一只只动物刻下来罢了。" 亚历山大三世骑马的雕像在1909年揭幕之时，雕塑家保罗·特鲁别茨科伊（Paolo Trubetskoy）如是陈述。最早被安置在沃思塔尼亚广场（pl Vosstaniya），这尊刻着矮胖肥硕、不得人心沙皇的青铜雕塑并不受人待见，引起圣彼得堡民众议论纷纷，大家对其艺术价值莫衷一是。亚历山大的儿子尼古拉斯二世曾考虑过将它运到伊尔库茨克。但是，因为坊间盛传他要将父亲流放至西伯利亚，他改变了主意。

1937年，雕塑被从沃思塔尼亚广场转移到俄罗斯博物馆（Russian Museum）的内院，后来，又被转移到大理石宫前庭，被安放在列宁的装甲车以前所在的位置（这辆装甲车现在位于炮械博物馆，见294页）。

缅怀十二月党人

彼得大帝青铜骑士(Bronze Horseman)雕塑所在的广场有两个名字。市区地图上将其标注为Senatskaya pl，因为标志性的参议院和议会大楼(Senate and Synod Buidling)就在其西面。然而，它还有一个为人熟知的名字：pl Dekabristov(十二月党人广场)，人们以此来纪念第一次俄罗斯革命：1825年12月14日发生在这里的十二月党人起义。

十二月党人主要是当时的一些年轻军官，他们受到拿破仑运动期间法国激进思想的影响，希望将君主立宪引入俄国，但他们却失策地将抗议时间安排在新沙皇尼古拉斯一世(Nicholas I)继位典礼的同一天。尼古拉斯手下的大臣与起义者多次协商未果后开火，很多军官和旁观者因此丧命。起义领导者多被送上绞刑台，或被流放到西伯利亚。

处的雕塑。华丽的铸铁装饰围墙和花岗岩柱子是后来在1771~1784年增加的。

这座公园曾是彼得大帝的私人花园(他的不起眼的**夏宫**就在这里)，之后变成了19世纪圣彼得堡有闲阶级的散步场所。直到20世纪，普通人才被允许进入。

这个花园里有一座小博物馆，专用于展示在近期花园翻修过程中出土的一些考古发现。

青铜骑士

纪念碑

见438页地图(Bronze Horseman；Senatskaya pl；Ⓜ Sadovaya)这座青铜骑士是彼得大帝最著名的雕像，并在亚历山大·普希金的史诗里成为不朽。彼得大帝骑着的马(象征着俄国)在背叛之蛇之上高高扬蹄。这座巨大的雕像由法国人艾蒂安·法尔科内(Etienne Falconet)花了12年为叶卡捷琳娜二世雕刻而成。上面的碑文写着"叶卡捷琳娜二世献给彼得一世——1782"。

许多人都把这座雕像的意义解读为叶卡捷琳娜将自己的名字和这座城市的创建者联系起来——她并不是皇位的合法继承人。

法尔科内虽然在此完成了一生中最重要的杰作，却带着痛苦和愤怒离开了俄国。他长期与美术学院院长没完没了地就各种雕像细节的改进进行争论，使得他忍无可忍，甚至最后都没有留下来参加揭幕仪式。

现在，新婚夫妇在婚礼之后来此合影已经成了传统。

俄罗斯民族博物馆

博物馆

见438页地图(Российский Этнографический музей, Russian Museum of Ethnography；☎812-570 5421；www.ethnomuseum.ru；Inzhenernaya ul 4/1；成人/学生 ₽350/150，珍藏室 ₽250；⏲周三至周日 10:00~18:00，周二 至21:00；Ⓜ Gostiny Dvor)这座卓越的博物馆展示来自150多种文化的传统工艺品、习俗、信仰等，而这些构成了俄罗斯脆弱的民族大拼盘。展览十分精彩，其中最出色的当属关于俄罗斯犹太人、外高加索和中亚的部分，包括毛毯和两座等比例的圆顶帐篷。1000平方米的大理石大厅两侧是一排排粉色的卡累利阿大理石柱子，此处经常举办活动和音乐会，从其两边都可以进入画廊。

珍藏室需要另买门票，里面有一些珍贵的武器和难得一见的用于祈祷的物品。

彼得一世冬宫

博物馆

见438页地图(Зимний дворец Петра Первого, Winter Palace of Peter I；www.hermitagemuseum.org；Dvortsovaya nab 32；门票 ₽100；⏲周四至周六 10:30~17:00，周日 10:00~16:00；Ⓜ Admiralteyskaya)20世纪70年代末期的考古人员发现，埃尔米塔日剧院的下方就是彼得大帝主要寓所的遗迹，包括以前仪式庭院残存的一大片，还有几间宫殿寓所。一些房间已经复原成了彼得时代的样子，有荷兰瓦片和拼花地板，现在用来展示埃尔米塔日藏品中彼得的私人物品。

鹅卵石铺地的庭院里有彼得的官方座驾和一辆雪橇。在最后一个展厅，记得欣赏一下巴托罗米欧·拉斯特雷利(Bartolomeo Rastrelli)于1725年为死在宫中的沙皇彼得创作的蜡像。

海军部大楼

知名建筑

见438页地图(Адмиралтейство,

Admiralty; Admiralteysky proezd 1; ⓂAdmiralteyskaya）海军部大楼的镀金尖顶是圣彼得堡的主要标志之一，从Gorokhovaya ul、Voznesensky pr和涅夫斯基大街都能看到它，因为这些大街都是以它为中心向四周辐射的。1711~1917年，这里是俄罗斯海军总部，现在这里是该国最大的海军学院，不对公众开放。

这栋建筑在1806~1823年按照扎卡诺夫（Andreyan Zakharov）的设计重建。它有成排的白色柱子、大量的浮雕和雕塑，是典型的沙俄帝国风格。仔细欣赏大门口两侧背着地球的仙女雕像。虽然尖顶看上去是金的，实际上它是木制的，而且在1996年开始翻修前几乎都腐烂光了。

亚历山大花园　公园

见438页地图（Александровский сад, Alexander Garden; Admiralteysky pr; ⓂAdmiralteyskaya）**免费**这些舒适的花园是以亚历山大二世的名字命名的，建造于1872~1874年，它环绕海军部大楼，在普希金著名的诗体小说《叶甫盖尼·奥涅金》（*Eugene Onegin*）里，它被称为一个时髦的散步场所。这些花园依然如故，到处都是格林卡、莱蒙托夫、果戈理等文化名人的雕像，还有一个1879年的喷泉。在这个花园里，圣伊萨大教堂的对面，有一个很不错的**儿童游乐场**。

米哈伊罗夫斯基公园　公园

见438页地图（Mikhailovsky Gardens; ⏲5月至9月 10:00~22:00, 10月至次年3月 至20:00, 4月关闭; ⓂNevsky Prospekt）**免费**这个8.7公顷的公园归俄罗斯博物馆管理，非常漂亮，还拥有一个观赏米哈伊罗夫斯基宫的好视角。这里最著名的是环绕着滴血大教堂一侧的铸铁围墙和大门，有很多金属花卉和装饰物。

普希金故居博物馆　博物馆

见438页地图（Музей-квартира А.С.

重要景点
法贝热博物馆

请至少提前5天通过电子邮件预订Shuvalovsky Palace之旅，全程1小时。宫殿经过精心修复，这里有出自珠宝匠彼得·卡尔·法贝热（Peter Carl Fabergé）以及其他工艺大师的一大批藏品（包括为皇家制作的9个复活节彩蛋）。

1842年，法贝热在圣彼得堡开始经营珠宝。在事业巅峰期，他的雇员达到700人之多，还开设了很多工厂，在俄罗斯就有4家店，还有一家店开到了伦敦。沙皇赠给皇后镶有宝石的复活节彩蛋的传统始于1885年，那一年，亚历山大三世命令37岁的法贝热为自己的丹麦皇后玛丽·费奥多罗芙娜（Maria Feodorovna）制作一件礼物。1897年起，新沙皇尼古拉斯二世要求法贝热继续为自己母亲（也就是当时的太后）和皇后亚历山德拉·费奥多罗芙娜（Alexandra Feodorovna）制作彩蛋。

这些彩蛋奢华炫目，但它们仅仅是其他一系列装饰豪华的大厅的点缀，这些大厅里陈列着成千上万件精美物品，其中包括银质茶具、上了瓷漆镶了珠宝的烟盒和皮带扣、玉碗，以及俄国印象主义画作。你可以找找费奥多尔·吕克特（Fyodor Rückert）的大作，他的珐琅镶嵌作品独具一格，巧夺天工。

不要错过

- 皇家复活节彩蛋
- 费奥多尔·吕克特珐琅镶嵌作品

实用信息

- 见438页地图
- ☎812-333 2655
- www.fsv.ru/en/collection
- nab reki Fontanki 21
- 团队游₽300
- ⏲11:00~19:00
- ⓂGostiny Dvor

Пушкина, Pushkin Flat-Museum; ☎812-314 0006; www.museumpushkin.ru; nab reki Moyki 12; 成人/学生 ₽250/100; ⊙周三至周日 10:30~17:00; ⓂAdmiralteyskaya）亚历山大·普希金（Alexander Pushkin）最后的岁月就在莫伊卡河（Moyka River）最漂亮的一处拐角处度过。他只在这里住了四个月，然后在1837年决斗中死去。这座小房子现在是普希金故居博物馆，已重建成他生前最后居住时的样子。这里只接受团队游（每逢整点一次），只用俄语导览。

这里还展出他的死亡面具、他的一绺头发和他死时穿着的马甲。

罗斯弗托国立摄影中心 画廊

见438页地图[Государственный центр фотографии（РОСФОТО）, Rosphoto State Photography Centre; www.rosphoto.org; Bolshaya Morskaya ul 35; 门票 ₽100~200; ⊙11:00~19:00; ⓂAdmiralteyskaya]这里巡回展示来自俄罗斯和世界各地的图片、影像以及其他混合媒体作品。这无疑是圣彼得堡观赏当代摄影作品的最佳地点之一。留意一下这栋好看建筑楼梯间的彩色玻璃窗，这里在革命之前是一家保险公司。

这座画廊还有一个藏书丰富的艺术书店和一个舒适的咖啡馆，都值得一去。

圣彼得堡国立戏剧与音乐博物馆 博物馆

见438页地图（Санкт Петербургский музей театрального и музыкального искусства, St Petersburg State Museum of Theatre & Music; ☎812-571 2195; www.theatremuseum.ru; Ostrovskogo pl 6; 成人/儿童 ₽200/100; ⊙周四至周一 11:00~19:00，周三 13:00~21:00; ⓂGostiny Dvor）博物馆在亚历山大林斯基剧院后面，它就是这家俄罗斯剧院的藏宝库，里面有模特、海报和剧照。针对儿童游客的部分有马林斯基舞台的模型和一些用来制造风声、雨声、火车声效果的精巧装置。在入口大厅还有一个漂亮的玻璃金属自动装置，当人们经过时就会动起来。

卡尔·布拉摄影工作室 画廊

见438页地图（Фонд исторической фотографиим. Карла Буллы, Karl Bulla Photography Studio; ☎812-312 2083; www.bullafond.ru; 4th fl, Nevsky pr 54; 门票 ₽100; ⊙10:00~20:00; ⓂGostiny Dvor）卡尔·布拉（Karl Bulla; 1853~1929年）是该市最著名的摄影师之一，在Malaya Sadovaya街头有他的真人大小的雕像。在街角大楼的顶层，就是他的摄影工作室，目前依然在营业，那里展览着布拉和他的儿子们在19世纪末、20世纪初拍摄的这座城市的黑白老照片，还有皇室成员、托尔斯泰的肖像照。

政治警察历史博物馆 博物馆

见438页地图（Музей политической полиции, Museum of the History of Political Police; ☎812-312 2742; www.polithistory.ru; Gorokhovaya ul 2; 成人/学生 ₽100/40; ⊙周一至周五 10:00~18:00; ⓂAdmiralteyskaya）这个小博物馆的一个房间重现了费利克斯·捷尔任斯基（Felix Dzerzhinsky）的办公室，他是契卡的创始人。剩下的三个展室专门展示俄罗斯不同历史时期的秘密警察。

这里的展品主要是照片和文档，其中的一些挺吸引人。部分说明材料是英语的。

战神公园 公园

见438页地图（Марсово поле, Mars Field; nab Lebyazhey kanavki; ⓂNevsky Prospekt）这个绿草如茵的公园以罗马战神命名，曾经是19世纪的阅兵场地、20世纪初革命遇难者和英雄的埋葬地，而现在成了市民散步的好去处。在它的中心，有1957年以来一直点燃的**长明火**（eternal flame），纪念着在圣彼得堡所有战争和革命中的逝者。

路德教堂 教堂

见438页地图（Lutheran Church; ☎812-312 0798; www.petrikirche.ru; Nevsky pr 22; ⊙9:00~21:00; ⓂNevsky Prospekt）免费 这个可爱的教堂藏在Bolshaya ul和Malaya Konyushennaya ul之间，是浪漫主义哥特式风格，19世纪30年代由圣彼得堡繁荣的日耳曼社区建造。它有显眼的四列柱廊厅和圆顶。这里也举办音乐会，其中有些是免费的，届时可以听到教堂的风琴声。

教堂楼上的画廊有一个关于城中日耳曼人和这个教堂的展览。教堂在苏联时代是个游泳池（那时高高的跳水板就安在后殿）。

布罗茨基故居博物馆 博物馆

见438页地图（Музей-квартира И.И. Бродского, Brodsky House-Museum; www.nimrah.ru/musbrod; pl Iskusstv 3; 成人/学生 ₽300/100; ⌚周三至周日 正午至19:00; Ⓜ Nevsky Prospekt）这里是伊萨克·布罗茨基（Isaak Brodsky）的故居，他是列宾最喜欢的学生，也是有名的革命艺术家[不要和约瑟夫·布罗茨基（Joseph Brodsky）混淆了，那是革命政府最不喜欢的诗人之一]。布罗茨基还是一个狂热的收藏家，他的故居博物馆里有数以千计的艺术藏品，包括19世纪初列宾、列维坦和克拉姆斯柯依等著名艺术家鲜为人知的画作。

圣凯瑟琳亚美尼亚教堂 教堂

见438页地图（Церковь Святой Екатерины, Armenian Church of St Catherine; Nevsky pr 42; ⌚周一至周五 8:00~18:30，周六 9:30~13:30; Ⓜ Nevsky Prospekt）延续非东正教教堂建在涅夫斯基大街上的传统，亚美尼亚商人拉扎里安（Ovanes Lazarian）在1771年出资建造了该市第一座亚美尼亚教堂。它由德国建筑师乎尔坦（Georg Veldten）设计，于1780年竣工。

这座教堂华丽精致的内部装潢后来被损毁，最近刚刚完成重修。

奥斯特罗夫斯基广场 广场

见438页地图（Площадь Островского, Ploshchad Ostrovskogo; Ⓜ Gostiny Dvor）这个广场由卡洛·罗西建造于19世纪20年代到30年代，以19世纪著名剧作家亚历山大·奥斯特罗夫斯基（Alexander Ostrovsky; 1823~1886年）命名。巨大的**叶卡捷琳娜二世雕像**（1873年）伫立于挤在长椅上玩国际象棋、西洋双陆棋、麻将的人群中间。女皇的脚下是19世纪的著名政治家，包括她的情人奥尔洛夫、波坦金和苏沃洛夫。

广场上最著名的建筑是罗西的新古典主义风格**亚历山大林斯基剧院**（Alexandrinsky Theatre）。

广场的西侧是圣彼得堡最大的图书馆**俄罗斯国家图书馆**（National Library of Russia），这里有3100万册藏书，其中近六分之一是外语书。因研究需要进入查阅的话，只需要带上护照、该市的注册文件，以及高等教育证书或学生身份证明。

罗蒙诺索夫广场 广场

见438页地图（Ploshchad Lomonosova; Ⓜ Gostiny Dvor）这个小广场以伟大的科学家米哈伊尔·罗蒙诺索夫（Mikhail Lomonosov）命名，在卡洛·罗西建筑群的西南端，也是欣赏Zodchego Rossi大街上对称分布建筑的最佳地点。

门牌号2号的**瓦加诺娃舞蹈学校**（Vaganova School of Choreography）是马林斯基芭蕾舞团的训练学校，巴甫洛娃、尼金斯基、努里耶夫等人曾在这里学习。

在广场上还可以欣赏**洛莫诺索瓦大桥**（Most Lomonosova），这是一座1787年的石制吊桥（不再使用），有四个安装了吊桥悬索的多立克柱式亭柱。

艺术广场 广场

见438页地图（Площадь Искусств, Ploshchad Iskusstv; Ⓜ Nevsky Prospekt）19世纪20年代到30年代，罗西设计了pl Iskusstv（艺术广场），可爱的Mikhailovskaya大街连接着广场和涅夫斯基大街。在这个绿树环绕的广场中心，1957年矗立于此的**普希金雕像**（statue of Pushkin）顶上总是有鸽子歇息。

孔耶瑟纳亚广场 广场

见438页地图（Конюшенная площадь, Konyushennaya Ploshchad; Ⓜ Nevsky Prospekt）马厩广场（Stables Square）北面的建筑就是宫廷养马和停放车辆的地方，从这里可以去**Church of the Saviour Not Made by Human Hand**（马厩中间的多立克柱经典建筑），这是普希金葬礼举行之地。

广场南侧都是高档餐馆和酒吧，以及有意思的苏维埃游戏机博物馆。

沃龙佐夫宫 历史建筑

见438页地图（Vorontsov Palace; Sadovaya ul 26; Ⓜ Gostiny Dvor）这座宫殿（1749~1757年）在Gostiny Dvor对面，是拉斯特雷利设计的又一处市内贵族宅邸。从1810年起，这里一直是帝国最好的军事学校，目前仍然是年轻军

值得一游

苏维埃游戏机博物馆

这家所谓的**博物馆**（见438页地图；http://15kop.ru；Konyushennaya pl 2；门票 ₽350；⏲11:00~20:00；Ⓜ Nevsky Prospekt）给了"回到苏联"新的含义，是本市最有趣的场所之一。门票包含一摞15戈比的硬币，可在收藏于此的50多台游戏机上使用，这些收藏可追溯至勃列日涅夫时期。加入当地小孩和他们怀旧的父母，尽情享受其间的乐趣！他们会来这里玩Morskoi Boi（战舰）、桌上冰球和Repka之类的游戏。Repka源于俄罗斯一个关于将巨大的胡萝卜从地里拔起来的寓言故事。

青年旅舍经常会有门票打折券。这里还有一间非常舒适的咖啡馆，每个月最少会举办一次深夜DJ派对，店里会把乒乓球桌搬出来增加娱乐氛围。

官的军事学校。这座宫殿偶尔会开演唱会，具体信息会张贴在门口。

阿尼奇科夫宫 宫殿

见438页地图（Аничков дворец, Anichkov Palace；☎812-314 9555；www.anichkov.ru；nab reki Fontanki；Ⓜ Gostiny Dvor）阿尼奇科夫宫建于1741~1750年，由包括拉斯特雷利和罗西等的好几位建筑师共同建造而成，它现在正式的名称为圣彼得堡市青年创意宫殿（St Petersburg City Palace of Youth Creativity）。在这里，有超过16,000个孩子参加约1300个业余爱好班和课外俱乐部。里面还有一个小博物馆，但只是偶尔对旅行团开放。

这座宫殿曾经两次成为礼物：伊丽莎白女皇将它送给了她最喜欢的拉祖莫夫斯基伯爵（Count Razumovsky），而后，叶卡捷琳娜二世将它送给了波坦金（Potemkin）。这也是沙皇尼古拉斯二世在圣彼得堡最喜欢待的地方——相比于冬宫的广阔，他更喜欢舒适的内部装潢。

AU PONT ROUGE 历史建筑

见438页地图（nab reki Moyki 73-79；Ⓜ 艾德米拉提斯卡亚站）这里的历史可以追溯到1906~1907年，曾经的Esders and Scheefhaals百货商店已修葺一新，其圆顶也被重建了。它在20世纪30年代被拆除，因为它挡住了海军部大楼望向Gorokhovaya ul的视野。这座辉煌的现代风格建筑现在被称为Au Pont Rouge，因旁边的**科拉斯尼大桥**（Krasny most，红桥）得名。

就餐

圣彼得堡历史中心亦是餐饮中心：就餐选择一般都很出色，虽然涅夫斯基大街以外可能更好。在涅夫斯基大街上，餐饮的价格较高，品质平平（只有几处例外）。留意出色的连锁面包房Stolle和Bushe。

★ MARKETPLACE 俄罗斯菜、各国风味 €

见438页地图（http://market-place.me；Nevsky pr 24；主菜 ₽200~300；⏲9:00~18:00；📶🖉；Ⓜ Nevsky Prospekt）这是一个小型餐馆连锁店中的一家，位置靠近市区。这个连锁店将一流水准带入自助餐厅行业，供应许多现点现做的菜品。这个多层建筑的时髦设计令人赏心悦目。

★ JACK & CHAN 各国风味 €

见438页地图（http://jack-and-chan.com；Inzhenernaya ul 7；主菜 ₽350；⏲10:00至午夜；📶；Ⓜ Gostiny Dvor）餐馆名称一语双关，一个意思是成龙（Jackie Chan），另一个意思是说明"汉堡融合亚洲风味"。尝尝糖醋鱼和粉丝鳄梨大虾沙拉。

BIBLIOTEKA 各国风味 €

见438页地图（www.ilovenevsky.ru；Nevsky pr 20；主菜 ₽250~450；⏲咖啡馆/餐厅 8:00至次日1:00，酒吧 17:00至次日5:00；📶；Ⓜ Nevsky Prospekt）可以在此度过一天中最惬意的部分。首层是个有侍者服务的咖啡馆，顾客很难抗拒门口展示的蛋糕和甜品的诱惑；往上一层就是一个更加正式的餐厅；顶层是个多房间休闲酒吧，直至深夜都有现场音乐和DJ。

这里还有一些新奇的摊位，出售鲜花和别致的物品。

1

2

1. 班科夫斯基大桥　2. 阿尼奇科夫大桥　3. 里维尼大桥

圣彼得堡的桥梁

一个水道密布的城市需要桥梁。圣彼得堡充分利用这种必要性，建成美观而且实用的桥梁。以下列举一些我们最为喜欢的桥梁：

阿尼奇科夫大桥

这座桥梁以其工程师的名字命名，四角有前蹄腾空的骏马雕塑，这些醒目的装饰象征人类对自然的挑战与驯服。

班科夫斯基大桥

这座迷人的人行桥是由金色翅膀狮鹫嘴里伸出的悬索支撑的。大桥的名字来自矗立大桥一侧的Assignment Bank（现在是一所继续教育学院）。

里维尼大桥

另一座Griboyedov运河之上的人行吊桥，由数对雄伟的石狮支撑，并且因此得名。

潘特雷莫诺夫斯基大桥

这座美丽的大桥位于莫伊卡河和丰坦卡河的交汇处，特点是双头鹰灯柱和装饰有盾徽的栏杆。

第一工程师桥

虽然这座通往米哈伊罗夫斯基城堡（Mikhailovsky Castle）的铸铁大桥不乏装饰，但亮点却是Chizhik-Pyzhik——莫伊卡河上空小鸟的雕塑。

特罗伊茨基大桥

1903年开放，这座法俄联合设计的大桥是现代风格的经典作品。就像大多数其他横跨涅瓦河的桥梁一样，这是一座吊桥，每晚吊桥定时升起，以便船只能够通过。

步行游览 历史中心

起点 DVORTSOVAYA PL（ⓂADMIRALTEYSKAYA）
终点 KUPETZ ELISEEVS（ⓂGOSTINY DVOR）
行程 2公里，2小时

从Bolshaya Morskaya ul走到❶**冬宫广场**（Palace Square，见227页）。在涅夫斯基大街拐弯，就可以看见凯旋门下的❷**亚历山大凯旋柱**。往前便是❸**埃尔米塔日博物馆**（见202页）；不要错过巨大的❹**男像柱**。

站在❺**莫伊卡河**河畔，往西北望去，可以欣赏涅瓦河风光；南面则是奢华无比的❻**斯特罗加诺夫宫**（见227页）。往北走到❼**普希金故居博物馆**（见230页）。

❽**孔耶瑟纳亚广场**（见232页）上，18世纪的宫廷马厩非常醒目。❾**战神公园**（见231页）南面是运河边阴凉的❿**米哈伊罗夫斯基公园**（见230页），东南面是⓫**米哈伊罗夫斯基城堡**（见228页）。

站在⓬**Teatralny most**桥上欣赏⓭**滴血大教堂**（见225页），景色令人惊叹。

以一尊⓮**普希金雕像**为中心的⓯**艺术广场**（见232页）四周环绕着很多景点，比如⓰**俄罗斯博物馆**（见218页）、⓱**米哈伊罗夫斯基剧院**（Mikhailovsky Theatre，见241页）和⓲**肖斯塔科维奇爱乐乐团**（见241页），还有历史悠久的⓳**Belmond Grand Hotel Europe**（见324页）。

现代风格的⓴**胜家大楼**（见244页）与对面的令人心生敬畏的㉑**喀山大教堂**（见227页）形成了鲜明的对照。位于教堂后面的㉒**班科夫斯基大桥**是全市最上镜的桥梁。

㉓**Gostiny Dvor**的地铁站人潮涌动。俄罗斯国家图书馆和亚历山大林斯基剧院环绕着㉔**奥斯特罗夫斯基广场**（见232页）。前往美食城㉕**Kupetz Eliseevs**（见244页）并结束行程。

ZOOM CAFÉ

欧洲菜 €

见438页地图（www.cafezoom.ru; Gorokhovaya ul 22; 主菜 ₽300~450; ⌚周一至周六 9:00至午夜，周六 11:00起，周日 13:00起；📶✏️📄👪；Ⓜ Nevsky Prospekt）这个咖啡馆一贯受人欢迎（高峰时段可能需要等位），氛围时尚，菜单非常有趣，包括日式照烧鸡和三文鱼奶油干酪土豆薄饼。书架摆得满满当当，还有各种桌游和令人爱不释手的玩具，让人流连忘返。

SOUP VINO

地中海菜 €

见438页地图（☎812-312 7690; www.supvino.ru; Kazanskaya ul 24; 主菜 ₽310~410; ⌚正午至23:00; ✏️📄; Ⓜ Nevsky Prospekt）这个小地方是美食家的梦想之地，每天都有新鲜的特色菜，例如洋蓟沙拉和西班牙凉菜汤，还有几种意大利面和可以打包带走的美味帕尼尼三明治，当然也可以坐下来在木制装饰的别致餐厅内享用。

PELMENIYA

俄罗斯菜 €

见438页地图（Пельмения; nab reki Fontanki 25; 主菜 ₽300; ⌚11:00~23:00; 📶📄; Ⓜ Gostiny Dvor）这里的菜单上有所有种类的饺子——格鲁吉亚khinkali、乌兹别克manti、乌克兰varenyky，当然还有pelmeni——现吃现做。

CHAIKI

意大利菜 €

见438页地图（Чайки; www.chaykibar.ru; nab reki Moyki 19; 主菜 ₽350; ⌚正午至午夜; 📶; Ⓜ Admiralteyskaya）刷白的砖墙和青柠色自行车（目前似乎成为本地所有时髦地点的标配装饰）为这个氛围轻松的地下室咖啡馆兼酒吧奠定了基调，这里提供很棒的比萨和沙拉。一边吃饭，一边饮用本地出产的甜樱桃酒或生姜苹果酒。

POTATOES WITH MUSHROOMS

各国风味 €

见438页地图（Картофель с грибами; http://vk.com/streetfoodspb; Gorokhovaya ul 12; 主菜 ₽240~360; ⌚周日至周四 11:00~23:00，周五和周六至次日2:00; 📶✏️; Ⓜ Admiralteyskaya）这是一个性价比高的就餐地点，适合享用简餐，例如它的各种kapsalon菜肴（锡碗盛装的荷兰菜）。土豆薄饼很棒，鸡尾酒和葡萄酒也不错。

UKROP

严格素食 €

见438页地图（www.cafe-ukrop.ru; Malaya Konyushennaya ul 14; 主菜 ₽200~300; ⌚9:00~23:00; 📶✏️; Ⓜ Nevsky Prospekt）这家餐馆（名字意为莳萝）证明了素食、严格素食和生食也可以有创意，有滋味，有益健康。这里还经过用心设计，亮丽迷人，用上了秋千椅和许多天然材料。

另一家分店位于**ul Marata**（Укроп，见442页地图; ul Marata 23; ⌚9:00~23:00; 📶✏️📄; Ⓜ Mayakovskaya）。

CLEAN PLATES SOCIETY

各国风味 €

见438页地图（Общество чистых тарелок; http://cleanplates.ru; Gorokhovaya ul 13; ₽350~500; ⌚正午至次日2:00; 📶📄; Ⓜ Admiralteyskaya）这家时髦咖啡馆的菜单涵盖了汉堡、咖喱、罗宋汤和墨西哥卷饼。马蹄形酒吧、创意鸡尾酒和饮品单是最吸引人的地方。

TROITSKY MOST

素食 €

见438页地图（www.t-most.ru; nab reki Moyki 27; 主菜 ₽200~300; ⌚9:00~23:00; 📶✏️📄; Ⓜ Admiralteyskaya）这是一个出色的素食兼咖啡馆连锁店，位置最为靠近市区。菜品同样优秀，包括很棒的素食千层面。内部温馨。

SAMADEVA

素食 €

见438页地图（www.samadevacafe.ru; Kazanskaya ul 10; 主菜 ₽200~300; ⌚9:00~23:00; 📶✏️📄; Ⓜ Nevsky Prospekt）并没有全城最好吃的素食菜肴，但是这家自称"哲学咖啡馆"的餐馆能够让你得到惬意的休息，同时，楼上工作室每天都有瑜伽课程。

STOLOVAYA NO 1 KOPEIKA

俄罗斯菜 €

见438页地图（Столовая No. 1 Копейка; Nevsky pr 25; 主菜 ₽25~50，午餐套餐 ₽99; ⌚24小时; Ⓜ Nevsky Prospekt）这家自助餐厅门前经常排着长龙。它位于一处装修精美的地下室，提供标准的俄罗斯食品，所有菜品都经过新鲜烹制，而且24小时供应。

PELMENY BAR

俄罗斯菜 €

见438页地图（Пельмени Бар; ☎812-570 0405; Gorokhovaya ul 3; 主菜 ₽300;

⏲11:00~23:00，周六和周日 正午开始营业；📶；Ⓜ Admiralteyskaya）这家浮夸咖啡馆的主打并不出人意料——它的传统饺子（pelmeni）用牛肉、猪肉、鲑鱼或者蘑菇作为馅料。选一款汤或者沙拉作为前菜，你这一餐饭既顶饱又超值。

PIROGOVOY DVORIK

面包房 €

见438页地图（Пироговой дворик；www.pirogov-dvorik.ru；nab kanala Griboyedova 22；馅饼 ₽50~100；⏲10:00~23:00；Ⓜ Nevsky Prospekt）如果预算有限，那么来到这个廉价地下室享用便宜午餐真是完美。馅饼的馅料和Stolle的几乎一模一样，不过价格低得多（更有吸引力!）。

PYSHKI

甜甜圈 €

见438页地图（Пышки；Bolshaya Konyushennaya ul 25；甜甜圈 ₽12；⏲9:00~22:00；Ⓜ Nevsky Prospekt）在这里，你可以跟老奶奶一起排队购买油腻、裹糖的甜甜圈和加奶咖啡（₽18）。这家店1958年开业，如今的价格同苏联时代差不多。开业以来，该店几乎没有任何变化，而且以后也不会变化，因为当地政府将它作为地标来保护。

★ YAT

俄罗斯菜 €€

见438页地图（Ять；☎812-957 0023；http://eatinyat.com；nab reki Moyki 16；主菜 ₽500；⏲11:00~23:00；📶👶；Ⓜ Admiralteyskaya）本店地理位置优越，靠近埃尔米塔日博物馆。这家村舍风格餐馆提供传统美食，菜单令人着迷，很有底蕴。Shchi汤无与伦比，同时提供各种各样调味的伏特加。还有一处很好的儿童园地，孩子们可以喂这里饲养的宠物兔。

出售手绘陶器，作为纪念品带走非常不错。

★ GOSTI

俄罗斯菜 €€

见438页地图（Гости；http://gdegosti.ru；Malaya Morskaya ul 13；主菜 ₽500~600；⏲9:00至午夜；📶；Ⓜ Admiralteyskaya）无论是来此品尝烘焙食品和自制茶点，还是享用可口精致的俄罗斯经典菜品，都会感到不虚此行。服务热情周到，两层楼内部温馨舒适，色调五彩缤纷，有些夜晚上演现场钢琴音乐表演，这一切令这家餐馆魅力超群。

ARKA

俄罗斯菜、各国风味 €€

见438页地图（www.arka.spb.ru；Bolshaya Kon-yushennaya ul 27；主菜 ₽600；⏲9:00至次日6:00；📶；Ⓜ Nevsky Prospekt）13米长的酒吧一直延伸到后面的两层餐馆，你可以来这儿喝一杯。这个雅致的地方营业时间很长，提供各种餐食，从点心和早餐咖啡到正餐和自制巧克力，应有尽有。

隔壁**Teatr**（见438页地图；Bolshaya Konyushennaya ul 27；⏲9:00~18:00；📶；Ⓜ Nevsky Prospekt）提供同样的菜品，那里洁白无瑕，根据大楼里的剧院命名。

MAMALIGA

高加索菜 €€

见438页地图（www.ginzaproject.ru；ul Kazanskaya 2；主菜 ₽550；⏲10:00至午夜；📶✏📋；Ⓜ Nevsky Prospekt）这个时髦、明亮、宽敞的咖啡馆有木地板、旧墙壁和低调的老式家具。配图菜单上的菜品令人垂涎欲滴，包含各种各样的高加索美味。

YEREVAN

亚美尼亚菜 €€

见438页地图（☎812-703 3820；http://erivan.ru；nab reki Fontanki 51；主菜 ₽500~1000；⏲正午至午夜；📶；Ⓜ Gostiny Dvor）这家亚美尼亚餐馆有高雅装饰，提供美味的传统食品，保证食材来自亚美尼亚的“生态纯净”地区。20:00以后表演现场音乐。

TERRASSA

欧洲菜 €€

见438页地图（☎812-937 6837；www.terrassa.ru；Kazanskaya ul 3a；主菜 ₽600~1000；⏲11:00至次日1:00，周六和周日 正午开始营业；📶✏📋；Ⓜ Nevsky Prospekt）这家餐馆井然又热闹，位于一处同名的天台中央，上面能够欣赏无限风光（只在暖和的月份开放）。进入餐厅，能够观看厨师在开放厨房内忙碌，菜品有意大利、亚洲以及其他地方风味。

如想落座天台，通常需要预订，但是也可以直接来碰碰运气。

KILIKIA

亚美尼亚菜 €€

见438页地图（☎812-327 2208；www.kilikia.spb.ru；nab kanala Griboyedova 40；主菜

₽200~600; ⏲10:30至次日6:00; 📋; Ⓜ Sennaya Pl)这家餐馆的烤肉串最为出名，而且名副其实。每晚20:00~23:00上演现场音乐。

CAFÉ KING PONG

亚洲菜 €€

见438页地图(www.kingpong.ru; Bolshaya Morskaya ul 16; 主菜₽500; ⏲正午至午夜; 📶✎📋; Ⓜ Admiralteyskaya)这家泛亚餐馆井然有序、光线明亮，带有复古魅力，紧邻涅夫斯基大街。这里提供大量高品质菜肴，包括点心、面条、汤品和米饭，还有许多素食菜品。

PATISSERIE GARÇON

法国菜 €€

见438页地图(www.garcon.ru; nab kanala Griboedova 25; 主菜₽400~600; ⏲10:00~23:00; Ⓜ Nevsky Prospekt)这是市内性价比最高法式小酒馆兼咖啡馆的分店，仿似巴黎那般氛围恬淡，可以享用精美咖啡、新鲜糕点和简餐。**分店**(见438页地图; Malaya Morskaya ul 20; ⏲10:00~23:00; Ⓜ Admiralteyskaya)距离圣伊萨大教堂不远。

TANDOORI NIGHTS

印度菜 €€

见438页地图(☎812-312 8772; http://tandoorinightsspb.com; Voznesensky pr 4; 餐₽600~800; ⏲正午至23:00; 📶✎📋; Ⓜ Admiralteyskaya)这是市内最地道的印度餐馆之一，提供传统美食和现代佳肴，辣度各异，非常适合素食者。

MIX IN ST PETERSBURG

各国风味 €€€

见438页地图(☎812-610 6166; www.wstpetersburg.com; Voznesensky pr 6; 主菜₽1000~2200; ⏲正午至15:00和19:00至午夜; 📶📋; Ⓜ Admiralteyskaya)法国烹饪大师阿兰·迪卡斯(Alain Ducasse)是这个华丽不俗、创意无限的W Hotel附属餐馆的大厨。菜品的精髓就是法国风味搭配国际或俄罗斯风味。素食套餐非常不错，₽700/1100的两道菜或三道菜套餐是物有所值的。服务和气氛都属一流。

SINHOTO

亚洲菜 €€€

见438页地图(www.fourseasons.com/stpetersburg/dining/restaurants/sintoho; Four Seasons Hotel Lion Palace, Admiralteysky pr; 主菜₽1000; ⏲16:00~23:00; 📶📋; Ⓜ Admiralteyskaya)这是Four Seasons奢侈豪华、新潮现代的餐厅，提供经典的新加坡、香港和东京(因此名叫Sin Ho To)菜品，加入独创元素。新加坡大厨确保海南鸡饭非常出色(我们同样喜欢饺子)。

这里有一处赏心悦目的冬季花园，可以就餐，还有绅士俱乐部一般的Xander酒吧，带有双面中央壁炉——冬夜消遣的绝佳地点。

BAKU

阿塞拜疆菜 €€€

见438页地图(☎812-941 3756; www.baku-spb.ru; Sadovaya ul 12/23; 主菜₽600~1600; ⏲正午至午夜; ✎📋👪; Ⓜ Gostiny Dvor)这里的豪华装饰——瓷砖墙壁、拱形门廊、抱枕——仿佛将你带到阿塞拜疆。尝尝阿塞拜疆烤肉串、传统手抓饭，还有美味可口的kutab(不同馅料的薄煎饼)。

服务谦逊有礼，如果不太喜欢楼下晚间的现场音乐，可去楼上房间。

饮品和夜生活

★ BORODABAR

鸡尾酒吧

见438页地图(Kazanskaya ul 11; ⏲18:00至次日6:00; 📶; Ⓜ Nevsky Prospekt)来到这家时髦的鸡尾酒吧，你会看到许多胡须和文身。别介意，调酒师技术纯熟，我们特别推荐这个烟雾弥漫的老式酒吧，还有五颜六色的烈酒。

★ RADIOBABY

酒吧、夜店

见438页地图(www.radiobaby.com; Kazanskaya ul 7; ⏲18:00至次日6:00; Ⓜ Nevsky Prospekt) **免费** 穿过Kazanskaya 5(不是Kazanskaya 7——那只是街道地址)的圆拱，左转穿过另外一个圆拱，就会在右手边发现这个超酷、谷仓一般的酒吧。酒吧分为好几个厅，实施"禁止高科技舞曲、禁止浩室音乐"原则。配备桌上足球。顾客们都很悠闲，气氛无拘无束。22:00后，这里更像是个夜店。

★ ZIFERBERG

计时咖啡馆

见438页地图(http://ziferburg.ziferblat.net; 3rd fl, Passage, Nevsky pr 48; 首小时/以后每小时 每分钟 收费₽2/1，最高收费₽360; ⏲周日至周四 11:00至午夜，周五和周六 至次日7:00; 📶; Ⓜ Gostiny Dvor)这家咖啡馆各个片区的装饰与

众不同、时髦新潮，有一些私密温馨，另外一些则适合社交。活动丰富多彩，从桌上游戏和电影到古典音乐，应有尽有，周末尤甚。可以一边品味咖啡或者茶水，一边娱乐。

MIRACLE

计时咖啡馆

见438页地图（☎812-570 1314；http://itsamiracle.ru；Moshkov per 4；1小时/2小时 ₽150/200；⏲13:00至次日1:00；📶；Ⓜ Admiralteyskaya）这家按小时收费的迷人咖啡馆非常温馨。夏季，庭院设有户外就餐区，还有两个舒适的室内就餐区。登录网站详细了解定期活动，例如音乐会和谈话节目。

SIDRERIA

酒吧

见438页地图（http://vk.com/sidreria；Karavannaya ul 6；⏲周日至周四 18:00至午夜，周五和周六 至次日2:00；📶；Ⓜ Gostiny Dvor）这个趣味十足、设计巧妙的地方是一家苹果主题酒吧，提供至少10种桶装苹果酒，以及很多其他的瓶装苹果酒。不光可以尝到苹果酿的酒，还有梨子、樱桃和蓝莓酿制的酒。供应热狗作为搭配小食。可以从多种黑胶唱片中自选音乐，一边啜饮，一边聆听。

PIFF PAFF

酒吧

见438页地图（www.pifpafbar.com；nab kanala Griboyedova 31；📶；Ⓜ Nevsky Prospekt）这是一家时髦活泼的酒吧，提供精美汉堡，后面有个美发店——如果你想试试夜间新活动的话可以去美美发。还有桌上足球，谈话结束之时，可以戏耍一番。

DOUBLE B

咖啡馆

见438页地图（Дабл би；http://vk.com/doublebspb；Millionnaya ul 18；⏲周一至周五 9:00~22:00，周六和周日 11:00~22:00；📶；Ⓜ Admiralteyskaya）这个咖啡店的年轻店员热情友好，认真烹制咖啡。特制咖啡豆来自埃塞俄比亚、哥斯达黎加和肯尼亚，调制方法包括爱乐压和手冲。同时提供各种精美茶饮。

KOFYE NA KUKHNYE

咖啡馆

见438页地图（Кофе на Кухне；nab reki Fontanki 13；⏲周一至周五 10:00~23:00，周六和周日 11:00~23:00；📶；Ⓜ Gostiny Dvor）前往Kofye na Kukhnye（厨房里的咖啡），尽情享用素食麦芬蛋糕和其他烘焙美食，有各种咖啡制作方式可选。这里温馨舒适，后面有个五颜六色的公共餐桌。

KOPEN

酒吧

见438页地图（Bolshaya Konyushennaya pl 2；⏲18:00至次日3:00；📶；Ⓜ Nevsky Prospekt）这个庭院之内开设了几家精美雅致的夜店，包括亲民、充满乐趣的Kopen。温暖的月份，顾客徜徉户外，但是室内的屋顶很高，也是绝佳活动场所，还有DJ营造氛围。

BELOCHKA & MIELOFON

酒吧

见438页地图（http://vkontakte.ru/belochkami；Bankovsky per 3；⏲18:00至次日6:00；Ⓜ Sennaya Pl）这家地下室酒吧环境超酷，待客热情，氛围轻松，不易找到：步行经过Friends Hostel，进入后面庭院，到达第一个路口并右转，循着音乐找到酒吧大门。这里共有两个低矮的房间，一个有酒吧、拥挤的舞池和DJ，另外一个摆满桌上足球和舒适的沙发。

MIXUP BAR

酒吧

见438页地图（www.wstpetersburg.com；W Hotel, Voznesensky pr 6；⏲周日至周四 13:00至午夜，周五和周六 至次日2:00；📶；Ⓜ Admiralteyskaya）这是绝佳的鸡尾酒吧，坐落于Antonio Citterio设计的酒廊，可以一边品味顶级酒水，一边欣赏无与伦比的城市风光。楼上就是MiXup Terrace（5月至9月），那是一处户外场所，可将圣伊萨大教堂的景象一览无遗。

BARAKOBAMABAR

酒吧、夜店

见438页地图（http://barbarakobama.ru；Konyushennaya pl 2；⏲18:00至次日6:00；Ⓜ Nevsky Prospket）夏季，这儿有出色的室外酒吧和舞池，内部设有几个舒适的吧台和一个横跨两层楼的水烟厅，都云集了帅哥靓女。位于Konyushennaya pl 2建筑群的后方——步行穿过庭院，然后向右前行。

MORE

夜店

见438页地图（Море；http://vk.com/thinkofsea；Malaya Morskaya ul 20；票价 ₽300；⏲周四和周日 18:00~23:45，周五和周六 18:00至次日6:00；Ⓜ Admiralteyskaya）这个谷仓模样夜店的入口十分隐秘，需要走上那些带有奇幻

色彩、角缸装饰的楼梯。周末，乐队和另类摇滚歌手经常来此举行现场音乐表演，此时收取门票。

MOD CLUB
酒吧、夜店

见438页地图（www.modclub.info; nab kanala Griboyedova 5; 票价 ₽150~300; ⏲18:00至次日6:00; Ⓜ Nevsky Prospekt）这个地方深受学生和其他人士青睐，他们喜爱这种亲切愉悦的氛围、绝妙的音乐组合（现场表演和混音），以及特色娱乐——例如康乐球（一种桌球游戏，逐渐流行于俄罗斯）。这里气氛轻松、趣味十足，真是夜生活的绝佳场所。

GOLUBAYA USTRITSA
男同性恋酒吧

见438页地图（www.boyster.ru; ul Lomonosova 1; ⏲19:00至次日6:00; Ⓜ Nevsky Prospekt）这个酒吧堪称城内最佳男同场所，名字意为“蓝色牡蛎”，源自20世纪80年代电影《警察学校》（*Police Academy*）中的皮革酒吧。但实际上，两家酒吧的风格大相径庭。

CENTRAL STATION
男同性恋酒吧

见438页地图（www.centralstation.ru; ul Lomonosova 1/28; 午夜之后票价 ₽100~300; ⏲18:00至次日6:00; Ⓜ Nevsky Prospekt）这里面积巨大，包含数个酒吧和舞池，还有男宾专用暗室，这是圣彼得堡男同场所的中坚力量。一周之间，活动不断，包括打烊之后的狂欢活动（5:00~10:00）。主要播放流行乐和浩室乐。周末，许多衣着暴露的人士光顾此处。

BERMUDY BAR DISCO
酒吧

见438页地图（Bankovsky per 6; ⏲18:00至次日6:00; Ⓜ Sennaya Ploshchad）这家酒吧亲切热情，复兴了圣彼得堡历史悠久的在桌子上跳舞的传统。午夜之后，这里更像是个迪斯科舞厅而非酒吧。这里价格低廉，鸡尾酒不错，气氛闲适怡人，还有桌上足球。如果想要彻夜狂欢，可来这个无拘无束的地方。

POISON
卡拉OK

见438页地图（ul Lomonosova 2; ⏲18:00至次日7:00; Ⓜ Nevsky Prospekt）这个古旧时尚地带涌现出了许多休闲酒吧，这是其中一家，主打摇滚卡拉OK。喝点便宜啤酒（₽120）滋润喉咙，然后引吭高歌。城内还有其他几家分店。

CAFE-BAR PRODUCKTY
咖啡馆

见438页地图（Продукты; nab reki Fontanky 17; ⏲周日至周四 14:00至次日2:00，周五和周六至次日6:00; Ⓜ Gostiny Dvor）怀旧的电影海报、混搭风格的家具和播放着音乐的自动点唱机给这家休闲的咖啡馆—酒吧一种雅致的感觉。这里供应热饮和清爽的鸡尾酒。

★ 娱乐

肖斯塔科维奇爱乐乐团
古典音乐

见438页地图（Shostakovich Philharmonia; www.philharmonia.spb.ru; Ⓜ Nevsky Prospekt）在享誉世界的指挥家Yury Temirkanov充满艺术才能的指导下，肖斯塔科维奇爱乐乐团代表着管弦乐界的最高水平。位于pl Iskusstv的Bolshoy Zal是举办全阵容交响乐表演的场地，附近的Maly Zal则承办相对小型的乐团演出。此外，两个场馆都会承办众多的音乐节，其中包括顶级的**古乐节**（Early Music Festival; www.earlymusic.ru）。

米哈伊罗夫斯基歌剧与芭蕾剧院
歌剧、芭蕾

见438页地图（Mikhailovsky Opera & Ballet Theatre; ☎812-595 4305; www.mikhailovsky.ru; pl Iskusstv 1; Ⓜ Nevsky Prospekt）虽然在奢华程度上不如马林斯基剧院（Mariinsky Theatre，见249页），米哈伊罗夫斯基歌剧与芭蕾剧院仍声名显赫，上演着一场场俄罗斯芭蕾舞和歌剧作品。配备多层剧场、彩绘天花板，还有精致的音乐厅。这一广受欢迎的剧院是国家歌剧和芭蕾舞团的所在地，剧院外面就是艺术广场（Pl Iskusstv）。

米哈伊罗夫斯基歌剧与芭蕾剧院的入场券一般要比马林斯基剧院的好买，价钱也更加便宜。

埃尔米塔日剧院
芭蕾

见438页地图（Hermitage Theatre; www.hermitageballet.com; Dvortsovaya nab 34; 网上票价 $160; Ⓜ Admiralteyskaya）这座新古典主义风格的剧院环境优雅舒适，曾是皇家专用剧院，位于彼得一世冬宫旧址。如果你想在这样一个舒适的大厅里观看一场芭蕾舞表演（多为《天鹅湖》《吉赛尔》等经典舞剧)，不妨早点订票。可以通过Dvortsovaya nab上大埃尔米塔日宫(Large Hermitage)的入口进入该剧院。

俄罗斯芭蕾舞剧院(Russian Ballet Theatre)组织的演出在**皇宫剧院**(Palace Theatre，见438页地图；Italiyanskaya ul 13；ⓂGostiny Dvor)和**极光皇宫剧院**(Aurora Palace Theatre，见450页地图；Pirogovskskaya 5/2；ⓂPloschad Lenina)均有上演。

格林卡·柯派拉音乐厅 古典音乐

见438页地图(Glinka Capella House；☎812-314 1058；www.glinka-capella.ru；nab reki Moyki 20；ⓂAdmiralteyskaya)这座历史上非常有名的音乐厅专门为帝王宫廷合唱团(Emperor Court Choir Capella)而建，它是俄罗斯最早的合唱团，成立于1437年。合唱团最初设于莫斯科，1703年彼得大帝下令将其迁至圣彼得堡。如今，这里的表演大多为唱诗班合唱和管风琴音乐。

亚历山大林斯基剧院 剧院

见438页地图(Alexandrinsky Theatre；☎812-710 4103；www.alexandrinsky.ru；pl Ostrovskogo 2；ⓂGostiny Dvor)这个宏伟壮丽的场馆只是卡洛·罗西设计的一整套完美无瑕的建筑群的一部分。剧院内部具有19世纪的优雅和时尚，即使不观看表演，也很值得进去观赏一番。

1896年，安东·契诃夫在这里举行了《海鸥》(*The Seagull*)的首演。当时，观众对该剧的反映非常不理想，契诃夫因此还跑到涅夫斯基大街上，并在熙熙攘攘的人群中独自游荡了很久。而如今，契诃夫的作品极受剧院观众追捧。

博利绍伊戏剧剧院 剧院

见438页地图(Bolshoy Drama Theatre，简称BDT；☎812-310 9242；http://bdt.spb.ru；nab reki Fontanki 65；ⓂSennaya Ploshchad)2019年，博利绍伊戏剧剧院(BDT)将举行成立100周年纪念，这里拥有一套享誉全球的保留剧目，也是欣赏俄罗斯戏剧的好地方。新近翻修完毕，它是全市最恢宏壮丽的剧院之一，位于丰坦卡河河畔的地理位置更加增添了它的魅力。

科米萨尔日芙斯卡娅剧院 剧院

见438页地图(Komissarzhevskaya Theatre；☎812-315 5355；www.teatrvfk.ru；Italiyanskaya ul 19；ⓂGostiny Dvor)这家剧院以伟大的女演员维拉·科米萨尔日芙斯卡娅(Vera Komissarzhevskaya)命名。19世纪末，科米萨尔日芙斯卡娅在弗谢沃洛德·梅耶荷德的剧作中担任主演，从此声名鹊起。该剧院最为出名的是将现代元素融入经典剧作中。

普利亚特·柯姆迪安塔剧院 剧院

见438页地图(Priyut Komedianta Theatre；☎812-310 3314；www.pkteatr.ru；Sadovaya ul 27/9；ⓂSennaya Ploshchad)这家赏心悦目的剧院的名字意为"演员之家"，它也确实在很好地扮演着这一角色，为一些最有前途的导演和制片人提供一个安身之所。

KINO&TEATR ANGLETER 电影院

见438页地图(Кино&Театр Англетер；☎812-494 5063；www.angleterrecinema.ru；Angleterre Hotel, Malaya Morskaya ul 24；ⓂAdmiralteyskaya)这家新开不久的电影院位于Angleterre Hotel里面，如果你想看有字幕的原声电影，而不是配音电影，来这里就对了。电影院每天都会有不同的专题，主要放映最新的艺术院线影片。

AVRORA 电影院

见438页地图(www.avrora.spb.ru；Nevsky pr 60；ⓂGostiny Dvor)Avrora原名皮卡迪利电影院(Piccadilly Picture House)，1913年开业，在俄罗斯电影业发展早期，这里曾是全市最时尚入时的电影院，时至今日，这一地位也丝毫没有动摇。如今，大多数电影的首映(你基本上都能买到票)都在这里完成。外国电影都用俄语配音，偶尔会有配俄语字幕的。

1932年，电影院的名字改为更具苏联风情的Avrora，就是在这里，年轻的德米特里·肖斯塔科维奇(Dmitry Shostakovich)曾为无声电影演奏钢琴。

DOM KINO 电影院

见438页地图(☎812-314 5614；www.domkino.spb.ru；Karavannaya ul 12；ⓂGostiny Dvor)市内只有少数几家电影院放映带字幕的

外国电影、高格调的好莱坞电影，以及充满艺术气息的俄罗斯电影，Dom Kino便是其中之一。此外，这里也是英国文化协会举办英国电影节的场地。虽然经历了重新装修，但整个地方仍在很大程度上保留了迷人的苏联风格。

DOM 7

爵士乐

见438页地图（http://vk.com/dom_7; nab kanala Griboyedova 7; ⏲周日和周二至周四 正午至午夜，周五和周六 至次日5:00; Ⓜ Nevsky Prospekt）这家低调的俄罗斯餐厅酒吧周五和周六的21:00、23:30有现场爵士乐表演，极受顾客欢迎。

戴姆尼木偶剧院

木偶剧院

见438页地图（Demmeni Marionette Theatre; ☎812-571 2156; www.demmeni.ru; Nevsky pr 52; Ⓜ Gostiny Dvor）这个位于Nevsky中段拱顶下方的剧院建成于1917年，是全市最古老的专业木偶剧院。表演主要针对儿童，从制作到表演都很专业。

圣彼得堡国立马戏团

马戏团

见438页地图（St Petersburg State Circus; ☎812-570 5390; www.circus.spb.ru; nab reki Fontanki 3; Ⓜ Gostiny Dvor）俄罗斯最古老的马戏团大楼（建于1877年）正在翻修楼顶，整个过程会持续几年时间，其间马戏表演将在市内另一个场地进行，具体信息请留意网站公告。此外，来自其他地方的马戏团和艺术家也会在这里进行演出。

购物

★ TAIGA

时装

见438页地图（Тайга; http://space-taiga.org; Dvortsovaya nab 20; ⏲13:00~21:00; 📶; Ⓜ Admiralteyskaya）和Piter其他几个时尚店面一样，Taiga虽然紧邻埃尔米塔日博物馆，却显得异常低调。很多小店聚集在这栋古老的大楼里，探访一番，你会发现从理发店到吉他店等令人眼前一亮的店面。**8 Store**（见438页地图; 8-store.ru; Dvortsovaya nab 20; ⏲13:00~21:00; Ⓜ Admiralteyskaya）是其中最好的店之一，这家新潮的时装店出售本地设计师设计的服装及配饰。

还可以逛逛**Books & More**（见438页地图; www.facebook.com/booksandmore.ru/info; Dvortsovaya nab 20; Ⓜ Admiralteyskaya）、有精美复古和原创设计的Sewing Corp，以及时装设计师Liza Odinokikh的工作室。

PERINNYE RYADY

工艺品

见438页地图（Перины ряды, арт-центр; ☎812-440 2028; www.artcenter.su; Dumskaya ul 4; ⏲10:00~20:00; Ⓜ Nevsky Prospekt）在Dumskaya街中段的这家商场里，有几十家工艺品商店，其中Collection出售各种各样的绘画作品，有好几幅都出自俄罗斯艺术家协会会员之手，还有Pionersky Magazin，这里专门出售苏联时代的纪念品，在这里你会发现列宁半身像、五颜六色的宣传品以及艺术海报。

商场里还有一个小型展览区（成人/学生₽300/200）。

DOM KNIGI

书店

见438页地图（www.spbdk.ru; Nevsky pr 28; ⏲9:00至次日1:00; 📶; Ⓜ Nevsky Prospekt）Dom Knigi是市里的一家老牌书店，位于精妙绝伦、风格怪诞的胜家大楼（Singer Building）。你可以看见许多英文大开本画册，买来做纪念品非常不错。

STARAYA KNIGA

书店

见438页地图（Старая книга; Nevsky pr 3; ⏲10:00~19:00; Ⓜ Admiralteyskaya）这家历史悠久的古老书店令人着迷，很适合在里面翻翻找找。藏书从高级精装本到二手的、破旧不堪的苏联旧书，再到艺术作品（位于紧邻美术用品店旁边的那个区域），不一而足。来这里，你可以买到不同寻常、别具一格的纪念品。本店位于主干道旁边的一个庭院里。

MILITARY SHOP

军事

见438页地图（Товар для военных; www.voentorg spb.ru; Sadovaya ul 26; ⏲10:00~20:00; Ⓜ Gostiny Dvor）大街上随处都能看到身着制服的人，来这里就能买到自己的那一套服装。条纹海军帽、刺绣徽章、军靴、迷彩服、时尚帽的价格都很实惠。留意一下环形、

涅夫斯基大街的古老商店

在小说《涅夫斯基大街》(*Nevsky Prospekt*)中，尼古拉·果戈理将涅夫斯基大街比作“彼得堡的交流要道”。如今，大街建成已逾300年，一切依旧。涅夫斯基仍是全市最著名的一条街，从海军部大楼至亚历山大·涅夫斯基修道院(Alexandr Nevsky Monastery)绵延4.7公里，大街的名字源自这座修道院。来到圣彼得堡，必须沿着这条大街漫步一番。黄昏时分，漫步体验不同寻常。夕阳西下，建筑群优雅矗立，影影绰绰。

大街通向莫斯科火车站(Moskovsky vokzal, Moscow Station)的内段2.5公里是全市最繁华的购物地段，一派生机。在这里，你可以尽览巴洛克风格的宫殿、不同宗派的教堂、种类繁多的娱乐活动，最重要的是各种各样的商店，其中很多本身就具有很高的历史价值。以下是主要的几家：

胜家大楼(Singer Building, 见438页地图; Nevsky pr 28; ⓂNevsky Prospekt)这里曾是胜家牌缝纫机公司总部所在地，也是圣彼得堡最宏伟的建筑之一。胜家公司最早于1904年在俄罗斯首都开设工厂。胜家大楼由Pavel Suzor设计，楼顶由玻璃穹顶覆盖，还有两尊女性雕像支撑着地球。它曾是美国驻俄领事馆以及很多美国公司在俄办事处的所在地。苏联时代，胜家大楼曾被称为Dom Knigi(书屋)，现在楼内仍有一家很不错的书店(见243页)，还有舒适惬意的**Cafe Singer**(见438页地图; Nevsky pr 28; ⌚9:00~23:00; 📶; ⓂNevsky Prospekt)，这里拥有欣赏喀山大教堂的绝佳视角。此外，vk.com(俄罗斯的Facebook)也位于此地。

Bolshoy Gostiny Dvor(Большой Гостиный Двор, 见438页地图; http://bgd.ru; Nevsky pr 35; ⌚10:00~22:00; ⓂGostiny Dvor)“Big Merchant Yard”是世界上最早的室内购物中心之一，修建于1757~1785年，沿着涅夫斯基大街延伸230米(周长超过1公里)。整栋建筑由拉斯特雷利设计，却不如他的其他作品复杂精细，因为后期修建由瓦林·德拉莫斯(Vallin de la Mothe)完成，他采用了更加素净的新古典主义风格。商场西北角对面，坐落着以前的杜马镇(Town Duma)的钟楼，是革命前市政府的所在地。20世纪末，Gostiny Dvor发展到巅峰时期，拥有170多家商铺。如今，更加奢华现代的购物大厦不断涌现，令它多少有点黯然失色，但它仍是这里的一处地标建筑，可以满足普通纪念品购物需求。

Passage(Пассаж, 见438页地图; www.passage.spb.ru; Nevsky pr 48; ⌚10:00~21:00; ⓂGostiny Dvor)Passage商场建于1846~1848年，楼顶全部由玻璃覆盖，横跨Nevsky至Italiyanskaya ul之间整个街区。1864年，这里曾展出过一只活鳄鱼，陀思妥耶夫斯基由此受到启发创作了一个人在Passage被鳄鱼生吞的故事。顶楼(20世纪初曾是同性恋活动场所)还有计时咖啡馆Ziferberg(见239页)和青年时装直营店**Freedom Store**(http://freedomstore.ru)。

Kupetz Eliseevs(见438页地图; http://kupetzeliseevs.ru; Nevsky pr 56; ⌚10:00~22:00; 📶; ⓂGostiny Dvor)与胜家大楼同年修建，富商Grigory Eliseevs忙于在涅夫斯基大街上修建自己现代风格的惊世之作。当时，Eliseevs Brothers已经是一家非常成功的食品商城，旗下有好几家分部——Kupetz Eliseevs将会成为旗舰店，因此对它的投入和设计丝毫也没有吝惜。透过巨大的厚玻璃窗，奢华的内部令人眼花缭乱：彩色玻璃、枝形吊灯、抛光黄铜，还有一棵巨大的菠萝树。建筑外部也毫不逊色，同样高贵奢华，锦上添花的是四处有寓意的雕塑，分别代表工业、商贸、艺术和科学。楼内还有一个仍在运营的剧院。经过最近的翻修，Kupetz Eliseevs再次成为圣彼得堡一流的百货商店，出售各种各样的名牌产品，从茶叶到鱼子酱，从手工巧克力到现烤面包，从点心到蛋糕，应有尽有。孩子们肯定会喜欢橱窗里展示的电子人偶。首层和原先的葡萄酒酒窖内，则是几家舒适惬意的咖啡馆。

…与相同的英文店名“Military Shop”。入口在庭院里面。

MANUFACTORY 812
时装

见438页地图（www.facebook.com/manufactory812; Bolshaya Morskaya ul 14; ⏲10:00~20:00; Ⓜ Admiralteyskaya）在这里，你买到的既是圣彼得堡的旅游纪念品，又是自己时尚水准的彰显。这家小小的精品店出售适合年轻人的T恤衫、运动衫和卫衣，衣服上的印花简洁时尚。

KNIZHNAYA LAVKA PISATELEI
书店

见438页地图（Книжная лавка писателей; http://lavka-pisateley.ru; Nevsky pr 66; ⏲10:00~22:00; Ⓜ Gostiny Dvor）这家老牌书店主要出售俄文书籍，还出售海报、印刷品和仿真古地图，这些都是非常有趣的纪念品。同时，还有本地慈善机构Homeless.ru用来筹款的T恤衫、马克杯和袋子。

VINISSIMO
饮食

见438页地图（☎812-571 3405; www.bonvin.ru; nab kanala Griboyedova 29; ⏲周一至周六 正午至21:00; Ⓜ Nevsky Prospekt）这家小酒窖极富格调，很适合选一瓶好酒。这里不乏特级葡萄酒（grands crus）和高价藏品，但也不妨去店面中央的特价酒架上挑选性价比极高的法国、西班牙和意大利的葡萄酒。

YAKHONT
珠宝

见438页地图（Яхонт; Bolshaya Morskaya ul 24; ⏲10:00~20:00; Ⓜ Nevsky Prospekt）通过这栋建筑，卡尔·法贝热（Carl Fabergé）凭借其卓尔不凡的定制设计令皇室和整个世界眼前一亮。Yakhont与法贝热家族并无关联，但它继承发扬了法贝热传统。

DLT
百货店

见438页地图（www.dlt.ru; Bolshaya Konyushennaya ul 21-23; ⏲10:00~22:00; Ⓜ Nevsky Prospekt）这家百货公司历史悠久，云集国外最负盛名的时装及美容品牌。大楼内部令人惊叹，带有两个中庭，但是似乎只能看到百无聊赖的店员和保安——几乎没有顾客。

GRAND PALACE
购物中心

见438页地图（Гранд Палас; www.grand-palace.ru; Nevsky pr 44; ⏲11:00~21:00; Ⓜ Gostiny Dvor）这家购物中心富丽堂皇、宏伟气派，令人眼花缭乱。虽然许多时尚大牌都将店面迁至Bolshaya Konyushennaya ul，但Grand Palace仍是桑丽卡（Sonia Rykiel）和施华洛世奇（Swarovski）的所在地。

APRAKSIN DVOR
市场

见438页地图（http://apraksindvor.piter-center.ru/; Sadovaya ul 30; ⏲10:00~19:00; Ⓜ Gostiny Dvor）早在18世纪，这里就有了市场。摊位凌乱不堪，仿佛陀思妥耶夫斯基笔下描绘的那样，主要出售廉价服装、鞋子、皮革制品，以及深受附近各民族商贩青睐的食品和小吃。注意寻找那家令人叫绝的中国杂货店和咖啡馆，就在Korpus 27区的上层。

运动和活动

ANGLO TOURISMO
乘船游、步行

（☎8-921-989 4722; www.anglotourismo.com; 27 nab reki Fontanki; 1小时 团队游 成人/学生 ₽650/550; Ⓜ Gostiny Dvor）很多旅游公司组织乘船游游览历史中心，价格和路线都大同小异。只有Anglo Tourismo一家提供英文讲解。5月至9月，11:00~18:30，每隔1.5小时开出一班。6月1日至8月31日，增加夜间班次。

Anglo Tourismo同时每天组织免费徒步游，10:30启程，全程3小时。

LAVRUSHKA
烹饪课程

见438页地图（☎812-942 4928; www.lavrushka.org; nab reki Moyki 81; 1~3小时课程 ₽1400~3100; Ⓜ Admiralteyskaya）Lavrushka采用英文教授烹饪，学员可以亲手制作俄罗斯经典美食，包括俄式薄煎饼、pelmeni（俄式饺子）、各种汤，当然还有俄式牛柳丝。厨房比较现代化，位于市中心，所以可以穿插安排几小时烹饪课程和其他观光活动。

先纳亚和科洛姆纳

先纳亚 | 科洛姆纳

区域亮点

❶ 前往**马林斯基剧院**（见249页），或者去紧邻的**马林斯基剧院新馆**（见256页），观看一场绚丽的俄罗斯芭蕾舞或经典歌剧。

❷ 前往装饰华丽、令人记忆深刻的**尤苏波夫宫**（见248页），徜徉其中，聆听拉斯普廷遇刺身亡的故事。

❸ 参观也许是圣彼得堡最漂亮的教堂——天蓝色和金色交织的**尼科尔斯基大教堂**（见251页），周围运河众多、花园迷人。

❹ 重温文学作品中描述的发生于**先纳亚广场**（见250页）周边的谋杀案，陀思妥耶夫斯基的著作《罪与罚》以此为背景。

❺ 前往宏伟的**中央海军博物馆**（见251页），感受俄罗斯悠久辉煌的海上历史。

这一区域的更多细节见446页地图

探索先纳亚和科洛姆纳

先纳亚和科洛姆纳都位于涅夫斯基大街西侧、丰坦卡河和涅瓦河之间，却是两个完全不同的区域。先纳亚因先纳亚广场（干草市场）而闻名于世，是城市最繁华的商业街区之一。陀思妥耶夫斯基的《罪与罚》(*Crime and Punishment*)中描写的贫困生活已然远去，但你会发现，与景象繁华的历史中心区相比，这里显然更贫穷、更脏乱。

科洛姆纳是以这里七座岛屿中最大的一个命名的，也是一个相对安宁的城中央的街区，这里没有地铁站，三面环水，是美丽、休闲、安静的好去处。拥有世界著名的马林斯基剧院和废弃的纽荷兰岛（New Holland），该岛正被慢慢地改建成一个巨大的文化中心。马林斯基剧院附近将修建新地铁站，这必将带动圣彼得堡中心这块区域的发展。

当地生活

➡ **体验运河** 先纳亚和科洛姆纳是几条运河流经的最美丽的地方，在城市中远离人群。你可以尽情领略壮丽的克留科夫运河（Kryukov Canal）美景，以及稍远的格里博耶多夫运河（Griboyedov Canal）和丰坦卡河。

➡ **免费音乐会** 在里姆斯基-科萨科夫音乐学校（见257页）的玛丽扎尔（小型音乐厅），你会经常看到由学生和校友演出的高水准音乐会，而且还是免费的。

➡ **交通情况** 科洛姆纳没有地铁，所以步行的距离可能很长，最好多了解一些公交和marshrutka（固定线路小巴）的路线。

到达和离开

➡ **地铁** 先纳亚有该市最大的换乘点，Sennaya Ploshchad站（2号线）、Spasskaya站（4号线）和Sadovaya站（5号线）相互贯通，这3站的入口都在先纳亚广场（Sennaya pl）。本书写作期间，科洛姆纳尚没有地铁站，但正在计划将地铁通到马林斯基。目前距离最近的站点是先纳亚广场的各站或历史中心的Admiralteyskaya站。

➡ **公共汽车** 3路公交车从马林斯基（Mariinsky）开往涅夫斯基大街（Nevsky pr），经过Bolshaya Morskaya ul。5路无轨电车从Truda广场（pl Truda）开往涅夫斯基大街，经过Konnogvardeysky bul。

独家贴士

提前预订马林斯基剧院（www.mariinsky.ru）的芭蕾舞或歌剧表演，白夜（White Nights）期间更得提前预订，因为这个时期热销剧目的票会提前数月销售一空。你可以通过网站预订并支付门票，开演之前去往售票处取票，这样要比来到之后才去关注购票事宜好许多。

最佳餐厅

➡ Mansarda（见255页）

➡ Romeo's Bar & Kitchen（见254页）

➡ Teplo（见254页）

➡ Khochu Kharcho（见253页）

详细介绍见253页 ➡

最佳饮品

➡ Mayakovsky（见256页）

➡ Stirka 40（见256页）

➡ Real Deal's Old School Bar（见256页）

详细介绍见255页 ➡

最佳宫殿

➡ 尤苏波夫宫（见248页）

➡ 音乐厅（见253页）

➡ 老尤苏波夫宫（见250页）

➡ 鲁缅采夫宅邸（见252页）

详细介绍见248页 ➡

重要景点

尤苏波夫宫

莫伊卡河畔这座雄伟的宫殿拥有19世纪最好的室内设计，还有迷人且恐怖的历史。宫殿原先的主人是费利克斯·尤苏波夫（Felix Yusupov）大公，他曾是俄罗斯最富有的人。众所周知，格里戈利·拉斯普廷（Grigory Rasputin）1916年在此被谋杀。

令人惊叹的室内设计

这座宫殿由瓦林·德拉莫斯（Vallin de la Mothe）建于18世纪70年代，但是目前的内部设计源自一个世纪以后，当时这里成为尤苏波夫家族的住所。宫殿内部富丽堂皇，许多大厅风格迥异，采用金色枝形吊灯、丝绸、壁画、挂毯及精美家具装饰。主要亮点有引人瞩目的舞厅（白柱房）、宴会厅、舒适的绿色会客厅（Green Drawing Room）和华丽的洛可可式私人剧院。你可以看到传说中的土耳其书房（Turkish Study；过去被尤苏波夫用作台球室）、王子书房（Prince' s study）和摩尔人会客厅（Moorish Drawing Room），还有其他许多厅室。

魔僧

因为认为拉斯普廷这个西伯利亚神秘主义者太过强大，1916年他被费利克斯·尤苏波夫和同谋者在这里谋杀。如果你想看一下谋杀案发生的房间，必须另外付费参加一项团队游，这项团队游每天13:45出发，周日除外。每天只有20张票，所以选好购票时机，以免买不到票。这项团队游全程采用俄语解说。宫殿门票包含英语语音导览。

不要错过

- 白柱房
- 私人剧院
- 橡树餐厅
- 拉斯普廷之旅

实用信息

- Юсуповский дворец
- 见446页地图
- ☎812-314 9892
- www.yusupov-palace.ru
- nab reki Moyki 94
- 成人/学生/儿童 含语音导览 ₽500/380/280，拉斯普廷之旅 成人/学生 ₽300/180
- ⌚11:00~17:00
- Ⓜ Sadovaya

YVAN TRAVERT / GETTY IMAGES ©

视觉中国提供

重要景点

马林斯基剧院

马林斯基剧院（Mariinsky Theatre）建于1859年，在俄罗斯芭蕾舞团中具有举足轻重的地位，现在它仍然是俄罗斯最受喜爱和尊崇的文化机构之一。绿白相间的漂亮主建筑位于剧院广场（Teatralnaya pl），这个广场的命名恰如其分。如果想看一场世界上最伟大的芭蕾舞和歌剧，这便是必到之处。

辉煌历史

如今大家看到的这座建筑于1860年开放，以沙皇亚历山大二世的妻子玛丽亚·亚历山德罗芙娜（Maria Alexandrovna）的名字命名。自开馆以来，马林斯基剧院成了世界上一些最伟大的音乐家、舞蹈家和歌手的舞台。珀蒂帕（Petipa）在此编排了他最著名的作品，包括《天鹅湖》（*Swan Lake*）和《胡桃夹子》（*The Nutcracker*）。柴可夫斯基（Tchaikovsky）的《黑桃皇后》（*The Queen of Spades*）以及普罗科菲耶夫（Prokofiev）的《罗密欧与朱丽叶》（*Romeo & Juliet*）的首演也在此举行。

表演

体会建筑设计者意图的最好方式是去看场歌剧或芭蕾舞（见256页）。非演出时间，你可以在剧院的大厅漫步，也许能瞥见可爱的演出大厅。有时也提供私人导览，可以咨询一下主售票处当天有没有。紧挨着主剧院，有全新的马林斯基剧院新馆，这里拥有2000个座位、6个舞台，标志着21世纪马林斯基剧院的新面貌。

不要错过

- 表演间歇的俄罗斯“香槟”
- 白夜节
- 马林斯基剧院新馆的演出

实用信息

- Мариинский театр
- 见446页地图
- ☎812-326 4141
- www.mariinsky.ru
- Teatralnaya pl
- ⏲售票处 11:00~19:00
- Ⓜ Sadovaya

景点

先纳亚

先纳亚因曾经废弃的干草市场（先纳亚广场）而得名，是陀思妥耶夫斯基笔下圣彼得堡的中心。先纳亚是初来城市的穷苦工人和农民的聚集地，他们往往生活在鼠害猖獗的地下室，10人一间，轮流睡觉。

2003年，为纪念城市建立300周年，先纳亚广场进行了大规模的翻修，经过现代化改造和清洁后焕然一新。但是广场周边的乱象仍旧没有得到缓解，北部的小巷和水道仍会让人想起陀思妥耶夫斯基笔下描绘得入木三分的世道无常。

先纳亚广场　广场

见446页地图（Сенная площадь, Sennaya Ploshchad; Ⓜ Sennaya Ploshchad）先纳亚广场因陀思妥耶夫斯基而被铭记，他过去住在附近并在此完成了作品《罪与罚》（*Crime and Punishment*）。圣彼得堡的干草市场曾是城市中脏乱的区域，挤满了各种报刊亭和市场摊位，变成了流浪汉、乞丐、扒手和醉汉的“天堂”，直到10年前才得以改善形象。2003年，这里完成了广场大清扫，不过先纳亚广场的混乱状况仍未改变。夜间经过时请务必注意！

逍遥学派的陀思妥耶夫斯基在这座城市生活了28年，搬过20多次家，还曾在债务人的监狱里待过几天，那里如今被称为“高等军官军营”（Senior Officers' Barracks），只需从Sennaya Ploshchad地铁站穿过广场即可到达。

《罪与罚》中被谋杀的老债主阿寥娜·伊凡诺夫娜（Alyona Ivanovna）过去生活在这里以西几个街区的nab kanala Griboyedova 104。她的公寓是74号，位于庭院3楼。

陀思妥耶夫斯基故居　历史建筑

见446页地图（Dostoevsky Houses; Kaznacheyskaya ul 7; ⌚不对公众开放; Ⓜ Sennaya Ploshchad）在这条小街道上，陀思妥耶夫斯基曾独自住过三座公寓。1861~1863年，他住在1号公寓。1864年，他先在褪色的红色建筑里的9号公寓住了一个月，之后搬到了7号公寓。1864~1867年，他住在这里并完成了作品《罪与罚》。实际上，小说中反英雄人物拉斯柯尔尼科夫谋杀老债主的线路，正是从他住所的窗下经过的。

拉斯柯尔尼科夫寓所　历史建筑

见446页地图（Дом Раскольникова, Raskolnikov House; Stolyarny per 5; ⌚不对公众开放; Ⓜ Sennaya Ploshchad）这个平淡无奇的寓所位于Stolyarny per，是拉斯柯尔尼科夫（陀思妥耶夫斯基《罪与罚》中的主人公）的阁楼公寓两处可能的所在地之一（书中，他住在名字以“S”开头的街巷里）。有人进一步指出，在通往庭院的隧洞内，拉斯柯尔尼科夫从清洁工的储存箱内取回了凶杀武器。

寓所刻有陀思妥耶夫斯基雕像，题词意为“圣彼得堡这个地区人民的悲惨命运成为陀思妥耶夫斯基向全人类激情宣扬善念的基础”。其他陀思妥耶夫斯基鉴赏人士指出：如果拉斯柯尔尼科夫的阁楼公寓位于街道上稍远的9号将会更加合适，那个地方没有标记。

铁路博物馆　博物馆

见446页地图（Музей железнодорожного транспорта; www.railroad.ru/cmrt; Sadovaya ul 50; 成人/学生和儿童₽200/100; ⌚周日至周四10:30~17:30; Ⓜ Sadovaya）距离先纳亚不远的铁道博物馆是玩具火车迷和模型爱好者的必去之处。博物馆藏有大量机车和铁路桥模型，往往由建造原型的工程师亲自制作。博物馆最早的收藏品可以追溯到1809年，比俄罗斯首辆火车还早28年！每个整点都有免费的俄语导览游。

博物馆楼梯悬挂了一张精彩的俄罗斯地图，注明了俄罗斯境内所有的铁路线路，这张图几乎可以弥补博物馆缺少英文指示信息的不足。

尤苏波夫花园　公园

见446页地图（Юсуповский сад, Yusupov Gardens Park; Sadovaya ul; ⌚日出至日落; Ⓜ Sadovaya）从先纳亚广场往西，沿着Sadovaya ul就到了迷人的尤苏波夫花园，公园充满乐趣，中心有个大湖泊。地面野花丛生，适宜漫步、静坐和晒日光浴。公园后边的建筑是**老尤苏波夫宫**

(Old Yusupov Palace，见446页地图)，但不要同莫伊卡河边的尤苏波夫宫搞混，老尤苏波夫宫不对公众开放，主要用于官方接待。

三一大教堂　大教堂

见446页地图(Троицкий собор，Trinity Cathedral；Izmailovsky pr 7a；⏲周一至周六9:00~19:00，周日8:00~20:00，教堂仪式 每天10:00和周五至周日17:00；ⓂTekhnologichesky Institut)三一大教堂装饰有金色星星的蓝色圆顶让人震撼。2006年，一场毁灭性的火灾导致83米高的中央圆顶坍塌，但是目前已经完成重建，看起来比以前更好。这座巨大的教堂始建于1828年，由Vasily Stasov设计，并于1835年祝圣，成为驻扎在隔壁的伊兹迈洛夫维奇卫兵的小教堂。

为了纪念1878年俄土战争中俄国的胜利，纪念性的荣誉柱由128枚土耳其大炮构成(现在的纪念碑是2003年在大教堂北侧竖立的)。

大教堂以许多圣像以及18世纪到19世纪的几个银十字架而闻名于世。革命爆发以后，许多珍宝被洗劫一空，华丽的内部被摧毁，大教堂最终在1938年关闭。

1990年，三一大教堂回归东正教，但与先前相比，内部已是空空如也。1867年，正是在这里，费奥多尔·陀思妥耶夫斯基娶了他的第二任妻子Anna Snitkina。

科洛姆纳

尤苏波夫宫　宫殿

见248页。

马林斯基剧院　剧院

见249页。

中央海军博物馆　博物馆

见446页地图(Центральный военно-морской музей，Central Naval Museum；☎812-303 8513；www.navalmuseum.ru；pl Truda；门票₽250，拍照₽200；⏲周三至周日11:00~18:00；ⓂAdmiralteyskaya)自从搬到纽荷兰岛旧造船厂对面这座经过完美改造的建筑里，中央海军博物馆进入了21世纪，现在是圣彼得堡最好的历史博物馆之一。华丽明亮的建筑内大量收藏着三个世纪以来俄罗斯海军的各种航模、绘画和其他艺术品，包括botik：一条被称为"俄罗斯海军之祖"的小船，正是这艘小船激发了17世纪末彼得大帝创建俄罗斯海上力量的动力。

这里最具有吸引力的收藏是精湛的船模。遗憾的是没有英文指示牌，如果很想了解所看到的东西，参加英文导览游(₽1500，提前预约)很有必要。博物馆的入口位于nab Kryukova kanala上，在纽荷兰岛的对面。

唱诗班犹太教大会堂　犹太教堂

见446页地图(Большая хоральная синагога，Grand Choral Synagogue；☎812-714 4332；http://eng.jewishpetersburg.ru；Lermontovsky pr 2；⏲周日至周五8:00~20:00，教堂仪式 周六10:00；ⓂSadovaya)**免费**引人注目的唱诗班犹太教大会堂由Vasily Stasov设计完成，于1893年开放，为圣彼得堡逐渐扩张的犹太人群体提供礼拜场所。它的奢侈程度说明，犹太人在帝国时期的圣彼得堡中占据了举足轻重的地位。2003年犹太教会堂全面翻新，除了安息日和其他宗教节日之外，会堂都会接受游客参观。男人和已婚妇女在进入会堂时应该遮住头部。

这里还有一个**小犹太教会堂**(Small Synagogue；⏲周一至周四11:00~16:00，周五和周日11:00~13:00)、犹太餐厅Lechaim和Kosher Shop(见258页)。夏天，大会堂还举办演出，由犹太领唱人和其他音乐家共同演奏chaaznut和klezmer音乐。大会堂组织英文团队游，同时组织耗时更长的"犹太人的圣彼得堡"之旅，这些都需要提前安排，细节请查看网站。

尼科尔斯基大教堂　大教堂

见446页地图(Никольский собор，Nikolsky Cathedral；Nikolskaya pl 1/3；⏲9:00~19:00；ⓂSadovaya)**免费**运河环绕两侧，冰蓝色的大教堂是城市里最适合留影的地方之一，巴洛克尖顶和金色的圆顶深受当地人喜爱。绰号"水手的教堂"(尼古拉斯是水手的守护神)，这里有许多18世纪的圣像和一座精美的木雕圣幛，然而游客在教堂内活动的范围非常有限。

一座优雅的钟楼俯瞰博耶多夫运河

(Griboyedov Canal)，站在横跨于运河上的斯塔罗-尼科尔斯基大桥（Staro-Nikolsky most）上，可以看到其他七座桥，比在城里任何地方能看到的都多。

纳博科夫博物馆 博物馆

见446页地图（Музей Набокова, Nabokov Museum; www.nabokovmuseum.org; Bolshaya Morskaya ul 47; ⏲周二至周五 11:00~18:00，周六和周日 正午至17:00; Ⓜ Admiralteyskaya）免费 这座19世纪的宅邸是弗拉基米尔·纳博科夫（Vladimir Nabokov）显赫的童年时期的家，他因撰写小说《洛丽塔》而声名狼藉，也被认为是20世纪最有才华的俄国作家。从1899年出生到1917年革命爆发离开祖国，纳博科夫和他的富裕家庭生活于此。展出的纳博科夫文物包括他的家庭照片、著作的第一版、众多蝴蝶标本中的一部分，以及用于临时展览的卧室。

这座房子在纳博科夫的自传《说吧，记忆》（*Speak, Memory*）里占了很重的篇幅，他将其称为"失乐园"。确实如此，他走后从未回来，于1977年死于国外。除了纳博科夫本人的各种文物，博物馆本身并没有什么值得关注的，除了一些迷人的室内设计和绿色餐厅（Green Dining Room；本书写作期间餐厅正在修缮）。

鲁缅采夫宅邸 博物馆

见446页地图（Особняк Румянцева, Rumyantsev Mansion; www.spbmuseum.ru; Angliyskaya nab 44; 成人/学生 ₽150/80; ⏲周四至周二 11:00~18:00; Ⓜ Admiralteyskaya）历史爱好者不应该错过这个常被忽视的一流博物馆，它是圣彼得堡国家历史博物馆的分馆，展示了20世纪的历史，包括关于1921年新经济政策（NEP）、20世纪30年代工业化发展，"二战"中列宁格勒围城战（Siege of Leningrad）的内容。展览很特别，描绘了这座城市在这些历史时期的日常生活。每个房间都有一个英文介绍牌。

博物馆位于尼古拉·彼得罗维奇·鲁缅采夫伯爵（Count Nikolai Petrovich Rumyantsev）1826年的宏伟宅院。尼古拉·鲁缅采夫是著名的外交家和政治家，以及业余历史学家，他的私人图书馆就是位于莫斯科的俄罗斯国家图书馆的前身。宅邸的历史和主人本身就引人瞩目，宅邸前那些经过修缮的会客厅反映出鲁缅采夫家族日常生活的富裕奢华。

俄罗斯伏特加博物馆 博物馆

见446页地图（Музей русской водки, Russian Vodka Museum; www.vodkamuseum.su; Konnogvardeysky bul 4; 门票 参加/不参加团队游 ₽350/170，不带导游/带导游品酒之旅 ₽350/500; ⏲正午至19:00; Ⓜ Admiralteyskaya）这个极佳的私人博物馆采用有趣和幽默的方式讲述俄罗斯国酒的故事，从"面包酒"的生产到现代国际伏特加酒行业现象，全程用蜡像模型和一些很酷的酒瓶展示。你可以顺着展厅自己参观，或是找个英语导游陪同（也许更有乐趣）。如果你想品尝一下展示的伏特加，就加入品酒之旅。该楼还有一个很好的餐厅（见255页），在这儿吃饭，可以获得门票优惠。

值得一游

铁路技术博物馆

铁路迷想要前往**铁路技术博物馆**（Музей железнодорожной техники, Museum of Railway Technology; nab kanala Obvodnogo 118; 成人/儿童 ₽100/50; ⏲4月至10月 周三至周日 10:00~17:00，11月至次年3月 11:00~16:00; 👪; Ⓜ Baltiyskaya），一睹那些退役机车的风采。就在原先的华沙站（Warsaw Station）后边，博物馆现在位于一栋名叫"华沙特快"（Warsaw Express）的娱乐综合楼，展示了19世纪末的75辆经过喷漆、抛光的机车和车厢，还有洲际核导弹移动发射器，仿似20世纪60年代反派人物的秘密武器。对孩子来说，还有个超棒的项目：可以进入火车里面。英语指示清晰完整。想从地铁站到这里的话，右转上运河，在经过原先的华沙站之前再右转。

马捏兹中心展览厅 展览厅

见438页地图（Центральный выставочный зал Манеж, Manege Central Exhibition Hall; 81-314 8859; www.manege.spb.ru; Isaakievskaya pl 1; 门票₽100~300; MAdmiralteyskaya）这座宏伟的新古典主义白色建筑修建于1804~1807年，由Giacomo Quarenghi设计完成，过去曾是禁卫骑兵团马术学校（Horse Guards' Riding School），现在轮回展出艺术和商业展览，主要是当代以及当地艺术家的作品。登录网站查看当时的演出内容，开放时间取决于演出内容。

纽荷兰岛 历史建筑

见446页地图（Новая Голландия, New Holland; www.newhollandsp.ru; nab kanala Kryukova 与Bolshaya Morskaya ul交叉路口; MSadovaya）过去三个世纪的大部分时间，这个三角形岛屿不对公众开放，目前似乎仍是一片废墟。但是这一情况正在慢慢改变，城市当局已经开始接管并准备将其变成艺术和娱乐中心。本书写作期间该岛还在关闭当中，不过近年来的夏天开放了其中一部分，所以等你去旅行时有可能完全开放。

彼得时代，这个地方用于造船产业。19世纪，人们在岛的中间开挖了一个大池塘，科学家Alexey Krylov在那里进行试验，试图修造一艘永不沉没的船。1915年，海军在此建立了俄罗斯当时最强大的无线电发射机，但后来遭到废弃。如果步行走过的话，可以留意一下让人印象深刻的红砖和花岗岩拱门——由让-巴普蒂斯特·瓦林·德拉莫斯（Jean-Baptiste Vallin de la Mothe）于18世纪末设计，是市内俄国古典主义建筑代表。

建成之后，岛内将有展览空间、儿童中心、教育设施、商店、电影院和酒店。

音乐厅 宫殿

见446页地图（Дом музыки, House of Music; 812-400 1400; www.spdm.ru; nab reki Moyki 211; 团队游₽350; MSadovaya）这栋无与伦比而且经过彻底修复的宅邸位于莫伊卡河畔，属于阿列克谢大公，他是亚历山大二世的儿子。钢石围墙是其最大的特点，而且用大公名字的缩写来点缀大门。宅邸参观一般一周一次或两次，但日期不同，门票往往提前销售一空，所以请关注网站相关信息。参观室内设计的另一种方法是在这里听一场音乐会。

宫殿由Maximilian Messmacher建于1895年，每个立面都代表了不同的建筑风格。室内设计同样多元化，自从修缮完成，音乐厅（Dom Muzyki）便入驻于此，其内的英格兰厅（English Hall）定期举行受欢迎的古典音乐会（₽250~300）。只有俄语和德语团队游。

就餐

先纳亚

TESTO 意大利菜 €

见446页地图（Тесто; www.testogastronomica.ru; per Grivtsova 5/29; 主菜₽250~500; 11:00~23:00; MSennaya Ploshchad）地方很小也很有趣，性价比高，意大利菜品地道。选择自制意大利面并配上你最喜欢的酱汁，不论是番茄肉酱还是浓郁的三文鱼奶油酱，都很不错。菜单中汤品、沙拉和比萨选择多样，但意大利面仍是主角。

SUMETA 高加索菜 €

见446页地图（Сумета; ul Yefimova 5; 主菜₽200~400; 11:00~23:00; MSpasskaya）即使你从未尝过达吉斯坦食品，你也会在这里看到许多熟悉的高加索民族饮食，如Lula kebab（碎肉串）、奶油蒜蓉茄子配核桃。招牌菜是khinkali，也就是美味多汁的肉饺子。尝试一下南瓜chudu（大煎饼）或者高加索葡萄酒。

★KHOCHU KHARCHO 格鲁吉亚菜 €€

见446页地图（Хочу харчо; Sadovaya ul 39/41; 主菜₽500~1200; 24小时; MSennaya Ploshchad）这个餐馆耀眼夺目、服务热情、地方宽敞，位于干草市场（Haymarket），胜过这一区域的其他地方。菜品美味可口且菜单配图，主要提供明格列尔（Mingrelian; 西格鲁吉亚）菜肴。高热量的khachapuri（干酪夹馅面包）和khinkali（饺子）可以让你大饱口福，当然还有与餐厅同名的kharcho——用牛肉、大米、番茄和核桃做的汤。

OH! MUMBAI
印度菜 €€

见446页地图（Per Grivtsova 2；主菜 ₽350~670；⏲正午至23:00；🛜📝🗐；Ⓜ Admiralteyskaya）本店的薰香气味浓郁，但是这里窗明几净，深受年轻人青睐。这里提供现代印度菜，不像市内其他印巴餐馆那样因循守旧、缺乏新意。菜单包括咖喱、泥炉菜品和素食佳肴。

工作人员讲英语，也非常有礼貌。

KARAVAN
中亚菜 €€

见446页地图（Караван；www.caravan2000.ru；Voznesensky pr 46；主菜 ₽300~1000；⏲11:00至次日1:00；🗐；Ⓜ Sadovaya）尽管装饰俗气（想想角落的毛绒骆驼），但Karavan是一家极好的中亚餐厅，俯瞰丰坦卡河，位置优越。开放式的烤架沿着餐厅摆放，可以清晰看见菜单里列出的烤肉串，还能闻到味道。

虽然菜单上标有干邑烤虾和鲈鱼，但其实这里的菜品并不是严格意义上的中亚菜系。服务周到高效。

★ DOM
俄罗斯菜 €€€

见446页地图（Дом；📞812-930 7272；nab reki Moyki 72；主菜 ₽500~1500；⏲周日至周四 正午至23:00，周五和周六 13:00至次日1:00；🛜🗐；Ⓜ Admiralteyskaya）这家出色的餐馆是当地餐饮业的新秀，位于Decembrist Ryleev的旧宅。房子真是漂亮，有白色桌布、抛光木地板以及各种艺术品，看起来更像在有钱的朋友家里吃饭。当代俄罗斯菜品非常出色，服务非常周到和有礼貌。

占据整个首层，这个地方分成几个用餐的房间、一个华丽的图书馆和一个时髦的酒吧。特色菜包括西伯利亚三文鱼子南瓜饼、烤野兔配炖蔬菜、鹿肉烩雪梨。酒单简直就是鸿篇巨制。在富丽堂皇的空间下，享受精心准备的上等佳肴，真是极佳选择。

科洛姆纳

DEKABRIST
新派欧洲菜 €

见446页地图（www.decabrist.net；ul Yakubovicha 2；主菜 ₽300~500；⏲8:00~23:00；🚭🛜🗐；Ⓜ Admiralteyskaya）这家餐馆性价比高，时尚新潮，距离圣伊萨大教堂很近，出色得令人难以置信。菜品简单但是兼容并包，包括汉堡包、烤三文鱼、猪排、炸豆丸子及各种沙拉和甜点，上下两层舒适温馨、适合社交，尽管光线不尽如人意。

★ TEPLO
新派欧洲菜 €€

见446页地图（📞812-570 1974；www.v-teple.ru；Bolshaya Morskaya ul 45；主菜 ₽250~650；⏲9:00至午夜；🚭🛜📝🗐；Ⓜ Admiralteyskaya）这家餐馆备受赞誉、兼容并包、不拘一格、近乎完美。这里充满乐趣，带有许多小包间和角落里的小空间。服务快捷热情（如果不是太忙）、充满活力。独出心裁的意大利菜品必有一款适合你。通常需要预订，请提前致电。

餐厅里满是意想不到的道具。菜品来自世界各地，还有许多素食菜肴，早餐服务从9:00到正午。

ROMEO'S BAR & KITCHEN
意大利菜 €€

见446页地图（www.romeosbarandkitchen.ru；Pr Rimskogo-Korsakova 43；主菜 ₽400~1000；⏲9:00至午夜；🚭🛜🗐；Ⓜ Sadovaya）由意大利人经营的时尚餐厅位于迷人的克留科夫运河（Kryukov Canal）一侧，提供全套传统的意大利烹饪菜品，有多种鱼肉佳肴，主菜包括炖牛胫骨肉配土豆泥和菠菜炒牛肝。也可以点一份比萨（₽300~500），比萨有单独的菜单。早餐供应到正午。

SADKO
俄罗斯菜 €€

见446页地图（📞812-903 2373；www.sadko-rst.ru；ul Glinki 2；主菜 ₽400~1000；🗐👪；Ⓜ Sennaya Ploshchad）餐厅的装饰将传统的Zhostovo花卉图案、穆拉诺玻璃吊灯与华丽的现代风格相互融合，让人印象深刻。这里提供各种俄罗斯佳肴。餐厅很受戏迷欢迎（建议旺季时提前预订），因为这是去马林斯基剧院看戏前后绝佳的就餐地点。服务员都是附近音乐学院的学生，会"即兴"演唱。

这里有很好的儿童游戏间、各种各样的儿童菜品，非常适合全家就餐。

ENTRÉE
法国菜 €€

见446页地图（Nikolskaya pl 5；三明治 ₽240~500，主菜 ₽450~650；⏲周一至周五 正午至午夜，周六和周日 11:00至午夜；🛜🗐；Ⓜ Sadovaya）这家餐馆魅力迷人，分为两部分：右边是咖啡馆兼熟食店，配备方格地板，装饰质朴，提供美味的蛋糕和三明治。因为某些原因，墙上有迈克尔·道格拉斯潦草的签名。再往右是个相比正式得多的餐厅，提供经典浪漫的法国菜品和多种葡萄酒。

服务不是特别友善，但是此处已很不错，毕竟市中心这一片比较荒凉。周末早餐（转眼就会错过）的时间是11:00~13:00。

GRAF-IN 各国风味 €€

见446页地图（www.graf-in.com; Konnogvardeysky bul 4; 主菜 ₽400~1000; 周日至周四 11:00至午夜，周五和周六 至次日4:00; ; Admiralteyskaya）这家精巧、时尚但非正式的餐厅供应国际化的饮食，主要倾向于现代欧洲烹饪，也有亚洲饮食。厨房为玻璃墙面，整个烹饪过程得以完美展示，艺术水准吸引了年轻、时髦的人群。

STROGANOFF STEAK HOUSE 牛排 €€

见446页地图（812-314 5514; www.stroganoffsteakhouse.ru; Konnogvardeysky bul 4; 主菜 ₽400~3000; ; Admiralteyskaya）这家12,000平方米的餐馆是市内最大的一家，牛肉爱好者可以在此大饱口福。由于设计巧妙，整个空间被划分为六个时尚的休闲餐厅，没有给人以过大或缺少人情味的错觉。牛排菜单让人印象深刻，搭配的选择很多，有配菜、沙拉及其余主菜。

还有儿童游乐室，适合年轻家庭来用餐。

MIGA 韩国菜 €€

见446页地图（Мига; Lermontovsky pr 6; 主菜 ₽400~1200; 正午至午夜; ; Sadovaya）这家正宗（平易近人）的韩国餐馆是这片安静居民区里的一个好去处。菜品种类齐全，图文并茂，包括美味的bulgogi（韩国牛肉烧烤）、bossam（麻辣五花肉）、bajon（海鲜饼）以及经典美食石锅拌饭。服务快捷热情，有专为团体客设立的宴会厅。

IDIOT 素食 €€

见446页地图（nab reki Moyki 82; 主菜 ₽300~1000，早午餐 ₽410; 11:00至次日1:00; ; Sennaya Ploshchad）这是老外最爱的餐馆之一，魅力十足，常年为旅客提供早午餐。这个温馨的地下室融入了情调、轻松和乐趣（每餐都有免费的伏特加赠送）。

舒适的地下室、古老的家具以及紧凑的书架让这里成为吃喝的好去处。

CROCODILE 各国风味 €€

见446页地图（Крокодил; Galernaya ul 18; 主菜 ₽400~850; 12:30至午夜; ; Admiralteyskaya）这里是吃午餐和晚餐的好去处，灯光朦胧却富有情调（包括准备就绪的钢琴），不拘一格的菜单包括鳗鱼汤、三文鱼、牛排、鸭腿、葡萄酱汁小牛排、白葡萄酒茴香炖小羊肉等菜肴。

MANSARDA 各国风味 €€€

见446页地图（Мансарда; 812-946 4303; www.ginza.ru; ul Pochtamskaya 3; 主菜 ₽500~1400; 正午至午夜; ; Admiralteyskaya）俄罗斯天然气工业股份公司（Gazprom）大楼的屋顶餐厅的特色是大片玻璃窗，视野极佳，令人印象深刻。最好的餐位（需提前预订）几乎可以触摸到圣伊萨大教堂的圆顶。尽管位置是卖点，但菜品也绝无仅有，包括各国美味菜肴和一流的酒品单。

进入俄罗斯天然气工业股份公司大楼，乘专用电梯直达顶楼。

RUSSIAN VODKA ROOM NO 1 俄罗斯菜 €€€

见446页地图（www.vodkaroom.ru; Konnogvardeysky bul 4; 主菜 ₽400~1600; ; Admiralteyskaya）这个富有魅力、待客热情的地方，是俄罗斯伏特加博物馆（见252页）的餐厅。室内设计富有气派，古色古香，如同郊外别墅，菜单的设计也是如此：石榴酱羊排、炖小牛脸和炸Gatchina鳟鱼，带你重温帝国口味及沙皇的奢华。

这里有很长的伏特加酒单（一盅₽100~500），经验丰富的员工会根据你点的菜帮你挑选一款合适的酒。

饮品和夜生活

先纳亚

★ SMALLDOUBLE 咖啡馆

见446页地图（www.smalldouble.com;

Kazanskaya ul 26; ⏲周一至周五 8:30~22:00, 周六和周日 11:00~22:00; 📶; Ⓜ Sennaya Ploshchad) Smalldouble有爱乐压咖啡壶、Chemex手冲壶、虹吸式咖啡壶以及传统的浓缩咖啡机，对待咖啡的态度非常认真，待客热情，位置优越。当地人喜欢它，在这里总是能见到不少年轻创意人士。菜单上菜品不多，包括早餐、沙拉、三明治（₽250~280）以及各式很棒的蛋糕。

STIRKA 40

酒吧

见446页地图（Стирка; Kazanskaya ul 26; ⏲周日至周四 11:00至午夜，周五和周六 至次日4:00; 📶; Ⓜ Sennaya Ploshchad）这个店待客热情，名字意为“洗涤”，配备3台洗衣机，所以你可以在洗衣时喝上几杯啤酒。这个想法新奇独特但似乎很少有人采用。狭小且简洁的格局适合在炫酷的年轻人群里独自喝一杯。

SCHUMLI

咖啡馆

见446页地图（www.schumli.ru; Kazanskaya ul 40; ⏲周一至周五 9:30~22:00，周六和周日正午开始营业; 📶; Ⓜ Sennaya Ploshchad）各式各样的咖啡、琳琅满目的蛋糕、（最好的）新鲜比利时华夫饼可供你选择。当你漫步城市，这个小巧而温馨的咖啡馆绝对可以让疲惫的你再次充满活力。如果你想饱餐一顿，楼上有装修相当华丽的餐厅（主菜价位为₽150~500），但是很棒的咖啡才是吸引人的真正原因。

科洛姆纳

MAYAKOVSKY

鸡尾酒吧

见446页地图（www.mayakovskybar.su; Pochtamtsky per 5; ⏲周一至周五 正午至顾客散尽，周六 16:00开始营业; Ⓜ Admiralteyskaya）Mayakovsky自封为“智慧酒吧”，倒也名副其实，这里有适合成年人的鸡尾酒单（你可以尝一杯Karamazov：混合了红马天尼、冰爵力娇酒、百加得、柠檬和肉桂），还有配有红丝绒酒吧凳和爵士音乐、光线昏暗有情调的酒廊，在这里你也可以品尝一流的国际佳肴。

本店还定期举办文学和诗歌之夜，当然这种活动很少。

REAL DEAL'S OLD SCHOOL BAR

酒吧

见446页地图（nab Admiralteyskogo kanala 27; ⏲18:00至顾客散尽; 📶; Ⓜ Admiralteyskaya）这家酒吧位于纽荷兰岛前边一处像是碉堡的地方，炫酷且富有创意的两间房是黑胶唱片爱好者及现场表演（每逢周末，当地团体登台表演）的天堂。舞池人潮涌动，饮品便宜，人群友善。

☆ 娱乐

马林斯基剧院

歌剧、芭蕾

见446页地图（Мариинский театр, Mariinsky Theatre; ☎812-326 4141; www.mariinsky.ru; Teatralnaya pl 1; ₽1000~6000; Ⓜ Sadovaya）马林斯基剧院是圣彼得堡最宏大的芭蕾舞和歌剧表演场地，它本身就是个景点。你可以在网上订票，也可以前往售票处购买，但夏季演出最好提前预订。华丽的室内设计是宏伟帝国的缩影，每一个夜晚都令人回味无穷。

马林斯基剧院在苏联时代被称为基洛夫芭蕾舞团，历史辉煌。剧团的成员包括芭蕾舞大师尼因斯基（Nijinsky）、努里耶夫（Nureyev）、巴普洛夫（Pavlova）和巴雷什尼科夫（Baryshnikov）。近几年来，现任艺术总监兼董事长瓦列里·格吉耶夫（Valery Gergiev）带领着这支剧团，他努力让剧团自负盈亏，还负责督建华丽的马林斯基剧院新馆，这一新建筑与现有的绿白相间、婚礼蛋糕形的建筑隔克留科夫运河相望。坊间传说，马林斯基剧院不久会因全面修缮而关闭，所以，趁现在去欣赏马林斯基剧院吧。

马林斯基剧院新馆

剧院

见446页地图（Мариинский Ⅱ, Mariinsky Ⅱ; ☎812-326 4141; www.mariinsky.ru; ul Dekabristov 34; 票价 ₽300~6000; ⏲售票处 11:00~19:00; Ⓜ Sadovaya）历经了十多年的建设、法律纠纷、丑闻和谣言后，马林斯基剧院新馆终于在2013年开放，它已经成为圣彼得堡最著名的芭蕾舞歌剧团的门面，是世界上技术最为先进的音乐场地之一。剧院2000个席位均可体验完美视觉和听觉享受。

不可否认，半现代化的外观并没有完美展示出圣彼得堡建筑的奢华气派，但建筑的室内设计即见分晓[illegible]番景色，设计巧妙，组合完美，由玛瑙装点的多层公共空间配备了楼梯、电梯、扶梯、石灰岩墙壁、大理石地板和施华洛世奇吊灯。剧院设计简单而庄重，观众腿部空间宽裕，三个舞台可以合并，足以容纳一个由120名音乐家组成的管弦乐队。狂热的音乐迷应该来此看看这座最高水准的歌剧和芭蕾舞演出场馆。此外，即使你只对耗时十多年才完工的建筑感到好奇，那也不会令人失望离开。除了主剧场，还有几个更小的演出厅（普罗科菲耶夫大厅、斯特拉文斯基门厅、谢德林大厅、穆索尔斯基大厅等），与主会厅相比，小演出厅里定期举办音乐会，票价更优惠。

马林斯基音乐厅 古典音乐

见446页地图（Мариинский концертный зал, Mariinsky Concert Hall; www.mariinsky.ru; ul Dekabristov 37; 票价 ₽600~1500; ⏲售票处 11:00~20:00; Ⓜ Sadovaya）音乐厅于2007年正式开放，宏伟壮观且具有多元化风格。保留了以前布景的砖墙和起初位于此地的一个好看的仓库，现代化的主入口朝向ul Dekabristov，全是有色玻璃和线条，与后边漂亮的老式建筑格格不入。

一系列古典管弦乐演出都非常出色，但需注意这是一个现代化的大厅，无法感受经典的“马林斯基之夜”氛围。

里姆斯基-科萨科夫音乐学校 古典音乐

见446页地图（Консерватория имени Н. А. Римского-Корсакова, Rimsky-Korsakov Conservatory; ☎812-312 2519; www.conservatory.ru; Teatralnaya pl 3; 票价 ₽200~2000; Ⓜ Sadovaya）这所杰出的音乐学校是俄罗斯第一所公众音乐学校。整个学年，可以在三楼Bolshoy Zal（大厅）欣赏新近涌现的音乐家的演出。Maly Zal（小厅）经常有在读生和毕业生举办免费音乐会，来圣彼得堡时可以留意当前演出。

音乐学院成立于1862年，校友包括彼得·柴可夫斯基（Pyotr Tchaikovsky），教员包括里姆斯基-科萨科夫（Nikolai Rimsky-Korsakov）。德米特里·肖斯塔科维奇（Dmitry Shostakovich）和谢尔盖·普罗科菲耶夫（Sergei Prokofiev）是这所学校的毕业生，还有数不尽的当代艺术家，如马林斯基剧院的艺术总监——瓦列里·格吉耶夫。

尤苏波夫宫剧院 剧院

见446页地图（Театр Юсуповского дворца, Yusupov Palace Theatre; ☎812-314 9883; www.yusupov-palace.ru; nab reki Moyki 94; 票价 ₽500~3000; Ⓜ Sadovaya）尤苏波夫宫极度华丽，这个设计精妙的场地曾是城里一个贵族家庭的私家娱乐中心。游览宫殿时可以参观剧院。

演出是个大杂烩，通常是“综合晚会”，集合了各种俄罗斯经典曲目。

圣彼得堡歌剧院 剧院

见446页地图（Санкт-Петербургская Опера; ☎812-312 3982; www.spbopera.ru; ul Galernaya 33; 票价 ₽500~2000; Ⓜ Admiralteyskaya）这里原是Baron von Derviz豪华的宅邸，圣彼得堡歌舞团定期在这座宅邸的舞厅演出，舞厅富有亲切感且隆重奢华。座位只有187个，可以确保你有完美的角度欣赏俄罗斯、意大利和德国的经典曲目，尽管演出质量比不上城里其他更有分量的歌剧院。

“感触自我”俄国民间歌舞 舞蹈

见446页地图（☎812-312 5500; www.folkshow.ru; Nikolayevsky Palace, ul Truda 4; 票价 包含饮品和小吃 ₽2900; ⏲售票处 11:00~21:00, 表演 19:00和旺季21:00; Ⓜ Admiralteyskaya）两个小时的演出展示了四种不同的民间风格，有手风琴、俄式三弦琴和哥萨克舞者。如果没别的事，看看壮观的尼古拉王宫剧院（Nikolayevsky Palace）吧。

购物

NORTHWAY 纪念品

见446页地图（Angliyskaya nab 36/2; ⏲9:00~20:00; Ⓜ Admiralteyskaya）这家店位于涅瓦河畔，让人印象深刻，有品种最全的Matryoshki（俄罗斯套娃）、琥珀、毛皮和其他俄罗斯纪念品。要带礼物回家，来这一家店就够了。

马林斯基艺术商店 纪念品

见446页地图（Mariinsky Art Shop; www.

mariinsky.ru; Mariinsky Theatre, Teatralnaya pl 1; 表演日 11:00~18:00, 演出幕间休息也营业; M Sadovaya）马林斯基艺术商店出售以戏剧为主题的纪念品，深受歌剧和芭蕾舞爱好者喜欢。纪念品虽然贵但种类之多令人印象深刻。同时销售各种CD、DVD、书籍和海报——其他地方难以买到。

MIR ESPRESSO

饮食

见446页地图（Мир Эспрессо; www.mirespresso-spb.ru; ul Dekabristov 12/10; 周一至周五 9:00~20:00, 周六和周日 10:00~20:00; M Sadovaya）这里有意式浓缩咖啡机和好喝的咖啡，令人流连忘返。

先诺伊市场

饮食

见446页地图（Sennoy Market; Moskovsky pr 4; 8:00~19:00; M Sennaya Ploshchad）与库兹耐克尼市场（Kuznechny Market，见276页）相比，先诺伊市场也位于中心区，商品更加便宜但人气却不是很旺。市场里有水果、蔬菜以及鲜鱼鲜肉，非常适合自炊者。

KOSHER SHOP

饮食

见446页地图（www.jewishpetersburg.ru; Lermontovsky pr 2; 周日至周五 10:00~19:00; M Sadovaya）Kosher Shop位于唱诗班犹太教大会堂隔壁，专门服务于圣彼得堡的犹太社区。主要销售市场上难觅的犹太食品，也售卖有关犹太教的多种译本书籍，以及犹太音乐和艺术。

玩偶之家

纪念品

见446页地图（Галерея кукол; Bolshaya Morskaya ul 53/8; 门票 ₽50; 周二至周六 正午至19:00; M Sennaya Ploshchad）主要出售芭蕾舞女演员玩偶和女用头巾、小丑玩偶和骑士玩偶，这里几乎有每一个童话人物和政治人物的玩偶。极富创意的人物形象与其说是玩具不如说是艺术品。

运动和活动

KAZACHIYE BANI

俄罗斯浴

见446页地图（Казачие бани; www.kazbani.ru; Bolshoy Kazachy per 11; 公共桑拿 每小时 ₽100~300, 私人桑拿 每小时 ₽600~1300; 24小时; M Pushkinskaya）俄罗斯浴已然席卷全城，这家公共banya（热水澡堂）只是后起之秀。浴场绝大部分都是豪华的专属bani包场区域，非常适合10人以内的团体。公共的banya价格更低，性价比高。

周二、周四、周六仅限女宾，周三、周五和周日仅限男宾。

RENTBIKE

骑车

见446页地图（812-981 0155; www.rentbike.org; ul Yefimova 4a; 每天 ₽400起; 24小时; M Sennaya Ploshchad）公司位于市中心，出租自行车，保证性能良好、价位合适。如果你入住城市中心，公司将会免费把自行车送到你下榻的酒店。你需要抵押护照或者身份证件，以及每辆自行车₽2000的押金。

地址有点难找，从ul Yefimova穿过两个停车场即是。详情请见网站。

斯莫尔尼和沃思塔尼亚

斯莫尔尼 | 利特尼 | 弗拉基米尔斯卡亚 | 沃思塔尼亚

区域亮点

❶ 在**亚历山大·涅夫斯基修道院**（见261页）的诸多教堂中探索东正教圣彼得堡跳动的心脏，到气氛肃穆的墓园中探访伟大俄罗斯艺术家的长眠之地。

❷ 到拉斯特雷利的巴洛克式**斯莫尔尼大教堂**（见263页）感受蓝白外饰的魅力。

❸ 品味**装饰与应用艺术博物馆**（见264页）中绝美的华丽藏品。

❹ 拜访**基督救世主大教堂**（见263页）和**弗拉基米尔大教堂**（见266页）——圣彼得堡最鲜为人知却最为迷人的教堂。

❺ 在引人入胜的**陀思妥耶夫斯基博物馆**（见267页）参观费奥多尔·陀思妥耶夫斯基写下《卡拉马佐夫兄弟》的房间。

这一区域的更多细节见442页地图

独家贴士

避免在沃思塔尼亚广场上的莫斯科站入口闲逛。警察经常在这里检查证件，有时甚至会借机勒索。如果带了护照，应该不会遇到大麻烦，不过这种令人十分头疼的事情还是尽量避免。

最佳餐厅

- Grand Cru（见272页）
- Duo Gastrobar（见267页）
- Mechta Molokhovets（见268页）
- Schengen（见268页）
- Vinostudia（见269页）

详细介绍见267页

最佳饮品

- Mishka（见272页）
- Union Bar & Grill（见272页）
- Dyuni（见273页）
- Dom Beat（见272页）
- The Hat（见272页）

详细介绍见272页

最佳博物馆

- 装饰与应用艺术博物馆（见264页）
- 安娜·阿赫玛托娃博物馆（见264页）
- 列宁格勒封锁和保卫博物馆（见264页）
- 陀思妥耶夫斯基博物馆（见267页）

详细介绍见263页

探索斯莫尔尼和沃思塔尼亚

这一区域极其多样化，囊括圣彼得堡最接近创新中心的地方以及城市的政治与外交中心。

利特尼和斯莫尔尼位于历史中心东侧，藏身于涅瓦河河道急弯的左岸上。这两个区域得名于曾经主导这里的工业：利特尼意为铸造业，"斯莫尔"（smol）的意思是焦油，不过这些联想性极强的名字并不能够描述如今这里古雅而安静的气氛。斯莫尔尼是当地政府的所在地，很富有；而利特尼的中心则是繁忙的交通主动脉。

涅夫斯基南侧的弗拉基米尔斯卡亚被宏伟的洋葱顶弗拉基米尔大教堂（Vladimirsky Cathedral）所占据。这个繁华喧闹的商业区到处都是商店、餐厅和光怪陆离的博物馆。

涅夫斯基大街继续向东延伸到达沃思塔尼亚广场[pl Vosstaniya，起义广场（Uprising Sq）]，1917年的二月革命从这里爆发。这片广阔的区域包括大片工业荒地，以及圣彼得堡最繁忙的火车站——莫斯科火车站。涅夫斯基大街的终点是亚历山大·涅夫斯基广场（pl Alexandra Nevskogo），其名称来自圣彼得堡的守护圣人。沃思塔尼亚看上去肮脏贫穷，但却拥有不少艺术画廊、酒吧和夜店。

当地生活

- **创意乐趣** 尽情享受圣彼得堡最具创意的地方：在Loft Project ETAGI欣赏展览，在瑞早迪艺术基地（Rizzordi Art Foundation）看装置艺术，到Tkachi购物。
- **购物到手软** 全城最大的两个购物中心都坐落在这里：Galeria和涅夫斯基购物中心（Nevsky Centre）。
- **公园生活** 天气好时和本地人一起前往圣彼得堡最可爱的休闲绿地塔夫利达公园（Tauride Garden）。

到达和离开

- **地铁** Ploshchad Vosstaniya/Mayakovskaya站、Vladimirskaya/Dostoevskaya站、Ploshchad Alexandra Nevskogo站、Chernyshevskaya站及Ligovsky Prospekt站都能到达这里。
- **公共汽车** 24路和191路公共汽车覆盖整条涅夫斯基大街。

视觉中国提供

重要景点

亚历山大·涅夫斯基修道院

亚历山大·涅夫斯基修道院（Alexander Nevsky Monastery）以带领俄罗斯人于1240年战胜瑞典的守护圣人命名，是圣彼得堡最古老、最重要的宗教机构。今天这座仍旧运转的修道院吸引了一众虔诚的信徒。这里还是很多伟大俄罗斯艺术家的长眠之地。

1710年建造这座修道院时，彼得大帝希望将圣彼得堡与抗击瑞典的历史联系起来，并用这片新占领的区域强调俄罗斯的悠久历史。虽然涅夫斯基取得胜利的地方远在Izhora River上游的河口，但这座修道院仍然成为涅夫斯基狂热崇拜的中心。1724年，涅夫斯基的遗体也被从弗拉基米尔运送到这里。1797年，修道院成为“lavra”——俄罗斯东正教最高级别的修道院，除此之外，俄罗斯只有一座修道院被授予了这一级别。

大部分庭院和教堂都可以免费参观，但进入两座著名的公墓需要买票。

公墓

进入公墓建筑群，最先到达的是特克文公墓和拉扎勒斯墓园，这里安葬着俄罗斯最著名的伟人。在正门右手边的**特克文公墓**（Tikhvin Cemetery，见442页地图）中，你可以看到陀思妥耶夫斯基、柴可夫斯基、里姆斯基-科萨科夫、鲍罗丁（Borodin）和穆索尔斯基（Mussorgsky）的名字。对面的**拉扎勒斯墓园**（Lazarus Cemetery，见442页地图）又名18世纪墓园，虽

不要错过

- 三一教堂中的圣像
- 尼科尔斯基公墓

实用信息

- Монастырь Александра Невскаого
- 见442页地图
- www.lavra.spb.ru
- Nevsky pr 179/2
- 公墓 门票 ₽150，神殿₽100
- ⏲广场 6:00~23:00（冬季 8:00~21:00），教堂 6:00~21:00，公墓 9:30~21:00（冬季 11:00~16:00），神殿 周二和周三、周五至周日 11:00~17:00
- Ⓜ Ploshchad Aleksandra Nevskogo

新展厅

修道院底层还有一座新展厅，为本地艺术家作品举行临时展览。可以从修道院外紧邻Pl Alexandra Nevskogo的一侧进入。

参观三一教堂必须穿着得体（比如，不能穿短裤或无袖上衣），进入教堂前女士需要包裹头部。

免费

如果不想付费进入几座著名的墓园和圣母领报教堂，你也可以在美丽的修道院广场上漫步，或是免费参观三一教堂。

然名人不多，但有一些更具艺术性的墓碑。找一找博学的米哈伊尔·罗蒙诺索夫，圣彼得堡建筑师夸伦吉（Quarenghi）、斯塔索夫及罗西的墓。

这些公墓现在是城市雕塑国家博物馆[State Museum of Urban Sculpture，也被称为俄罗斯国家神殿（Russian National Pantheon）]的一部分，这个名字颇具误导性。博物馆在**圣母领报教堂**内设有展览，你会发现很多小贵族和沙皇将军的墓地。

修道院建筑群

修道院本身位于墓园外的另一面墙内。核心建筑是1776~1790年修建的古典主义**三一教堂**（Trinity Cathdral，见442页地图）。每年9月12日，数百人聚集在这里，庆祝亚历山大·涅夫斯基纪念日，他的遗体被精心保存在精美主圣幛下的银制圣骨箱内，位于主祭坛右侧、红色和金色的华盖下方。

大教堂身后便是**尼科尔斯基公墓**（Nikolsky Cemetery，见442页地图），一条小溪穿过这片美丽的墓园。近期故去的圣彼得堡人被安葬在这里，其中包括前市长安纳托利·索布恰克（Anatoly Sobchak）和被谋杀的杜马议员加林娜·斯塔洛沃爱托娃（Galina Starovoitova）。

大教堂对面是建于1775~1778年的**大主教故居**（Metropolitan's House，见442页地图），这里是俄罗斯东正教精神领袖的官邸。周围的广场上矗立着一座小墓园，共产党领导人和杰出人物被安葬在这里。广场的最右侧，正对着运河的这栋大楼是圣彼得堡的**东正教学院**（Orthodox Academy，见442页地图），也是俄罗斯国内少数几个东正教学院之一（最重要的一座位于莫斯科附近）。

景点

斯莫尔尼和利特尼

斯莫尔尼大教堂 教堂

见442页地图(Смольный собор, Smolny Cathedral; ☎812-577 1421; pl Rastrelli 3/1; 成人/学生/儿童 ₽150/90/50, 钟楼 ₽100, 通票 ₽200; ⏲周四至周二 10:30~18:00; Ⓜ Chernyshevskaya)如果你喜欢巴洛克风格,天蓝色的斯莫尔尼大教堂便是你理想中的建筑。作为同类建筑中无与伦比的杰作,它是巴尔托洛梅奥·拉斯特雷利(Bartolomeo Rastrelli)最令人惊叹的作品。大教堂是修道院的核心建筑,基本按照拉斯特雷利的设计在1748~1757年建成。建筑师的灵感是将巴洛克的细节与传统俄罗斯修道院林立的尖塔及洋葱穹顶相结合。大教堂的比例凸显了拉斯特雷利的才华,这种比例设计给人带来一种高耸入云的感觉,让身边其他的修道院建筑成为完美的陪衬。

与之形成鲜明对比的是令人失望的平淡无奇的白色内饰,拉斯特雷利还没开始着手设计就失去了宠信。今天大教堂已经不做宗教用途,而是成了音乐厅和展览空间。如果幸运的话,会在参观时遇到正在排练的乐队。除此之外,不太值得买票进入教堂内部参观。

不过,单独买票并登上一座(或两座)63米高的钟楼是非常值得的。

斯莫尔尼学院 历史建筑

见442页地图(Смольный институт, Smolny Institute; pl Proletarskoy Diktatury 3; ⏲不对公众开放; Ⓜ Chernyshevskaya)斯莫尔尼学院原为贵族女子学院,由吉亚科莫·夸伦吉(Giacomo Quarenghi)建于1806~1808年。1917年,斯莫尔尼学院成为布尔什维克中央委员会和彼得格勒苏维埃的总部,从此成为聚光灯下的焦点。托洛茨基和列宁正是在这里领导了十月革命,并于10月25日在斯莫尔尼会议大厅(Aktovy zal)召开全俄罗斯苏维埃代表大会,授予列宁领导的布尔什维克政府权力。

1918年3月之前,斯莫尔尼学院一直是苏维埃政权的中心,之后首都迁至莫斯科。现在,斯莫尔尼学院是政府的办公地点。

塔夫利达宫殿和公园 公园

见442页地图(Таврический дворец и сад, Tauride Palace & Gardens; ⏲8:00~20:00, 5月至7月 至22:00, 4月 关闭; Ⓜ Chernyshevskaya)叶卡捷琳娜二世于1783年为声名显赫的格里高利·波坦金(Grigory Potemkin)将军建造了这座巴洛克式宫殿,他也是叶卡捷琳娜二世生命中多年的伴侣。如今,这里是独立国家联合体的总部,并不对公众开放,但宫殿花园对外开放,俄国女沙皇曾经玩耍的花园成了人民公园,花园中的设施包括一个湖泊、几个咖啡馆和一个娱乐中心。

叶卡捷琳娜二世充满悲剧色彩的儿子保罗一世1796年继位后,将这里变成了一个兵营,这毁坏了其中大部分的奢华内饰。1906~1917年,国家杜马、临时政府和彼得格勒苏维埃在此召开会议;20世纪30年代这里成了全联盟农业共产主义大学(All-Union Agricultural Communist University)的校区。

基督救世主大教堂 大教堂

见442页地图(Спасо-преображенский собор, Cathedral of the Transfig-uration of Our Saviour; Preobrazhenskaya pl; ⏲8:00~20:00; Ⓜ Chernyshevskaya)这座宏伟的大教堂建于1743年,教堂经过完美的修复和内外重新粉刷,已经成为当地最耀眼的景观之一。壮观的大门上是帝国双头鹰的巨大金色半身像,提醒着人们大教堂是建立在普列奥布拉任斯基警卫团(君主的个人卫队)总部的旧址上。1827~1829年,建筑师瓦西里·斯塔索夫(Vasily Stasov)为了纪念在1828~1829年战胜土耳其,按照新古典主义风格重建了大教堂,并在环绕大教堂的大门上记录了收缴的土耳其枪支。

BOLSHOY DOM大楼 历史建筑

见442页地图(Большой дом, Bolshoy Dom; Liteyny pr 4; ⏲不对公众开放; Ⓜ Chernyshevskaya)诺伊·托洛茨基(Noi Trotsky)为当地克格勃总部(现为圣彼得堡联邦安全局总部)设计的巨石结构被大家称作"Bolshoy Dom"(大房子)。这座严肃的花岗岩建筑建于1932年,属于后建构主义风格。

安娜·阿赫玛托娃纪念碑

纪念碑

见442页地图（Памятник Анне Ахматовой, Anna Akhmatova Monument; nab Robespierre; ⓂChernyshevskaya）这座动人的雕像于2006年揭幕，以此纪念20世纪圣彼得堡最著名的诗人阿赫玛托娃逝世40周年，雕像的河对面就是臭名昭著的克列斯特监狱。雕像的位置并非巧合，阿赫玛托娃在雪地里排了几天的队，才在克列斯特监狱得知儿子的死讯。

纪念碑上的铭文来自她的史诗《安魂曲》（1935~1940年），其中描述了大清洗下人们的生活。

政治压制受害者纪念碑

纪念碑

见442页地图（Памятник жертвам политических репрессий, Monument to the Victims of Political Repression; nab Robespierre; ⓂChernyshevskaya）这个令人毛骨悚然的雕塑由俄罗斯艺术家米哈伊尔（Mikhail Shemyakin）于1995年完成。雕塑中心是两个狮身人面像，从一侧看是美丽的生物，但从另一侧（面对河对面臭名昭著的克列斯特监狱）看去，美丽的面庞明显已被破坏得面目全非。

装饰与应用艺术博物馆

博物馆

见442页地图（Музей декоративного и прикладного искусства, Museum of Decorative & Applied Arts; www.spbghpa.ru; Solyanoy per 15; 成人/学生₽100/50，俄语导览游₽200; ⏲周二至周六 11:00~17:00; ⓂChernyshevskaya）装饰与应用艺术博物馆也被称为斯蒂格利茨博物馆（Stieglitz Museum），这座迷人的建筑可以满足你对装饰艺术博物馆的所有期望。这里的展品华丽多样，从中世纪家具到18世纪俄罗斯砖瓦炉灶，再到应用艺术学院学生制作的当代作品，应有尽有。与城市中的其他博物馆相比，这里可能游客偏少，但安静的氛围进一步增加了这里的吸引力。

1878年，百万富翁斯蒂格利茨男爵创立了学院，并希望用世界级的艺术作品来激发学生的灵感。因此他开始收集独特的欧洲和东方玻璃器皿、瓷器、挂毯、家具和绘画，他的儿子也继承了这一遗愿。斯蒂格利茨男爵的收藏最终发展成为欧洲最富有的私人收藏。1885~1895年，建筑师马克西米兰·梅斯马彻尔（Maximilian Messmacher）设计建造了一座用于容纳这些藏品的建筑，而这个建筑本身也成了一件杰作。博物馆每个大厅的装饰都各具特色，包括文艺复兴、佛兰德和巴洛克风格。泰雷姆室（Terem Room）为莫斯科克里姆林宫的中世纪泰雷姆宫风格，更是博物馆中最为华丽的所在。

革命结束后学校被关闭，博物馆的藏品被重新安置在埃尔米塔日博物馆和俄罗斯博物馆，其中大部分奢华的内饰被野蛮地粉刷、填塞，甚至摧毁（其中一个房间被用作体育馆）。尽管没有任何国家资金的支持，修复工作又极为艰苦，但博物馆仍旧坚持至今。

博物馆有些难找，你需要先进入学院大楼（从ul Pestelya出发沿着Solyanoy per直行的第二个入口），告诉门卫你想去博物馆（v moozay），然后上主楼梯，在楼梯尽头向右转，穿过两个大厅，然后下楼梯左转。所有的指示标牌均为俄语。参观了博物馆之后，你可以在应用艺术学院宏伟的大厅和走廊漫步。如果在前往博物馆的路上直行然后右转，即可到达学院的主厅感受其标志性的天窗，还可以参观这里时常举办的学生作品展。

列宁格勒封锁和保卫博物馆

博物馆

见442页地图（Музей обороны и блокады Ленинграда, Museum of the Defence & Blockade of Leningrad; www.blokadamus.ru; Solyarnoy per 9; 成人/学生 ₽300/150; ⏲周四至周一 10:00~17:00，周三 12:30~21:00; ⓂChernyshevskaya）这里严肃但引人入胜的展品包括幸存者的捐赠、封锁时期的宣传海报和描绘围攻期间生与死的大量照片。博物馆还将制作英文语音导览，以便弥补缺少英文指示牌的不足。

博物馆在1944年1月解除封锁3个月后开业，37,000件展品中包括货真价实的坦克和飞机。但3年后，博物馆被关闭，大部分展品被销毁或重新安置。直到1985年实施开放政策后，博物馆才重新开始收集文档并准备再次开放，并最终于1989年与公众见面。

安娜·阿赫玛托娃博物馆

博物馆

见442页地图（Музей Анны Ахматовой в Фонтанном Доме, Anna Akhmatova Museum at the Fountain House; www.akhmatova.spb.ru; Liteyny pr 51; 成人/儿童 ₽80/40; ⏲周二和周四至周日 10:30~18:30，周三 正午至20:00; ⓂMaya-

值得一游

列宁格勒南部

斯大林曾计划将广阔的圣彼得堡南部建成新的列宁格勒中心，如果对斯大林式建筑感兴趣，可乘车至Moskovskaya地铁站，然后在这里徘徊漫步，这里的若干景点都可步行到达。

地铁站外就是**苏维埃大厦**（Дом советов，House of Soviets；Moskovsky pr 212；⌚不对公众开放；Ⓜ Moskovskaya），这是斯大林主义之美的一个夸张体现。斯大林原计划将苏维埃大厦作为其列宁格勒的中央行政大楼，整个建筑的风格也完全符合斯大林的新古典主义审美。大厦由诺伊·托洛茨基于1936年开始建造，直到战争结束后才建成，那时大厦的建筑师早已被迫害、清除。尽管如此，这座辉煌建筑的柱子、浅浮雕和顶部的巨大雕带仍是斯大林主义设计的最佳例证。现在这里是Moskovsky地区的地方政府所在地。

从这里沿着Moskovsky pr向南即可看到引人注目的**列宁格勒保卫战纪念碑**（Монумент героическим защитникам Ленинграда，Monument to the Heroic Defenders of Leningrad；www.spbmuseum.ru；pl Pobedy；成人/学生₽120/70；⌚周四至周一 10:00~18:00，周二 至17:00；Ⓜ Moskovskaya）。纪念碑于1975年揭幕。这是一座青铜雕塑，围绕着一座48米高的方尖碑，象征着城市被包围和"二战"的最终胜利。较低一些的是一个直径40米的青铜环，环绕着中心动人的雕塑。萦绕的交响乐创造了一种忧郁的氛围，引导着游客下楼进入巨大的陵墓式地下展览馆。900个青铜灯跳跃的灯光怪诞地配上节拍器的声音（在战争期间，这是除了紧急公告外列宁格勒的居民在收音机上听到的唯一声音），表明这个城市的心脏仍在跳动。12个主题展展出了战争和被围困期间的物品，房间中心的电子地图显示着战争前线的转移过程。

最后，如果在参观了这么多苏联建筑后，你渴望回归传统建筑，则可以向北漫步回到苏维埃大厦，右转进入ul Tipanova，然后左转进入ul Lensoveta，最终到达美丽的**切什梅教堂**（Чесменская церковь，Chesme Church；http://chesma.spb.ru；ul Lensoveta 12；门票 免费；⌚10:00~19:00；Ⓜ Moskovskaya），这是这座城市最美妙的建筑之一。教堂是为纪念切什梅之战（1770年）而建，由尤里·费尔滕（Yury Felten）设计。教堂位置较远是由于叶卡捷琳娜二世在这里收到了战胜土耳其人的消息，所以她下令在收到消息的地方建造一座圣地来保存这个俄罗斯历史上的伟大时刻。现在看来，由于周围是斯大林计划的市中心地区，这座教堂与周围环境并不协调。

kovskaya）这座迷人又动人的文学博物馆坐落在谢列梅捷沃宫（Sheremetyev Palace）的南翼，是为了纪念20世纪圣彼得堡最著名的诗人安娜·阿赫玛托娃而设立的。这里是阿赫玛托娃未婚同居的爱人尼古拉·普宁的公寓，她于1924~1952年一直居住在这里。公寓位于二楼，里面满是诗人的纪念品和她与其他作家的往来信件。

通过参观这个幽静的公寓，你也可以借此机会看到20世纪早期到中叶的公寓（尽管并非典型公寓）内部装饰，虽然里面仅有较少的原始家具得以幸存。这里最令人动容的就是阿赫玛托娃的书房，这是她"很意外"（用她自己的话说）地在1940年开始创作杰出作品《没有主人公的长诗》的地方。还有她的客厅，阿赫玛托娃正是在这里和英国外交官以赛亚·伯林进行了著名的通宵长谈，这次夜谈已经成为俄罗斯文学史上的传奇。公寓的每个房间都有英文信息板，还有收费₽200的英文语音导览。

门票还包括约瑟夫·布罗斯基的"美国书房"。布罗斯基并不住在这里，但他与阿赫玛托娃之间有着紧密的联系，由于没有更好的位置，便在此重现了他的办公室，里面包括来自其第二故乡马萨诸塞州的家具和其他艺术品。诗人的故居位于几个街区之外的Liteyny pr。

如欲参观安娜·阿赫玛托娃博物馆，请注意从Liteyny pr进入博物馆，而非丰坦卡河的主宫殿入口，否则将无法抵达博物馆。

谢列梅捷沃宫 博物馆

见442页地图(Шереметьевский дворец, Sheremetyev Palace; ☎812-272 4441; www.theatremuseum.ru; nab reki Fontanki 34; 门票₽300; ⏰周四至周一 11:00~19:00, 周三 13:00~21:00; Ⓜ Gostiny Dvor)丰坦卡河的对面就是谢列梅捷沃宫(建于1750~1755年)的入口,现在这里是**国家戏剧和音乐博物馆**(State Museum of Theatre & Music)的一个分支,收集来自19世纪和20世纪的乐器。谢列梅捷沃家族以在宫殿内举办音乐会和戏剧表演而闻名,这里曾是帝国首都音乐生活的中心。

楼上的房间已被复原,展出的乐器的确令人印象深刻,其中包括柴可夫斯基、格林卡和尼古拉斯二世的钢琴。首层是一个巨大的乐器展览区,但仅限通过周四、周六或周日的俄语讲解导览游参观。

弗拉基米尔斯卡亚和沃思塔尼亚

亚历山大·涅夫斯基修道院 修道院

见261页。

PUSHKINSKAYA 10 艺术画廊

见442页地图(Арт-Центр Пушкинская 10; www.p-10.ru; Ligovsky pr 53; ⏰周三至周日 16:00~20:00; Ⓜ Ploshchad Vosstaniya)这个传奇地点曾是座公寓楼,被亲切地以街道地址为名称口口相传,但实际上的公共入口位于Ligovsky pr。这里既有工作室、画廊空间,又有音乐俱乐部Fish Fabrique(见274页)和Fabrique Nouvelle(见274页),还有各式各样的其他商店和画廊,您可以借此机会与当地音乐家和艺术家亲密接触,他们总是渴望与别人谈论自己的作品。

LOFT PROJECT ETAGI 文化中心

见442页地图(Лофт проект ЭТАЖИ; www.loftprojectetagi.ru; Ligovsky pr 74; ⏰正午至22:00; Ⓜ Ligovsky Prospekt)从Smolninsky面包工厂到文化中心,这个神奇的转换能够带给您众多惊喜,比如原来的工厂设备与当代设计的无缝融合。五层的建筑中还有若干画廊和展览空间、多个商店、一家青旅、一个酒吧和一家带夏季露台的咖啡厅。

虽然ETAGI近年来确实已不再是纯粹的艺术中心,而逐渐商业化,但这里仍是感受圣彼得堡当代艺术场景和与充满创造力的年轻人亲密接触的好地方。夏季到来后,建筑的屋顶将对外开放(₽250),客人可懒洋洋地躺在休闲舒适的座椅中俯瞰全城。穿过主门的一侧即可进入ETAGI的庭院。

弗拉基米尔大教堂 大教堂

见442页地图(Владимирский собор,

值得一游

艺术畅游

如果想要将冒险与当代艺术相结合,**瑞早迪艺术基金会**(Rizzordi Art Foundation; ☎812-643 0483; www.rizzordi.org; 4楼, Kurlyandskaya ul 49; ⏰展览期间 中午至20:00; Ⓜ Baltiyskaya) **免费** 是个不错的选择。这里是当地最令人兴奋的当代艺术场所,于2011年夏天开业。基金会所在建筑是由工厂改造而成的,这本身就值得一看。这座建筑原本为一个废弃的19世纪啤酒厂,基金会占用了顶部两层的巨大空间。临时展览的展品都来自当地崭露头角的艺术家,非常有趣,但不同展览之间可能有空档期,请提前打电话或邮件确认是否对外开放。找到这里就完成了冒险的一半(更不用说你需要穿过那些令人难以置信的后工业荒地)。这里距离Baltiyskaya站步行需要30分钟,或者乘坐从先纳亚广场前往Dvinskaya ul的49路公交车,在跨过丰坦卡河后的第二站Kurlyandskaya ul下车。

其他值得一游的当代画廊还有**K-Gallery**(见442页地图; ☎812-273 0056; www.kgallery.ru; nab reki Fontanki 24; Ⓜ Gostiny Dvor)和**Marina Gisich Gallery**(见446页地图; ☎812-314 4380; www.gisich.com; nab reki Fontanki 121; ⏰周一至周五 11:00~19:00, 周六 正午至17:00; Ⓜ Sadovaya),这两家画廊都在丰坦卡河畔。

Vladimirsky Cathedral; Vladimirsky pr 20; 门票 免费; ⊙8:00~18:00, 礼拜 每日18:00; Ⓜ Vladimirskaya) 宏伟的弗拉基米尔大教堂由多梅尼科·特雷齐尼(Domenico Trezzini)设计。教堂以所在社区的名字命名,共有五个穹顶。这座建筑建于18世纪60年代,结合了巴洛克和新古典主义元素,随后又新增了由夸伦吉设计的新古典风格钟楼。建成几个世纪以来,教堂的会众众多,其中就包括住在附近的陀思妥耶夫斯基。教堂于1932年被关闭,苏联将其变成了一个内衣工厂,到了1990年,教堂又经过祝圣并再次恢复了其最初的功能。

如今,弗拉基米尔大教堂已经成为镇上最繁忙的大教堂之一,门外成群结队的老奶奶和乞丐就是最好的证明。所以如果想要欣赏大教堂的内部(楼上),花费一番力气穿过如织的会众自是不可避免。巴洛克圣幛最初设立在阿尼奇科夫宫(Anichkov Palace)的私人教堂,之后于1808年被转移到了这里。如果想要获得欣赏洋葱头圆顶的最佳视角,街对面陀思妥耶夫斯基酒店(Hotel Dostoevsky)七层的拉斯科利尼夫酒吧(Raskolnikov bar)是不二之选。

陀思妥耶夫斯基博物馆 博物馆

见442页地图(Литературно-мемориальный музей Ф.М. Достоевского, Dostoevsky Museum; www.md.spb.ru; Kuznechny per 5/2; 成人/学生 ₽160/80, 语音导览游 ₽200; ⊙周二至周日 11:00~18:00, 周三13:00~20:00; Ⓜ Vladimirskaya) 费奥多尔·陀思妥耶夫斯基居住过的公寓遍布整个城市,但是主要集中在先纳亚(Sennaya),"纪念公寓"是他自1878年直至1881年逝世的最后住所。该公寓保留了陀思妥耶夫斯基一家在此居住时的原貌,包括他创作《卡拉马佐夫兄弟》(*The Brothers Karamazov*)时的书房,以及其妻誊写、编辑和出售陀思妥耶夫斯基全部书籍的办公室。

博物馆中有两个房间用于纪念陀思妥耶夫斯基的小说,文学爱好者可以在此近距离观看陀思妥耶夫斯基的圣彼得堡地图,其中详细列出了其不同作品中人物的位置和事件的发生地。附近的Vladimirskaya地铁站外还有一座陀思妥耶夫斯基雕塑,但雕塑中的陀思妥耶夫斯基看起来非常悲观。

杰尔查文故居博物馆 博物馆

见442页地图(Музей-усадьба Державина, Derzhavin House-Museum; nab reki Fontanki 118; 成人/学生 ₽80/40; ⊙周三和周五至周一 10:00~18:00, 周四 正午至20:00; Ⓜ Tekhnologichesky Institut) 这座宏伟的圣彼得堡居所是宫廷诗人加甫里尔·杰尔查文(Gabriel Derzhavin, 1743~1816年)的旧居,他也是俄国最伟大的作家之一,并在亚历山大·普希金的童年时期就发现了普希金的天赋。苏联时代,这里被分成了约60个集体公寓,但整座建筑在2003年进行了全面翻新,现在这里是一座迷人的博物馆。杰尔查文的书房有三个秘密入口,所以书房一直是参观的焦点。

就餐

斯莫尔尼和利特尼

★DUO GASTROBAR 创意菜 €

见442页地图(☎812-994 5443; www.duobar.ru; ul Kirochnaya 8a; 主菜 ₽200~500; ⊙13:00至午夜, 周五和周六 至次日2:00; 🚭; Ⓜ Chernyshevskaya) 这个沐浴在阳光中的地方用木头和华丽的玻璃灯罩精心装饰,令这片安静的区域在美食地图上脱颖而出。融合创意菜单十分精彩,不可思议的菜品包括百香果配戈尔贡佐拉慕斯,或是三文鱼配藜麦及马斯卡朋。这里也有一些较为常规的选择,比如意大利烩饭、意大利面和沙拉。

Duo由两位在圣彼得堡各处打拼过的厨师经营着。这里氛围愉快、友好,是尝试新口味的好地方,也非常适合下午前来享受咖啡和蛋糕。我们调研时,餐厅不提供英语菜单和Wi-Fi,但这些缺憾有望得到弥补。最好提前预订。

OBED BUFET 自助餐馆 €

见442页地图(Обед Буфет; 5楼, Nevsky Centre, Nevsky pr 114; 主菜 ₽100~200; ⊙10:00~23:00; 🚭📶; Ⓜ Mayakovskaya) 这正是圣彼得堡所需要的:一家由城市最成功的餐饮集团妥善经营的自助餐厅,其位置优越,氛围宜人。在这里,你会找到各式各样的沙拉、汤、三明治、比萨和肉类菜肴。中午前和21:00后甚至还可以享受五折优惠，物超所值（尽量在21:00之前到，否则食物将被售完）。

JAKOV
面包房 €

见442页地图（Яков; www.jakovspb.ru; ul Chernyshevskogo 3; 蛋糕 ₽150起; ⏲9:00~20:00; 🚭; Ⓜ Chernyshevskaya）这个美妙的蛋糕店是富有的斯莫尔尼居民一饱口福的地方。精美的糕点、蛋挞、马卡龙和手工制作的巧克力在店中静候。大多数人会外带品尝，但你可以留在店中搭配咖啡享受。

CITY GRILL EXPRESS
汉堡 €

见442页地图（ul Vosstaniya 1; 汉堡 ₽150~350; ⏲10:00~23:00; 🚭📶📋; Ⓜ Ploshchad Vosstaniya）这个看似宽敞的地方是一家用心做汉堡的餐厅，价格亲民，环境舒适。餐厅坐落在熙熙攘攘的沃思塔尼亚广场附近，适合休憩片刻吃个汉堡，厨师会在你面前制作汉堡。

SCHENGEN
各国风味 €€

见442页地图（Шенген; ☎812-922 1197; ul Kirochnaya 5; 主菜 ₽400~850; ⏲11:00至午夜; 📶📋; Ⓜ Chernyshevskaya）如同Liteyny pr的一股清风，Schengen代表了本地人对更广阔的世界的期望。菜单非常国际化——芝士通心粉、辣豆酱（chili con carne）、泰国绿咖喱和挪威鳟鱼片。餐厅共有两室，酷而舒适，高效的员工快速地为一桌桌客人上菜。

不仅食物优质，工作日15:30前还可以享受八折优惠。

BOTANIKA
素食 €

见442页地图（Ботаника; www.cafebotanika.ru; ul Pestelya 7; 主菜 ₽200~500; ⏲11:00至午夜; 🚭📶🖊📋; Ⓜ Chernyshevskaya）好好享受圣彼得堡最友好、氛围最悠闲的地方吧，这家迷人的素食餐厅处处完美。菜单包括俄罗斯、印度、意大利和日本料理。服务很友善，没有吵闹的电视，还为孩子们准备了游乐室和儿童菜单。

FRANCESCO
意大利菜 €€

见442页地图（Suvorovsky pr 47; 主菜 ₽500~2000; ⏲周一至周五 9:00至次日1:00，周六和周日正午至次日1:00; 📶📋; Ⓜ Chernyshevskaya）这家迷人的意大利餐厅被装饰成了家的样子，笼子里的小鸟、摆满了瓷器的餐具柜和墙上的老照片更添家庭气息。非常周到的服务和美味的食物共同打造了这里可爱亲切的氛围。

MOSKVA
各国风味 €€

见442页地图（Москва; ☎812-640 1616; www.moskvavpitere.ru; 6楼, Nevsky Centre, Nevsky pr 114; 主菜 ₽400~1600; ⏲10:00至次日1:00; 🚭❄📶🖊👪; Ⓜ Ploshchad Vosstaniya）Moskva位置便利，空间宽敞。配图菜单丰富得令人难以置信：不管你想吃什么，都能找得到。这里还有儿童游乐室。最佳座位位于露台上，可以俯视城市，不过需要提前预订。

MESTO
亚洲菜 €€

见442页地图（Место; Tverskaya ul 20; 主菜 ₽450~1100; ⏲正午至23:00; 📶; Ⓜ Chernyshevskaya）本店奉上亚洲美食：寿司、军舰卷、春卷、gyoza（饺子）和一系列精选热菜。时尚的暗调结构设计吸引了斯莫尔尼的政治精英。它也是这一地区少数优质餐厅之一。

SUNDUK
各国风味 €€

见442页地图（Сундук; www.cafesunduk.ru; Furshtatskaya ul 42; 主菜 ₽300~1000; ⏲周一至周五 10:00至午夜，周六和周日 11:00起; 🚭📶📋; Ⓜ Chernyshevskaya）自称"艺术咖啡馆"的餐厅隐蔽在一处狭窄的地下室中，两个房间中挤满了家具和乐器，还有摆好姿势的人体模特和许多其他垃圾（或"艺术"），打造出波希米亚的氛围。欧式菜单提供精选的肉、鱼及大量俄罗斯经典菜肴，还有一些奇怪的亚洲菜作为调剂。

每天20:30有现场音乐。

GIN NO TAKI
日本菜 €€

见442页地图（www.ginnotaki.ru; pr Chernyshevskogo 17; 主菜 ₽300~1200; ⏲周一至周五 9:00至次日1:00，周六和周日 11:00起; 📶🖊📋; Ⓜ Chernyshevskaya）在一个日式餐厅遍地开花的城市里，这家宽敞而热闹的餐厅最为地道。这里有各种各样的寿司、生鱼片、烤肉串、天妇罗和便当。配有照片的菜单令点餐毫无困难，而自酿啤酒是任何菜品的好伴侣。

★MECHTA MOLOKHOVETS
俄罗斯菜 €€€

见442页地图（Мечта Молоховец; ☎812-

929 2247; www.molokhovets.ru; ul Radishcheva 10; 主菜 ₽1450~1800; ⏲周一至周五 正午至23:00, 周六和周日 14:00~23:00; ❄📶📄; Ⓜ Ploshchad Vosstaniya）受到俄罗斯版比顿夫人Elena Molokhovets的启迪，这个名为“Molokhovets梦想”的餐厅的菜单涵盖所有的俄罗斯经典菜，从罗宋汤到俄式牛柳丝，以及一些不常见的菜，如森林浆果酱配鹅胸和蘑菇酱小牛肉排。

头盘从浆果kissel开始，这是一种加入了荆棘和葡萄酒的美味甜汤，不要跳过特色koulibiaca——金灿灿的鱼派或兔肉派。这里就像是一家认真对待食物的本地机构。晚餐最好提前预订。

PALKIN

俄罗斯菜 €€€

见442页地图（Палкинъ; ☎812-703 5371; www.palkin.ru; Nevsky pr 47; 主菜 ₽1000~4000; ⏲正午至次日1:00; 📶📄👪; Ⓜ Mayakovskaya）这家历史悠久的餐厅于1871年开业，经过完美修缮后，这里再度回归，吸引了新一代食客。这里是全城最奢华的餐厅，所以带上信用卡，准备好体验这场深受柴可夫斯基和契诃夫喜爱的美食之旅。建议提前预订。

弗拉基米尔斯卡亚和沃思塔尼亚

BGL CAFE & MARKET

百吉饼 €

见446页地图（nab reki Fontanki 96; 百吉饼 ₽50~250; ⏲11:00~23:00; 🚭📶✎📄）终于找到一个能够好好享受填充新鲜馅料百吉饼的地方了！这个酷酷的小咖啡馆深受年轻人和各地游客的欢迎，位置绝佳，俯瞰丰坦卡河。超值午餐（16:00前）让这里成为最佳中午用餐地，这里还有新鲜的咖啡和美味的蛋糕。百吉饼可以外带，也可以购买没有填入馅料的。

GREY'S

小酒馆 €

见442页地图（www.greys-bistro.ru; Konnaya ul 5/3; 主菜 ₽200~300; ⏲周一至周五 9:30~23:30, 周六和周日 正午开始营业; 🚭📶; Ⓜ Pl Vosstaniya）小馆的名字（Grey, 灰色）可以从字面上理解（墙壁是低调的浅灰色，搭配了深色的木地板和时尚的照明）。这里提供精选早餐食品，以及颇具吸引力的小酒馆食物（沙拉、蒸粗麦粉、烤肉）。时尚精致的Gery必将成为人们的最爱。

BRYNZA

高加索菜 €

见442页地图（Брынза; Pushkinskaya ul 1; 主菜 ₽200~500; ⏲24小时; 📶📄; Ⓜ Mayakovskaya）这家宽敞的餐厅为你提供物有所值的高加索及克里米亚菜肴。这里的特色是克里米亚鞑靼菜chebureki（一种油炸肉馅半圆卷饼），但也提供各类烤肉、沙拉、汤和khachapuri（格鲁吉亚芝士面包）。配图菜单非常有帮助，店里甚至还有一台取款机。

★ VINOSTUDIA

意大利菜 €€

见442页地图（☎812-380 7838; www.vinostudia.com; ul Rubenshteina 38; 主菜 ₽350~700;

致年轻家庭主妇的礼物

19世纪俄罗斯最受欢迎的畅销食谱被称为《致年轻家庭主妇的礼物》，书中收集了最受欢迎的食谱和家务管理技巧。作者Elena Molokhovets是一名家庭主妇，这本书是献给她的10个孩子、东正教教堂和需要有关家务帮助的“女性同胞”的。

这本书在1861~1914年再版了28次，每一次再版Molokhovets都会增加新食谱和家务管理技巧。最后一版包括了上千个食谱，以及如何管理一个高效的厨房，如何恰当地布置餐桌，如何清洁铸铁壶等技巧。

Molokhovets收到了读者非常积极的回应，人们赞扬她几乎挽救了她们的家庭生活。当时的流行看法是，妻子的首要责任是团聚家人，而丈夫的饮食似乎是其中的关键。一位读者曾写道：“一个好厨房……不是一件奢侈的事情。这是一个家庭健康和幸福的象征，而这又是所有其他生活条件所依赖的基础。”Molokhovets在后续再版中收录了一些此类信件作为其贡献的证明。

)作为ul Rubenshteina上又一家令人难忘的餐馆，Vinostudia是一座认真经营又充满激情的葡萄酒酒吧。所有的葡萄酒都可以按杯出售（₽130~350），员工知识渊博且友善。餐厅的菜单偏意式：烤虎虾、炸鱿鱼和鸭胸都是传统菜色的代表。

砖墙的设计意味着这里的周末会非常喧闹，忙碌的晚上造访最好提前预订。粉刷一新的墙壁、巨大的玻璃酒柜和工业风格的装潢都为这里添彩。

DOM BEAT

各国风味 €€

见442页地图（Дом Быта; www.dombeat.ru; ul Razyezzhaya 12; 主菜 ₽300~500; ; Ⓜ Ligovsky Prospekt）以苏联百货商店命名圣彼得堡最酷的酒吧、休闲室和餐厅，并让模特般靓丽的员工穿上量身打造的工厂制服还不够，这里时尚、复古又有趣的装潢，华丽的菜单和热烈的气氛组合在一起，成就了圣彼得堡市内最棒的就餐选择之一。

除了美味的早餐外（19:00前供应），这里还有各式各样的菜肴，从顶级亚洲美食[泰国红咖喱、黄油咖喱鸡块（chicken tikka masala）]到当代风格的俄罗斯菜肴和各国酒吧小食，不一而足。分量虽然不大，但价格实惠，饿了也可以多点一些。

TASTE TO EAT

俄罗斯菜 €€

见442页地图（Вкус Поесть; nab reki Fontaki 82; 主菜 ₽300~600; 周日至周四 正午至23:00，周五和周六 14:00至次日1:00; ）这家令人印象非常深刻的新餐厅将生活的气息带到了优美但沉闷的丰坦卡河堤岸。混凝土地板、外露的砖块和舒适的皮革座椅让这里看起来优美华丽，宽敞的葡萄酒室提供了国际精选美酒的同时也主打俄罗斯葡萄酒，而对俄罗斯美食有趣的当代改良同样不会让你失望。

POLYANKA

欧洲菜 €€

见442页地图（Полянка; ul Kolokolnaya 10; 主菜 ₽200~600; 10:00~23:00; ）作为一处真正令人惊喜的发现，这个周到、迷人的地方有精彩纷呈的菜单（试试鸭肉和山羊奶酪沙拉），一两成熟的牛排、芝士蛋糕都可以搭配鸡肉（意想不到的美味）成为主菜。懂英语的友善员工热心为你提供建议。

ZIG ZAG

欧洲菜 €€

见446页地图（www.zigzag.spb.ru; Gorokhovaya ul 59/92; 主菜 ₽400~700; 正午至23:00，周五和周六 至午夜; ; Ⓜ Pushkinskaya）这个华丽的地方不幸地因其地下结构而常常不为人所知，但内部环境轻松舒适，布置了不少复古家具，员工也非常友善。菜单同样精彩，提供汉堡（包括薄荷酸奶酱羊肉汉堡和兔肉汉堡）和瑞典、摩洛哥及普罗旺斯菜肴。

JEAN-JACQUES

法国菜 €€

见442页地图（Жан-Жак; www.jan-jak.com; ul Marata 10; 主菜 ₽300~600; 24小时; ; Ⓜ Mayakovskaya）在圣彼得堡所有的时髦法国小酒馆连锁分店中，这家的位置最便利，带有一个舒适的露台，用酒红色和森林绿装潢内饰，简直是你最爱的巴黎咖啡馆。餐厅提供经典美味小酒馆菜单，包括法式鸭胸（magret de canard）和红酒烩牛肉（boeuf bourguignon）。

这里还有不少实惠的葡萄酒，按杯卖。其他分店位于附近的**ploshchad Alexandra Nevskogo**（Жан-Жак，见442页地图; www.jan-jak.com; Nevsky pr 166; 24小时; Ⓜ Pl Alexandra Nevskogo）、**瓦西里岛**（Жан-Жак，见452页地图; 7-aya liniya 24; 24小时; Ⓜ Vasileostrovskaya）及彼得格勒区（见301页）。所有分店都24小时营业。

★ GREEN ROOM

俄罗斯菜 €

见442页地图（Ligivosky pr 74; 主菜 ₽120~200; 周日至周四 9:00~23:00，周五和周六 至次日3:00; ; Ⓜ Ligovsky Prospekt）超酷的Loft Project ETAGI附设咖啡馆位于其三楼（从街上穿过庭院）。餐厅的中心是一座美妙的夏日露台，绝对是享受美酒美食的完美之选。店内是轻快的咖啡空间，菜品简单美味，物有所值。

SCHASTYE

意大利菜 €€

见442页地图（Счастье; 812-572 2675; www.schastye.com; ul Rubinshteyna 15/17; 主菜 ₽350~800; 9:00~23:00，周五和周六 至顾客散尽; ; Ⓜ Mayakovskaya）"幸福"在这

里以几种形式体现：在几个房间组成的餐厅里，充满了舒适的角落和可以亲密拥挤在一起的空间；丰盛的意大利菜单；装有美味糕点和糖果的盘子遍布餐厅；豪华且温暖（有点随性）的装饰（试想装满意大利面的罐子和镜框中的家庭合影）。

每日中午前提供午餐，周末18:00前供应早午餐。Schastye还有两家咖啡馆分店，一家位于**涅夫斯基大街**（Счастье，见442页地图；Nevsky pr 55；⏲10:00~23:00；Ⓜ Mayakovskaya），另一家位于**Isaakievskaya pl**（Счастье，见438页地图；ul Malaya Morskaya 24；⏲周日至周四 9:00~23:00，周五和周六 至次日2:00；📶；Ⓜ Admiralteyskaya）的Angleterre Hotel。

MOPS
泰国菜 €€

见442页地图（www.mopscafe.ru；ul Rubinshteyna 12；主菜 ₽500~1000；⏲周日至周三 14:00至次日1:00，周四至周日 至次日3:00；📶✍📋；Ⓜ Mayakovskaya）这是全城第一家也是唯一一家纯泰国餐厅，这是一场视觉享受：从街边看，这座优雅餐厅铺设了纯白色的地板，餐桌上铺着白色亚麻桌布，并装饰了华丽的泰国家具。而餐厅内部却黑暗且阴郁。无论你喜欢哪种氛围，这里都是外出就餐的时尚选择。

工作日14:00~17:00有八折优惠，价格非常划算。

BISTRO GARÇON
法国菜 €€

见442页地图（www.garcon.ru；Nevsky pr 95；主菜 ₽450~850；⏲10:00至午夜；📶📋；Ⓜ Ploshchad Vosstaniya）这个漂亮的法国小酒馆时尚而质朴，虽然灯光昏暗，但却很高端，装饰迷人，员工专业。考虑到这里烹饪和服务的出色标准，价格也算合情合理。这家餐厅是该集团在圣彼得堡的主营餐厅，你也可以在圣彼得堡各处找到它旗下提供美味的三明治和蛋糕的面包店和糕点铺。

YUZU
亚洲菜 €€

见442页地图（www.yuzubar.ru；Suvorovsky pr 51；主菜 ₽550~1100；🚭📶✍📋；Ⓜ Chernyshevskaya）这个精致时尚的地方提供美食家级别的经典亚洲菜肴，还额外加入了一些奇怪的俄罗斯菜。这里有糖醋牛肉、白菜炖兔肉，以及鸡汤和冬阴功汤。DJ在酒吧打碟，菜单用iPad显示，以便你了解更多信息。

CAT CAFÉ
格鲁吉亚菜 €€

见442页地图（Кафе Кэт；Stremyannaya ul 22/3；主菜 ₽250~800；⏲正午至23:00；📶✍📋；Ⓜ Mayakovskaya）这家受人欢迎、值得信赖的餐厅提供各种格鲁吉亚人气美食，如丰盛的khinkali（肉馅饺子）、令人沉醉的奶酪面包和美味的茄子卷配核桃。餐厅价格合理，由一对友善的夫妻经营，配图菜单非常好用。

POT ARTHUR
各国风味 €€

见442页地图（Порт Артур；www.portartur-spb.ru；Zvenigorodskaya ul 12/17；主菜 ₽400~1000；⏲正午至次日1:00，周五至周日 至次日2:00；📶📋；Ⓜ Zvenigorodskaya）鉴于亚瑟港（Port Arthur）发生过俄罗斯最屈辱的海军溃败，餐厅的名字（Pot Arthur）有些奇怪。但除了名字以外，这家豪华绅士俱乐部风格的餐厅的一切都广受欢迎：涵盖各国风味的丰富菜单、巨大的环形酒吧以及周四至周六

为健康干杯！

“为健康干杯！”这是俄罗斯人干掉一杯伏特加时常用的祝酒词。但这还不足以作为公共场合或亲密的朋友聚会时使用的祝酒词。适当的祝酒词需要体现出体贴和真诚。

祝酒词一般包括几个主题。第一个祝酒词应赞扬主人的慷慨，第二个通常是赞扬现场美丽的女士。在国际公司，祝贺国际友谊（za mezhdunarodnuyu druzhbu）或世界和平（za miravoy mir）是最稳妥的做法。但是在所有情况下，祝酒词都需要和个人的特点结合或对现场有深刻的洞察力，以及一些随意的铺垫，从而让祝酒词变得更有意义。

俄罗斯人在各种场合都用伏特加来庆祝生活，无论是胜利、悲伤还是其他琐事。祝酒词是庆祝活动的发声，所以要发自肺腑。喝酒也是一样——zalpom!（干杯！）

21:00的现场音乐。

★GRAND CRU 高级餐厅 €€€

见442页地图（Великий Крю；www.grandcru.ru；nab reki Fontanki 52；主菜₽800~2000；⌚正午至23:00；🚭📶📄）这家葡萄酒精品店也是一家小商店，但其优秀的美食餐厅才是重头戏。精心装饰的空间搭配了红色调照明、木地板和大窗户。菜单颇有野心且价格昂贵，菜肴有用黑石板上菜的兔肉配小米烩饭和甜菜根慕斯，还有葡萄酒。

这里唯一的缺点是没有酒单，这意味着你必须和侍酒师一同选酒，然后（除非你是商界寡头）在开瓶之前确认价格。除此之外，这里的服务非常专业，食品和葡萄酒的水准令人印象深刻。不要错过精致的意式烤面包（bruschetta）。

饮品和夜生活

斯莫尔尼和利特尼

★UNION BAR & GRILL 酒吧

见442页地图（Liteyny pr 55；⌚周日至周四18:00至次日4:00，周五和周六 至次日6:00；📶；Ⓜ Mayakovskaya）Union是一个迷人而有趣的地方，特点是巨大的长条木吧台、昏暗的照明和纽约风格。这里有精心设计的鸡尾酒单和享有盛名的桶装啤酒。平日里安静的酒吧到了周末就会疯狂起来，但无论何时都吸引着二三十岁的个性人群。

★THE HAT 爵士俱乐部

见442页地图（ul Belinskogo 9；⌚19:00至次日5:00；Ⓜ Gostiny Dvor）充满奇妙复古感的HAT是爵士乐和威士忌爱好者的宝地，他们前来欣赏晚间现场音乐，爵士乐爱好者让这家设计独到的酒吧穿越到了20世纪50年代的格林威治村。它也代表了圣彼得堡受人青睐的饮酒新风潮。

MISHKA 酒吧

见442页地图（Мишка；www.miskhabar.ru；nab reki Fontanky 40；⌚周一至周四 18:00至次日2:00，周五至周日 14:00至次日6:00；📶；Ⓜ Gostiny Dvor）圣彼得堡的潮人基地是由两个房间组成的地下室，受到时髦学生人群的推崇。前面的房间忙碌且烟雾环绕，到了晚上会成为舞池，后面的房间则是安静的无烟区。DJ每晚在这里驻场，酒吧提供丰富的鸡尾酒单。

DEAD POETS BAR 鸡尾酒吧

见442页地图（ul Zhukovskogo 12；⌚14:00至次日2:00；📶；Ⓜ Mayakovskaya）这个很酷的地方是一家成人鸡尾酒酒吧，种类丰富的酒单和烈酒堆在长长的吧台，由一位勤快的调酒师为你奉上。这里其实算是个安静的地方，灯光昏暗，播放着爵士乐，并提供充足的休息空间。

COFFEE STATION 咖啡馆

见442页地图（ul Nekrasova 26；⌚8:00~22:30；📶；Ⓜ Mayakovskaya）这家隐蔽（确实，店主担心自己太受欢迎而摘下了路牌）而精美的地方是任何咖啡爱好者的天堂。这里有各种各样的咖啡豆和制备方法，这是丰坦卡河岸这一侧你能够找到的最美味的咖啡。

FREEDOM 计时咖啡馆

见442页地图（Nevsky pr 88；每小时₽2；⌚周一至周四 正午至午夜，周五和周六 至次日6:00，周日 至次日2:00；📶；Ⓜ Mayakovskaya）作为涅夫斯基大街边又一家非常受欢迎的计时咖啡馆，坐落在庭院中的Freedom宽敞友好，提供充足的空间让你打游戏、看电视、玩耍、认识志同道合的波希米亚人。

BAR 812 鸡尾酒吧

见442页地图（www.bar812.ru；ul Zhukovskogo 11；⌚周一至周四 18:00至次日1:00，周五和周六 至次日4:00；📶；Ⓜ Mayakovskaya）这里是全城最受欢迎的鸡尾酒吧之一（不用说，价格也最贵）。名为Pussy Talker和Male of the Species的鸡尾酒让这里成为热门搭讪地点，周末人来人往，工作日却轻松闲适。

弗拉基米尔斯卡亚和沃思塔尼亚

★DOM BEAT 鸡尾酒吧

见442页地图（Дом Быта；www.dombeat.ru；ul Razyezzhaya 12；⌚正午至次日6:00；📶；

值得一游

俯瞰圣彼得堡

苏联时代的Azimut Hotel顶层原是这座城市最丑陋的建筑，现在是奇妙的**Sky Bar**（见446页地图；18楼，Hotel Azimut，Lermontovsky pr 43/1；⏲17:00至次日1:00；📶；Ⓜ Baltiyskaya）的所在地，这里是鸟瞰整个城市的最佳地点。酒吧占据了18层的大部分空间，因此十分宽敞，非常适合坐下来透过巨大的落地窗欣赏美丽的历史中心。除了鸡尾酒和咖啡，这里还提供完备的菜单。由于最近的地铁站离这里仍有些距离，所以最好沿着丰坦卡河从中心区漫步到这里。

Ⓜ Ligovsky Prospekt）这里最大的吸引力是无与伦比的鸡尾酒单和多样的酒水单。20世纪70年代的装潢、时髦的顾客和晚间热闹的舞池，让这里成为一个好去处。

ZIFERBLAT

计时咖啡馆

见442页地图（Циферблат；☎8-960-285 6946；www.ziferblat.net；2楼，Nevsky pr 81；每分钟₽2；⏲周一至周四 11:00至午夜，周五和周六 至次日7:00，周日 至午夜；📶；Ⓜ Ploshchad Vosstaniya）几间迷人的房间组成的“自由空间”掀起了全世界的计时咖啡馆潮流。Ziferblat是圣彼得堡最早的计时咖啡馆。店里提供咖啡、茶、软饮料和饼干，你可以在舒适的空间里尽情玩电脑、阅读、看电影，或只是和本地文艺青年玩耍。

BRIMBORIUM

酒吧

见442页地图（ul Mayakovskogo 22-24；⏲13:00至顾客散尽；📶；Ⓜ Mayakovskaya）看到聪明的知识分子聚集在这里，就不难明白为什么店名来自《浮士德》了。Brimborium是一个迷人、高档的地方，提供优质的享有盛名的艾尔啤酒、混合鸡尾酒和美味的乳蛋饼。色彩斑斓的墙壁投影整晚不停切换，不断变换酒吧氛围。

DYUNI

酒吧

见442页地图（Дюны；Ligovsky pr 50；⏲16:00至午夜，周五和周六 至次日6:00；📶；Ⓜ Ploshchad Vosstaniya）看起来像郊区别墅的小房子和它所在院落里那些经过改建的仓库格格不入。这里有舒适的室内酒吧和覆盖了沙子、摆着桌上足球和乒乓球台的户外区域——夏天孩子们可以在这里整夜欢闹。从院落大门径直向里走就可以找到这家酒吧。

TERMINAL BAR

酒吧

见442页地图（ul Rubinshteyna 13a；⏲16:00至顾客散尽；📶；Ⓜ Dostoevskaya）在圣彼得堡最新潮的大街上体验纽约式波希米亚风情。Terminal最适合和朋友一起放松喝酒，大家可以沿着巨大的吧台坐下，听着优美的音乐，让热闹的气氛填满灰色穹顶天花板下的拱形房间。我们的最爱之一。

CAFE MITTE

咖啡馆

见442页地图（ul Rubinshteyna 27；⏲周一至周五 10:00~23:00，周六和周日 正午开始营业；📶；Ⓜ Dostoevskaya）以柏林最酷的街区命名，这家友好、舒适的咖啡馆是享受香浓咖啡、美味蛋糕、早餐或三明治的绝佳选择。如果你觉得无聊，这里还有一个柏林式照相亭，可以留下你永恒的身影。

GRIBOYEDOV

夜店

见442页地图（Грибоедов；www.griboedovclub.ru；Voronezhskaya ul 2a；服务费₽200~400；⏲正午至次日6:00；📶；Ⓜ Ligovsky Prospekt）Griboyedov是圣彼得堡历史最悠久、最受尊敬的音乐夜店。它坐落在由防空洞改造的空间中。华灯初上时这里还是低调的酒吧，到了夜里就会逐渐变成热舞夜店。

☆ 娱乐

JFC JAZZ CLUB

爵士乐

见442页地图（☎812-272 9850；www.jfc-club.spb.ru；Shpalernaya ul 33；服务费₽100~500；⏲19:00~23:00；Ⓜ Chernyshevskaya）很小很纽约，这个酷炫的夜店是在圣彼得堡聆听现代创新爵士音乐、蓝调、蓝草和其他风格的好地方（见网站上的节目列表）。这里很狭小，如果想坐下来需要在线预订一张桌子。

PETROVICH

现场音乐

见442页地图（Петрович; www.petrovich-piter.ru; ul Marata 56-58; 📶; Ⓜ Ligovsky Pr）来自莫斯科的老牌Petrovich将自己定位为俱乐部餐厅，但来到圣彼得堡则变得更像是一处唱歌跳舞的地方。这个非凡的空间中堆满了苏联物件，吸引你来到这里的最大理由是每晚的现场音乐（通常是苏联歌曲）和参与的乐趣。没有服务费。

周六苏联舞蹈之夜是强制你一起跳的——我们可是警告过你了！

CABARET

同性恋夜店

见442页地图（Кабаре; www.cabarespb.ru; Razyezzhaya ul 43; 服务费 ₽200~500; ⏰周四至周日 23:00至次日6:00; Ⓜ Ligovsky Prospekt）这家同性恋夜店以各种形式展现潮流，十几年来，这里是感受老派同性恋夜店气氛的好地方，其特色是非常流行的变装皇后秀。变装皇后在2:30登上舞台，扮成俄罗斯明星或国际明星，荒谬而好笑，非常受欢迎。

RED FOX JAZZ CAFÉ

爵士乐

见442页地图（Красный лис; ☎812-275 4214; www.rfjc.ru; ul Mayakovskogo 50; 服务费 ₽100~200; ⏰周一至周四10:00~23:00，周五至次日2:00，周六 13:30至次日2:00，周日 17:00~23:00; Ⓜ Chernyshevskaya）有趣且友好的Red Fox Jazz Café位于一处地下空间，在老派的氛围中展示了20世纪20年代至50年代的各类爵士风格：big band、bebop、ragtime和swing。周日这里有摇滚爵士乐即兴演奏会，任何人都可以参加表演。菜单丰富，价格实惠，可免费预订座位。

音乐表演20:30开始。

FISH FABRIQUE

现场音乐

见442页地图（www.fishfabrique.spb.ru; Ligovsky pr 53; ⏰15:00至次日6:00，周四至周日 音乐会 20:00起，其他时间有时也开门; 📶; Ⓜ Ploshchad Vosstaniya）Fish Fabrique和圣彼得堡其他夜店不同，这家经营了20年的小店是本地波希米亚人的博物馆。在Pushkinskaya 10阴暗的地下，艺术家、音乐家和各个年龄段的反文化主义者聚在这里，一边喝啤酒一边听音乐。

如今，较新一些的**Fabrique Nouvelle**（⏰15:00至深夜）每晚在同一座院落中承办音乐会，而老Fish Fabrique只有周末才有音乐。不过不管选择哪一家，你都会和有趣的人们挤在一起。

COSMONAUT

现场音乐

（Космонавт; www.cosmonavt.su; ul Bronnitskaya 24; 📶; Ⓜ Tekhnologichesky Institut）苏联时代的电影院经过了完美的改造，坐落在城市中这个不起眼的角落中，是聆听中型音乐会、欣赏现场戏剧的绝佳选择。夏季全馆开放空调，楼上还拥有配有座椅的VIP酒廊。

爱乐乐团爵士音乐厅

爵士乐

见442页地图（Jazz Philharmonic Hall; www.jazz-hall.spb.ru; Zagorodny pr 27; 服务费 ₽500~1500; ⏰音乐会 周三至周日 19:00，Ellington Hall音乐会 周四、周五和周六 20:00; Ⓜ Vladimirskaya）由传奇爵士小提琴家和作曲家David Goloshchokin创立，这座音乐厅代表了爵士乐的传统一面。两个常驻乐队在可以容纳200名观众的大音乐厅中表演原味的爵士乐和迪克西兰爵士乐。小一点的Ellington Hall偶尔承接原声乐器演出。外国乐队也在这里表演主流和现代爵士乐；登录网站了解详情。

斯莫尔尼大教堂

古典音乐

见442页地图（Смольный собор; www.cathedral.ru; pl Rastrelli 3/1; 票价 ₽500~1000; Ⓜ Chernyshevskaya）美丽的斯莫尔尼大教堂也是聆听古典音乐会的好场所。虽然没有市内其他的音乐厅那么具有吸引力，但仍为欣赏表演提供了独特的氛围。

博利绍伊木偶剧院

木偶剧院

见442页地图（Большой театр кукол, Bolshoy Puppet Theatre; www.puppets.ru; ul Nekrasova 10; 票价 ₽250~600; Ⓜ Chernyshevskaya）这个“大”木偶剧院确实是圣彼得堡最大的，自1931年以来一直活跃，有各种儿童、成人剧目。

马里戏剧剧院

剧院

见442页地图（Малый драматический

театр, Maly Drama Theatre; www.mdt-dodin.ru; ul Rubinshteyna 18; ⓂVladimirskaya)也被称为欧洲剧院，马里是圣彼得堡最具国际声誉的剧院。它的总监Lev Dodin最著名的制作包括加长版的陀思妥耶夫斯基《恶魔》，以及契诃夫的*Play Without a Name*，两者都赢得了国际好评。它也是少数几个提供演出字幕的剧院之一。

购物

斯莫尔尼和利特尼的大部分地区是住宅，没有提供太多的购物选择，不过这两个区都极具艺术和文化氛围，从散布的画廊和书店中就可见一斑。涅夫斯基大街穿过丰坦卡河向东延伸至沃思塔尼亚广场，两侧林立着精品店，及两座巨大的购物中心。

TKACHI

购物中心

(Ткачи; www.tkachi.com; nab Obvodnogo kanala 60; ⓂObvodny Kanal)如果不是这家购物中心，城市的这个角落可能已经被人遗忘。Tkachi是一座由仓库改建而成的“创意空间”——一般来说，这在圣彼得堡意味着模糊带有艺术风格的小店和咖啡厅。首层可以买到礼物、服饰、自行车和电子产品，五层则是巨大的展览空间和餐厅。

OFF

二手

(www.offoffoff.ru; nab Obvodnogo kanala 60; ⏲正午至21:00; ⓂObvodny Kanal)在Tkachi的“文化空间”中，喜欢各式苏联配饰、复古夹克和二手服饰的人可以来到这片天堂。友好的店主会根据自己的理解为你推荐合理的搭配——从她个性的穿搭可以看出她精于此道。

PHONOTEKA

音乐

见442页地图(Фонотека; www.phonoteka.ru; ul Marata 28; ⏲10:00~22:00; ⓂMayakovskaya)这家酷店会让乐迷和影迷激动不已，这里出售各个年代的黑胶唱片(尤其是各种罕见的苏联碟)、世界各地的各式CD和精挑细选的电影、纪录片DVD，是购买俄罗斯电影的好地方。

ANGLIA

书店

见442页地图(nab reki Fontanki 30; ⏲周一至周五 10:00~20:00，周六 11:00起，周日 正午至19:00; ⓂGostiny Dvor)在圣彼得堡唯一的纯英语书店中，有大量当代文学、名著、字典、历史和旅游书籍。这里还主办小型艺术和摄影展览、组织读书活动，是外国人在圣彼得堡生活中必不可少的一部分。

WAGNER

古玩

见442页地图(Вагнер комиссионный магазин; ul Mayakovskogo 17; ⏲10:00~19:00; ⓂMayakovskaya)将这个地下室珍宝库称为古玩店有点过于慷慨——大部分存货都是车库甩卖水平，但也仍然有些非常酷的东西。如果努力寻找，从苏维埃厨房用品和电影海报到旧书和古董灯都会被你发现。

博雷艺术中心

艺术

见442页地图(Борей Артцентр, Borey Art Centre; www.borey.ru; Liteyny pr 58; ⏲周二至周六 正午至20:00; ⓂMayakovskaya)这家地下艺术画廊从未有过沉闷的时刻。在前面的房间中你会看到一些出售中的主流商品，在后面的房间里总能看到一些本地艺术家富有创造性的当代展览。这里的书店是全城最好的艺术和建筑书店。

SOL-ART

艺术

见442页地图(www.solartgallery.com; Solyanoy per 15; ⏲10:00~18:00; ⓂChernyshevskaya)位于装饰与应用艺术博物馆奢华的周边街区中，本店是购买本地当代艺术作品的好地方。

IMPERIAL PORCELAIN

家庭用品

(Императорский Фарфор; www.ipm.ru; pr Obukhovsky Oborony 151; ⏲10:00~20:00; ⓂLomonosovskaya)追溯到18世纪中叶，这家公司曾经为俄罗斯皇室制作茶具，曾经被称为Lomonosov China。如今，这家公司继续带来创新设计，其特点是用当代的元素演绎传统主题。虽然商品昂贵，但质量上乘，设计也十分精美。

其工厂店虽然位置较远，但提供折扣，价格远比市中心要便宜得多。要到达这里，走出地铁站后左转，沿着桥下走，到达河堤路后左转，你就会看到前面的工厂。

值得一游

皇家瓷器厂博物馆

作为埃尔米塔日博物馆的一个分支，一流的**皇家瓷器厂博物馆**(www.ipm.ru; pr Obukhovsky Oborony 151; 门票₽150; ⌚周一至周五 10:00~19:00; Ⓜ Lomonosovskaya)展出了该厂几个世纪以来生产的各种设计产品，因此吸引了大量对俄罗斯工艺品很感兴趣的游客。这里的展品丰富多样，从沙皇御用的定制晚餐服务到20世纪20年代创造的建构主义茶具，不一而足。博物馆里还有一个折扣瓷器店，同瓷器厂市中心店相比，在这里购物非常划算。

IMAGINE CLUB
音乐

见442页地图(www.imagine-club.com; ul Zhukovskogo 20; ⌚10:00~20:00)圣彼得堡最大的唱片店(我们说的唱片包括黑胶碟和CD)是购买优质俄罗斯音乐纪念品的好地方。

BAT NORTON
服装

见442页地图(www.batnorton.com; nab reki Fontanki 50; 10:00~19:00; Ⓜ Dostoevskaya)这个地方的街头服饰品牌的标语就是"俄罗斯制造"。其明亮、迷幻、俏皮的中性服饰深受年轻潮人的欢迎。

ART RE.FLEX
艺术

见442页地图(www.artreflex.ru; pr Bakunina 5; ⌚周四至周六 正午至19:00; Ⓜ Ploshchad Vosstaniya)这个与众不同的当代画廊展示不同年龄、不同风格和不同经验水平艺术家的作品。这里有绘画、图像设计和雕塑，突出了当代艺术最有趣的动向。

RUSSKAYA STARINA
古玩

见442页地图(Русская старина; ul Nekrasova 6; ⌚11:00~21:00，周日 正午开始营业; Ⓜ Mayakovskaya/Chernyshevskaya)这个迷人的地方是一座本地古玩、家具、绘画甚至各种奖牌和茶具、炊具的存储库，非常值得一来，自然随意的店内氛围也吸引着你前来随意浏览。

PARFIONOVA
服装、饰品

见442页地图(Парфёнова; www.parfionova.ru; Nevsky pr 51; ⌚正午至20:00; Ⓜ Mayakovskaya)20世纪90年代，Tatyana Parfionova是圣彼得堡第一家拥有自己服装店的女设计师，当时的新俄罗斯人对任何非米兰或巴黎的品牌嗤之以鼻。如今，这位本地名人在她位于涅夫斯基大街上的精品店中展示着她的作品，你可以买到她引人注目的素色成衣，以及著名的绯红色围巾。

TULA SAMOVARS
纪念品

见442页地图(Тульские самовары; www.samovary.ru; per Dzhambula 11; Ⓜ Zvenigorodskaya)俄罗斯几乎所有的茶炊(盛沸水的金属容器)都产自莫斯科南部的图拉镇。这个漂亮的展厅是在圣彼得堡买到正宗纪念品的地方。这里的茶炊大小各异，有的简单，有的精致，还有的镶嵌了宝石和其他装饰品。

库兹耐克尼市场
市场

见442页地图(Кузнечный рынок, Kuznechny Market; Kuznechny per 3; ⌚8:00~20:00; Ⓜ Vladimirskaya)全城最大的水果蔬菜市场给你带来色彩和气氛的奇妙体验：小贩让你免费试吃各种新鲜水果、自制酸奶油和香甜的蜂蜜。记住，一定要用力砍价——对方出价一般很高，特别是当他们知道你不是俄罗斯人的时候。

GALERIA
购物中心

见442页地图(Галерия; www.galeria.spb.ru; Ligovsky pr 30a; ⌚10:00~23:00; Ⓜ Ploshchad Vosstaniya)这个非凡的地方彻底改变了圣彼得堡的购物体验——这里的商店数量大概和全城其他地方的总数相当。300多家店面(包括H&M、Gap、Marks&Spencer和Zara)分布在5层大楼中，绝对是可以满足你全部需求的一站式购物中心。

涅夫斯基购物中心 购物中心

见442页地图(Невский Центр, Nevsky Centre; www.nevskycentre.ru; Nevsky pr 112; ⌚10:00~23:00; Ⓜ Ploshchad Vosstaniya)涅夫斯基购物中心是市中心一座时尚的多楼层购物中心,70多家店分布在7个楼层,其中包括圣彼得堡最大的百货商店Stockmann及其优质的地下超市Stockmann。此外,这里还有一座美食广场和许多独立的时尚商店。

NEVSKY 152 时尚

见442页地图(www.nevsky152.ru; Nevsky pr 152; ⌚正午至20:00)这家一站式的"概念商店"汇集了圣彼得堡的国际时尚品牌,从身穿制服的门卫就能看出档次。可以来这里逛逛香奈儿、芬迪和阿玛尼等精品店。

AUCHAN 大卖场

(Ашан; www.auchan.ru; ul Borovaya 47; ⌚8:30~23:00; Ⓜ Obvodny Kanal)如果你想买的东西在其他地方都找不到,可以试试这家位置便利的超级大卖场,它就坐落在Obvodny Kanal地铁站附近。这里囊括食品、服装、家居用品等。

IMPERIAL PORCELAIN 家庭用品

见442页地图(Императорский Фарфор; www.ipm.ru; Vladimirsky pr 7; ⌚10:00~20:00; Ⓜ Vladimirskaya)这座位于市中心的商店位置便利,瓷器来自曾为罗曼诺夫家族制作茶具的著名瓷器厂。如果想找到折扣,可以去工厂店(见275页),那里的价格要便宜得多。另一家**市内分店**(见442页地图; Nevsky pr 160; ⌚10:00~21:00; Ⓜ Ploshchad Vosstaniya)在沃思塔尼亚广场的另一侧。

RUSSKY LYON 亚麻

见442页地图(Русский лён; Pushkinskaya ul 3; ⌚11:00~20:00; Ⓜ Ploshchad Vosstaniya)俄罗斯拥有生产精细亚麻的悠久传统。这家小型连锁店在全城有5家分店,出售用优质亚麻布制成的餐桌用品和时尚产品,设计兼具现代及传统风格。

运动和活动

MYTNINSKIYE BANI 俄罗斯浴

见442页地图(Мытнинские бани; www.mybanya.spb.ru; Mytninskaya ul 17-19; 每小时₽100~200; ⌚周五至周二 8:00~22:00; Ⓜ Ploshchad Vosstaniya)圣彼得堡独一无二的Mytninskiye bani使用木炉加热,就像俄罗斯农村仍能见到的小木屋浴室一样。这座浴室其实是城市最古老的公共banya(热水浴),除了一座parilka(蒸汽房)和水池外,私人豪华浴室还有一处休息区,设有真皮家具和台球桌。

DEGTYARNIYE BATHS 俄罗斯浴

见442页地图(Дегтярные бани; www.d1a.ru; Degtyarnaya ul 1a; 每小时₽400~1425; ⌚8:30~22:00; Ⓜ Ploshchad Vosstaniya)这座现代浴室分为男女混合区、男士区和女士区,你也可以预订豪华水平不同的私人混浴。这些服务很受欢迎,所以需要提前预订。这里说英语,网站上也提供有用的英语指南。

SKATPROKAT 骑车

见442页地图(☎812-717 6838; www.skatprokat.ru; Goncharnaya ul 7; 每天₽400起; ⌚11:00~20:00; Ⓜ Ploshchad Vosstaniya)这里出租的自行车包括全新的俄罗斯斯塔克山地自行车。每辆自行车的抵押物是₽2000加护照,或₽7000。如果想在市内多做停留,这里也出售二手自行车并提供修理。周六日早上还提供精彩的自行车城市游。

瓦西里岛

区域亮点

❶ 在历史悠久的**斯特列尔卡**（见282页）欣赏城市最美丽的景色，这片土地冠绝瓦西里岛，节庆时海神柱在这里点燃。

❷ 在令人毛骨悚然的**珍品陈列馆**（见280页）探索彼得大帝的私人怪胎解剖藏品。

❸ 参观圣彼得堡最棒的现代艺术博物馆——雄伟的**艾拉尔塔当代艺术博物馆**（见281页）。

❹ 拜访圣彼得堡的第一座石头建筑——迷人的**缅希科夫宫**（见282页）。

❺ 登上退役的**"克拉辛号"破冰船**（见283页），聆听苏联探索北极的动人故事。

这一区域的更多细节见452页地图

探索瓦西里岛

彼得大帝原本打算将这个三角形的岛屿建造为城市的心脏。因此，这里是圣彼得堡最古老的社区之一，尤其是被称为“斯特列尔卡”（意为陆地之舌）的最东端，那里挤满了学院、博物馆，还有圣彼得堡国立大学庞大的校园。

斯特列尔卡之外，这座岛屿是一个有序的居住区，宽阔的马路呈网格式分布，到处都是商店、餐厅和咖啡馆。这里可以让你快捷通达市中心，还有多样的美食选择，是旅行者舒适的大本营。

岛的北端和西端是偏远的后工业区，那里的城市渡轮码头和LenExpo展览中心与周围的环境格格不入。但在过去的几年间，这里也经历了重生，梦幻般的艾拉尔塔当代艺术博物馆的建成为这个地区吸引来好奇的游客。

当地生活

➡ **桥梁警示** 如果你住在瓦西里岛上，要记住，夏季时大桥会在夜晚升起，无法通行。Dvortsovy桥几乎整晚高悬（1:25~4:50），但报喜桥2:45~3:10会短暂落下，允许通过。

➡ **酷街** 在6-ya、7-ya liniya和当地人打成一片。这里是瓦西里岛上的主要步行街和商业街，遍布咖啡馆、酒吧、餐厅和商店。可以到这里来逃离斯特列尔卡的大批游客。

到达和离开

➡ **地铁** 瓦西里岛有两个主要的地铁站，都在3号线上。目前最有用的是Vasileostrovskaya站，位于岛中心。Primorskaya站位于岛屿偏僻的西北角。

➡ **公共汽车** 7路公共汽车连接Primorskaya站和沃思塔尼亚广场，经过Nalichnaya ul、Bolshoy pr和涅夫斯基大街。无轨电车10路和11路运营相似的路线。

➡ **小巴** 从Vasileostrovskaya地铁站出发，下列小巴（固定路线巴士）可以到达Sredny pr最远端：K30、K44、K62和K120。

独家贴士

这个建议听上去有些疯狂，但请相信我们。如果要在高峰时间从市中心出发前往Vasileostrovskaya站，一定要乘坐最后一个车厢（列车最后面的一节），因为到站后，这节车厢离自动扶梯最近。这座繁忙车站的站台上总是挤满了人，如果不知道这个小窍门，需要等几分钟才能上电梯。

最佳餐厅

➡ Restoran（见286页）

➡ Na Kukhnye（见286页）

➡ Buter Brodsky（见286页）

➡ Casa del Myaso（见286页）

➡ Gintarus（见286页）

详细介绍见284页 ➡

最佳饮品

➡ Buter Brodsky（见287页）

➡ Helsinki Bar（见287页）

➡ Birzha Bar（见287页）

➡ Brúgge（见287页）

➡ Grad Petrov（见287页）

详细介绍见287页 ➡

最佳博物馆

➡ 艾拉尔塔当代艺术画廊和博物馆（见281页）

➡ 珍品陈列馆（见280页）

➡ 动物学博物馆（见282页）

➡ 缅希科夫宫（见282页）

详细介绍见280页 ➡

视觉中国 提供

重要景点
珍品陈列馆

珍品陈列馆(Kunstkamera)也被称为民族学与人类学博物馆(Museum of Ethnology and Anthropology),是圣彼得堡第一座博物馆,于1714年由彼得亲自创建,以其恐怖的收藏而闻名。彼得收藏了这些展品,用来教育迷信的俄罗斯人。

瓶中婴儿

彼得想要证明畸形不是巫术的结果,而是由于"母亲在怀孕时遭受内部损害或恐惧"而造成的——这是一个稍稍开明的看法。这个神秘的地方是圣彼得堡的主要景点,不过不太适合胆小的人。在带孩子来这里之前请三思,如果怀孕了也应尽量远离珍品陈列馆。

其他展品

著名的瓶中婴儿只占了巨大收藏的一小部分,这里还有其他奇妙、粗俗的透视模型,展现了来自世界各地的罕见展品和文化风俗。博物馆的第三层是博学者米哈伊尔·罗蒙诺索夫(Mikhail Lomonosov)的展览,展览对他的书房实验室进行了复原。博物馆顶层仅对导览游(英语讲解,不超过4人 ₽2700,提前电话预订)开放,这里有将旋转的地球和天象仪合为一体的伟大的郭托普地球仪。

不要错过

- 穿山甲标本
- 暹罗双胞胎骨架
- 郭托普地球仪
- 巨人布儒瓦骨架

实用信息

- Кунсткамера
- 见452页地图
- www.kunstkamera.ru
- Tamozhenny per
- 成人/儿童 ₽250/50
- 周二至周日 11:00~19:00
- Ⓜ Admiralteyskaya

视觉中国 提供

重要景点

艾拉尔塔当代艺术画廊和博物馆

这座美妙的当代艺术博物馆仅凭自身的魅力就令瓦西里岛成为旅行目的地。于2010年开放的博物馆由一幢新古典主义斯大林式建筑改建而成，一共五层，重头戏是由20世纪50年代到现在的2000多件俄罗斯艺术藏品组成的永久展览。这里还有不错的餐厅和咖啡馆。

永久收藏

永久展品是对过去半个世纪俄罗斯艺术的完美呈现，并重点突出了苏联时代的地下艺术。展品的呈现也极其精致优美。博物馆计划继续为不断增加的永久馆藏进行扩建。

艾拉尔塔画廊

这座博物馆一个非同寻常的特点就是在同一座建筑中还包括了几层商业化画廊，展出的作品可以购买。作品包括俄罗斯艺术家的当代装置、绘画、视频艺术和雕塑，值得一看。门票可以让你参观全部永久收藏和临时展览的前三层，但再往上的展览每处收费₽150。

导览游和互动设备

博物馆提供了优质的英文导览游（一个团队 ₽3000，最多20人，需要购买博物馆门票），可以通过excursion@erarta.com提前预订。这里还提供几处每个15分钟左右的视听互动体验“U Space Installations”（5人以内 ₽200）。

不要错过

- *A Plank Bed*, Savely Lapitsky
- *USSR*, Yegeny Sarasov

实用信息

- Музей современного искусства Эрарта
- 见452页地图
- www.erarta.com
- 29-ya Liniya 2
- 成人/21岁以下 ₽450/300
- ⌚周三至周一 10:00~22:00
- Ⓜ从Vasileostrovskaya地铁出站后在马路对面乘坐6路、7路公共汽车，或10路、11路无轨电车

景点

珍品陈列馆
博物馆

见280页。

艾拉尔塔当代艺术博物馆
博物馆

见281页。

斯特列尔卡
地标

见452页地图（Strelka）这里是瓦西里岛上最古老的地区，彼得大帝曾计划在东侧的这一角建立新城市的行政和学术中心。实际上，斯特列尔卡是圣彼得堡的海上贸易重镇，有柱廊的海关大楼（现普希金研究院）就是其象征。两根海神柱——圣彼得堡本土地标——在船首前伫立，4尊坐像代表了俄罗斯的四条大河：涅瓦河、伏尔加河、第聂伯河（the Dnieper）及沃尔霍夫河（the Volkhov）。

海神柱曾是19世纪的燃油导航灯塔，现在的燃气火炬依然会在一些节日时点燃，场景壮观。斯特列尔卡能够欣赏到全城最美的景色，彼得和保罗堡垒在左侧，右侧则是埃尔米塔日、海军部大楼和圣伊萨大教堂。

动物学博物馆
博物馆

见452页地图（Зоологический музей; www.zin.ru; Universitetskaya nab 1; 成人/学生 ₽200/70，周四 免费；⊙周三至周一 11:00~18:00；Ⓜ Admiralteyskaya）作为世界上同类博物馆中最大、最好的之一，动物学博物馆成立于1832年，这里有一些非常惊人的展品，比如第一个展厅里巨大的蓝鲸骨架。博物馆的亮点显然是那只1902年从西伯利亚寒冰中解冻的44,000岁的猛犸象。当然这里的另外三只猛犸象——包括一只象宝宝也是令人难以置信的展品。

除了来自世界各地的多种多样的动物藏品外，你还可以在楼上看到成千上万按类别分类的昆虫，以及一座深受孩子们喜爱的活**昆虫乐园**（成人/学生 ₽100/50）。

十二书院
大学

见452页地图（Двенадцать коллегий, Twelve Colleges; Mendeleevskaya liniya 2; Ⓜ Vasileostrovskaya）建成于1744年的十二书院，以科学家、诗人米哈伊尔·罗蒙诺索夫（Mikhail Lo-monosov，1711~1765年）的雕塑为标志。400米长的十二书院是圣彼得堡最古老的建筑之一。它最初是彼得的政府部门，但后来成为它身后的大学的一部分。院墙中，民粹主义哲学家尼古拉·车尔尼雪夫斯基（Nikolai Cher-nyshevsky）曾在这里学习，亚历山大·波波夫（Alexander Popov）发明了无线电波，年轻的弗拉基米尔·普京在这里获得了法学学位。

也是在这里，德米特里·门捷列夫（Dmitry Mendeleev）发表了元素周期表。大楼中就有一座小型的**门捷列夫博物馆**（Mendeleev Museum，见452页地图；Mendeleevskaya liniya 2; ⊙周一至周五 11:00~15:00）免费。他舒适的书房被完好保存下来，你可以看到他的书桌（他总是在这里站着而非坐着）和元素周期表的早期草稿。

另一个有趣的地方是**大学雕塑公园**（University Sculpture Garden，见452页地图；Universitetskaya nab 11; ⊙8:00~17:00; Ⓜ Admiralteyskaya）免费，从这里的大门可以进入，大学语言学学院也有入口。这里有不同艺术家创作的异想天开的雕塑收藏，包括毫不相干的胡志明塑像、弗拉基米尔·纳博科夫（Vladimir Nabokov）雕像和托马斯·马萨里克（Tomáš Masaryk）雕像。进入时需要出示护照。

缅希科夫宫
博物馆

见452页地图（Государственный Эрмитаж-Дворец Меншикова, Menshikov Palace; www.hermitagemuseum.org; Universitetskaya nab 15; 门票 ₽100; ⊙周二至周六 10:30~18:00，周日 至17:00; Ⓜ Vasileostrovskaya）圣彼得堡的第一座石头建筑——缅希科夫宫的建造迎合了彼得大帝的密友、圣彼得堡第一任长官亚历山大·缅希科夫大公（Prince Alexander Menshikov）对宏伟建筑的喜好。现在这里是埃尔米塔日博物馆的分支，尽管宫殿只有一小部分对游人开放，但完美复原的内部装潢值得前来一看。

缅希科夫虽然出身卑微（据说童年时他曾在莫斯科的街头卖馅饼），但凭借组织能力和才华，他在1725年彼得去世后成为俄罗斯帝国第二重要的人物。他的宫殿建造于1710~1714年，是当时全圣彼得堡最漂亮的住宅（与彼得大帝河对岸小小的夏宫相比）。彼得曾经把政府职能部门安排在这里，宫殿的内饰也是全城最古老且保存最完好的。

一层用精致的荷兰瓷砖装饰，用来防止潮气进入房间从而加重缅希科夫的结核病。家具原件和缅希科夫的个人物品也在陈列中。每一个房间都有英文资料页介绍其历史。

宫殿最重要的房间是宏伟的大宴会厅，舞会和晚宴都在这里举行。这里还举行过臭名昭著的彼得的侏儒婚礼：彼得和宫廷成员从全俄罗斯找来70多个矮人参加彼得最喜欢的一位侏儒的婚礼以及随后的醉酒派对。

艺术学院博物馆

博物馆

见452页地图（Музей Академии Художеств, Academy of Arts Museum; www.nimrah.ru; Universitetskaya nab 17; 成人/学生 ₽300/150, 照相 ₽500; ⏲周三至周日 11:00~19:00; Ⓜ Vasileostrovskaya）两座有着3500年历史的斯芬克斯像守卫着俄罗斯艺术学院博物馆的大门，艺术爱好者不要错过这座历经时间考验的学院博物馆——这里收集了1857年建校以来的师生作品。

博物馆就位于艺术学院的原址上，男生5岁入校，在这里学习直到15岁毕业。这是一个试验，人们计划借此打造一种新型人类——艺术家。大多数时候，试验是成功的。很多伟大的俄罗斯艺术家都在这里接受过教育，包括伊利亚·列宾（Ilya Repin）、卡尔·布留洛夫（Karl Bryullov）和安东·罗申科（Anton Losenko）。但学院的宗旨是艺术家必须服务于国家，这种保守主义招来了一些人的反对。1863年，14名学生离开这里，成立了巡回展览画派（Peredvizhniki），掀起了俄罗斯艺术革命。

尽管如此，艺术学院仍然不乏值得炫耀的成就，包括学院成员的各种研究、艺术和绘画。三楼陈列了原版的斯莫尔尼大教堂、圣伊萨大教堂和亚历山大·涅夫斯基修道院的模型。进入大门后从左侧楼梯上二楼可以购票。

圣母升天庙堂

教堂

见452页地图（Успенское подворье монастыря Оптина пустынь, Temple of the Assumption; nab Leytenanta Shmidta与14-ya liniya交叉路口; ⏲8:00~20:00; Ⓜ Vasileostrovskaya）**免费** 这座精美的新拜占庭式教堂由建筑师瓦西里·科夏科夫（Vasily Kosyakov）设计，于1895年在一座修道院的原址上建造。教堂在苏联时代关闭，自1957年起，这里成了这座城市第一个最受欢迎的全年溜冰场。屋顶上7.7米长、861千克重的金属十字架是1998年更换的。经过精心装潢后，教堂再次焕发生机。一定要走进去看一看内部挂满的壁画和圣像。

C-189潜水艇博物馆

博物馆

（Музей подводной лодки С-189, C-189 Submarine Museum; ☎8-904-613 7099; www.museum-s-189.ru; nab Leytenanta Shmidta与16-ya liniya交叉路口; 成人/学生 ₽300/200; ⏲周三至周日 11:00~19:00; 👨‍👧; Ⓜ Vasileostrovskaya）这艘W级（Whiskey Class）潜艇建于1954年，令人难以置信地在苏联海军服役到1990年。潜艇已经经过装修、重新上漆，如果旁边的施密特中尉客运码头（Lieutenant Schmidt Passenger Terminal）没有停靠大型游轮的话，还可以进入潜艇参观。

进入潜艇内部后，你可以看到狭窄的生活区和机舱，透过仍然可以使用的潜望镜，还能够看到装载和发射鱼雷的地方。

"克拉辛号"破冰船

博物馆

见452页地图（Ледокол Красин, Icebreaker Krasin; www.krassin.ru; nab Leytenanta Shmita与23-ya liniya交叉路口; 成人/学生 ₽300/150, 照相 ₽300; ⏲周三至周日 10:00~18:00; Ⓜ Vasileostrovskaya）"克拉辛号"建造于1917年，其背后的故事和20世纪历史一样动荡。这艘北极破冰船在1971年退役，现在可以通过导览游参观，11:00~17:00每小时发团。英语和法语导览需要提前电话预订。周六和周日13:00~15:00提供机舱的特别参观（仅限14岁以上）。

"克拉辛号"在1918年被英国俘获，两年后返回苏联，它在漫长的职业生涯中执行了大量的北极任务和救援。

"人民意志号"D-2潜水艇博物馆

博物馆

见452页地图（Музей подводной лодки Д-2 Народоволец, People's Will D-2 Submarine Museum; Shkipersky protok 10; 成人/学生 ₽350/200, 照相 ₽100; ⏲周三至周日 11:00~17:00; Ⓜ Primorskaya）"人民意志号"（Narodovolets）D-2潜艇是苏联最早建成的六艘柴油动力潜艇之一，完好地保存在这座专门为它建造的博物馆中。潜艇曾在1931~1956年参与行动，并在“二战”期间击沉5艘德国船只。今天，你可以漫步在潜水艇保存完好（但完全过时）的船舱内，看看它的设备和武器。这里还有一间小博物馆，收藏照片、模型和包括命运多舛的库尔斯克号在内的其他潜艇的绘画。

城市电力交通博物馆 博物馆

见452页地图（Городской музей электронного транспорта，City Electrical Transport Museum；☎812-321 9891；Sredny pr 77；门票₽260；⊙周二至周日 10:00~17:00；Ⓜ Vasileostrovskaya）如果你喜欢圣彼得堡的电车和无轨电车，就一定要来参观这个博物馆，不过从20世纪初到现在的机器收藏只能通过俄语导览游（包含在门票中）参观。1.5小时导览的出发时间是周二至周日10:00、11:30、14:00和16:00。博物馆还提供环绕城市的复古电车旅行（₽130，2小时），11:30和14:00从博物馆外的马路边出发。

地质博物馆 博物馆

见452页地图（Геологический музей，Geological Museum；Sredny pr 74；⊙周一至周五 10:00~16:00；Ⓜ Vasileostrovskaya）免费 位于全俄地质科学研究所的楼上，这个巨大的博物馆包含数千块化石、岩石和宝石。博物馆的中心是一幅由珍贵宝石制作的巨大的苏联地图，它在1937年赢得了巴黎世界博览会大奖。进入大楼后，使用内部电话拨打7446，然后说你要参观博物馆（“ya hachoo pasyeteet moozáy”），会有人把你带进去。

地铁博物馆 博物馆

见452页地图（Музей метро，Metro Museum；www.metro.spb.ru/muzei.html；ul Odoevskogo 29；⊙周一至周四 10:00至正午和13:00~17:00，周五至15:00；Ⓜ Primorskaya）免费 要参观这个小而有趣的博物馆需要带上护照，这里讲述了圣彼得堡地铁的历史。遗憾的是，博物馆没有英语标牌，所以只有地铁爱好者能够享受其中，不过这里有些不错的设计，比如，带你在不同楼层间穿梭的地铁扶梯，以及一列可以自己“驾驶”的地铁列车。

到达后直接到入口大厅角落里的通行证办公室领取通行证，才能进入地铁总部。

普希金研究院 博物馆

见452页地图（Дом Пушкина，Pushkin House；☎812-328 0502；www.pushkinskijdom.ru；nab Makarova 4；成人/学生 ₽300/150，导览游 ₽1400；⊙周一至周五 11:00~17:00；Ⓜ Vasileostrovskaya）上方耸立着雕像和穹顶的老海关大楼是俄罗斯文学研究院的所在之处。这座建筑也被人们亲切地称为普希金研究院。馆中关于托尔斯泰、果戈理、莱蒙托夫和图格涅夫的展览已落尘埃，有一间房间专门展现白银时代的作家。英语导览需要提前电话预订。

就餐

瓦西里岛为挑剔的食客提供了很多不错的选择。斯特列尔卡附近和Vasileostrovskaya地铁站周边有一些好地方。

MARKETPLACE 餐厅 €

见452页地图（www.market-place.me；7-ya liniya 34/2；主菜 ₽100；⊙8:30~23:00；；Ⓜ Vasileostrovskaya）这家连锁自助食堂风格的餐厅在瓦西里岛的商业区有一家受欢迎的分店。干净漂亮、光照充足的就餐区，各种物美价廉的沙拉、汤、肉菜和甜点以及友好的服务让这个地方无可挑剔，成为学生和喜欢经济午餐的食客的天堂。楼下还有一家咖啡馆。

CARDAMOM 印度菜 €

见452页地图（Кардамон；www.cardamom-bar.ru；1-ya liniya 18；主菜 ₽250~500；⊙正午至23:00；；Ⓜ Vasileostrovskaya）乏善可陈的装潢可能无法令你对这家印度餐厅立即产生兴趣，不过它在本地人及印度侨民间的人气可以说明一切。说英语的老板会让你感到宾至如归，而精选的美味干锅菜（baltis）、咖喱肉（vindaloos）、锅子炖菜（kadhai，类似baltis）及印度炒饭（biriyanis）也令人印象深刻。

IMPERATOR RESTAURANT 东欧菜 €

见450页地图（Ресторан Император；

步行游览
瓦西里岛

起点 斯特列尔卡（Ⓜ ADMIRALTEYSKAYA）
终点 6-YA LINIYA I 7-YA LINIYA（Ⓜ VASILEOSTROVSKAYA）
距离 2公里，2小时

位于瓦西里岛东端的❶**斯特列尔卡**（见282页）拥有无与伦比的美景，远眺过去便是彼得和保罗堡垒、埃尔米塔日、海军部大楼、圣伊萨大教堂以及新景色：涅瓦河中的喷泉。

❷**珍品陈列馆**（见280页）是俄罗斯第一座博物馆，由彼得建立，旨在消除人们对疾病的迷信。陈列馆中的畸形胎儿和动物藏品引人瞩目，但也有些令人不安。珍品陈列馆隔壁是同样精彩的❸**动物学博物馆**（见282页）。

1722年，多明尼哥·特列辛尼（Domenico Trezzini）建造了宏伟的❹**十二书院**（见282页），如今成了圣彼得堡国立大学。彼得大帝将自己的行政机构设立在这里。每个部门的单独入口象征了它们的独立性，统一的外立面又突显了它们一致的目标。现在这也是大学的一部分，里面坐落着❺**门捷列夫博物馆**（见282页）。这座建筑物身后，有一座美丽的校园植物园，陈列着光怪陆离的雕塑藏品。

彼得先把整座瓦西里岛送给他最好的朋友缅希科夫大公，后者在涅瓦河北岸建起了雄伟的❻**缅希科夫宫**（见282页）。缅希科夫卑微的出身让他对华丽的风格情有独钟，宫殿内饰也是全城保存最完好的彼得时代装潢。

❼**艺术学院博物馆**（见283页）保存了250年来的艺术表达，这里举办学院师生的艺术作品以及一些当代展览。一座美丽的旧图书馆对来访学者开放。

适合行人漫步的❽**6-ya liniya i 7-ya liniya**是全城最舒适的地方之一，可以坐在街边的咖啡馆中，看世界从身边匆匆经过。在前去品尝咖啡店的美食之前，别忘了去拜访迷人的圣安德鲁教堂（Church of St Andrew）。

Universitetskaya nab 5; 主菜 ₽200~500; ⏲11:00~23:00; 📶🅔; Ⓜ Admiralteyskaya)与附近昂贵的竞争者比起来，这里的价格非常划算。参观斯特列尔卡的博物馆时，在这里吃午餐很方便。菜单上多为肉菜，有俄罗斯、东欧和高加索式的做法。餐厅提供物有所值的₽200商务午餐(正午至16:00)。再加上舒适的夏季露台，附近的赢家非它莫属。

★RESTORAN

俄罗斯菜 €€

见452页地图(Ресторанъ; www.elbagroup.ru/restoran; Tamozhenny per 2; 主菜 ₽500~1000; ⏲正午至23:00; 📶🅔; Ⓜ Admiralteyskaya)经过15年的经营，这家优秀的餐馆依然生意兴隆。时尚、通风又明亮的Restoran兼具正式和休闲的格调。菜单结合了俄式大餐的精华，并加入了现代元素，令菜肴保持趣味性。可以尝试苹果烤鸭子或白酒香草烤全鲟鱼。

冬季，这里炉火暖暖，夏天时厚厚的石墙令餐厅成为远离酷暑的绿洲。不要错过精致的拿破仑甜点以及精选高品质俄罗斯葡萄酒。

★NA KUKHNYE

欧洲菜 €€

见452页地图(На Кухне; ☎812-321 3806; nab Leytenanta Shmidta 43; 主菜 ₽300~700; Ⓜ Vasileostrovskaya)这个独具创意的地方只有七张桌子，粉刷一新的房间沐浴在阳光中。令人印象深刻的手写菜单列出了特色有机食品，其中包括白蘑菇烩饭、海鲈鱼配芦笋及奶油沙司。烹饪课程每天19:00开始(₽750)，提前预约可以提供英语授课。

实际上，客人可以随时来到这里亲手烹饪任何一道菜肴，收费不高。大厨在开放式厨房里监督你烹饪，你也可以获得在专业环境中尝试烹饪技巧的独特机会。

BUTER BRODSKY

欧洲菜 €€

见452页地图(Бутер Бродский; www.bbbar.su; nab Makarova 16; 主菜 ₽450~750; 📶; Ⓜ Vasileostrovskaya)正当你以为不去拜访约瑟夫·布罗茨基(Josef Brodsky)主题餐厅也无所谓的时候，另一家布罗茨基出现了(餐厅的名字在俄语中的意思是文字游戏，发音与俄语中的三明治“buterbrod”相似)。这家超级时尚的餐厅为瓦西里岛的美食圈增加了风景。菜单包括单片三明治(smørrebrød)及各种沙拉和汤品的固定套餐。

最酷的莫过于餐厅装潢：布罗茨基轮廓分明的画像从破损的老墙上望着你，而建筑中的历史元素也得到了保护，并被融合到了设计之中。破旧别致风从未如此美丽，只卖₽250的单片三明治也肯定能让你享受一顿物超所值的午餐。

GINTARUS

立陶宛菜 €€

见452页地图(Sredny pr 5; 主菜 ₽350~1000; 📶🅔; Ⓜ Vasileostrovskaya)暗色木材打造华丽的装潢和亲切的居家感，让这个立陶宛餐厅成为享用有趣美味的好地方。尝一尝美味的齐柏林飞艇(zeppelins，填充了各种馅料的土豆饺子)，如果立陶宛美食不够让人垂涎欲滴，就试试其他各色菜品，比如美味的汤和各种烤肉。

GRAD PETROV

德国菜 €€

见452页地图(Градъ Петровъ; www.die-kneipe.ru; Univesitetskaya nab 5; 主菜 ₽500~1200; ⏲正午至次日1:00; 📶🅔; Ⓜ Admiralteyskaya)此处是一家经典的德国餐厅，菜单可观，装潢舒适。餐厅有一间单独的酒吧，你可以品尝到自酿的皮尔森和小麦啤酒，菜单上则基本是肉类，香肠尤多。

看看自己能否解决一米长、搭配着洋葱酱和红白菜的图灵根香肠。也可以免费参观这里的精酿啤酒厂，周三至周六20:00后还有现场音乐。

SAKARTVELO

格鲁吉亚菜 €€

见452页地图(Сакартвело; 12-ya liniya 13; 主菜 ₽300~750; 📶🅔; Ⓜ Vasileostrovskaya)这是瓦西里岛上最好的格鲁吉亚餐厅——位于居民区后街，氛围友好，随时提供奢华高加索大餐，大多数晚上还有现场音乐表演。

CASA DEL MYASO

牛排馆 €€€

见452页地图(Каса-дель Мясо; www.we-love-meat.ru; Birzhevoy pr 6; 主菜 ₽700~2200; 📶🅔; Ⓜ Admiralteyskaya)这是圣彼得堡最好的牛排馆，在这里，保证可以大口吃肉。尝尝赢得了Time Out圣彼得堡最佳汉堡奖的罗西尼汉堡(Rossini Burger)，或者从多种牛排

中选择一款。这个半地下时尚砖墙餐厅本身是另一个加分点。

饮品和夜生活

BUTER BRODSKY
酒吧

见452页地图（www.bbbar.su; nab Makarova 16; 正午至午夜; ; Vasileostrovskaya）这家超级时髦且设计精美的酒吧向本地诗人约瑟夫·布罗茨基致敬，也是岛上最酷的酒吧。除了完整的鸡尾酒单、葡萄酒单和非酒精饮料外，这里还提供一系列自酿烈酒和药酒。

HELSINKI BAR
酒吧

见452页地图（www.helsinkibar.ru; Kadetskaya liniya 31; 正午至次日2:00，周六和周日 至次日6:00; ; Vasileostrovskaya）在圣彼得堡的核心地带感受邻国芬兰的风情，Helsinki是岛上另一处喝酒的好地方。这里走复古风，DJ玩转黑胶碟，20世纪70年代的芬兰广告挂在墙上，有复古家居和芬兰家常菜。如果你住在岛上，这家酒吧是绝佳的深夜选择，不用担心大桥升起的时间。

BIRZHA BAR
酒吧

见452页地图（Биржа Бар; 931-340 2299; www.birjabar.ru; Birzhevoy per 4; 正午至15:00; ; Vasileostrovskaya）两张描绘吉姆·莫里森（Jim Morrison）的装饰画醒目地挂在墙上，DJ在这家酷炫宽敞的酒吧里打碟，偶尔还会举办演唱会和单口喜剧之夜。8种桶装啤酒定会让你保持心情愉悦。

BRÚGGE
小酒馆

见452页地图（www.inbrugge.ru; nab Makarova 22; 正午至次日2:00; ; Vasileostrovskaya）这个地下空间令人愉快，凭借自在的真皮软座、舒适的酒吧落座区和20多种比利时桶装啤酒赢得了顾客。这里的菜单也很精彩，提供新鲜的白海牡蛎、法式生蚝和肉类主菜。

GRAD PETROV
自酿啤酒厂

见452页地图（www.die-kneipe.ru; Universitetskaya nab 5; 正午到顾客散尽; Vasileostrovskaya）鲜酿拉格尔、小麦啤酒、皮尔森、深色啤和酵母小麦啤足以成为驻足瓦西里岛上这家高档精酿酒厂的理由。更棒的是，户外餐桌还能够享受到涅瓦河对岸圣伊萨大教堂和海军部大楼的绝美景色。

BOOTLEGGER'S
酒吧

见452页地图（www.bootleggers-spb.com; Birzhevoy proezd 2; 周日至周四 正午至23:00，周五和周六 至次日3:00; ; Vasileostrovskaya）拱形天花板和当代家具令这个酒吧成为方便的休闲场所，这里有啤酒（11种桶装啤酒）、威士忌（70个品牌）和其他酒精饮料，搭配各种比萨和欧式菜肴。DJ和现场音乐也是加分点。

娱乐

科里奥奇现代艺术中心
艺术中心

见452页地图（Kuryokhin Modern Art Centre; 812-322 0094; www.kuryokhin.net; 93 Sredny pr; Vasileostrovskaya，之后从马路对面乘坐6路、7路汽车，或10路、11路无轨电车）这家文化中心在一座老旧却颇具风格的电影院中，得名于俄罗斯现代艺术和音乐传奇人物谢尔盖·科里奥奇（Sergey Kuryokhin，1954～1996年）。每年5月，这里会举行国际音乐及艺术节SKIF，其他先锋前卫的表演和展览全年在这里上演。

艺术中心计划进行大规模翻新，场馆面积增加一倍，不过电影院会保持原貌。

购物

艾拉尔塔
艺术

见452页地图（Эрарта; www.erarta.com; 29-aya liniya 2; 周三至周一 10:00～22:00; Vasileostrovskaya，之后从马路对面乘坐6路、7路汽车，或10路、11路无轨电车）华丽的艾拉尔塔当代艺术博物馆中有几家出色的礼品商店、一家藏书丰富的艺术书店和出售艺术品的商业画廊。这里绝对是购买当代俄罗斯艺术品和富有创意的独特礼品的最佳地点。

彼得格勒和维堡

彼得格勒斯基岛 | 基洛夫斯基群岛 | 维堡

区域亮点

❶ 拜访罗曼诺夫墓地，爬上钟楼欣赏让人惊艳的景色，享受散落在**彼得和保罗堡垒**（见290页）周边的各种博物馆和展览。

❷ 在**埃尔米塔日博物馆藏品保存库**（见296页）探寻世界顶级博物馆的幕后故事。

❸ 在绿树成荫的**叶拉金岛**（见296页）上度过轻松的一天，这里是散步、野餐、划船和晒日光浴的完美去处。

❹ 在**街头艺术博物馆**（见298页）和**红旗纺织厂**（见293页）感受令人眼花缭乱的工业创造力。

❺ 绕道去欣赏全城内部装潢最美的教堂之一——历史悠久的**桑普森吉甫斯基大教堂**（见297页）。

这一区域的更多细节见450页地图

探索彼得格勒和维堡

彼得的城市起源于彼得格勒，这个迷人的区域中林立着各式历史遗迹、令人惊叹的现代风格建筑和几座伟大的现场音乐场馆。这一区域还包括小小的兔子岛，那里坐落着圣彼得堡最古老的建筑群：彼得和保罗堡垒。基洛夫斯基群岛[叶拉金岛、克列斯托夫斯基岛（Krestovsky）及卡缅内岛（Kamenny）]也在这一区的范围中，这三座迷人的岛上郁郁葱葱，大多是公园和休闲区。

岛北侧、涅瓦河右岸的维堡是工业区域，大规模住宅区从芬兰湾一直延伸至涅瓦河东的奥赫塔，那里的河道环绕着斯莫尔尼大教堂和亚历山大·涅夫斯基修道院。主要景点较为分散，但值得前往，比如埃尔米塔日博物馆藏品保存库、新建的街头艺术博物馆以及圣彼得堡最好的浴室。

当地生活

➡ **公园** 如果天气好，可以跟着当地人一起前往基洛夫斯基群岛，坐游乐场过山车、划船、晒日光浴或骑自行车穿过树林——只需从市中心乘坐3站地铁，就能够逃离都市喧嚣。

➡ **街头艺术** 到已经关闭的红旗纺织厂去看看街头艺术家涂抹在墙上的创意涂鸦，或是去Chkalovskaya地铁站欣赏附近的巨幅壁画（见293页）。

➡ **脱光** 和日光浴爱好者一起，靠着堡垒城墙，或者躺在兔子岛的沙滩上。想体验热带般的假日，到Piterland水上乐园（见302页）加入戏水的人群吧。

到达和离开

➡ **地铁** 彼得格勒的地铁站包括2号线的Gorkovskaya站和Petrogradskaya站，还有5号线上的Sportivnaya站、Chkalovskaya站和Krestovsky Ostrov站。维堡则开通了20多个地铁站，主要服务于偏远的居住区。

➡ **公共汽车** 10路公交车从维堡的黑河（Chyornaya Rechka）出发，前往彼得格勒的Bolshoy pr，并继续开往历史中心。

➡ **电车** 6路电车提供了一条方便的线路，连接pl Lenina和瓦西里岛，途经彼得格勒的Kronverksky pr。40路电车也是经由彼得格勒前往黑河的有用线路。

➡ **小巴** 346路途经Bolshoy pr，然后左转前往Kamennoostrovsky pr，之后继续向维堡运营。

独家贴士

如果你想了解真正的圣彼得堡，不要错过彼得格勒或维堡——这里与历史中心规规矩矩的美景截然不同。彼得格勒是了解圣彼得堡中产阶级日常生活的好地方。而维堡则是一幅后工业噩梦图景，普通市民居住在地铁沿线上苏联式的房屋中——坐到1号线或2号线终点站，你会看到真正的城市生活。

最佳餐厅

➡ Mesto（见300页）

➡ Chekhov（见300页）

➡ Koryushka（见300页）

➡ Semeinye Traditsy（见300页）

详细介绍见298页 ➡

最佳公园和花园

➡ 叶拉金岛（见296页）

➡ 卡缅内岛（见296页）

➡ 植物园（见294页）

➡ 海战凯旋公园（见297页）

详细介绍见293页 ➡

最佳博物馆

➡ 埃尔米塔日博物馆藏品保存库（见296页）

➡ 政治史博物馆（见293页）

➡ 指挥官之家（见291页）

➡ 基洛夫博物馆（见294页）

详细介绍见293页 ➡

视觉中国 提供

重要景点

彼得和保罗堡垒

一座大教堂、一间曾经的监狱、各式各样的展览——圣彼得堡就是从兔子岛（Zayachy Island）上这座大型防御堡垒逐渐发展成今天的都市的。历史爱好者绝对应该安排参观这一区域的行程。堡垒的城墙上风景独好，河岸的沙滩在城堡脚下绵延，提供了绝佳的日光浴场所。

占领了涅瓦河上这座前瑞典定居点后，彼得决定将这个前哨改建为一座现代的西化城市，工程于1703年从彼得和保罗堡垒（Peter & Paul Fortress）开始。这座堡垒从未作为城市的防御工事使用，除非你认为在这里监禁政治"罪犯"也算是一种国防。

今天，这座堡垒成为半日游的迷人目的地。穿过岛东北角的**约翰桥**（Ioannovsky Bridge）便可以到达主入口。也可以从距离Sportivnaya地铁站仅有少量步行距离的**洛维克桥**（Kronwerk Bridge）进入堡垒。

圣彼得和圣保罗大教堂

自彼得大帝到革命爆发，所有俄罗斯统治者（除了彼得二世和伊凡六世）都被安葬在这座**大教堂**（见450页地图；成人/学生 ₽250/130；⏲周一和周四至周六 10:00~18:00，周二 10:00~17:00，周日 11:00~18:00）之内。教堂华丽的巴洛克风格内饰与其他东正教教堂截然不同。彼得一世的墓穴位于教堂前方、圣像右侧。1998年，尼古拉斯二世和他的家人（除了阿列克谢和玛利亚）被从圣凯瑟琳教堂（Chapel of St

不要错过

- 圣彼得和圣保罗大教堂
- 特鲁别茨科伊堡垒
- 指挥官之家
- 涅瓦河全景
- 沙滩

实用信息

- Петропавловская крепость
- 见450页地图
- www.spbmuseum.ru
- 广场 免费，展览 成人 ₽60~150，学生 ₽40~80
- ⏲广场 8:30~20:00，展览 周一和周四至周日 11:00~18:00，周二 10:00~17:00
- Ⓜ Gorkovskaya

Catherine）迁葬至这里。

122.5米高的**钟楼**（见450页地图；成人/学生 ₽250/150；⏲5月至9月 11:00~17:30）是圣彼得堡仅次于电视塔的第二高建筑。基座处设有一个小展览，介绍钟楼1997年的重建工程，并细致地呈现了敲钟原理。当然，爬上一级级台阶的主要目的是欣赏360度的壮丽全景。导览游（仅限俄语）门票在船库信息中心有售。如果乐于自己探索，大教堂里就可以买票。

特鲁别茨科伊堡垒

以前的牢房用来展现**特鲁别茨科伊堡垒**（The Trubetskoy Bastion，见450页地图；成人/学生 ₽150/80；⏲周一和周四至周日 11:00~18:00，周二 10:00~17:00）曾经的政治囚犯的相关情况——他们中有马克西姆·高尔基（Maxim Gorky）、列夫·托洛茨基（Leon Trotsky）、哈伊尔·巴库宁（Mikhail Bakunin）及费奥多尔·陀思妥耶夫斯基（Fyodor Dostoevsky）——组成了堡垒展览中的最佳部分。诸位囚犯的牢房门上都贴了简短的英文生平介绍。

指挥官之家和涅瓦门

指挥官之家（The Commandant's House，见450页地图；成人/学生 ₽110/70；⏲周一和周四至周日 11:00~18:00，周二 至17:00）的迷人博物馆展示了圣彼得堡地区从中世纪到1918年的历史。展览开始的部分是对城市历史的标准梳理，但当你走到楼上，一切都在现代的互动式展品中鲜活了起来，尽管仍然缺乏英语解释。

位于南城墙的**涅瓦门**（Neva Gate）是1787年后建成的一座城门，囚犯在这里登船走向刑场或被流放。注意看墙上的斑痕，其显示出著名的（显然具有毁灭性的）几次大洪水的水位。涅瓦门外可以远望整个河滨中央区的美丽景色，埃尔米塔日也屹立其中。

沿着城墙向左前行，一幅蓝色海象绘画标识出**海象俱乐部**（Walrus Club）的所在，疯狂的成员每年冬天会在冰冻三尺的涅瓦河上凿出一个大洞，以便他们冬泳。这些泳者被称为海象（morzhi），他们称这种运动可以消除肌肉疼痛、激发能量甚至提高性欲。俱乐部不是会员专属的，欢迎所有人来冒险。

彼得大帝雕像

在大教堂和高级军官军营（Senior Officers' Barracks）之间，伫立着由哈伊尔·舍米亚金（Mikhail Shemyakin）制作的彼得大帝雕像——端坐着的彼得的头和手比例怪异。1991年，雕像揭幕时这引起了市民的愤怒，对于他们来说，彼得是一位神圣的人物。当地传说，揉搓他的右手食指会带来好运。

在堡垒广场上，你可以在Leningradskoye Kafe（主菜 ₽300；营业时间 周四至周二 10:00~20:00）买些零食。兔子岛西南端的Koryushka（见300页）距离稍远，是更好的选择。

POSTERN和涅瓦河全景

单独购买一张门票，可以访问堡垒城墙内长97.4米的秘密通道Posten和纳雷什金堡垒（Naryshkin Bastion）末端的涅瓦河全景（Neva Panorama；成人/学生 ₽250/200；开放时间 周四至周二 10:30~19:00）。一座大炮每天中午在这里点火发射，这一传统可以追溯到彼得大帝时代。

PETER & PAUL FORTRESS
彼得和保罗堡垒
Kamennoostrovsky prospekt
St John Bridge (Ioannovsky most)
约翰桥
Ticket Office & Information Centre
售票处与信息中心
Entry to Postern & Neva Panorama
Postern和涅瓦河全景入口
Leningradskoye Kafe
Information & Ticket Office
信息与售票处
Walrus Club
海象俱乐部
Peter the Great Statue
彼得大帝雕像
Neva Curtain Wall
SS Peter & Paul Cathedral
圣彼得和圣保罗大教堂
Neva Gate
涅瓦门
Tickets
售票处
Commandant's House
指挥官之家
Naryshkin Bastion
纳雷什金堡垒
Exit/Entry to Neva Panorama
涅瓦河全景出入口
Kronverkskaya nab
Kronverksky Strait
Trubestkoy Bastion
特鲁别茨基科伊堡垒
The Beach
沙滩
Kronwerk Bridge (Kronverkskiy most)
洛维克桥
Koryushka
Neva
涅瓦河
去Sportivnaya地铁站(1km)

景点

彼得格勒斯基岛

“二战”期间，圣彼得堡的名字被改为不太具有德语风格的“彼得格勒”。当时，兔子岛北部的一座大岛成了时尚的居住地，城市再度易名时，这座岛屿沿用了彼得格勒的名字。如今，这片优美的地区拥有独特的现代风格建筑、活跃的商业区和随处可见的清新的绿色空间。

政治史博物馆 博物馆

见450页地图（Музей политической истории России，Museum of Po-litical History；☎812-313 6163；www.polithistory.ru；ul Kuyby-sheva 4；成人/学生 ₽150/60；⏲周五至周二 10:00~18:00，周三 至20:00；Ⓜ Gorkovskaya）优雅的现代风格建筑克舍欣斯卡娅宫（Kshesinskaya Palace，1904年）极其适合容纳这座优秀的博物馆。政治史博物馆是全城最好的博物馆之一，以其严谨的细节讲述当代的俄罗斯政治。

这座宫殿是著名芭蕾舞蹈家玛蒂尔达·克舍欣斯卡娅（Matilda Kshesinskaya）的故居，她曾经是尼古拉斯二世成为沙皇前的情人。这里也短暂地做过布尔什维克总部，列宁经常在阳台上发表演讲。

你可以去参观列宁曾经的办公室，在二月革命和十月革命期间，他曾在这里办公。

彼得小屋 历史建筑

见450页地图（Домик Петра Великого，Peter's Cabin；Petrovskaya nab 6；成人/学生 ₽200/70；⏲周三和周五至周一 10:00~18:00，周四 13:00~21:00；Ⓜ Gorkovskaya）这间被保护在石头建筑中的可爱小木屋是圣彼得堡现存最古老的建筑。1703年5月，小木屋用3天时间建成，以便彼得在监督堡垒和城市建造时居住。这间木屋更像是圣坛而非博物馆，朴素又亲切，证实了彼得对简朴生活的热爱。

这里一直是圣彼得堡最令人情感激荡的地方。“二战”期间，苏联士兵在这里宣誓效忠城市，誓死保卫其免受德国侵略，随后便奔赴前线。列宁格勒围城战之后，这里也是第一间重新对公众开放的博物馆。

去花园里参观帕门施贝卢（Parmen Zabello）制作的彼得半身铜像。

清真寺 清真寺

见450页地图（Соборная мечеть；☎821-233 9819；http://dum-spb.ru/kontakty；Kronverksky pr 7；⏲7:00~21:00；Ⓜ Gorkovskaya）

当地知识

契卡洛夫斯卡亚

得名于试飞俄罗斯—北美的北极航线的传奇试飞员瓦列里·契卡洛夫（Valery Chkalov，1904~1938年），契卡洛夫斯卡亚是彼得格勒崭露头角的热门区域，非常适合随意漫步。先去探寻小公园和向契卡洛夫及其他俄罗斯科学家与探索者致敬的巨大的**壁画**（见450页地图；Chkalovsky pr与Pionerskaya ul交叉路口；Ⓜ Chkalovskaya）。

接下来，前往Pionerskaya ul，去参观遗留下来的大型苏联建构主义建筑**红旗纺织厂**（Трикотажная фабрика Красное Знамя，见450页地图；Pionerskaya ul 53；Ⓜ Chkalovskaya）免费。街头艺术家已经占领了这座废弃工业空间四周的墙壁，并沿着Korpusnaya ul创造了色彩艳丽的露天画廊。

漫步到街尾后左转，你会看到现代主义建筑珍宝**洛伊希滕贝格宅邸**（Leuchtenberg House，见450页地图；Bolshaya Zelenina ul 28；Ⓜ Chkalovskaya）。这栋建筑因曾经属于沙皇尼古拉斯一世的曾孙洛伊希滕贝格公爵而得名。站在马路对面欣赏建筑外立面顶层铺满的华丽马赛克，这是建筑师Theodor von Postels最具代表性的装饰风格。沿着Bolshaya Zelenina ul回到Chkalovskaya地铁站，你会经过几家诱人的餐饮小店，包括Blizkie Druzya（见298页）。

建于1910~1914年的这座美丽的清真寺以撒马尔罕的古尔埃米尔寺（Gur-e Amir Mausoleum）为模板，至今仍在接受人们的朝拜。天蓝色的圆顶和尖塔惊艳醒目地出现在城市的天际线上。祷告时间之外，如果你穿着得体（女士包住头部，男士穿着长裤），可以在东北侧入口询问门卫是否可以进入——清真寺内部同样可爱。如果被允许进入，记得脱鞋子，不要讲话，也不能拍照。

基洛夫博物馆 博物馆

见450页地图（Музей Кирова，Kirov Museum；www.kirovmuseum.ru；Kamennoostrovsky pr 26/28；门票₽120；⌚周四至周二 11:00~18:00；Ⓜ Petrogradskaya）列宁格勒党委书记谢尔盖·基洛夫（Sergei Kirov）是20世纪30年代早期俄罗斯最有权势的人物之一。这栋楼绝对不像无产阶级的公寓，如今是一座迷人的博物馆，向人们展示了布尔什维克精英的真实生活：回到苏联的光荣时代，房间里有第一台苏联制造的打字机和一台似乎不太共产主义的GE冰箱，里面还有一些塑料食物。展览中有很多基洛夫的私人物品，他位于斯莫尔尼学院（Smolny Institute）的办公室也在博物馆的一个房间中依原样重建。

植物园 花园

见450页地图（Ботанический сад；☎812-372 5464；http://botsad-spb.com；ul Professora Popova 2；成人/儿童₽220/110；⌚广场 5月至9月周二至周日 10:00~18:00，温室 全年 周二至周日 11:00~16:00；Ⓜ Petrogradskaya）阿波捷卡尔斯基岛（Aptekarsky Island，药剂师岛）东部的这座植物园的前身是草药种植园（彼得大帝于1714年亲自建立），这座岛也因此得名。现在，占地22公顷的植物园中有26个温室。这里适合散步，是个可爱迷人的地方。

20世纪到来之时，这里曾是全世界第二大的植物园，仅次于伦敦的邱园（Kew Gardens）。然而，“二战”期间90%的植物死亡，这也令现在的藏品更加令人印象深刻（你可以通过它们的战斗奖章认出这些“老兵”）。

植物园的亮点之一是tsaritsa nochi（Selenicereus pteranthus），这种开花仙人掌一年只在一个晚上绽放，通常是6月中旬。到了这天晚上，花园会开放到第二天凌晨，游客可以一边啜饮香槟一边惊叹于自然的奇观。

公园入口在Aptekarsky per和nab reki Karpovki的交叉路口。

亚历山大罗弗斯基公园 公园

见450页地图（Alexandrovsky Park；👪；Ⓜ Gorkovskaya）这座枝繁叶茂的公园建于1845年，呈弧形环绕着Kronverk护城河及炮械博物馆（Artillery Museum）。公园离道路较近，并不是安静的避世之处。但如果你带孩子在这里旅行，这里还是有一些值得考虑的景点。其中的最佳是**天文馆**（Планетарий，见450页地图；☎812-233 2653；www.planetary-spb.ru；成人/儿童₽350/150；⌚10:30~18:00），这里全天提供多场表演，还有天文台和几座不同主题的展厅。

虽然**列宁格勒斯基动物园**（Ленинградский зоопарк，Leningradsky Zoo，见450页地图；www.spbzoo.ru；成人/儿童₽400/150；⌚10:00~18:00；👪）在北极熊养殖方面取得了显著的成功（自1993年以来出生了100多只幼崽），但大多数动物居住在狭窄的笼子里。孩子或许会喜欢这一点，但是喜爱动物的成人可能会感到痛苦。

另外，**微缩圣彼得堡**（Mini St Petersburg）也在公园里，城市地标的迷你雕塑提供了有趣的拍照背景。

炮械博物馆 博物馆

见450页地图（Музей Артиллерии，Artillery Museum；☎812-610 3301；www.artillery-museum.ru；Alexandrovsky Park 7；成人/学生₽300/150；⌚周三至周日 11:00~18:00；👪；Ⓜ Gorkovskaya）坐落在彼得和保罗堡垒护城河对岸的武器库中，这座充满火药味的博物馆记录了俄罗斯的军事历史，展品可以追溯到石器时代。核心展品是列宁的装甲车。

“极光号”巡洋舰 博物馆

见450页地图（Крейсер Аврора，Cruiser Aurora；☎812-230 8440；www.aurora.org.ru；Petrovskaya nab；⌚周二至周四，周六和周日 10:30~16:00；👪；Ⓜ Gorkovskaya）免费 “极光号”在共产主义革命中扮演了一个小小的角

色。1917年10月25日的夜晚，“极光号”的船组人员发射了空弹作为进攻冬宫的信号。修复并被涂上美丽的色彩后，这座鲜活的博物馆每到周末就会挤满孩子。

1901年下水后，“极光号”见证了日俄战争，后在“二战”中被德国炸弹击沉。在巡洋舰内部，你可以看到船员的宿舍、一些共产主义宣传画和来自世界各地的友谊横幅。

西格蒙德·弗洛伊德梦之博物馆 博物馆

见450页地图（Музей сновидений Фрейда, Sigmund Freud Museum of Dreams; ☎812-380 7650; www.freud.ru; Bolshoy pr 18a; ⏰周二、周六和周日 正午至17:00; Ⓜ Sportivnaya）免费 这里奇异的概念展览基于抽象和想法（而非展品），是其所在的精神分析学会设计的。在你苦于解读代表弗洛伊德之梦的展品时，两间展室刺激你的潜意识。描述弗洛伊德病人梦境的图画和引言也排列在展厅中。提供英语服务。

夏里亚平故居博物馆 博物馆

见450页地图（Дом-музей Шаляпина, Chaliapin House Museum; ☎812-234 1056; www.theatremuseum.ru; ul Graftio 2b; 成人/学生 ₽150/75; ⏰周四至周日 11:00~19:00, 周三 13:00~21:00; Ⓜ Petrogradskaya）歌剧爱好者喜欢这家博物馆。伟大的歌唱家费奥多尔·夏里亚平（Fyodor Chaliapin, 1873~1938年）在1922年逃离苏联前曾经居住在这里。友善的老奶奶会在你欣赏夏里亚平的个人物品时，愉快地播放歌唱家的唱片。博物馆也会举行音乐会，详细信息可以在网上查询。

玩具博物馆 博物馆

见450页地图（Музей игрушки; nab reki Karpovki 32; 成人/儿童 ₽270/90; ⏰周二至周日 11:00~18:00; Ⓜ Petrogradskaya）这座迷人的私人博物馆展示了全俄罗斯的玩具展品，并分为三大部分——民间玩具、工厂玩具和手工玩具。最后一个部分包括俄罗斯套娃之乡谢尔吉耶夫镇（Sergiev Posad）制造的玩具。

耶拉杂瓦博物馆 博物馆

见450页地图（Музей-квартира Елизаровых, Yelizarov Museum; ☎812-235 3778; flat 24, ul Lenina 52; 成人/学生 ₽200/100; ⏰周四至周日 10:00~18:00, 周三 13:00~21:00; Ⓜ Chkalovskaya）革命前，列宁在这里低调地生活并组织工人运动。令人愉悦的20世纪家居保存完好，其中包括一部电话机。光看陈设，列宁的生活还算富裕。

由于外形近似大型邮轮，公寓建筑也被当地人称为“船屋”，它修建于1913年，正值圣彼得堡现代风格发展的巅峰。在前门按24，开门之后沿着楼梯上到三层并进入博物馆。

圣彼得堡先锋博物馆 博物馆

见450页地图（Музей петербургского авангарда, Petersburg Avant-garde Museum; ☎812-234 4289; www.spbmuseum.ru/exhibits_and_exhibitions/92/1344/; ul Professora Popova 10; 成人/学生 ₽70/50; ⏰周一和周四至周日 11:00~17:00, 周二 至16:00; Ⓜ Petrogradskaya）也被称为马尤辛故居（House of Matyushin）的这家小博物馆位于一座历史可追溯至19世纪中期的灰漆木屋中，曾经是先锋艺术家米哈伊尔·马尤辛（Mikhail Matyushin, 1861~1934年）的家。这里的展览的主题是马尤辛及他的同行的作品。

CHAEV宅邸 建筑

见450页地图（Chaev Mansion; ul Rentgena 9; ⏰周一至周五 8:00~14:00和15:00~21:00, 周六 9:00~14:00; Ⓜ Petrogradskaya）免费 这座优雅的大楼是1907年为工程师SN Chaev修建的，现在是一家公共诊所。建筑结合了新古典主义和新艺术派风格的图案，内部保存完好。

基洛夫斯基群岛

基洛夫斯基群岛是彼得格勒3个外三角洲岛——卡缅内岛（Kamenny）、叶拉金岛（Yelagin）和克列斯托夫斯基岛（Krestovsky）的统称。这些岛屿曾经是沼泽森林，后来在18世纪和19世纪成为宫廷的最爱，并被发展成优雅的娱乐场所。这里如今仍然以公园为主，郁郁葱葱的环境适合野餐、河上运动以及白夜狂欢。这里还是圣彼得堡超级富豪的居住地。

地铁Krestovsky Ostrov站为克列斯托

夫斯基岛和叶拉金岛提供了便利的交通。想要前往卡缅内岛则需要从维堡的Chyornaya Rechka地铁站步行穿过一座大桥。

叶拉金岛

岛

见450页地图（http://elaginpark.org；门票 周一至周五 免费，周六、周日和公共假期 成人/学生 ₽70/30；⏲6:00~23:00；🚻；Ⓜ Krestovsky Ostrov）这座岛是一个巨大的公园，没有车辆，是适合漫步的安静地方。美丽的景观设计由建筑师卡罗·罗西操刀，核心景点是同样出自卡罗·罗西之手的**叶拉金宫**（Yelagin Palace；Yelagin ostrov 1；成人/儿童 ₽150/75；⏲10:00~18:00）。这座宫殿本是受亚历山大一世委托、为他的母亲玛利亚皇后建造的。宫殿中设有华丽的内饰、精巧的壁画和巧夺天工的镶嵌木地板，并搭配了古董。

在宫殿里，可以临时租用古装拍照——全家人一起上镜乐趣无穷。周三晚上，这里还会举行音乐会。附近的其他建筑物有时也会承办展览。

岛上其他地方阡陌交错，绿树成荫，分布着湖泊和运河。你可以在岛北端租一艘小船去探索池塘，或穿上单排轮滑鞋沿着小路玩耍。冬天，这里是滑雪和滑冰的理想场所。岛西端的广场眺望芬兰湾，这里的日落无比辉煌。

卡缅内岛

岛

见450页地图（Ⓜ Chyornaya Rechka）百年乡村小屋和别墅中居住着富有的当地人，蜿蜒的林荫大道环绕着卡缅内岛（石岛）。岛上交错着运河水系、湖泊及池塘，一年四季都是散步的好地方。东侧的**施洗者圣约翰教堂**（Church of St John the Baptist，建于1776~1781年）经过改造重现风姿。

它身后是叶卡捷琳娜二世为她的儿子建造的宏伟古典的**卡门诺斯特罗夫斯基宫**（Kamennoostrovsky Palace，见450页地图）。调研期间宫殿正在翻修。

多年来，一棵死橡树（据说由彼得大帝

重要景点
埃尔米塔日博物馆藏品保存库

参观埃尔米塔日最先进的修复馆和藏品保存库是前往圣彼得堡北部的最佳理由。你将穿过几座致力于以不同角度呈现博物馆海量馆藏的穹顶宫殿。这些并非正式展览，但学识渊博的导游会选择最精彩的展品（绘画、家具和马车）举例讲解。

宝库中的亮点无疑是用精美的羊毛和绣花丝绸制成的土耳其仪式帐篷，这是苏丹塞利姆三世1793年赠送给叶卡捷琳娜二世的礼物。它旁边的现代外交礼物同样令人印象深刻：这座大鹏金翅鸟巨大木雕是圣彼得堡建城300周年时印度尼西亚赠送的礼物。

其他值得注意的展品包括古代圣像和壁画，可以随着音乐伴奏而同步移动的巨型挂毯，还有各种皇家马车。

藏品保存库位于一座百货商店正后方、地铁站对面。它巨大的金色玻璃建筑上装饰了一些受到岩画启发的形状。

不要错过

- 土耳其仪式帐篷
- 挂毯
- 中世纪壁画

实用信息

- Реставрационно-хранительский центр Старая деревня
- 见450页地图
- ☎812-340 1026
- www.hermitagemuseum.org
- Zausadebnaya ul 37a
- 导览游 ₽200
- ⏲导览游 周三至周日 11:00、13:00、13:30和15:30
- Ⓜ Staraya Derevnya

栽种)盘踞在Krestovka堤坝中央。这棵树如今已经被移除，栽种了一棵更为年轻、健康的树木，被称作**彼得的树**(Peter's Tree)。

克列斯托夫斯基岛 岛

见450页地图(👪；ⓂKrestovsky Ostrov)作为三个北部岛屿中最大的一座，克列斯托夫斯基岛大部分为**海战凯旋公园**(Приморский парк Победы, Maritime Victory Park, 见450页地图; www.primparkpobedy.ru; Krestovsky pr; ⓂKrestovsky Ostrov)，零星地分布着一些体育场。最西端是修建多年的**泽尼特体育场**(Zenit Stadium)，计划在2018年足球世界杯期间投入使用。

正对着地铁站的主入口处可以租用自行车和单排轮滑。这里还有**Divo Ostrov**(见450页地图; www.divo-ostrov.ru; 门票 免费，游乐项目 ₽50~300; ⏲正午至19:00; 👪; ⓂKrestovsky Ostrov)，这座迪斯尼风格的游乐园中有孩子们喜欢的露天游乐设施。

维堡

桑普森吉甫斯基大教堂 大教堂

见450页地图(Сампсониевский собор, Sampsonievsky Cathedral; www.cathedral.ru; Bolshoy Sampsonievsky pr 41; ⏲周四至周二 10:00~18:00; ⓂVyborgskaya) 免费 这座浅蓝色的巴洛克大教堂建于1740年，从内到外的修复和漆画已令其彻底重现了昔日的光辉，在维堡的工业区如同珍珠般耀眼。教堂最有趣的特色是位于中殿两侧的两块巨大的圣人历，每一块各代表一年中的6个月，每一天都以一个迷你圣人圣像作为装饰。祭坛上方巨大的银色吊灯也令人惊叹，精美的巴洛克风格还点缀着绿色和金色的圣像。不要错过年轻的彼得大帝的饰带，其位于面对主圣像时你背后的墙上。

人们相信，就是在这座教堂里，叶卡捷琳娜二世于1774年与她的独眼爱人格里高利·波坦金举行了秘密婚礼。

佛教寺庙 寺庙

见450页地图(Буддистский Храм; ☎812-239 0341; www.dazan.spb.ru; Primorsky pr 91; ⏲周四至周二 10:00~19:00; ⓂStaraya Derevnya)城市中另一座宏伟的宗教建筑是这座美丽的佛教寺庙(datsan)，欢迎心怀敬意的访客前来参观。主祷告殿装饰着可爱的马赛克，地下室还有一家便宜却令人愉悦的咖啡厅。寺庙于1909年和1915年在沙皇尼古拉斯二世的佛教医师Pyotr Badmaev的鼓动下建造。建设资金由各个佛教组织从全俄罗斯各地募集，最远的捐款来自泰国和英国。

20世纪30年代，当局关闭了寺庙，逮捕了许多僧侣，并将这座建筑用作军事电台。20世纪60年代，这里被动物学研究所接管并用作实验室。幸运的是，寺庙没有遭到严重损害，于1990年被还给了圣彼得堡不大的佛教社群。法会于19:00举行。

皮斯卡廖夫公墓 墓地

(Пискарёвское мемориальное кладбище, Piskaryovskoe Cemetery; www.pmemorial.ru; pr Nepokoryonnikh 72; ⏲5月至10月 9:00~21:00, 11月至次年4月 至18:00; ⓂPloshchad Muzhestva)“二战”期间纳粹封锁的遇难者主要被安葬在这里，这座公墓是那场悲剧的纪念地。1941~1943年的围困时期，约有50万人被安葬在这里。从Ploshchad Muzhestva站出地铁，乘坐前往Ladozhskaya地铁站方向的123路小巴，就会经过公墓入口。

最初，这片区域只是一个乱葬岗。1960年，公墓得到改造，墓园再次开放，并从此成为城市慰藉亡灵的一部分。每年胜利日(5月9日)，公墓中都会挤满哀悼者，生者中的很多人是封锁中的幸存者。

芬兰站 历史建筑

见450页地图(Финляндский вокзал, Finland Station; pl Lenina 6; ⓂPloshchad Lenina)在20世纪70年代被重建为纵横的苏联风格的芬兰站(Finlyandsky vokzal)历史意义非凡。1917年，结束了17年海外流亡的列宁从这里回到故土。也是在这里，他站在装甲车上发表了传奇的演讲。

走出站台，来到以列宁名字命名的广场上，你会看到这位伟人远处的伟岸雕像。

普希金决斗处 古迹

(Место дуэли Пушкина, Site of Pushkin's

值得一游

街头艺术博物馆

调研期间，在奥克塔(Okhta)工业区Slopast层压塑料工厂(Ploshchad Lenina以东20分钟公共汽车车程)工作的工人们有幸第一批见证了这里的厂房成为俄罗斯当代艺术亮点。2011年，人们有了成立**街头艺术博物馆**(☎812-448 1593; www.streetartmuseum.ru; shosse Revolutsii 84, Okhta; Ⓜ Ploshchad Lenina，之后乘坐137或530路公共汽车)的宏伟想法。

Slopast占地11公顷，拥有150,000~200,000平方米的墙壁，是街头艺术家完美的后工业画布。工厂本身有着繁忙的生产计划，但真正的生产区比苏联时代要小得多。不过，经过艺术改装的并非只有这些最近被遗弃的厂区。一些车间早就被俄罗斯顶级街头艺术家装饰上了史诗级作品，他们中有Timothy Radya、Kirill Kto和Nikita Nomerz。

公众从2014年开始组团参观这里。

Duel; Kolomyazhsky pr; Ⓜ Chyornaya Rechka)1837年2月8日，俄罗斯的天才诗人亚历山大·普希金在与法国人乔治·安东斯(Georges d'Anthès)决斗时受了致命伤。一座花岗岩纪念碑标志着决斗的地点，如今这里成了一座被包围在车流之中的小公园。

从Chyornaya Rechka地铁站出发，沿着Torzhkovskaya ul前行，在第一个交通灯左转，沿Novosibirskaya ul走并一直走到尽头，穿过铁道后进入公园。

就餐

★ STARAYA DEREVNYA

俄罗斯菜 €

见450页地图(Старая деревня; ☎812-431 0000; www.sderevnya.ru; ul Savushkina 72; 主菜 ₽300~500; ⏲13:00~22:00; Ⓜ Chyornaya Rechka)这家家庭经营的小餐厅位置隐蔽，气氛亲切，食物美味。尝尝老式俄罗斯菜肴，如李子坚果酱牛肉。餐厅虽小却能保证个性化的服务，不过必须要预订。从地铁站乘坐电车沿着ul Savushkina向南，第三站下车。

BLIZKIE DRUZYA

面包房、咖啡馆 €

见450页地图(Близкие друзья; ul Bolshoy Zelenina 16; 主菜 ₽200; ⏲9:00~23:00; 📶; Ⓜ Chkalovskaya)店名的意思是"最好的朋友"。这条街上有几家令人愉悦的咖啡馆和酒吧，这是其中最舒适的一家。这里最适合选择汤或乳酪蛋饼等便餐。面包房里不乏令人垂涎的甜美创意，比如色彩柔和的蛋白酥和马卡龙。

CHAK-CHAK

鞑靼菜 €

见450页地图(Чак-Чак; www.kafe-chakchak.ru; ul Kuybysheva 30; 小食 ₽50起; ⏲周一至周五 9:00~21:00，周六 11:00~23:00，周日 11:00~21:00; 📋; Ⓜ Gorkovskaya)以一种蘸蜂蜜的糕点(chak chak)命名的这家餐厅是品尝echpochmak(牛肉土豆派)和kosh tele(裹着糖粉的酥皮糕点)等鞑靼小吃的便利去处。本店还提供包括汤和抓饭(plov)在内的各种菜肴。

TROITSKY MOST

素食 €

见450页地图(Троицкий Мост; www.t-most.ru; Kamennoostrovsky pr 9/2; 主菜 ₽300; ⏲9:00~23:00; 🌿; Ⓜ Gorkovskaya)这家优秀的素食连锁咖啡店最早的分店得名于一座大桥，小店就位于大桥以北几个街区外。

LE MENU

素食 €

见450页地图(http://le-menu.ru; Kronverksky pr 79; 主菜 ₽300; ⏲9:00~23:00; 📶🌿📋; Ⓜ Gorkovskaya)咖啡厅的创始人是充满激情的素食主义者，他也是素食连锁店Troitsky Most的经营者。这两家餐厅非常相似，唯一的不同是这里更加精致的设计——木制天花板和水晶吊灯，专为喜爱时尚的素食者准备。菜单上也有鱼。

PELMENIYA

各国风味 €

见450页地图(Kronveksky pr 55; 饺子 ₽140~450; ⏲11:00~23:00; 📶📋; Ⓜ Gorkovskaya)诱人的现代风格饺子餐吧开设了第二家分店，提供经济实惠又能填饱肚子的一餐。

街区漫步
彼得格勒建筑之旅

起点 彼得和保罗堡垒（ⓂGORKOVSKAYA）
终点 ROSENSHTEIN APARTMENT BUILDING（ⓂPETROGRADSKAYA）
距离 1.5公里，2小时

彼得格勒是建筑的宝藏，从圣彼得堡初建到当代，这里各类建筑林立。以圣彼得堡最早的防御工事❶**彼得和保罗堡垒**（见290页）作为起点。不要错过辉煌的❷**圣彼得和圣保罗大教堂**（见290页），彼得大帝和他之后的几乎所有沙皇都在这里长眠。

彼得最初建城时，❸**Troitskaya ploshchad**（三一广场）上的主体建筑是三一大教堂（Trinity Cathedral），彼得在这里参加弥撒。1917年革命后，大教堂很快被毁，只有一座小礼拜堂被保存了下来。

在Petrovskaya nab，❹**彼得小屋**（见293页）是这位沙皇在圣彼得堡第一个简朴的家；前往岛的东端，❺**“极光号”巡洋舰**（见294页）是一艘曾经参与日俄战争的传奇军舰。

回到Kamennoostrovsky pr，你会经过芭蕾舞蹈家玛蒂尔达·克舍欣斯卡娅的故居，其中还坐落着❻**政治史博物馆**（见293页）。之后你会路过镶嵌着精美马赛克的❼**清真寺**（见293页）。

沿着Kamennoostrovsky pr继续向北，在城堡般的建筑群❽**Avstriyskaya ploshchad**附近探寻建筑珍宝。想了解现代风格建筑内部，可以去❾**基洛夫博物馆**（见294页）。

Ul Rentgena上也不乏优美的建筑：注意观察4号的装饰，一定要绕着兀自矗立的❿**Chaev宅邸**（见295页）转一圈，它展现了建筑设计能够体现的最大几何精度。

沿着ul Lva Tolstogo走向地铁，你会经过⓫**Rosenshtein Apartment Building**。这座由Andrey Belogrud设计的公寓融合了新古典主义和新哥特主义的风格，如今还是一家剧院的所在之处。

FUNKY KITCHEN
各国风味 €

见450页地图(☎812-983 0880; www.funki.com; Bolshoy pr 88; 主菜 ₽350~400; ⊙周一至周六 10:00至午夜，周日 11:00至午夜; ; Ⓜ Petrogradskaya)这家时髦的餐厅酒吧将丸子的烹饪发挥到了极致。菜肴美味但分量较小，所以如果你饿的话，得多点几种菜。

★MESTO
各国风味 €€

见450页地图(☎812-405 8799; Kronverksky pr 59; 主菜 ₽400~600; ⊙11:00至午夜; ; Ⓜ Gorkovskaya)装饰艺术风格的装潢、优美的玻璃、大理石柜台、让人不禁进入梦乡的皮面座椅仅仅是好的起点。菜单虽然不合常规但却妙趣横生：英式牧羊人派、牛腰肉排和惠灵顿牛肉可以搭配一系列创意菜肴，比如绿色gazpacho汤和南瓜虾汤。分量虽然不大但味道绝佳。周五和周六19:00起还有现场钢琴演出。

★CHEKHOV
俄罗斯菜 €€

见450页地图(Чехов; ☎812-234 4511; http://restaurant-chekhov.ru; Petropavlovskaya ul 4; 主菜 ₽590~1110; ⊙正午至23:00; ; Ⓜ Petrogradskaya)尽管从路边看上去并不起眼，但这家餐厅迷人的室内装潢完美地打造出19世纪俄罗斯乡间豪宅的气氛，是享受美味一餐的绝佳地点。菜单(以及员工的复古盛装)非常传统，特色菜肴包括精心烹制的俄罗斯经典。

KORYUSHKA
俄罗斯菜、格鲁吉亚菜 €€

见450页地图(Корюшка; ☎812-917 9010; http://ginzaproject.ru/SPB/Restaurants/Korushka/About; Petropavlovskaya krepost 3, Zayachy Island; 主菜 ₽500; ⊙正午至午夜; ; Ⓜ Gorkovksaya)裹上面糊再油炸的白鱼(koryushka)是圣彼得堡每到4月的特色菜，但在这家轻松优雅的餐厅中，全年都可以品尝到这种美味的小鱼。涅瓦河的壮观景色也为菜单上的格鲁吉亚美食增色不少。

SEMEINYE TRADITSY
俄罗斯菜 €€

见450页地图(Семейные традиции; ☎812-405 9413; Kronverksky pr 65; 主菜 ₽250~600; ⊙11:00~23:00; ; Ⓜ Gorkovskaya)餐厅的名字是"家庭传统"，这个欢乐的地方服务确实友好，还加入了不少亲子元素。他们提供俄罗斯妈妈做出的暖心美食，比如自制泡菜和各种素菜。

BABJIB
韩国菜 €€

见450页地图(http://vk.com/babjib; ul Kuibisheva 7; 主菜 ₽500; ⊙11:00~23:00; ; Ⓜ Gorkovksaya)走进这家舒适的餐厅就仿佛来到了现代的首尔。诱人的菜单中包括不少韩式经典，比如拌饭(bibimbap)、包饭(gimbap)和各式辣味炖菜。按照韩餐传统，菜肴还搭配了各种各样的小菜——所以不要点太多。超值商务午餐只要₽150。

TBILISO
格鲁吉亚菜 €€

见450页地图(Тбилисо; ☎812-232 9391; Sytninskaya ul 10; 主菜 ₽400~600; ⊙正午至午夜; Ⓜ Gorkovskaya)这家格鲁吉亚餐厅深受人们喜爱。Tbiliso装潢精美，设有贴瓷砖餐桌和宽大的软包座，它们间的格子隔断更增加了私密性。这里的食品是顶级的，经典的奶酪面包(khachapuri)和鸡肉塔巴卡(chicken tabaka，鸡肉拍扁加入香料烹制)精致奢华，各种葡萄酒任你选择。

MAKARONNIKI
意大利菜 €€

见450页地图(Макаронники; www.makaronniki.ru; pr Dobrolyubova 16; 主菜 ₽300~1000; ⊙正午至次日1:30; ; Ⓜ Sportivnaya)这家餐厅时尚迷人，但在位置的选择上有些漫不经心——不要对风景有什么期待了。不过菜单提供了各式现代意大利菜，从意大利面到比萨，再到搭配了洋白菜和红烩牛膝(osso bucco)的兔肉，不一而足。另外，轻松闲适、略带俏皮的氛围让Makaronniki成为值得一试的选择。

VOLNA
各国风味 €€

见450页地图(Волна; www.volna.su; Petrovskaya nab 5; 主菜 ₽300~600; ⊙正午至午夜; ; Ⓜ Gorkovskaya)位于彼得小屋对面的这家光鲜闲适的酒廊餐厅设有一处绝妙的露台，是开一瓶红酒轻松享受午餐的完美选择。菜单内容多样，从意大利烩饭、沙拉和意大利面到亚洲小炒，不一而足。

SALKHINO
格鲁吉亚菜 €€

见450页地图(Салхино; ☎821-232 7891;

Kronverksky pr 25；主菜₽300~600；⌚11:00~23:00；📶🍴🍷；Ⓜ Gorkovskaya）色彩艳丽的墙壁上点缀着本地艺术家的绘画作品，家庭烹饪的格鲁吉亚美食分量十足，令所有人心满意足。

FLAMAND ROSE 比利时菜 €€

见450页地图（www.flamandrose.ru；Malaya Posadskaya ul 7/4；主菜₽750；⌚11:00~23:00；📶；Ⓜ Gorkovskaya）这家阴暗但美丽的咖啡酒吧在一家内饰设计店的楼上，特色是比利时菜和啤酒。店内被一座华丽的玻璃水晶吊灯占据。华夫饼非常可口，tarte tatin等甜点也同样美味。早餐供应到14:00。

MARI VANNA 俄罗斯菜 €€

见450页地图（☎812-230 5359；www.marivanna.ru；ul Lenina 18；主菜₽400~800；⌚正午至22:00；📶；Ⓜ Petrogradskaya）走入这里仿佛进入了你有趣的俄罗斯朋友家，Mari Vanna已经把分店开满了俄罗斯，并开到了伦敦和美国。经典俄罗斯美食（如罗宋汤和饺子）或许价格稍贵，但美味的烹饪足以让你不在意这一点费用。

JEAN-JACQUES 法国菜 €€

见450页地图（Жан-Жак；www.jan-jak.com；Bolshoy pr 54/2；主菜₽300~600；⌚24小时；📶🍷；Ⓜ Petrogradskaya）连锁餐厅，以小酒馆的实惠价格提供优质的食物，其中包括早餐（周末全天供应）和丰富的精选法国葡萄酒。

PROBKA 意大利菜 €€€

见450页地图（☎911-922 7727；www.probka.org；pr Dobrolyubova 6；主菜₽300~1450；⌚餐厅 正午至午夜，咖啡馆 周一至周五 8:30~18:00；📶；Ⓜ Sportivnaya）作为圣彼得堡最高端的意大利餐厅之一，Probka散发着米兰式的时尚气息，深受俄罗斯天然气办公楼西装白领的喜爱。注意，办公区内的Probka咖啡馆提供相似的菜单，价格稍低。

饮品和夜生活

涅瓦河这一侧的饮品和夜生活选择并不多。有几家小店值得一提，可以在漫步彼得格勒时喝杯咖啡。

COFFEE ROOM ST PETERSBURG 咖啡馆

见450页地图（http://vk.com/coffeeroom；Kamenoostrovsky pr 22；⌚9:00~23:00；Ⓜ Gorkovskaya）这家连锁咖啡酒吧和其他分店一样古灵精怪又充满艺术气息，是令人心情愉悦的歇脚地。

VOLKONSKY 咖啡馆

见450页地图（www.wolkonsky.com；Kamennoostrovsky pr 8；⌚8:00~23:00；📶；Ⓜ Gorkovskaya）作为圣彼得堡最高端的烘焙咖啡连锁店之一，Volkonsky提供提神的咖啡和诱人的甜品。

☆ 娱乐

A2 现场音乐

见450页地图（☎812-309 9922；http://a2.fm；pr Medikov 3；票价₽1000起；Ⓜ Petrogradskaya）可以容纳4000名观众的A2连番上演DJ表演和现场音乐。这是在圣彼得堡感受当代音乐的最佳地点之一。A2还经营自己的广播电台。

KAMCHATKA 夜店

见450页地图（www.clubkamchatka.ru；ul Blokhina 15；服务费₽200~300；Ⓜ Sportivnaya）这里是纪念已逝的苏联摇滚乐手维克多·崔（Viktor Tsoy）的圣坛，他和Kino乐队的队友曾经负责照料这座由锅炉地堡改建的夜店。乐迷们蜂拥到这里，点燃蜡烛，欣赏新一代的摇滚乐手尽情表演。驻场演出水平不一，但这里激扬的氛围值得顺路喝一杯酒。

波罗的海表演馆 剧院

见450页地图（Балтийский дом，Baltic House；www.baltichouse.spb.ru；Alexandrovsky Park 4；Ⓜ Gorkovskaya）这座大型场馆每年都举办戏剧节，来自波罗的海各国的戏剧在这里上演。实验剧目也日益增多。

彼得罗夫斯基体育场 体育

见450页地图（Спортивный комплекс Петровский，Petrovsky Stadium；www.petrovsky.spb.ru；Petrovsky ostrov 2；Ⓜ Sportivnaya）在克列斯托夫斯基岛上的新体育馆建成前，

这里是圣彼得堡顶级足球俱乐部泽尼特队（Zenit）的主场。球赛值得一看。

SIBUR ARENA

体育

（http://siburarena.com; 8 Futbolnaya alleya, Krestovsky Ostrov; ⓂKrestovsky Ostrov）这座新建的有7000个座位的体育场是本地篮球队**BK Spartak**（www.bc-spartak.ru）的主场，他们于10月至次年4月在这里比赛。建筑群中还有一座泳池、一间健身房和酒店。

购物

虽然和历史中心比起来，彼得格勒的购物选择要少得多，但这里却是独有魅力的购物场所，步行道上林立着食品店、服装精品店和特色商品专卖店。

★尤德尔纳亚集市

跳蚤市场

（Удельная ярмарка, Udelnaya Fair; Skobolvesky pr, Vyborg Side; ⏲周六和周日 8:00~17:00; ⓂUdelnaya）这座巨大的藏宝库堆满了苏联物件、革命前古董、“二战”文物和各个时代的古怪仿制品，非常值得前来一逛。出地铁站右转，跟随人流穿过铁道。经过巨大的永久市场（没那么有趣）继续前行，直到看到一大片售卖不同商品的独立小摊贩。

光是这里巨大的规模就意味着你要仔细搜寻才能淘到珍宝。

DAY & NIGHT

时尚

见450页地图（www.day-night.ru; Malaya Posadskaya ul 6; ⏲11:00~20:00; ⓂGorkovskaya）仿佛是斯特拉·麦卡特尼（Stella McCartney）设计的《异形》的场景，这家非同寻常的精品店是圣彼得堡最高端的时尚体验之一。你可以在店里找到绝对顶尖的国际设计师操刀的男装和女装。记得带上信用卡。

赛特尼市场

市场

见450页地图（Sytny Market; Sytninskaya pl 3/5; ⏲8:00~18:00; ⓂGorkovskaya）彼得格勒这个五花八门的市场贩卖一切商品，从市场内的蔬菜水果、鱼虾肉类，到市场外的家用电器、服饰衣帽及小玩意，不一而足。市场的名字意为“充分满足”，非常贴切。

RUSSKY LYON

亚麻

见450页地图（Русский лён; www.linorusso.ru; Kronverskaya ul 1; ⏲11:00~20:00; ⓂGorkovskaya）高品质俄罗斯亚麻商店的分店。

模型商店

纪念品

见450页地图（Model Shop; Artillery Museum, Alexandrovsky Park 7; ⏲周三至周日 11:00~18:00; ⓂGorkovskaya）位于炮械博物馆内（不购买门票也可以进入商店）的这家模型店是飞机、火车和汽车模型爱好者的必到之处。各类俄罗斯模型存货充足。

运动和活动

KRUGLIYE BANI

俄罗斯浴

（Circle Baths; ☎8-964-368 2521; ul Karbysheva 29a; 公共浴室 每人 ₽20~190, 豪华浴室 每人 ₽400; ⏲公共浴室 8:00~22:00, 豪华浴室 周五至周三 9:00~22:00; ⓂPl Muzhestva）圣彼得堡最好的bani（热水浴）之一，在地铁对面；找一找郁郁葱葱的交通岛对面那栋圆形建筑。公共浴室的价格会在周末上涨。进豪华浴室（仅在周三和周六对女性开放）也可以使用加热圆形露天泳池。这里还提供私人设施。

PITERLAND

水上乐园

（http://piterland.ru; Primorsky pr 72, Vyborg Side; 成人/儿童 ₽1000/700起; ⏲10:00~22:30; ⓂStaraya Derevnya）在无与伦比的水上乐园中，巨大的穹顶下永远是夏天。水上乐园需要从面对芬兰湾的购物中心进入。最有趣的是从盘旋在巨型海盗船上的水滑梯滑下。这里还能尝试各种风格的俄罗斯浴，并设有造浪池。

从Staraya Derevnya或Chyornaya Rechka地铁站出发，公共汽车和小巴都能够到达这里。

叶拉金岛

户外

见450页地图（http://elaginpark.org; 滑冰 每小时 ₽150~250; ⏲滑冰 11:00~21:00; ⓂKrestovsky Ostrov）这座没有车辆通行的岛屿在气温下降时变成冬季仙境，可以玩雪橇、进行越野滑雪和滑冰。滑雪板和溜冰鞋都可以租到。夏天，因为不需要和机动车抢道，这里成为租上一双轮滑鞋好好玩耍的绝佳地方。

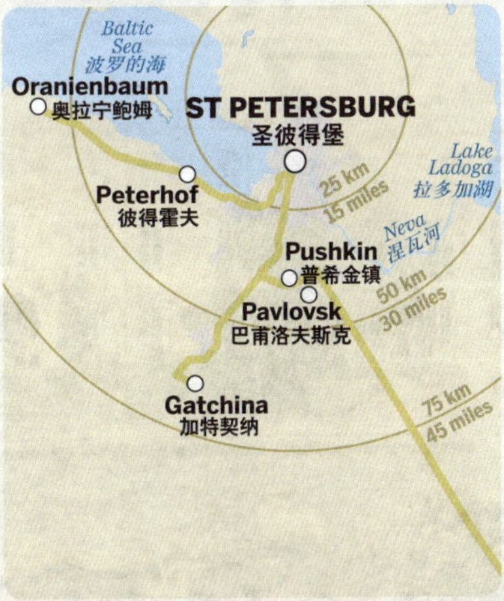

圣彼得堡周边一日游

彼得霍夫（见304页）

最受欢迎的圣彼得堡周边一日游就是前往芬兰湾宏伟的彼得大帝夏宫和庭园。从圣彼得堡市中心的海军部大楼外面坐水翼船就可以过去，非常便捷。

普希金镇和巴甫洛夫斯克（见309页）

沙皇行宫（位于普希金镇）和巴甫洛夫斯克是两座相邻的宫殿和庭园，美不胜收。选择这项出色的一日游，可以尽情欣赏叶卡捷琳娜二世和保罗一世的夏宫。

加特契纳（见313页）

加特契纳草木茂盛的公园是最原始、最美丽的沙皇时期宫廷庭园之一。巨大的宫殿本身妙趣横生、引人瞩目。

奥拉宁鲍姆（见314页）

彼得霍夫外面就是缅希科夫大公巨大的庄园，里面有几处很不错的花园，非常适合散步。经过最近的翻修之后，大皇宫恢复了往日的辉煌。

重要景点
彼得霍夫

视觉中国 提供

喷泉出类拔萃，宫殿无与伦比，宫内庭园特别适合漫步，难怪彼得大帝夏宫堪称最受欢迎的圣彼得堡周边一日游目的地。不过，彼得霍夫闻名遐迩，所以，白天早来，或者淡季前来，趁着游客稀少尽情欣赏。

不要错过

- Grand Palace
- Water Avenue
- 蒙普莱斯尔
- 埃尔米塔日博物馆

实用信息

- Большой дворец
- 成人/学生 ₽550/300，语音导览 ₽500
- ⏲周二至周日 10:30~18:00，每月最后一个周二闭馆

彼得霍夫

素有"俄罗斯凡尔赛宫"之称的彼得霍夫位于圣彼得堡以西29公里处的芬兰湾。如今，它与那个彼得大帝建造起来用于监管喀琅施塔得（Kronshtadt）海军基地建设的小屋有着天壤之别。彼得大帝对这片土地情有独钟，把蒙普莱斯尔（Monplaisir）别墅建在此处，之后又陆续兴修了大批宫殿及华丽的花园。1944年，彼得霍夫（Peterhof）更名为Petrodvorets（彼得宫殿），但后来又恢复原名。宫殿及建筑周围是植被茂盛的花园，还有一个壮观的重力驱动的喷泉群。

彼得霍夫在"二战"中遭到重创，因此你现在看到的大都是重建之后的景象。除了德军的破坏，1941年12月和1942年1月苏联的轰炸也给宫殿造成了很大的破坏，斯大林此举的目的在于阻止希特勒在此处庆祝新年的胜利。

下花园

下花园（Нижний парк，Lower Park；成人/学生 ₽500/250，11月至次年4月 免费；⏲9:00~20:00）包含了彼得霍夫的多数景点。如果你从圣彼得堡坐水翼船过来，这里是你的必经之地。下花园占据了庭园的很大一部分，这里有惊艳的重力驱动的金色喷泉群、美丽迷人的

水道和引人入胜的历史建筑，因此堪称圣彼得堡最为绚烂多姿的景点之一。

Water Avenue（⏲5月至9月）是条水道，从水翼船码头通往宫殿，水道上面，桥梁纵横交错，水眼四处分布。Water Avenue最精彩的部分是壮观的大瀑布（Grand Cascade）：一个由140多个喷泉组成的喷泉群，一部分由彼得亲自设计。中央雕塑描绘萨姆森（Samson；大力士）徒手掰开一头狮子的血盆大口的形象，就像圣彼得堡其他许多物品一样，这个雕塑也是为了纪念彼得大帝在波尔塔瓦（Poltava）对抗瑞典人取得的胜利。它高达62米，于1735年纪念战争胜利25周年之际由拉斯特雷利（Rastrelli）揭幕。

Grand Palace

Grand Palace是一栋宏伟的建筑，虽然房间多达30余个，但其大小却赶不上很多其他沙皇时代的宫殿。从6月初到9月底，它仅在10:30至正午和14:30~16:15向外国游客开放，因为其他时段都安排给了俄语导览游（必须参加导览游才能进入宫殿，但悄悄溜走却很容易）。

彼得所建宫殿并不是很大，伊丽莎白女皇（Empress Elizabeth）任命拉斯特雷利对其进行了扩建。后来，叶卡捷琳娜二世又拆掉里面的一些东西重新装修，但她所做的改动在现在富丽堂皇的大厅和充满艺术气息的展览中并不明显。“二战”德军入侵之前，这里所有的东西都得以转移，所以现在所有的画作、家具和吊灯都是真品。切什梅厅（Chesme Hall）里面有很多关于1770年俄罗斯在切什梅（Çesme）摧毁土耳其舰队的巨幅画作。其他亮点包括精致的东西汉阁（East and West Chinese Cabinets）、彼得的书房以及画厅（Picture Hall），这个墙上悬挂着成百上千幅肖像画的画厅名副其实。整个宫殿最大的房间是王座室（Throne Room），里面最引人注意的是彼得的红色天鹅绒宝座。

“二战”令彼得霍夫几乎沦为废墟。希特勒占领阿斯托利亚酒店（Astoria Hotel）计划落空之后，曾试图在此处举行一个派对。他计划邀请各路达官显贵，这自然触怒了他的苏联劲敌。斯大林的对策就是在1941~1942年通过炸毁宫殿本身来阻止希特勒。所以一个充满讽刺却又真实的情况是，对彼得霍夫最大的破坏来自苏联。

水翼船

5月到9月，彼得霍夫快线(Peterhof Express；成人 单程/往返 ₽650/1100，学生 ₽450/800；30分钟)每天从9:00开始每隔30分钟从海军部大楼前的码头发船。这是一趟体验价值极高的行程，且终点正好在宫殿门口。最后一班从彼得霍夫返回的水翼船于19:00开出。

水翼船虽然快速方便，但花费也不便宜。为了节省旅行经费，你可以乘坐小巴。300路、424路和424A路（₽55）小巴从Avtovo metro station发车，都经过彼得霍夫镇，下车点就在宫殿外面。告诉司机你想去“v dvaryéts”（“去宫殿”），他就会提醒你在Sankt-Peterburgsky pr上的上花园(the Upper Garden)主入口处下车。

火车

从波罗的海火车站到Novy Petrodvorets有一趟发车频繁的列车（₽67，30分钟），你可以从Novy Petrodvorets到宫殿，耗时20分钟，或者乘坐除357路以外的任何一辆公共汽车在第五站下车，耗时10分钟。

PETERHOF
彼得霍夫
Petrodvorets Harbour
Gulf of Finland
芬兰湾
Sea Terminal
Hermitage
埃尔米塔日博物馆
Shtandart Restaurant
Morskaya alleya
Morskoy kanal
Eve Fountain
Morskaya alleya
Marlinskaya alleya
Berezovaya alleya
Monplaisir
蒙普莱斯尔
Monplaisir Café
Catherine Building
叶卡捷琳娜大厦
Bath Building
巴斯大楼
Favotitka the Dog
Adam Fountain
Sun Fountain
Lower Park
下花园
Water Alley Fountain
Aleksandriyskoe Sh
Grand Cascade
大瀑布
Little Oak Fountain
Umbrella
Grand Orangerie
Kafe Dvortsovoye
Grand Palace
Orangery
橘子园
Dvortsovaya pl
Rimsky Fountains
Chess Mountain
Upper Garden
上花园
Razvodnaya ul
Pravlenskaya ul
Kaililinskaya ul
Kailininskaya ul
Aleksandriyskoe Sh
Krasny Prud
汽车站
Sankt-Peterburgsky pr
Likhardovskaya ul
St Peter and Paul Cathedral
圣彼得和
圣保罗大教堂
pl Zhertv Revolyutsii
naberezhnaya Ol'gina pruda
Olgin Prud
奥尔金湖
Tsaritsynskaya ul
Konstantinovskaya ul
Tsatitsyn Pavilion
察里津亭阁
Olgin Pavilion
奥尔金亭阁

彼得霍夫庭园

蒙普莱斯尔

这栋朴实无华的临海别墅一直是彼得大帝最爱的清修之所。原因很简单：**蒙普莱斯尔**（Монплезир, Monplaisir；成人/学生 ₽400/200；⏲5月下旬至10月上旬10:30~18:00）由纯木建造，温暖舒适，优雅别致，就算人多，仍然安宁。以前，这里总是热闹非凡，因为彼得大帝经常举办宴会（“行为不检”的客人必须痛饮大量酒水）。

这里还有附属建筑**叶卡捷琳娜大厦**（Екатерининский корпус, Catherine Building；成人/学生 ₽360/180；⏲10:30~18:00），其1747~1755年由拉斯特雷利修建。名字来源于叶卡捷琳娜二世，她在丈夫彼得三世被废黜之时就居住在这栋建筑内，就是从这里，她开始了自己重夺俄罗斯王位的征程。大厦内部包含亚历山大一世的卧室和书房，还有巨大的Yellow Hall。右侧是富丽堂皇的巴斯大楼（Банный корпус, Bath Building；成人/学生 ₽400/200；⏲周四至周二 10:30~18:00），1800年由夸伦吉（Quarenghi）修建。巴斯大楼内部并无独特之处。留意大楼前面、花园里面那些奇特的喷泉。

埃尔米塔日博物馆

沿着岸边向西，是建于1725年的**埃尔米塔日博物馆**（Эрмитаж, Hermitage；成人/学生 ₽250/150；⏲5月至10

行前参考

彼得霍夫位于圣彼得堡以西29公里处。地区代码为☎812。

在下花园里面，吃东西最好的去处是Grand Orangerie（套餐 ₽450~800；开放时间 11:00~20:00），这家咖啡厅以前是宫殿橘子园。也可以去Shtandart Restaurant（www.restaurantshtandart.spb.ru；主菜 ₽500~800；开放时间 11:00~20:00），店面很宽敞，还有个阳台，可以欣赏芬兰湾的美景。如果在宫殿外面，可以试试New Peterhof Hotel（☎812-319 1090；www.new-peterhof.com）里面的Duck & Drake Pub & Restaurant，店里供应三明治和汉堡（主菜 ₽600~900）。

独家贴士

宫殿庭园里的蚊子特别多；如果是夏天参观的话，记得带上驱蚊剂或者穿上长袖长裤。

月 周三至周一 10:30~18:00)，一栋两层的黄白交错的建筑，彰显了私人用餐的极致体验：特制的升降机将布置好的餐桌吊到二楼皇室成员面前，整个过程没有一个仆人插手。圆形的升降机正好落在每个用餐者前面，用来放盘子、盛食物。升降机向游客展示的时间为周六和周日的13:00、14:00和15:00。再往西是另一座宫殿**Marly**，因凡尔赛的一处同名狩猎屋而得名，路易十四特别钟意这间狩猎屋。

亚历山大公园

即便在夏天的周末，植被茂盛的**亚历山大公园**（Парк Александрия，Park Alexandria；成人/学生 ₽200/100；⏲9:00~22:00）也格外空远宁静。公园为沙皇尼古拉斯一世而建（以其皇后的名字命名），是躲避人群喧嚣的好去处。哥特式礼拜堂（gothic chapel；成人/学生 ₽250/150；⏲周二至周日 10:30~18:00）原以亚历山大·涅夫斯基（Alexander Nevsky）的名字命名，于1834年完工，是尼古拉斯一世的私人礼拜堂。附近的村舍（Коттедж；成人/学生 ₽400/200；⏲周二至周日 10:30~18:00）建于同一时期，是尼古拉斯一世的夏季住宅。附近还有修复得很漂亮的Farmer's Palace（Фермерский дворец；成人/学生 ₽500/250；⏲周二至周日 10:30~18:00），其建于1831年，当时还只是花园里的一个亭子，用来满足皇室家庭对乡村田园生活图景的向往。后来，这里成为少年Tsarevitch Alexander（后来的亚历山大二世）的住宅，终其一生，他都很喜欢这个地方。

彼得霍夫镇

宫廷庭园外面是壮观的**圣彼得和圣保罗大教堂**（Петропавловский собор，St Peter and Paul Cathedral；Sankt Petersburgsky pr；⏲8:00~20:00）免费。**察里津和奥尔金亭阁**（Tsaritsyn and Olgin Pavilions；成人/学生 ₽500/250；⏲10:30~18:00，最后入门时间 16:00）是湖心岛上的两栋建筑，矗立于奥尔金湖中央。这两个精致的亭阁由尼古拉斯一世为他的妻子（Alexandra Fyodorovna）和女儿（Olga Nikolayevna）而建。两个亭子都是近期得以修复开放的，其独特的地中海式建筑风格给人一种庞贝古城（Pompeii）的感觉。

Sankt-Peterburgsky pr上有一个**火箭牌夏宫手表厂**（Raketa Petrodvorets Watch Factory；☎8-921-632 0313；www.raketa.com；Sankt-Peterburgsky pr 60；⏲周一至周五 9:00~16:00）免费，为镇上很多人提供了工作机会，厂里还有一个店面，出售非常不错的手表。

彼得霍夫门票

到那之后，你需要付费才能进入宫殿庭园，也就是大家所说的下花园，进去之后每个景点还要另外收费。景点不少，所以来这儿游览并不便宜，去之前好好考虑一下你要去哪些景点。周五至周日，所有博物馆都对外开放，但其他时候，很多地方会闭馆，时间不一。几乎所有导览和公告信息都是俄文，所以你有必要在入口附近的书报亭买一本导游手册，或者在Grand Palace租一个英文导览机。几乎所有场馆拍照摄像都需要付费，而在Grand Palace，拍照摄像是完全禁止的。你可以登录Grand Palace的官网www.peterhofmuseum.ru购票，夏天通过网络购票可以避免排长队。

视觉中国提供

重要景点

普希金镇和巴甫洛夫斯克

因为叶卡捷琳娜二世和普希金，沙皇行宫（Tsarskoe Selo）和巴甫洛夫斯克富丽堂皇的宫殿和植被蔓生的公园已成为俄罗斯历史的一部分，也是俄罗斯文学作品中永恒的话题。一天之内就可以把两个景点看完，如果不赶时间，可以在两个地方消磨一整天的时光，你也绝对不会感到无聊。

不要错过

- 叶卡捷琳娜宫
- 叶卡捷琳娜公园
- 巴甫洛夫斯克大公园
- 巴甫洛夫斯克大宫殿

公园

沙皇行宫和巴甫洛夫斯克彼此相邻，建筑风格迥异。两处都是面积巨大的贵族庄园，拥有令人惊叹的花园、宫殿以及其他设施。几百年间，两处庄园四周各衍生出了一个小镇（环绕沙皇行宫的小镇原名也叫沙皇行宫，到1937年才更名为普希金镇）。

但相较之下，沙皇行宫凭借令人惊艳的叶卡捷琳娜宫和奢华的庭园还是要略胜一筹。仅有几站路之隔的巴甫洛夫斯克游客相对较少，因此也更加安静，但它的庭园更具野性美，从这一方面来说，它又胜过了沙皇行宫，值得徜徉其间。

叶卡捷琳娜宫

1744~1796年，沙皇行宫在伊丽莎白女皇（Empresses Elizabeth）和叶卡捷琳娜二世的领导下得以修建。其最大的亮点是巨大的巴洛克风格的**叶卡捷琳娜宫**（Екатерининский дворец，Catherine Palace；http://eng.tzar.ru；成人/学生 ₽400/200，语音导览 ₽150；⏲周三至周日10:00~18:00，周一 至21:00）。它由拉斯特雷利设计，以彼得大帝第二任妻子的名字命名。5月到9月，散客只能在正午至14:00、16:00~17:00参观，其他时段都是留给提前预约的旅游团的，由此可见它在俄罗斯的受欢迎程度。语音导览机可以向你详细解释你在每个房间看到的东西，带一个很有用。

与在冬宫一样，叶卡捷琳娜二世将拉斯特雷利的很多设计改造成了经典风格。宫殿的大

行前参考

地区代码为☎812。

到了Moskovskaya站，从标有“机场公共汽车”的出口出站，搭乘286路、299路、342路或K545路小巴前往普希金镇（₽35）。这些车都会继续开往巴甫洛夫斯克（₽40）。找标有“Пушкин”或者“Дворец”的车。火车从维捷布斯克站（Vitebsk Station）发车，但工作日班次很少。到普希金镇的话，在Detskoe Selo（Детское село）下车，到巴甫洛夫斯克的话，在巴甫洛夫斯克站（Павловск）下车。

就餐

在沙皇行宫，可以试试19th Century Restaurant（www.restaurantpushkin.ru; Srednyaya ul 2; 主菜 ₽400~750），氛围和食物都很棒。在镇上，可以去惬意的White Rabbit（ul Moskovskaya 22; 主菜 ₽500~1000; 11:00~23:00）。在巴甫洛夫斯克，不妨去Podvorye（☎812-465 1399; www.podvorye.ru; Filtrovskoye sh 16; 主菜 ₽600~1500; 正午至23:00）。

琥珀厅的画作和镶板

部分外墙和20多间房屋修复得都很漂亮，与照片中被德军破坏之后的废墟大不一样。

宫殿内部极尽奢华，亮点包括大厅（Great Hall）、阿拉伯大厅（Arabesque Hall）、巴洛克风格的骑士餐厅（Cavalier's Dining Room）、White State餐厅、红绿壁柱房间（Crimson and Green Pilaster Rooms）、肖像厅（Portrait Hall）以及世界闻名的琥珀厅（Amber Room）。琥珀厅里的镶板原是献给彼得大帝的一份礼物，一开始并无具体用途，直到1743年，伊丽莎白才决定将其用作装饰，之后，这些镶板便以精湛的工艺被嵌进墙壁中。你现在看到的只是复制品，真品在“二战”中丢失，很可能已经被摧毁。

叶卡捷琳娜公园

迷人的**叶卡捷琳娜公园**（Екатерининский парк, Catherine Park; 成人/学生 5月至9月 ₽120/60，10月至次年4月 免费; ⌚9:00~18:00）环绕着叶卡捷琳娜宫，主入口在宫殿礼拜堂旁边的Sadovaya ul上。公园沿着装饰湖Great Pond延展，里面有一排妙趣横生的楼宇、装饰性建筑以及亭阁。

叶卡捷琳娜宫附近的**卡梅伦画廊**（Cameron Gallery）里有巡回展览。公园的外围部分主要是Great Pond。夏天，你可以乘坐**渡船**（成人/儿童 ₽200/100; ⌚5月至9月 11:00~18:00）到小岛上参观**切什梅凯旋柱**

（Chesme Column；成人/儿童 ₽250/150；⏲5月至9月 11:00~18:00）：一座庆祝俄罗斯大败土耳其舰队的纪念碑。池塘旁边，蓝色的巴洛克风格**石窟亭**（Grotto Pavilion；⏲周五至周三 10:00~17:00）免费在夏季有临时展览。沿着Great Pond走一圈，你会发现后来不断增添的新建筑，包括外形奇特、有清真寺风格尖塔的**土耳其浴室**（Turkish Bath）、绝妙的**大理石桥**（Marble Bridge）、**中国馆**（Chinese Pavilion），以及单独在一个岛上的**音乐厅**（Concert Hall）。

亚历山大宫和公园

叶卡捷琳娜宫北面不远处，被葱郁宁静的**亚历山大公园**（Александровский парк，Alexander Park；门票 免费）所环绕的，就是经典的亚历山大宫（Александровский дворец，Alexander Palace；Dvortsovaya ul 2；成人/学生/18岁以下 ₽300/150/免费，语音导览 ₽100；⏲周三至周一 10:00~17:00，每月最后一个周三 闭馆）。1792~1796年，夸伦吉为未来的亚历山大一世修建了亚历山大宫，这里后来成为最后一位俄国沙皇尼古拉斯二世最喜爱的住所。虽然只有三个房间对外开放，也足以让你叹为观止，地板上铺就巨大的虎皮地毯，墙上还有一幅维多利亚女皇年轻时的画像，画中的她显得非常柔弱。这是一个被人遗忘、略显凄凉的地方，游客稀少，与叶卡捷琳娜宫形成了鲜明的对比。

巴甫洛夫斯克大宫殿

1781~1786年，建筑师查尔斯·卡梅伦（Charles Cameron）在叶卡捷琳娜二世的支持下设计了位于巴甫洛夫斯克（Pavlovsk）的**巴甫洛夫斯克大宫殿**（Большой павловский дворец，Pavlovsk Great Palace；www.pavlovskmuseum.ru；成人/儿童 ₽450/250；⏲10:00~18:00，9月中旬和5月中旬 周五 闭馆）。宫殿专门为叶卡捷琳娜的儿子保罗所建，后来保罗的第二任妻子对内部风格进行了调整。不幸的是，"二战"结束后的第二个星期，一名粗心的苏联士兵抽烟时引爆了德军的地雷（为此苏联人认为德国人才是破坏宫殿的罪魁祸首），原始的宫殿被烧成废墟。与沙皇行宫一样，修复工作非常成功。

最精致的房间位于主楼的中间层。卡梅伦在圆顶下设计了圆形的意大利厅（Italian Hall），西面是希腊厅（Grecian Hall），可爱的绿色凹柱则是由其助手

琥珀厅之谜

刚开始，琥珀厅里只有雕刻精细的琥珀镶板，这些镶板是1716年普鲁士国王腓特烈·威廉一世（King Friedrich Wilhelm I）献给彼得大帝的礼物。后来，拉斯特雷利把这些镶板和镀金木雕、镜子、玛瑙、宝石马赛克结合起来，用以装饰叶卡捷琳娜宫里的一个房间。"二战"期间，这里被纳粹洗劫一空，琥珀镶板最后一次展出是在1941年的柯尼斯堡城堡里。4年后，城堡被毁，人们都以为琥珀厅也未能幸免。但事实真是如此吗？

2004年，在普京总统和时任德国总理施罗德的努力下，新的价值1800万美金的琥珀厅重新开放，修复资金大多由德方承担，但关于原始镶板的谣言并未因此平息（见www.amberroom.org）。

Vincenzo Brenna后来加上去的。侧面是两间私人套房，主要由Brenna设计。保罗那间位于楼体北面，另一间则位于南面。和平厅（Hall of Peace）有乐器和鲜花作为装饰。南楼的中间层是保罗的王座室（Throne Room）和圣约翰的马耳他骑士大厅（Hall of the Maltese Knights of St John），圣约翰曾被保罗奉为大师（Grand Master）。

巴甫洛夫斯克大公园

如果决定不去宫殿，那你可以去宁静的**巴甫洛夫斯克大公园**（Павловский парк, Pavlovsk Great Park; 成人/儿童 ₽150/80; ⏲10:00~18:00，9月中旬至5月中旬周五 闭馆）转转——因为要进宫殿的话也必须买这里的门票，所以一路上的风景是很值得探访欣赏的。公园布满小溪和池塘，绿荫遮道，时而能看见经典的雕塑和隐蔽的庙宇，漫步其间，身心舒畅。亮点包括**玫瑰厅**（Розовый павильон, Rose Pavilion; 成人/学生 ₽200/100）和**私人花园**（Собственный садик, Private Garden; 成人/学生 ₽150/75），私人花园里有美丽的花床，还有引人瞩目的三女神雕像。花园里有几处出租点出租自行车（₽250/小时），景区面积较大，骑车游览是很不错的选择。

加特契纳（Gatchina）

探索

加特契纳是圣彼得堡周围的皇家宫殿中位置最偏远的一处，在很多方面都与其他宫殿有所不同。首先，它位于一个很热闹的小镇中心，这就意味着它并不像很多皇家宅邸一样孤冷高傲。其次，四周风景如画的庭园都属于公共区域，这意味着你在周围碰到的更有可能是来此野餐的本地人，而不是成群的旅游团。总之，加特契纳的庭园在所有皇家公园中景色算是上乘，修复如新的宫殿、起起伏伏的历史都值得你来探访一番。

最佳

- **景点** 加特契纳大皇宫
- **就餐** Kafe Piramida
- **特别景点** 桦木寓所（见314页）

独家贴士

如果你想在欣赏庭园的时候避开野餐的本地人，最好不要周末过去。

到达和离开

- **公共汽车** 乘公共汽车是到达这里最快的方式。K18路、K18A路和431路公共汽车（₽70，45分钟）从Moskovskaya地铁站发车，可以直接坐到公园门口。100路公共汽车（₽70，1小时）也从Moskovskaya发车，上客点在苏维埃大厦（House of Soviets）外面，下车的地方离加特契纳公园很近。告诉司机你想去宫殿（“v dvaryéts”）——公共汽车未到公园就会拐弯。
- **火车** 每隔1~2小时，就有一辆从波罗的海火车站开往Gatchina Baltiysky（₽84，1小时）的火车。火车站就在宫殿外面。

行前参考

- **地区代码** ☎812
- **方位** 圣彼得堡以南45公里处

景点

加特契纳大皇宫 宫殿

（Большой гатчинский дворец，Gatchina Great Palace；www.gatchinapalace.ru/en；成人/学生₽200/100，照相₽100，语音导览₽200；⏲周二至周日10:00~18:00，每月第一个周二闭馆）加特契纳大皇宫弧线优美，中央有座塔楼，整个建筑确实名不虚传——宏伟的正面（没有丝毫多余的润饰）令人不禁赞叹，宫殿前临巨大的广场，后靠优美的庭园。1766~1781年，里纳尔迪（Rinaldi）受命为叶卡捷琳娜二世身边的红人奥尔洛夫修建了这座早期古典主义风格的宫殿。这栋建筑出奇地融合了中世纪城堡的花纹图样和俄罗斯贵族宅邸常见的装饰元素。

整栋建筑算不上非常漂亮，但不可否认的是，它确实能够让人过目不忘。1783年，奥尔洛夫逝世，叶卡捷琳娜二世从他的继承者手中买过这座宫殿并将其赠与她的儿子保罗。1792~1798年，保罗对内部装修进行了一系列改动。

宫殿内部，二楼的10间国事厅（State Room）令人印象深刻，包括挂有巨幅壁毯的保罗一世的王座室，还有他妻子的王座室，墙壁上挂满了画作。最令人惊叹的要属白厅（White Hall），其18世纪70年代由里纳尔迪修建，又于18世纪90年代由Brenna重新布置。阳台上还收藏着一套精美的日晷。

加特契纳公园 公园

（Гатчинский парк，Gatchina Park；⏲黎明

食在加特契纳

宫殿及庭园里可以吃东西的地方不多，但却非常适合野餐，你最好的选择是自己带午饭过来。不过要是没带也没关系，直接去镇中心，尝尝位于主街区的**Kafe Piramida**（Кафе Пирамида；ul Sobornaya 3a；主菜₽180~300；⏲10:00~23:00）或位于同名酒店大楼内的**Slavyansky Dvor**（Славянский двор；ul Dostoevskogo 2；主菜₽200~500；⏲11:00至午夜）。

至黄昏）免费比起其他宫殿的公园，加特契纳公园更显野性和浪漫。园内有很多蜿蜒的小径，它们穿过桦树林，最终穿过小桥，到达白湖（White Lake）上的小岛。桦木寓所（Березовый домик, Birch House; 成人/学生₽50/20; ⊙5月至9月中旬 周二至周日 10:00~18:00）造型奇特，整个建筑外表看起来很粗糙，都是由桦树圆木制成，但内部装饰却非常精细，地面上铺的硬木地板原料来自世界各地。

后来，保罗一世为桦木寓所建了一个新古典主义风格的"面具"，好把寓所藏起来，不为周围散步的人所察觉。

湖畔的**维纳斯亭阁**（Павильон Венеры, Venus Pavilion; 成人/学生₽50/20; ⊙5月至9月中旬 周二至周日10:00~18:00）内壁上的彩绘非常精细，亭子伸向水面。沿着湖边继续走，看能不能找到绝佳的野餐点。天气好的话，你甚至可以在另一个湖里游泳。

你还可以去参观宫殿旁边的保罗一世的**私人花园**（Собственный садик, private garden; 成人/学生₽50/20; ⊙5月至9月中旬 周二至周日 10:00~18:00）。18世纪末，Vincenzo Brenna布置了这个花园，当时，它仅供皇室家庭使用。这里是散步的好去处，布满各种雕塑、鲜花，还有修建得很整齐的树篱。

加特契纳镇

城镇

附近的小镇上有几个妙趣横生的教堂。巴洛克风格的**巴甫洛夫斯克大教堂**（Павловский собор, Pavlovsk Cathedral; ul Sobornaya）位于pr 25 Oktyabrya旁边的步行街街尾，修复过后的内部装饰非常华丽，中央的圆顶直指云霄。再往西走一小段路就是波克罗夫斯基大教堂（Покровский собор, Pokrovsky Cathedral; Krasnaya ul），这是一栋带有亮蓝色圆顶的红砖砌建筑。

奥拉宁鲍姆（Oranienbaum）

探索

如果你对彼得大帝的挚友、圣彼得堡第一任总督缅希科夫大公（Prince Menshikov）感兴趣的话，那你一定要来奥拉宁鲍姆，这里是他一生伟业的最好见证。当彼得大帝忙于在彼得霍夫修建蒙普莱斯尔之时，缅希科夫也在12公里以外海岸的奥拉宁鲍姆（橘子树）筹建自己的宫殿。缅希科夫的宫殿在规模上赶超了蒙普莱斯尔，但彼得大帝对此并不介意。不仅是宫殿，缅希科夫为自己准备的退隐地也比彼得大帝的要好得多。比起伊丽莎白和叶卡捷琳娜二世偏爱的风格，奥拉宁鲍姆算不上华丽，但依彼得的标准来看，它确实是极尽奢华的。奥拉宁鲍姆最近刚刚复建完成，看起来焕然一新。

最佳

- **景点** 大皇宫
- **就餐** Mimino
- **特别景点** 中国宫

独家贴士

奥拉宁鲍姆和彼得霍夫距离很近，可以安排在一趟行程内。从彼得霍夫的宫殿出发，在主干道坐上任何一辆有"Ломоносов"标志的车就可以到。告诉司机你想去"v dvaryéts"。

到达和离开

- **小巴** 在Avtovo metro station外面搭乘300路、424路或424A路小巴（₽70，50分钟）。到镇上以后，车会开到天使长大教堂（Archangel Michael Cathedral）所在的山脚下。在那里下车，再沿着公园左边的边界一直走，你就会看到入口了。
- **火车** 从圣彼得堡的波罗的海火车站开往彼得霍夫的火车继续前往奥拉宁鲍姆（₽62，1小时）。在罗蒙诺索夫车站（Lomonosov Station）下车，从车站外面的小公园斜穿过去，到了主干道以后右转，经过显眼的天使长大教堂，公园入口就在你的左侧。

行前参考

- **地区代码** ☎812
- **方位** 圣彼得堡以西41公里处

食在奥拉宁鲍姆

奥拉宁鲍姆是野餐的好地方，这里有掩映在松树林间长达数公里的小路，还有宁静的花园。如果你不想野餐的话，可以试试旅游团最爱光顾的**Okhota**（Охота; Dvortsovy pr 65a; 主菜 ₽500~1000; ⏲正午至午夜; 📖），就在宫殿主入口对面。也可以去便宜一点的当地格鲁吉亚人开的咖啡馆**Mimino**（Мимино; 主菜 ₽200~400; ⏲11:00至次日2:00），就在火车站附近。

景点

大皇宫 宫殿

（Большой дворец, Great Palace; 成人/学生 ₽400/200; ⏲周三至周一 10:30~18:00）2014年，缅希科夫宫的大皇宫经历了一次大规模复建，国事厅重新对外开放。大多数装饰都是对19世纪原物的还原，体现了很多代居住于此的罗曼诺夫家族成员的格调，但对于缅希科夫本人，在这里却找不到任何关于他的痕迹。

音乐厅（Concert Hall）里的天花板边角线非常精致，首层还有一个关于建筑修复过程的展览，但总的来说，整个宫殿从外面欣赏效果要更好。彼得大帝驾崩、缅希科夫被流放之后，这里曾被短暂地用作医院，之后又被传给沙皇彼得三世。彼得三世并不喜欢料理政事，在被他妻子（也就是后来的叶卡捷琳娜二世）领导的政变废黜以前，他在这里度过了很长时间。

奥拉宁鲍姆公园 公园

（Музей-заповедник Ораниенбаум, Oranienbaum Park; www.peterhofmuseum.ru; 5月至10月 成人/学生 ₽200/100, 11月至次年4月 免费; ⏲9:00~20:00）“二战”中奥拉宁鲍姆幸免于纳粹的占领，战后，为了纪念科学家兼诗人米哈伊尔·罗蒙诺索夫（Mikhail Lomonosov），奥拉宁鲍姆更名为罗蒙诺索夫，但如今又用回了原名。它既是一座博物馆，又是一个公园。里面有美丽的小路、人工湖，以及其他装饰性建筑和亭阁供游客欣赏。

湖畔的彼得三世宫又名Peterstadt，是一座方方正正的玩具宫殿，内部装饰雍容华贵。20世纪50年代末、60年代初，这里经历过一次修复，但现在其保存状况并不是很好，橙红色的墙壁出现了剥落和缺口。你可以从标志性的荣耀门（Gate of Honour）入宫。荣耀门曾是一个小堡垒，彼得大帝在那里通过训练士兵取乐。

另一个值得一看的地方是叶卡捷琳娜女皇富丽堂皇的**中国宫**（Китайский дворец, Chinese Palace; 成人/学生 ₽400/200; ⏲周二至周日 10:30~18:00）。这里由Antonio Rinaldi设计，最近得以全面修复。这处私人宅邸内部采取洛可可风格，而外部却是巴洛克风格。彩绘的天花板、木制嵌入式地板和墙壁真是极尽奢华。

宫殿

罗曼诺夫家族建造并且不断完善圣彼得堡附近几个绝佳的宫殿群。参加从圣彼得堡出发的一日游，就能轻松游览这些宫殿群。其中最为出色的宫殿当属芬兰湾的彼得霍夫（彼得大帝宫殿，带有一组无与伦比的喷泉）和叶卡捷琳娜二世的最爱、位于普希金镇的沙皇行宫。

1

5

视觉中国提供

视觉中国提供

1. 大皇宫（见315页）
缅希科夫大公的宫殿，位于奥拉宁鲍姆。

2. 叶卡捷琳娜宫（见309页）
沙皇行宫这处引人注目的宏大宫殿内的骑士餐厅。

3. 叶卡捷琳娜公园（见310页）
叶卡捷琳娜宫内中国馆的一处雕像。

4. 彼得霍夫（见304页）
彼得夏宫外的镀金喷泉。

5. 加特契纳大皇宫（见313页）
里纳尔迪所设计宫殿的雄伟曲面外墙。

视觉中国提供

住宿

圣彼得堡的住宿一点都不便宜，提前预订也不容易，因为白夜（White Nights）期间以及整个夏天，住宿地点顾客爆棚。但是，过去十年，住宿行业进步明显，苏联酒店已经成为历史，取而代之的是各种青年旅舍、微型酒店和奢华住宿。

酒店

圣彼得堡酒店行业经历革命性变革，新增许多时髦、专业的酒店。老旧肮脏的苏联住宿地点经过改建，成为赏心悦目、时髦新潮的酒店；市中心一些几乎废弃的大楼通过重建，变成精品酒店或者奢华的酒店；整体服务水准大幅攀升。即便如此，大多数酒店仍旧价格昂贵，市中心缺乏优质中档酒店。其他优质中档酒店经常被预订一空（夏季更是抢手）。所以，如果打算住在历史中心，就得提早规划。

微型酒店

微型酒店堪称圣彼得堡特有的现象。大多数雄心勃勃的酒店东家无力偿付修缮和改造整栋大楼的费用，但是许多小生意人能够买下一两套公寓，改造成小型酒店，就在原本寻常的住宅楼内。微型酒店风格独特、管理用心，当属市内最佳住宿。它们通常位于城市中心，那里客房需求量最高。缺点就是，微型酒店本身规模很小，客房很快预订一空。

青年旅舍

过去，圣彼得堡只有少数几家乏善可陈、地处偏远、环境压抑的青年旅舍，如今，各种各样每晚费用₽1000以下的住宿地点充分满足了精打细算游客的需求。这种新型青年旅舍位于市中心，管理到位、安全整洁，提供免费Wi-Fi，会令初次到访俄罗斯的任何人感到惊喜。青年旅舍通常由热情洋溢的员工经营，他们自己游历广泛，热切地想要告诉游客他们对于俄罗斯的所见所识。切记，提前预订，确保能够入住目标地点。

公寓

面向散客的酒店，就算是中档的，通常都价格昂贵，所以，租住公寓可谓绝佳选择，圣彼得堡到处都是大型公寓，定期面向游客出租。公寓的安全性一般非常高，门上带有多重门锁，配备对讲电话，走廊灯光明亮，完胜昔日那些出租公寓。许多当地旅行社提供公寓，圣彼得堡在公寓出租网站（例如Airbnb）上的城市形象也不断提升。

独家推荐

Baby Lemonade Hostel（见321页）一个趣味十足、热情友善的流行艺术青年旅舍，提供精品酒店水准的单间客房。

Soul Kitchen Hostel（见324页）这个住宿地点魅力十足，俯瞰莫伊卡河，是圣彼得堡最为迷人的青年旅舍之一。

Alexander House（见325页）一个美丽迷人的私营酒店，俯瞰克留科夫运河。

Andrey & Sasha's Homestay（见325页）这是深入了解俄罗斯文化的最佳住宿地点，店主热情洋溢、令人愉悦。

Rossi Hotel（见323页）一个无与伦比的精品酒店，俯瞰着魅力无限的丰坦卡河。

Rachmaninov Antique Hotel（见322页）位置优越、性价比高，位于喀山大教堂后面。

按价位推荐

€

Soul Kitchen Hostel（见324页）这个青年旅舍简直美轮美奂，位置无可挑剔，住在里面乐趣十足。

Baby Lemonade Hostel（见321页）设计神秘莫测，环境亲切怡人，屋顶能够欣赏壮观的景色。

Friends Hostel on Griboedov（见321页）这个青年旅舍连锁店待客友善、多姿多彩，而且分店众多，我们最喜欢这家分店。

Hostel Life（见326页）这家出色的青年旅舍位于涅夫斯基大街的黄金位置。

Hello Hostel（见325页）这家青年旅舍艺术气息浓郁，位于涅瓦河畔的一栋衰败宅院之内。

€€

Rachmaninov Antique Hotel（见322页）各个方面无可挑剔，这是知情人首选的住宿地点。

Hotel Indigo（见326页）经过巧妙改造，一栋旧楼焕发勃勃生机，真是绝佳的住宿选择。

Tradition Hotel（见328页）员工乐于助人，这家彼得格勒的迷人酒店一直深受游客青睐。

Casa Leto（见322页）这家精品酒店趣味十足、清新脱俗、时髦新潮，天花板高耸，历史悠久。

Pushka Inn（见322页）这个迷人的酒店位于一栋历史悠久的大楼内，能够俯瞰莫伊卡河的极致美景。

€€€

Rossi Hotel（见323页）这家出色的精品酒店能够欣赏丰坦卡河的绝佳美景，服务贴心周到。

Belmond Grand Hotel Europe（见324页）圣彼得堡经典奢华的酒店，国王和总统曾下榻于此。

Hotel Astoria（见324页）一个经过完美现代化的古典奢华酒店，历史氛围浓郁。

Kempinski Hotel Moyka 22（见324页）一个无与伦比的国际奢华酒店，就在埃尔米塔日博物馆近旁。

Hotel Domina Prestige（见325页）这个出色的住宿地点是圣彼得堡高端酒店领域的新成员，物有所值。

行前参考

价格区间

我们采用以下价格指数指代旺季（5月至7月）最低房价。除非另有说明，否则房价包括浴室。

€	少于₽3000
€€	₽3000~8000
€€€	多于₽8000

预订

➡ 白夜期间（5月下旬至7月上旬），通常需要提前至少一个月（越早越好）预订住宿。

➡ 登录酒店网站在线预订通常价格最低，因为鲜有住宿网站值得光顾。多数酒店通过网络公布最低优惠价格。

小费

来到圣彼得堡，只有进入相当高档的酒店，才需要付给酒店工作人员和服务人员小费。

早餐

来到圣彼得堡，住宿地点的早餐几乎都是shvetsky stol（自助餐）。除了四星和五星酒店，早餐一般相当单调，菜品有限。

住宿推荐

区域	优势	劣势
历史中心	坦率而言，如有机会，你会想要入住本区。这里无所不有，而且近在咫尺。徒步最多20分钟即可到达本区任何角落	价格较高
先纳亚和科洛姆纳	相比历史中心，这里安静得多，不甚繁忙。不过，历史气息仍然浓郁，位于市中心。前往马林斯基剧院非常方便	步行距离可能很长，尤其是当你待在科洛姆纳时，那里没有地铁
斯莫尔尼和沃思塔尼亚	这个地区热闹非凡，就像历史中心一样。位于闹市涅夫斯基大街下半部。这是圣彼得堡青年文化和艺术生活中心	游客可能觉得斯莫尔尼竟然远离圣彼得堡其他地方，因为交通线路很不方便，环境偏僻闭塞
瓦西里岛	一个赏心悦目的居民区。只要能够轻松步行到达两个地铁站中的一个，就能方便前往圣彼得堡其他地方	如果距离地铁站较远，就会感到与世隔绝。如果夏季在圣彼得堡参加聚会，不要入住本区，因为桥面晚上升起
彼得格勒和维堡	彼得格勒区位于中心位置，而且环境怡人。拥有许多本地景点，前往市中心交通便利	如果夏季在圣彼得堡参加聚会，不要入住本区，因为桥面晚上升起

历史中心

★BABY LEMONADE HOSTEL 青年旅舍€

见438页地图（☎812-570 7943；www.facebook.com/pages/Baby-Lemonade-Hostel；Inzhenernaya ul 7；铺/双 不带浴室 ₽790/2590起，双 带浴室 ₽3250起，所有客房含早餐；@📶；Ⓜ Gostiny Dvor）这家青年旅舍的老板非常迷恋20世纪60年代，这体现在本店流行艺术和神秘莫测的设计。这家环境亲切、趣味十足的青年旅舍提供两个令人愉悦、宽敞的宿舍和一个出色的厨房，还有起居室。然而，还是多花点钱入住精品酒店水准的单间比较划算。这些单间位于一套独立公寓内，屋顶景色美轮美奂。

★FRIENDS HOSTEL ON GRIBOEDOV 青年旅舍€

见438页地图（☎812-571 0151；www.friendsplace.ru；nab kanala Griboyedova 20；铺/双 ₽500/2500；@📶；Ⓜ Nevsky Prospekt）这是环境亲切、多姿多彩的青年旅舍连锁店的一家分店，位于喀山大教堂附近一个安静庭院内。分店很多，这里是我们的最爱。宿舍和客房一尘不染，配备锁柜、公共浴室和厨房。特色服务包括免费国际长途电话、英语答疑和日常的有组织活动，例如混迹酒吧和历史漫步。其他分店：**Friends on Bankovsky**（见438页地图；☎812-310 4950；www.friendsplace.ru/druzya-na-bankovskom；Bankovsky per 3；铺/房间 不带浴室 ₽800/2500；@📶；Ⓜ Sennaya Pl）；**Friends on Nevsky**（见442页地图；☎812-272 7178；www.friendsplace.ru/druzya-na-nevskom；Nevsky pr 106；铺/房间 不带浴室 ₽800/2500；@📶；Ⓜ Mayakovskaya）；**Friends on Chekhova**（见442页地图；☎812-272 7178；www.friendsplace.ru/druzya-na-chehova/；ul Chekhova 11；房间 不带浴室 ₽2500起；@📶；Ⓜ Mayakovskaya）；**Friends on Vosstaniya**（见442页地图；☎812-401 6155；www.en.friendsplace.ru/friends-on-vosstaniya；ul Vosstaniya 11；铺/房间 不带浴室 ₽800/2700；@📶；Ⓜ Ploshchad Vosstaniya）；**Friends on Kazanskaya**（见438页地图；☎812-331 7799；www.friendsplace.ru/druzya-na-kazanskaya；Kazanskaya ul 11；房间 不带浴室 ₽2600；@📶；Ⓜ Nevsky Prospekt）；**Friends by the Hermitage**（见438页地图；☎921-429 2640；www.friendsplace.ru/friends-by-the-hermitage；ul Bolshaya Konyushennaya 11；铺/房间 不带浴室 ₽800/3000；@📶；Ⓜ Admiralteyskaya）。

CUBA HOSTEL 青年旅舍€

见438页地图（☎812-921 7115；www.cubahostel.ru；Kazanskaya ul 5；铺/标双 ₽500/1350起；@📶；Ⓜ Nevsky Prospekt）这是城内最早的当代风格青年旅舍之一，如今仍然是个不错的住宿地点。宿舍房间的墙壁五颜六色，房内配备金属架子床和私人储物柜。浴室空间狭小，但是非常干净。员工年轻，说英文，非常友好。

ARTWAY HOSTELS SLEEPBOX MALAYA SADOVAYA 青年旅舍€

见438页地图（☎921-943 4084；http://hotelrachmaninov.com/artway-hostels-sleepbox；Malaya Sadovaya ul 3/54；铺 ₽950；@📶；Ⓜ Gostiny Dvor）Rachmaninov Hotel热情友善的经营者同时经营这家新近开业、藏身于一个庭院（带有儿童玩耍区）中的青年旅舍，庭院位于闹市中心。装饰艺术气息浓郁，宿舍床位采用木制盒子隔开，带有布帘，增强私密性。另一家分店提供单间。

ARCHITECTOR HOSTEL 青年旅舍€

见438页地图（☎812-959 8310；www.architector-hostel.ru；Millionnaya ul 10；铺/房间 ₽800/2500起；@📶；Ⓜ Nevsky Prospekt）色彩醒目大胆，配备松木大架子床，采用裸砖墙壁和木地板。这个气氛闲适的青年旅舍会让你想起（往好的方向）宜家（IKEA）。找到这栋大楼的其他店面不算太难，包括一家素食咖啡馆、自行车商店和至少五家酒吧。劣势就是，距离地铁太远。

SIMPLE HOSTEL 青年旅舍€

见438页地图（☎812-385 2528；www.simplehostel.com；Gorokhavaya ul 4；铺 ₽850起；🚭@📶；Ⓜ Admiralteyskaya）厨房和公共区域很小，但是如果只是需要床铺，这个新开店面倒是不错，而且名副其实，因为设计非常简单但是极富创意。位于首层的一个庭院的后部，位置优越，距离埃尔米塔日博物馆和圣伊萨大教堂一箭之隔。

★RACHMANINOV ANTIQUE HOTEL

精品酒店 €€

见438页地图(☎812-327 7466; www.hotelrachmaninov.com; Kazanskaya ul 5; 标单/双 含早餐 ₽6300/7100起; @ 📶; Ⓜ Nevsky Prospekt)老牌酒店Rachmaninov仍旧像是知情顾客的秘密场所。位置绝佳,员工热情,酒店带有怡人的旧日气息,配备硬木地板和迷人的俄罗斯饰品,早餐厅更是氛围浓郁,摆放有一架三角钢琴。

每间卧室的门都由当地的艺术家粉刷成不同的样子,使走廊看上去像一个有趣的画廊。

FD HOSTEL

青年旅舍 €€

见438页地图(☎931-341 9652; http://fdhostel.ru; Nevsky pr 11; 房间 不带浴室 ₽2300~2400; @ 📶; Ⓜ Admiralteyskaya)虽然名为青年旅舍,但实际上没有宿舍(只有朴实无华但是舒适的单间)。客人共用浴室和其他便利设施,包括计时咖啡馆Freestel。额外优势就是绝佳位置和屋顶露台,能够欣赏涅夫斯基大街的全景。

CASA LETO

精品酒店 €€

见438页地图(☎812-314 6622; http://casaleto.com; Bolshaya Morskaya ul 34; 房间 含早餐 ₽7900起; ❄ @ 📶; Ⓜ Admiralteyskaya)一个灯火通明的石头楼梯井奠定了这家小巧玲珑、时髦新潮的精品酒店的主基调,5间客房根据圣彼得堡知名的建筑师命名。住宿区空间宽敞,天花板高耸,配备超大床铺、地暖,色彩柔和,装饰大量古玩,能够配上那些同名人物。

PUSHKA INN

精品酒店 €€

见438页地图(☎812-312 0913; www.pushkainn.ru; nab reki Moyki 14; 标单/双 含早餐 ₽6000/11,500起; ❄ 📶 👪; Ⓜ Admiralteyskaya)这个迷人的旅店位于莫伊卡河一处风景如画的地段,占据一栋18世纪、历史悠久的建筑。客房装饰采用昏暗粉色和焦糖色调,配备木塑地板,如果花费多点,就能够欣赏莫伊卡河美景。同时提供多卧室、家庭式公寓,价格₽17,000起。

3MOSTA

精品酒店 €€

见438页地图(☎812-332 3470; www.3mosta.com; nab reki Moyki 3a; 标单/双 ₽4500/8000起; ❄ 📶; Ⓜ Nevsky Prospekt)这家酒店总计26间客房,靠近三座横跨莫伊卡河的大桥。地理位置相当优越,因此显得过分宽敞。就连标准间的面积都很大,而且配备高雅的家具、吧台和电视机。有一些客房能够瞭望美景,直至滴血大教堂。所有住客都能够前往天台,并欣赏城市全景。

ANICHKOV PENSION

酒店 €€

见438页地图(☎812-314 7059; www.anichkov.com; apt 4, Nevsky pr 64; 标单/双 含早餐 ₽5240/6460; ❄ 📶; Ⓜ Gostiny Dvor)这家酒店自诩为廉价住宿,位于一栋带有复古电梯的靓丽公寓大楼的三层,提供6间客房。标准间不错,不过套间性价比更高。赏心悦目的早餐室能够通过阳台欣赏大桥景色,这个酒店因为这座大桥而得名。入口位于Karavannaya ul。

VODOGRAY HOTEL

酒店 €€

见438页地图(☎812-570 1717; www.vodogray-hotel.ru; Karavannaya ul 2; 标单/双 含早餐 ₽4000/6000起; 📶; Ⓜ Gostiny Dvor)乌克兰乡村小屋风格、漂亮无比的拼布被子、枕头和干花,这一切使得这个位置绝佳的微型酒店不同凡响。早餐由首层的乌克兰餐厅提供。

GUEST HOUSE NEVSKY 3

酒店 €€

见438页地图(☎812-710 6776; www.nevsky3.ru; Nevsky pr 3; 标单/双 含早餐 ₽4700/5300; 📶; Ⓜ Admiralteyskaya)4间客房装饰各异,带有冰箱、电视机、保险柜和电风扇,俯瞰一个出奇静谧的庭院,庭院距离埃尔米塔日博物馆一箭之隔。住客可以使用厨房,自炊非常方便,难怪这个地方备受好评。进入Nevsky pr 3的庭院,使用Staraya Kniga书店旁边的对讲机呼叫10号公寓,即可找到。

PETRO PALACE HOTEL

酒店 €€

见438页地图(☎812-571 2880; www.petropalacehotel.com; Malaya Morskaya ul 14; 房间 含早餐 ₽7000起; ❄ @ 📶 🏊; Ⓜ Admiralteyskaya)这家酒店总计194间客房,位于圣伊萨大教堂和埃尔米塔日博物馆之间的绝佳地点。设施无可挑剔,包括一个出色的地下健身中心,其带有小型泳池、芬兰浴和设备齐全的健身房。标准间面积宽敞、设计高雅,但是没有任何特色。深受旅游团青睐,但是很少人满为患。

BELVEDERE-NEVSKY

商务酒店 €€

见438页地图（☎812-571 8338；www.hotelbn.ru；Bolshaya Konyushennaya ul 29；房间含早餐 ₽5500起；❄@📶；Ⓜ Nevsky Prospekt）Belvedere-Nevsky并非旅客印象中那种标准商务酒店，其规格更高一级。自动门朝向走廊打开，走廊覆盖金色、菱形壁纸。大客房的装饰同样趋于豪华，带有金色条纹的壁纸、浮动的窗帘和图案丰富的床罩。

POLIKOFF HOTEL

酒店 €€

见438页地图（☎812-314 7809；www.polikoff.net；Nevsky pr 64/11；标单/双 含早餐 ₽4900/5680起；📶；Ⓜ Gostiny Dvor）如果特别关注住宿风格和费用，可来这个饱含当代时尚气息的宁静处所。距离涅夫斯基大街咫尺之遥，但是不太好找。通过Karavannaya ul 11的棕色大门进入，拨打☎26。你会发现内部装饰令人沉静，例如柔和的光线、金色的木镶板以及浅棕和乳白色调。

TIM CLUB

酒店 €€

见438页地图（☎812-312 4500；www.timclub.ru；Millionnaya ul 19；房间 含早餐 ₽4700起；📶；Ⓜ Nevsky Prospekt）这家酒店提供8间客房，来往埃尔米塔日博物馆较为便利，略微优于普通微型酒店。特色就是裸砖墙壁，浴室镶嵌瓷砖，还有纯色床上用品和室内饰品。

PIO ON GRIBOYEDOV

酒店 €€

见438页地图（☎812-571 9476；www.hotelpio.ru；apt 5, nab kanala Griboyedova 35；标单/双/标三/四 不带浴室 ₽4200/4930/6420/7250；📶；Ⓜ Nevsky Prospekt）6间客房共用浴室和卫生间，但是感觉更像住在大型公寓而非青年旅舍。公共区域令人愉悦，客房舒适干净。更加出色的当属热情周到的服务、优越的地理位置和俯瞰运河的巨大窗户，因为窗户巨大，所以这个地方采光很好。

FORTECIA PETER

酒店 €€

见438页地图（Фортеция Питер；☎812-315 0828；www.fortecia.ru；ul Millionnaya 29；房间 含早餐 ₽7000起；❄@📶；Ⓜ Admiralteyskaya）这个微型酒店舒适怡人，包含8间客房，距离埃尔米塔日博物馆很近，位于一个静谧、朴实的庭院中。员工亲切友好，有的会说英语。房间虽然偏小但是舒适，裸露的砖墙和房梁使得这里颇有几分魅力。除了白夜期间，房价较低。

STONY ISLAND HOTEL

酒店 €€

见438页地图（☎812-740 1588；www.stonyisland.com；ul Lomonosova 1；房间 含早餐 ₽4500起；❄📶；Ⓜ Nevsky Prospekt）Stony Island身处Dumskaya街夜生活活跃地带，提供17间简约客房，分为4类，许多客房造型奇特，因为这栋历史建筑比较古怪。内部装饰相当出色，还有平板电视、吧台和出色的浴室。不太适合对噪音敏感的人，除此以外，堪称绝佳住所。

★ ROSSI HOTEL

精品酒店 €€€

见438页地图（☎812-635 6333；www.rossihotels.com；nab reki Fontanki 55；标单/双/套 含早餐 ₽12,000/12,900/18,000起；❄@📶；Ⓜ Gostiny Dvor）这家酒店占据一栋精心修复的大楼，位于圣彼得堡最漂亮的广场之一。53间客房设计各异，但是统一采用花纹天花板。老式床铺、浴室、裸砖墙壁和许多设计元素

住宿中介

以下被推荐的中介公司能够帮你安排短期住宿。

- **Airbnb**（airbnb.com）
- **Bed & Breakfast**（www.bednbreakfast.sp.ru）
- **City Realty**（www.cityrealtyrussia.com）
- **HOFA**（www.hofa.ru）
- **Travel Russia**（www.travelrussia.su）
- **Intro by Irina**（www.introbyirina.com）

融合古典和新潮两种风格。顶级客房能够欣赏丰坦卡河的壮美景色。新开水疗馆带有桑拿和豪华泳池，真是锦上添花。

★ W HOTEL
豪华酒店 €€€

见438页地图（☎812-610 6161；www.wstpetersburg.com；Voznesensky pr 6；房间 ₽18,630起；❄@🛜≋；Ⓜ Admiralteyskaya）如果你熟悉W酒店品牌，那么圣彼得堡分店不会令你失望。各类客房宽敞豪华，带有当代时尚气息。大厅同样赏心悦目。屋顶MiXup Bar能够欣赏极致景色，艾伦·杜卡斯（Alain Ducasse）餐厅MiX提供精美食物。还有一个迷人的水疗馆，带有桑拿、极可意按摩浴缸（Jacuzzi）、理疗室和豪华泳池。

BELMOND GRAND HOTEL EUROPE
豪华酒店 €€€

见438页地图（☎812-329 6000；www.grandhoteleurope.com；Mikhailovskaya ul 1/7；房间/套 ₽18,000/41,890起；❄@🛜≋；Ⓜ Nevsky Prospekt）1830年，卡洛·罗西将三栋相邻的大楼整合，成为今天我们看到的模样。自那以后，就不允许再对这栋历史建筑进行改动。这个标志性的酒店之内，没有房间完全相同，但是多数房间空间宽敞、设计高雅。

常客非常青睐露台客房，因为视线能够穿越城市屋顶，景致无与伦比。

ANGLETERRE HOTEL
豪华酒店 €€€

见438页地图（☎812-494 5666；www.angleterrehotel.com；Malaya Morskaya ul 24；房间/套 ₽12,000/47,000起；❄@🛜≋；Ⓜ Admiralteyskaya）Angleterre的顶级客房带有极其舒适的超级大床、超大的浴室，风格内敛低调，还能欣赏圣伊萨大教堂令人窒息的美景。其他附加设施包括：一个出色的健身中心、一个小泳池、一个播放原声电影的电影院和一个出类拔萃的意大利餐馆Borsalino。

HOTEL ASTORIA
豪华酒店 €€€

见438页地图（☎812-494 5757；www.roccofortehotels.com；Bolshaya Morskaya ul 39；房间/套 ₽26,600/35,990起；❄@🛜≋；Ⓜ Admiralteyskaya）无论Hotel Astoria失去多少最初拥有的现代风格装饰元素，都已采用当代风格以及高端服务加倍弥补。难怪受到到访的达官贵人的青睐，无论国王还是摇滚明星。客房保留酒店历史风貌，融入现代设计，顶级套房里面摆放古董，能够眺望圣伊萨大教堂，景致绝佳。

入住隔壁姊妹酒店Angleterre Hotel，亦能欣赏如此景致，而且房价稍低，Angleterre Hotel的住客能够使用健身房和游泳池。

KEMPINSKI HOTEL MOYKA 22
豪华酒店 €€€

见438页地图（☎812-335 9111；www.kempinski.com；nab reki Moyki 22；房间/套 含早餐 ₽19,800/27,300起；❄@🛜；Ⓜ Nevsky Prospekt）这家一流的酒店就在埃尔米塔日博物馆近旁，具备国际奢华连锁酒店应该具备的所有条件。客房采用时髦的海洋主题，配备樱桃木家具，色调搭配采用海军蓝色和金色，非常漂亮。来到屋顶的餐厅兼酒吧Belle View，360度城市全景真是无与伦比。

FOUR SEASONS HOTEL LION PALACE
豪华酒店 €€€

见438页地图（☎812-339 8000；www.fourseasons.com/stpetersburg；Voznesensky pr 1；房间/套 ₽22,500/44,286起；❄@🛜≋；Ⓜ Admiralteyskaya）这家酒店位于一个精心修复的宫殿内。大厅和主楼梯相当奢华，但是价格较低的客房与此并不协调。不过，如果有幸入住豪华套房，基本不会失望。

这座宫殿由蒙费朗（Montferrand）设计，曾是Prince Lobanov-Rostovsky的住所。蒙费朗亦是隔壁圣伊萨大教堂的建筑师。这座宫殿还有两家设计迷人的餐厅、一个不错的酒吧、午茶冬日花园和带有豪华泳池的水疗馆。

先纳亚和科洛姆纳

★ SOUL KITCHEN HOSTEL
青年旅舍 €

见446页地图（☎8-965-816 3470；www.soulkitchenhostel.com；apt 9, nab reki Moyki 62/2, Sennaya；铺/双 ₽900/3600起；⊖@🛜；Ⓜ Admiralteyskaya）Soul Kitchen融合波希米亚时尚元素和精品酒店的舒适设施，许多主要客房类型获得完美的10分：单间（别致）、宿舍床位（双倍宽度，带有床帘，私密性好）、

公共区域（宽敞）、厨房（宽大、迷人）和浴室（非常精美）。同时提供自行车租赁服务、桌上足球，可以免费使用苹果电脑，免费拨打国际长途。通过公共阳台，可以欣赏无与伦比的莫伊卡河景色。

★HELLO HOSTEL 青年旅舍 €

见446页地图（☎812-643 2556；www.hellohostel.ru；Angliyskaya nab 50，Kolomna；铺₽600~1000，双 带公共浴室 ₽2500~3000，所有客房包含早餐；🚭📶；Ⓜ Admiralteyskaya）这个青年旅舍不拘一格，艺术气息浓郁，大堂酒吧顾客盈门，所以这里有种聚会的氛围。还有其他出色的地方，例如醒目中央阶梯上的影像播放。大宿舍客房配备超高木制架子床，有些带有床帘，还有不可思议的（即使有些腐朽的）天花板花纹。还有4个独立双人间。

这个青年旅舍占据涅瓦河堤一栋美不胜收的历史建筑，仍旧保留苏联时代集体公寓的那种气氛。优势包括免费使用洗衣机、自行车租赁（每24小时 ₽600）和涅瓦河非凡的景色。

GOLDEN AGE RETRO HOTEL 酒店 €

见446页地图（Золотая Середина；☎812-315 1212；www.retrohotel.ru；Grazhdanskaya ul 16，Sennaya；标单/双 ₽3000/3300，不带浴室 ₽2000/2300；📶；Ⓜ Sadovaya）这个待客热情的小酒店位于先纳亚广场以北狭窄街道上的一个安静庭院，性价比高。一些古物分布四周，证明其"复古"风格所言非虚，但是多数家具以及所有设施非常现代，带有一个厨房供住客使用，还有一台洗衣机。

要来这家酒店（招牌明显被遮挡），就去找到Grazhdanskaya ul 16对讲电话（官方门牌号与此不同），拨打☎88，然后前往二楼的14号公寓。

★ANDREY & SASHA'S HOMESTAY 公寓 €€

见446页地图（☎8-921-409 6701，812-315 3330；asamatuga@mail.ru；nab kanala Griboyedova 51，Sennaya；标单/双 不带浴室 ₽2600/4000；Ⓜ Sadovaya）这家公寓活力四射、意大利风情浓郁，对待租客热情友善，无论顾客租住一间或者整套公寓（有三间）。地理位置优越，装饰不拘一格，带有许多设计元素，配备迷人的家具，装饰瓷砖和镜面。浴室和厨房设施公用。

欢迎顾客开展社交活动。房东很有可能邀请住客落座炉边啜饮红酒，或者来到屋顶品味咖啡。入住这家公寓，能够通过当地波希米亚人了解这座城市。

HOTEL GOGOL 酒店 €€

见446页地图（☎812-571 1841；www.gogolhotel.com；nab kanala Griboyedova 69，Sennaya；标单/双 ₽3600/4500起；🚭❄📶；Ⓜ Sadovaya）这家酒店位于市中心，性价比很高，由一栋大作家尼古拉·果戈理（Nikolai Gogol）曾经居住过的房屋改造而成。客房温馨，装饰朴实，俯瞰运河或者一片安静的居民院落。前台设在二楼，设有地下餐厅。

NEVSKY BREEZE HOTEL 酒店 €€

见446页地图（☎812-570 1146；www.hon.ru；ul Galernaya 12，Kolomna；标单/双 ₽6200/7100；🚭❄📶；Ⓜ Admiralteyskaya）这家酒店位于市中心最迷人的街道之一，距离涅瓦河只有一个街区。33间客房舒适简朴，都带独立浴室但是不带冰箱。内部极其新潮，这栋历史建筑并不特别，但是仍然深受青睐。

DOSTOEVSKY HOUSE HOTEL 酒店 €€

见446页地图（☎812-314 8231；www.ddspb.ru；ul Kaznacheyskaya 61/1，Sennaya；标单/双 含早餐 ₽4000/4500；📶；Ⓜ Sennaya Ploshchad）10间客房舒适朴素，有大有小，价格适宜。入住期间，免费提供茶水和咖啡，房内带有电风扇。

★ALEXANDER HOUSE 精品酒店 €€€

见446页地图（☎812-334 3540；www.a-house.ru；nab kanala Kryukova 27，Kolomna；标单/双 含早餐 ₽10,625/11,475起；🚭❄📶；Ⓜ Sadovaya）酒店老板亚历山大（Alexander）和娜塔莉亚（Natalya）改造了这栋位于尼科尔斯基大教堂（Nikolsky Cathedral）对面的历史建筑。公共区环境怡人，包括一个壁炉供热的大厅和一个藤蔓覆盖的庭院，庭院包含一个仅供住客就餐的餐厅。需要预订。

HOTEL DOMINA PRESTIGE 酒店 €€€

见446页地图（☎812-385 9900；www.dominarussia.com；nab Reki Moyki 99，Sennaya；

房间₽7590起；⊖❄📶；Ⓜ Admiralteyskaya）这个出类拔萃的新酒店令人一见钟情，因为它的传统莫伊卡河堤外观相比明亮、时髦、多彩的中庭更为出众。一些装饰无疑带有浓厚的俄罗斯色彩，但是仍然时尚精彩。客房宽敞舒适，其他优点包括咖啡设施和整洁的浴室。还有桑拿、健身房和餐厅。

斯莫尔尼和沃思塔尼亚

LOCATION HOSTEL
青年旅舍 €

见442页地图（☎812-329 1274；www.hostel74.ru；Ligovsky pr 74，Vosstaniya；铺/房间 ₽700/1500起，精品房间 ₽6000；⊖📶；Ⓜ Ligovsky Prospekt）前来入住圣彼得堡最为炫酷的艺术馆和文化中心——Loft Project Etagi的三楼就是这个超级热情的青年旅舍。一些宿舍面积巨大（其中一个摆放20张床），但是设施一尘不染，配备洗衣机和一个小型厨房。除了宿舍，还有三个精品房间，达到了精品酒店水准但是价格低廉。

ALL YOU NEED HOSTEL
青年旅舍 €

见442页地图（☎8-921-950 0574；www.youneedhostel.com；ul Rubinshteyna 6，Vosstaniya；铺 ₽650起；⊖📶；Ⓜ Mayakovskaya）这家热情大方、新潮时尚的青年旅舍位于城内一处绝佳的位置，实际就是一个大型公寓，带有三个宿舍式卧室，可以容纳6~12人。每个房间都有锁柜和木制架子床，不过厨房和起居室宽敞，后者带有阳台，能够俯视熙攘繁忙的ul Rubinshteyna。墙上可能掉落白色粉末，做好心理准备！

HOSTEL LIFE
青年旅舍 €

见442页地图（☎812-318 1808；www.hostel-life.ru；Nevsky pr 47，Vosstaniya；铺 ₽950起，标双/标三 ₽3325/3515；⊖📶；Ⓜ Mayakovskaya）初来乍到，就会感到亲切温馨。本店提供拖鞋，空间宽敞明亮。15间客房各异，例如双人间和容纳8人的宿舍。7号房间带有一扇转角窗户，面向涅夫斯基大街——毫无疑问就是目前这个价位的最佳景致！

还有宽大的厨房、整洁的浴室、免费洗衣和操着英语的员工——总而言之，真是不错。

RED HOUSE HOSTEL
青年旅舍 €

见442页地图（☎812-380 7527，8-921-443 8424；www.redhousehostel.com；Liteyny pr 46，Smolny；铺/双 含早餐 ₽550/1990起；⊖📶；Ⓜ Mayakovskaya）这个青年旅舍非常出色，所处的核心位置令人欢喜，大楼本身特别引人注目。采用吉米·亨德里克斯（Jimi Hendrix）主题，虽然宿舍有点局促，但气氛亲切怡人。公共区域也不错。同时提供一个双人间。其他服务包括一个洗衣机（₽100）和自行车租赁。

NILS BED & BREAKFAST
家庭寄宿 €

见442页地图（☎812-923 0575；www.rentroom.org；5-ya Sovetskaya ul 21，Smolny；标单/双/标三 ₽2500/3500/4200起；📶；Ⓜ Ploshchad Vosstaniya）这家住宿地点很是不错，价格优惠。4间宽敞的客房共用2间时髦的浴室，还有美丽迷人、光线充足的公共区和厨房。尼尔斯（Nils）自己修缮这个地方，小心翼翼地保护那些模型、木地板和其他有特色的建筑部分。现在，他的注意力转向服务好住客。

HOTEL INDIGO
酒店 €€

见442页地图（☎812-454 5577；www.indigospb.com；ul Chaykovskogo 17，Smolny；房间 ₽6300起；⊖❄📶；Ⓜ Chernyshevskaya）这里原是一家革命前酒店，经过全面修缮，成为目前这个全新的Hotel Indigo，这里井然有序、时髦新潮，管理团队出类拔萃。中庭非比寻常，就连朝内的客房都是光线充足，其他特色同样令人愉悦，例如房内的花洒和免费吧台。加上绝佳的城市景色、健身房、桑拿和小泳池，这个出色而又深受青睐的中端住所堪称完美。

PIO ON MOKHOVAYA
民宿 €€

见442页地图（☎812-273 3585；www.hotelpio.ru；Mokhovaya ul 39，Smolny；标单/双/标三/四 含早餐 ₽4200/5000/6000/6800；⊖📶👪；Ⓜ Chernyshevskaya）这个迷人住所是Pio在圣彼得堡的第二家店面。宽敞、时髦、舒适，适合儿童，欢迎家庭游客入住。位于一个安静的居民区，距离历史中心很近。设有芬兰浴。通过对讲机拨打☎10进入。

HELVETIA HOTEL & SUITES
酒店 €€

见442页地图（☎812-326 5353；www.helvetia

hotel.ru; ul Marata 11, Vosstaniya; 房间 含早餐 ₽6650起; ⊖❄📶; MMayakovskaya)穿过铁门，进入一个出色的私营、管理专业的住宿佳地，宁静而且高雅。客房或许没有19世纪初的楼体外观那么引人入胜，但是舒适性弥补一切缺憾，每个房间都有浴缸、保险柜和吧台。自助早餐非常出色，店内开设两家餐厅。

BROTHERS KARAMAZOV 精品酒店 €€

见442页地图(☎812-335 1185; www.karamazovhotel.ru; Sotsialisticheskaya ul 11a, Vosstaniya; 房间 含早餐 ₽5865起; ⊖❄📶; MVladimirskaya)带上一本陀思妥耶夫斯基的经典小说。这位文学巨匠曾住在附近并创作《卡拉玛佐夫兄弟》(*The Brothers K*)。为了表达敬意，这家酒店28间迷人客房全部根据陀思妥耶夫斯基小说中的女性人物命名，从而有助于回答那个古老问题：你是哪个19世纪的堕落女性？

ARBAT NORD HOTEL 精品酒店 €€

见442页地图(☎812-703 1899; www.arbat-nord.ru; Artilleriyskaya ul 4, Smolny; 标单/双 含早餐 ₽3900/4600; ❄@📶; MChernyshevskaya)街道对面就是一家难看的苏联时代的酒店，这家新潮时髦的酒店似乎在向它的邻居展示如何经营好一家酒店。客房采用金色和绿色装饰，虽然家具特别廉价，但是空间足够宽敞。员工工作高效、说英语，服务到位，迎客热情。

ART HOTEL 酒店 €€

见442页地图(☎812-740 7585; www.art-hotel.ru; Mokhovaya ul 27-29, Smolny; 标单/双 ₽4100/5100起; ⊖📶; MChernyshevskaya)这家酒店名不副实，14间客房非常雅致，但是没有任何艺术氛围。优点就是，每天早上早餐送到房间。

GREEN APPLE HOTEL 酒店 €€

见442页地图(☎812-272 1023; www.greenapplehotel.ru; ul Korolenko 14, Smolny; 标单/双/标三 含早餐 ₽2700/3200/3700起; ⊖❄📶; MChernyshevskaya)这家特别时髦、现代的酒店拥有15间客房，位于利特尼(Liteyny)的后街小巷，感觉就像成人青年旅舍。性价比最高的客房是ekonom(经济)房间，可以容纳最多3人(第三张床位设在夹楼)。这些客房物超所值，因为酒店位置优越，还有公共厨房可以使用。

HOTEL AZIMUT 酒店 €€

(☎812-740 2640; www.azimuthotels.com; Lermontovsky pr 43/1, Vosstaniya; 标单/双 ₽3200/3500起; ⊖📶; MBaltiyskaya)这家不甘平凡的Azimut酒店连锁店是从一栋宏伟的苏联时代酒店巧妙改造而来，竭尽全力想让顾客忘记自己身处圣彼得堡一座最为丑陋的建筑之中。虽然只有四层经过全面修缮，但其他楼层同样提供优质(即使空间狭小)的客房。

价格低廉，时尚大厅和令人惊喜的顶层Sky Bar更是锦上添花。

NEVSKY FORUM 精品酒店 €€€

见442页地图(☎812-333 0222; www.forumhotel.ru; Nevsky pr 69, Smolny; 标单/双 ₽8900/11,000起，精品 标单/双 ₽11,400/12,500起，所有客房包含早餐; ⊖❄@📶; MMayakovskaya)这个漂亮的住宿地点配备一切应有的设施和设备，但是相比城内其他豪华住宿，这里适合精打细算的旅客。29间客房全部宽敞舒适，配备超大床铺、巨大的双层玻璃窗和环保软木地板。高端精品客房适合高雅人士。

OFFICIAL STATE HERMITAGE HOTEL 豪华酒店 €€€

见442页地图(☎812-777 9810; www.thehermitagehotel.ru; ul Pravdy 10, Vosstaniya; 房间 ₽9410起; ⊖❄📶; MZvenigorodskaya/Vladimirskaya)这家酒店位置古怪，但令人着迷，配备大量意大利大理石和枝形吊灯，即使最挑剔的罗曼诺夫人(Romanovs)也会满意。房间宽敞、古雅，但不低俗。爱玛仕(Hermès)物品摆满浴室。

前往埃尔米塔日博物馆很不方便：每隔2小时有一班免费穿梭巴士开往这座博物馆，入住超过三晚可以免费进入博物馆。

瓦西里岛

NASHOTEL 酒店 €€

见452页地图(☎812-323 2231; www.nashotel.ru; 11-ya liniya 50; 标单/双 ₽5800/6400

起；❄📶；ⓂVasileostrovskaya）尽管已有5年历史，但是这家一尘不染的住宿地点看起来仿佛刚刚开业。这栋经过精心改建的建筑很高，位于一条安静的小街，外观令人瞩目，客房颜色鲜艳，还有时尚装饰，高层客房能够欣赏壮丽的景色。

SOKOS HOTEL VASILYEVSKY 酒店 €€€

见452页地图（☎812-335 2290；www.sokoshotels.com；8-ya liniya 11-13；房间₽8500起；🚭❄📶；ⓂVasileostrovskaya）这家酒店大得惊人，拥有超过200间客房，虽然从街上看去并不显眼。管理井井有条，设计出类拔萃，面向商务旅客和高端度假市场。客房宽敞，带有别致设计，楼下的Repin Lounge提供饮食。

TREZZINI PALACE HOTEL 豪华酒店 €€€

见452页地图（☎812-313 6622；www.trezzinipalace.com；Universitetskaya nab 21；房间含早餐₽14,400起；❄📶；ⓂVasileostrovskaya）这个精心装修的酒店带给旅客18世纪和19世纪皇家的富丽堂皇、未受现代元素和便利因素影响的那种感觉。21间客房宽大，带有宽敞的浴室和精致的木制吧台，吧台上面物品丰富。虽然这家酒店稍不留意就会滑向毫无格调的一端，但是它的风格整齐划一，完全弥补了那些缺憾。

彼得格勒和维堡

HOTEL AURORA 酒店 €

见450页地图（☎812-233 3641；www.hotel-aurora.ru；Malaya Posadskaya ul 15；标单/双₽2450/3150，不带浴室₽2100/2800，所有客房包含早餐；📶；ⓂGorkovskaya）这家生气勃勃的微型酒店距离彼得和保罗堡垒不远，提供价格优惠、亲切怡人的住宿。4间宽敞的客房带有奇特的魅力，床铺摇摇晃晃。即便如此，光洁亮丽的浴室和厨房使得这个地方出类拔萃。

ART-HOTEL KONTRAST 青年旅舍 €

见450页地图（☎8-981-686 4246；http://hotel-contrast.com；Bolshoy pr 51/9；铺/标单/双₽550/1300/1500起；@📶；ⓂPetrogradskaya）志向远大的年轻艺术家被雇用来装饰这家古怪的青年旅舍，它藏身于ul Lenina上一个庭院的一角。相比网站上广角镜头照片的描述，这家酒店实际上更加狭小。但是，它同市内这个地段其他现代青年旅舍相比，毫不逊色。

APART-HOTEL KRONVERK 商务酒店 €€

见450页地图（☎812-703 3663；www.kronverk.com；ul Blokhina 9；房间含早餐₽5280起，公寓₽9790起；❄@📶；ⓂSportivnaya）如果你在寻找一家更加新潮的住宿地点，就来这家。这家酒店占据一个华丽的商务中心的楼上几层，提供时髦悦目的客房，带有基本的自炊设施。员工说英语，工作高效、专业。

TRADITION HOTEL 酒店 €€€

见450页地图（☎812-405 8855；www.traditionhotel.ru；pr Dobrolyubova 2；标单/双含早餐₽11,220/12,710；❄@📶；ⓂSportivnaya）这家迷人的小酒店一直深受旅客青睐，因为员工面带微笑、乐于助人，竭尽全力地服务住客。客房舒适，设施齐全，带有很大的浴室，风格古色古香。

体验沙皇就寝的感觉

如果你想要入住沙皇宫殿，那么机会来了。彼得大帝在Strelna修建夏宫，Strelna距离圣彼得堡24公里，如今是普京的总统府，用于举办国际会议和国务接待。普京安排客人入住**Baltic Star Hotel**（☎812-438 5700；www.balticstar-hotel.ru；Beriozovaya al 3；房间₽5800起，套₽9000；🚭❄@📶🏊）。如果这里没被预订，你就可以入住。除了位于主店的100间设施齐全的客房，还有18套VIP别墅位于芬兰湾海滨，都带独立餐厅、书房、桑拿、游泳池，当然还有随从人员的住宿区。

了解莫斯科和圣彼得堡

今日莫斯科和圣彼得堡

如同一对时常被同时提及的孪生姐妹，莫斯科和圣彼得堡从未像今天这般光彩照人。虽然，不久前莫斯科还在世界最不友好城市榜中名列前茅，但这并未阻挡人们在社交媒体上抒发来访的热情。毫无疑问，这座城市正在变得更加彬彬有礼。在被苏联政府忽视70年后，圣彼得堡为期20年的巨额投资效果显著，这座城市表面再次布满精心绘制的粉彩画并洋溢着英姿。由表及里，要做的工作还有很多：尽管中产阶级的数量激增，但这座城市整体而言仍旧贫穷，并面临着很多经济、政治问题。

推荐电影

《伊莲娜》（*Elena*, 2011）作为戛纳电影节评审团奖获奖作品，这部电影审视了现代莫斯科的爱、家庭和阶级的意义。

《莫斯科不相信眼泪》（*Moscow Doesn't Believe in Tears*; 1980）获得奥斯卡最佳外语片的伟大爱情浪漫轻喜剧。

《我的改革》（*My Perestroika*; 2010）这部富有洞察力的纪录片表现了经济改革关键时期以及当代的莫斯科生活。

《兄弟》（*Brother*; 1997）小谢尔盖·波德洛夫（Sergei Bodrov Jr）在苏联解体后圣彼得堡破旧的街道上对战黑手党。

《俄罗斯方舟》（*Russian Ark*; 2002）拍摄于埃尔米塔日博物馆，这是亚历山大·索科洛夫（Alexander Sokurov）对俄罗斯历史的一次奇特冥想。

《奥涅金》（*Onegin*; 1999）玛莎·费因思唯美演绎普希金关于迷茫爱情和懊悔的史诗级故事。

推荐阅读

《大师与玛格丽特》（*The Master and Margarita*，米哈伊尔·布尔加科夫）关于脱离苏联的最生动小说。

宜居都市

2010年，谢尔盖·索比亚宁（Sergei Sobyanin）成为莫斯科市长，他转变了莫斯科的发展重心——不再专注于建设大型商业项目和建筑项目，而是更关注如何让这座城市适合普通人的小日子。他在2011年的第一个行动便是清理遍布在城市人行道上的数千座报亭。这一举措引发了争议：小商贩对此并不支持，但其实并没有人会想念那些售卖香烟、啤酒和糖的临时小店。

虽然街道仍然拥堵，但驾驶行为得到了严格规范，司机变得更沉稳、更重视安全，而且会让行人先过马路。市长还在市中心引入了停车付费制，因此狭窄的老街上车辆减少了。市中心将重心放在了公园和步行道，更便于人们步行或骑自行车探索城市。警察整顿队伍，换上了新制服，实行了新的行为标准，而且他们有了新名字（politsiya，取代了听上去就不太吉利的militsiya）。

与此同时，圣彼得堡也为长期以来的烟酒问题做出了努力。如今，22:00至次日11:00在商店售酒是非法的（尽管上有政策下有对策），当然在酒吧里喝酒完全合法。市政府曾经在大型法定节假日前全天禁止销售酒精饮料，以防出现纵酒狂欢的情况——许多俄罗斯人的确会在节日期间这么做。更严格的似乎要数2014年颁布的全国性公共场所禁烟令，这使得圣彼得堡曾经烟雾缭绕的酒吧、咖啡馆和夜店变为更友好的无烟场所，甚至连火车站台和公寓楼梯间也包含在内。同志们，尽情呼吸吧！

进步与倒退

成为俄罗斯联邦首都20年后，莫斯科已经证明了自己。这段时期，城市经历过经济危机和政治变革、建筑狂潮和拆毁竞赛、恐怖袭击和节日欢庆。如今，富足的中产阶级和崭新的市容为这里奠定了朝气蓬勃又不失稳定的节奏。为了建设欧洲第一高楼，俄罗斯联邦大厦工程正在如火如荼地进行着。虽然在2016年的全球最具影响力城市排名中，莫斯科跌至第18位，在商业活动、信息交流和人力资本方面也稍逊于其他城市，但无可否认的是，这个曾经辉煌过的地方没有放弃调整自己，而她也的确正在变得更好。

过去十年，圣彼得堡对基础设施的投资巨大，这种投资也是十分必要的。直到过去几年，圣彼得堡才终于完成了几项大型建筑工程，其中包括一条环城公路、一座防洪堤、新的M5地铁线、Bolshoy Obukhovsky大桥（涅瓦河上唯一一座规模大到不需要在夜间收起的桥）以及瓦西里岛上的Marine Facade游艇港。这一切都至关重要，昭示着这座城市进入现代化并发展商业和旅游业的决心。

尽管莫斯科针对同性恋社区的警方骚扰频发，同性伴侣在公开场合需要低调行事，但竟是欧化趋势代表的圣彼得堡成了极度保守落后的反同性恋浪潮的发源地。这股浪潮自2011年起席卷整个俄罗斯。当地持极端保守立场、拥护普京派的代表维塔列·米罗诺夫（Vitaly Milonov）因2011年在圣彼得堡立法会议上引入如下法案而在全国受到极大关注——将“向未成年人宣传男同性恋、女同性恋、双性恋和变性”视为违法。然而这部落后法案最终通过，并成为全国性立法，如今依旧得到支持。

潮男潮女

文艺青年占领了莫斯科。你会见到这些有教养的、外形靓丽的、体面的年轻人，他们或是在温萨沃德当代艺术中心参观画廊，或是挤在红色十月的酒吧夜店中，或是在高尔基公园里打乒乓球。他们不太关心政治，却希望和欧美的年轻人一样过上丰富多彩、有意义的生活。所以当普京在2012年连任三届总统后，他们走上了街头。分析家认为这次为了争取“公平选举”的抗议是一场政治失败，因为抗议未能改变选举结果，也没有能够修补制度缺陷。此后俄罗斯还颁布了严格的法律，以保证公民不会继续公开抗议。

抗议者成功地让当局注意到了他们。突然间，城市公园得到改造：鲜花盛开，泉水汩汩，莫斯科的日历表中充满了艺术市集、瑜伽课程和沙滩排球。指导高尔基公园改造工作的谢尔盖·卡普科夫（Sergei Kapkov）被任命为城市文化部负责人。他目前负责监督备受瞩目的Zaryadie（原Hotel Rossiya所在地）公园的设计建造和市图书馆全面翻新项目。一些分析人员认为，卡普

莫斯科

人口：**1956万**

面积：**2511平方公里**

圣彼得堡

人口：**519万**

面积：**1439平方公里**

每100个俄罗斯人中

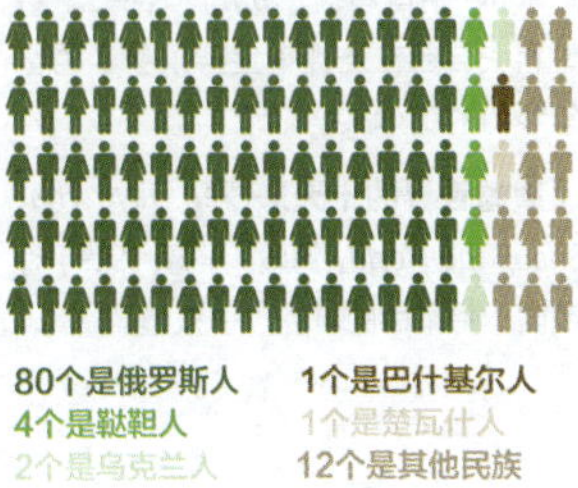

信仰体系
（占人口百分比）

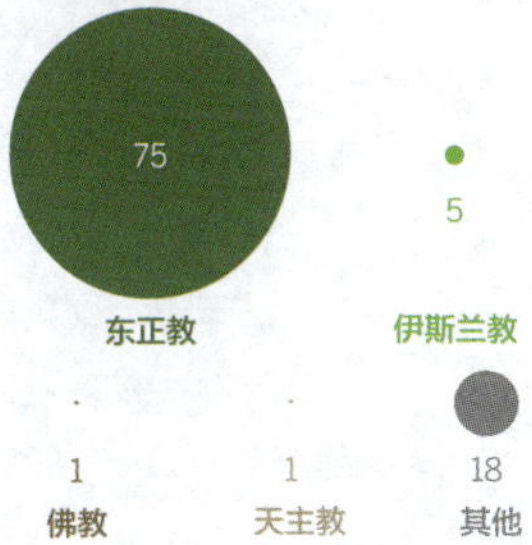

《金色门廊》（*On the Golden Porch*，达吉亚娜·托尔斯泰娅）20世纪20年代一幢小公寓中的伟大灵魂的短篇故事。

《安娜·卡列尼娜》（*Anna Karenina*，列夫·托尔斯泰）给没有时间读《战争与和平》的人提供了合理的替代品。

《罪与罚》（*Crime and Punishment*，费奥多尔·陀思妥耶夫斯基；1866）这部典型的圣彼得堡小说展现了被欺骗的男主人公拉斯柯尔尼科夫的思想世界。

《说吧，记忆》（*Speak, Memory*，弗拉基米尔·纳博科夫；1951）一部关于纳博科夫自己在圣彼得堡苦乐参半的童年经历的绝妙文学记录。

《震撼世界的十天》（*Ten Days That Shook the World*，约翰·里德；1919）对俄国十月革命的出色一手报道。

科夫的主要任务是保证文艺青年快乐且忙碌。他做得确实不错。

圣彼得堡素来是热爱文艺活动的年轻人聚集地。2013年，马林斯基剧院新馆（Mariinsky Ⅱ）开张，这座先进的剧院有着世界一流的芭蕾舞团和歌舞剧剧团。同样，埃尔米塔日博物馆（Hermitage）也在经历剧变。博物馆的现代艺术藏品被从冬宫（Winter Palace）移到冬宫广场（Palace Sq）另一侧的总参谋部大楼（General Staff Building），有关部门甚至计划在西班牙巴塞罗那开设分馆，预计2019年开放。一些评论认为，这显示了俄罗斯与欧洲其他国家重修旧好的意图以及彰显国家软实力的信心。

当权者显然已经认识到流行文化的吸引力。这为他们带来了一定的威望（先把选举舞弊问题搁置一边）。如果能够骑着自行车四处闲逛，谁又愿意上街游行呢？

历史

“来我这里吧，兄弟，请你来到莫斯科。”尤里·多尔戈鲁基在邀请他的盟友参加庆祝宴会时如此说道。他在博罗维茨基山上两河交汇的地方建造了一座堡垒，那时是1147年。这片地区在日后兴旺发达，最终夺取地方霸权，并使自己成为古鲁斯的首都。9个世纪后，尽管俄罗斯经历了重重变革，博罗维茨基山巅上的这座堡垒依然统治着整个国家。在莫斯科的西北部，圣彼得堡（曾名彼得格勒和列宁格勒）也曾称都。相比之下，那里的历史充满挣扎。首先是身份挣扎——迫使俄罗斯从固步自封转为对欧洲开放，这可以说是一项永远无法完成的任务。随之而来的是思想挣扎——无论是专制对改革还是共产主义对法西斯主义。这些挣扎的印记，使得这座城市在300年内便已历经世界上最多姿多彩的历史。

中世纪莫斯科

早期居民

莫斯科最初是一座贸易站，由从基辅罗斯向东迁移的斯拉夫部落建立。在基辅，大公弗拉基米尔一世（Grand Prince Vladimir I）宣称拥有全东斯拉夫主权，急于保护国土的他将莫斯科地区册封给了自己的儿子雅罗斯拉夫（Yaroslav），命其监督贡品征收，改变异教徒的信仰。

弗拉基米尔去世后，雅罗斯拉夫的后裔继承了东北的领地，他们在那里建立了一系列的城镇、堡垒和修道院，这里如今被人们称为金环地区（Golden Ring）。

政治权力逐渐向东边的新城镇迁移。在大公弗拉基米尔·莫诺马赫（Vladimir Monomakh）统治期间，他任命自己最小的儿子尤里·多尔戈鲁基（YuryDolgoruky）管理这一地区。

由于莫斯科水陆交通便利，很快就成了区域经济中心，吸引商人和工匠聚到克里姆林宫墙外的商贸街。13世纪初，莫斯科已经成为一个小小的

历史书籍

《亚历山大·罗钦：新莫斯科》，Margarita Tupitsyn

《伟大的战斗》，Andrew Nagorski

《列宁墓》，David Remnick

《午夜日记》，鲍里斯·叶利钦

大事年表

10世纪

东斯拉夫部落从基辅罗斯公国向遥远的西部迁徙，最终同化并取代了之前居住在这里的乌格尔-芬兰部落。

1015年

弗拉基米尔一世的疆域被他的儿子们分割，这片土地自此进入一个家族纷争的阶段。他的儿子雅罗斯拉夫的后代获得了东部领土的控制权。

独立公国的首都，也是几代贵族王子争夺的目标。

莫斯科的崛起

丹尼尔王子在13世纪末成为莫斯科第一任大公。由于他的谦虚和外交政策，俄罗斯东正教于1652年将其封圣。

到了13世纪，东欧被四处掠夺的金帐汗国（Golden Horde）征服。蒙古大军在成吉思汗的孙子拔都（Batu）的率领下出没在东欧的欧亚干草原上。

在蒙古人统治的同一时期，莫斯科也在联姻中获得权力和金钱并随之崛起。金帐汗国只对进贡感兴趣，莫斯科位置优越，正好可以监视河流贸易和道路交通。在蒙古人的支持下，莫斯科官员成为当地的税收大户。

随着经济繁荣发展，莫斯科的政治命运也不断走高。凭借其卓越的吸金能力和同可汗的良好关系，伊凡·丹尼洛维奇（Ivan Danilovich）赢得了"卡利塔"（钱包）的绰号，使莫斯科获得了该区域的主导地位，压制了其他对手。到了14世纪中期，莫斯科已将弗拉基米尔和苏兹达尔纳入旗下。

很快，莫斯科就成了蒙古的仇敌，而不再是从属。在14世纪80年代的库利科沃战役中（Battle of Kulikovo），卡利塔的孙子、莫斯科大公德米特里（Dmitry）率领斯拉夫大公联盟在顿河岸边打败了金帐汗国，取得了罕见的胜利。自此之后，他便被称为德米特里·顿斯科伊（Dmitry Donskoy）。这场胜利并没有瓦解蒙古人，为了报复，他们两年后就放火烧毁了莫斯科。然而，从这场战役之后，莫斯科便成了俄罗斯不屈的象征。

到了15世纪末，莫斯科终于实现了自己的野心。这座曾经的小公国演变成为一个不断扩张的专制国家。在大公伊凡三世（Ivan Ⅲ）的长期统治下，东斯拉夫诸独立公国被强行合并。

历经7年的鏖战，伊凡的部队终于征服了富饶的商贾公国诺夫哥罗德（Novgorod），并驱逐了汉莎贸易联盟（Hansa trading league）。年轻的莫斯科国吞并了特维尔（Tver）、维亚特卡（Vyatka）、梁赞（Ryazan）、斯摩棱斯克（Smolensk）和普斯科夫（Pskov）。

1480年，伊凡的军队在乌格拉河（Ugra River）上直面蒙古大军却未发生战斗。伊凡拒绝向金帐汗国进贡或继续服从金帐汗国，200年的蒙古奴役结束了。在一场庄严的拜占庭式仪式上，胜利而归的伊凡封自己为"全俄罗斯的统治者"，并赢得了"伊凡大帝"（Ivan the Great）的称号。

恐怖伊凡

伊凡大帝去世时，俄罗斯的国土向西延伸至波罗的海，向东到达乌拉

1113~1125年

弗拉基米尔-苏兹达尔公国成为中世纪俄罗斯王国最强大的对手。弗拉基米尔大公任命他的儿子尤里·多尔戈鲁基管理这一地区。

1147年

尤里·多尔戈鲁基邀请自己的盟友来这座城市参加宴会时说："来我这里吧，兄弟，请你来到莫斯科。"这是莫斯科的名字第一次出现在编年史中。

1237~1238年

蒙古人将城市夷为平地，杀死了治安官。他们的威胁为这一地区带来了公平的政治舞台，也为小小的莫斯科公国的出现创造了机会。

尔山脉，北至巴伦支海。但金帐汗国的几个草原部落仍然控制着南部。

16世纪，金帐汗国分裂为四个汗国，但仍然持续袭击俄罗斯的定居点。此时，伊凡大帝的孙子伊凡四世（恐怖伊凡）正在巩固并扩张新崛起的莫斯科。他打败了四个汗国中的三个，牢牢地控制了伏尔加河并进入了乌拉尔山脉以东广阔的荒野，但鞑靼人仍然控制着通往黑海的南部要道。

国内方面，伊凡四世的统治为莫斯科带来了麻烦。伊凡登基时年仅3岁，他的母亲是摄政王。13年后，伊凡成年，加冕为“全俄罗斯沙皇”[俄语中的“沙皇”（tsar）一词源于拉丁语中的“凯撒”（caesar）]。伊凡与罗曼诺夫贵族之女安娜斯塔西亚（Anastasia）的婚姻十分快乐。她的离世是伊凡的人生转折点。他深信安娜斯塔西亚被人下毒，便开始对诡计多端又善妒的贵族阶级进行恐怖统治，并因此获得了“恐怖伊凡”的称号。后来，在盛怒之下，他甚至杀死了他的长子，即王位继承人。

伊凡深受脊椎融合的折磨，使用汞治疗法缓解剧烈的疼痛。药物本身比疾病更加致命，很快他就疯了。

在伊凡统治的最后几年，莫斯科遭受了毁灭性的打击。1571年，克里米亚鞑靼人焚烧了这座城市，大部分地区被烧成了一片焦土。情绪多变的伊凡不断带来政治摩擦，令事情变得更糟。

他去世时，将权力传给了自己“迟钝低能”的儿子费奥多尔（Fyodor）。没过多久，能干的总理大臣鲍里斯·戈都诺夫（Boris Godunov）就成功地恢复了王国的秩序。17世纪初，鲍里斯去世，波兰侵略者占领了克里姆林宫，俄罗斯陷入了动荡的“空位时期”。最后，哥萨克士兵将不请自来的波兰人驱逐出了俄罗斯，米哈伊尔（Mikhail）加冕成为沙皇，政治趋于稳定，俄罗斯开启了罗曼诺夫王朝时代。

在俄语中，伊凡四世被称为Ivan Grozny，通常译为“恐怖伊凡”。实际上，它的意思类似“极其严肃”，指沙皇的严格、一丝不苟。

帝国时期

弃都

3个世纪以来，莫斯科一直是俄国沙皇的居住地。这个传统封闭的首都藏身俄罗斯中心，极度保守。1672年，彼得一世在这里出生。彼得一世以其伟岸的身形（超过2米）和打败瑞典人的伟大战果而被称为“彼得大帝”（Peter the Great）。他拖拽着俄罗斯，横冲直撞地闯入了现代欧洲。彼得在莫斯科郊区的皇家行宫度过了大多数童年时光，组织小伙伴开展战争游戏。他精力充沛，好奇心盛，迫切地想要了解外面的世界。当他还是个孩子时，就会在莫斯科的欧洲区花上几个小时。青年时期的彼得会花上几个

帝国时期莫斯科景点

克里姆林宫军械库

基督救世主主教座堂

莫斯科大剧院

凯旋门

13世纪60年代

亚历山大·涅夫斯基最年幼的儿子丹尼尔继承了莫斯科的领土。在他适龄前，这片领地由他的叔叔管理。

1326年

莫斯科逐渐成为政治堡垒和宗教中心。俄罗斯大主教离开弗拉基米尔，搬进克里姆林宫。

1328年

伊凡一世获得向各俄罗斯公国征税的权力，有效地控制了弗拉基米尔-苏兹达尔公国。

想了解更多彼得大帝的信息，可以参阅林赛·修斯的书《彼得大帝传》。作者在这本书中毫无保留地详细再现了彼得大帝不太光彩的私生活及其粗暴幼稚的个性。修斯很好地将彼得一世的天才和愚蠢展现给大家。

月到西方旅行。实际上，他是第一个出过国的俄罗斯统治者。彼得曾短暂地和他同父异母的兄弟共同分享王位，但1696年，他便成了王位的唯一占有者。

彼得在莫斯科大力推广现代化。他命令贵族剃须，邀请欧洲顾问和手工艺人来到莫斯科，并进一步优化国家管理。他建立了莫斯科最高的建筑——90米高的苏哈里夫大厦（Sukharev Tower），并在旁边成立了数学和导航学院。

彼得一贯厌恶莫斯科诡计多端的贵族和陈旧的传统。1712年，他宣布将首都迁至一片沼泽，这一地区是在大北方战争（Great Northern War）中从瑞典人手里获得的，彼得在涅瓦河（Neva River）河口狭小的兔子岛（Zayachy Island）建立起波罗的海的立足地，即圣彼得堡，这一决定震惊全国。圣彼得堡将成为俄罗斯面向西方的"窗口"，并拥有莫斯科所缺乏的一切——现代、科学和文化。亚历山大·普希金后来写道，"彼得一世对莫斯科没有爱意，在那里，他每迈出一步，就会触及记忆深处的叛乱和处决、根深蒂固的古老和迷信与偏见带来的顽固抵抗"。

1682年，彼得一世被立为沙皇。他同父异母的姐妹索菲娅·阿列克谢耶夫娜摄政，从宝座后面的藏身之处提供建议。这个设计了两个座位及隐藏隔间的宝座在克里姆林宫军械库展出。

被废弃的旧都快速走向衰败。随着贵族精英和政府人员前往新首都谋生，城市人口在迁都后的25年间减少了四分之一。在几场严重的火灾中，莫斯科损失惨重，由于彼得下令把附近的建筑材料都运送到圣彼得堡，莫斯科的情况进一步恶化。

18世纪70年代，黑死病爆发，莫斯科哀鸿遍野，瘟疫夺走了5万多条生命，死者被要求埋葬在城市外。因此，包括Danilovskoye和Vagankovskoye在内的大型墓园开始兴建。莫斯科陷入绝望，市民开始疯狂抢劫掠夺，而后又受到军队的暴力镇压。叶卡捷琳娜二世女王（叶卡捷琳娜大帝）对危机的回应是制定了新的卫生规定，清理城市环境，并关闭了克里姆林宫警告暴乱的警铃声。

新天堂

兔子岛上木栅栏围起的驻扎地被改造成了用红砖砌成的彼得和保罗堡垒。1703年6月，彼得大帝将这里命名为Sankt Pieter Burkh，这一名字来源于彼得最爱的荷兰口音和他的守护神圣徒彼得——如今这位守护神就站立在天堂的大门，保卫着城市。

彼得对新首都抱有宏伟展望，眼前要完成的任务也是一项浩大工程。为了腾出足够大的干燥土地，沼泽被吸干，湿地被填埋。为了防洪，工人在

1327~1333年

克里姆林宫墙内第一座石头建筑建成，包括三座精致的石灰石教堂和钟楼，每一座都加盖了单独的圆顶。

15世纪50年代

俄罗斯东正教形成。君士坦丁堡被土耳其人攻陷后，莫斯科成为基督教的合法传承之地，并被称为"第三罗马"。

1478~1480年

莫斯科征服了其敌对公国。俄罗斯大军在乌格拉河击败了蒙古人。伊凡三世加冕为整个俄罗斯的统治者，人称"伊凡大帝"。

这里建起防波堤，并挖掘运河。作为一个事必躬亲的独裁者，彼得自己也参与到建造工程中。成千上万的外国技术人才被引入：建筑师和工程师负责设计错综复杂的航道，手艺人和石匠负责开凿石基。挖沟和搬运垃圾的苦差事被分配给了强行招募来的苦力。彼得下令，每年让3万名农奴承担建造首都的差事，此外还有大批俄罗斯囚犯和瑞典战犯被安排到这项工程中来。这一期间，管理十分严苛，生活条件艰苦，超过10万人因此死去。但是有幸活下来的人能重获自由并得到一小块属于自己的土地。

彼得从阿姆斯特丹运河交错的城市风格中获得灵感，海边新城因此初具雏形。军事堡垒彼得和保罗堡垒是权力中心。接着，他下令建造沙皇政权必不可少的建筑：教堂和监狱。在第一位总督亚历山大·缅希科夫的督促下，一座更加宏伟的建筑缅希科夫宫拔地而起，成为瓦西里岛上的亮点。

1712年，沙皇正式宣布圣彼得堡为俄罗斯首都。受梵蒂冈国徽上通往天堂交叉钥匙的启发，沙皇决定用顶端覆有皇冠的交叉锚作为城市盾徽。彼得命令俄罗斯所有统治精英前来投奔。他宣称圣彼得堡就是他们应该来的地方，精英们听闻后便打点行李，举家迁往波罗的海。沙皇的皇家法庭、帝国参议院和外国大使也迅速搬到了圣彼得堡。当莫斯科旧贵族极不情愿地陆陆续续抵达时，忧虑逐渐变为恐慌。对他们而言，彼得所谓的天堂简直就是地狱。他们被要求去宴会时带上自家的石头用以建造富丽典雅的公馆，行为表现则需要像欧洲人一样，剃光胡子，穿德式服装，而这些都不符合他们保守的东正教信仰。

1725年，沙皇彼得去世，享年52岁。一部分人觉得他们终于有机会逃离彼得一手打造的新首都，但事实证明他们的想法是错的。从最初看似不可能的城市创建到此后不到100年的时间里，一个宏伟崭新的帝国首都在欧洲边缘逐渐站稳脚跟。

当彼得意识到本地没有足够用来建造城市的大理石和花岗石时，他颁布了“石头税”，规定新居民必须带来一定数量的建筑材料才能获准进入城市（对于这个曾经对“胡子”征税的君主来说确实不算稀奇）。

彼得对“畸形人”的迷恋被记录下来，但他所犯的最严重的政治错误则是他曾为侍者Iakim Volkov举办的矮人婚礼。彼得命令将全莫斯科的矮人召集起来送往圣彼得堡，在那里举办了矮人婚礼仪式和舞会，为的就是逗自己和宫廷上下开心。

彼得大帝的继承人

18世纪末期，圣彼得堡称得上是欧洲最繁华的城市之一。但是自彼得大帝死后，这座波罗的海堡垒变得前途未卜。1725年，病榻上的彼得试图发表临终遗言，但最终没能在死前指明继承人。他的妻子叶卡捷琳娜一世（Catherine I）在此后2年中接管皇权，联合彼得的亲密好友、贴身参谋缅希科夫幕后执政。叶卡捷琳娜死后2年，一触即发的反彼得行动开始了。

圣彼得堡和莫斯科之间的权力斗争拉开帷幕。贵族抓住了这一决定皇

1505~1508年

克里姆林宫的建造还在继续，伊凡大帝钟楼拔地而起，直到20世纪，它还是莫斯科最高的建筑。

1508~1516年

克里姆林东墙外开凿了Alevizov护城河。护城河以外的区域——也就是今天红场的所在地——发展为莫斯科的集市。

1560年

受到妻子去世的刺激，本就多疑的伊凡四世对波伊尔（特权贵族阶级）实行了恐怖统治，他也因此被人称为“恐怖伊凡”。

位继承人的时机。曾经势力庞大的缅希科夫如今失去保护人，所有职权和财产都被剥夺，并被送往西伯利亚流放。彼得11岁的孙子彼得二世（Peter Ⅱ）被选为继承人。年幼的彼得二世受人摆布，将首都迁回莫斯科。圣彼得堡的人口减少一半，公共建设工程停歇。

不久，少年沙皇死于天花，罗曼诺夫王朝危在旦夕。莫斯科的王权代理人把王位移交给另一个看起来弱不禁风的人——彼得大帝的侄女安娜·伊万诺夫娜公爵夫人（Anna Ioanovna）。但安娜绝不是耳根软的人，她是俄罗斯历史上首屈一指的强硬派女皇。1732年，安娜宣布圣彼得堡再度成为首都，并命令所有人回到波罗的海。

彼得的第二个女儿伊丽莎白女皇（Empress Elizabeth）执政后，圣彼得堡的帝国欲望再次高涨。伊丽莎白建立的宫廷当属欧洲最豪华的宫廷之一。她对排场和权力的热衷之情不相上下，她在位的20年间，俄罗斯宫廷仿佛是一场永不停歇的卡巴莱歌舞盛会。尽管伊丽莎白淫乱下流，但也正是她让俄罗斯贵族开始接触高雅文化。诗人、艺术家和哲学家使得整个宫廷熠熠生辉。新闻报道和剧院表演愈发受到欢迎，艺术学院也得以成立。尽管她的奢靡把国库挥霍一空，但也让她父亲的宏伟梦想成为现实。

叶卡捷琳娜大帝

1745年，16岁的普鲁士人索菲亚·奥古丝妲（Sophie Augusta of Prussia）被许配给了德国荷斯坦公爵彼得（Duke Peter of Holstein）。彼得公爵是罗曼诺夫王朝的成员，更是俄罗斯帝国的皇位继承人。索菲亚搬到了圣彼得堡，皈依东正教后她改名为叶卡捷琳娜。

叶卡捷琳娜不是一个只会在宫廷里卖弄风骚的女人，她对政治有着敏锐的洞察力，对权力怀有强烈渴望，而她的丈夫沙皇彼得三世似乎对政权并不很感兴趣。在一场她与情人奥尔洛夫王子（Prince Orlov）策划的政变中，叶卡捷琳娜借机登上王位。掌权后的她推举奥尔洛夫王子为大将军，将自己孤立无援的丈夫禁锢在一处偏远住所，不久后派人将其刺杀。

且不管那些令人不齿的登基细节，叶卡捷琳娜执政34年，的确领导圣彼得堡经历了黄金年代。皇权和贵族阶级的关系从未像她在位期间这样融洽。叶卡捷琳娜女皇是18世纪主张“开明君主专制”（“enlightened despots”）的君主俱乐部的创始会员——这些独裁者都能哼唱海顿的作品。在“开明”方面，叶卡捷琳娜遵循法国哲学家的主张，大举发展艺术和科学，促进公共教育并把土豆引进到国内餐桌上。在“君主专制”方面，

1571年

克里米亚的鞑靼人将莫斯科烧毁。城市重建时，克里姆林宫外的商业区垒起了一圈石墙。

1591~1613年

伊凡四世去世，没有留下合格的继承人，国家陷入混乱。他的死亡也开启了“空位时期”，俄罗斯由一连串的冒牌货接连统治。

1601~1603年

俄罗斯遭遇大面积饥荒，三分之二的人口罹难。超过100,000人被埋葬在了莫斯科周边的墓园中。

她与同样主张开明的君主一同瓜分波兰，封锁坏消息，进一步强化了农奴制。

上帝保佑人民

战争不仅赋予俄罗斯至高无上的权力，也是促成政治改革和社会变革新想法的因素。1825年12月，一个寒冷的早晨，一小部分官员和参与过拿破仑战争的士兵发起十二月党人起义，他们亲眼目睹过其他国家人民是如何享有巨大自由，同时国家又得以繁荣昌盛的场景。他们要求由时任波兰总督的康斯坦丁（Constantine）作为亚历山大一世的继承者出任沙皇并立宪，但最终十二月党人被流放和处死。然而，"人民"在此后成为人们关注和讨论的话题。

19世纪50年代，装备更为先进的英法士兵在克里米亚半岛（Crimean Peninsula）战争中彻底击败俄罗斯。新沙皇亚历山大二世从惨败中总结出的教训是：俄罗斯帝国的当务之急是要赶上欧洲，否则只能眼睁睁看着帝国分崩瓦解。大量改革法令被颁布，旨在促进公共教育、军事整治和经济现代化。亚历山大废除死刑，限制体罚并废除农奴制，然而实际上这并没从根本上解决问题——根据法令，农奴需要支付给农奴主一笔换取自由的赎金。

这时，"人民"不再显得那么抽象。1881年3月，一个星期日早上，Peoples' Will激进派成员、一群年轻学生不安地在Griboyedov Canal旁等候沙皇的车队驶过。他们自制的炸弹丝毫没能撼动皇家装甲车，反而严重伤及一大批围观者，并把坚持要下车视察的沙皇炸得粉碎。随后，在事发地点上建起了宏伟却也令人望之生悲的滴血大教堂，它洋葱式交错的穹顶试图在用俄罗斯悠远的过往抚平圣彼得堡充满变数的当下。

俄罗斯和欧洲其他强大政权间的竞争迫使俄罗斯实施由国家领导的经济发展措施。圣彼得堡成为强劲的军事—工业经济中心，以应对现代战争。一圈冒着煤烟、相貌丑陋的大烟囱在还算美观的市中心周围拔地而起。同时，战后的经济繁荣也彻底地改变了莫斯科。在拿破仑战争结束几年之后，莫斯科从萧条中逐渐恢复并进入了狂热的重建期。人们建立了纪念碑以纪念俄罗斯最艰苦的胜利和亚历山大最"骄傲的时刻"。受法国占领者启发，Tverskayaul上通往圣彼得堡的方向竖起了一座凯旋门，随后壮观的基督救世主主教座堂拔地而起，坐落在克里姆林宫外的河堤路上。大商人作为城市经济的长期支柱，引领着强劲的复苏。19世纪30年代，他们成立了莫斯科商品交易所（Moscow Commodity Exchange）。富裕、自给

如果你对普希金与Gerges d' Anthès的决死一战感兴趣，可以去翻翻塞雷娜·维塔利的《普希金的纽扣》，那里面有确切的解析。

拿破仑战争结束后不久，莫斯科的两个外部防御环线就被绿树成荫的大道环路和花园环路所取代。花园环路成了约定俗成的社会边界线：环线内居住着商人、知识分子、公务员和外国人，环线外是工厂和廉价旅馆。

1610~1612年

波兰-立陶宛联邦军队占领了莫斯科，直到德米特里·博扎尔斯基和库兹马·米宁率领哥萨克军队到来，侵略者才被驱逐出去。

1613年

类似于议会的缙绅会议将米哈伊尔·罗曼诺夫选为沙皇。当时正在科斯特罗马流亡的罗曼诺夫获救回国，加冕称帝。罗曼诺夫王朝就此开启。

1654~1662年

与波兰和瑞典的战争带来了经济危机，铜币的铸造令国家陷入更加严峻的经济困境，这都引发了大规模的起义，10,000人走上街头。

1812年序曲

在欧洲政治中占有一席之地的负面结果就是被迫卷入欧洲战争。不过，罗曼诺夫王朝在选择战争上还是挺有眼光的。

拿破仑有一句军事格言，"先把仗打了再说。"但这似乎不是应对俄罗斯的好战略，拿破仑在1812年那场注定要失败的战役中认识到了这一点。1807年，沙皇亚历山大一世和拿破仑缔结了《蒂尔西特条约》。条约使得双方在（理论上）形成了对抗英格兰的联盟。联盟持续至1810年，直到俄罗斯与英格兰恢复贸易。闻讯后，愤怒的拿破仑决定率领70万大军攻打俄罗斯——这是当时世界上单次军事行动中的最强军力。

严重寡不敌众的俄罗斯军队在1812年夏天撤出他们驻扎的村庄，为了不给法国人留下食物而烧焦了土地，并取得了一些守卫行动的胜利。拿破仑将目标指向莫斯科而不是武装更完备的圣彼得堡。9月，没有收到攻击法国军队的命令，俄罗斯将军米哈伊尔·库图佐夫（Mikhail Kutuzov）最终决定转向莫斯科外130公里处的波罗底诺（Borodino），并展开战斗。这场战斗非常血腥，但却没有结果，俄罗斯秩序良好地撤军。一天的战斗结束时，超过10万名士兵牺牲。很快，拿破仑来到了已经荒废的莫斯科。高傲的莫斯科人宁愿烧毁三分之二的城市也不愿意看到它被法国侵略者占领。而亚历山大也无视了拿破仑提出的谈判提议。随着冬天的降临和供给的紧张，拿破仑宣布胜利并撤退。他严重被削弱的部队跌跌撞撞地向西撤出城市，陷入了饥饿、疾病、严寒和俄罗斯狙击手的层层包围之中。仅有20人安全到达了波兰。

1812年的战争对俄罗斯而言具有决定性意义，它激起了国家主义者排山倒海的欢呼雀跃。1814年，亚历山大一世战胜拿破仑并带领获胜的俄罗斯士兵进入巴黎，在此后引领国家进入一段繁荣自信的时期。他的军队的英雄事迹被永远镌刻在凯旋门上，让人不禁想起昔日的罗马帝国。

自足的商业精英对莫斯科的影响力越来越深。城市新贵兼收并蓄的格调反映在各式各样的大楼、沙龙和酒店风格中。商业精英最终取得了对城市政府的直接控制，清除了残余的旧贵族。

到了19世纪中叶，工业取代商业成为城市的经济推动力。莫斯科成为铁路建设网的中心，将东边的原材料运送给西边的制造商。凭借稳定的中亚棉花供给，莫斯科成了纺织行业的领军者。到了1890年，全市660座工厂中，超过300间都从事纺织生产，因此莫斯科也被称为"白棉王国"。圣彼得堡的工

1682年

两个家族的权力斗争激起了克里姆林宫卫兵的不安，躁动蔓延至俄罗斯暴民阶层。索菲娅·阿列克谢耶夫娜成为她两位弟弟的摄政女王。

1712年

彼得一世（彼得大帝）宣布将首都由莫斯科迁至圣彼得堡，这一决定震惊全国。圣彼得堡成为俄罗斯帝国的行政中心和形象窗口。

18世纪

18世纪上半叶，莫斯科衰落，官僚和贵族迁移至北方。到了18世纪中期，莫斯科人口减少到13万。

业发展主要依靠外国资本资助，莫斯科则利用了自己的资源。成立于1866年的莫斯科商业银行直到19世纪末仍是全国第二大银行。

随着农业的减少和农奴的解放，城市的工作机会增加。因此，农村求职者的涌入导致了城市人口激增。截至19世纪80年代，圣彼得堡人口攀升到100万，成百上千人挤在郊区肮脏狭小的住所中。到了1890年，莫斯科居民超过100万。此后，人口增速依旧迅猛，不到20年又增长了50%。莫斯科仅次于圣彼得堡成为俄罗斯人口第二多的城市，但与新首都不同的是，莫斯科是一座纯粹的俄罗斯城市——95%的居民都是俄罗斯族裔。贫困人口的涌入压垮了城市缺乏的公共服务和廉价住处。20世纪初，莫斯科拥挤不堪的贫民窟成了疾病和不满的温床。贫富差距达到极致。上层社会和底层社会之间的原有界限被打破，两个阶层的接触越来越多。"人民"已经抵达。

托尔斯泰最著名的小说《战争与和平》讲述了拿破仑入侵之前的五个贵族家庭的故事。作者使用信件、杂志、访谈和其他一手素材撰写了这部现实主义杰作，书中还包括约160位真实历史人物。

抗议的温床

沙皇独裁者迈入新世纪。1904年，敏感而犹豫不决的沙皇尼古拉斯二世（Nicholas Ⅱ）在劝说下宣布对日开战，争夺远东的森林和土地。他的帝国遭受了尴尬的溃败，触发全国性动乱的浪潮。1905年1月，圣彼得堡成为政治抗议的温床。10万名工人罢工，城市断电，所有公共设施被关闭。沙皇和皇室成员前往位于沙皇行宫的藏身处。在当时紧张的气氛下，神父乔杰·加邦（Georgy Gapon）组织工人及其家属开展了一次和平示威，以抗议艰苦的生活条件。他们请愿的内容包括：每天8小时工作、更高的薪酬、普选权和停战。受到圣彼得堡的鼓舞，莫斯科的工人和学生也展开了一系列的示威，最终导致了1905年10月的大罢工，迫使顽抗的尼古拉做出政治让步。到了12月，莫斯科当局试图抓捕反叛领袖，又引发了新一轮的对峙。最后，普列斯妮娅区出现了路障，对抗在一个血腥的夜晚中结束。

第一次世界大战开始时，在国家主义的热浪中，圣彼得堡的名字从偏德语发音变成了更像斯拉夫语的"彼得格勒"。100年前与法国的交战让俄罗斯帝国雄起，而如今另一场欧洲战争却对它的生存构成威胁。旧贵族秩序在斗争中跛行，俄罗斯帝国在缝隙中挣扎。

圣彼得堡最佳历史遗迹

- 位于彼得格勒和维堡的彼得和保罗堡垒
- 位于埃尔米塔日历史中心的冬宫
- 位于斯莫尔尼和莫斯塔尼亚的涅夫斯基修道院
- 位于普希金城的沙皇别墅

共产主义登上舞台

第一幕：推翻独裁

1917年2月23日，彼得格勒开始了新的一天。虽然每个人像普通人一样离开各自住所，但这一天结束时，他们将成为现代史中最臭名昭著的

1725年

在圣彼得堡成为首都13年后，其人口达到了4万，90%的对外贸易都经过这里的港口。

1725年

在执政42年后，彼得大帝在圣彼得堡死于尿毒症，享年52岁。他没有指定继承人，他的妻子叶卡捷琳娜一世加冕成为俄罗斯帝国女皇。

1727~1732年

彼得一世的外孙彼得二世将俄罗斯帝国首都迁回了莫斯科。而安娜女皇否定了彼得二世的决定，又将首都迁到圣彼得堡，在她的主持下圣彼得堡重新开始建设和发展。

疯狂的修道士

俄罗斯历史上最具传奇色彩的好色之徒、妖僧便是格里高利·拉斯普廷（Grigory-Rasputin），他是神秘主义者，也是另类治疗师。1869年，他出生于乌拉尔东边一个小村庄的贫穷家庭。在经历了放荡不羁的青年时期和一段短暂的婚姻后，他将宗教作为归宿。他宣扬（并确实是这样做的）通过罪恶和救赎获得圣洁：先是酗酒、性爱狂欢，然后向上帝祈求宽恕。

圣彼得堡的上流社会很吃拉斯普廷这一套。酗酒和性丑闻非但没有给他带来负面影响，反倒为他赢得了一大群贵族女性的爱慕。更值得关注的是，拉斯普廷深得尼古拉斯二世和妻子亚历山大的欢心，这多半是因为他能够帮助他们患有血友病的儿子缓解痛苦。

拉斯普廷骇人听闻的行为以及他对女沙皇的影响力激起了贵族的愤怒。菲利克斯·尤苏波夫（Felix Yusupov）王子和沙皇的侄子德米特里公爵（Grand Duke Dmitry）在朝中颇有影响力，他们决定制止这个西伯利亚农民的荒唐行为。1916年的一个冬夜，他们邀请拉斯普廷前往奢华的尤苏波夫宫（Yusupov Palace）远眺莫伊卡河（Moyka）。他们不断给拉斯普廷灌酒，给他吃涂有氰化钾的蛋糕，但这似乎并没有起效。慌乱之中，密谋者从近处朝他射击。令人惊讶的是，这仍未置他于死地。最终，拉斯普廷被用床单捆绑起来，溺死在冰冷的涅瓦河中。随后他被秘密埋在普希金城。

除了神秘的力量和好色行为，格里高利·拉斯普廷还有一个特别之处：他拥有巨大的阴茎。据传说，拉斯普廷的敌人并没有在谋杀后罢休。谋杀案发后，尤苏波夫宫的女佣在清理公寓时发现了他被割断的阴茎。这也解释了色情博物馆内标志性艺术品的出处：它其实是拉斯普廷得以保留的阴茎。尽管被从身体上割离，但这个疯狂修道士的一部分仍然受到万众瞩目。

"群众"：彼得大帝青铜骑士的后嗣放弃政权。俄国革命的三幕戏剧拉开帷幕。

在冬日寒风中，为了一丁点食物苦苦等待半天的妇女们被告知：食物发光了。这个消息发布时，正是日班结束、累得满身是汗的工人们走出工厂的时候。疲劳、饥饿和愤怒的人群越聚越多，激进主义煽动者加入了进来。群众抱着政治诉求聚集起来。他们游行到河边，试图穿过冬宫并表达不满。但是迎接他们的却是武警和枪弹。

第二天，约25万人在市中心横冲直撞。被震惊的当地警察干脆躲了起

1746年

莫斯科通往特维尔的道路被通往圣彼得堡的道路取代。

1754~1762年

巴尔托洛梅奥·拉斯特雷利建造了皇室主要居住场所冬宫。伊丽莎白女皇在该建筑完工前3个月逝世。

1762年

叶卡捷琳娜二世（也就是后来的叶卡捷琳娜女皇）在推翻其丈夫彼得三世后登上皇位，引领俄罗斯帝国走向启蒙时代。

来。消息传到沙皇耳中，他下令由军队负责恢复秩序。但他的军队已经不是当初浴血奋战的那批人，他们已在前线阵亡。现在这批人是新入伍的年轻农民，他们被送去镇压示威。当收到向示威人群开火的命令时，他们违抗命令，放下枪支并加入了示威队伍。那一刻，300年的罗曼诺夫王朝和500年的沙皇专制开始走向灭亡。

第二幕：苏维埃全面掌权

1917年2月，激进的社会主义布尔什维克党似乎是最不可能的沙皇政权继承人。布尔什维克党是俄罗斯的极左派别。党派成员最多时只有几千人。但是，在不到8个月的时间里，布尔什维克党占领冬宫，宣告彼得格勒为全世界社会主义革命的首都。

沙皇退位的几天后，俄国临时政府（Provisional Government）成立。该政府主要由政治自由主义者组成，他们代表了主张改革的贵族、务实的政府职员、专家和商业利益团体。同时，反对派力量彼得格勒苏维埃（Petrograd Soviet）诞生。苏维埃（俄语中意为“委员会”）的民粹主义和激进主义成分更多，代表工人、农民、士兵和水兵的利益。两个派别的办公机构均设在塔夫利达宫殿。

临时政府视自己为建立立宪制民主政权的临时性工具，主张先组织选举，而不是处理导致革命的“面包、和平”问题。起初，苏维埃听从于临时政府，但不久情况有所改变。

4月3日，布尔什维克领导人弗拉基米尔·列宁（Vladimir Lenin）从瑞士的流放中返回俄罗斯，抵达芬兰站（Finland Station，俄语为Finlyandsky vokzal）。德国将军策划了列宁这趟穿过敌国俄罗斯国界线的行程，他们企盼列宁能在家乡将俄罗斯的注意力转到战争之外。正如所料，列宁的抵达改变了当时的政治局面。他狂热的革命说辞使彼得格勒的舆论更加两极分化。苏维埃方面，布尔什维克党派的态度从合作变为对抗。

临时政府不仅拒绝退出战争，还在同盟国的鼓动下，在前线发起了新一轮的进攻。与此同时，经济状况继续恶化。二月革命期间，无政府主义者的愤怒之情再次弥漫街头。列宁领导的布尔什维克党是唯一一个与群众同仇敌忾的政党。9月，布尔什维克党在彼得格勒苏维埃的选举中当选为多数党。

成年后的列宁一直在企盼这一刻的到来。根据列宁的观察，一场成功

1927年，弗谢沃罗德·普多夫金以默片《圣彼得堡的末日》纪念十月革命10周年，该片也是苏维埃现实主义电影的标志性作品。

1770~1780年

莫斯科爆发黑死病，50,000人丧生。18世纪80年代末，圣彼得堡的人口数量超过了莫斯科。

1799年

诗人亚历山大·普希金的诞生标志着俄罗斯浪漫主义和俄罗斯文学黄金时期的开端。普希金被尊为“国家诗人”，他的作品至今不朽。

1810~1814年

俄罗斯撕毁了与法国的条约，好战的拿破仑和他的伟大军团入侵俄罗斯。亚历山大一世取得了对拿破仑战争的胜利并带领士兵占领巴黎。

的革命需要两个条件：首先，被压迫阶级在政治上受到动员并做好行动准备；其次，统治阶级内部分化，对政权的继续产生怀疑。当前正是这种局面。他担心，如果布尔什维克党继续等下去，临时政府可能趁机协调内部，并强制推行新的资产阶级政治秩序，这意味着他的社会主义革命梦将会破碎。

10月25日，布尔什维克党将革命搬上历史荧幕。列宁的同志、政变组织人里昂·托洛茨基（Leon Trotsky）说道，“政权就躺在街上，等着某个人把它捡起来。”布尔什维克的红卫兵控制住了一部分建筑和战略性地标。临时政府在冬宫的沙皇私人餐厅中躲藏起来，由几个哥萨克人、妇女死亡营彼得格勒分会成员、瘸腿自行车团指挥官守卫。水手从“极光号”巡洋舰上向窗户射击，由列宁带领的红卫兵闯入冬宫。三枚炮弹射向该建筑，面向广场的宫殿一侧布满弹孔，临时政府在Malachite Hall后的小餐厅被逮捕。人民将会在接下来的70年里庆祝这场几乎没有流血的斗争，这是历史上最光辉的时刻。

当列宁深夜宣布临时政府成员被逮捕、苏维埃成为俄罗斯最高政权时，苏维埃仍在冬宫进行紧急会议。一半议员听到消息后走出了会议室。列宁很快召集人们投票，使苏维埃政权获得正式承认。布尔什维克党就这样奇迹般地掌握了政权。

第三幕：巩固共产主义

红色莫斯科景点

列宁墓

莫斯科地铁

国家经济成就展

地堡-42

没人真正相信布尔什维克党能坐稳江山。即便列宁自己也说，如果他们能坚持哪怕100天，这场革命也是一场胜利，因为至少它带来了启发。布尔什维克党虽然占领了彼得格勒的部分宫殿，但放眼整个帝国辽阔的疆土，布尔什维克的激进主义并未得到广泛支持。1918~1921年，内战遍及整个俄罗斯：君主主义和社会主义的斗争、帝国主义和国家主义的斗争、贵族和平民的斗争、信徒和无神论者的斗争。内战结束，苏维埃政权得以继续。俄国革命的最后一幕，场景不再是彼得格勒的舞台。帝国首都的一切都变了。

1917年12月，俄罗斯方面进入休战并开展与德国的和平对话。布尔什维克党要求收复战前帝国领土，但德国坚持不归还波兰，双方很快再次陷入敌对。列宁曾发誓绝不放弃首都彼得格勒，但这是在德国战队穿过芬兰海湾之前的事。接下来上演的是大撤退。1918年，布尔什维克撤出彼得格勒，搬回到莫斯科古老的红砖墙内。这本应是一个暂时性策略（列宁本

1851年

Nikolaevsky Station（如今的莫斯科火车站）完工，连接莫斯科和圣彼得堡的火车开始运行，乘火车游览俄罗斯变得可行。

1861年

“解放沙皇”亚历山大二世实行了农奴制度改革，解放了农奴。成千上万的农民来到了大城市，莫斯科人口激增。

1862年

屠格涅夫的小说《父与子》启发了虚无主义运动。

人偏爱圣彼得堡）。但俄罗斯变得封闭保守，彼得向西方敞开的窗户正在关闭。

伴随着政治地位的丢失，圣彼得堡优越的社会地位也荡然无存。贵族阶级的灵魂屈服于无产阶级的身躯，皇室成员落荒而逃。没有一个罗曼诺夫家族成员站出来要求夺回曾经被视为珍宝的皇位。与此同时，踏上前往西伯利亚的不归路前，尼古拉斯二世和他的家庭成员被关在亚历山大宫。沙皇钟爱的芭蕾舞演员Mathilda Kshesinskaya苦苦乞求布尔什维克党将被征为政府总部的Style Moderne公寓归还给自己，却徒劳无功。

争执所在

皇室最后一批成员的遭遇——即使是在1918年被行刑后——夹杂着令人毛骨悚然、神秘而混乱的氛围。

1976年，罗曼诺夫王室成员的遗骸在叶卡捷琳堡（Yekaterinburg）附近被本地科学家发现。这次考古发现政治敏感度极高，因此直到1991年9名成员最终被发掘完毕才被公之于众。经初步认定，这9个人的遗骨分别属于沙皇尼古拉斯二世、妻子亚历山大、四个女儿中的三位以及他们的一名御医和三位服侍人员。沙皇的另一个女儿玛利亚（Maria）和唯一的儿子阿列克谢（Alexey）王子的遗骨并未被发现。

根据1934年其中一位负责刺杀的士兵呈现的报告，五个孩子和沙皇夫妇全部都被行刑队在叶卡捷琳堡射杀。尸体被遗弃在荒废的矿场，随后士兵往这里投掷手榴弹，以炸毁矿井。由于当时矿井没被炸毁，其中两个孩子的尸体继续被射击，其他人的尸体则被浇上强酸，埋在沼泽中。即便这样，多半酸液最终流散在土壤中——这也就是多年后尸骨依然能被发掘的原因。

1998年，人们终于在彼得保罗大教堂的罗曼诺夫教堂地下室为遇难者举办正式葬礼，就在他们的先人彼得大帝的坟墓旁边。19响礼炮致以最终的送别。鲍里斯·叶利钦总统和许多皇室成员出席了当天的葬礼。

尽管存在争议，但故事终于迎来了结尾（无论对某些人来说有多不满意）。2007年，一位业余考古学者在叶卡捷琳堡发现了另外两个人的尸骨：一个是10~13岁的男孩，一个是18~23岁的女性。发现地点符合1934年报告中的描述；而且尸体牙齿间的银色填充物与其他被发掘成员的一致。2008年出具的基因鉴定证实这两人就是阿列克谢王子和玛利亚。拨开接近一个世纪的迷雾，俄罗斯皇室的死因终于为世人知晓。

1881年

一枚炸弹炸死了正沿Griboyedova Canal旅行的亚历山大二世。他身为反动派的儿子亚历山大三世虽然叫停了他的很多改革，但也监督建造了西伯利亚大铁路。

1905年

不得人心的日俄战争引发了莫斯科和圣彼得堡的大罢工。莫斯科的街头设立了路障，普列斯妮娅爆发了冲突。

1914年

俄罗斯帝国参与第一次世界大战，同时在入侵奥地利加利西亚和德国普鲁士的战役中取得初步胜利。圣彼得堡改名为听起来不那么有德国风格的彼得格勒。

新成立的共产主义城市政府重新分配住房空间，成千上万的工人迁入从资产阶级手中剥夺的房屋。政治动荡带来经济危机。1921年，城市的工厂产量只有战前10%的水平。食品和燃料供给短缺，饥饿和疾病笼罩着城市。人口数量急剧下降，从1917年的200万降到了1920年的不到100万。疲惫的工人回到村庄寻找喘息的机会，而老派精英则打包了财产，远走他乡。

斯大林时代

1924年1月，53岁的列宁去世，经过防腐处理的遗体在莫斯科陈列。为了纪念他，圣彼得堡改名为列宁格勒，一系列个人崇拜围绕他展开——这一切都是约瑟夫·斯大林（Josef Stalin）的安排。随着向全世界宣告自己是第一座共产主义首都，莫斯科最终拿回了它梦寐以求的古老称号。列宁格勒用苏维埃第二大城市自我安慰。政府搬迁后，那里的人口降至战前的三分之二，更糟糕的是，导致战时革命的食物短缺并未得到缓解。燃料也不充足——住所陷入严寒，工厂大门紧闭，城市服务被迫中止。

作为列宁呼声最低的继承人，斯大林压过了自己的对手，设法取得了共产党最高职位。

20世纪30年代初，斯大林在苏联发起工业化运动，大力推进经济发展。他为莫斯科打造了全面的城市规划。在蓝图上，城市像一座整齐的花园；不幸的是，方案在大锤的挥舞下实施，历史悠久的教堂和钟楼在午夜被拆除粉碎。第一座由大理石地板装饰站台的地铁站于1935年开工。宏伟

1941年莫斯科战役

20世纪30年代，斯大林签署反纳粹集体安全协议的提议被英国和法国驳回。誓称苏联不会为他人"火中取栗"的斯大林反而与希特勒签署了一项没有约束的条约。

因此，当希特勒在1941年6月发动了巴巴罗萨行动时，斯大林十分震惊，3天没有出过房间。

准备不足的红军不是纳粹机器的对手，纳粹部队分三条战线进军。两支军队在波罗底诺重演了历史。到了12月，德国人就在莫斯科城外，距离克里姆林宫不到30公里。此时，只有提前到来的严冬才能停止他们继续进军。一座纪念碑标记出了当年纳粹停止进攻的地方，它就位于通往谢列梅捷沃机场的公路入口附近。上演了一场精彩的反攻后，苏联战争英雄格奥尔基·朱科夫（Georgy Zhukov）将军击退了敌人。

1914~1917年

俄罗斯在第一次世界大战中遭受了不可估量的损失。截至1916年，俄罗斯的战争伤亡高达160万人。高物价和食品短缺影响到人民的生活。

1917年

2月，沙皇尼古拉斯二世屈服于圣彼得堡工人暴动并宣布退位。临时政府成立以恢复社会秩序。弗拉基米尔·伊里奇·列宁上台执政。

1918年

布尔什维克党从无能的临时政府手中夺权。由于担心德国的袭击，列宁将首都迁回莫斯科。彼得格勒进入政治和文化衰退期。

的基督救世主大教堂被夷为平地，斯大林计划在原址上建立世界上最高的建筑，其最上方高耸着90米高的列宁雕像。这个计划之后被遗弃，地基上的大洞后来变成了世界上最大的市政游泳池。宽阔的车道修建完毕，新哥特式摩天大楼环绕着城市的外环。到了1939年，苏联的工业产出水平仅次于美国和德国。莫斯科在这一快速发展过程中起着领头作用。

列宁格勒也因无产阶级新鲜血液的注入重获生机。新的科学和军事研究机构在强有力的高等教育基础上建立起来。第二次世界大战前夕，列宁格勒人口攀升到逾300万。旨在造福人民的公共工程项目一一启动。崭新的地铁站、大型综合体育场和建构主义建筑在年代久远的斑驳的粉彩建筑和破败的巴洛克建筑旁拔地而起。国家对乡村进行集体化，造成了新一波农民涌入莫斯科。城市周围建起劳动营和工房，用来安置肩负斯大林工业革命理想的工人。另外，莫斯科也成为严重依赖补贴的军工中心。与此同时，政党精英搬进了宽敞的新公寓，比如克里姆林宫对面河堤路上的Dom na Naberezhnoy。

围困列宁格勒

1941年6月22日，德国纳粹在苏联西部边境发动全方位武装侵袭。起初，斯大林不相信希特勒会违背互不侵犯条约，这使列宁格勒陷入毫无防备的状态。苏联正面临一场在文明国家史上前所未有的背叛。

希特勒命令将军带领士兵将列宁格勒夷为平地，这样就不用浪费资金给寒冬里的居民提供食物和取暖了。6月底前，德国军队抵达列宁格勒郊区，每天用大炮和战斗机不断轰炸。所有列宁格勒人被动员起来马不停蹄地挖战壕、搭建屏障、加固建筑。8月底，德国人占领了东边的铁路：列宁格勒的供应被切断。纳粹指挥官没有发动流血冲突，而是发誓要把整个城市里的人围困到活活饿死。莫斯科派遣机智无畏的Dmitry Pavlov作为食品供应司令前往列宁格勒。Pavlov的军队打开火车车厢，掀开地板寻找剩下的罐头和食物碎屑。城里的科学家被要求研发出除了酵母、胶水和肥皂以外可以使用的东西。随着供应减少，宠物和虫害逐渐消失。城里开始执行严格的供给系统，违规者遭到射杀。成百上千人死于饥荒，尸体布满积雪覆盖的街道，人们开始在市郊挖掘集体坟墓。

1月，人民终于看到希望：食物被从冰封的拉多加湖（Lake Ladoga）送过来。夜间，卡车在危险的冰封路上长途跋涉，一边要提防头顶的德国空军，一边要担心下方冰冷的河水。苏维埃军队的推进使得供应路线能

哈里森·索尔兹伯里的《900天：列宁格勒大清洗》再次展现了纳粹围困俄罗斯的场面。这本书不是为那些对围困一时兴起的人而写的，而是写给想要通过阅读间接体验这座城市最黑暗时期的人。

1922~1924年

一连串的中风后，列宁去世，近百万哀悼者来到莫斯科致敬吊唁。为了纪念列宁，彼得格勒更名为列宁格勒。政权移交给了“三头政治”，但实际上由斯大林掌控。

20世纪30年代至40年代

斯大林发起了现代化运动和恐怖统治。莫斯科成为一座工业城市，到处是穷苦的工人和浓烟滚滚的工厂。列宁格勒当时的工业产值占苏联总产值的11%。

1935年

共青团成员提出建设Komsomolskaya地铁站。莫斯科第一条地铁线索科尔尼基线开始运营。

够在春天河里冰雪消融时继续开放。列宁格勒在艰苦条件下幸存；但围困仍未停止。这座城市在接下来的两年中继续经受着敌人的炮火。最后，在1944年1月，红军大部队赶来。他们用比在斯大林格勒时所使用的更多火箭和炮弹彻底击溃了德军。几天之内，列宁格勒解放。为期900天的围困成为历史上现代城市所经历的最长的一次围困。城市遭到重创，但没有被击垮。

后斯大林时代

莫斯科的许多历史景点都是以被毁的历史建筑物为模型的。喀山大教堂和基督救世主主教座堂都建于20世纪90年代，而科洛门斯克的木宫和察里津宫都是21世纪的建筑。

斯大林去世后，他所建立的制度鲜有变化地延续了下去。莫斯科前市长尼基塔·赫鲁晓夫（Nikita Khrushchev）引入了广泛的改革，并承诺提高生活水平。大型住宅在郊区拔地而起；很多匆忙建造的低层住宅被称为“khrushchoby”，这来自俄语中的“贫民窟”（trushchoby）一词。赫鲁晓夫在1964年下台。

在接下来的很长一段稳定时期里，当政的是衰老的列昂尼德·勃列日涅夫（Leonid Brezhnev）。追寻着列宁的脚印，勃列日涅夫在任期间苏联成为超级军事大国，他也为国家带来了长期的政治稳定和物质安全。

由于苏联狂热地和美国进行军备和航空竞争，航空航天、无线电和核武器部在莫斯科及其附近建立了工厂、实验室和设计机构。为了国家安全，克格勃秘密地在莫斯科地下建立了第二个地铁系统——地铁2号线。对于共产党来说，日子变得更加舒适。勃列日涅夫执政时期，经济体系陷入了缓慢、不可逆转的衰落。中央计划经济无法满足消费需求的上升。

20世纪70年代，莫斯科最具破坏性的社会问题是酗酒，酒精被认为是高旷工率、暴力和高逃学率的主要原因。酗酒问题严重到戈尔巴乔夫尝试将每个家庭的伏特加消耗限制到每周两瓶。然而这个政策非常不受欢迎。

不过，莫斯科也享受了战后的经济繁荣。勃列日涅夫对结实的现代建筑非常青睐。海绵孔状的混凝土玻璃建筑、现已停业的Hotel Rossiya，旨在向全世界展现苏联的现代面貌。城市经历了进一步的扩张，容纳了越来越多的建筑物和居民。为了举办1980年的奥运会，水泥浇筑工程达到狂热。然而，由于俄罗斯入侵阿富汗，很多国家抵制奥运会，这些设施大多空空如也。

在这一时期，莫斯科对俄罗斯人的吸引力日益增强。城市官员努力加强居住许可证制度，但没有任何效果。1980年，人口超过800万。人口溢出导致莫斯科郊区的快速发展。而工业，尤其是军事工业，为城市提供了经济基础，科学、教育和公共管理创造了很多新的就业机会。随着中亚和高加索小市场商人的到来，莫斯科也变得更加多元化。

1941~1944年

希特勒袭击了苏联。纳粹的进军止于严酷的冬天，这给红军提供了反击机会。列宁格勒再次从黑暗中走出来，但超过100万人死于饥荒和疾病。这座城市的人口降至约60万人。

1953年

斯大林去世并被葬在红场。尼基塔·赫鲁晓夫成为第一书记。他的头号对手拉夫连季·贝利亚被逮捕，因叛国罪而被处决。

1956年

赫鲁晓夫在党代表大会上发表了“秘密演讲”，他谴责斯大林，并为3年前处决贝利亚辩解。俄罗斯开始进入经济改革和文化复苏时期。

过渡时期
苏联解体

在整个苏维埃时期，莫斯科对列宁格勒一直保持警惕。列宁格勒的文化圈是不羁的。正如在沙皇时期一样，它取笑、抨击、蔑视当权者。斯大林施以恐吓，赫鲁晓夫加以劝诱，勃列日涅夫下令驱逐，但是这座城市依然是各方观点争论的中心。正如从拉季谢夫（Radishchev）到普希金、从阿赫玛托娃（Akhmatova）到布罗茨基（Brodsky）那样，争执一直在延续。到20世纪70年代，这座城市成为爵士和摇滚音乐人、诗人、画家、改革派和激进派不受束缚的沃土。正如春季的涅瓦河，这些文化洪流终于在米哈伊尔·戈尔巴乔夫（Mikhail Gorbachev）上台并宣布新的开放和改革政策时汹涌而出。列宁格勒站在了民主改革的前线，旧政体即将退出历史

水晶棺中的列宁

1924年，列宁在一次严重的中风中去世，时年53岁。哀悼者在寒冬里排起了长队，耐心地等待了几个星期，只为一瞥遗体。受到这一幕的启发，斯大林建议苏维埃共产主义之父的遗体应继续作为圣物保留。不顾列宁遗孀的强烈抗议，斯大林违背了列宁本人希望与圣彼得堡的母亲安葬在一起的遗愿，他决定保存列宁的遗体不朽。

生物化学家鲍里斯·兹巴尔斯基和解剖学家弗拉基米尔·沃里博夫接到命令，他们的任务是阻止遗体自然分解。两位科学家在秘密实验室中疯狂实验，寻找长效防腐溶液。与此同时，尸体上的黑斑被漂白，嘴唇和眼睛被紧紧缝合。大脑被摘除并被送到了另一个秘密实验室，科学家在之后的40年里对其切片进行研究，希望揭秘他天才的秘密。

1924年7月，科学家们找到了一个方法，成功地阻止了腐朽过程。这个方法成了严格保守的国家机密，后来又被传授给了兹巴尔斯基的儿子，他在克里姆林宫隐蔽的防腐实验室工作了数十年。苏联解体后，兹巴尔斯基解释了一切：尸体每隔几天被擦拭一遍，每18个月做一遍彻底的检查，并被浸泡在一缸包括石蜡在内的化学品中。这个机构现已商业化，向想要“永生”的人提供服务和秘密技术，价格不到100万美元。

20世纪90年代，叶利钦表示，希望遵从列宁的要求，将他安葬在圣彼得堡。这一想法引发了政治左翼的愤怒，以及莫斯科旅游经营者的无声反对。列宁墓——苏联最神圣的圣殿——至少还会原地保留几年。

1964年

反对赫鲁晓夫的政变使列昂尼德·勃列日涅夫走上权力舞台。

1979～1980年

苏联入侵阿富汗。超级大国之间的关系恶化。

1982～1985年

勃列日涅夫去世，前克格勃最高领导人尤里·安德罗波夫任总书记15个月后去世。他的继任者康斯坦丁·契尔年科13个月后去世。

舞台。

戈尔巴乔夫于1985年3月上台执政，很快就推行了全面的改革计划，名为“perestroik”（重建），他立志振兴问题重重的社会主义体系。戈尔巴乔夫意识到，要真正扭转经济，仅仅进行机构重组和严正警示是不够的。他相信经济危机的根源是社会相对社会主义制度的异化。因此，他试图打破“我们”和“他们”的界限。

他的改革旨在鼓励人民参与并刺激积极性。“开放”（Glasnost）给濒临消失的流行文化和被扼制的媒体行业带来了新的声音。戈尔巴乔夫的计划是用逐步过渡的方式进行社会主义改革，但在实践中，事情的发展远超他的想象。莫斯科有自己的节奏。

1985年，戈尔巴乔夫将鲍里斯·叶利钦（Boris Yeltsin）从乌拉尔辖区提拔至中央领导层，成为莫斯科的新领导。民粹主义风格立刻使叶利钦获得莫斯科人的喜爱，人们经常惊讶地看到他乘坐公共交通工具，或斥责店主不给他香肠。在戈尔巴乔夫失利的反酒精运动中，叶利钦拯救了莫斯科最大的酒厂，令其免于关门。

更重要的是，叶利钦接受了更加开放的政治气氛。他允许“非正式”团体在不经过共产党批准的情况下组织集会，公开表达自己的声音。不久，莫斯科的街道（如在阿尔巴特）就成了民主党派、民族主义、红党和绿党的示威地。叶利钦离经叛道的风格令其受到全党领导层的日益冷落。1987年，他被戈尔巴乔夫弃用，不过很快他还是回来了。

众所周知，米哈伊尔·戈尔巴乔夫在1990年赢得了诺贝尔和平奖。但鲜为人知的是，他因在音乐剧《彼得和狼》中为狼配音而获得了2004年的格莱美奖。

戈尔巴乔夫的政治改革包括1990年春天发起的对地方议会选举的改革。此时，东欧剧变已经发生，苏联的情势也日益激进。1988年来，俄罗斯第一次举行了自由选举，大量莫斯科人来到投票站，选出了一批民主党派改革者。

经济学家加夫里尔·波波夫（Gavril Popov）当选为莫斯科新市长，尤里·卢日科夫（YuryLuzhkov）就任副市长。波波夫出售了住房和国有企业，恢复了街道在革命前的名称。他曾多次和苏联领导层就城市管理事务发生争执。不过，当叶利钦上演政治回归的时候，波波夫很快就获得了这位关键盟友的支持。

1991年8月18日，从梦中醒来的莫斯科人发现街道上停着一列坦克，“紧急状态委员会”自称接管了城市。委员会由共产党领导人、克格勃及军人组成。他们已将戈尔巴乔夫扣留在了他克里米亚的别墅中，并下令逮捕叶利钦和莫斯科市领导层。但这次策划不佳的政变很快就在混乱中失败

1985年

米哈伊尔·戈尔巴乔夫当选为共产党总书记。为了改革，他推行了重组和开放政策。

1991年

8月的一次失败政变宣告了苏联的终结。戈尔巴乔夫辞职。鲍里斯·叶利钦成为俄罗斯联邦第一位民选总统。列宁格勒的地名经公投后变回圣彼得堡。

1992年

莫斯科市议会前主席尤里·卢日科夫取代加夫里尔·波波夫，成为莫斯科市长。

了。叶利钦、波波夫和卢日科夫抵达俄罗斯议会大厦，即“白宫”，发起反攻。叶利钦爬上坦克，宣布政变非法，并呼吁大罢工。8月21日，坦克撤离；政变彻底被挫败。戈尔巴乔夫飞回莫斯科重获指挥权，但他气数已尽。8月23日，叶利钦取缔了俄罗斯共产党。

为了拯救苏联，戈尔巴乔夫做出最后一搏，提出苏联可以成为由独立国家组成的宽松联邦制国家。然而，叶利钦正稳健地将诸项事宜从苏联式向俄罗斯式过渡。12月8日，几轮伏特加小酌后，叶利钦与乌克兰及白俄罗斯领导人宣布，苏维埃社会主义共和国联盟（USSR）不复存在。他们宣布建立一个新的独立国家联合体（独联体，CIS），这是一个没有中央权力也非完整国家的模糊联盟。戈尔巴乔夫，这位失去了国家和权力的总统，于12月25日辞职。这一天，白、蓝、红的俄罗斯国旗取代了苏联红旗，在克里姆林宫上空升起。

重回俄罗斯式政治

由于成功地压制了戈尔巴乔夫和政变策划者，时任总统叶利钦被议会授予巨大的权力。叶利钦利用这些权力发起了激进的经济改革，并尝试与西方和解。他的做法将政治精英两极化。叶利钦的经济改革团队开始瓦解长期受保护、依赖于补助的管治经济。议会最终采取行动，从总统手中夺回权力。僵局持续了一年半。

国家层级的行政立法冲突也出现在莫斯科政界。苏联解体后，曾经将波波夫送上权力舞台的民主党派分裂了。市长办公室和市议会及新联邦政府的争端和摩擦日益增加。波波夫开始与戈尔巴乔夫失和，而在此之前他已经和卢日科夫争吵不断。1992年6月，冲动的波波夫气愤地辞去职位。副市长卢日科夫欣然接过市长的职位。

1993年，叶利钦总统和俄罗斯议会之间的矛盾加剧。8项不同的宪法草案都在提出后遭到驳回。到了1993年9月，议会召开会议，计划撤销总统的多项权力。在采取行动前，叶利钦发布了一项法令，下令关闭议会并要求新一轮议会选举。

事件开始向暴力方向发展。在此之前一直保持中立的军队，此时选择站在总统一方进行干预，对议会进行了轰炸直至其屈服。事件共造成145人丧生，700人受伤。这是自1917年布尔什维克接管莫斯科后，这座城市发生的最严重的流血事件。叶利钦最终也服从议会通过的1993年宪法，围绕着强有力的中央行政权力创建了一个新的政治制度。

历史遗产

- 科洛门斯克
- 察里津宫
- 伊兹麦洛娃公园
- 奥斯坦金诺宫

1993年

叶利钦派遣部队，应对莫斯科白宫和奥斯塔金诺电视塔的异见人士。这是自1917年以来，俄罗斯最暴力的政治冲突。

1998年

末代沙皇及其大部分家庭成员的遗体终于被埋葬在圣彼得和圣保罗大教堂。

1998年

人为调控的高汇率和财政赤字带来金融危机，导致卢布贬值。

20世纪90年代，叶利钦的心脏病越发恶化。但到了1996年，他仍然不打算从“宝座”上退下。很多报道称，在1996年俄罗斯大选前后，俄罗斯富有的金融家赞助了叶利钦的选举，以此换来政府中的决策地位，并在私有化拍卖中获得国有资产。

新世纪
克里姆林宫的警察

2005年，地产大亨、卢日科夫市长的妻子Yelena Baturina成为俄罗斯的第一位女性亿万富翁。

1999年12月，鲍里斯·叶利钦在电视上向全国传达了他的新年问候，这一次，这位壮硕的总统宣布辞职并退出政治舞台，这震惊了他的人民。曾经充满战斗激情的叶利钦，在10年的政治逆境和健康不佳下变得日益虚弱。叶利钦将权力交给了他不久前任命的总理弗拉基米尔·普京（Vladimir Putin）。作为总统的助手，圣彼得堡人普京无私的奉献、精明的头脑和坚定的决心给叶利钦留下了深刻的印象。

1952年出生的普京童年大部分时间都在斯莫尔尼宫所在地区度过。在前往列宁格勒、莫斯科和东德为克格勃效力前，小弗拉基米尔在这附近上学，并在列宁格勒国家大学（Leningrad State University）学习法律。1990年，他回到家乡，在这里他很快得到当局赏识并获得升迁。1994年之前，他是圣彼得堡市长阿纳托利·索布查克（Anatoly Sobchak）的副手。在位于斯莫尔尼宫的办公室中，普京有一个出名的举动：他用彼得大帝的画像换下了列宁的。

莫斯科是世界人口第七大城市。2011年，莫斯科达成土地交易，买下了一块人口稀少的广袤地区，这使莫斯科在地理面积上也成为世界第七大城市。

鉴于城市经济从衰退中复苏的步伐缓慢，索布查克在1996年的选举中落选。普京被同为列宁格勒人的阿纳托利·丘拜斯（Anatoly Chubais）招募到克里姆林宫的政府机构中。经过一轮快速升迁，他接手了联邦安全局。1999年，叶利钦连续解雇两名总理，随后普京被提拔到这个不吉利的位置上。不过，叶利钦辞职后，普京被委任为代理总统。2000年3月，普京成为俄罗斯联邦第二任总统。

普京充满神秘感：他曾是克格勃的头子，也是圣彼得堡民主派市长的盟友；他精通欧洲文化，但却怀念苏联爱国主义；他身材矮小，却是空手道黑带。在第一个任期，普京的支持率飞上洋葱穹顶的上空。经历了几十年的危机和动荡后，他为俄罗斯政治带来了平静和稳定。经济终于开始实现正增长。得到改善的经济情况带来了自20世纪80年代以来的第一次预算盈余，工资和养老金也得到了及时的支付。

普京发誓恢复莫斯科中央政府的权威，他发起宪法改革，以减少地方

1999年

新年前夜，叶利钦宣布辞职，并将总统的职位授予圣彼得堡人弗拉基米尔·普京，这标志着更进一步中央集权和“主权民主”新纪元的开端。

2002~2004年

车臣叛军在莫斯科剧院绑架800名人质。自杀式炸弹袭击地铁、航班和摇滚音乐会，造成数百人伤亡。

2006年

普京在圣彼得堡主持了G8峰会，这标志着圣彼得堡再次成为俄罗斯的展示窗口。

政府的权力；他还发动了针对激进车臣分裂主义的第二次战争。2004年，普京再度当选。

自1999年第二次车臣战争爆发以来，近900人在莫斯科及其周围的恐怖袭击中丧生。

恐怖主义阴霾笼罩首都

虽然俄罗斯与车臣的冲突可追溯到18世纪，但直到近些年莫斯科才感受到冲突的后果离自己的家园如此之近。1999年9月，首都的神秘爆炸造成200多人丧生。虽然证据不足，但车臣恐怖分子被控发起了这次爆炸。阴谋论肆意横生。

2002年，车臣叛乱分子用炸药控制了受人喜爱的莫斯科剧院，要求车臣独立。近800名剧院员工和赞助人被扣为人质近3天。俄罗斯部队将剧毒气体灌入剧院，令绑架者和人质失去了行为能力，阻止了最坏情况的出现。但受害者意外地对气体产生了剧烈反应，由于缺乏可用的医疗设施，130人丧生，上百人患病。这一事件也导致俄罗斯发动进一步军事行动迫使车臣投降。

车臣恐怖分子也针锋相对，在之后的几年里定期发动小规模骚乱。

莫斯科市长谢尔盖·索比亚宁的早期倡议包括打击腐败和停止建设。他就任后的第一个行动极具争议——拆除了遍布莫斯科街道和广场的大约2000个报亭。

从雪革命到无革命

2008年，普京第二个总统任期结束，宪法不允许他连任第三次。普京亲自选择的总统继任者德米特里·梅德韦杰夫是一名法律教授、Deep Purple乐队的粉丝。梅德韦杰夫匆忙地任命前任总统普京为总理。

权力的变更对俄罗斯的政治路线几乎不起任何作用。四年后，梅德韦杰夫拒绝参选连任。普京步步紧逼，并建议他的总统梅德韦杰夫成为一名优秀的总理。他们在2012年互换了职位。

从选举到就职的六个月，莫斯科的街道和广场经常出现“公平选举”的抗议者。示威演变成大范围的反政府动乱，也被称为“雪革命”。组织者称，规模最大的一次活动吸引了100,000名参与者。

但示威虎头蛇尾地结束了。就职之后，普京颁布了严格的立法以限制这种行动，组织游行更难以获得批准，参加任何未经批准的示威游行的群众将面临严厉的罚款。反对运动缺乏团结和组织。莫斯科人还要工作、养家、看体育赛事和参观艺术展览。到头来，首都一切如常。克里姆林宫长出一口气。

2008-2009年

全球金融危机严重影响俄罗斯。石油价格下跌及与格鲁吉亚的军事纠纷进一步加剧了经济衰退。

2008-2012年

普京选定的继承者德米特里·梅德韦杰夫当选总统，任期一届。普京担任总理，直到再次获得回归总统之位的资格。

2009-2011年

车臣恐怖分子没有停止他们致命的袭击。他们在火车站、地铁站和机场引爆炸弹，数百人受害。

2013年，美国告密者爱德华·斯诺登成为莫斯科最神秘的居民，他在谢列梅捷沃机场的过境区花了39天，寻求庇护以躲避美国司法部。他最终在俄罗斯获得了一年的临时庇护，后来庇护时间又获准延长。

2010年后，城市的经济发展节奏趋于稳定。超过10年的经济增长意味着财富不仅流向了“新俄罗斯人”。在莫斯科，新兴的中产阶级承受着高昂的生活成本，但也享受着前所未有的就业机会和令人眼花缭乱的美食、文化及消费选择。

2002~2005年，自杀式袭击者袭击了莫斯科红场、地铁、机场和摇滚音乐会，造成数百人伤亡。

事态稳定了几年，但恐怖并没有结束。21世纪第一个10年之末，袭击重现，每年都会在首都及其周围爆发。地铁、机场和其他交通工具再次成为关键目标。

2011年年后，首都相对平静，但是争端没有解决，没有人认为恐怖袭击已经结束。报纸定期报道联邦安全局在打击恐怖阴谋中取得的胜利。联邦官员承诺打击报复，城市官员增强安全措施，但暴力事件继续发生。

欢庆不断

自1999年起，俄罗斯的经济增长就不断创下纪录。卢布贬值之后，国内制造商更有竞争力，也更有利可图。全球能源短缺令俄罗斯经济受益。自2000年来，俄罗斯石油行业蓬勃发展，快速增长，政府得以实现预算盈余，偿还了外债并降低了税率。

莫斯科尤其富有。城市不断经历着大规模的转型，工业离开历史中心，摩天大楼在莫斯科河两岸拔地而起。城市的道路上挤满了豪车。新经济下产生了一小群“新俄罗斯人”，他们因对自身财富的炫耀而招致嘲笑和嫉妒。

2014年

在俄罗斯试图吞并克里米亚的行为招致反对的情况下，圣彼得堡举办了欧洲当代艺术双年展Manifesta 10。

2015年

俄罗斯对叙利亚境内的伊斯兰国目标发起空袭。这是自苏联解体以来俄罗斯首次在境外开展大规模空袭作战行动。

2018年

俄罗斯举办了第21届世界杯足球赛，这是世界杯首次在俄罗斯境内举行。

艺术

从雄伟的莫斯科巴洛克和俄罗斯复兴建筑，到闻名遐迩的俄罗斯及印象派藏品，莫斯科一直以横跨传统和激进的丰富文化而闻名。无论是柴可夫斯基的歌剧还是奥斯特洛夫斯基(Ostrovsky)的戏剧，在莫斯科可以欣赏到全世界最顶级(也是最便宜)的古典表演艺术。它也有波希米亚的一面——另类的乐队和实验剧场能让人一窥俄罗斯的未来。另外，圣彼得堡也产生了许多艺术和音乐的杰作，对于游客和居民来说，其自身已经是一种灵感的源泉，甚至很多时候人们会将圣彼得堡称作俄罗斯的文化首都。尽管欧洲艺术有着很强的影响力，圣彼得堡的艺术家还是以俄罗斯的根作为更主要的灵感来源。音乐家和作家对俄罗斯的历史、民俗文化以及其他国家主题都有着深远的见解。

音乐

经典永远不会过时。俄罗斯的音乐绝对是这样。在这里穆索尔斯基(Mussorgsky)、斯特拉温斯基(Stravinsky)尤其是柴可夫斯基的经典几乎每日都在音乐厅上演。即便这些地方的氛围有些憋闷，但演奏水平绝对一流。不过，音乐在莫斯科以多种形式存在，近来，布鲁斯和爵士无处不在，你也可以在这里听到各种小众现代风格，如放克、ska、浩室、嘻哈、trip-hop等。圣彼得堡则成了russky rok的中心，其新鲜而又充满创意的氛围，如同一块磁铁吸引着音乐家和音乐爱好者。

古典音乐和歌剧

俄罗斯古典音乐时期是从19世纪60年代到20世纪。随着作曲家(以及画家和作家)挣扎着找寻民族认同感，几个影响深远的学校逐渐成型，培养了俄罗斯最著名的作曲家，他们日后创作了最出色的音乐。其中包括莫杰斯特·穆索尔斯基(Modest Mussorgsky)和尼古拉·里姆斯基-科萨科夫(Nikolai Rimsky-Korsakov)在内的著名“五人团”(Group of Five)。穆索尔斯基的代表作是《展览会之画》(*Pictures at an Exhibition*)和歌剧《鲍里斯·戈都诺夫》(*Boris Godunov*)，而里姆斯基-科萨科夫因《舍赫拉查达》(*Scheherazade*)而为人所知。他们主要的竞争对手是安东·鲁宾斯坦(Anton Rubinstein)的俄罗斯音乐会社(Russian Muscial Society)，这个根深蒂固的保守派组织后来在1918年变成了圣彼得堡音乐学院(St Petersburg Conservatory)。这两所学校之间的竞争相当激烈。里姆斯基-科萨科夫在他的回忆录中写道：“鲁宾斯坦是一个优秀的钢琴家，但他在作曲方面毫无才华或者品位。”

彼得·柴可夫斯基(Pyotr Tchaikovsky)被普遍认为是俄罗斯作曲家之父。他在融合俄罗斯民间音乐的同时，也接纳了西欧作曲家的体系。他的作品包括宏伟的《1812序曲》、协奏曲和交响曲、芭蕾舞《天鹅湖》《睡美人》和《胡桃夹子》、歌剧《叶普盖尼·奥涅金》——都是全世界最受欢迎的经典作品，当然也是在莫斯科大剧院及莫斯科其他剧院最常上演的作品。

追随柴可夫斯基浪漫脚步的是谢尔盖·拉赫马尼诺夫（Sergei Rachmaninov），以及极富创造力的伊戈尔·斯特拉温斯基（Igor Stravinsky）。两人都在革命后逃离了俄罗斯。斯特拉温斯基的《春之祭》（*The Rite of Spring*）初在巴黎上演就引发了观众的狂热，《火鸟》（*The Firebird*）则受到俄罗斯民间音乐的影响。谢尔盖·普罗科菲耶夫（Sergei Prokofiev）也曾离开俄罗斯，又于1934年回国。他为谢尔盖·爱森斯坦的电影《亚历山大·涅夫斯基》（*Alexander Nevsky*）和《恐怖伊凡》（*Ivan the Terrible*）配乐，并写下了芭蕾舞《罗密欧与朱丽叶》以及《彼得和狼》，后者深受音乐教师和孩子们的喜爱。然而直到去世，他的作品仍被谴责为"形式主义"。

德米特里·肖斯塔科维奇（Dmitry Shostakovich）写下了深沉、怪异而不和谐的作品，但也创作了传统的古典音乐。肖斯塔科维奇的《第七交响曲》（*7th Symphony*，也被称作列宁格勒交响曲）在列宁格勒陷入围困期间被列宁格勒爱乐乐团演奏，这为他赢得了荣誉和国际地位。

如今，顶级剧院尤其是莫斯科大剧院正在尝试上演当代作曲家的新作，以及一些曾经被审查或禁止演出的未知作品。瓦列里·捷吉耶夫（Valery Gergiev）让马林斯基剧院（见249页）重新恢复了活力。捷吉耶夫发起了the Stars of White Nights Festival——一个展示最优秀的舞者和音乐家的年度活动。

当代

俄罗斯音乐不仅是古典音乐。自20世纪60年代，"资产阶级"的披头士乐队渗透到这里，俄罗斯的老少乐迷便加入了流行乐革命中。俄罗斯摇滚乐队缺乏体面的设备和在大批观众前表演的机会，但却在地下发展起来。所有的音乐都是通过被称为"magizdat"的非法磁带从一位听众传递到下一位听众。城市郊区的偏远音乐厅能够举行演出。到了20世纪70年代——苏联的嬉皮时代，这类音乐已经在心怀不满和不信任的年轻人中收获了拥趸。安德烈·马卡列维奇（Andrei Makarevich）是时间机器（Mashina Vremeni）乐队的主唱，这个乐队被认为是苏联摇滚的开创乐队之一。乐队成立于1968年，受到披头士的启发，他们表演简单的吉他音节和朗朗上口的旋律。即便在今天，时间机器都深受几代人的青睐。

20世纪80年代，一个真正的地下之声在列宁格勒出现。Boris Grebenshchikov和他的乐队Akvarium（水族馆）无论在哪里演出都能引起轰动。他的民谣摇滚和内省的歌词成了一代人的情感寄托。滚石乐手谢夫楚克（Yury Shevchuk）和他的乐队DDT成为国家的主要摇滚乐队。

不过，真正的俄式摇滚（russky rok）之神是Kino乐团的团长维克多·崔（Viktor Tsoy）。乐队的经典专辑是1988年发行的《血型》。1990年，崔在一场车祸中英年早逝，这更巩固了他的传奇地位。直至今日，ul Arbat上还有一面覆满了涂鸦的墙，专门用于纪念崔，粉丝们每年都会在他的祭日（8月15日）聚在这里，播放他的音乐。

很多当代俄罗斯摇滚乐团深受人们欢迎，其成员自年轻时就一起玩音乐。形象中性的Ilya Lagushenko所领导的Mumiy Troll是莫斯科最有名的乐队之一（最初来自海参崴）。成立25年后，乐队仍继续带来充满创新的作品。他们的最近一张专辑是发行于2013年的*SOS Matrosu*。

民谣界最著名的民谣-摇滚歌唱家Pelageya显然是普京的最爱。她用摇滚的方式演唱来自世界各地的民谣。Arkona代表的是异于主流的异教精神运动——融合了俄罗斯民间传说、斯拉夫神话和前基督教仪式的重金属音乐。

电子流行女子组合tATu和帅气的男歌手迪马·比兰（Dima Bilan，2008年欧洲歌唱大赛的冠军）是俄罗斯当代音乐界最温和的国际形象。自2011年起，tATu组合单飞，不过她们在索契冬奥会的表演前已经重组。

另外，如今最著名的莫斯科摇滚乐队要数女性主义朋克摇滚乐队Pussy Riot。2012年，乐队因在基督救世主主教座堂举行抗议普京当选的演出而蜚声全球。1分钟的表演录像用在了他们的MV《朋克祷告》中，并导致3名乐队成员被捕。几位女性成员被判处2年的监禁，人们普遍认为判罚过于严苛，不过她们在被关押大约6个月后获释。

芭蕾和舞蹈

作为芭蕾的一个分支，俄罗斯芭蕾逐渐演变为法国舞蹈、俄罗斯民间舞蹈和农民舞蹈技巧的融合体。致力于西方化的彼得大帝从法国邀请了艺术家表演这种新的舞蹈形式。1738年，法国舞蹈大师让·巴蒂斯特·兰德在圣彼得堡的冬宫建立了一所舞蹈学校，这就是著名的瓦加诺娃舞蹈学院（Vaganova School of Choreography）的前身。1776年，莫斯科大剧院及芭蕾舞团成立。

法国舞蹈家和编舞家毛利斯·佩蒂巴是公认的俄罗斯芭蕾之父，他曾经是皇家剧院的领舞和首席芭蕾大师。人们称他编排了60台完整的芭蕾舞，包括经典的《睡美人》和《天鹅湖》。

20世纪初，谢尔盖·迪亚吉列夫的俄罗斯芭蕾舞团（Ballets Russes）席卷欧洲。他们使用了不同于以往的舞台装饰。由亚历山大·贝纳夫（Alexander Be-nois）、米哈伊尔·拉里亚诺夫（Mikhail Larianov）、纳塔利娅·冈萨罗娃（Natalia Goncharova）和利昂·巴克斯特（Leon Bakst）等艺术家绘制的舞台场景打破了人们的质疑，让观众对舞台感到震撼。

苏联时代，芭蕾舞行业享受着高级特权，因此瓦加诺娃这样的学校、莫斯科大剧院和马林斯基剧院这样的顶级芭蕾舞团保持着卓越的制作水平和较高的表演标准，当然还有不计代价的寻星活动。20世纪，俄罗斯芭蕾的故事依旧与西方保持关联，很多著名的明星都移民或投奔了西方国家，如安娜·帕夫洛娃、瓦斯拉夫·尼金斯基、鲁道夫·纽瑞耶夫、米哈伊尔·巴瑞辛尼科夫、乔治·巴兰钦、娜塔莉亚·康嘉洛娃、玛蒂尔达·凯瑟西斯卡娅——他们在西欧或美国有一定知名度，他们中的大部分也选择了在那些地方定居。

莫斯科大剧院芭蕾舞团

莫斯科大剧院芭蕾舞团是莫斯科最著名的芭蕾舞团。20世纪60年代，尤里·格里戈洛维奇（Yuri Grigorovich）成长为一名聪慧的新晋编舞家，创作了《斯巴达克斯》《恐怖伊凡》和其他成功的作品。格里戈洛维奇指导舞团30多年，也存在一定争议。20世纪80年代末，他和一些主要舞者发生了争吵。很多明星辞职，指控他“野蛮”。格里戈洛维奇最终在1995年辞职，这促使忠于他的舞者发起了芭蕾舞大剧院芭蕾舞团的第一次罢工。

随后的10年，大剧院芭蕾舞团经历了3个不同的艺术总监，他们都曾前途光明，但没有人能像格里戈洛维奇一样掌控整个舞蹈团。终于，在2004年，冉冉升起的明星阿列克谢·拉特曼斯基（Alexey Ratmansky）被任命为艺术总监。1968年出生在乌克兰的拉特曼斯基虽年轻却多才多艺，作品受到好评。

现任艺术总监为前斯坦尼斯拉夫斯基和涅米罗维奇-丹钦科舞蹈团的董事谢尔盖·菲林（Sergei Filin）。虽然他在2013年不幸被袭击者泼硫酸，造成了严重的损伤和视力丧失，但演出必须继续，菲林仍在大剧院舞蹈团担任艺术总监。他强调芭蕾舞的艺术性，以及保护格里戈洛维奇和拉特曼斯基作品的重要意义。

基洛夫剧院芭蕾舞团

基洛夫，现在用的是它革命前的名字圣彼得堡帝国歌剧院芭蕾舞团，也就是著名的马林斯基剧院（见249页），其在艺术总监瓦列里·捷吉耶夫充满热情的指导下重新焕发出生命力。马林斯基剧院的招牌永远是它完美而经典的芭蕾剧，但近几年，威廉·弗西斯和约翰·诺伊梅尔这样的艺术家已经将现代舞蹈艺术带入了这个地方。2013年，马林斯基剧院新馆（见256页）的盛大开幕，无疑再次加强了马林斯基剧院在世界舞台上的声望。新馆在Kryukov Canal上，紧挨着原剧院。

视觉艺术

众所周知，圣彼得堡是一个充满艺术感的地方。早几年，贵族和皇帝的宫殿里都用无数的绘画以及工艺美术收藏品作装饰，从而确保了艺术作品一直稳定产出。现在，成千上万的游客到这里来，只为一睹埃尔米塔日博物馆（见202页）和俄罗斯博物馆（见218页）里的那些杰作。你同样能在莫斯科的每一个角落里看到艺术的踪迹，扩建中的普希金美术博物馆和数不胜数的当代艺术画廊占领了这座城市从前的工业空间。

圣像

直到17世纪，宗教圣像还是俄罗斯的主要艺术形式。最初，僧侣们将绘制圣像作为精神活动，画下这些图案以描绘他们所崇拜的圣物，有时候也期盼圣像为自己带来好运气，甚至能够感召神迹。这样的圣像常见于教堂之中。

按照传统，只有基督、圣母、天使、圣徒和圣经故事可以被绘制为圣像。基督的形象包括全能者基督（Pantokrator）和曼德兰基督（Mandilion），后者又被称为“非人手制成的圣像”，因为据传说，基督将面孔印在了圣维罗妮卡（St Veronica）的手帕上，后来发展成了这种圣像。传统的圣像以蛋彩颜料绘制在木板上。

诺夫哥罗德的艺术家在绘制人像时采用了民间艺术形式，运用清晰鲜明的轮廓勾勒人物，并使用浅黄色和浅绿色等柔和的色彩绘制温和的面孔，俄罗斯圣像自此逐渐发展成为独特的传统。最早期的杰出画家是希腊人塞奥法尼斯，在俄语中被称为费奥方·格列克。他曾经在拜占庭、诺夫哥罗德和莫斯科工作，为这种艺术形式增添了全新的风格和优雅。他最精妙

安德烈·塔科夫斯基1966年的电影《安德烈·鲁布廖夫》诠释了这位圣像画画家在中世纪的俄罗斯所经历的严酷现实。影片探讨了宗教信仰和艺术自由等话题。

的作品被收藏在莫斯科克里姆林宫的圣母领报主教座堂。

伟大的俄罗斯圣像画家安德烈·鲁布廖夫是谢尔盖圣三一修道院和安德罗尼科夫修道院的一名僧侣。他最著名的作品是如梦似幻的《三圣图》，收藏在莫斯科特列季亚科夫画廊。狄俄尼索斯是15世纪末著名的圣像画家，他拉长了人物并采用了更加精致的配色。16世纪的圣像画变得更小也更拥挤，人物具有现实风格和典型的俄罗斯人相貌。17世纪的莫斯科，西蒙·乌沙科夫采用了透视和建筑物背景，令俄罗斯圣像画更向西方宗教绘画靠近。

巡回展览画派和俄罗斯复兴

19世纪的主要艺术力量是巡回展览画派运动，该艺术运动因通过四处展览扩大观众基础而得名。艺术家伊凡·克拉姆斯柯依领导了所谓的"14人反抗"，一群新生艺术家离开了强大却保守的艺术学院，他们将艺术视为提高民族意识、促进社会变革的工具。这群艺术家受到帕维尔·特列季亚科夫和谢尔盖·特列季亚科夫的资助（特列季亚科夫画廊也以他们的名字命名）。

巡回展览画派的艺术家如下：瓦西里·苏里科夫，他生动地描绘了俄罗斯的历史场景；尼古拉·戈，专注于历史和圣经场景的绘制；伊利亚·列宾可能是最受人民喜爱的画家，他的创作主题从社会批评（《伏尔加河上的纤夫》）到历史（《扎波罗热哥萨克人写信给土耳其苏丹》）和肖像画。很多巡回展览画派的杰作都在特列季亚科夫画廊展出。

19世纪末，俄罗斯文化已经完全不受西方影响，艺术家开始以国家主义及民俗文化作为创作灵感。实业家萨瓦·马蒙托夫是这一时期的重要艺术赞助人，他促进了俄罗斯复兴运动的发展。他位于莫斯科附近的Abramtsevo庄园成了艺术家们的聚集地，其中一位常驻画家是维克多·瓦斯涅佐夫，他以历史绘画及童话题材而闻名。

这个时代的艺术家创作出了俄罗斯套娃，也就是精美而具特色的嵌套式玩偶娃娃。世界上最多的俄罗斯套娃系列收藏在玩具博物馆（见295页）展出。天才艺术家米哈伊尔·弗鲁贝尔在形式和风格上独树一帜，受到拜占庭和威尼斯闪闪发光的马赛克的启发。尼古拉·洛里奇和米哈伊尔·涅斯捷罗夫等画家则受民间传说以及宗教传统影响，在作品中结合了一些神秘的主题。2013年，洛里奇迷人的*Madonna Laboris*在伦敦拍出790万英镑的价格，位居最昂贵俄罗斯艺术品名单之首。所有这些大师的作品都在俄罗斯博物馆（见218页）中有专题展览。

先锋派

到了20世纪，随着对欧洲数十年艺术变迁的吸收，俄罗斯形成了艺术群体、风格和"主义"，终于诞生了自己的先锋派未来主义运动。

米哈伊尔·拉里奥诺夫和纳塔利娅·冈萨罗娃是一个深受塞尚影响的团体"珍宝糟粕"的中心人物。这对夫妇发起了以流行艺术和原始形象为基础的新原始主义运动。几年之后，卡济米尔·马列维奇宣布了至上主义的到来。他极端抽象的几何形状（黑色的正方形代表了终极"零形式"）将艺术从对物质世界的描绘中解放出来，并为艺术提供了更高一层的现实。另一位著名的未来主义者是尽可能逃离"主义"标签的弗拉基米尔·马雅可夫斯基，他也是一名诗人。这些画家的作品在新特列季亚科夫画廊和莫斯

除了特列季亚科夫画廊和鲁布廖夫早期俄罗斯文化艺术博物馆的杰出藏品，俄罗斯圣像画博物馆也有令人印象深刻的私人藏品，更不用说莫斯科全城各处的教堂了。

莫斯科画廊和博物馆

- 特列季亚科夫画廊
- 新特列季亚科夫画廊
- 尼古拉·罗利其博物馆
- 瓦斯涅佐夫故居博物馆
- 车库当代艺术博物馆
- 温萨沃德当代艺术中心
- 多媒体艺术博物馆

圣彼得堡艺术家故居

- 里姆斯基-科萨科夫公寓博物馆（斯莫尔尼和沃思塔尼亚）
- 夏里亚平故居博物馆（彼得格勒和维堡）
- 安娜·阿赫玛托娃博物馆（斯莫尔尼和沃思塔尼亚）
- 布罗茨基故居博物馆（历史中心）

科现代艺术博物馆展出。

作为马列维奇的崇拜者，亚历山大·罗钦科是结构主义运动的创始人。他是一名平面设计师、雕塑家和画家，但最令其为世人所知的是他的创新摄影作品。罗钦科给平面设计带来了不可估量的影响，他的技巧在20世纪后期得到了广泛的应用。

苏维埃艺术

如果想了解苏联早期文化和政治如何交织在一起，可以读一下索罗门·沃尔科夫的《肖斯塔科维奇和斯大林》。

未来主义者带着巨大的热情转向了革命需求——教育、海报和横幅。他们有机会去实践自己的艺术，改变社会的理论。但是到了20世纪20年代，抽象艺术失宠，并被打上了“形式主义”的烙印。政府想要“社会主义现实主义”或是能够推动光荣社会主义革命目标的现实主义艺术。奋斗的工人、英勇的士兵和振奋人心的领导人形象取代了抽象作品。很多这样的现实主义作品在新特列季亚科夫画廊展出。200万座列宁和斯大林的雕像遍布全国各处。

现当代艺术

前些年，一些著名的画家抛弃俄罗斯，奔向了西方的财富。今天，随着经济日益繁荣，很多前途光明的年轻艺术家却选择留下。人们对当代艺术产生了前所未见的兴趣，企业家把新财富用于投资成名艺术家或新兴艺术家。一些工业空间也被改建为艺术画廊，如温萨沃德当代艺术中心。曾经的红色十月巧克力工厂如今林立着画廊和工作室。

如今，俄罗斯最受欢迎的艺术家是那些受到政治家青睐的人。你可能没有听说过亚历山大·布尔加诺夫（生于1935年），但是你一定会认出他的雕塑，它们点缀在阿尔巴特等莫斯科街区。另一位艺术家、建筑师祖拉布·采列捷利（生于1934年），与其说受欢迎不如说臭名昭著，他的纪念建筑和雕像在莫斯科无处不在。宗教画家伊利亚·格拉祖诺夫一直是东正教文化传统的坚定捍卫者，而亚历山大·希洛夫（生于1943年）则以其著名的富有洞察力的肖像画成为当代艺术的撼动者。

斯大林时代之后，先锋派“概念主义者”在地下形成。伊利亚·卡巴科夫（生于1933年）绘制或排列日常生活中的片段。埃里克·布拉科夫（生于1933年）通过苏维埃波普艺术风格再现苏联时期的口号和被人们遗忘的词语。

圣彼得堡大部分的当代艺术围绕着一个位于Pushkinskaya 10（见266页）的艺术集体——艺术家和音乐家聚集于此，一起创作。这个地方“建立”于20世纪80年代后期，当时一群艺术家和音乐家搬进了沃思塔尼亚附近一座废弃的建筑物。从此，这个中心不断发展，虽然其全盛期早已结束，但它仍然是俄罗斯独一无二的艺术和文化机构。不过，现在越来越多的商业企业主导着圣彼得堡的艺术风貌，Loft Project ETAGI（见266页）和Tkachi（见275页）这样所谓的“创意空间”逐渐模糊着商业和艺

战士

在各种俄罗斯绘画中，维克托·瓦斯涅佐夫（在特列季亚科夫展出）所创作的《战士》是最受欢迎的作品之一。这幅油画作品描绘了3名来自俄罗斯民间传说中的人物。英雄穆罗姆人伊利亚据说是有历史依据的中世纪武士及僧侣；多布瑞亚·尼基蒂奇是一名高贵的战士，以击败巨龙而闻名；聪明狡黠的阿廖沙·波波维奇常以智慧战胜敌人。最初，基辅罗斯的传说通过口口相传的形式传播。从18世纪起，人们写下了这些故事并出版。瓦斯涅佐夫的复兴主义绘画是对这些古老传说的另一种重现。

谢尔盖·科里奥奇

谢尔盖·科里奥奇——圣彼得堡地下艺术的关键人物，苏联解体后先锋派的国家明星，仅在他的家乡小有名气，但他对圣彼得堡的音乐及艺术风貌有着深远的影响。作为一个有修养的音乐家、积极分子、演员及作家，科里奥奇在实行开放政策的那几年里变成了一个巨星，他甚至和当地特别著名的摇滚乐团Akvarium一起合作制作了几张专辑，并主演了许多受欢迎的另类电影。他于1996年因心脏疾病去世，但他的那些打破常规且充满艺术创造性的作品都被收录在了科里奥奇现代艺术中心（见287页），该中心位于瓦里西岛，这里每年都会举办精彩的谢尔盖·科里奥奇国际先锋音乐节以及Electro-Mechanica电子视听音乐节。

术的界线。艾拉尔塔博物馆的商业画廊一直保持着圣彼得堡最多的艺术输出。

莫斯科当代艺术最有趣的一面并不是那些成功的艺术家和以他们名字命名的画廊，而是藏身于城市艺术中心的新晋创意人士。如今的艺术家享有比以往任何时期都更宽松的自由，从而描绘俄罗斯生活的方方面面。政府也投入资金，赞助莫斯科当代双年展这样的活动。

剧院

由于语言障碍，大部分游客可能不会去剧院，然而剧院的确对俄罗斯的表演艺术产生了重要的作用。在表演艺术的各个领域中，当代剧作家的作品并没有得到与伟大的名著改编一样的重视。尽管如此，戏剧在俄罗斯和圣彼得堡已经有了悠久的历史，圣彼得堡作为文化首都，更是走在前列。

早期，剧院几乎是东正教的专属工具，用以传播信条和收纳信徒。然而，在19世纪，杂技表演来到了俄罗斯。这些尖酸毒辣的讽刺性独幕喜剧通常嘲笑那些权贵之人。剧作家们——如尼古拉·果戈理、亚历山大·普希金和亚历山大·奥斯特洛夫斯基——则将其进一步写进了剧本，不仅攻击贵族，还讽刺了资产阶级。果戈理的悲喜剧《政府监察员》据说是尼古拉斯一世最喜欢的戏剧。屠格涅夫的《乡居一月》为俄罗斯最著名的剧作家——安东·契诃夫铺平了道路。契诃夫的《海鸥》《三姐妹》《樱桃园》及《万尼亚舅舅》都以中产阶级的焦虑为主题，因其"现实主义"的制作而在莫斯科艺术剧院获得成功。

莫斯科最古老的剧院马里剧院，在伊丽莎白女皇的授命下成立于1756年。但俄罗斯剧院是在戏剧爱好者凯瑟琳大帝的资助下才开始蓬勃发展的。著名剧作家亚历山大·奥斯特洛夫斯基居住在河畔区，他的创作也以左邻右舍的商人和贵族为灵感。马里剧院日益知名，成为受人尊敬的戏剧剧院和学校，作为剧院导演，奥斯特洛夫斯基功不可没。

20世纪末，马克西姆·高尔基代表了反政府剧院的扩张趋势。他的剧作《海燕之歌》将工人阶级提升到文化阶级之上。这个作品是首部表现社会主义现实主义的创作，并由此获得了苏联当局的尊重。

未来主义者迎来了他们在舞台上的光辉，导演弗谢沃洛德·梅耶荷德执导了大部分作品。作为现代剧院最具影响力的人物之一，他总是充满活力且创意十足。他执导的亚历山大·勃洛克的《展棚》（1906年）和弗拉基

莫斯科的艺术和建筑

从圣像和洋葱顶，到摩天大楼和社会主义现实主义风格，俄罗斯总是能够创造出属于自己的艺术和建筑风格——融合了欧洲的元素，但却保持着一颗纯粹的斯拉夫之心。可以说，没有其他地方比莫斯科更适合见证激荡着戏剧张力和想象力的俄罗斯文化了。

1

2

LONELY PLANET / GETTY IMAGES ©

4

视觉中国提供

1. Kotelnicheskaya apartment block
（见370页）

斯大林的“七姐妹”之一，点缀着莫斯科的天际线。

2. Hotel Metropol（见187页）

这座现代风格的酒店是莫斯科新艺术派的优雅典范。

3. Art Muzeon（见146页）

苏联解体后，被拆掉的雕塑和纪念碑在这里林立。

4. 圣像（见358页）

从传统民间艺术发展为如今俄罗斯的代表艺术形式。

3

视觉中国提供

俄罗斯艺术

1405年

安德烈·鲁布廖夫绘制了克里姆林宫的圣母领报主教座堂和弗拉基米尔的圣母升天主教座堂的圣像画，象征着莫斯科圣像画的高峰。

1757年

为了支持浪漫主义和古典主义绘画及雕塑的发展，帝国艺术学院成立。

1870年

在抵制帝国艺术学院之后，一群反叛的艺术学生成立了巡回展览画派，他们的作品针对社会及政治问题。

1915~1920年

卡济米尔·马列维奇发表了至上主义作品，他的画作《黑色方块》也代表了至上主义。结构主义艺术家带着特定的社会目的来探索艺术理念。

1934~1960年

新艺术风格失去青睐。讽刺现实的地下艺术开始解冻。

1985年至今

开放的政策让艺术家拥有更自由的表达权，他们开始探索不同的风格和主题。商业与艺术之间的界限越来越模糊。

米尔·马雅可夫斯基的《神秘喜剧》（1918年）都在当时引起了一阵轰动。

苏联时代，戏剧通常被用作政治宣传的工具。如果表演外国剧目，通常是有原因的。例如，在俄罗斯较为流行的《推销员之死》，显示了西方贪婪和堕落的必然结果。布尔加科夫也许是唯一一个被斯大林称为“敌人”而从未遭到迫害的人。斯大林曾经这样评价米哈伊尔·布尔加科夫的戏剧《白卫军》：虽然是敌人写的，但因为作者的杰出才能而值得被搬上舞台。

现在，剧院艺术家有相当大的自由——不论是否短暂——得以尝试一切让大众接触到戏剧的方法。先锋派的作品火了一段时间，尤其是在诗人和导演伊戈尔·特仁特伊夫掌控下的作品。帕维尔·费罗诺夫和卡济米尔·马列维奇等艺术家也加入作品创作和舞台设计中。

青年工人剧院在米哈伊尔·索科洛夫斯基的执导下，只选用业余的演员，并鼓励即兴表演，通过突然的情节变动以及与观众的互动重新定义剧场体验。

现在，剧院对于城市里的知识分子来说依旧重要，但它已经不是首要艺术了，很少得到国家的支持。与芭蕾或歌剧不同，它也无法通过国外巡演获利。如果你对俄罗斯当代剧院的现状感兴趣，马里戏剧剧院（见274页）、波罗的海表演馆（见301页）和普利亚特·柯姆迪安塔剧院（见242页）都是值得一去的好地方。

在马林斯基剧院可供观赏的一系列作品里，普罗科菲耶夫的彻底的现代芭蕾舞剧《罗密欧与朱丽叶》大概是最有意思的。自1940年在这个舞台上首演之后，这部剧几乎没有什么改变——可谓真正的经典。

2013年开的马林斯基剧院新馆里排演着一些当下热门的剧目。热门的歌剧和芭蕾剧建议在www.mariinsky.ru上提前预订座位，6月所有演出都建议提前预订！

莫斯科戏剧界著名的导演包括与莫斯科艺术剧院和新一代剧院合作的卡马·金卡斯及以佩斯亚克夫兄弟之名共同创作和执导的奥勒格·佩斯亚克夫和弗拉基米尔·佩斯亚克夫。

建筑

彼得大帝试图打造一个在建筑气势上胜过巴黎和罗马的城市。他设想建造宽敞的街道和宏伟的宫殿。他的历代继承人在他规划的基础上增添了自己对未来的缜密构思。如今，圣彼得堡的历史中心是一个名副其实的18世纪和19世纪建筑的博物馆，足够多的巴洛克、新古典主义和帝国风格的建筑绝对能吸引你的目光。莫斯科的街道堪称俄罗斯历史的教科书，教堂、豪宅、剧院和酒店都是最清晰的时代见证。尽管这里也出现了拆除和重建的趋势（过去和现在都出现过），但莫斯科仍设法保存了一些令人印象深刻的建筑瑰宝。

中世纪

莫斯科最古老的建筑深受基辅罗斯影响。典型的结构是拜占庭式十字形教堂，上有拱形顶和中央圆顶。11世纪、12世纪，一些城镇——如今被称为花园环路——发展出了自己的风格。为了防止大雪压塌房屋，屋顶变得越来越陡，而为了御寒，窗户也变得更加狭窄。

很多情况下，石头取代了砖块成为传统建筑材料。比如，位于弗拉基米尔的圣母升天主教座堂和金门都与基辅的建筑在砖石结构上很相似。有时候，石头立面会被雕刻上图案，如同光彩夺目的万花筒，比如弗拉基米尔的圣德米特里大教堂及Bogolyubovo的圣母代祷教堂。早期的教堂—城堡需要保护，所以很多定居点都建有坚固的、堡垒式的城墙和童话般的高塔——这也是克里姆林宫的雏形。这样的建筑群仍然可以在苏兹达尔和莫斯科看到。

到了15世纪末，伊凡三世从意大利邀请了建筑师，建造了莫斯科克里姆林宫三座最雄伟的大教堂中的两座：圣母升天主教座堂和天使长主教座堂。尽管如此，外来的设计师仍然从基辅式建筑中获得灵感，再次采用了拜占庭式的设计。直到16世纪，建筑师们才从俄罗斯北部木制教堂的帐篷屋顶和洋葱圆顶上获得灵感。他们的创新之处在于用砖石打造出了这些特色，形成了全新、独特的俄罗斯建筑风格。科洛门斯克洁白的升天教堂被认为是这种创新建筑风格的最早实践，其底层是开放式游廊，中间则是层层山墙，屋顶则明显采用帐篷顶设计。17世纪，在商人的资助下，小教堂也建起了多层山墙，有色彩斑斓的瓷砖和砖石图案。赫莫夫尼圣尼古拉教堂及Nikitniki的三一教堂就是出色的例子，苏兹达尔也有很多这样的教堂。

标志性的俄罗斯建筑

- 科洛门斯克的升天教堂
- *Fili的代祷教堂*
- *Hotel Metropol*
- 那康芬公寓楼

帝国时期

17世纪末，受到西方影响的莫斯科式巴洛克又把装饰风格带了回来。这种风格有时也被称为纳雷什金巴洛克，以17世纪居住在西部郊区Fili的一个贵族家庭命名。为了祭奠死去的兄弟，列夫·纳雷什金委托建造了这

1

3

1. 斯莫尔尼大教堂（见263页） 2. Bolshoy Gostiny Dvor（见244页） 3. 总参谋部大楼（见216页） 4. 胜家大楼（见244页）

圣彼得堡建筑风格

圣彼得堡吸引着任何哪怕只对过去3个世纪建筑形式有一点点兴趣的人。从奢华的巴洛克到呈现着新古典建筑主义的简朴的苏维埃，再到现代风格，你将看到各种鲜明的印记。

巴洛克

这种风格以巴尔托洛梅奥·拉特斯雷利设计的**斯莫尔尼大教堂**（见263页）为最佳代表。在伊丽莎白女皇统治期间，圣彼得堡的巴洛克风格达到了顶峰，**冬宫**（见227页）尤为显著。其他例子包括**斯特罗加诺夫宫**（见227页）和**叶卡捷琳娜宫**（见309页）。

新古典主义

艺术学院博物馆（见283页）是凯瑟琳大帝时期最为流行的新古典建筑风格最显著的例子。它借鉴了古希腊和古罗马的柱廊结构，这是城市最为显著的风格之一，在**Bolshoy Gostiny Dvor**（见244页）和**塔夫利达宫殿**（见263页）里也能见到。

俄罗斯帝国风格

打败了拿破仑后，亚历山大一世统治下的俄罗斯开始形成其自身的建筑风格。由卡洛·罗西建造的**总参谋部大楼**（见216页）是俄罗斯帝国风格的最佳代表。

现代风格

现代风格大概是与圣彼得堡联系最为紧密的一种形式，最典型的例子是**胜家大楼**（见244页）。

苏维埃风格

城市里有许多不同时期的苏维埃建筑，而**苏维埃大厦**（见265页）无疑是这种风格的最佳代表。

座代祷教堂，华丽的美感也定义了城市的未来风格。教堂以精致的白色装饰细节和红色砖墙为特色。另一个例子是位于基泰哥罗德同名修道院中的主显节大教堂。而河畔区则是莫斯科巴洛克教堂的宝库。

最初，大部分资金被用在与瑞典的战争上，这也就意味着没有足够财力来打造彼得梦寐以求的欧洲风格城市。1709年俄罗斯取得完胜，圣彼得堡迫不及待地开始了建造工程。为了保证有足够多的石匠投入新首都的建设，其他地方用到石头的建筑工程都被禁止。彼得命令特列吉尼制定一个瓦西里岛统一的城市规划。他同时从巴黎找来法国人让·巴普蒂斯特·亚力山大·拉布朗德。尽管多数人更愿意住在河对岸海军部大楼岛的高地上，这两位建筑设计师仍旧专心于打造瓦西里岛。缅希科夫宫（见282页）是彼得最好的朋友、圣彼得堡第一任管理者的住所。这座宫殿是圣彼得堡最豪华的建筑，比彼得的冬宫更胜一筹。

很多彼得在位时未竣工的建筑都是在安娜女皇监督下完成的，包括珍品陈列馆（见280页）和十二书院（见282页）。更重要的是，她雇用意大利人巴尔托洛梅奥·拉斯特雷利作为总建筑师，这个决定对这座城市今日的样貌影响深远。安娜在位期间，拉斯特雷利完成的主要工程包括马捏兹中心展览厅（见253页）和后来被毁的第三夏宫。不过，拉斯特雷利最伟大的作品这时候还没面世呢。

安娜用不同方式在圣彼得堡留下了自己独特的印记。她命令所有贵族成员在自家房屋前铺路，这样一来涅瓦河堤和其他主要街道就得到了修缮。1737年的一场大火将冬宫周围那些破败不堪的木制建筑付之一炬，也因此给了伊丽莎白女皇重新规划这座在历史上占据中心地位的城市的机会。

伊丽莎白时期的圣彼得堡几乎可以说是出自拉斯特雷利之手，他的俄罗斯巴洛克风格成为这座城市的同义词，并为今天的圣彼得堡增添了一丝意大利味道。拉斯特雷利最引人注目的成就当然要数对冬宫（见227页）的改造和修缮，这项工程于1762年完成，也就是伊丽莎白死后不久。拉斯特雷利的第二项成就则是阿尼奇科夫宫（见233页）。工程完成后，他成为当地最时髦的建筑师。此后，拉斯特雷利又接管了斯特罗加诺夫宫（见227页）、沃龙佐夫宫（见232页）、卡门诺斯特罗夫斯基宫、沙皇行宫的叶卡捷琳娜宫（见309页）和位于彼得霍夫（见304页）的LeBlond's Grand Palace的扩建部分。奢华的斯莫尔尼大教堂（见263页）是拉斯特雷利另一座标志性建筑。他最初的设计包括一座巨大的会成为俄罗斯最高建筑的钟楼，然而1761年伊丽莎白女皇的离世使他无法完成。他的巴洛克风格在伊丽莎白女皇死后很快落伍。但是这些作品具有超越时空的价值。

尽管叶卡捷琳娜大帝对伊丽莎白本人由衷喜爱，但她并不赞同其对财富和权力日益增长的夸耀之势。叶卡捷琳娜大帝最热衷的还是启蒙思想，正是这种哲学思潮将新古典主义带到了西欧。因此，她在位期间将新古典主义建筑风格引入俄罗斯，先前的巴洛克风格被取代。

叶卡捷琳娜大帝的计划是让宫殿河堤成为城市的中心。为了达到这一目的，她下令让Vallin de la Mothe先建造小埃尔米塔日，随后在冬季运河的另一边建造老埃尔米塔日和埃尔米塔日剧院（见241页）。紧随这些冬宫广场上的建筑的是大理石宫（见228页）。叶卡捷琳娜大帝同时开发了冬宫西边的河堤，如今这里被称为英国河堤，乘船抵达该城市的游客都可以一览此处的帝国景色。

1704年完工的彼得和保罗堡垒是圣彼得堡的第一座主要建筑（见290页），至今依然完好无损。彼得从瑞士找来多梅尼克·特列吉尼负责早期项目的监工。也正是特列吉尼开创了彼得巴洛克风格，这种风格受荷兰建筑的影响颇深，也很受彼得喜爱。出自特列吉尼之手的建筑还有亚历山大·涅夫斯基修道院（见261页）、位于堡垒的圣彼得和圣保罗大教堂（见290页）以及瓦西里岛上的十二书院（见282页）。

圣彼得堡建筑亮点

- *冬宫（历史中心）*
- *马林斯基剧院新馆（科洛姆纳）*
- *切什梅教堂（斯莫尔尼和沃思塔尼亚）*
- *斯莫尔尼大教堂（斯莫尔尼和沃思塔尼亚）*
- *苏维埃大厦（斯莫尔尼和沃思塔尼亚）*

叶卡捷琳娜大帝在位期间的另一项功绩是命令Etienne-Maurice Falconet铸造了纪念彼得大帝的“青铜骑士”（见229页）。雕像坐落在一块1500公吨的巨大石基上，这块名为雷石的石基来自芬兰海湾。

拿破仑战争前，圣彼得堡城中最引人注目的是瓦西里岛“舌尖”的斯特列尔卡（见282页）和位于涅夫斯基大街由Andrei Voronikhin设计的喀山大教堂（见227页）。作为圣彼得堡的核心建筑，斯特列尔卡一直是设计界人士和求婚者聚集的地方。喀山大教堂是圣彼得堡建筑史上的一个另类。这座教堂由沙皇保罗一世下令建造，彰显了他的格调和融合天主教及东正教的设想。它攫取了当时罗马和佛罗伦萨的很多意大利建筑中的特色，因此外表显得很不符合俄罗斯风格。

拿破仑战争后，由于城市的大部分地区需要重建，莫斯科充斥着帝国风格的建筑物。沙皇亚历山大一世喜欢宏伟的俄罗斯帝国风格，他所下令建造的教堂几乎都是同样的风格。这种俄罗斯风格可与战前拿破仑执政时期法国流行的建筑风格所匹敌。早期的华丽装饰被用于建造巨大的新建筑，如凯旋门和莫斯科大剧院，以歌颂俄罗斯的伟大。

卡洛·罗西有不少开创之作。这位意大利建筑师建造的帝国建筑后来成为圣彼得堡的历史中心，甚至比拉斯特利有过之而无不及。他在冬宫广场建造的总参谋部大楼（见216页）用一种低调含蓄的方式烘托出拉斯特利的冬宫之美。这座建筑由白色石柱组成，横向延伸，其中的凯旋门让冬宫广场成为世界上最令人心生敬畏的城市建筑景观。奥古斯特·蒙费朗为冬宫增添了最后一抹亮色，他设计了为纪念1812年击溃拿破仑而建的亚历山大石柱。罗西也负责完成了米哈伊罗夫斯基宫（如今的俄罗斯博物馆，见218页）及其背后的花园和前方的艺术广场（见232页）。

虽然罗西对圣彼得堡的改造和变革在继续，但直到蒙费朗设计出圣

在涅夫斯基大街闲逛时，别忘了去看看阿尼奇科夫桥上那些迷人的骑士雕像，并亲自去验证当地的传说：据传这些雕像的作者将一个他不喜欢的人刻绘在其中一匹种马的睾丸上。

亚瑟·乔治的《圣彼得堡》是第一本广受欢迎的全面介绍圣彼得堡历史的书，对于任何一个对这座城市建筑发展感兴趣的人来说，这本书都值得一读。乔治对这座城市的建筑风格了如指掌——在这位专业导游的带领下，读者将领略从彼得巴洛克到斯大林主义等不同的建筑风格。

步入现代风格的圣彼得堡

19世纪后半叶的工业化为圣彼得堡带来巨大财富，随之而来的是公共建筑和公寓数量的爆炸性增长，其中许多建筑采用当时很受欢迎的建筑风格——新艺术风格，也就是当时的俄罗斯现代风格。

你只需要沿着涅夫斯基大街行走就能发现不少建筑秉承了这种标新立异的建筑风格：胜家大楼（见244页）和Kupetz Eliseevs（见244页）两座建筑都在近几年经过修缮，恢复了往日的风采，建筑的装饰细节浮华至极。说到历史中心的其他地方，可以去看看Au Pont Rouge（见233页），它再现了老百货商店Esders and Scheefhaals，将现代风格和意大利风格融为一体。另外，1909年完工的DLT（见245页）也值得一看，它是为当时圣彼得堡的精英守卫团建造的百货商店，至今仍作为这座城市最奢华时尚的购物中心对外营业。19世纪打造的维捷勃斯克车站的内部装饰十分浪漫，车站宽敞的候车大厅顶部饰有彩色玻璃，装有弧形楼梯，墙上挂着精美的绘画作品。

在彼得格勒区，亮点包括特罗伊茨基大桥（见235页）和芭蕾舞蹈家玛蒂尔达·克舍欣斯卡娅的豪宅（如今这里变成了政治史博物馆，见293页）。此外，卡门诺斯特罗夫斯基广场的大部分区域都有不少值得一去的景点。钻进这片街区的后街，你能找到很多20世纪早期遗留至今的宝贵建筑，包括Chaev宅邸（见295页）和洛伊希滕贝格宅邸（见293页）。

伊萨大教堂（见226页），这座城市才有了真正的标志性建筑。这座东正教教堂造型古典，是欧洲第四大教堂。蒙费朗独一无二的杰作耗时30年才完工，至今仍然是圣彼得堡市中心最高的建筑。

19世纪末，俄罗斯复兴风格延伸到建筑领域。莫斯科的基督救世主主教座堂深受拜占庭俄罗斯建筑风格的启发。国家历史博物馆和列宁格勒站的灵感则来自中世纪俄罗斯风格。从杰出的喀山站身上能够看到的风格不少于七种。在圣彼得堡，亚历山大三世最大的贡献是下令建造了基督复活教堂，其更为人熟知的名字是滴血大教堂（见225页），这座教堂建造在1881年他父亲被刺杀的地方。亚历山大三世坚持采用斯拉夫复兴风格，这也解释了为什么这座教堂和莫斯科红场的圣巴西尔如此相似。艳丽多彩的瓷砖由建筑师Malyshev和Parland设计，这次尝试开创了俄罗斯现代风格，随后在19世纪末流行开来。莫斯科的很多建筑中增添了优美的曲线，如雅罗斯拉夫尔站和Hotel Metropol。

苏联时期

伴随1917年沙皇统治的崩塌，建筑风格历经剧变。所有的主要建筑工程被终止，贵族宫殿和商人住宅被国家收缴或改作公寓。1918年德国入侵彼得格勒时，莫斯科再次成为首都。彼得格勒开始走向衰落，这段衰落时期一直持续到20世纪90年代。

斯大林的七姐妹

为了纪念莫斯科建城800周年，这7座摩天大楼于1947年奠基。斯大林认为，和美国比起来，莫斯科有着严重的“摩天大楼差距”，于是下令建造了这7座庞然大物，挑起城市的天际线。

主要建筑师之一VyacheslavOltarzhevsky曾于20世纪30年代摩天大楼的繁荣时期在纽约工作，他的经验至关重要（幸运的是，他被从古拉格集中营释放）。

除了列出的“七姐妹”苏联还计划在Zaryadie（基泰格罗德附近）建造第八座斯大林式摩天大楼。这片历史悠久的街区在1947年被夷为平地，并为32层楼的高塔打下了地基。但工程就此搁置，后被用作宏伟的Hotel Rossiya的地基，这座酒店2006年被拆除。

遍布全城的高塔为莫斯科带来了独特的视觉效果。官方在俄语中将它们称为“vysotky”（高层建筑），而不是“neboskryob”（外国摩天大楼）。这些建筑还有各种外号，比如“七姐妹”“婚礼蛋糕”或“斯大林的姐妹”等。

外交部（见424页地图；Smolenskaya-Sennayapl 32/34；Ⓜ Smolenskaya）

Hilton Moscow Leningradskaya（Kalanchevskayaul 21/40；Ⓜ Komsomolskaya）

Kotelnicheskaya apartment block（Kotelnicheskaya nab 17/1；Ⓜ Taganskaya）

Kudrinskaya公寓楼（Kudrinskayapl 1；Ⓜ Barrikadnaya）

莫斯科国立大学（Universitetskayapl；Ⓜ Universitet）

Radisson Royal（Hotel Ukraine；Kutuzovskypr 2/1；Ⓜ Kievskaya）

交通部（ulSadovaya-Spasskaya；Ⓜ KrasnyeVorota）

20世纪20年代，结构主义颇受欢迎。这种结合了实用主义和乌托邦主义的现代风格试图通过技术进步和不加粉饰的娴熟设计推动社会主义事业。Pl Stachek有很多这样的建筑，比如盖洛夫斯基广场上的盖洛夫地区行政大楼。康斯坦丁·梅尔尼科夫可能是最著名的结构主义建筑师，他位于阿尔巴特的自家别墅是最有趣也最不寻常的风格范例。

20世纪30年代，结构主义不再流行。斯大林喜欢建造巨型建筑，以强调苏联的国家力量。最典型的斯大林式建筑是宏伟壮观的苏维埃大厦（见265页）。

20世纪50年代到70年代，更为经济实用的建筑风格占了上风。1955年，一项法令命令建筑师避免“浪费”。简洁的现代风格出现，强调功能大于形式。白宫就回归了这种风格。

由于住房紧缺，大批高层苏维埃式公寓在圣彼得堡的历史中心之外得以兴建。标准的建筑原型包括靠近沃思塔尼亚广场的大音乐厅，以及位于维堡的芬兰站（见297页）。

当代

随着苏联解体，国家开始大举再造帝国时期的建筑，由于在过去70年间疏于修缮，其中很多建筑破败不堪，似乎随时都有倒塌的危险。国家斥巨资修复历史中心的大部分建筑，修缮工程至今依然在继续。

21世纪初，莫斯科迎来了发展的新机遇。摩天大楼和尖顶建筑改变了城市的天际线，地铁线路向四面八方延伸，办公楼、豪华酒店和购物中心遍布整个城市。全新的国际商务中心在普列斯妮娅莫斯科河的河边拔地而起。这一建筑群十分宏伟，闪亮的玻璃金属建筑物林立在莫斯科河两侧，一条现代的步行桥连接着两岸。这里坐落着两幢欧洲最高的摩天大厦：双塔结构的莫斯科塔和邻近的水星城市塔。

自2010年谢尔盖·索比亚宁被任命为莫斯科市长后，建设的步伐急剧减缓。索比亚宁的政策与他的前任截然不同，他关注公共空间，强调可用性和宜居性。最受瞩目的项目是前Hotel Rossiya所在地的重建，酒店原本位于基泰格罗德附近，毁于2006年。原酒店拆毁后，本希望建造新的豪华酒店和商业综合体。但两年后，经济衰退，投资人撤资，建筑停滞。6年之后，市政府终于决定如何处理主体建筑：把它改建成一座公园。绿地空间将展示俄罗斯的四种不同植被带——针叶林、草原、森林和沼泽——在每个区域都能欣赏到不同的克里姆林宫风景。

俄罗斯建筑

1555年

帐篷顶和洋葱圆顶教堂是独特的俄罗斯建筑风格，其艺术高峰是红场上的圣瓦西里主教座堂。

1704年

彼得和保罗堡垒完工，多梅尼克·特列吉尼开创了彼得巴洛克风格。

1762~1782年

新古典建筑主义风格取代巴洛克风格，埃米尔塔日建筑群及青铜骑士是这一时期的代表作。

1900~1903年

费奥多·谢克特尔融合了俄罗斯复兴和新艺术风格，创造了雅罗斯拉夫尔车站和Ryabushinksy Mansion这样的建筑杰作。

1920年

结构主义建筑师试图通过娴熟技艺来推动社会主义事业进步。

1930年

建筑物呈现为爆炸式的新古典主义风格。

1955年

由于领导人反对奢靡，强调功能大于形式，简洁的现代风格开始流行。克里姆林宫建成。

2000年至今

大量修缮工作后，摩天大楼成为城市建筑中的新宠。

从前的红色十月巧克力工厂的主体建筑是现在的斯特列尔卡媒体、建筑和设计协会，这个机构组织了各种文化及公众消费活动。

瓦莲金娜·马特维延科任圣彼得堡市长期间（2003~2011年）最大的成就是开启了从保护到建设的转变，这座城市的新兴建设工程不断增加，然而联合国教科文组织和主张保护圣彼得堡建筑遗产的人对此并不看好。

圣彼得堡最值得一提的当代建筑要数马林斯基剧院旁的马林斯基剧院新馆，甚至是更具争议性的Okhta Centre。这座400米高的摩天大楼最初计划建在斯莫尔尼大教堂旁边，但是由于全世界人民的谴责和本地人一反常态的强烈抗议，最终它被安置在了远离市中心的地方。按计划，斯莫尔尼大教堂将于2018年完工。

文学和电影

在俄罗斯丰富的文化结晶中，没有什么比文学和电影更广受赞誉了，而其中大部分文学影视作品都起源自莫斯科。经典杰作（如托尔斯泰的《战争与和平》及谢尔盖·艾森斯坦的《波坦金号战列舰》）赢得了全球各地人士的尊崇。圣彼得堡也经常成为小说的素材。事实上，它早期的历史已经和俄罗斯最著名的史诗——普希金的《青铜骑士》交织在一起，仅仅3个世纪，这座城市就产生了比其他城市上千年还要多的伟大作家。当代俄罗斯文学可能鲜为人知，但创意之都灵感迸发的氛围不断地激发卓有见地的文学和电影创作。

文学

对文学的热爱是俄罗斯文化不可分割的部分，伊凡大帝和奥尔加女王公的子民们会毫不犹豫地盛赞俄罗斯经典文学作品。近年来，新锐作家层出不穷，从历史小说到科幻小说等各种流派都有分布。

黄金时代的浪漫主义

在彼得大帝和叶卡捷琳娜大帝采取的诸多将俄罗斯西化和现代化的策略中，通过引入现代字母表来实现他们的复兴远景是其中的重要一项。因此，到了伯多禄时期，在文学中使用通用语言就变得非常普遍。这一变化为繁荣两个世纪之久的俄罗斯文学铺平了道路。

为了反对严苛的社会规则和死板的科学伦理，浪漫主义应运而生，以此歌颂情感与美丽。没有人能比俄罗斯的民族吟游诗人亚历山大·普希金（1799~1837年）更能代表俄罗斯浪漫主义。普希金出生在莫斯科，并在那里遇见了他的妻子娜塔莉娅·冈察洛娃。两人在升天教堂举行了婚礼，并曾居住在ul Arbat。

普希金最著名的戏剧《鲍里斯·戈都诺夫》的背景是中世纪的莫斯科。剧情围绕着空位时期以及米哈伊尔·罗曼诺夫继任沙皇事件展开。史诗《叶甫盖尼·奥涅金》的部分场景则是设定在帝国时期的莫斯科。普希金无情地嘲笑莫斯科浮华纨绔的贵族社会。

列夫·托尔斯泰不仅是俄罗斯，也是全世界最著名的小说家之一。他笔下的角色生动重现了19世纪的俄罗斯。他的小说《战争与和平》及《安娜·卡列尼娜》的故事都设定在莫斯科，用理性主义的方式表达了他的怀疑主义，提出历史是无尽的个别事件的总和这一观点。托尔斯泰在亚斯纳亚-博利尔纳的庄园里度过了大部分人生，但他在莫斯科也有房产，曾是卡马诺维奇圣尼古拉斯教堂教区的教民。

费奥多尔·陀思妥耶夫斯基（1821~1881年）是与圣彼得堡关系最为紧密的世界文学人物。他生于莫斯科。1838年，年仅16岁的他搬到圣彼得堡学习，并就此开始了他的文学和新闻事业。他在先纳亚广场附近的贫困地

圣彼得堡的四座普希金雕塑

艺术广场（历史中心）

普希金研究院（瓦西里岛）

普希金斯卡亚（斯莫尔尼和沃思塔尼亚）

普希金决斗处（彼得格勒和维堡）

在www.masterandmargarita.eu使用互动地图，和沃兰德教授、Behemoth及玛格丽特一起探索莫斯科。

俄罗斯博物馆外的普希金像（见218页）

区换过十几个住址，他的小说也大多布景于此。他的《罪与罚》（1866年）是圣彼得堡小说及文学的终极经典。这是一个有关救赎的故事，同时也揭露了首都的"另一面"—— 一个刚韧而肮脏的城市，充满了各种让人讨厌的角色以及厚颜无耻的穷人。这是一部值得在到访圣彼得堡前阅读的精彩小说。

《罪与罚》在每个旅客前往北部首都的阅读清单上。陀思妥耶夫斯基还有一部（更短的）圣彼得堡作品：《白夜》—— 一个至少被9个导演翻拍过的精彩短篇故事。

在普希金和陀思妥耶夫斯基的史诗级作品之间，人们有时会忽略荒诞短篇小说家尼古拉·果戈理（1809~1852年）。他的天赋创造出了一些俄罗斯文学史上最让人难忘的角色，包括阿卡基·亚卡基维奇——《外套》中的悲喜英雄，以及聪明的想尽一切方法进入上流社会的梅杰·科瓦尤夫——在荒诞主义的杰出作品《鼻子》中，他在圣彼得堡各地追寻他游荡着的鼻子。

果戈理大多数时间居住在国外。真正为他赢得同时代人尊重的，是他对滑稽讽刺的俄罗斯生活的描述。《死魂灵》是他最伟大的作品。在这本"用诗句写成的小说"中，无耻的骗子乞乞科夫试图在一场荒谬的金钱骗局中买卖死去的农奴，也就是"死魂灵"。1841年出版后，小说大获成功，但之后果戈理的身体和精神状况不佳。这位著名的讽刺作家不久后去世，被安葬在新圣女公墓。

文学景点

- 托尔斯泰故居博物馆
- 布尔加科夫故居博物馆
- 果戈理大楼
- 陀思妥耶夫斯基故居博物馆
- 契诃夫故居博物馆

白银时代的象征主义

19世纪后期见证了象征主义的兴起，象征主义强调个人主义和创造力，并坚持认为艺术活动不应受到社会其他领域规则的限制。这一时期最杰出的人物是小说家弗拉基米尔·索洛弗耶夫（1853~1900年）、安德

一家涅夫斯基大街咖啡馆里的陀思妥耶夫斯基画像

烈·别雷（1880~1934年）以及诗人谢尔盖·叶赛宁（1895~1925年）与弗拉基米尔·马雅可夫斯基（1893~1930年）。

虽然别雷曾居住在莫斯科，但他最为人所知的是神秘小说《彼得堡》。他的散文和哲学演讲也深受人们推崇，令他成为象征主义运动最重要的作家之一。

马雅可夫斯基是一位未来主义流派的剧作家及诗人，他也曾是革命的官方民族诗人。马雅可夫斯基居住在Lyubyanskaya pl，他曾经的公寓已经被改建为一座博物馆。他将自己的创造力贡献给了代表新政权的社会活动和宣传，而自己的浪漫主义灵魂却在恋爱与生活中遭遇不幸。他开始将失落之情表达在自己的讽刺剧中。在他的最后一封信中，马雅可夫斯基写道："她吞噬了我，我那糟糕的俄罗斯母亲，如同一头母猪吞下一头小猪。"

1930年，他开枪自尽，并被埋葬于新圣女公墓。人们在Triumfalnaya pl的Mayakovskaya地铁站纪念他。

革命文学

受到社会变革的启发，很多作家把革命理念带到了自己的创作中，以开创性的风格宣传革命思想。

20世纪20年代，一些作家写下了一些优秀的诗歌和戏剧。斯大林宣布，作家是"人类灵魂的工程师"。阿列克谢·托尔斯泰撰写小说将斯大林比作彼得大帝，并叙述了俄罗斯内战的荣耀。

异议文学

不少描写苏联生活的作品在地下出版，并在文学界秘密流通。如今著名的小说，如阿纳托利·雷巴科夫的小说《ul Arbat的儿女们》在开放之后略有松懈的审查下得以在俄罗斯出版。与此同时，一些苏联最著名的作家在自己祖国默默无闻，而他们的作品获得了国际赞誉。比如出版于1956年的《日瓦戈医生》，这本书直到30年后才在苏联正式印刷。

鲍里斯·帕斯捷尔纳克（1890~1960年）居住在莫斯科郊区的乡间庄园里。小说中的日瓦戈医生在两位情人中间左右为难，而作者的生活则在革命和内战中潦倒。这本小说于1958年获得了诺贝尔文学奖。

米哈伊尔·布尔加科夫（1890~1940年）是一位多产的剧作家和小说家，他曾居住在Patriarch' s Ponds附近。布尔加科夫写的很多戏剧在莫斯科艺术剧院上演，其中一些还受到了斯大林的喜爱。然而，此后他的戏剧遭禁，他也找不到工作。他的多数小说的背景都设定在莫斯科，比如《不祥的蛋》《狗心》以及最著名的《大师与玛格丽特》。

没有哪一个文学人物像白银时代的诗人安娜·阿赫玛托娃一样，与圣彼得堡的命运密不可分。她总会在作品中用苦乐参半的口吻，描述这座她热爱的城市。尽管革命后有移居国外的机会，但她选择了拒绝。她在诗歌《没有英雄》里写道："涅瓦河上的首都，忘记了它的伟大，像一个醉酒的荡妇，不知道是谁拥有了她。"

20世纪80年代和90年代，尤金·扎米亚金、丹尼尔·卡姆斯、安纳托利·里巴科夫、韦涅季克特·叶罗费耶夫和安德烈·费托夫等一些曾在苏联时期沉寂的作家，以其对世界文学的重要贡献而逐渐为人们所认同。

韦涅季克特·叶罗费耶夫在1970年写下了《从莫斯科到彼图什基》，描述了一名醉汉乘坐火车去首都郊区看望自己的爱人和孩子的故事。随着旅程的进行，故事变得越发黑暗和迷幻。同一作者撰写的《莫斯科站》是另外一个涉及酒精的滑稽冒险故事。

当代文学

俄罗斯的当代文学大多源于莫斯科。

看看你地铁上的邻座在读些什么：很可能是名人八卦或谋杀小说。到了21世纪，动作惊悚小说和侦探故事广受欢迎，Polina Dashkova、Darya Dontsova、Alexandra Marinina和Boris Akunin的作品在畅销书榜上名列前茅并被翻译成多国语言。Akunin的《冬日女王》是系列侦探小说中的一部，主角Erast Fandorin是一名19世纪浮夸的莫斯科警察。很多这样的作品都被制作成了电影。

现实主义作家柳德米拉·彼得鲁舍夫斯卡娅感人至深地刻画了普通人的日常生活，并以此吸引了读者。塔季扬娜·托尔斯塔娅以其短篇小说集《金色门廊》闻名。她另一部鲜为人知的小说*The Slynx*发生在后核战时期的莫斯科，在这个反乌托邦故事中，一位未受过教育的抄写员通过自学历史发起了自己的革命。

屡获大奖的作家哈伊尔·希什金不受传统文学的限制。《经济学家》杂志称他的小说*Taking of Izmael*"没有剧情，没有章节，没有角色……"但却赢得了2001年的布克奖。他出版于2014年的小说*Light & the Dark*是一本书信合集，收集了两位相隔数千里的爱人间的亲密书信。

《莫斯科不相信眼泪》

三个年轻的女孩在1958年来到莫斯科，展开新事业的同时也寻找爱情。她们成了朋友。这部电影是苏联最具代表性的影片，在1980年获得了奥斯卡最佳外语片奖。电影展现了这三位朋友20年中各自不同的人生道路。我们也得以从阶级意识和浪漫关系的角度去欣赏影片。当然，这一切都以20世纪70年代的莫斯科为背景。

与此同时，社会批评家延续了苏联文学运用黑色幽默和幻想故事的传统，提供了尖锐的社会评论。在*Homo Zapiens*中，维克托·佩莱文讲述了一个文学学生为新俄罗斯黑帮打工做写手的故事。佩莱文于1993年获得了俄罗斯"小布克"短篇故事奖。Viktor Erofeyev的《俄罗斯美人》中，一位来自外省的聪明姑娘一路睡到莫斯科社交圈的顶层，她在发现自己怀孕时也找到了上帝。这本俄罗斯畅销书充斥着幽默讽刺和露骨的色情，却被翻译成了27种语言。弗拉迪米尔·索罗金在*Day of the Oprichnik*中描绘了2028年成为民族主义国家的俄罗斯的情形：处在铁拳统治之下，并建起了一堵高墙与西方隔绝。

电影

在燕子山上，俄罗斯人有自己的经典雕塑《工人和集体农庄女庄员》，这也是俄罗斯最大的电影制片厂——莫斯科电影制片厂的经典标志。这座电影工坊在苏联和俄罗斯的电影发展中起到了决定性作用。

《命运的捉弄》（1975年）是一部经典影片，每到新年仍会在电视上播放。在结束了莫斯科的疯狂排队后，主角在圣彼得堡醒来，他的钥匙可以打开不同城市同名地址上一栋完全一样的大楼的门。绝对搞笑。

革命电影

苏联时期，政治和电影总是密切相关的。列宁同志意识到，电影会成为新的大众政治媒介。根据政府政策，莫斯科电影制片厂在俄罗斯电影先驱——Alexander Khanzhokov的领导下于1923年正式成立。

在这个黄金时代，苏联电影以其艺术实验和宣传技巧赢得了国际声誉。传奇导演、社会主义的虔诚信徒谢尔盖·爱森斯坦因推广了一系列创新而为人所知，这些创新包括快节奏的蒙太奇剪辑和加装追踪摄像机，从而激发观众的情感反应，改变他们的政治观点。他的电影《波坦金号战列舰》（1925年）仍然是电影史上最受尊崇、得到最广泛研究的经典默片。

社会主义现实主义

斯大林时代，社会主义现实主义得到推广。一些导演被分配了"合作伙伴"，以保证他们不会走上形式主义道路。在这一时期，谢尔盖·爱森斯坦拍摄了屡获殊荣的历史影片，如《亚历山大·涅夫斯基》（1938年）和《恐怖伊凡》（1946年）。

斯大林之后，导演们用更有创意的风格描述了苏联的日常生活。俄罗斯影片又一次赢得国际赞誉，几乎包揽了所有顶级国际电影奖项。在此期间，莫斯科电影制片厂多次获得奥斯卡最佳外语片奖。获奖影片包括《战争与和平》（1968年）、《卡拉马佐夫兄弟》（1969年）、《柴可夫斯基》（1971年）、《德尔苏奥扎拉》（1975年）及《莫斯科不相信眼泪》（1980年）。

每年6月，莫斯科国际电影节都为来自俄罗斯及国外的独立电影提供舞台，让它们在这里寻求国际认可。

伊里姆·克里莫夫的喜剧是对当代社会轻描淡写的批判。《一个牙医的奇遇》(1965年)仅在不到100间电影院上映。克里莫夫的战争电影*Come and See*被雪藏了8年后才得以在1985年发行,以纪念苏联“二战”胜利40周年。

安德烈·塔尔科夫斯基的电影获得全世界的认可,他的作品包括获奖影片《伊凡的童年》(1962年)和《安德烈·鲁布廖夫》(1965年)。

开放与转型

瓦西里·皮丘尔开创性的电影《小薇拉》由高尔基电影制片厂制作。影片对混乱家庭(筋疲力尽的妻子、醉酒的丈夫和反叛的女儿)的坦诚描述激发了观众的情感。

苏联解体之前,莫斯科电影制片厂已经成为欧洲最大、最多产的电影制片厂,制作了超过2500部影片。

随着苏联解体,电影行业陷入艰难时期。20世纪90年代经济动荡时期,资金逐渐枯竭,观众也没有钱去看电影。莫斯科电影制片厂最后重组为一间准私人机构,尽管它持续获得了重要的国家赞助。

具有讽刺意味的是,正是在低潮时期,莫斯科电影制片厂制作了其最伟大的作品——尼基塔·米哈伊尔科夫的《烈日灼人》(1994年)。电影讲述了一名忠诚的共产党员在大清洗运动中的遭遇。这部电影再度说明,电影和政治仍紧密地联系在一起,不可分割。

当代电影

近年来,莫斯科的电影产业显著回春。莫斯科电影制片厂成了全球最大的电影制作公司之一,几乎囊括了俄罗斯所有的电影、电视和视频节目。莫斯科也确实成了俄罗斯的好莱坞。不幸的是,和美国好莱坞一样,莫斯科的电影行业没有为艺术、独立和非大片电影留出太大的空间。

俄罗斯不缺少大片。《土耳其式开局》的故事发生在俄罗斯土耳其战争期间,在2005年打破了苏联解体后的票房纪录。2007年,多产的米哈伊尔科夫执导了《12》,本片改编自西德尼·吕美特的《十二怒汉》。在这部奥斯卡提名影片中,一名车臣少年被控谋杀了他在俄罗斯军队中当军官的父亲,电影主要围绕着陪审团对案件的讨论展开。弗拉基米尔·普京评论电影时称:“令人热泪盈眶。”

独立电影

在电影主要由企业赞助的年代,一些俄罗斯导演仍然拍摄出了令人兴奋的艺术电影。

2003年,莫斯科导演安德烈·萨金塞夫凭借阴郁的惊悚片《归乡》将威尼斯电影节金狮奖抱回了家乡。他此后的作品如下:《将爱放逐》讲述了一对婚姻走向尽头的夫妇。《伊莲娜》(2011年)是发人深省又有些令人沮丧的当代莫斯科故事。《利维坦》(2014年)是另一部以普通人为主角的现实戏剧,其主人公试图在体系中寻求正义——并以悲剧结尾。

2006年,导演伊万·维里帕夫的首部电影爱情悲剧*Euphoria*赢得了小金狮奖。与此同时,阿列克谢·普斯科帕里斯基的《我是怎样度过这个夏天》也赢得了一些小型奖项,这部引人入胜的电影的背景设定在遥远的北极科考站。Igor Mishin的*Silent Souls*(2011年)是美丽而感人的威尼斯金狮奖提名影片,讲述了现代俄罗斯乡村与古代的渊源。

生存指南

交通指南

抵达莫斯科

飞机

大多数旅行者乘坐飞机抵达莫斯科，他们分别降落在这个城市的三座机场：多莫杰多沃国际机场、谢列梅杰沃国际机场和伏努科沃国际机场。绝大多数的国际航班都在多莫杰多沃和谢列梅杰沃进出，从这两座机场开车或乘火车前往市中心需要约1小时。

这三座机场都可以通过在市中心乘坐**机场快轨**（Aeroexpress train; ☎8-800-700 3377; www.aeroexpress.ru; 单程₽500，往返₽850; ⏲6:00至午夜）到达，网上购票还可以享受折扣。除此之外，你也可以从航站楼里的调度台预订正规的机场出租车（₽2000~2200可达市中心）。你可以利用大多数公司提供的固定价格出租车（₽1500~1800），从而节省一些开支。行车时间根据交通状况相差较大。

多莫杰多沃国际机场

多莫杰多沃国际机场（Домодедово; www.domodedovo.ru）建于2003年，位于市区以南48公里处，经过全面的升级改造，已经成了莫斯科最大、最高效的国际机场。机场地铁专线从6:00运行至午夜，每隔半小时从Paveletsky vokzal出发，抵达多莫杰多沃国际机场，车程45分钟。

谢列梅杰沃国际机场

谢列梅杰沃国际机场（Шереметьево; http://svo.aero）位于市中心西北方向30公里处。5:30至次日0:30，机场快轨每隔半个小时往返于谢列梅杰沃（车站在E航站楼隔壁）和白俄罗斯火车站，车程35分钟左右。

伏努科沃国际机场

伏努科沃国际机场（Внуково; www.vnukovo.ru）位于市中心西南方向大约30公里处，承载了大多数往返于高加索地区、摩尔多瓦和加里宁格勒的航班，还有其他一些国内航班以及飞往欧洲的零星航班。从基辅火车站到伏努科沃国际机场的机场快轨为35分钟左右的路程，6:00~23:00，每小时1班。

火车

乘坐火车的旅客有可能抵达莫斯科中央火车站中的其中一座：来自欧洲的旅客大多抵达基辅火车站或者白俄

气候变化和旅行

任何使用碳基燃料的交通工具都会产生二氧化碳，这是人为导致气候变化的主要原因。如今的旅行大部分依赖于飞机，空中旅行耗费的每公里人均燃料或许比汽车少，但其行驶的距离却远很多。飞机在高空排放的气体（包括二氧化碳）和颗粒同样对气候变化造成影响。许多网站提供“碳排量计算器”，以便人们估算个人旅行所产生的碳排量，并鼓励人们参与减缓全球变暖的旅行计划，以抵消个人旅行对环境造成的影响。Lonely Planet会抵消其所有员工和作者旅行所产生的碳排放影响。

罗斯火车站；如果你从圣彼得堡来，那你抵达的就是列宁格勒火车站；如果你从东部过来，则是雅罗斯拉夫尔火车站或者喀山火车站。

所有火车站都位于市中心，可以乘坐地铁到达。

同时，大多数出租车公司的火车站中转服务费是固定的：₽400~600。

列宁格勒火车站

列宁格勒火车站（Ленинградский вокзал; http://leningradsky.dzvr.ru/en/; Komsomolskaya pl; ; Komsomolskaya）位于繁华的Komsomolskaya pl，服务着往返特维尔、诺夫哥罗德、普斯科夫、圣彼得堡、维堡、摩尔曼斯克、爱沙尼亚和赫尔辛基的列车。注意，有时候在时刻表和车票上该火车站用的是旧名字——Oktyabrsky（Октябрский）。

白俄罗斯火车站

白俄罗斯火车站（Белорусский вокзал; www.belorusskiy.info; Tverskaya Zastava pl; ; Musskaya）位于特维尔斯卡地区的顶端，服务于往返北欧、中欧和俄罗斯西部的火车，也包括莫扎伊斯克和博罗季诺的市郊火车。你也可以在这里乘坐机场快轨前往谢列梅杰沃国际机场。

基辅火车站

基辅火车站（Киевский вокзал; www.kievsky-vokzal.ru; Kievskaya pl; ; Kievskaya）位于Dorogomilovo，列车前往基辅、乌克兰西部以及摩尔多瓦、斯洛伐克、匈牙利、奥地利、捷克、罗马尼亚、保加利亚、克罗地亚、塞尔维亚和希腊。

你也可以搭乘机场快轨前往伏努科沃国际机场。

雅罗斯拉夫尔火车站

作为穿越西伯利亚的火车的总站，**雅罗斯拉夫尔火车站**（Ярославский вокзал; http://yaroslavsky.dzvr.ru; Komsomolskaya pl; ; Komsomolskaya）的服务对象包括以下3类：往返于雅罗斯拉夫尔、阿尔汉格尔斯克、沃尔库塔、俄罗斯远东地区、蒙古、中国和朝鲜的火车；往返于弗拉基米尔、下诺夫哥罗德、科斯特罗马、沃洛格达、皮尔姆、乌拉尔和西伯利亚的零星列车；还有往返于东北部的一些城郊火车，其中包括往返于阿布拉姆采沃和塞尔吉耶夫的列车。

喀山火车站

喀山火车站（Казанский вокзал; http://kazansky.dzvr.ru; Komsomolskaya pl; ; Komsomolskaya）位于共青团广场，服务于往返喀山的火车，以及往返于弗拉基米尔、下诺夫哥罗德、乌拉尔山脉和西伯利亚的零星火车。

莫斯科当地交通

地铁

莫斯科地铁（Moscow metro; www.mosmetro.ru）是目前莫斯科最方便、最快捷、最经济的交通方式。大多数优雅的地铁站都铺着大理石，有壁画作为装饰，墙壁上镶嵌着各种艺术作品。150多个站外都有大大的"M"标志。

可靠性 列车通常较为可靠：你一般不会在站台等候超过3分钟。然而，地铁确实很拥挤，尤其是在城市的交通高峰时段。

车票 车票（₽55）在售票处出售。队伍可能排得比较长，所以买一张可多次乘坐（₽320可乘坐11次，₽520可乘坐20次）的车票是比较实用（也相对便宜）的。车票通常为一张非触式的智能卡，所以你必须在进入十字转门前在读卡器上轻轻刷一下。

地图和路标 在地铁入口处有系统的地图，每个站台也都有标志显示列车方向。这些地图一般用西里尔字母和罗马字母进行标注，而路标一般是西里尔文字。车厢内部也有地图，用于显示该条线路的站点，并用罗马文字和西里尔文字进行了标注。

换乘 中转站由"perekhod"标志进行标识，通常为蓝色，并配有小人跑上楼梯的图案。注意，当两条或以上线路相遇时，交叉站点通常（但不总是）有不同的名字。

出租车

出租车相对而言不算昂贵，但对于一般旅客来说不是很方便，因为大多数出租车司机和调度员不会说英语。

正规出租车

最安全可靠的打车方法是通过手机、网络预约一辆正规出租车。通常，调度员会在几分钟之后给你回电话，向你提供该车的简单描述及车牌号码。大多数公司会在60分钟内发车。一些可靠的公司还提供网上行程供你参考。

Central Taxi Reservation Office（Центральное бюро заказов такси；☎495-627 0000；www.6270000.ru；30分钟₽400）

Detskoe Taxi（Детское Такси；☎495-765 1180；www.detskoetaxi.ru；8公里₽500）该公司提供无烟车以及儿童座椅。

Diligence Taxi Service（Дилижанс；☎495-419 3524；www.the-taxi.ru；40分钟₽500）

New Yellow Taxi（Новое жёлтое такси；☎495-940 8888；www.nyt.ru；每公里₽30，每分钟₽400）

Taxi Bistro（Такси Бистро；☎495-685 1300；www.taxopark.ru；每20分钟₽320~420）

Woman Taxi（Женское Такси；☎495-662 0033；www.womantaxi.ru；30分钟₽600~650）提供女性驾驶员和儿童座椅（以及粉色的车）。

非正规出租车

只要价钱合适，几乎任何车在莫斯科都可以成为出租车，所以如果你迷路了，走到街上挥挥手就可以找到一辆车。

- 许多私家车会作为非正规出租车在街上巡游，其他司机如果前往大致相同的方向也会载你。
- 绕市中心一趟需要₽200~400。
- 如果你不喜欢这辆出租车里的人，不要犹豫，而是挥手让它继续前进。一般的规矩是，最好避免搭乘已经有一位乘客的出租车。尤其小心那些停在夜店或酒吧附近的出租车。

公共汽车

如果你要到达一些远离市中心的地方，公共汽车、无轨电车和有轨电车是必需的。它们也适用于一些地铁没有覆盖、跨越城镇或者纵向的路线。车票（₽40）在车上由售票员或司机直接售卖。

船

在莫斯科河上乘船旅行是这个城市的亮点之一，这是一个发现莫斯科周边的新视角，你可以欣赏克里姆林宫的壮观景色，或者只是体验一下这种还不错的传统交通方式。主要游览线路介于基辅火车站和Novospassky的码头之间，紧挨着救世主新修道院，中间有6个停靠站。**Capital Shipping Co**（Столичная Судоходная Компания；☎495-225 6070；www.cck-ship.ru；90分钟的旅程成人/儿童₽500/300，24小时通票₽800/400）提供整天往返于该航线的船只，你可以在任何时候登船或者下船一览莫斯科河岸景色。

汽车和摩托车

由于公共交通十分方便，旅行者选择在莫斯科租车显得有些不合常理。然而，如果你想进行一些城市外的旅行，租车是个不错的方案。注意，由于较差的路标指示和交通环境，在俄罗斯开车将是一种不加过滤的俄式经历。

要求

- 要想在俄罗斯驾驶，你必须在18岁以上且拥有一张可使用的驾照。
- 另外，你需要出示一张国际驾照以及一份该驾照的俄文翻译，或者一份经过验证的正常驾照的俄文翻译（你可以在一个俄罗斯使馆或者领事馆验证翻译）。
- 对于你自己的车辆，你需要出示注册文件以及保险证明。确保你的保险在俄罗斯适用。
- 最后，必须进行海关申报，保证你会带着你的车一起出境。

安全

饮酒驾驶 从2013年开始，合法的最大酒精血液含量为0.0356%。在任何情况下都不建议在俄罗斯饮酒驾驶，哪怕只喝了一点点。

公路巡逻 执行公路巡逻的工作人员一般被称作DPS，他们通常会藏在莫斯科的路边等着违章司机出现。他们可以直接让你停下（先用条纹棒指着你，然后招手示意你停靠路边），有时也会故意设置一些速度陷阱。罚款并不是当场支付的：你可以在规定时间内在当地银行进行支付。确保你存着收据。

燃料

莫斯科大多数加油站都有各种级别和种类的汽油。大多数加油站都是24小时营业，可以在出入城市的主路上找到。

租车

在莫斯科当地开车旅行似乎是一个不必要的麻烦，然而租一辆出租车却有可能是城外旅游的一个合理选择。注意，一些公司不同意你将车开到莫斯科州外。

一些大的国际租车公司在莫斯科设有营业点（在谢列梅杰沃机场、多莫杰多沃机场以及市中心）。起始价为每天₽2000，但是你可以通过提前预订来进行砍价。如果你需要对方将你送至酒店或者到酒店接你的话，这些主要的租车中介一般需要收取额外的费用。

Avis（Авис-Москва；www.avis.com）列宁格勒火车站（☎495-988 6216；Komsomolskaya pl 3；⏰10:00~20:00；Ⓜ Komsomolskaya）；Zamoskvorechie（见430页地图；☎495-988 6216；4-y Dobryninsky per 8；⏰9:00~21:00；Ⓜ Oktyabrskaya）

Europcar（见430页地图；☎495-926 6373；www.europcar.ru；4-y Dobryninsky per 8；⏰9:00~18:00；Ⓜ Oktyabrskaya）从Oktyabrskaya地铁站沿着Mytnaya ul向南走两个街区，在4-y Dobryninsky per左转。租用的车辆禁止离开莫斯科州。

Hertz（见428页地图；☎495-232 0889；www.hertz.ru；1-ya Brestskaya ul 34；⏰9:00~21:00；Ⓜ Belorusskaya）

Thrifty（☎495-788-6888；www.thrifty.ru）外北地区（Yaroslavskoe sh 31；⏰9:00~18:00；Ⓜ Babushinskaya）；外南地区（Profsoyuznaya ul 65；⏰9:00~21:00；Ⓜ Kaluzhskaya）每天行程限制在200公里以内。

自行车

莫斯科的街道和人行道上出现了越来越多的自行车。

在莫斯科骑自行车享受市外风光

- 自行车不能带上地铁（可折叠自行车除外）。
- 自行车可以带上长途列车，但是，在短途列车上（城郊通勤列车）你必须给你的自行车买一张特殊车票。
- 只要你的行李不超过重量限制（36千克），自行车是可以带上城际旅客列车的。你应该将自行车拆开并重新打包，从而确保你可以找到足够的空间摆放它。
- 俄罗斯骑行旅游俱乐部（Russian Cycle Touring Club；www.rctc.ru）一般会组织一些莫斯科周围的周末骑行活动，以及远距离骑行之旅，其中包括备受欢迎的金环之旅。

在莫斯科中心区域骑自行车依旧很危险，因为街道通常充斥着急速通过的汽车，这些司机一般都不希望路上有自行车。据说，有一些公园以及越野区比较适合休闲骑行，其中包括高尔基公园、沃罗比约夫自然保护区、奥斯坦金诺公园以及全俄展览中心。

租车

高尔基公园、沃罗比约夫自然保护区和奥斯坦金诺公园可租赁自行车。如果你想要寻找种类齐全、保养良好的自行车，前往**Oliver Bikes**（Оливер Байкс，见430页地图；☎499-340 2609；www.bikerentalmoscow.com；Pyatnitskaya ul 2；每小时/天₽100/500起，团队游₽900；⏰周二至周五 14:00~22:00，周六和周日 11:00~22:00；Ⓜ Novokuznetskaya），地点在Zamoskvorechie。

自行车共享

莫斯科新的自行车共享项目**Velobike**（Велобайк；www.velobike.ru）的初衷是为了缓解交通压力，并鼓励更健康的首都生活。该项目于2013年开始，有30个自行车车站以及几百辆自行车，计划在接下来的几年里持续增长。

- 上网购买会员资格（₽150一天，₽400一周，₽600一个月，另加上押金）。现在你已经准备好了！
- 用你的信用卡在任意车站解锁一辆自行车，骑车溜一圈，之后将你的自行车归还到任意一个车站即可。最初的30分钟内不收费，但30分钟后你需要付费。
- 短距离骑行是一个很经济的选择。对于更长距离的骑行来说，你最好向Oliver Bikes这样的经销商租赁。

抵达圣彼得堡

飞机

普尔科夫国际机场

普尔科夫国际机场（Pulkovo International Airport，机场代码LED；www.pulkovoairport.ru）位于城南23公里处，是大多数旅行者抵达圣彼得堡的第一站。曾经的两座旧航站楼已关闭，2014年年初开放了先进的全新航站楼，机场如今非常怡人。新的航站楼仍旧被称作1号航站楼，这容易令人混淆，所有国内外航班都走这里。从伦敦和巴黎飞往圣彼得堡的时间是3小时，从柏林过来是2~4小时，从莫斯科过来则不到1小时。

出租车

从普尔科夫机场打车去市中心又快又安全。出了航站楼之后，你能在外边找到官方的出租车调度员，他会询问你目的地的地址，然后为你分配出租车并在一张官方的纸张上写下价格，之后你可以把纸递给司机。去市中心的花费为₽800~1000，具体取决于你的下车地点。司机通常不太会说英语，下车时把钱给他就行，不用给小费。

小巴和公共汽车

对于预算有限的朋友，可以坐K39路小巴从航站楼附近到最近的地铁站Moskovskaya（₽30，7:00~23:30每5分钟1班）。Moskovskaya是巴士终点站，所以不用操心在哪儿下车，从那里即可乘地铁去城里的其他地方。39路大巴（₽25，5:30至次日1:30每15分钟1班）也走同一条路线，时间更长，车速更慢。

火车

坐火车到达圣彼得堡也很方便，从莫斯科过来的话，有舒适的过夜卧铺车，以及4~8班的Sapsan日间快车（www.rzd.ru），车程4小时。从赫尔辛基过来，有4班Allegro日间特快专列（www.vr.fi），只要3.5小时。

莫斯科站

莫斯科站（Московский вокзал，见442页地图；www.moskovsky-vokzal.ru；Nevsky pr 85；ⓂPloshchad Vosstaniya）就在市中心，停靠从莫斯科方向过来的列车。附近有两个地铁站：Pl Vosstaniya（1号线）和Mayakovskaya（3号线）。

芬兰站

芬兰站（Финляндский вокзал；www.finlyandsky.dzvr.ru；pl Lenina 6；ⓂPloshchad Lenina）停靠从赫尔辛基方向过来的火车。在这里，可以从车站外广场上的Ploshchad Lenina站（1号线）搭地铁前往城里的任何地方。

拉多加站

部分从列宁格勒州过来的火车和从赫尔辛基途经圣彼得堡前往莫斯科的车会在圣彼得堡的**拉多加站**（Ладожский вокзал；www.lvspb.ru；Zanevsky pr 73；ⓂLadoszhskaya）停靠。这里有Ladozhskaya地铁站（4号线）。

长途汽车

圣彼得堡的客运总站即**Avtovokzal**（Автобусный вокзал；☎812-766 5777；www.avokzal.ru；nab Obvodnogo

在圣彼得堡买票

抵达圣彼得堡后，你可以购买之后旅程中的车票，船、公共汽车、火车和飞机的票都很好买。首先试试网购：你可以通过网站购买火车票（www.rzd.ru）、大巴票（www.luxexpress.eu），当然还有飞机票。

所有的火车站都联网售票，不过在窗口买票的等待时间可能会很长。新的售票机就快多了，机器的界面上全部有英文且通常同时接受现金和信用卡。另一个选择是位于市中心的**火车票务中心**（Кассы ЖД，见438页地图；nab kanala Griboyedova 24；⊙周一至周六8:00~20:00，周日 至16:00；ⓂGostiny Dvor），那里也有售票机，这样就没必要排队了。

你可以在**渡船票务中心**（Паромный центр，见442页地图；☎812-327 3377；www.paromy.ru；ul Vosstaniya 19；ⓂPloshchad Vosstaniya）购买几乎所有船票，这里距离莫斯科站只有一小段步程。也可以在瓦西里岛尽头的**Sea Port**（Морской вокзал；☎812-337 2060；www.mvokzal.ru；pl Morskoy Slavy 1）购买渡船票，或者在各家渡船公司的官网购买。

如果时间很紧，几乎所有的旅行社都可以替你接下来的行程买票，不过价格当然更高，而且有额外费用。

kanala 36; Ⓜ Obvodny Kanal)，这里有大巴往来俄罗斯西部各城市，其中包括大诺夫哥罗德，但大多数旅行者不会选乘大巴。从这里出发，沿运河走一小段路就是地铁站Obvodny Kanal(5号线)。

以下公司提供长途汽车服务:

Lux Express (☎812-441 3757; www.luxexpress.eu; Mitrofanievskoye sh 2, Admiral Business Centre; ⌚9:00~21:00; Ⓜ Baltiyskaya)有大巴从Avtovokzal和**波罗的海站**(Балтийский вокзал; Obvodny Kanal 120; Ⓜ Baltiyskaya)外发车。大巴频繁开往塔林(₽1850起，每天10班)和里加(₽1095起，每天6班)。

Ecolines (☎325 2152; www.ecolines.ru; Podezdny per 3; Ⓜ Pushkinskaya)有大巴每天从**维捷布斯克站**(Витебский вокзал; Zagorodny pr 52; Ⓜ Pushkinskaya)开往塔林(₽1000，每日4班)、里加(₽1320，每日5班)、维尔纽斯(₽1900，每日发车)和明斯克(₽1920，每日发车)。

此外，往返赫尔辛基的小巴停在沃思塔尼亚广场，就在地铁站正对面。

船

越来越多的旅行者从圣彼得堡的5个游船和渡船码头到达。在圣彼得堡和斯德哥尔摩(船程22~24小时)、塔林(船程14小时)和赫尔辛基(船程10小时)之间有船定期往来，通过此种方式过来的人还有权享受72小时免签旅行。价格与时刻表见www.stpeterline.com。

圣彼得堡有好几个地方可以停靠游船，所有从波罗的海其他地方过来的渡船都停靠在瓦西里岛的Sea Port。

从莫斯科参加乘船游览的旅行者，都到达圣彼得堡城南的**River Port**(Речной вокзал; www.mvokzal.ru; pr Obukhovskoy Oborony 195)，这里距离Proletarskaya地铁站(3号线)只有很短一段步程。出地铁站右转，走pr Obukhovskoy Oborony只有5分钟路程。

以下公司提供圣彼得堡与莫斯科之间的乘船游览服务:

Infoflot (☎812-600 1455; www.infoflot.com)有最快的圣彼得堡—莫斯科乘船游览项目(途经瓦拉姆岛; 2夜)，也有为时7天的旅程，中途停靠雅罗斯拉夫尔、乌格利奇、瓦拉姆岛和其他城镇。

Mosturflot (☎812-600 7020; www.mosturflot.ru)在莫斯科和圣彼得堡之间的船程为3~12天，具体取决于中途停靠的次数和所走的路线。

Orthodox Cruise Company (www.cruise.ru)有好几艘船在圣彼得堡和莫斯科之间航行7天，中途停靠基日岛、戈利茨、雅罗斯拉夫尔和乌格利奇。

Rechturflot (www.rtflot.ru)提供前往莫斯科的3~13天乘船游，途经俄罗斯中部许多城镇。

Vodohod (www.bestrussiancruises.com)为期10~13天的乘船游，沿途停靠斯伍思诺、基日岛、戈利茨、雅罗斯拉夫尔、科斯特罗马和乌格利奇。

圣彼得堡当地交通

地铁

圣彼得堡地铁(www.metro.spb.ru; ⌚5:45至次日0:45)非常高效，拥有5条线路。约70个车站的网络最适用于远距离出行，特别是从郊区到市中心的行程。

车票 找一下地铁入口的蓝色大"M"。单程票价为₽45，但在2017年或将涨价，如果行李太多的话必须额外买票。如果你想买单程票，说"adin proyezd"，然后你会得到一个需要投到机器里的代币。

智能卡 如果你停留时间较长，买一张智能卡(₽55)更划算。智能卡主要的优点是不用排队买票，要知道高峰期买票窗口的队伍很长。

便利度 整个地铁系统的英文标示非常全面，所以对于第一次来俄罗斯的人来说也很方便。

公共汽车、无轨电车和小巴

对于市内交通来说，巴士特别是小巴非常便捷，其覆盖了没有地铁的路线，因此在城里的部分地区必不可少。不过大多数游客畏惧坐车，因为没有英文标示。在巴士和无轨电车上，上车后向在车内走动的售票员买票。票价通常为₽22~30。小巴的运营状况比较不同：路线沿途招手停(小巴没有车站)，自己开门上车，坐下后向司机买

Moscow Metro Map
莫斯科地铁图

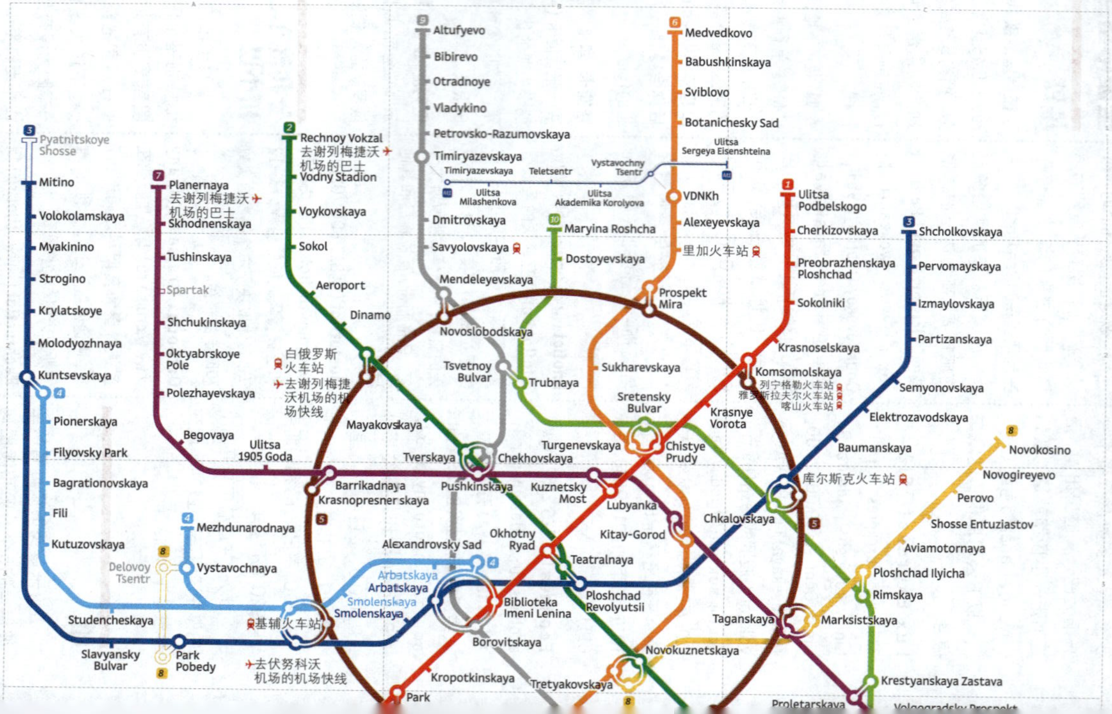

图例

- 1 Sokolnicheskaya
- 2 Zamoskvoretskaya
  - 在建
- 3 Arbatsko-Pokrovskaya
  - 在建
- 4 Filyovskaya
- 5 Koltsevaya
- 6 Kaluzhsko-Rizhskaya
- 7 Tagansko-Krasnopresnenskaya
  - 在建
- 8 Kalininskaya
  - 在建
- 9 Serpukhovsko-Timiryazevskaya
- 10 Lyublinskaya
- 11 Kakhovskaya
- 12 Butovskaya
  - 在建
- Timiryazevskaya — Ulitsa Sergeya Eisenshteina *Monorail*

换乘站

🚆火车站 ✈去机场的交通

地铁站点(按首字母排序)及其坐标一览表

	Station	
A	Aeroport	A2
	Akademicheskaya	A4
	Alexandrovsky Sad	B3
	Alexeyevskaya	B1
	Alma-Atinskaya	C5
	Altufyevo	B1
	Annino	B5
	Arbatskaya	B3
	Arbatskaya	B3
	Aviamotornaya	C3
	Avtozavodskaya	C4
B	Babushkinskaya	B1
	Bagrationovskaya	A3
	Barrikadnaya	A3
	Baumanskaya	C2
	Begovaya	A2
	Belorusskaya 🚆 ✈	A2
	Belyayevo	A5
	Bibirevo	B1
	Biblioteka Imeni Lenina	B3
	Bitsevsky Park	A5
	Borisovo	C5
	Borovitskaya	B3
	Botanichesky Sad	B1
	Bratislavskaya	C5
	Bulvar Admirala Ushakova	A5
	Bulvar Dmitriya Donskogo	A5
	Buninskaya Alleya	A5
C	Chekhovskaya	B2
	Cherkizovskaya	C1
	Chertanovskaya	B5
	Chistye Prudy	B2
	Chkalovskaya	C3
D	Delovoy Tsentr	A3
	Dinamo	A2
	Dmitrovskaya	B1
	Dobryninskaya	B4
	Domodedovskaya ✈	C5
	Dostoyevskaya	B2
	Dubrovka	C4
E	Elektrozavodskaya	C2
F	Fili	A3
	Filyovsky Park	A2
	Frunzenskaya	A4
I	Izmaylovskaya	C2
K	Kakhovskaya	B5
	Kaluzhskaya	A5
	Kantemirovskaya	C5
	Kashirskaya	C4
	Kitay-Gorod	B3
	Kiyevskaya 🚆 ✈	A3
	Kolomenskaya	C4
	Komsomolskaya 🚆	C2
	Konkovo	A5
	Kotelniki	C5
	Kozhukhovskaya	C4
	Krasnogvardeyskaya	C5
	Krasnopresnenskaya	A3
	Krasnoselskaya	C2
	Krasnye Vorota	B2
	Krestyanskaya Zastava	C3
	Kropotkinskaya	B3
	Krylatskoye	A2
	Kuntsevskaya	A2
	Kurskaya 🚆	C3
	Kutuzovskaya	A3
	Kuzminki	C4
	Kuznetsky Most	B3
L	Leninsky Prospekt	B4
	Lesoparkovaya	A5
	Lermontovsky Prospekt	C4
	Lubyanka	B3
	Lyublino	C4
M	Marksistskaya	C3
	Maryina Roshcha	B1
	Maryino	C5
	Mayakovskaya	B2
	Medvedkovo	B1
	Mendeleyevskaya	B2
	Mezhdunarodnaya	A3
	Mitino	A1
	Molodyozhnaya	A2
	Myakinino	A2
N	Nagatinskaya	B4
	Nagornaya	B4
	Nakhimovsky Prospekt	B4
	Novogireyevo	C3
	Novokosino	C2
	Novokuznetskaya	B3
	Novoslobodskaya	B2
	Novoyasenevskaya	A5
	Novye Cheryomushki	A4
O	Okhotny Ryad	B3
	Oktyabrskaya	B4
	Oktyabrskoye Pole	A2
	Orekhovo	C5
	Otradnoye	B1
P	Park Kultury	B4
	Park Pobedy	A3
	Partizanskaya	C2
	Paveletskaya 🚆 ✈	B4
	Pechatniki	C4
	Perovo	C3
	Pervomayskaya	C2
	Petrovsko-Razumovskaya	B1
	Pionerskaya	A2
	Planernaya ✈	A1
	Ploshchad Ilyicha	C3
	Ploshchad Revolyutsii	B3
	Polezhayevskaya	A2
	Polyanka	B4
	Prazhskaya	B5
	Preobrazhenskaya Ploshchad	C2
	Profsoyuznaya	A4
	Proletarskaya	C4
	Prospekt Mira	B2
	Prospekt Vernadskogo	A4
	Pushkinskaya	B3
	Pyatnitskoye Shosse	A1
R	Rechnoy Vokzal ✈	A1
	Rimskaya	C3
	Rizhskaya 🚆	B2
	Ryazansky Prospekt	C4
S	Savyolovskaya 🚆	B2
	Semyonovskaya	C2
	Serpukhovskaya	B4
	Sevastopolskaya	B5
	Shabolovskaya	B4
	Shcholkovskaya	C1
	Shchukinskaya	A2
	Shipilovskaya	C5
	Shosse Entuziastov	C3
	Skhodnenskaya	A1
	Slavyansky Bulvar	A3
	Smolenskaya	B3
	Smolenskaya	A3
	Sokol	A2
	Sokolniki	C2
	Spartak	A2
	Sportivnaya	A4
	Sretensky Bulvar	B2
	Strogino	A2
	Studencheskaya	A3
	Sukharevskaya	B2
	Sviblovo	B1
T	Taganskaya	C3
	Teatralnaya	B3
	Tekstilshchiki	C4
	Teletsentr	B1
	Timiryazevskaya	B1
	Timiryazevskaya	B1
	Tretyakovskaya	B3
	Trubnaya	B2
	Tsaritsyno	C5
	Tsvetnoy Bulvar	B2
	Tulskaya	B4
	Turgenevskaya	B2
	Tushinskaya	A2
	Tverskaya	B2
	Tyoply Stan	A5
U	Ulitsa 1905 Goda	A3
	Ulitsa Akademika Korolyova	B1
	Ulitsa Akademika Yangelya	B5
	Ulitsa Gorchakova	A5
	Ulitsa Milashenkova	B1
	Ulitsa Podbelskogo	C1
	Ulitsa Sergeya Eisenshteina	B1
	Ulitsa Skobelevskaya	A5
	Ulitsa Starokachalovskaya	A5
	Universitet	A4
V	Varshavskaya	B5
	VDNKh	B1
	Vladykino	B1
	Vodny Stadion	A1
	Volgogradsky Prospekt	C4
	Volokolamskaya	A1
	Volzhskaya	C4
	Vorobyovy Gory	A4
	Voykovskaya	A1
	Vykhino	C4
	Vystavochnaya	A3
	Vystavochny Tsentr	B1
Y	Yasenevo	A5
	Yugo-Zapadnaya ✈	A4
	Yuzhnaya	B5
Z	Zhulebino	C4
	Zyablikovo	C5

Art director Artemy Lebedev, *designer* Yegor Zhgun, *technical designer* Maxim Milko, *consultants* Alexander Popov and Ludwig Bystronovsky, *editor* Alexander Nosikov

© 2012 Art. Lebedev Studio

СХЕМА ЛИНИЙ ПЕТЕРБУРГСКОГО МЕТРОПОЛИТЕНА

圣彼得堡地铁图

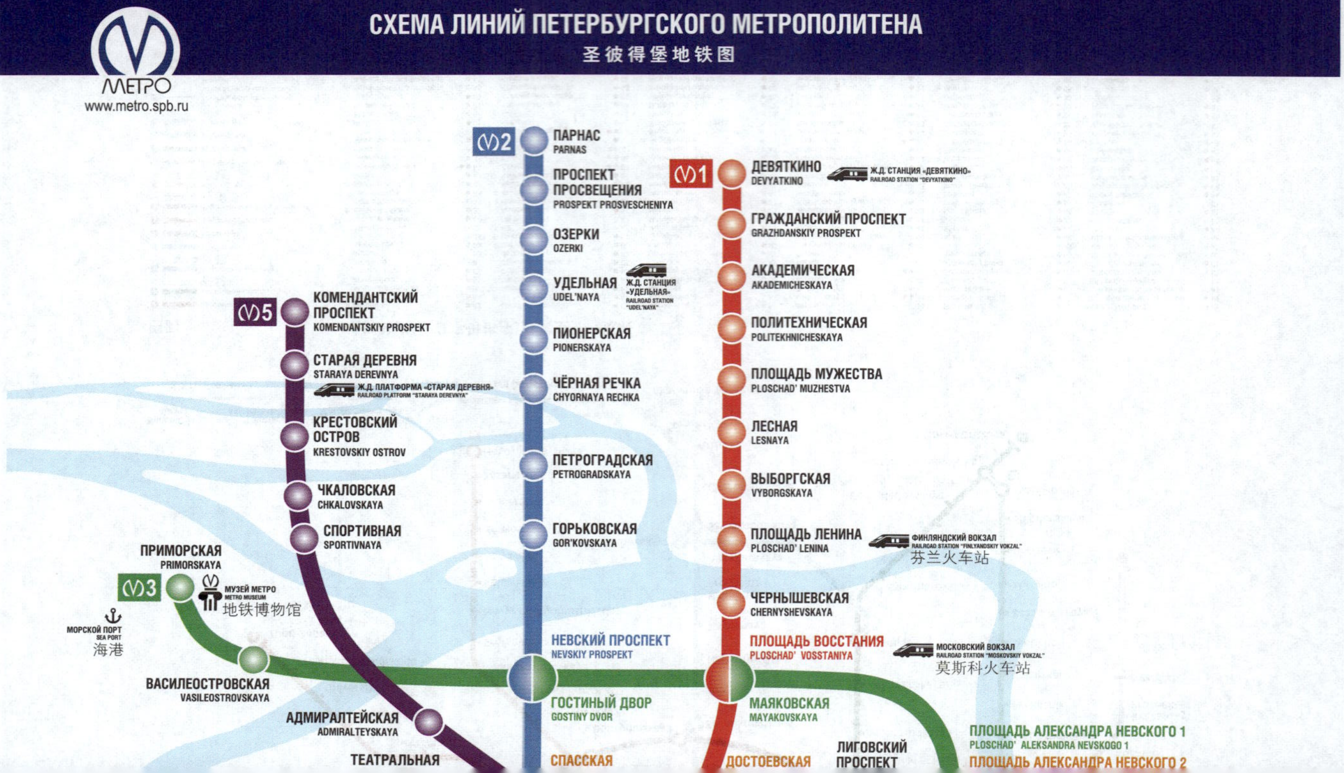

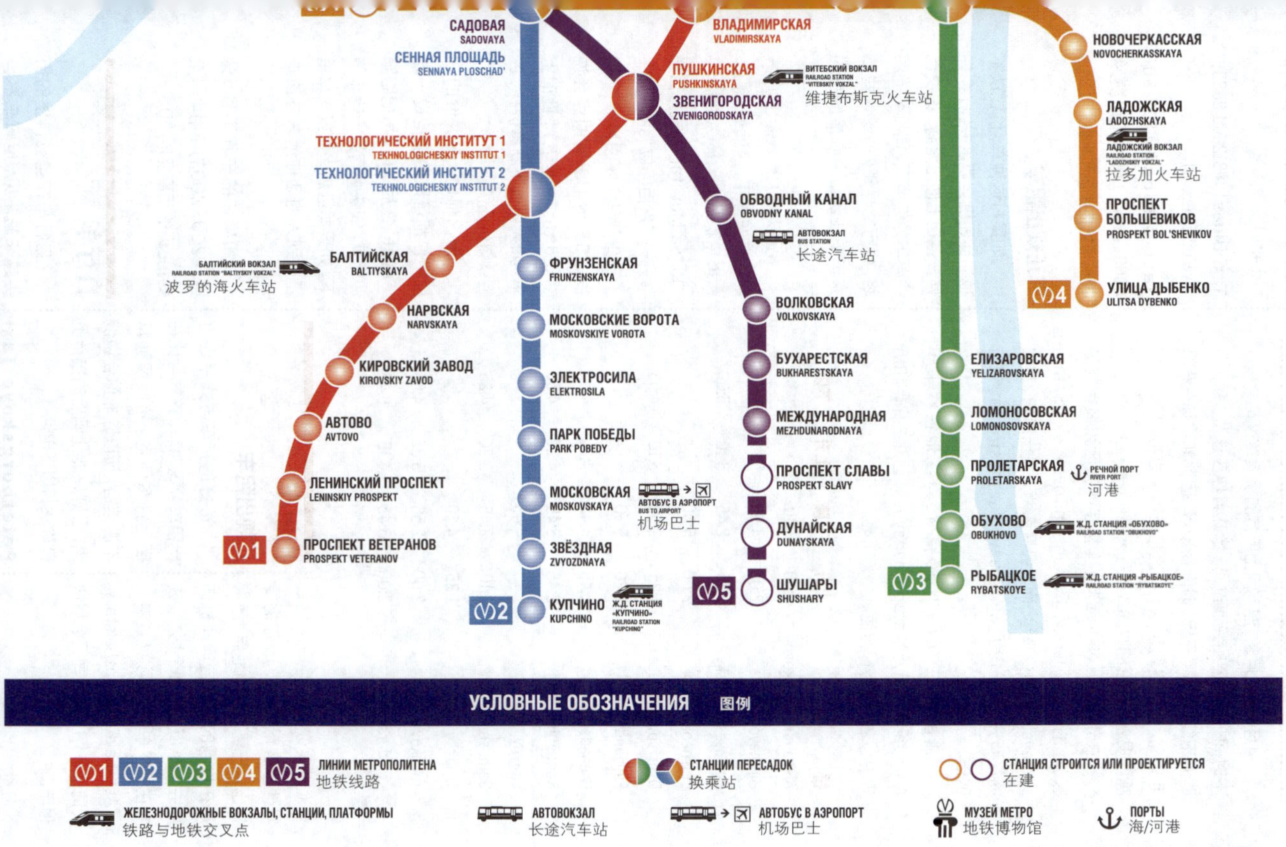
САДОВАЯ
SADOVAYA
СЕННАЯ ПЛОЩАДЬ
SENNAYA PLOSCHAD'
ВЛАДИМИРСКАЯ
VLADIMIRSKAYA
ПУШКИНСКАЯ
PUSHKINSKAYA
ЗВЕНИГОРОДСКАЯ
ZVENIGORODSKAYA
ВИТЕБСКИЙ ВОКЗАЛ
RAILROAD STATION "VITEBSKIY VOKZAL"
维捷布斯克火车站
ТЕХНОЛОГИЧЕСКИЙ ИНСТИТУТ 1
TEKHNOLOGICHESKIY INSTITUT 1
ТЕХНОЛОГИЧЕСКИЙ ИНСТИТУТ 2
TEKHNOLOGICHESKIY INSTITUT 2
ОБВОДНЫЙ КАНАЛ
OBVODNY KANAL
АВТОВОКЗАЛ
BUS STATION
长途汽车站
БАЛТИЙСКИЙ ВОКЗАЛ
RAILROAD STATION "BALTIYSKIY VOKZAL"
波罗的海火车站
БАЛТИЙСКАЯ
BALTIYSKAYA
НАРВСКАЯ
NARVSKAYA
КИРОВСКИЙ ЗАВОД
KIROVSKIY ZAVOD
АВТОВО
AVTOVO
ЛЕНИНСКИЙ ПРОСПЕКТ
LENINSKIY PROSPEKT
ПРОСПЕКТ ВЕТЕРАНОВ
PROSPEKT VETERANOV
1
ФРУНЗЕНСКАЯ
FRUNZENSKAYA
МОСКОВСКИЕ ВОРОТА
MOSKOVSKIYE VOROTA
ЭЛЕКТРОСИЛА
ELEKTROSILA
ПАРК ПОБЕДЫ
PARK POBEDY
МОСКОВСКАЯ
MOSKOVSKAYA
АВТОБУС В АЭРОПОРТ
BUS TO AIRPORT
机场巴士
ЗВЁЗДНАЯ
ZVYOZDNAYA
КУПЧИНО
KUPCHINO
Ж.Д. СТАНЦИЯ «КУПЧИНО»
RAILROAD STATION "KUPCHINO"
2
ВОЛКОВСКАЯ
VOLKOVSKAYA
БУХАРЕСТСКАЯ
BUKHARESTSKAYA
МЕЖДУНАРОДНАЯ
MEZHDUNARODNAYA
ПРОСПЕКТ СЛАВЫ
PROSPEKT SLAVY
ДУНАЙСКАЯ
DUNAYSKAYA
ШУШАРЫ
SHUSHARY
5
НОВОЧЕРКАССКАЯ
NOVOCHERKASSKAYA
ЛАДОЖСКАЯ
LADOZHSKAYA
ЛАДОЖСКИЙ ВОКЗАЛ
RAILROAD STATION "LADOZHSKIY VOKZAL"
拉多加火车站
ПРОСПЕКТ БОЛЬШЕВИКОВ
PROSPEKT BOL'SHEVIKOV
УЛИЦА ДЫБЕНКО
ULITSA DYBENKO
4
ЕЛИЗАРОВСКАЯ
YELIZAROVSKAYA
ЛОМОНОСОВСКАЯ
LOMONOSOVSKAYA
ПРОЛЕТАРСКАЯ
PROLETARSKAYA
РЕЧНОЙ ПОРТ
RIVER PORT
河港
ОБУХОВО
OBUKHOVO
Ж.Д. СТАНЦИЯ «ОБУХОВО»
RAILROAD STATION "OBUKHOVO"
РЫБАЦКОЕ
RYBATSKOYE
Ж.Д. СТАНЦИЯ «РЫБАЦКОЕ»
RAILROAD STATION "RYBATSKOYE"
3
УСЛОВНЫЕ ОБОЗНАЧЕНИЯ 图例
1 2 3 4 5 ЛИНИИ МЕТРОПОЛИТЕНА
地铁线路
СТАНЦИИ ПЕРЕСАДОК
换乘站
СТАНЦИЯ СТРОИТСЯ ИЛИ ПРОЕКТИРУЕТСЯ
在建
ЖЕЛЕЗНОДОРОЖНЫЕ ВОКЗАЛЫ, СТАНЦИИ, ПЛАТФОРМЫ
铁路与地铁交叉点
АВТОВОКЗАЛ
长途汽车站
АВТОБУС В АЭРОПОРТ
机场巴士
МУЗЕЙ МЕТРО
地铁博物馆
ПОРТЫ
海/河港

圣彼得堡开桥时刻表

4月中至11月末，涅瓦河上所有的桥梁每晚都会按以下时间升起以便船只通过，这意味着你在这些“开桥”时间不能过河。“开桥”时间在凌晨，因此如果你住在瓦西里岛、彼得格勒区或维堡区且在市中心待到很晚，你需要规划好回家的时间或者等天亮。

Bolshaya Nevka河（连接了维堡区和彼得格勒区）上的Grenadersky桥、Kantemirovsky桥和Sampsonievsky桥很少升起，而且会提前两天发出通知。完整的最新开桥时刻表见www.razvodka-mostov.ru（只有俄语）。

请留意，1:00~3:00有M5号线地铁往来于Admiralteyskaya站和Sportivnaya站，因此在岛屿和历史中心之间通行很方便。

桥	上升	下降	上升	下降
Alexandra Nevskogo	2:20	5:10		
Birzhevoy	2:00	4:55		
Blagoveshchensky	1:25	2:45	3:10	5:00
Bolsheokhtinsky	2:00	5:00		
Dvortsovy（Palace）	1:25	2:50	3:10	4:55
Finlyandsky	2:20	5:30		
Grenadersky	2:45	3:45	4:20	4:50
Kantemirovsky	2:45	3:45	4:20	4:50
Liteyny	1:40	4:45		
Sampsonievsky	2:10	2:45	3:20	4:25
Troitsky	1:35	4:50		
Tuchkov	2:00	2:55	3:35	4:55
Volodarsky	2:00	3:45	4:15	5:45

票（如果你够不着司机就让其他乘客帮你递钱）。你需要提出自己要下车的地点，通常是在快到的时候告诉司机你要去哪条街或者哪个地方，或者在想下车的时候说（或喊）“AstanavEEtye pazhalsta!”（请停车！），然后司机会尽快停车。

出租车

正规出租车

最好的打车方式是通过出租车公司叫车，这样会比在街上打车便宜。接线员通常不说英语，所以除非你会说俄语，否则只能让酒店的接待员替你拨打以下电话：

Peterburgskoye Taxi（☎068, 812-324 7777; www.taxi068.spb.ru）

Taxi-4（☎812-633 3333; www.taxi-4.ru）

Taxi Blues（☎812-321 8888; www.taxiblues.ru）

Taxi Million（☎812-600 0000; www.6-000-000.ru）有会说英语的接线员和司机。

非正规出租车

如果打这种车，价钱谈不拢的话司机会要更多钱。在任何一条街上伸出胳膊，很快就会有车为你停下。司机可能顺路，也可能想赚外快。这些私家车是往返市中心最便宜的交通方式。

所以，如果你伸出胳膊然后有车停下，这就好玩了。你说出你的目的地，然后说：“ulitsa Marata!”司机把目光移开一下然后回应“skolko?”（多少钱？）你回喊一个价钱。如果他们满意的话会说“sadites”（坐下），此时上车。如果司机不满意价钱，会继续讨价还价。

无论何时，在讲价的过程中你都可以冷淡地说一句“nyet”然后关门。再把胳膊伸出来，很快会有另一辆车停下。如果司机想宰你或者车里还有别人的话你绝对应该这么做。

如果你的车程不到5分钟，₽200~300的费用可以接受。更远的距离要₽400。

自行车

自行车在圣彼得堡的街头越来越常见，但骑车不容易：坑坑洼洼的路面和疯狂的司机很常见，因此十分危险。强烈推荐戴头盔。

尽管如此，相对紧凑的市中心更适合骑车——而且通常比公交更快。许多冒险家发誓他们的自行车是圣彼得堡的理想出行方式（至少在5月至10月）。你可以在**Skatprokat**（见442页地图；☎812-717 6838；www.skatprokat.ru；Goncharnaya ul 7；每天₽400起；⏲11:00~20:00；Ⓜ Ploshchad Vosstaniya）、**Rentbike**（见446页地图；☎812-981 0155；www.rentbike.org；ul Yefimova 4A；每天₽400起；⏲24小时；Ⓜ Sennaya Ploshchad）和许多青年旅舍租车。

圣彼得堡在2014年启动了新的自行车共享方案，详见www.velobike-spb.ru。

出行指南

货币

➡ 俄罗斯的货币是卢布(₽),一般写作рубль或者缩写为руб。1卢布相当于100戈比,写作копеек或者коп。使用除卢布外的现金是违法的。

➡ 连接国际网络的自动柜员机随处可见,尽管它们可能会在周末出现现金短缺的情况。寻找自动柜员机(Банкомат)的标记。一些自动柜员机除了卢布外还可以取出美元或者欧元。

➡ 信用卡——尤其是维萨卡和万事达卡——是被广泛接受的。

➡ 美元和欧元现在在俄罗斯各处的货币兑换机构都被广泛接受,换钱需出示护照。一般不建议携带旅行支票。

税金和退税

增值税的比例是18%,一般包括在标价里。莫斯科还有一项5%的销售税,但通常只有一些顶级酒店收取。

电源

交流电标准是220伏,50赫兹,欧标两针圆形插头。有些地区还使用旧的127伏电力系统。

使领馆

在中国使领馆进行登记是明智做法,尤其是你打算在俄罗斯待较长时间的情况下。

中国驻莫斯科大使馆(Посольство Китая;☎领事 499-951 8435; ru.chine-seembassy.org/rus; ul Druzhby 6,莫斯科;Ⓜ Universitet)

中国驻圣彼得堡领事馆(☎812-713 7605,领事保护☎796-0242 8006; nab kanala Griboedova 134,圣彼得堡;Ⓜ Sadovaya Sennaya Ploshchad)

海关条例

➡ 搜检一般都比较敷衍,但是当你从陆上边境口岸离开俄罗斯时,出关检查过程可能会比较漫长。

➡ 在不报关的情况下,旅客可以带进或者带出最多10,000美金(或等值)的现金,以及最多价值10,000欧元的物品,且其重量不能超过50公斤。

➡ 如果你打算将重要设备、古董、艺术品或者乐器(哪怕只是一把吉他)带入俄罗斯,你需要填写海关申报表格,并在海关的红色通道处盖章,以免出境的时候出现问题。

➡ 如果你打算携带一些稍具"艺术"气息的物品如乐器、硬币、珠宝、古董、古籍手稿、古董书(出版时间超过50年)或者艺术品(历史超过50年)出境,首先需要经过**专家管理委员会**(Коллегия экспертизы;☎499-391 4212; ul Akademika Korolyova 21,1号楼5层505室;价格₽350;⏲周一至周五 11:00~17:00;Ⓜ VDNKh)的评估。其在圣彼得堡的办事处为**文化安全部**(Cultural Security Department,见438页地图;☎812-3115196; Malaya Morskaya ul 17;⏲周一至周五 11:00~17:00;Ⓜ Admiralteyskaya)。总之,想要携带拥有100年以上历史的东西出境是非常困难的。

➡ 如果你的确需要携带上述物品出境,带两张该物品的照片、你的收据和你的护照。如果被允许携带出境,你将收到一张税收支付的收据,你需要在出境的时候将该收据出示给海关官员。

营业时间

政府办公室 工作日9:00或10:00

实用信息

抽烟 抽烟现象广泛存在，尽管有执行越来越严格的禁烟规定。现在，所有的酒店都必须提供无烟房。从2014年开始，所有的酒店都需要提供有着分离通风系统的无烟区域，从而避免客人受到二手烟的影响。

媒体 《莫斯科时报》(www.themoscowtimes.com)是仅存的英语新闻报刊。它报导俄罗斯内外的一些重大问题，以及体育及娱乐新闻等。"周五特刊"是一个了解周末活动的良好信息来源。《圣彼得堡时报》(www.sptimes.ru)和*In Your Pocket*(www.inyourpocket.com)提供新且实用的本地资讯。俄罗斯中文网(www.eluosi.cn)则是俄罗斯最大的中文网站。

电视 电视频道包括Channel 1(www.1tv.ru)、NTV(www.ntv.ru)、俄罗斯国家电视台(www.russia.tv)、俄罗斯国家电视2台(www.2.russia.tv)、Kultura(www.tvkultura.ru)、RenTV(www.ren-tv.com)和用英语、阿拉伯语及西班牙语向海外观众展示"俄罗斯视角"的RT(http://rt.com)。

度量衡 俄罗斯使用公制单位。菜单上一般以克为单位列出食物和饮品：一茶碗大概200克，一烈酒杯大概50克。鸡蛋等单个出售的商品，单位是shtuka("东西"或"件")或sht。

饮用水 自来水管里流出来的水没那么干净，尤其是在圣彼得堡，经常有饮用自来水导致健康问题的事情登上新闻。如果不从超市购买瓶装饮用水，起码保证你喝的自来水完全煮沸。

开门，17:00或18:00关门。

银行及其他机构 时间有所不同。商业繁华区域的大型分行工作日的营业时间为9:00~18:00，周六工作时间相对短些；小一些的分行的工作时间也相对较短，而且一天中还会歇业一个小时作为休息时间。

商店 大多数商店每天都营业，通常为10:00~20:00。百货商店和食物商店通常为8:00~22:00。目前，一些较大的食物商店都保持24小时营业。

餐馆 营业时间是正午至午夜，此外它们有时也会一天24小时都保持营业。酒吧一般营业至次日2:00，而有一些餐馆、酒吧和夜店在周末营业至次日5:00或6:00。

博物馆 营业时间经常变化，每周的闭馆时间也是。最近，很多博物馆都设立了一周一天的夜晚参观时间，通常至20:00或21:00。大多数博物馆会在闭馆1小时前关闭入口。大多数博物馆还会在每个月最后一周闭馆一天，作为"清洁日"。

节假日

新年 1月1日

俄罗斯东正教圣诞节 1月7日

国际妇女节 3月8日

国际劳动节/春节 5月1日和2日

胜利日 5月9日

俄罗斯独立日 6月12日

和谐和解日(前解放日) 11月7日

邮局

虽然近些年已经有了很大的改善，但在俄罗斯，往来邮件的延误和遗失还是一个严重问题。从莫斯科或圣彼得堡寄到欧洲的航空信需要至少两周的时间，寄到美国或者澳大利亚的时间就更长了。DHL、UPS和联邦快递(FedEx)在莫斯科和圣彼得堡的业务都很繁忙。

如果你决定寄邮件到莫斯科或圣彼得堡，或者试着收到邮件，地址的格式如下：俄罗斯、邮政编码、城市、街道地址、名字。

这些邮政机构对你有一定帮助：

莫斯科

中央电报(见428页地图；Tverskaya ul 7；⏲邮局8:00~22:00，电话24小时；Ⓜ Okhotny Ryad)

邮政总局(见446页地图；Myasnitskaya ul 26; ⏲24小时; ⓂChistye Prudy)

圣彼得堡

邮政总局(见446页地图; Pochtamtskaya ul 9; ⏲24小时; ⓂAdmiralteyskaya)

电话

手机

中国大陆的全网通手机和联通定制手机支持俄罗斯各通信运营商SIM卡的4G连接,移动定制手机则受到制式限制,只能使用2G连接。

俄罗斯主要有3家通信运营商:

Beeline(www.beeline.ru)

Megafon(见422页地图; www.megafon.ru)

MTS(见434页地图; www.mts.ru)

选择流量套餐时切记选择全国流量包,漫游费用很高。

电话代码

➡ 俄罗斯的国家代码是☎7。

➡ 现在莫斯科有三个区域代码。最常见的代码是☎495,但有一些地区(尤其是市郊)使用☎498或者☎499。圣彼得堡的区域代码为☎812。

➡ 从座机或者手机拨打所有在莫斯科或圣彼得堡区域内的电话,你必须拨☎8,然后拨包括区域代码在内的十位数字。

➡ 从莫斯科或圣彼得堡拨打跨城电话,拨8,然后拨包括区域代码在内的数字。从莫斯科或圣彼得堡拨打国际电话,拨☎810,然后拨国家代码、城市代码和电话号码。

➡ 在不久的将来,呼叫方式将会改变(跨城电话拨☎0,国际电话拨☎00)。

电话卡

➡ 电话卡(таксофон)在莫斯科和圣彼得堡越来越罕见。

➡ 电话卡可以用于当地和国内通话,或者是在一定单位内的国际长途通话。国际电话至少需要100个单位。

➡ 记住,当对方接通的时候,按下那个有着扬声器标志的按钮。

上网

➡ 几乎所有的酒店和青年旅馆都提供无线网络,大多数酒吧、餐馆以及咖啡店也都提供。无线网络不总是免费的,但确实遍布各处。

➡ 同样受欢迎的还有共享的工作空间,如莫斯科的**Ziferblat**(Циферблат; www.ziferblat.net; 每分钟₽2); Tverskaya(见422页地图; Tverskaya ul 12c1; ⏲11:00至午夜; ⓂPushkinskaya); Pokrovka(见434页地图; ul Pokrovka 12 c 1; ⏲周日至周四 11:00至午夜,周五和周六 11:00~19:00; ⓂChistye Prudy)。这类共享空间一般提供一个舒适的工作环境、可用的无线网络,有时还提供饮品和零食等,共享工作空间一般按照分钟或者小时计费。

➡ 大多数青年旅馆和酒店为没有携带电脑旅行的客人提供互联网服务,网吧已经成为历史。

时间

俄罗斯同时使用12小时制和24小时制。莫斯科时间是格林威治时间/协调世界时(GMT/UTC)加上3小时。所以,当莫斯科在正午时,伦敦是9:00,纽约是4:00,旧金山是1:00,而海参崴是18:00。莫斯科不使用夏时制。

圣彼得堡使用莫斯科时间。

厕所

收费公厕用单词платный туалет进行了标注。在任何厕所,Женский或者Ж表示女厕,而Мужской或者M表示男厕。可移动式卫生间散落在莫斯科的各个公共场所,但其他公共厕所很罕见。酒店、餐馆以及咖啡馆里的厕所通常都很现代、干净。尽管厕所里没有厕纸已成往事,但自带纸巾还是较为明智的做法。

旅行安全

尽管街头犯罪率在上升,但莫斯科和圣彼得堡均算得上极少有危险区域的总体安全的城市。

➡ 和任何大城市一样,随时保持警惕,注意扒手以及抢劫犯,尤其是火车站附近以及拥挤的地铁上。

➡ 夜晚乘坐出租车要随时保持谨慎,尤其是在一些较偏僻地区的酒吧或者夜店附近。永远不要上一辆已经有了两个或两个以上人的车。

➡ 随时携带护照、签证以及注册印章的复印件。如果被警察拦下,不要将你的护照交给他!出示一份复印件是完全可以的。

➡ 在街头，最大的威胁是那些有排外倾向或者过于友善的醉鬼。

紧急情况

救护车（☎03）

火警（☎01）

警察（☎02）

旅游服务热线（☎800-220 0002）

通用紧急电话（☎112）目前仅限于用手机拨打，可转接至救护车、火警和警察的分机号码。

法律事宜

警察在街上随意让人停下进行例行检查或检查证件是很寻常的事。通常，警察的目标人群是那些看上去来自高加索地区的人，以及其他肤色较深的人。

一般来说，每个人都应该随时携带护照。过去，旅行者经常抱怨警察将他们的护照装到袋子里然后索贿的事情，好在类似的报道有所下降。避免这种不愉快经历的最好方法就是携带护照、签证以及登记表的复印件，在警察要求你出示证件时，一份复印件是足够有效的，别轻易交出原件。

残障旅行者

俄罗斯是一个对坐轮椅的旅客极有挑战性的目的地，交通工具不方便搭乘，缺乏轮椅专用坡道和升降设备，并且没有针对残障人士的相关政策。身体行动较为方便的残障旅行者可以度过一段稍微轻松的时光，但是牢记，路上还是有障碍物的。

大多数厕所需要通过餐馆和博物馆里的楼梯到达，且距离较远；公共交通工具过于拥挤；大多数人行道路况很差。

不过，这一情况正在慢慢改变，例如地下空间的改善，交通也越来越便捷。许多酒店提供方便残障人士进入的房间。

全俄盲人协会（Всероссийское общество слепых，见419页地图；www.vos.org.ru）为有视觉障碍的人提供信息及服务，包括组织节日以及文体中心活动等。

全俄聋人协会（Всероссийское общество глухих；http://vog.deafnet.ru）为其会员组织文化活动并提供娱乐休闲设施。

全俄残疾人协会（Всероссийское общество инвалидов；www.voi.ru；Ⓜ Universitet）提供有关法律事宜或当地信息的公共刊物（俄语版）。

同性恋旅行者

➡ 俄罗斯是一个保守的国家，同性恋还不能被大部分人接受。同性恋和双性恋人群在每天的生活中都面对着羞辱、骚扰以及暴力威胁。同性恋并不违法，但宣扬同性恋（以及其他双性恋、跨性别等生活方式）是违法的，具体哪些行为算作宣扬由权威部门裁决。因此，在公众场所的同性间亲昵行为可能会面临风险，请保持低调谨慎。

➡ 莫斯科和圣彼得堡的同性恋游行均在每年的5月或6月举行，但近几年城市官员一直拒绝批准举行该活动（尽管2010年还因此受到了欧洲人权法庭的罚款）。活动参与者在试图按照原计划进行游行时，遭受到极端分子的暴力袭击。Gay Russia（www.gayrussia.eu）是一个参与组织莫斯科游行以及其他相关活动的促进团体。

➡ 尽管如此，莫斯科是最国际化的俄罗斯城市，圣彼得堡也能代表整个俄罗斯对于同性恋的宽容度，较为活跃的男同性恋和女同性恋现象也正反映出了这一态度。《莫斯科时报》（*The Moscow Times*）等报纸有同性恋问题的专栏以及同性恋夜店的列表。

➡ 也可前往Gay.ru（english.gay.ru）了解最新的信息，该网站还有实用链接，并提供一些可以与私人导游取得直接联系的资源。

➡ 同性恋酒吧和夜店信息见52页。更多信息见15页。

女性旅行者

➡ 在街头，性骚扰现象很罕见，不过在工作场所、家里以及社交场合却很常见。歧视和暴力是很多俄罗斯女性不得不在生活中面对的事实，相关问题还有酗酒和失业。

➡ 鉴于这些问题持续存在，积极分子嘲讽说，妇女节举行的庆祝活动是虚伪的。其他人则说，这是一年之中唯一一天男人必须对女同胞友善的日子。

➡ 一般而言，俄罗斯妇女晚上出门都会盛装打扮。如果你穿着随意休闲的衣服前往高级餐馆、夜店或者剧院，你或许会感到不自在，甚至可能不被允许入场。

➡ 国际妇女俱乐部（International Women's Club；www.iwcmoscow.ru）是一个女性活跃团体。它通常会组织一些社交、慈善活动。

医疗服务

医院

美国医疗中心和欧洲医疗中心都接受一些主要国际保险供应商提供的医疗保险。

美国医疗中心（☎495-933 7700；www.amcenter.ru；Grokholsky per 1；⏲24小时；Ⓜ Prospekt Mira）提供24小时的紧急医疗服务、咨询和一系列医疗专家服务（包括儿科和牙科医生）。这里还有一间员工说英语的药房。在圣彼得堡也有美国医疗中心（见446页地图；☎812-740 2090；nabrekiMoyki 78；⏲24小时；Ⓜ Admiralteyskaya）下属的医疗机构。

波特克医院（☎495-945 0045；www.mosgorzdrav.ru；2-y Botkinsky proezd 5；⏲24小时；Ⓜ Begovaya）拥有俄罗斯最好的医疗设施。在Begovaya地铁站，沿着Khoroshevskoe sh和Begovoy pr向东北方向走1公里。在Begovaya ul左转，继续走到2-y Botkinsky proezd即到。

欧洲医疗中心（见428页地图；☎495-933 6655；www.emcmos.ru；Spirodonevsky per 5；⏲24小时；Ⓜ Mayakovskaya）包括医疗和牙科设施，提供全天候紧急医疗，员工可以说10种语言。

药店

连锁药店36.6（Аптека36.6；☎495-797 6366；www.366.ru）在两座城市里均有很多分店。

莫斯科

36.6阿尔巴特（见424页地图；ul Novy Arbat 15；⏲9:00~22:00；Ⓜ Arbatskaya）

36.6波克罗夫卡（见434页地图；ul Pokrovka 1/13；⏲9:00~21:00；Ⓜ Kitay-Gorod）

36.6特维尔卡亚（见422页地图；Tverskaya ul 25/9；⏲24小时；Ⓜ Mayakovskaya）

36.6河畔区（见430页地图；Klimentovsky per 12；⏲8:00~22:00；Ⓜ Tretyakovskaya）

圣彼得堡

36.6历史中心（见438页地图；Gorokhovaya ul 16；⏲24小时；Ⓜ Sadovaya）

36.6彼得格勒（见450页地图；Bolshoy pr 62；⏲24小时；Ⓜ Petrogradskaya）

36.6斯莫尔尼（见442页地图；Nevsky pr 98；⏲24小时；Ⓜ MayakovskayaSadovaya）

语言

俄语属于斯拉夫语系，与白俄罗斯语和乌克兰语关系密切。俄罗斯国内有1.5亿人讲俄语，苏联原加盟共和国将其作为第二语言。所以，讲俄语的总人口数量超过2.7亿。

俄语用西里尔字母表，你有必要熟悉一下它们，以便读懂地图、时刻表、菜单和路牌。另外，本章在每个俄语词组旁边用彩色标注了音标，这样你就可以像读英语那样读出来了。大部分发音同英语类似，少数有区别的地方我们在字母表内进行了解释。凡是重读音节都已用斜体标注。

基础用语

你好。	Здравствуйте.	*zdrast*·vuy·tye
嗨。	Привет.	priv·*yet*
再见。	До свидания.	da svi·*da*·nya
对不起，打扰一下。	Простите.	pras·*ti*·tye
抱歉。	Извините.	iz·vi·*ni*·tye
请。	Пожалуйста.	pa·*zhal*·sta
谢谢你。	Спасибо.	spa·*si*·ba
不客气。	Пожалуйста.	pa·*zhal*·sta

想知道更多？

想要深入了解语言信息和方便实用的词汇，请查阅Lonely Planet的*Russian Phrasebook*。你可以登录**shop.lonelyplanet.com**找到它，或者在苹果应用程序商店购买Lonely Planet的iPhone常用语手册。

是的。	Да.	da
不。	Нет.	nyet

你好吗？
Как дела? kak di·*la*

我很好，谢谢。你呢？
Хорошо, спасибо. kha·ra·*sho* spa·si·ba
А у вас? a u vas

你叫什么名字？
Как вас зовут? kak vas za·*vut*

我的名字是……
Меня зовут ... mi·*nya* za·vut .

你会说英语吗？
Вы говорите vi ga·va·*ri*·tye
по-английски? pa·an·*gli*·ski

我不理解。
Я не понимаю. ya nye pa·ni·*ma*·yu

住宿

哪里有一个……？	Где ...?	gdye ...
寄宿房屋	пансионат	pan·si·a·*nat*
营地	кемпинг	*kyem*·ping
酒店	гостиница	ga·*sti*·ni·tsa
青年旅舍	общежитие	ap·shi·*zhih*·ti·ye

你们有……吗？	У вас есть ...?	u vas yest' ...
单间	одноместный номер	ad·na·*myest*·nih *no*·mir
双人间	номер с двуспальней кроватью	*no*·mir z dvu·*spal'*·nyey kra·*va*·tyu

……多少钱?	Сколько стоит за ...?	skol'·ka sto·it za ...
一个晚上	ночь	noch'
两个人	двоих	dva·ikh

……坏了。	...не работает....	ne ra·bo·ta·yit
供暖	Отопление	a·ta·plye·ni·ye
热水	Горячая вода	ga·rya·cha·ya va·da
灯	Свет	svyet

方向

……在哪里?
Где ...? gdye ...

地址是什么?
Какой адрес? ka·koy a·dris

麻烦你写下来。
Запишите, пожалуйста. za·pi·shih·tye pa·zhal·sta

你可以给我指一下（在地图上）吗?
Покажите мне, пожалуйста (на карте). pa·ka·zhih·tye mnye pa·zhal·sta （na kar·tye）

在……转	Поверните ...	pa·vir·ni·tye ...
角落	за угол	za u·gal
交通灯	на светофоре	na svi·ta·fo·rye
左	налево	na·lye·va
右	направо	na·pra·va

在……后面	за ...	za ...
远	далеко	da·li·ko
在……前面	перед ...	pye·rit ...
靠近	близко	blis·ka
紧挨……	рядом с ...	rya·dam s ...
在……对面	напротив ...	na·pro·tif ...
一直向前	прямо	prya·ma

就餐和饮品

我想为……	Я бы хотел/хотела	ya bih khat·yel/khat·ye·la
预订	заказать	za·ka·zat'
一张桌子	столик на... (m/f)	sto·lik na...
两个人	двоих	dva·ikh
8点钟	восемь часов	vo·sim' chi·sof

你有什么推荐吗?
Что вы рекомендуете? shto vih ri·ka·min·du·it·ye

那盘里是什么?
Что входит в это блюдо? shto fkho·dit v e·ta blyu·da

那个很好吃!
Было очень вкусно! bih·la o·chin' fkus·na

结账。
Принесите, пожалуйста счёт. pri·ni·sit·ye pa·zhal·sta shot

我不吃……	Я не ем...	ya nye yem ...
蛋	яиц	ya·its
鱼	рыбы	rih·bih
禽类	птицы	ptit·sih
红肉	мяса	mya·sa

关键词

瓶子	бутылка	bu·tihl·ka
碗	миска	mis·ka
早餐	завтрак	zaf·trak
冷的	холодный	kha·lod·nih
晚餐	ужин	u·zhihn
盘	блюдо	blyu·da
叉子	вилка	vil·ka
杯子	стакан	sta·kan
热（暖）	жаркий	zhar·ki
刀	нож	nosh
午饭	обед	ab·yet
菜单	меню	min·yu
碟子	тарелка	tar·yel·ka
餐馆	ресторан	ris·ta·ran
勺子	ложка	losh·ka
用	с	s
不用	без	byez

斯拉夫字母表

西里尔字母	发音	
А, а	a	如在“father”中(在重读音节里);如在“ago”中(在非重读音节里)
Б, б	b	如在“but”中
В, в	v	如在“van”中
Г, г	g	如在“god”中
Д, д	d	如在“dog”中
Е, е	ye	如在“yet”中(在一个重读音节里,并且在词末);
	i	如在“tin”中(在一个非重读音节里)
Ё, ё	yo	如在“yore”中(印刷出来时通常不带点)
Ж, ж	zh	如“measure”中的“s”
З, з	z	如在“zoo”中
И, и	i	如“meet”中的“ee”
Й, й	y	如在“boy”中(在ы或и之后不发音)
К, к	k	如在“kind”中
Л, л	l	如在“lamp”中
М, м	m	如在“mad”中
Н, н	n	如在“not”中
О, о	o	如在“more”中(在一个重读音节中);
	a	如在“hard”中(在一个非重读音节中)
П, п	p	如在“pig”中
Р, р	r	如在“rub”中(卷舌)
С, с	s	如在“sing”中
Т, т	t	如在“ten”中
У, у	u	如“fool”中的“oo”
Ф, ф	f	如在“fan”中
Х, х	kh	如“Bach”中的“ch”
Ц, ц	ts	如在“bits”中
Ч, ч	ch	如在“chin”中
Ш, ш	sh	如在“shop”中
Щ, щ	shch	如“fresh chips”中的“sh-ch”
Ъ, ъ	–	“硬辅音”表示之前的辅音如所写那样发音
Ы, ы	ih	如“any”中的“y”
Ь, ь	’	“软辅音”表示之前的辅音发音像较弱的y
Э, э	e	如在“end”中
Ю, ю	yu	如“use”中的“u”
Я, я	ya	如在“yard”中(在一个重读音节中);
	ye	如在“yearn”中(在一个非重读音节中)

肉和鱼

牛肉	говядина	gav·*ya*·di·na
鱼子酱	икра	i·*kra*
鸡肉	курица	*ku*·rit·sa
鸭肉	утка	*ut*·ka
鱼肉	рыба	*rih*·ba
鲱	сельдь	syelt’
羔羊肉	баранина	ba·*ra*·ni·na
肉	мясо	*mya*·sa

标志

Вход	入口
Выход	出口
Открыт	营业
Закрыт	歇业
Справки	信息
Запрещено	禁止
Туалет	洗手间
Мужской (М)	男士
Женский (Ж)	女士

牡蛎	устрица	ust·*rit*·sa
猪肉	свинина	svi·*ni*·na
对虾	креветка	kriv·*yet*·ka
鲑鱼	лососина	la·sa·*si*·na
火鸡	индейка	ind·*yey*·ka
小牛肉	телятина	til·*ya*·ti·na

水果和蔬菜

苹果	яблоко	*yab*·la·ka
豆子	фасоль	fa·*sol'*
卷心菜	капуста	ka·*pu*·sta
辣椒	перец	*pye*·rits
胡萝卜	морковь	mar·*kof'*
菜花	цветная капуста	tsvit·*na*·ya ka·*pu*·sta
黄瓜	огурец	a·gur·*yets*
水果	фрукты	*fruk*·tih
蘑菇	гриб	grip
坚果	орех	ar·*yekh*
洋葱	лук	luk
橙子	апельсин	a·pil'·*sin*
桃子	персик	*pyer*·sik
梨	груша	*gru*·sha
李子	слива	*sli*·va
土豆	картошка	kar·*tosh*·ka
菠菜	шпинат	shpi·*nat*
番茄	помидор	pa·mi·*dor*
蔬菜	овощ	*o*·vash

其他

面包	хлеб	khlyep
芝士	сыр	sihr
鸡蛋	яйцо	yeyt·*so*
蜂蜜	мёд	myot
油	масло	*mas*·la
意大利面	паста	*pa*·sta
胡椒	перец	*pye*·rits
米饭	рис	ris
盐	соль	sol'
糖	сахар	*sa*·khar
醋	уксус	*uk*·sus

饮品

啤酒	пиво	*pi*·va
咖啡	кофе	*kof*·ye
香槟	шампанское	sham·*pan*·ska·ye
（橙子）果汁	(апельсин-овый) сок	(a·pil'·*si*·na·vih) sok
牛奶	молоко	ma·la·*ko*
茶	чай	chey
（矿物质的）水	(минеральная) вода	(mi·ni·*ral'*·na·ya) va·*da*
葡萄酒	вино	vi·*no*

紧急事件

救命！	Помогите!	pa·ma·*gi*·tye
给……打电话！	Вызовите ...!	*vih*·za·vi·tye ...
医生	врача	vra·*cha*
警察	милицию	mi·*li*·tsih·yu

不要打扰我！
Приваливай! pri·*va*·li·vai

这里有一个意外事件。
Произошёл несчастный случай. pra·i·za·*shol* ne·*shas*·nih *slu*·chai

我迷路了。
Я заблудился/заблудилась. (m/f) ya za·blu·*dil*·sa/za·blu·*di*·las'

厕所在哪里？
Где здесь туалет? gdye zdyes' tu·al·*yet*

我生病了。
Я болен/больна. (m/f) ya *bo*·lin/bal'·*na*

这里疼。
Здесь болит. zdyes' ba·*lit*

我对（抗生素）过敏。

У меня алергия на (антибиотики). u min·*ya* a·lir·*gi*·ya na (an·ti·bi·o·ti·ki)

购物和服务

我需要……

Мне нужно ... mnye *nuzh*·na ...

我只是看看。

Я просто смотрю. ya *pros*·ta smat·*ryu*

我可以看看它吗?

Покажите, пожалуйста. pa·ka·*zhih*·tye pa·*zhal*·sta

这个多少钱?

Сколько стоит? *skol'*·ka *sto*·it

这太贵了。

Это очень дорого. *e*·ta *o*·chen' *do*·ra·ga

账单有问题。

Меня обсчитали. min·*ya* ap·shi·*ta*·li

银行	банк	bank
市场	рынок	*rih*·nak
邮局	почта	*poch*·ta
电话局	телефонный пункт	ti·li·*fo*·nih punkt

时间、日期和数字

几点了?

Который час? ka·*to*·rih chas

(10)点。

(Десять) часов. (*dye*·sit') chi·*sof*

早晨	утро	*ut*·ra
下午	после обеда	*pos*·lye ab·*ye*·da

疑问词

什么?	Что?	shto
何时?	Когда?	kag·*da*
哪里?	Где?	gdye
哪个?	Какой?	ka·*koy*
谁?	Кто?	kto
为什么?	Почему?	pa·chi·*mu*

晚上	вечер	*vye*·chir
昨天	вчера	vchi·*ra*
今天	сегодня	si·*vod*·nya
明天	завтра	*zaft*·ra

周一	понедельник	pa·ni·*dyel'*·nik
周二	вторник	*ftor*·nik
周三	среда	sri·*da*
周四	четверг	chit·*vyerk*
周五	пятница	*pyat*·ni·tsa
周六	суббота	su·*bo*·ta
周日	воскресенье	vas·kri·*syen*·ye

1月	январь	yan·*var'*
2月	февраль	fiv·*ral'*
3月	март	mart
4月	апрель	ap·*ryel'*
5月	май	mai
6月	июнь	i·*yun'*
7月	июль	i·*yul'*
8月	август	*av*·gust
9月	сентябрь	sin·*tyabr'*
10月	октябрь	ak·*tyabr'*
11月	ноябрь	na·*yabr'*
12月	декабрь	di·*kabr'*

1	один	a·*din*
2	два	dva
3	три	tri
4	четыре	chi·*tih*·ri
5	пять	pyat'
6	шесть	shest'
7	семь	syem'
8	восемь	*vo*·sim'
9	девять	*dye*·vyat'
10	десять	*dye*·syat'
20	двадцать	*dva*·tsat'
30	тридцать	*tri*·tsat'
40	сорок	*so*·rak
50	пятьдесят	pi·dis·*yat*
60	шестдесят	shihs·dis·*yat*
70	семьдесят	*syem'*·dis·yat
80	восемьдесят	*vo*·sim'·di·sit
90	девяносто	di·vi·*no*·sta
100	сто	sto

1000	тысяча	*tih*·si·cha

交通

公共交通

一张……票（去诺夫哥罗德）。	Билет ... (на Новгород).	bil·*yet* ... (na *nov*·ga·rat)
单程	в один конец	v a·*din* kan·*yets*
返回	в оба конца	v *o*·ba kan·*tsa*
公共汽车	автобус	af·*to*·bus
火车	поезд	*po*·ist
有轨电车	трамвай	tram·*vai*
无轨电车	троллейбус	tra·*lyey*·bus
第一	первый	*pyer*·vih
最后	последний	pas·*lyed*·ni
地铁代币	жетон	zhi·*ton*
站台	платформа	plat·*for*·ma
（公共汽车）	оста	a·sta·
车站	новка	*nof*·ka
车票	билет	bil·*yet*
售票处	билетная касса	bil·*yet*·na·*ya* *ka*·sa
时刻表	расписание	ras·pi·*sa*·ni·ye

什么时候出发？
Когда отправляется? *kag*·*da* at·prav·*lya*·it·sa

到……需要多久？
Сколько времен инужно ехать до...? *skol'*·ka *vrye*·mi·ni *nuzh*·na ye·khat' da ...

在……停车吗？
Поезд останав-ливается в...? po·yist a·sta·*nav*·li·va·yit·sa v ...

请在这里停车。
Остановитесь здесь! пожалуйста! a·sta·na·*vit*·yes' pa·*zhal*·sta

关键句型

想简单运用俄语，需要将这些简单的模板和你选择的单词混合搭配起来：

（下一班公共汽车）是什么时候？
Когда (будет следующий автобус)? kag·*da* (bu·dit *slye*·du·yu·shi af·*to*·bus)

（车站）在哪里？
Где (станция)? gdye (stant·sih·ya)

我可以在哪里（买一个挂锁）？
Где можно (купить нависной замок)? gdye *mozh*·na (ku·*pit'* na·vis·*noy* za·*mok*)

你有（一张地图）吗？
Здесь есть (карте)? zdyes' yest' (*kart*·ye)

我想要（菜单）。
Я бы хотел/хотела (меню). (m/f) ya bih khat·*yel*/khat·*ye*·la (min·*yu*)

我想要（租一辆车）。
Я бы хотел/хотела (взять машину). (m/f) ya bih khat·*yel*/khat·*ye*·la (vzyat' ma·*shih*·nu)

我可以（进来）吗？
Можно (войти)? mozh·na (vey·ti)

可以请你（写下来）吗？
(Запишите), пожалуйста. (za·pi·*shiht*·ye) pa·*zhal*·sta

我需要（签证）吗？
Нужна ли (виза)? nuzh·*na* li (*vi*·za)

我需要（协助）。
Мне нужна (помощь). mnye nuzh·*na* (*po*·mash)

开车和骑自行车

我想要租……	Я бы хотел/хотела взять... на прокат. (m/f)	ya bih kha·*tyel*/kha·*tye*·la vzyat'... na pra·*kat*
四轮驱动车	машину с полным приводом	ma·*shih*·nu s *pol*·nihm pri·*vo*·dam
自行车	велосипед	vi·la·si·*pyet*
汽车	машину	ma·*shih*·nu
电动自行车	мотоцикл	ma·ta·*tsikl*
柴油	дизельное топливо	*di*·zil'·na·ye *to*·pli·va
93号汽油	бензин номер	ben·*zin* *no*·mir

93 | di·vi·*no*·sta tri

无铅汽油

очищенный бензин | a·*chi*·shi·nih bin·*zin*

这个是到……的路吗?

Эта дорога ведёт в...? | e·ta da·*ro*·ga vid·yot f...

哪里有加油站?

Где заправка? | gdye za·*praf*·ka

我可以在这里停车吗?

Здесь можно стоять? | zdyes' *mozh*·na sta·yat'

我需要一个技工。

Мне нужен автомеханик. | mnye *nu*·zhihn af·ta·mi·*kha*·nik

这辆车坏了。

Машина сломалась. | ma·*shih*·na sla·*ma*·las'

我的车胎瘪了。

У меня лопнула шина. | u min·*ya* lop·*nu*·la *shih*·na

我没有油了。

У меня кончился бензин. | u min·*ya* *kon*·chil·sa bin·*zin*

术语表

Avtovokzal——汽车客运站

bankomat——自动柜员机

banya——俄罗斯蒸汽浴室（类似桑拿房）

bilet, bilety——票

boyar——至高无上

bufet——小吃店

bulvar——大街

dacha——村舍或夏季别墅

devushka or devushki（pl）——年轻女子

dom——房屋，建筑

DPS（Dorozhno-Patrulnaya Sluzhba）——道路巡逻服务

duma——议会

elektrichka——慢速郊区火车

firmeny poezd——一种奇幻、快速的火车，通常有特殊的名字

glasnost——字面理解为“开放”，用在20世纪80年代巴尔戈乔夫改革的自由主义方面

gostinitsa——酒店

kamera khraneniya——遗留行李

kassa——收银台或者售票处

kremlin——城堡，通常是一座城市的核心

kruglosutochno——不分昼夜的、24小时的，通常用在营业时间中

kupeyny or kupe——火车的二等座，通常是四人间卧铺包厢

lyux——豪华间或者一等座，通常用在火车的卧铺车厢或酒店房间中

magazin——商店

maly——小

matryoshka——套娃

mesto——位置，如火车上的座位

MKAD（Moskovskaya Koltsevaya Avtomobilnaya Doroga）——莫斯科环城公路，指的是环绕城市最外层的高速公路

most——桥

muzey——博物馆

naberezhnaya——堤岸

passazhirsky poezd——慢速城际列车

perekhod——行人穿越道，通常指地下

pereriv——休息时间，通常在中午，届时商店关门

perestroika——字面上是“改革”，特指20世纪80年代巴尔戈乔夫的经济改革

pereulok——小路或者边路

platskartny——三等座，通常是城际列车的座位

ploshchad——广场

prigorodny poezd——慢速城郊火车

proezd——通道

rynok——市场

ryumochnaya——酒吧

sad——花园

samizdat——苏联时期的地下出版物

shampanskoye——俄罗斯起泡酒

shapka——皮草帽

shosse——高速公路

skory poezd——快速火车

spalny vagon（SV）——卧铺汽车

stolovaya——食堂或自助餐馆

tsarevitch——沙皇之子，王位继承人

tsarina——沙皇妻子

tserkov——教堂

ulitsa——街道

uslovie yedenitsiy（y.e.）——货币标准单位，有时用在高档餐馆和酒店的报价中

vagon——火车车厢

val——城墙

vokzal——火车站

菜品解码

bliny——俄式薄煎饼 блины

borsch——罗宋汤 борщ

buterbrod——露馅三明治 бутерброд

garnir——配菜 гарнир

ikra（chyornaya, krasnaya）——鱼子酱（黑色、红色）икра（чёрная, красная）

kartoshki——土豆 картошки
kasha——粥 каша
kefir——酸奶类饮品 кефир
khleb——面包 хлеб
kvas——黑麦酿制饮品квас

lapsha——面条汤 лапша
losos——鲑鱼 лосось

mineralnaya voda (gazirovannaya, negazirovannaya)——水(起泡、蒸馏) минеральная вода (газированная, негазированная)
moloko——牛奶 молоко
morozhenoye——冰激凌 мороженое
myaso——肉мясо

obed——午饭 обедь
okroshka——以格瓦斯为主料的冷黄瓜汤 окрошка
ovoshchi——蔬菜 овощи
ovoshnoy salat——番茄黄瓜沙拉，字面意义上的“蔬菜沙拉”овошной салат

pelmeni——肉馅或蔬菜馅的饺子 пельмени
pirog或pirogi（pl）——派 пирог, пироги
pivo (svetloe, tyomnoe)——啤酒（淡啤、黑啤）пиво (светлое, тёмное)
ptitsa——禽类 птица

ris——米饭 рис
ryba——鱼 рыба

salat olivier——见stolichny salat салат Оливье
seld pod shuboy——鲱鱼、土豆、甜菜胡萝卜沙拉，字面意思是“穿着毛外套的鲱”сельдь под шубой
shashlyk (myasnoy, kuriny, rybnoy)——烤串（肉、鸡肉、鱼肉）шашлык (мясной, куриный, рыбной)
shchi——卷心菜汤 щи
solyanka——一种美味的有咸味蔬菜和柠檬口味的肉汤 солянка
svekolnik——冷甜菜汤 свекольник
sok——果汁 сок
stolichny salat——“首都沙拉”，里面包含了牛肉、土豆以及蛋黄酱；也被称作salat Olivier столичный салат

tvorog——软甜的奶酪，与意大利乳清干酪相似 творог

uzhin——晚餐 ужин

zavtrak——早餐 завтрак
zakuski——开胃菜 закуски

幕后

说出你的想法

我们很重视旅行者的反馈——你的评价将鼓励我们前行，把书做得更好。我们同样热爱旅行的团队会认真阅读你的来信，无论表扬还是批评都很欢迎。虽然很难一一回复，但我们保证将你的反馈信息及时交到相关作者手中，使下一版更完美。我们也会在下一版特别鸣谢来信读者。

请把你的想法发送到china@lonelyplanet.com.au，谢谢！

请注意：我们可能会将你的意见编辑、复制并整合到Lonely Planet的系列产品中，例如旅行指南、网站和数字产品。如果不希望书中出现自己的意见或不希望提及你的名字，请提前告知。请访问lonelyplanet.com/privacy了解我们的隐私政策。

声明

封面图片：莫斯科红场上的圣瓦西里主教座堂，视觉中国提供。

本书部分地图由中国地图出版社提供，其他为原书地图，审图号GS（2017）1140号。

关于本书

本书内容来自Lonely Planet *Moscow*第6版以及*St Petersburg*第7版。前者的作者为玛拉·沃赫斯、雷尼奥·拉格金，后者的作者为汤姆·马斯特斯、西蒙·里奇蒙德。

本书为中文第1版，由以下人员制作完成：

项目负责 关媛媛

项目执行 丁立松

翻译统筹 肖斌斌　王玫珺

翻　　译 吕国斌　王玉婷　吴菲　娄小舟

内容策划 周伯源　张世秋（本土化内容）　孙亿　郭瑶　王玫珺

视觉设计 李小棠　陈斌　佟雪莹

协调调度 高原　沈竹颖

责任编辑 杨帆

地图编辑 马珊

制　　图 田越

流　　程 孙经纬

终　　审 朱萌

排　　版 北京梧桐影电脑科技有限公司

感谢沐昀、寇杰为本书提供的帮助。

索引

莫斯科

000 景点页码
000 地图页码
000 图片页码

圣彼得堡

莫斯科和圣彼得堡地图

景点
- 海滩
- 鸟类保护区
- 佛教场所
- 城堡
- 基督教场所
- 孔庙
- 印度教场所
- 伊斯兰教场所
- 耆那教场所
- 犹太教场所
- 纪念碑
- 博物馆/美术馆
- 历史遗址
- 温泉
- 神道教场所
- 锡克教场所
- 道教场所
- 酒庄/葡萄园
- 动物园
- 其他景点

活动、课程和团队游
- 人体冲浪
- 潜水
- 划艇
- 课程/团队游
- 滑雪
- 浮潜
- 冲浪
- 游泳/游泳池
- 徒步
- 帆板
- 其他活动

住宿
- 住宿场所
- 露营地

就餐
- 餐馆

饮品
- 酒吧
- 咖啡馆

娱乐
- 娱乐场所

购物
- 购物场所

实用信息
- 银行
- 使领馆
- 医院/医疗机构
- 网吧
- 警察局
- 邮局
- 电话
- 公厕
- 旅游信息
- 其他信息

地理
- 海滩
- 棚屋/栖身所
- 灯塔
- 瞭望台
- 山峰/火山
- 绿洲
- 公园
- 关隘
- 野餐区
- 瀑布

人口
- 首都、首府
- 一级行政中心
- 城市/大型城镇
- 镇/村

交通
- 机场
- 过境处
- 公共汽车
- 缆车/索道
- 自行车路线
- 轮渡
- 地铁
- 单轨铁路
- 停车场
- 加油站
- 铁路/火车站
- 出租车
- 有轨电车
- 地铁
- 地铁
- 地铁
- 地铁
- 其他交通方式

注：并非所有图例都在此显示

路线
- 收费公路
- 高速公路
- 一级公路
- 二级公路
- 三级公路
- 小路
- 未封闭道路
- 在建道路
- 购物中心/商业街
- 台阶
- 隧道
- 步行天桥
- 步行游览路
- 步行游览支路
- 小路

境界
- 国界
- 一级政区界
- 未定国界
- 地区界
- 海洋公园
- 悬崖
- 墙

水文
- 河流、小溪
- 间歇河
- 运河
- 水域
- 干/盐/间歇湖
- 冰川

地区特征
- 机场/跑道
- 海滩/沙漠
- 基督教墓地
- 其他墓地
- 冰川
- 泥滩
- 公园/森林
- 景点(建筑物)
- 运动场
- 沼泽/红树林

莫斯科地图索引

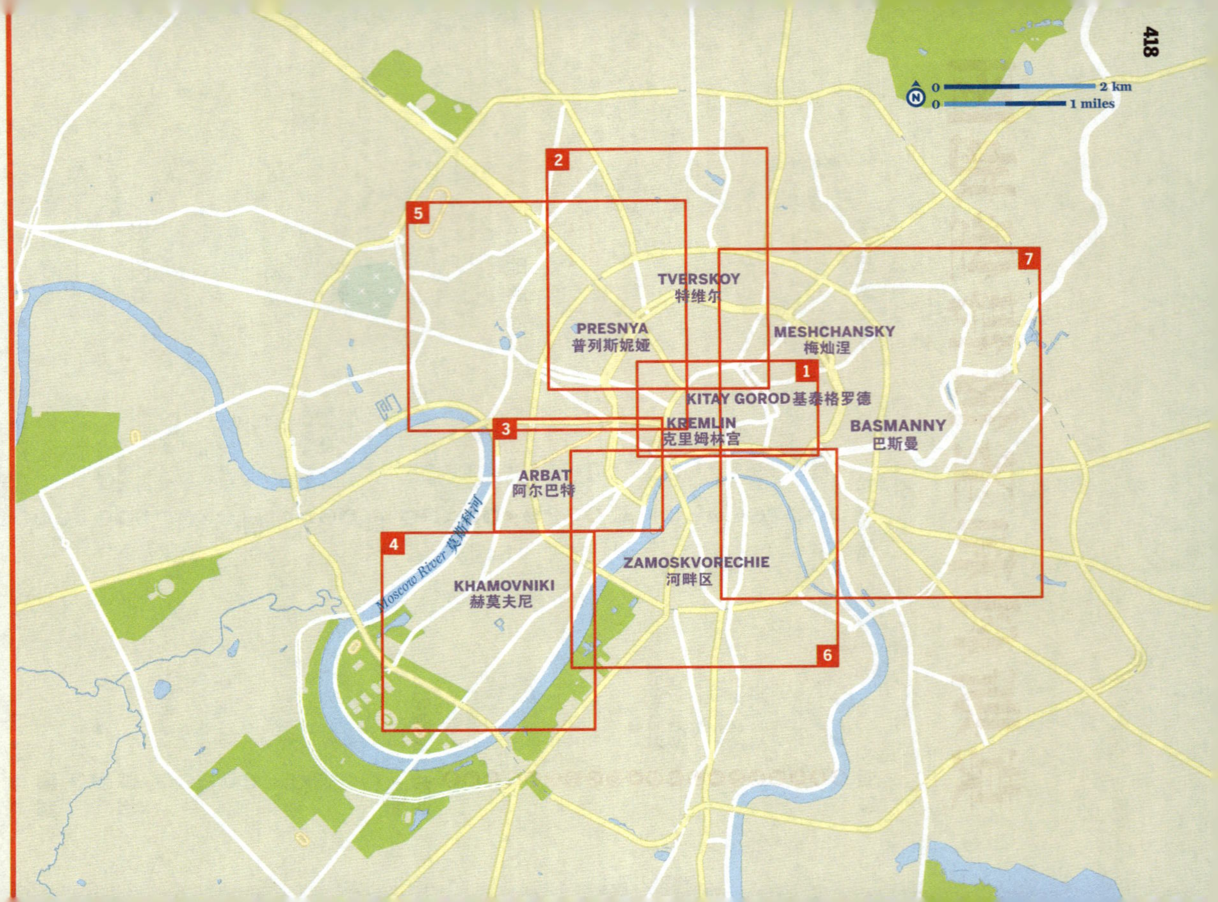

0 2 km
0 1 miles
N
TVERSKOY
特维尔
PRESNYA
普列斯妮娅
MESHCHANSKY
梅灿涅
KITAY GOROD 基泰格罗德
KREMLIN
克里姆林宫
BASMANNY
巴斯曼
ARBAT
阿尔巴特
Moscow River 莫斯科河
ZAMOSKVORECHIE
河畔区
KHAMOVNIKI
赫莫夫尼
1
2
3
4
5
6
7

地图索引见420页

0 400 m
0 0.2 miles
见422页地图
见428页地图
见424页地图
见434页地图
见430页地图
Lubyanka
Lubyanskaya pl
Teatralnaya
Karl Marx Statue
Teatralny proezd
Tretyakovsky proezd
Teatralnaya pl
剧院广场
Pl Revolyutsii
革命广场
Okhotny Ryad
Nikolskaya ul
Bol Cherkassky per
Novaya pl
Lubyansky proezd
Luchnikov per
Maly Zlatoustinsky per
Armyansky per
ul Pokrovka
ul Maroseyka
Kitay Gorod
Bolshoy Spasoglinishchevsky per
Starosadsky per
Kolpachny per
Khokhlovsky per
ul Zabelina
Slavyanskaya pl
Staraya pl
Ipatyevsky per
Nikolsky per
Starop per
Bogoyavlensky per
ul Ilyinka
Vetoshny per
Rybny per
Khrustalny per
Nikitnikovsky per
pl Varvarskie Vorota
ul Varvarka
ul Solyanka
Podkolokolny per
Kitaygorodsky proezd
Ustinsky per
Moskvoretskaya nab
Moskvoretskaya ul
Moscow River
莫斯科河
Kremlevskaya nab
Red Square (Krasnaya pl)
红场
Red Square红场
St Basil's Cathedral
圣瓦西里主教座堂
The Kremlin
克里姆林宫
KREMLIN
克里姆林宫
Aleksandrovsky Garden
亚历山大公园
Alexandrovsky Garden
亚历山大公园
Aleksandrovsy Sad
Manezhnaya pl
Manezhnaya ul
Mokhovaya ul
Tverskaya ul
Georgievsky per
Bryusov per
Gazetny per
Nikitsky per
Bolshaya Nikitskaya ul
Bolshoy Kislovsky per
Romanov per
Vozdvizhenka ul
Biblioteka imeni Lenina
Borovitskaya
ul Znamenka

KREMLIN & KITAY GOROD 克里姆林宫和基泰格罗德 见419页地图

重要景点 (见66页)

1 红场 …… D3
2 圣瓦西里主教座堂 …… D3
3 克里姆林宫 …… C3

景点 (见85页)

4 亚历山大公园 …… B3
5 圣母领报主教座堂 …… C4
6 考古博物馆 …… C2
7 天使长主教座堂 …… C4
8 军械库 …… B4
9 兵工厂 …… C3
10 圣母升天主教座堂 …… C4
11 罗曼诺夫贵族之家 …… E3
12 圣母法衣存放教堂 …… C4
13 Nikitniki三一教堂 …… E3
十二使徒教堂 …… (见25)
钻石基金会博物馆 …… (见8)
14 大克里姆林宫 …… B4
15 多面厅 …… C4
伊凡大帝钟楼 …… (见23)
16 喀山大教堂 …… C2
17 基泰格罗德 …… E2
18 库塔菲亚塔 …… B3
19 列宁墓 …… C3
20 马捏兹展览中心 …… B3
21 主显节修道院 …… D2
22 革命思想家纪念碑 …… B3
23 莫斯科克里姆林建筑历史博物馆 …… C4
24 老式英国庭院 …… D3
25 牧首宫 …… C3
26 斯库尔斯广场 …… D3
27 Poteshny宫 …… B4
28 复活门 …… C2
29 救主门塔 …… D3
30 参议院 …… C3
31 国家历史博物馆 …… C2
32 国家克里姆林宫 …… B3
33 库兹马·米宁及
德米特里·波扎尔斯基雕像 …… D3
34 最高苏维埃 …… C3
35 宗教会议印刷厂 …… D1
36 泰雷姆宫 …… B4
37 无名烈士墓 …… C2
38 Tretyakovsky Proezd …… D1
39 三一门塔 …… B3
40 沙皇钟 …… C4
41 沙皇炮 …… C3
42 1812年战争博物馆 …… C2
43 Zaikonospassky修道院 …… D2

就餐 (见87页)

44 Bosco Cafe …… C2
45 Coffee Mania …… D1
Friends Forever Cafe …… (见46)
46 Loft Café …… D1
47 Stolovaya 57 …… D3

饮品和夜生活 (见88页)

48 Cafe Tantsy …… D2
49 Dissident Vinoteca …… D1
50 Mandarin Combustible …… D1
51 Romanov Bar …… D1

娱乐 (见90页)

克里姆林宫芭蕾舞剧院 …… (见32)

购物 (见90页)

52 Alena Akhmadullina Boutique …… D1
53 古姆国立百货商店 …… C2
54 Gus-Khrustalny Factory Store …… D3
55 Okhotny Ryad …… B2

运动和活动 (见34页)

56 首都旅行 …… D2
57 克里姆林宫旅游处 …… B3
58 Moscow Free Tour …… C2

住宿 (见187页)

59 Capital House …… D1
60 Four Seasons Moscow …… C2
61 Hotel Metropol …… D1

实用信息 (见392页)

62 全俄盲人协会 …… E2
克里姆林宫行李寄存处 …… (见18)
克里姆林宫售票处 …… (见57)

TVERSKOY & NOVOSLOBODSKY 特维尔和Novoslobodsky 见422页地图

重要景点 （见93页）
1 莫斯科大剧院 E8

景点 （见94页）
2 中央陆军博物馆 E1
3 圣葛斯默及圣达弥昂教堂 D7
4 普丁基圣母降生教堂 D6
5 现代历史博物馆 C6
6 陀思妥耶夫斯基故居博物馆 D1
7 格林卡音乐文化博物馆 C4
8 古拉格历史博物馆 E7
9 埃尔米塔日花园 D5
10 工会大厦 E8
11 M' ARS当代艺术中心 G5
12 莫斯科市长办公室 D7
13 莫斯科现代艺术美术馆 E6
14 装饰与民俗艺术博物馆 D4
15 国家杜马 E8
16 特维尔卡亚广场 D7
17 上圣彼得修道院 E6
18 瓦斯涅佐夫故居博物馆 G3
19 尤里·多尔戈鲁基雕像 D7

就餐 （见98页）
20 Anderson D6
21 Barashka E6
22 Brasserie Most E7
23 ButerBro D5
24 Courvoisier Cafe G4
25 Dary Prirody D5
26 Delicatessen D4
27 Druzhba C2
28 Dzhondzholi C6
29 Farmer's Diner A3
30 Fresh E7
31 Izya Grill C1
32 Lavka-Lavka E6
33 Mi Piace B5
34 Selenge C5
35 Shawarma Republic D5
Sisters Grimm （见44）
36 Starlite Diner D6
37 Trattoria Venezia D6
38 Uzbekistan F6
39 Zupperia F4

饮品和夜生活 （见102页）
40 3205 D5
41 ArteFAQ D6
Cafe Mart （见13）
42 Cafe Vokzal C2
43 Enthusiast E7
44 Gogol E7
45 Kamchatka F7
46 Kukly Pistolety C1
47 Noor C6
Simachyov （见67）

娱乐 （见103页）
48 12 Volts D7
49 BB King E4
莫斯科大剧院 （见1）
50 Dome Cinema F1
51 杜罗夫动物剧院 F2
52 伦科剧院 D5
53 马里剧院 F8
54 Masterskaya F8
55 莫斯科艺术剧院 D8
56 尼库林马戏团 F5
57 诺瓦亚歌剧院 D5
58 奥布拉兹佐夫木偶剧院和博物馆 D4
59 斯坦尼斯拉夫斯基和涅米罗维奇-丹钦科音乐剧院 D6

购物 （见104页）
60 Depst F5
61 Dom Inostrannoy Knigi F7
62 Podarki vMeste s Vorovski G7
63 Podium Concept Store F7
64 Prosto Tak D7
65 Respublika B4
66 Russian Bronze F7
67 Simachyov Boutique & Bar E7
68 Transylvania D7
69 TsUM F8
70 Yekaterina E7
71 Yeliseev Grocery D6

运动和活动 （见106页）
72 Sanduny Baths F6

住宿 （见188页）
73 Anti-Hostel Cosmic E7
74 Ararat Park Hyatt F8
75 Chocolate Hostel C5
76 Godzillas Hostel E5
77 Golden Apple C5
78 Guest House Amelie D6
79 Hotel Savoy F7
80 iVAN Hostel D6
81 Pushkin Hotel C5
82 Sleepbox Hotel A3

实用信息 （见392页）
83 36.6特维尔卡亚 B5
84 Megafon G4
85 Ziferblat Tverskaya D7

特维尔和Novoslobodsky

地图索引见421页

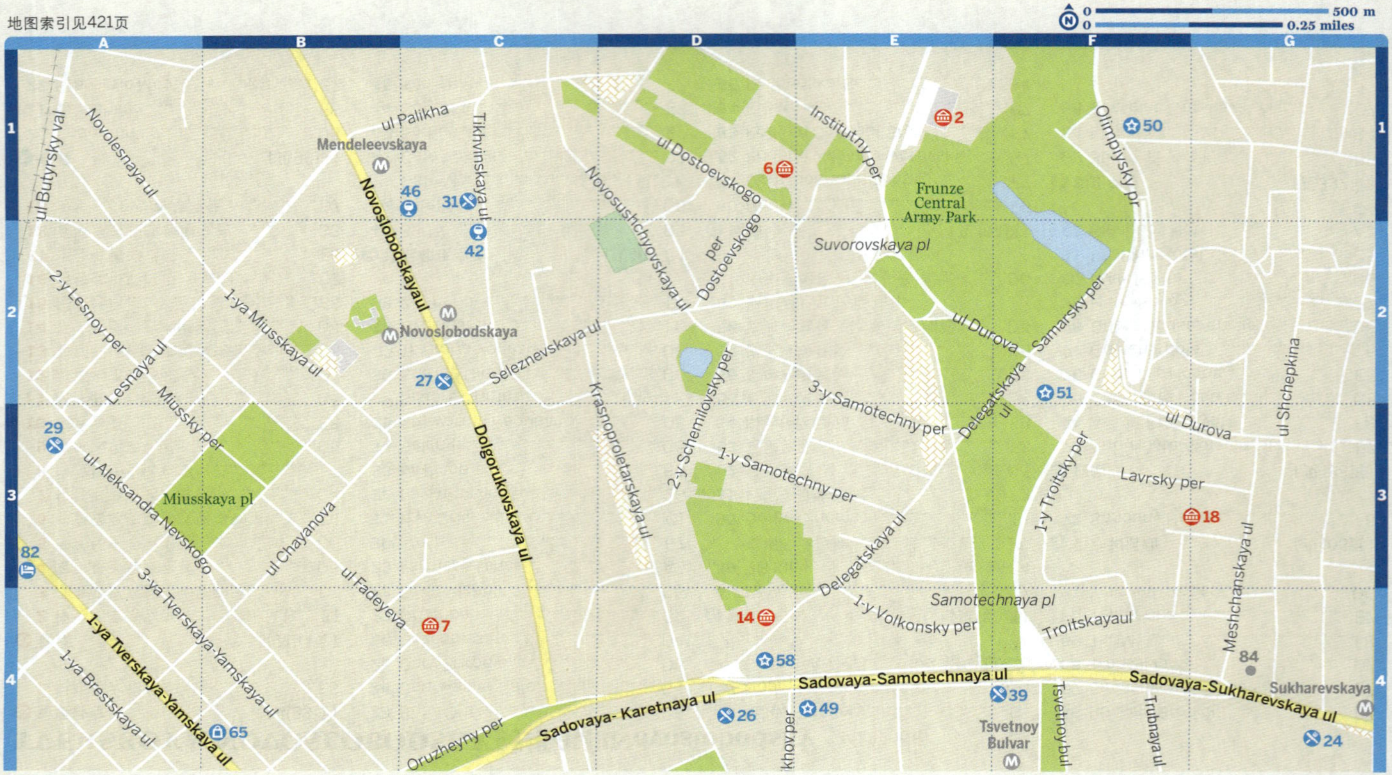

特维尔和Novoslobodsky

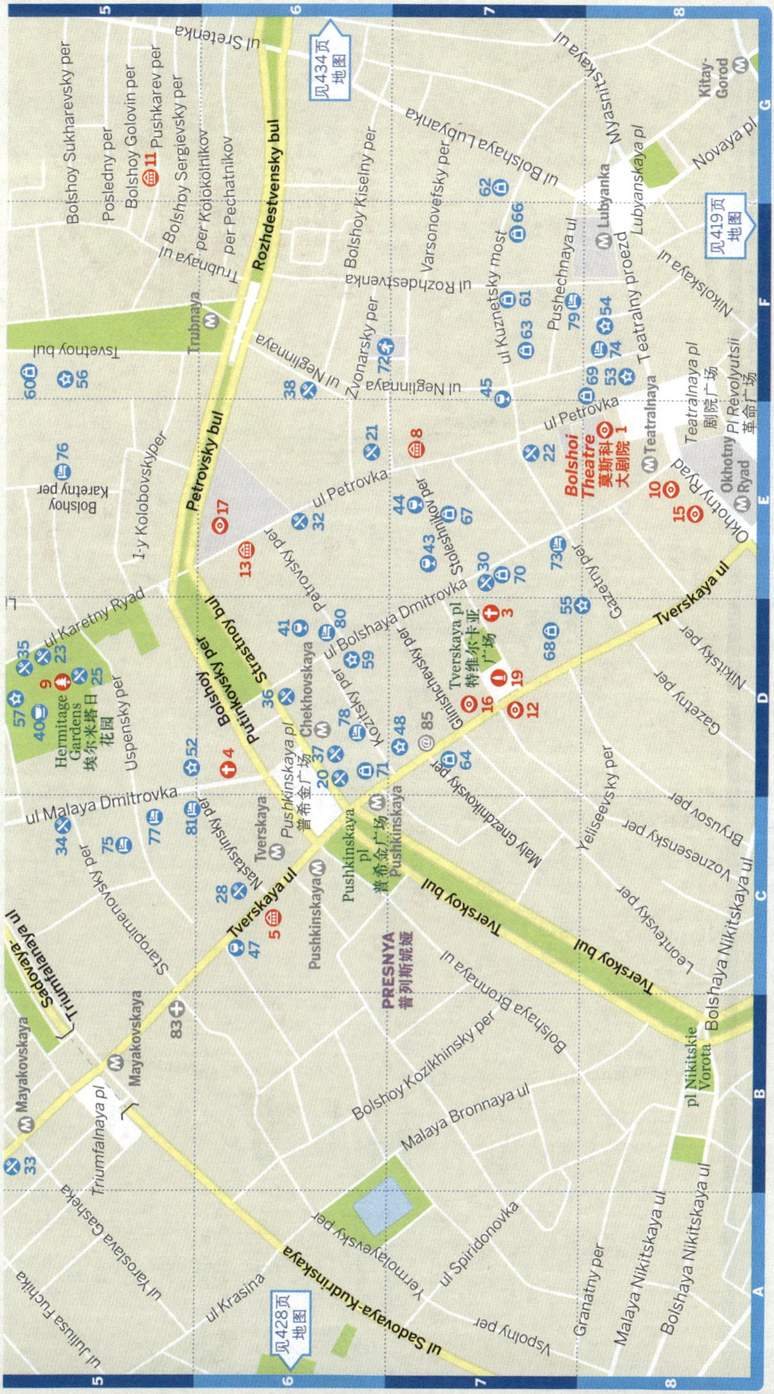

0 500 m
0 0.25 miles
A B C D E F G
1 2 3 4
见428页地图
见419页地图
ul Novy Arbat
Vozdvizhenka ul
Mokhovaya ul
Biblioteka imeni Lenina
Russian State Library
俄罗斯国家图书馆
Borovitskaya
Arbatskaya
Krestovoz per
ul Znamenka
Kolynazhny per
Maly Znamensky per
Lebyazhy per
Lenivka ul
Pushkin Museum of Fine Arts
普希金美术博物馆
ul Volkhonka
per Bsekhsvyatsky
Kropotkinskaya
Cathedral of Christ the Saviour
基督救世主主教座堂
Prechistenskaya nab
Soymonovsky proezd
ul Ostozhenka
1-y Obydensky per
ul Prechistenka
Gogolevsky bul
Filippovsky per
Bolshoy Afanasyevsky per
Nashchokinsky per
Chertolsky per
Khrushchevsky per
Starokonyushenny per
Serebryany per
ul Arbat
ARBAT
阿尔巴特
Kaloshin per
Maly Vlasyevsky per
Bolshoy Vlasyevsky per
Gagarinsky per
Prechistensky per
Chisty per
Bolshoy Levshinsky per
per Sivtsev Vrazhek
Krivoarbatsky per
Plotnikov per
Bolshoy Nikolopeskovsky per
Spasopeskovskaya pl
Spasopeskovsky per
Kompozitorskaya ul
Karmanitsky per
Troilinsky per
Denezhny per
Glazovsky per
Ruzheyny per
Novinsky bul
Smolensky bul
Smolenskaya
Smolenskaya-Sennaya pl
Smolenskaya ul
去Soho Rooms (1.7km); Chapurin Boutique
ul Plyushchikha
Smolenskaya nab
Nikololshchenovsky per
Shubinsky per
3-y Smolensky per
1-y Nikoloshchepovsky per
1-y Smolensky per
Protochny per
Pryamoy per
Panfilovsky per
1 2 3 4 5 6 7 8 10 11 12 13 15 16 17 19 20 21 22 23 24 25 26 28 29 30 31 32 33 34 36 38 39 40 41 42 43 45 46 47 48 49 50

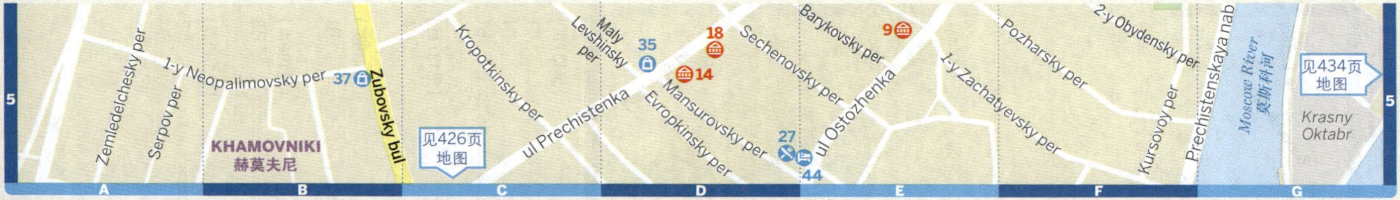

重要景点 （见125页）
1 基督救世主主教座堂 F4
2 普希金美术博物馆 G3

景点 （见130页）
3 布·奥库扎瓦雕像 C2
4 布尔加诺夫故居 E3
5 外交部 B3
6 19世纪和20世纪欧美艺术馆 F3
7 格拉祖诺夫画廊 G3
8 梅尔尼科夫故居 C2
9 多媒体艺术博物馆 E5
10 私人收藏馆 G3
11 普希金故居博物馆 C2
12 普希金文学博物馆 E4
13 尼古拉·罗利其博物馆 F3
14 俄罗斯国家艺术学院 D5
15 希洛夫画廊 G2
16 G点情色艺术博物馆 C1
17 托尔斯泰文学博物馆 E4
18 采列捷利画廊 D5

就餐 （见134页）
19 Akademiya F3
20 Akademiya E1
21 Balkon B1
22 Cafe Schisliva G3
23 Chemodan E2
24 Elardzhi E4
Galereya Khudozhnikov （见18）
25 Moo-Moo C2
26 Rukkola D1
27 Tiflis D5
28 Varenichnaya No 1 D2
29 Vostochny Kvartal C2
30 Zhurfak Cafe E3

饮品和夜生活 （见136页）
31 Gogol-Mogol E3
32 Zhiguli Beer Hall E1

娱乐 （见137页）
33 Gelikon Opera E1
34 Rhythm Blues Cafe G1

购物 （见138页）
35 Artefact Gallery Centre D5
36 Association of Artists of the Decorative Arts D2
37 Buro Nahodok B5
38 Russian Embroidery & Lace D2
39 Russkie Chasovye Traditsii E1

住宿 （见190页）
40 Arbat Hotel C3
41 Bear Hostel on Smolenskaya B4
42 Bulgakov Mini-Hotel C2
43 Da! Hostel E1
44 Kebur Palace E5
45 Mercure Arbat Hotel B2
46 People Hotel B3

实用信息 （见392页）
47 36.6阿尔巴特 C1
48 加拿大大使馆 D3
49 蒙古大使馆（签证部） C2
50 英国大使馆 A1

重要景点	（见122页）
1 新圣女修道院	A3
景点	（见133页）
2 赫莫夫尼圣尼古拉教堂	D2
3 莫斯科博物馆	D1
4 新圣女公墓	A3
5 托尔斯泰故居博物馆	C1
就餐	（见136页）
6 Black Market	C2
7 Golubka	A2
8 Pane & Olio	D1
9 Stolle	B2
饮品和夜生活	（见137页）
10 Carabas	C1
11 Gavroche Wine Bar	D1
12 Soho Rooms	B1
娱乐	（见137页）
13 卢日尼基体育场	A4
购物	（见138页）
14 Chapurin Boutique	B1
住宿	（见190页）
15 Blues Hotel	B3
交通	（见380页）
16 Krymsky Most Landing	D2

PRESNYA 普列斯妮娅 见428页地图

重要景点 （见112页）

1 莫斯科天文馆 D5

景点 （见109页）

2 Art4.ru G6
3 布尔加科夫故居博物馆 E4
4 Central House of Writers（CDL） E6
5 契诃夫故居博物馆 D5
6 升天教堂 F6
7 复苏教堂 G5
8 小升天教堂 G6
9 果戈理大楼 F7
10 外国人民友谊大楼 G7
11 犹太人大屠杀纪念馆 F5
12 莫斯科现代艺术美术馆（特维尔） F6
13 莫斯科现代艺术美术馆（Yermolaevsky） E4
14 莫斯科动物园 C4
15 东方艺术博物馆 F6
16 那康芬公寓楼 D6
17 牧首塘 E4
18 鲁毕史斯基别墅 F6
19 采列捷利画室博物馆 C4
20 白宫 C7

就餐 （见111页）

21 Anderson for Pop C4
22 As Eat Is F4
23 Barashka A6
24 Botanika D2
Bulka （见39）
25 Café Pushkin G4
26 Cafe Receptor G6
27 Cafe Receptor F5
28 Cafe Sindbad F6
Cool Kulinariya （见72）
29 Corner Burger E2
30 Correa's D4
31 Correa's E3
32 Dolkabar E4
33 Favorite E5
34 Jean-Jacques F7
35 Khachapuri G5
36 Mari Vanna F5
37 Nedalny Vostok F5
38 Pavilion E5
Pushkin Konditerskaya （见25）
39 Ragout E2
40 Scandinavia G4
41 Shinok A7
42 Soup Cafe D2
43 Stolle E4
44 Twenty-Two E7
Ugolyok （见76）
45 Uilliam's F5
Upside Down Cake Co （见29）
46 Volkonsky E4

饮品和夜生活 （见116页）

47 Art Lebedev Cafe Studio F6
Bar Klava （见60）
Cafe Margarita （见60）
48 Coffee Mania G6
49 Conversation F6
50 Jagger A6
51 Kvartira 44 G6
52 Manon Club A7
53 Mayak G6
Radio City （见77）
54 Red D5
55 Ryumochnaya G6
Time-Out Bar （见77）
56 Vintage E4

娱乐 （见117页）

57 莫斯科柴可夫斯基音乐学院 G6
58 Sixteen Tons B4
59 柴可夫斯基音乐厅 F3

购物 （见118页）

60 Bolshe F4
61 Chocolate Salon E6
62 Dom Farfora E2
63 Dom Knigi F7
64 Mostok E3
65 Trekhgornaya 纺织工厂 B6
66 Vassa & Co F7

运动和活动 （见119页）

67 Krasnopresnkiye Bany B4
68 Patriarshy Dom Tours E5

住宿 （见189页）

69 Arbat House Hotel F6
70 Bear Hostel on Arbatskaya E7
71 Bear Hostel on Mayakovskaya E4
72 Element Hotel G6
73 Fresh Hostel Arbat F6
74 Hotel de Paris G4
75 Marco Polo Presnja F5
76 Nikitskaya Hotel G6
77 Peking Hotel F3

实用信息 （见392页）

78 中央电报 H6
79 欧洲医疗中心 E5
80 蒙古大使馆 E7
81 荷兰大使馆 G6
82 乌克兰大使馆 G5
83 美国大使馆 D6

交通 （见380页）

84 Hertz E2

地图索引见427页

普列斯妮娅
Leningradsky prosp
Belorusskaya
Verkhnyaya ul
Skakovaya ul
Belorusskaya
白俄罗斯火车站
Tverskaya Zastava pl
Belorusskaya
42
ul Gruzinsky val
24
Gruzinsky per
Bolshaya Gruzinskaya ul
ul Presnensky val
Malaya Gruzinskaya ul
Maly Tishinsky per
Sredny Tishinsky per
Tishinskaya pl
Khodynskaya ul
Bolshoy Tishinsky per
ul Klimashkina
ul Presnensky val
Bolshaya Gruzinskaya ul
30
Gruzinskaya pl
19
Ulitsa 1905 Goda
Rastorguevsky per
58
21
Zoologichesky per
Zoologicheskaya ul
Ulitsa 1905 Goda
pl Krasnopresnenskaya Zastava
14
Stolyarny per
67
ul 1905 goda
ul Krasnaya Presnya
Bolshoy Presnensky prud
Sadovaya-Kudrinskaya ul
Tryokhgorny val
Park Dekabrskogo vosstaniya
Bolshaya Trekhgornaya ul
ul Zamorenova
Barrikadnaya
Krasnopresnenskaya
1
Moscow Planetarium
莫斯科天文馆
54
5
Druzhinnikovskaya ul
Konyushkovskaya ul
Kudrinskaya pl
库德林斯卡亚广场
ul 1905 goda
Rochdelskaya ul
65
Rochdelskaya ul
Detsky Park
Novinsky bul
Krasnaya Presnya Park
50
23
16
83
ul Nikolaeva
Gluboky per
Bolshoy Devyatinsky per
41
52
20
Krasnopresnenskaya nab
Moscow River 莫斯科河
Pl Svobodnoy Rossii
nab Tarasa Shevchenko
见424页地图
Novoarbatsky most

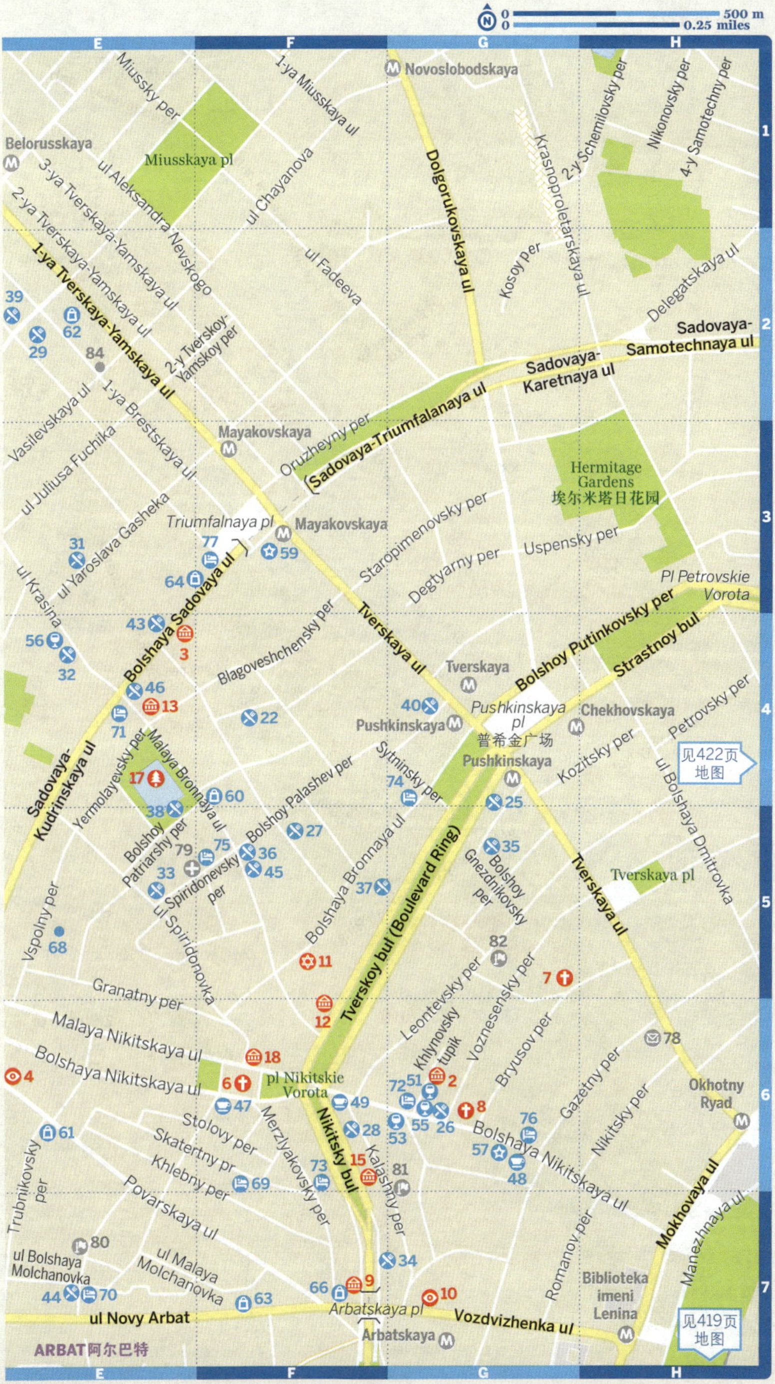
0 500 m
0 0.25 miles
E F G H
1 2 3 4 5 6 7
Novoslobodskaya
Belorusskaya
Miusskaya pl
Miussky per
1-ya Miusskaya ul
ul Chayanova
ul Aleksandra Nevskogo
3-ya Tverskaya-Yamskaya ul
2-ya Tverskaya-Yamskaya ul
1-ya Tverskaya-Yamskaya ul
2-y Tverskoy-Yamskoy per
ul Fadeeva
Dolgorukovskaya ul
Krasnoproletarskaya ul
2-y Schemilovsky per
Nikonovsky per
4-y Samotechny per
Kosoy per
Delegatskaya ul
Sadovaya-Samotechnaya ul
Sadovaya-Karetnaya ul
Sadovaya-Triumfalanaya ul
Oruzheyny per
Mayakovskaya
Vasilevskaya ul
1-ya Brestskaya ul
ul Juliusa Fuchika
Triumfalnaya pl
ul Yaroslava Gasheka
Hermitage Gardens
埃尔米塔日花园
Staropimenovsky per
Uspensky per
Degtyarny per
Pl Petrovskie Vorota
ul Krasina
Bolshaya Sadovaya ul
Blagoveshchensky per
Tverskaya ul
Bolshoy Putinkovsky per
Strastnoy bul
Tverskaya
Pushkinskaya pl
普希金广场
Pushkinskaya
Chekhovskaya
Petrovsky per
Kozitsky per
见422页地图
Sadovaya-Kudrinskaya ul
Yermolayevsky per
Malaya Bronnaya ul
Sytninsky per
Bolshoy Palashev per
Bolshoy Patriarshy per
Spiridonevsky per
Bolshaya Bronnaya ul
Tverskoy bul (Boulevard Ring)
Bolshoy Gnezdnikovsky per
ul Bolshaya Dmitrovka
Tverskaya pl
Vspolny per
ul Spiridonovka
Granatny per
Leontevsky per
Khlynovsky tupik
Voznesensky per
Bryusov per
Malaya Nikitskaya ul
Bolshaya Nikitskaya ul
pl Nikitskie Vorota
Gazetny per
Nikitsky per
Okhotny Ryad
Stolovy per
Merzlyakovsky per
Skatertny pr
Khlebny per
Nikitsky bul
Kalashny per
Trubnikovsky per
Povarskaya ul
Mokhovaya ul
Manezhnaya ul
ul Bolshaya Molchanovka
ul Malaya Molchanovka
Romanov per
Biblioteka imeni Lenina
Arbatskaya pl
ul Novy Arbat
Vozdvizhenka ul
Arbatskaya
见419页地图
ARBAT阿尔巴特
1 2 3 4 6 7 8 9 10 11 12 13 15 17 18 22 25 26 27 28 29 31 32 33 34 35 36 37 38 39 40 43 44 45 46 47 48 49 51 53 55 56 57 59 60 61 62 63 64 66 68 69 70 71 72 73 74 75 76 77 78 79 80 81 82 84

地图索引见432页

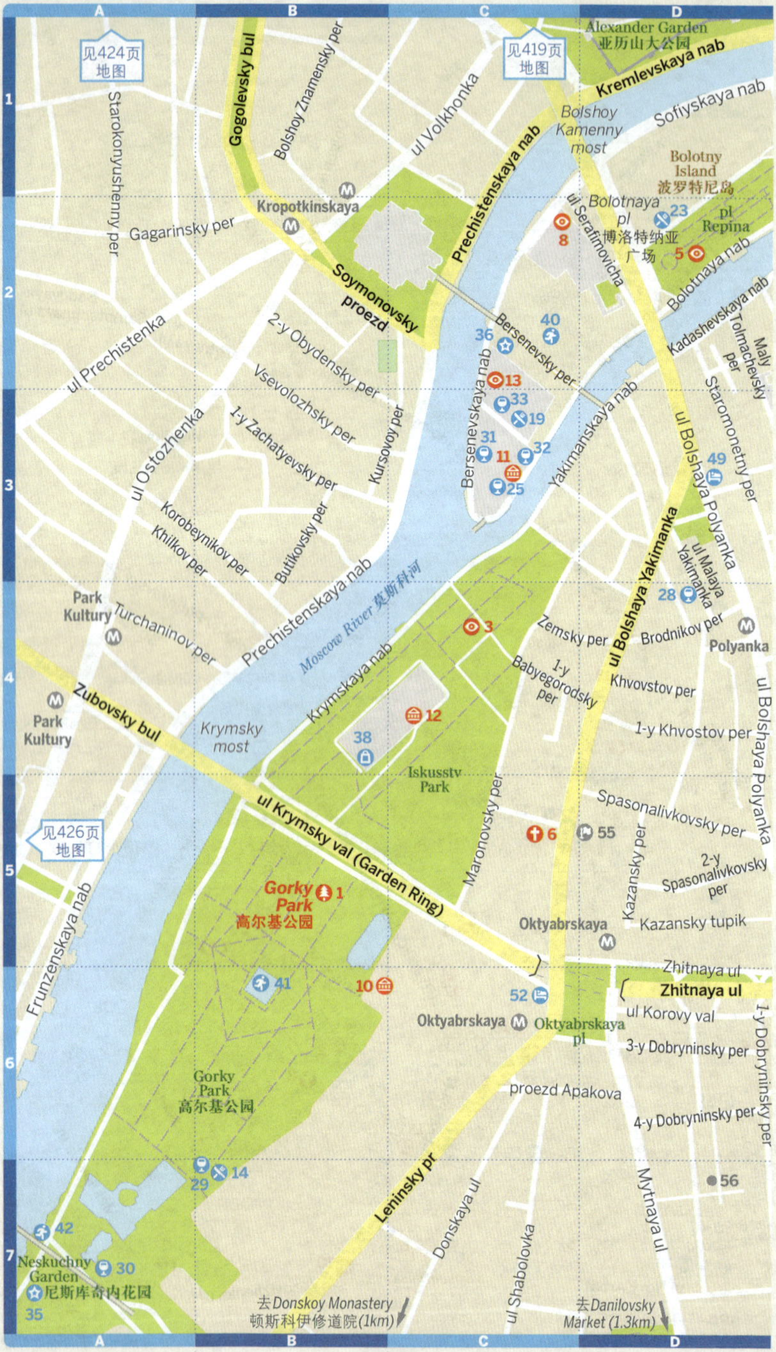
A
B
C
D
1
2
3
4
5
6
7
见424页地图
见419页地图
见426页地图
Alexander Garden
亚历山大公园
Kremlevskaya nab
Sofiyskaya nab
Bolshoy Kamenny most
Bolotny Island
波罗特尼岛
Bolotnaya pl
博洛特纳亚广场
pl Repina
Bolotnaya nab
Kadashevskaya nab
Tolmachevsky per
Maly Tolmachevsky
ul Serafimovicha
Prechistenskaya nab
Gogolevsky bul
Bolshoy Znamensky per
ul Volkhonka
Starokonyushenny per
Kropotkinskaya
Gagarinsky per
Soymonovsky proezd
ul Prechistenka
2-y Obydensky per
Vsevolozhsky per
1-y Zachatyevsky per
Kursovoy per
Bersenevsky per
Bersenevskaya nab
Yakimanskaya nab
Staromonetny per
ul Bolshaya Polyanka
ul Ostozhenka
Korobeynikov per
Khilkov per
Butikovsky per
Prechistenskaya nab
Moscow River 莫斯科河
Park Kultury
Turchaninov per
Zubovsky bul
Krymsky most
Krymskaya nab
Zemsky per
1-y Babyegorodsky per
ul Bolshaya Yakimanka
ul Malaya Yakimanka
Brodnikov per
Polyanka
Khvovstov per
1-y Khvostov per
Iskusstv Park
Maronovsky per
Spasonalivkovsky per
ul Bolshaya Polyanka
ul Krymsky val (Garden Ring)
Kazansky per
2-y Spasonalivkovsky per
Kazansky tupik
Oktyabrskaya
Gorky Park
高尔基公园
Frunzenskaya nab
Zhitnaya ul
ul Korovy val
Oktyabrskaya pl
3-y Dobryninsky per
1-y Dobryninsky per
proezd Apakova
4-y Dobryninsky per
Leninsky pr
Donskaya ul
ul Shabolovka
Mytnaya ul
Neskuchny Garden
尼斯库奇内花园
去Donskoy Monastery 顿斯科伊修道院(1km)
去Danilovsky Market (1.3km)
1
3
5
6
8
10
11
12
13
14
19
23
25
28
29
30
31
32
33
35
36
38
40
41
42
49
52
55
56

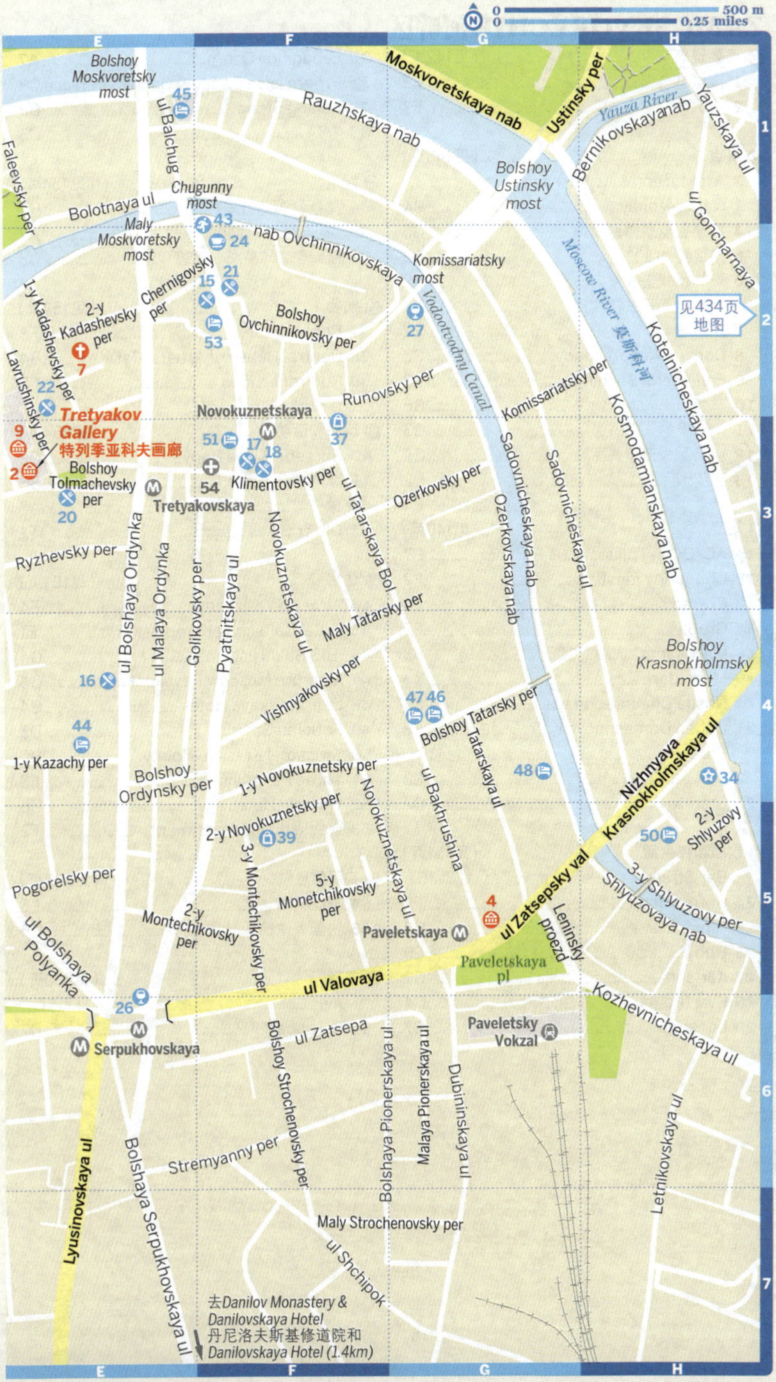
0 500 m
0 0.25 miles
E
F
G
H
1
2
3
4
5
6
7
Bolshoy Moskvoretsky most
Moskvoretskaya nab
Ustinsky per
Yauza River
Bernikovskaya nab
Yauzskaya ul
Rauzhskaya nab
ul Balchug
45
Faleevsky per
Bolotnaya ul
Chugunny most
Bolshoy Ustinsky most
Maly Moskvoretsky most
43
24
nab Ovchinnikovskaya
Komissariatsky most
Moscow River 莫斯科河
ul Goncharnaya
1-y Kadashevsky per
2-y Kadashevsky per
Chernigovsky per
15
21
Bolshoy Ovchinnikovsky per
Vodootvodny Canal
27
见434页地图
Kotelnicheskaya nab
7
53
Lavrushinsky per
22
Runovsky per
Komissariatsky per
Kosmodamianskaya nab
Tretyakov Gallery
特列季亚科夫画廊
9
2
Novokuznetskaya
37
51
17
18
Bolshoy Tolmachevsky per
54
Klimentovsky per
Sadovnicheskaya nab
Sadovnicheskaya ul
20
Tretyakovskaya
ul Tatarskaya Bol
Ozerkovsky per
Ozerkovskaya nab
Ryzhevsky per
Novokuznetskaya ul
ul Bolshaya Ordynka
ul Malaya Ordynka
Golikovsky per
Pyatnitskaya ul
Maly Tatarsky per
Bolshoy Krasnokholmsky most
16
Vishnyakovsky per
47
46
Bolshoy Tatarsky per
44
1-y Kazachy per
Bolshoy Ordynsky per
1-y Novokuznetsky per
Tatarskaya ul
48
Nizhnyaya Krasnokholmskaya ul
34
2-y Novokuznetsky per
39
3-y Montechikovsky per
Novokuznetskaya ul
ul Bakhrushina
50
2-y Shlyuzovy per
Pogorelsky per
5-y Monetchikovsky per
ul Zatsepsky val
3-y Shlyuzovy per
Shlyuzovaya nab
2-y Montechikovsky per
4
Leninsky proezd
ul Bolshaya Polyanka
Paveletskaya
Paveletskaya pl
ul Valovaya
26
Kozhevnicheskaya ul
Serpukhovskaya
ul Zatsepa
Paveletsky Vokzal
Bolshoy Strochenovsky per
Bolshaya Pionerskaya ul
Malaya Pionerskaya ul
Dubininskaya ul
Letnikovskaya ul
Lyusinovskaya ul
Bolshaya Serpukhovskaya ul
Stremyanny per
Maly Strochenovsky per
ul Shchipok
去Danilov Monastery & Danilovskaya Hotel
丹尼洛夫斯基修道院和 Danilovskaya Hotel (1.4km)

ZAMOSKVORECHIE 河畔区 见430页地图

重要景点 （见142页）

1 高尔基公园 B5
2 特列季亚科夫画廊 E3

景点 （见146页）

3 Art Muzeon & Krymskaya Naberezhnaya C4
4 巴赫鲁申戏剧博物馆 G5
5 博洛特纳亚广场 D2
6 圣约翰战士教堂 C5
托玛其圣尼古拉教堂 （见2）
7 复活教堂 E2
8 Dom na Naberezhnoy C2
9 Engineer's Building E3
10 车库当代艺术博物馆 B6
11 卢米埃尔兄弟摄影中心 C3
12 新特列季亚科夫画廊 C4
13 红色十月 C2

就餐 （见149页）

14 AC/DC in Tbilisi B7
15 Chugunny most F2
16 Correa's E4
17 Grably F3
18 Marukame F3
19 Mizandari C3
20 Nasha Cheburechnaya E3
21 Ochen Domashneye Kafe F2
Produkty （见19）
22 Sok E2
23 Starlite Diner D2

饮品和夜生活 （见151页）

Bar Strelka （见36）
24 Coffee Bean F2
25 Gipsy C3
26 Hub E5
27 Karlson G2
28 Kvartira 44 D4
29 Le Boule B7
30 Lebedinoe Ozero A7
31 Progressive Daddy & Daddy's Terrace C3
32 Rolling Stone C3
33 WT4 C3

娱乐 （见154页）

34 莫斯科国际音乐厅 H4
35 斯塔斯·纳明剧院 A7
36 斯特列尔卡媒体、建筑和设计学院 C2

购物 （见154页）

37 Bookhunter F3
38 Central House of Artists（TsDKh） B4
39 RotFront F5

运动和活动 （见154页）

40 Bersenevskiye Bany C2
41 高尔基公园溜冰场 B6
42 橄榄滩 A7
43 Oliver Bikes F1

住宿 （见191页）

44 Alrosa on Kazachy E4
45 Hotel Baltschug Kempinski E1
46 IBIS Bakhrushina G4
47 Mercure Moscow Paveletskaya G4
48 Ozerkovskaya Hotel G4
49 Park Inn Sadu D3
50 Swissôtel Krasnye Holmy H5
51 Three Penguins F3
52 Warsaw Hotel C6
53 Weekend Inn Apartments F2

实用信息 （见392页）

54 36.6河畔区 F3
55 法国大使馆 D5

交通 （见380页）

Avis （见56）
56 Europcar D7

MESHCHANSKY & BASMANNY 梅灿涅和巴斯曼

见434页地图

重要景点 （见157页）

1 ArtPlay E5
2 温萨沃德当代艺术中心 E4

景点 （见158页）

3 地堡-42冷战博物馆 C7
4 奇斯特耶普鲁迪 C3
5 唱诗班犹太教会堂 B4
6 卢比扬卡监狱 A3
7 极权主义受害者纪念处 A3
8 俄罗斯圣像画博物馆 C6
9 救世主新修道院 D8
10 国立技术博物馆 A4
11 鲁布廖夫早期俄罗斯文化艺术博物馆 E5
12 沙卡洛夫中心 D5
13 维索茨基文化中心 D6
14 叶洛霍夫斯基大教堂 F1

就餐 （见161页）

Art Clumba .... （见1）
15 Avocado C3
16 Darbazi C6
17 Dukhan Chito-Ra E3
18 Expedition C5
19 Filial B3
Karavayev Brothers Culinary Shop .... （见37）
20 Kitayskaya Gramota A2
21 Lavka-Lavka E3
22 Liudi kak Liudi B4
Moscow-Delhi .... （见47）
23 Odessa-Mama B3
24 Shcherbet B1

饮品和夜生活 （见163页）

25 Art Lebedev Cafe B3
26 Beavers & Ducks B2
27 Cafe Didu B3
28 Chaynaya Vysota C3
Coffee Bean .... （见56）
Edward's .... （见1）
Khitrye Lyudi .... （见2）
29 Kolkovna B4
30 Liga Pap A2
31 OMG! Coffee D2
32 Propaganda B3
33 Secret E3
34 Sisters Cafe C3
35 Solyanka B5
36 Tema Bar B3
37 Tsiferblat C3
Tsurtsum Cafe .... （见2）
38 Ukuleleshnaya B3

娱乐 （见165页）

39 35mm D2
40 Art Garbage B4
41 果戈理中心 E3
42 Krizis Zhanra C3
43 New Ballet E1
44 Pirogi on Maroseyka B4
Platforma Project .... （见2）

购物 （见165页）

45 Bel Postel B1
46 Biblio-Globus A3
Cosmotheka .... （见2）
Factory-Expedition .... （见18）
47 Khokhlovka Original C4
48 Magazin Chai-Kofe B2
Ochevidnoyeneveroyatnoye （见2）
49 Odensya Dlya Schastya C3
Razu Mikhina Workshop .... （见2）
50 Sretenie A3
51 Tricotage Club B3

运动和活动 （见34页）

52 Taste of Russia C4

住宿 （见193页）

53 Bentley Hotel C3
54 Comrade Hostel B4
55 Elokhovsky Hotel F1
56 Godzillas Urban Jungle Lodge C3
57 Hilton Moscow Leningradskaya C1
58 Hotel Sverchkov 8 .... B3
59 Kitay-Gorod Hotel B4
60 Privet Hostel C3
61 Sretenskaya Hotel B1

实用信息 （见392页）

62 36.6波克罗夫卡 B3
63 澳大利亚大使馆 C5
64 白俄罗斯大使馆 B4
65 MTS D7
Ziferblat Pokrovka .... （见37）

交通 （见380页）

66 Ustinsky Most Landing B5

地图索引见433页

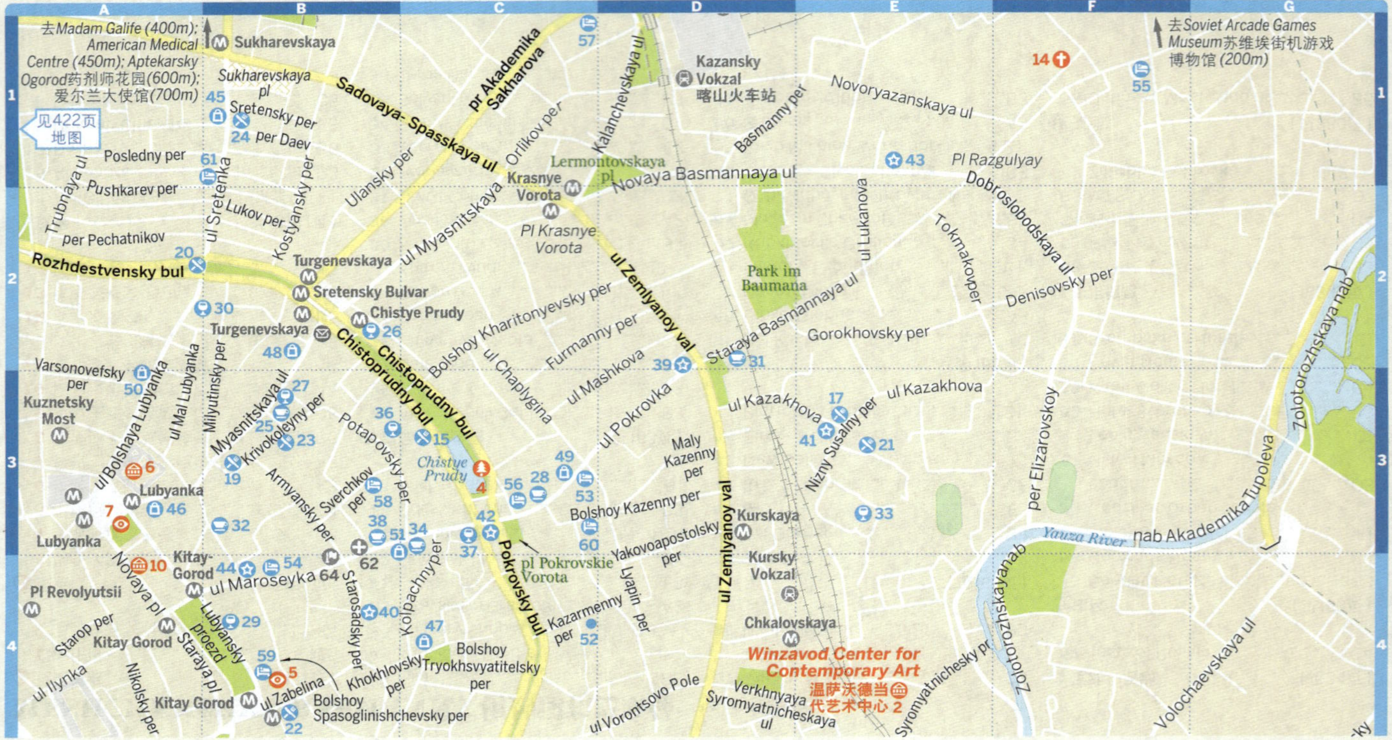

去Madam Galife (400m); American Medical Centre (450m); Aptekarsky Ogorod药剂师花园(600m); 爱尔兰大使馆(700m)
见422页地图
去Soviet Arcade Games Museum苏维埃街机游戏博物馆(200m)
500 m
0.25 miles
Sukharevskaya
Sukharevskaya pl
Sretensky per
per Daev
Posledny per
Pushkarev per
Trubnaya ul
ul Sretenka
Lukov per
Kostyansky per
per Pechatnikov
Rozhdestvensky bul
Sadovaya- Spasskaya ul
pr Akademika Sakharova
Ulansky per
Orlikov per
Kalanchevskaya ul
Lermontovskaya pl
Krasnye Vorota
Pl Krasnye Vorota
ul Myasnitskaya
Novaya Basmannaya ul
Kazansky Vokzal
喀山火车站
Basmanny per
Novoryazanskaya ul
Pl Razgulyay
Dobroslobodskaya ul
Tokmakov per
Denisovsky per
ul Lukanova
Park im Baumana
Staraya Basmannaya ul
Gorokhovsky per
ul Zemlyanoy val
Turgenevskaya
Sretensky Bulvar
Chistye Prudy
Chistoprudny bul
Bolshoy Kharitonyevsky per
Furmanny per
ul Chaplygina
ul Mashkova
ul Pokrovka
Varsonofevsky per
Kuznetsky Most
ul Bolshaya Lubyanka
ul Mal Lubyanka
Milyutinsky per
Myasnitskaya ul
Krivokolenny per
Potapovsky per
Sverchkov per
Armyansky per
Chistye Prudy
Maly Kazenny per
Bolshoy Kazenny per
Yakovoapostolsky per
Lyapin per
Kazarmenny per
pl Pokrovskie Vorota
Pokrovsky bul
Lubyanka
Kitay-Gorod
ul Maroseyka
Starosadsky per
Kolpachny per
Bolshoy Tryokhsvyatitelsky per
Khokhlovsky per
Pl Revolyutsii
Novaya pl
Lubyansky proezd
Staraya pl
Starop per
Kitay Gorod
ul Ilyinka
Nikolsky per
ul Zabelina
Bolshoy Spasoglinishchevsky per
ul Vorontsovo Pole
Kurskaya
Kursky Vokzal
Chkalovskaya
Winzavod Center for Contemporary Art
温萨沃德当代艺术中心
Verkhnyaya Syromyatnicheskaya ul
Syromyatnichesky pr
ul Kazakhova
Nizhny Susalny per
per Elizarovsky
Yauza River
nab Akademika Tupoleva
Zolotorozhskaya nab
Volochaevskaya ul

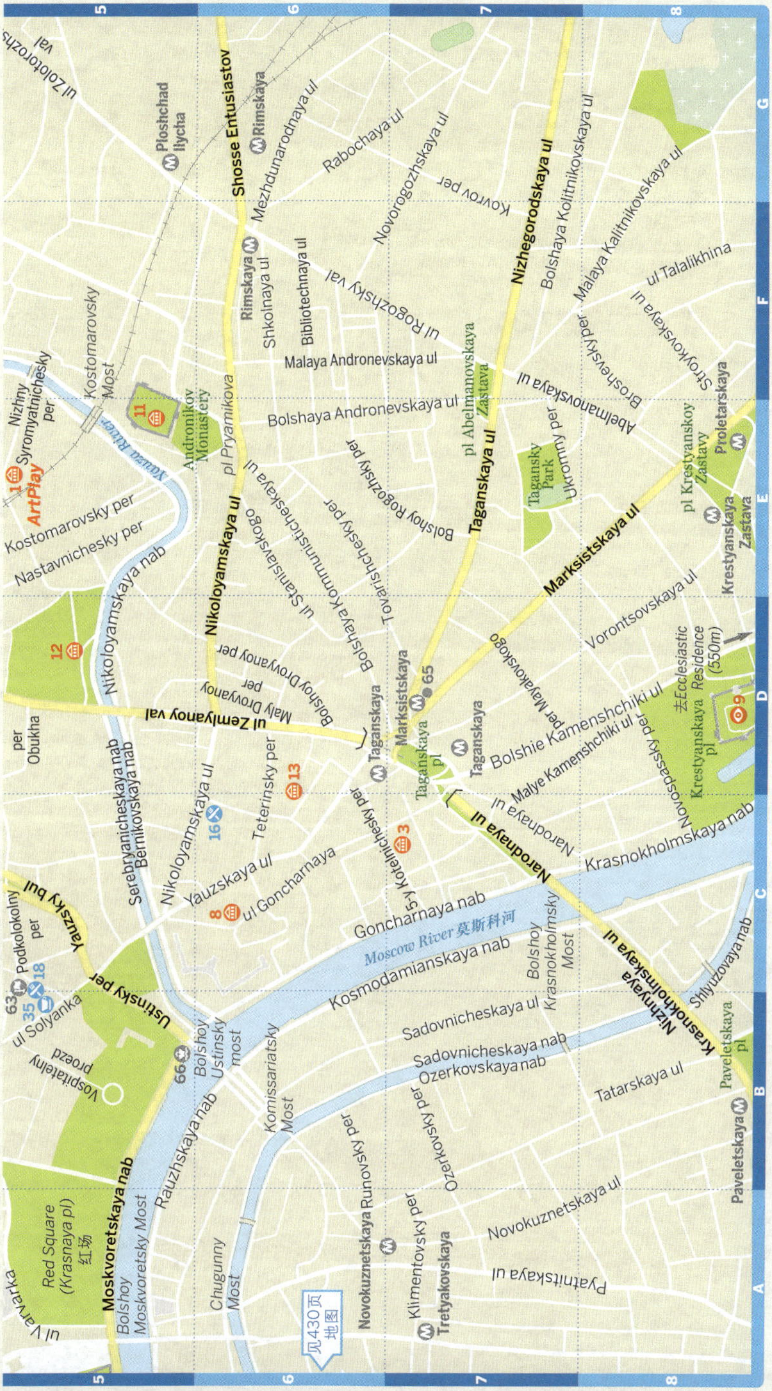
ul Zolotorozhsky val
Ploshchad Ilycha
Shosse Entusiastov
Rimskaya
Mezhdunarodnaya ul
Rabochaya ul
Novorogozhskaya ul
Korov per
Nizhegorodskaya ul
Bolshaya Kolitnikovskaya ul
Malaya Kalitnikovskaya ul
ul Talalikhina
Rimskaya
Shkolnaya ul
Bibliotechnaya ul
ul Rogozhsky val
Kostomarovsky Most
Nizhny Syromyatnichesky per
Yauza River
Andronikov Monastery
11
Malaya Andronevskaya ul
Bolshaya Andronevskaya ul
pl Abelmanovskaya Zastava
Abelmanovskaya ul
Broshevsky per
Stroykovskaya ul
1
ArtPlay
Kostomarovsky per
Nastavnichesky per
pl Pryamikova
Nikoloyamskaya ul
ul Stanislavskogo
Bolshaya Kommunisticheskaya ul
Tovarishchesky per
Bolshoy Rogozhsky per
Taganskaya ul
Taganskaya Park
Ukromny per
Proletarskaya
pl Krestyanskoy Zastavy
Krestyanskaya Zastava
Marksistskaya ul
Vorontsovskaya ul
Nikoloyamskaya nab
12
Bolshoy Drovyanoy per
Maly Drovyanoy per
ul Zemlyanoy val
Taganskaya
Marksistskaya
65
per Mayakovskogo
Bolshie Kamenshchiki ul
Malye Kamenshchiki ul
Novospassky per
Ecclesiastic Residence (550m)
去Ecclesiastic Residence
Krestyanskaya pl
9
per Obukha
Serebryanicheskaya nab
Bernikovskaya nab
Nikoloyamskaya ul
16
Teterinsky per
13
Taganskaya pl
Taganskaya
Narodnaya ul
3
5-y Kotelnichesky per
Krasnokholmskaya nab
Yauzsky bul
Podkolokolny per
Yauzskaya ul
8
ul Goncharnaya
Goncharnaya nab
Moscow River 莫斯科河
Bolshoy Krasnokholmsky Most
Nizhnyaya Krasnokholmskaya ul
63
35
18
ul Solyanka
Ustinsky per
Kosmodamianskaya nab
Sadovnicheskaya ul
Shlyuzovaya nab
Vospitatelny proezd
66
Bolshoy Ustinsky most
Komissariatsky Most
Sadovnicheskaya nab
Ozerkovskaya nab
Paveletskaya pl
Tatarskaya ul
Paveletskaya
Moskvoretskaya nab
Raushskaya nab
Runovsky per
Ozerkovsky per
Novokuznetskaya ul
Red Square (Krasnaya pl) 红场
Bolshoy Moskvoretsky Most
Chugunny Most
Novokuznetskaya
Klimentovsky per
Tretyakovskaya
Pyatnitskaya ul
ul Varvarka
见430页地图

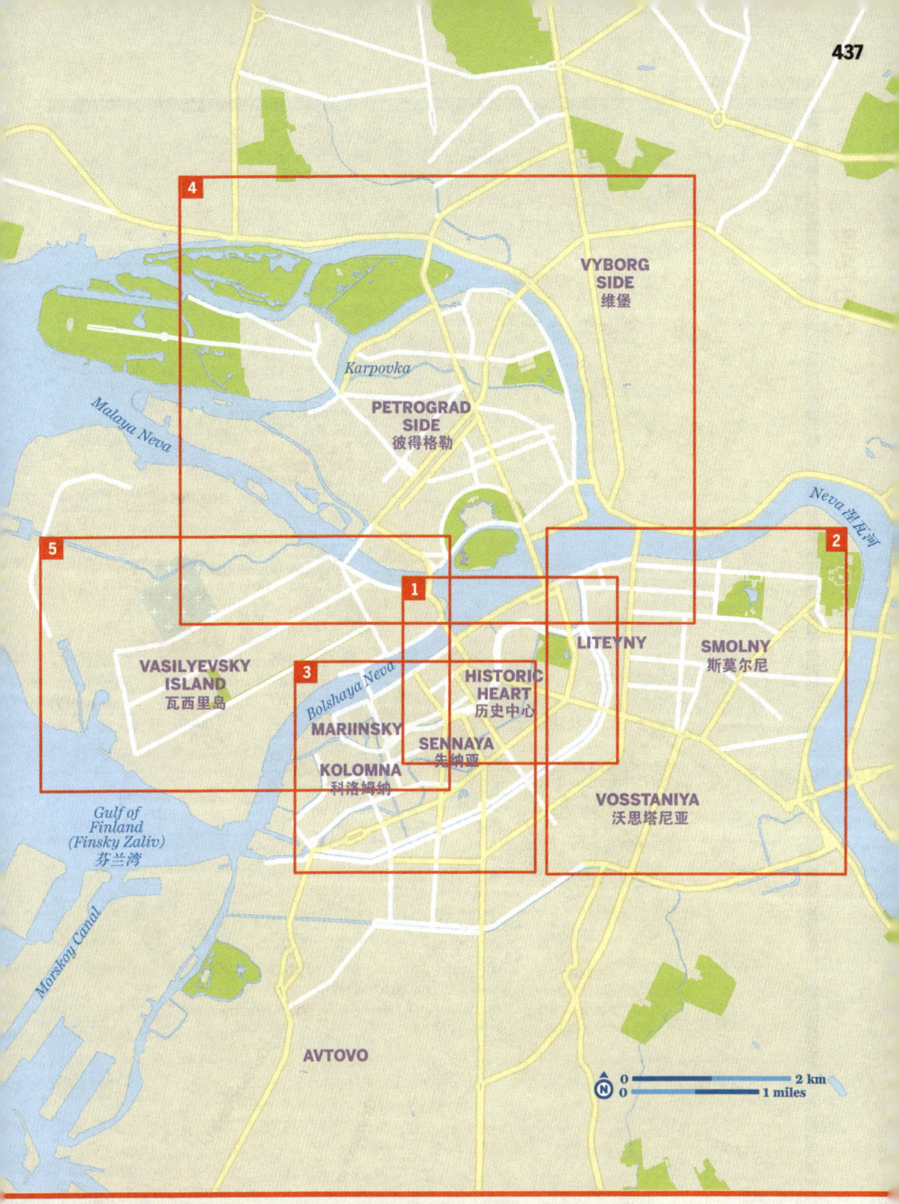
4
5
1
3
2
VYBORG SIDE
维堡
Karpovka
PETROGRAD SIDE
彼得格勒
Malaya Neva
Neva 涅瓦河
VASILYEVSKY ISLAND
瓦西里岛
Bolshaya Neva
MARIINSKY
HISTORIC HEART
历史中心
SENNAYA
先纳亚
KOLOMNA
科洛姆纳
LITEYNY
SMOLNY
斯莫尔尼
VOSSTANIYA
沃思塔尼亚
Gulf of Finland (Finsky Zaliv)
芬兰湾
Morskoy Canal
AVTOVO
0 2 km
0 1 miles

圣彼得堡地图索引

地图索引见440页

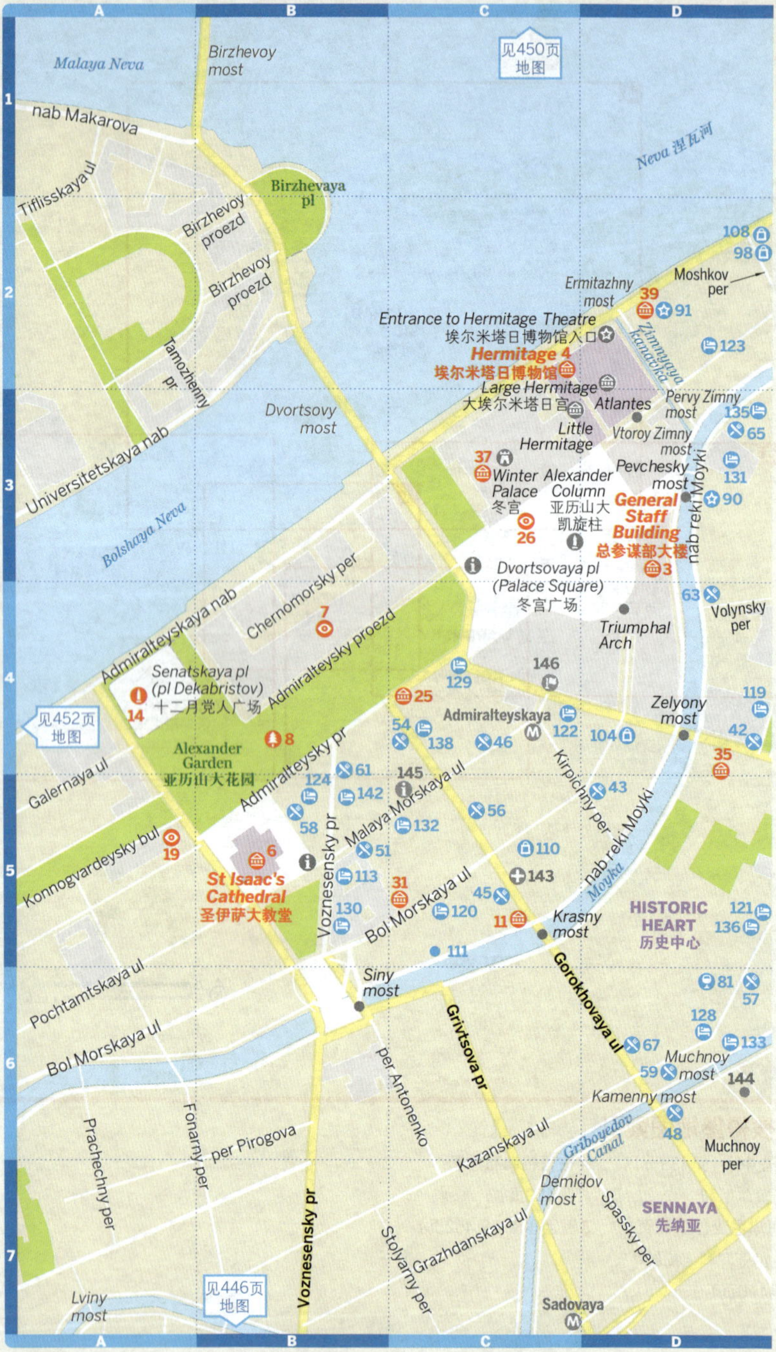

见450页 地图
见452页 地图
见446页 地图
Malaya Neva
Birzhevoy most
nab Makarova
Neva 涅瓦河
Tifliisskaya ul
Birzhevaya pl
Birzhevoy proezd
Tamozhenny pr
Dvortsovy most
Universitetskaya nab
Bolshaya Neva
Ermitazhny most
Moshkov per
Entrance to Hermitage Theatre 埃尔米塔日博物馆入口
Hermitage 4 埃尔米塔日博物馆
Large Hermitage 大埃尔米塔日宫
Little Hermitage
Atlantes
Pervy Zimny most
Vtoroy Zimny most
Zimnyaya kanavka
Winter Palace 冬宫
Alexander Column 亚历山大凯旋柱
Pevchesky most
General Staff Building 总参谋部大楼
nab reki Moyki
Dvortsovaya pl (Palace Square) 冬宫广场
Chernomorsky per
Admiralteyskaya nab
Admiralteysky proezd
Triumphal Arch
Volynsky per
Senatskaya pl (pl Dekabristov) 十二月党人广场
Alexander Garden 亚历山大花园
Admiralteysky pr
Admiralteyskaya
Zelyony most
Kirpichny per
Galernaya ul
Malaya Morskaya ul
Voznesensky pr
Konnogvardeysky bul
St Isaac's Cathedral 圣伊萨大教堂
Bol Morskaya ul
Moyka
Krasny most
HISTORIC HEART 历史中心
Siny most
Gorokhovaya ul
Grivtsova pr
Pochtamtskaya ul
Muchnoy most
Kamenny most
Muchnoy per
per Antonenko
Fonarny per
per Pirogova
Prachechny per
Kazanskaya ul
Griboyedov Canal
Demidov most
Spassky per
SENNAYA 先纳亚
Grazhdanskaya ul
Stolyarny per
Lviny most
Sadovaya

0 500 m
0 0.25 miles
E F G H
1 2 3 4 5 6 7
Troitsky most
Verkhne-Lebyazhy most
nab Kutuzova
Summer Palace 夏宫
Summer Garden 避暑花园
Suvorovskaya pl
Dvortsovaya nab
20
36
nab r Fontanki
Gangutskaya ul
Eternal Flame 长明火
nab Lebyazhey kanavki
Lebyazhya kanavka
Solyanoy per
Gagarinskaya ul
SMOLNY 斯莫尔尼
140
77
115
Millionnaya ul
Aptekarsky per
21
73
147
112
44
Bolshoy Konyushenny most
ul Pestelya
30
Teatralny most
2-y Sadovy most
nab Reki Moyki
Nizhne Lebyazhy most
1-y Inzhenerny most
17
Konyushenny per
Malo-Konyushenny most
1-y Sadovy most
nab reki Fontanki
Mokhovaya ul
76
24
88
125
68
78
1
Church on the Spilled Blood 滴血大教堂
Mikhailovsky Gardens 米哈伊洛夫斯基公园
22
23
Zamkovaya ul
Bolshaya Konyushennaya ul
Shvedsky per
47
Russian Museum (Benois Wing) 俄罗斯博物馆（班诺瓦侧翼）
5
Russian Museum 俄罗斯博物馆
97
100
nab kanala Griboyedova
Malaya Konyushennaya ul
93
Pl Belinskogo
most Belinskogo
32
40
13
27
Inzhenernaya ul
Klenovaya alleya
Karavannaya ul
141
18
Statue of Pushkin 普希金雕像
pl Iskusstv 艺术广场
117
82
64
Italiyanskaya ul
Sadovaya ul
50
33
Nevsky Prospekt
118
Mikhailovskaya ul
94
92
89
75
71
Manezhnaya pl
Nevsky pr
60
96
Bolshoy Zal
41
Kazansky most
10
106
116
Statue of Karl Bulla 卡尔·布拉雕像
Fabergé Museum 2 法贝热博物馆
Kazanskaya pl
126
Former Town Duma
Maly Zal
148
62
16
101
83
15
Malaya Sadovaya ul
107
12
87
134
Gostiny Dvor
85
49
103
114
53
nab kan Griboyedova
149
Gostiny Dvor
Nevsky pr 涅夫斯基大街
102
per Sergeya Tyulenina
55
National Library of Russia 俄罗斯国家图书馆
Statue of Catherine the Great 叶卡捷琳娜二世雕像
52
Dumskaya ul
9
109
80
29
per Krylova
79
72
74
105
pl Ostrovskogo
Fontanka 丰坦卡河
Bankovsky most
139
84
ul Lomonosova
38
Bankovsky per
34
ul Rubinshteyna
69
127
70
Sadovaya ul
99
Vaganova School of Choreography 瓦加诺娃舞蹈学校
66
ul Zodchego Rossi
95
VOSSTANIYA 沃思塔尼亚
28
137
nab reki Fontanki
Shcherbakov per
Apraksin per
Torgovy per
Dostoevskaya
86

HISTORIC HEART 历史中心 见438页地图

重要景点 （见202页）

1 滴血大教堂 F3
2 法贝热博物馆 H5
3 总参谋部大楼 D3
4 埃尔米塔日博物馆 C2
5 俄罗斯博物馆 F3
6 圣伊萨大教堂 B5

景点 （见227页）

7 海军部大楼 B4
8 亚历山大花园 B4
9 阿尼奇科夫宫 H6
10 圣凯瑟琳亚美尼亚教堂 F5
11 Au Pont Rouge C5
12 Bolshoy Gostiny Dvor F5
13 布罗茨基故居博物馆 F4
14 青铜骑士 A4
15 卡尔・布拉摄影工作室 G5
16 喀山大教堂 E5
17 孔耶瑟纳亚广场 E3
18 路德教堂 E4
19 马捏兹中心展览厅 A5
20 大理石宫 E1
21 战神公园 F2
22 米哈伊罗夫斯基城堡 G3
23 米哈伊罗夫斯基公园 F3
24 苏维埃游戏机博物馆 E3
25 政治警察历史博物馆 C4
26 冬宫广场 C3
27 艺术广场 F4
28 罗蒙诺索夫广场 F7
29 奥斯特罗夫斯基广场 G6
30 普希金故居博物馆 E2
31 罗斯弗托国立摄影中心 C5
32 俄罗斯民族博物馆 G4
33 胜家大楼 E4
34 圣彼得堡国立戏剧与音乐博物馆 G6
35 斯特罗加诺夫宫 D4
36 避暑花园 G1
37 珍宝馆 C3
38 沃龙佐夫宫 F6
39 彼得一世冬宫 D2

就餐 （见233页）

40 Arka E4
41 Baku G5
42 Biblioteka D4
43 Café King Pong D5
Cafe Singer （见33）
44 Chaiki E2
45 Clean Plates Society C5
46 Gosti C4
47 米哈伊洛夫斯基大咖啡馆 F3
Jack & Chan （见117）
48 Kilikia D6
49 Mamaliga E5
50 Marketplace E4
MiX in St Petersburg （见142）
51 Patisserie Garçon B5
52 Patisserie Garçon E5
53 Pelmeniya H5
54 Pelmeny Bar C4
55 Pirogovoy Dvorik E5
56 Potatoes with Mushrooms C5
Pyshki （见40）
57 Samadeva D6
Schastye （见113）
58 Sinhoto B5
59 Soup Vino D6
60 Stolovaya No 1 Kopeika E4
61 Tandoori Nights B4
Teatr （见40）
62 Terrassa E5
63 Troitsky Most D4
64 Ukrop E4
65 Yat D3
66 Yerevan G6
67 Zoom Café D6

饮品和夜生活 （见239页）

68 Barakobamabar E3
69 Belochka & Mielofon E6
70 Bermudy Bar Disco E6
Borodabar （见128）
71 Cafe-Bar Produckty H4
72 Central Station E6
73 Double B E2
74 Golubaya Ustritsa E6
75 Kofye na Kukhnye H4
76 Kopen E3

娱乐 （见241页）

购物 （见243页）

运动和活动 （见245页）

住宿 （见321页）

实用信息 （见392页）

交通 （见380页）

斯莫尔尼和沃思塔尼亚

地图索引见444页

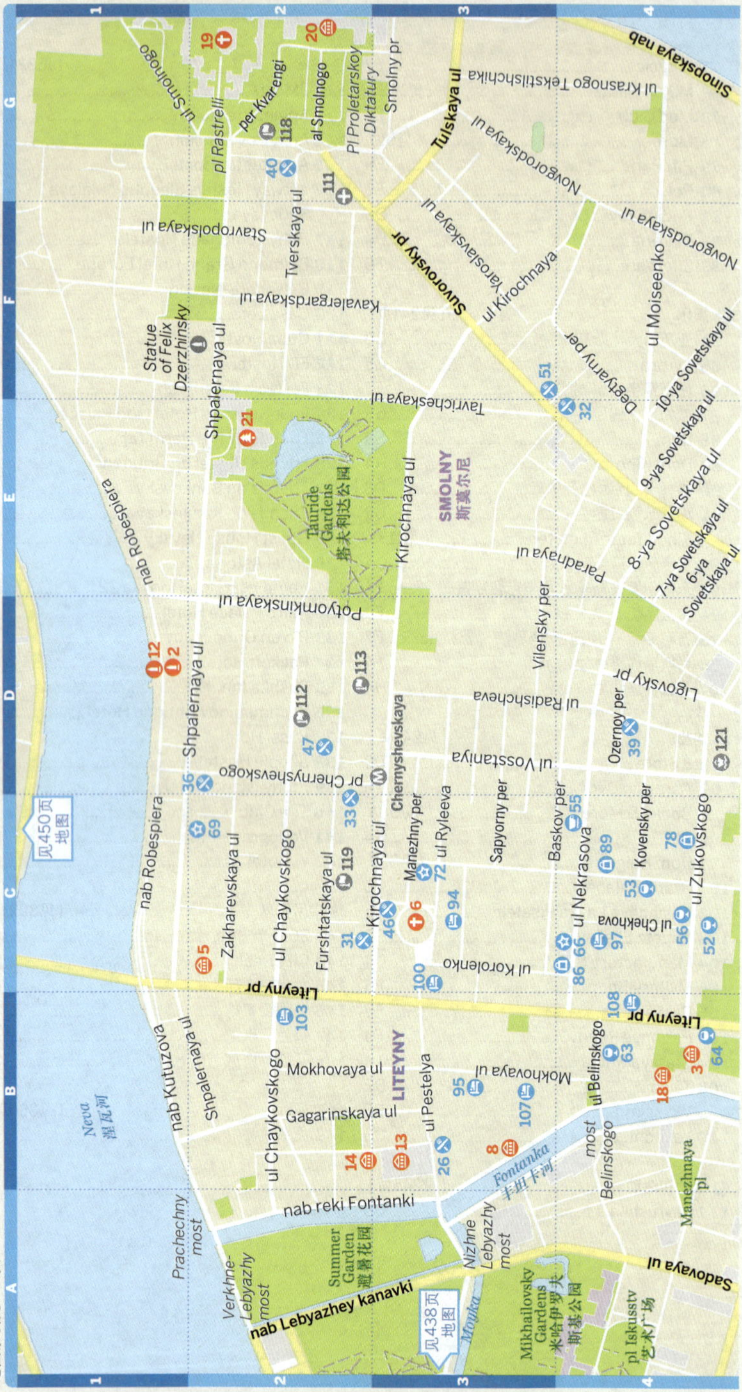

斯莫尔尼和沃思塔尼亚

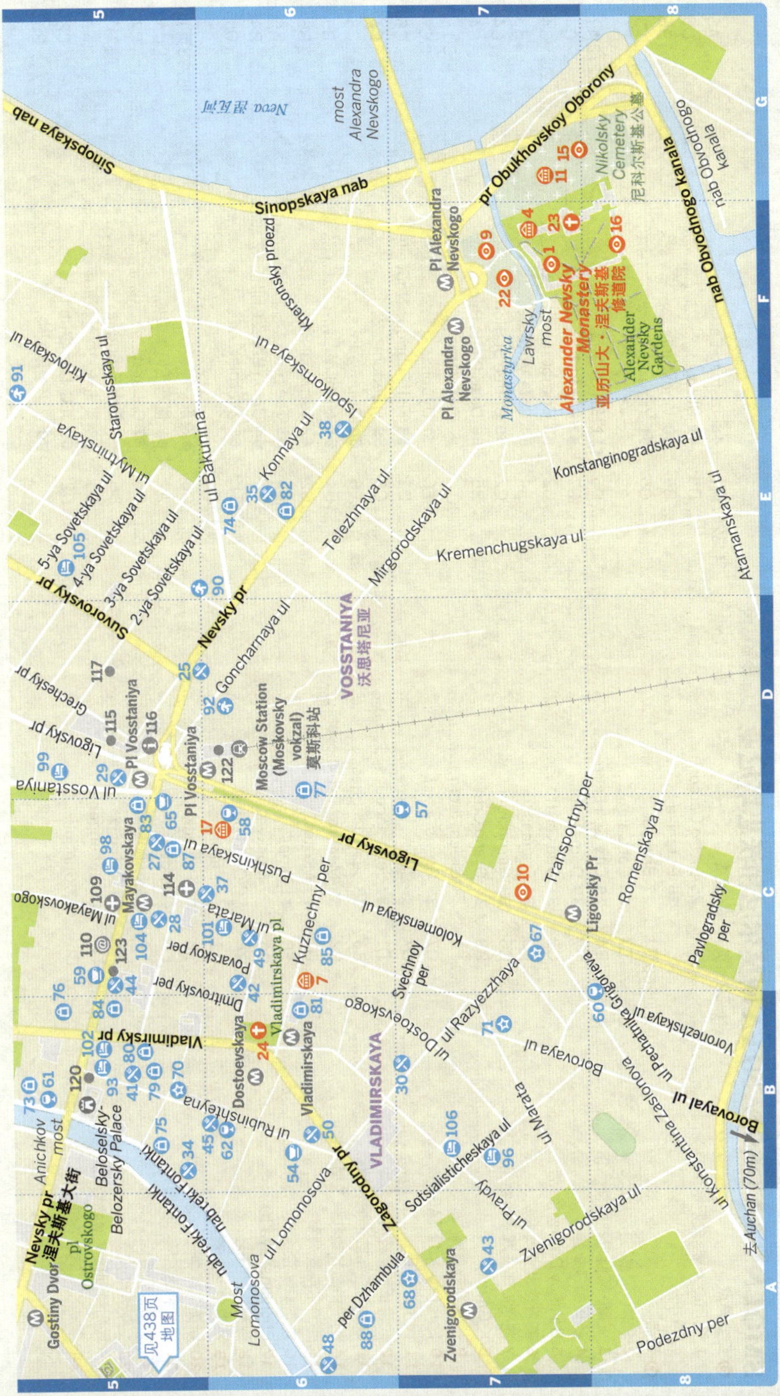

Neva 涅瓦河
Sinopskaya nab
most Alexandra Nevskogo
pr Obukhovskoy Oborony
Pl Alexandra Nevskogo
Alexander Nevsky Monastery 亚历山大·涅夫斯基修道院
Nikolsky Cemetery 尼科尔斯基公墓
Alexander Nevsky Gardens
Monastyrka
Lavrsky most
nab Obvodnogo kanala
nab Obvodnogo kanala
Khersonsky proezd
Ispolkomskaya ul
Konnaya ul
Telezhnaya ul
Mirgorodskaya ul
Kremenchugskaya ul
Konstanginogradskaya ul
Atamanskaya ul
Kirillovskaya ul
Mytninskaya ul
Staroruskaya ul
ul Bakunina
5-ya Sovetskaya ul
4-ya Sovetskaya ul
3-ya Sovetskaya ul
2-ya Sovetskaya ul
Suvorovsky pr
Nevsky pr
Goncharnaya ul
VOSSTANIYA 沃思塔尼亚
Grechesky pr
Ligovsky pr
Pl Vosstaniya
ul Vosstaniya
Moscow Station (Moskovsky vokzal) 莫斯科站
Pushkinskaya ul
Kuznechny per
Kolomenskaya ul
Svechnoy per
Transportny per
Ligovsky Pr
Romenskaya ul
Pavlogradsky per
ul Mayakovskogo
Mayakovskaya
ul Marata
Povarskoy per
Dmitrovsky per
Vladimirskaya pl
Vladimirsky pr
Dostoevskaya
Vladimirskaya
ul Dostoevskogo
ul Razyezzhaya
Borovaya ul
ul Pechatnika Grigorieva
Voronezhskaya ul
Borovaya ul
ul Konstantina Zaslonova
VLADIMIRSKAYA
ul Rubinshteyna
Zagorodny pr
ul Lomonosova
Sotsialisticheskaya ul
ul Pravdy
Zvenigorodskaya ul
Zvenigorodskaya
per Dzhambula
Podezdny per
去Auchan (70m)
Anichkov most
Beloselsky-Belozersky Palace
nab reki Fontanki
Most Lomonosova
Nevsky pr 涅夫斯基大街
pl Ostrovskogo
Gostiny Dvor
见438页地图

SMOLNY & VOSSTANIYA 斯莫尔尼和沃思塔尼亚 见442页地图

重要景点 （见261页）

1 亚历山大·涅夫斯基修道院 F7

景点 （见263页）

2 安娜·阿赫玛托娃纪念碑 D1
3 安娜·阿赫玛托娃博物馆 B4
4 圣母领报教堂 F7
5 Bolshoy Dom大楼 C2
6 基督救世主大教堂 C3
7 陀思妥耶夫斯基博物馆 C6
8 K-Gallery B3
9 拉扎勒斯墓园 F7
10 Loft Project ETAGI C7
11 大主教故居 G7
12 政治压制受害者纪念碑 D1
13 装饰与应用艺术博物馆 B3
14 列宁格勒封锁和保卫博物馆 B2
15 尼科尔斯基公墓 G7
16 东正教学院 F8
17 Pushkinskaya 10 .... C6
18 谢列梅捷沃宫 B4
19 斯莫尔尼大教堂 G2
20 斯莫尔尼学院 G2
21 塔夫利达宫殿和公园 E2
22 特克文公墓 F7
23 三一教堂 F7
城市雕塑国家博物馆 .... （见4）
24 弗拉基米尔大教堂 B6

就餐 （见267页）

25 Bistro Garçon D5
26 Botanika B3
27 Brynza C5
28 Cat Café C5
29 City Grill Express D5
30 Dom Beat B7
31 Duo Gastrobar C2
32 Francesco E4
33 Gin no Taki C2
34 Grand Cru B5
Green Room .... （见10）
35 Grey's E6
36 Jakov D2
37 Jean-Jacques C6
38 Jean-Jacques E6
39 Mechta Molokhovets D4
40 Mesto G2
41 Mops B5
Moskva .... （见83）
Obed Bufet .... （见83）
Palkin .... （见102）
42 Polyanka C6
43 Pot Arthur A7
44 Schastye C5
45 Schastye B6
46 Schengen C3
47 Sunduk D2
48 Taste to Eat A6
49 Ukrop C6
50 Vinostudia B6
51 Yuzu F3

饮品和夜生活 （见272页）

52 Bar 812 .... C4
53 Brimborium C4
54 Cafe Mitte B6
55 Coffee Station C4
56 Dead Poets Bar C4
Dom Beat .... （见30）
57 Dyuni C7
58 Fish Fabrique Nouvelle C6
59 Freedom C5
60 Griboyedov C8
61 Mishka B5
62 Terminal Bar B6
63 The Hat B4
64 Union Bar & Grill B4
65 Ziferblat C5

娱乐 （见273页）

66 博利绍伊木偶剧院 C4
67 Cabaret C7
Fish Fabrique .... （见17）
68 爱乐乐团爵士音乐厅 A7
69 JFC Jazz Club C2
70 马里戏剧剧院 B5

71 Petrovich B7
72 Red Fox Jazz Café C3
斯莫尔尼大教堂 .... （见19）

购物 （见275页）

73 Anglia B5
74 Art Re.Flex E6
75 Bat Norton B5
76 博雷艺术中心 B5
77 Galeria D6
78 Imagine Club C4
79 Imperial Porcelain B5
80 Imperial Porcelain B5
81 库兹耐克尼市场 B6
82 Nevsky 152 .... E6
83 涅夫斯基购物中心 C5
84 Parfionova B5
85 Phonoteka C6
86 Russkaya Starina C4
87 Russky Lyon C5
Sol-Art .... （见13）
88 Tula Samovars A6
89 Wagner C4

运动和活动 （见277页）

90 Degtyarniye Baths E5
91 Mytninskiye Bani F5
92 Skatprokat D6

住宿 （见326页）

93 All You Need Hostel B5
94 Arbat Nord Hotel C3
95 Art Hotel B3
96 Brothers Karamazov B7
97 Friends on Chekhova C4
98 Friends on Nevsky C5
99 Friends on Vosstaniya D5
100 Green Apple Hotel C3
101 Helvetia Hotel & Suites C6
102 Hostel Life B5
103 Hotel Indigo B2
Location Hostel .... （见10）
104 Nevsky Forum C5
105 Nils Bed & Breakfast E5
106 Official State Hermitage Hotel B7
107 Pio on Mokhovaya B3
108 Red House Hostel B4

实用信息 （见392页）

109 36.6 斯莫尔尼 C5
110 Cafe Max C5
111 Euromed G2
112 芬兰领事馆 D2
113 德国领事馆 D2
114 Medem International Clinic & Hospital C5
115 Ost-West Kontaktservice D5
116 旅游信息局 D5
117 Travel Russia D5
118 英国领事馆 G2
119 美国领事馆 C2

交通 （见380页）

120 俄罗斯航空公司 B5
121 渡船票务中心 D4
122 莫斯科站 D6
123 Rossiya Airlines C5

地图索引见448页

先纳亚和科洛姆纳

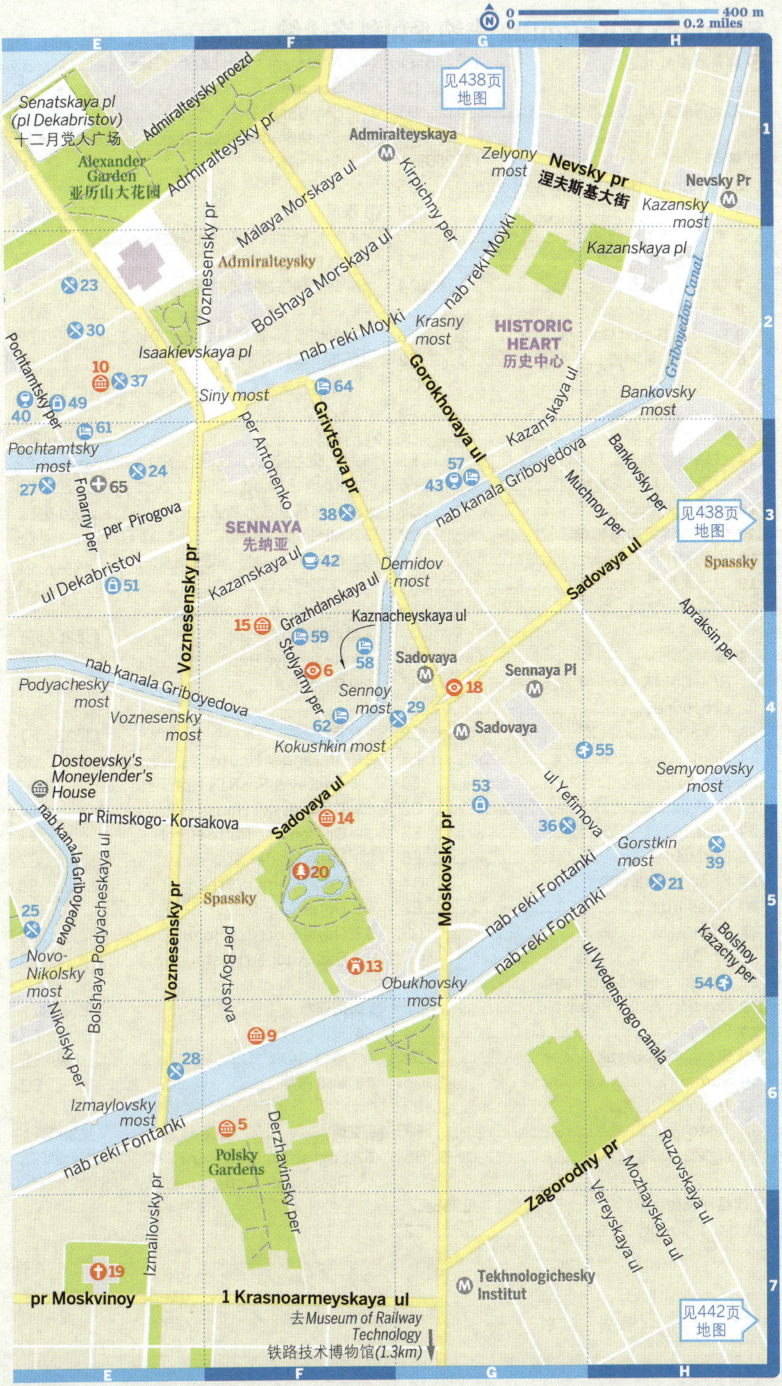
0 400 m
0 0.2 miles
E F G H
1 2 3 4 5 6 7
Senatskaya pl (pl Dekabristov) 十二月党人广场
Alexander Garden 亚历山大花园
Admiralteysky proezd
Admiralteysky pr
Admiralteyskaya
Kirpichny per
Zelyony most
Nevsky pr 涅夫斯基大街
Nevsky Pr
Kazansky most
Kazanskaya pl
Malaya Morskaya ul
Bolshaya Morskaya ul
Admiralteysky
Voznesensky pr
nab reki Moyki
Krasny most
HISTORIC HEART 历史中心
Griboyedov Canal
Isaakievskaya pl
Siny most
Pochtamtsky per
Pochtamtsky most
Gorokhovaya ul
Kazanskaya ul
Bankovsky most
Bankovsky per
per Antonenko
Grivtsova pr
Fonarny per
per Pirogova
nab kanala Griboyedova
Muchnoy per
SENNAYA 先纳亚
Demidov most
ul Dekabristov
Kazanskaya ul
Sadovaya ul
Spassky
Grazhdanskaya ul
Kaznacheyskaya ul
Apraksin per
Stolyarny per
Sadovaya
Sennaya Pl
Sennoy most
Podyachesky most
Voznesensky most
Kokushkin most
Semyonovsky most
Dostoevsky's Moneylender's House
ul Yefimova
pr Rimskogo-Korsakova
Gorstkin most
nab kanala Griboyedova
Bolshaya Podyacheskaya ul
Moskovsky pr
nab reki Fontanki
Bolshoy Kazachy per
Novo-Nikolsky most
Obukhovsky most
ul Vvedenskogo canala
per Boytsova
Nikolsky per
Izmaylovsky most
Derzhavinsky per
Polsky Gardens
Zagorodny pr
Mozhayskaya ul
Ruzovskaya ul
Izmailovsky pr
Vereyskaya ul
Tekhnologichesky Institut
pr Moskvinoy
1 Krasnoarmeyskaya ul
去Museum of Railway Technology 铁路技术博物馆(1.3km)
见438页地图
见442页地图
5 6 9 10 13 14 15 18 19 20 21 23 24 25 27 28 29 30 36 37 38 39 40 42 43 49 51 53 54 55 57 58 59 61 62 64 65

Sennaya & Kolomna 先纳亚和科洛姆纳 见446页地图

Petrograd & Vyborg Sides 彼得格勒和维堡 见450页地图

重要景点 (见290页)

1 埃尔米塔日博物馆藏品保存库 B1
2 彼得和保罗堡垒 E6

景点 (见293页)

3 亚历山大罗弗斯基公园 E6
4 炮械博物馆 E6
钟楼 (见34)
5 植物园 F4
6 植物园入口 F4
7 佛教寺庙 A1
8 Chaev宅邸 F4
9 夏里亚平故居博物馆 E3
10 契卡洛夫斯卡亚壁画 C5
11 施洗者圣约翰教堂 D2
12 指挥官之家 E6
13 “极光号”巡洋舰 G6
14 Divo Ostrov A3
15 芬兰站 H6
16 卡门诺斯特罗夫斯基宫 E2
17 卡缅内岛 D2
18 基洛夫博物馆 E5
19 克列斯托夫斯基岛 A3
20 列宁格勒斯基动物园 E6
21 洛伊希滕贝格宅邸 C4
22 海战凯旋公园 A3
23 清真寺 F6
24 政治史博物馆 F6
25 涅瓦河全景 F6
26 彼得小屋 F6
27 彼得的树 C3
28 圣彼得堡先锋博物馆 E3
29 天文馆 E6
30 红旗纺织厂 C5
31 Rosenshtein Apartment Building E4
32 桑普森吉甫斯基大教堂 G4
33 西格蒙德·弗洛伊德梦之博物馆 D6
34 圣彼得和圣保罗大教堂 E6
35 玩具博物馆 D4
36 特鲁别茨科伊堡垒 E7
37 叶拉金岛 A2
38 叶拉金宫 B2
39 耶拉杂瓦博物馆 D4

就餐 (见298页)

40 BabJib F6
41 Blizkie Druzya D5
42 Chak-Chak F5
43 Chekhov E4
44 Flamand Rose F5
45 Funky Kitchen E4
46 Jean-Jacques D5
47 Koryushka E7
48 Le Menu E6
49 Leningradskoye Kafe F6
50 Makaronniki D6
51 Mari Vanna E5
52 Mesto E6
53 Pelmeniya E6
54 Probka E6
55 Salkhino E5
56 Semeinye Traditsy E6
57 Staraya Derevnya B2
58 Tbiliso E5
59 Troitsky Most F5
Volna (见26)

饮品和夜生活 (见301页)

60 Coffee Room St Petersburg E5
61 Volkonsky F5

娱乐 (见301页)

62 A2 E4
63 极光皇宫剧院 G5
64 波罗的海表演馆 E5
65 Kamchatka D6
66 彼得罗夫斯基体育场 C6

购物 (见302页)

67 Day & Night F5
模型商店 (见4)
68 Russky Lyon E5
69 赛特尼市场 E5

运动和活动 (见302页)

70 租船摊 A2
71 Liberty D4
叶拉金岛 (见37)

住宿 (见328页)

72 Apart-Hotel Kronverk D6
73 Art-Hotel Kontrast E5
74 Hotel Aurora F5
75 Tradition Hotel E6

实用信息 (见392页)

76 36.6彼得格勒 E5
77 36.6药店 D4
78 澳大利亚领事馆 B5

地图索引见449页

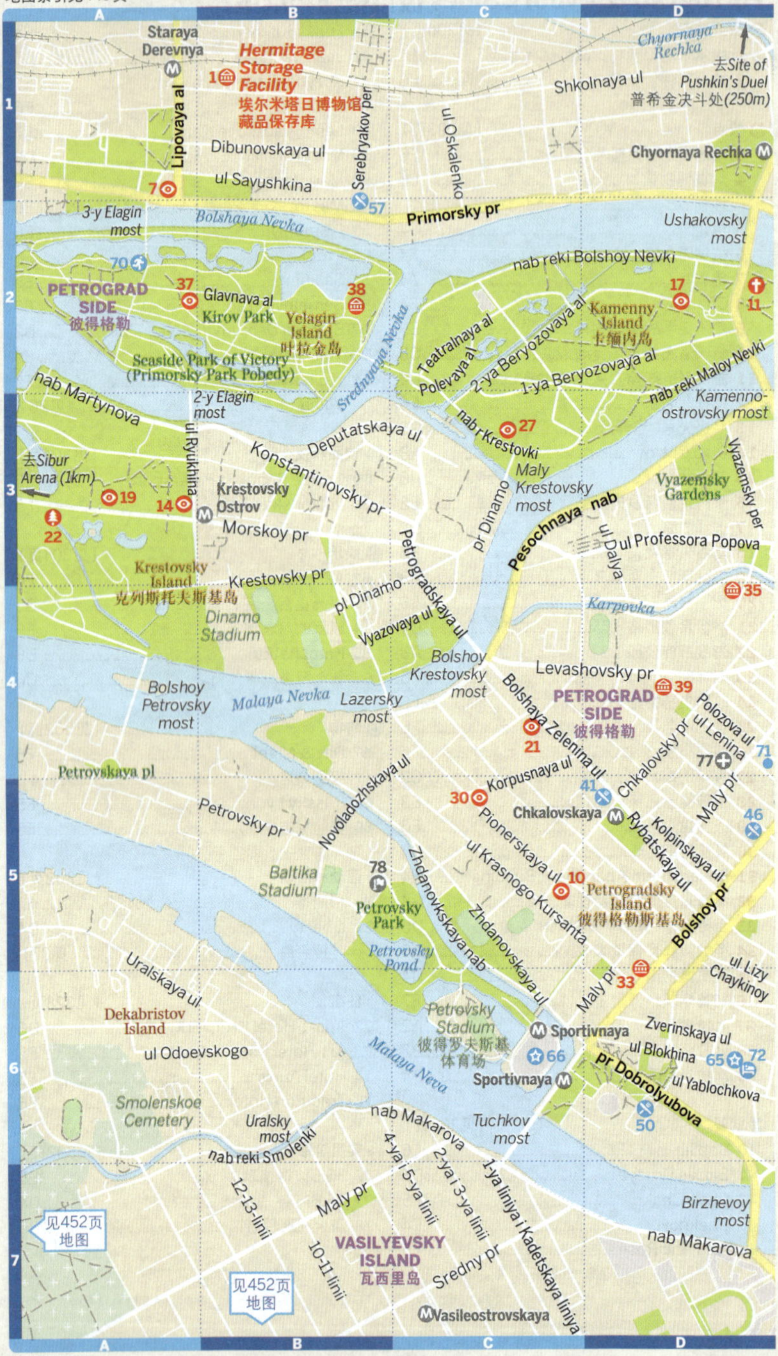

A
B
C
D
1
2
3
4
5
6
7
Staraya Derevnya
Hermitage Storage Facility
埃尔米塔日博物馆藏品保存库
Lipovaya al
Serebryakov per
ul Oskalenko
Chyornaya Rechka
去Site of Pushkin's Duel 普希金决斗处(250m)
Shkolnaya ul
Dibunovskaya ul
ul Savushkina
Chyornaya Rechka
Primorsky pr
3-y Elagin most
Bolshaya Nevka
Ushakovsky most
nab reki Bolshoy Nevki
PETROGRAD SIDE
彼得格勒
Glavnaya al
Kirov Park
Yelagin Island
叶拉金岛
Kamenny Island
卡缅内岛
Seaside Park of Victory (Primorsky Park Pobedy)
Srednyaya Nevka
Teatralnaya al
Polevaya al
2-ya Beryozovaya al
1-ya Beryozovaya al
nab reki Maloy Nevki
Kamenno-ostrovsky most
nab Martynova
2-y Elagin most
nab r Krestovki
Deputatskaya ul
ul Ryukhina
Konstantinovsky pr
去Sibur Arena (1km)
Krestovsky Ostrov
Maly Krestovsky most
Vyazemsky Gardens
Vyazemsky per
Morskoy pr
pr Dinamo
Pesochnaya nab
ul Dalya
ul Professora Popova
Petrogradskaya ul
Krestovsky Island
克列斯托夫斯基岛
Krestovsky pr
pl Dinamo
Dinamo Stadium
Vyazovaya ul
Karpovka
Bolshoy Krestovsky most
Levashovsky pr
Bolshoy Petrovsky most
Malaya Nevka
Lazersky most
Bolshaya Zelenina ul
PETROGRAD SIDE
彼得格勒
Polozova ul
ul Lenina
Chkalovsky pr
Petrovskaya pl
Korpusnaya ul
Novoladozhskaya ul
Maly pr
Chkalovskaya
Petrovsky pr
Pionerskaya ul
Rybatskaya ul
Kolpinskaya ul
Zhdanovskaya nab
ul Krasnogo Kursanta
Baltika Stadium
Petrovsky Park
Petrogradsky Island
彼得格勒斯基岛
Bolshoy pr
Zhdanovskaya ul
Petrovsky Pond
Uralskaya ul
ul Lizy Chaykinoy
Maly pr
Dekabristov Island
Petrovsky Stadium
彼得罗夫斯基体育场
Sportivnaya
Zverinskaya ul
ul Blokhina
ul Odoevskogo
Malaya Neva
Sportivnaya
pr Dobrolyubova
ul Yablochkova
Smolenskoe Cemetery
Uralsky most
nab Makarova
Tuchkov most
nab reki Smolenki
4-ya i 5-ya linii
2-ya i 3-ya linii
1-ya liniya i Kadetskaya liniya
12-13-linii
Maly pr
Birzhevoy most
见452页地图
10-11 linii
VASILYEVSKY ISLAND
瓦西里岛
Sredny pr
nab Makarova
见452页地图
Vasileostrovskaya
1
7
57
70
37
38
17
11
27
19
14
22
35
39
21
77
71
41
46
30
78
10
33
66
65
72
50

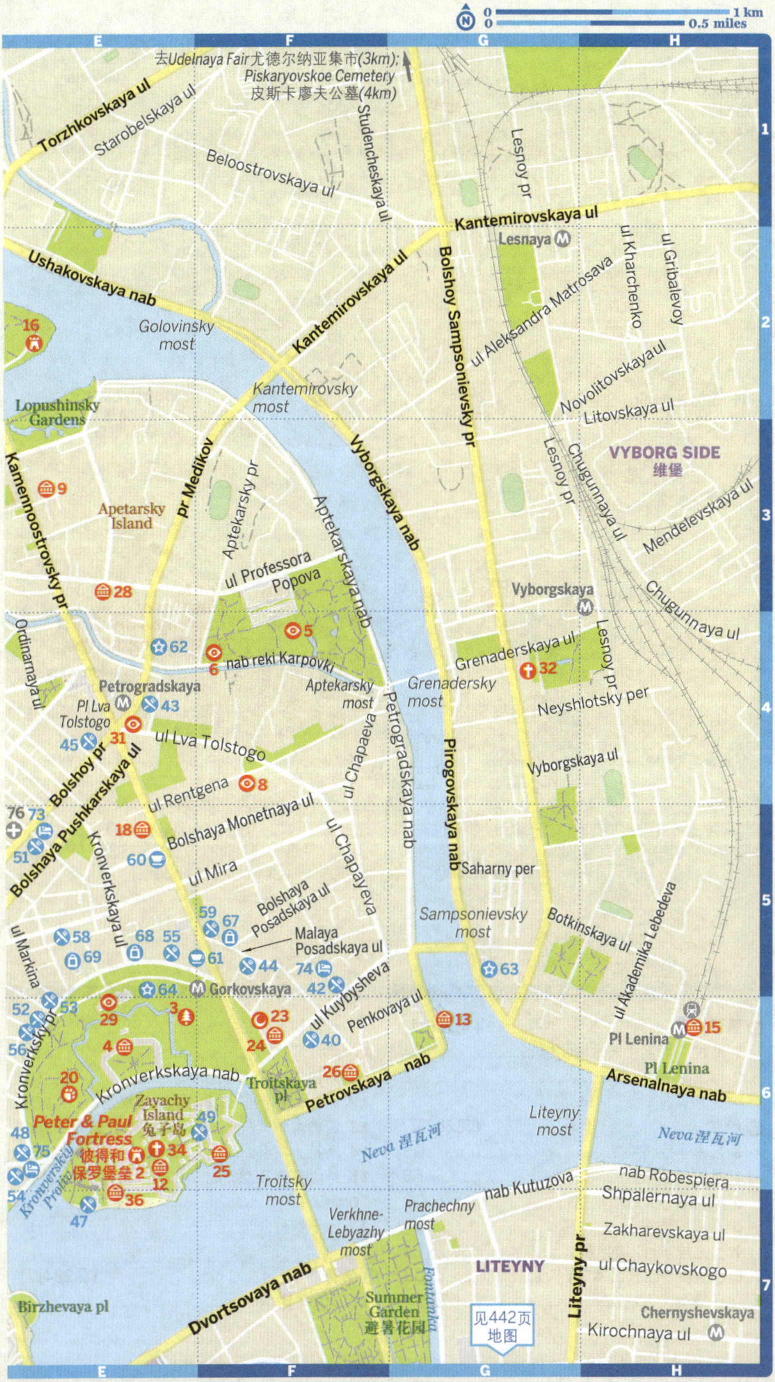

去Udelnaya Fair尤德尔纳亚集市(3km); Piskaryovskoe Cemetery 皮斯卡廖夫公墓(4km)
Torzhkovskaya ul
Starobelskaya ul
Beloostrovskaya ul
Studencheskaya ul
Lesnoy pr
Kantemirovskaya ul
Lesnaya
Ushakovskaya nab
Golovinsky most
Bolshoy Sampsonievsky pr
ul Aleksandra Matrosava
ul Kharchenko
ul Gribalevoy
Lopushinsky Gardens
Kantemirovsky most
Novolitovskaya ul
Litovskaya ul
Kamennoostrovsky pr
Apetarsky Island
pr Medikov
Aptekarsky pr
Vyborgskaya nab
Aptekarskaya nab
VYBORG SIDE
维堡
Chugunnaya ul
Mendelevskaya ul
ul Professora Popova
Vyborgskaya
Ordinarnaya ul
nab reki Karpovki
Grenaderskaya ul
Petrogradskaya
Pl Lva Tolstogo
Aptekarsky most
Grenadersky most
Neyshlotsky per
ul Lva Tolstogo
Bolshoy pr
Bolshaya Pushkarskaya ul
Petrogradskaya nab
Pirogovskaya nab
Vyborgskaya ul
ul Rentgena
ul Chapaeva
Bolshaya Monetnaya ul
Kronverkskaya ul
ul Mira
ul Chapayeva
Saharny per
Bolshaya Posadskaya ul
Sampsonievsky most
Botkinskaya ul
ul Akademika Lebedeva
ul Markina
Malaya Posadskaya ul
Gorkovskaya
ul Kuybysheva
Penkovaya ul
Kronverksky pr
Pl Lenina
Arsenalnaya nab
Kronverkskaya nab
Troitskaya pl
Petrovskaya nab
Zayachy Island 兔子岛
Peter & Paul Fortress 彼得和保罗堡垒
Liteyny most
Neva 涅瓦河
Kronversky Proliv
Troitsky most
nab Kutuzova
nab Robespiera
Shpalernaya ul
Verkhne-Lebyazhy most
Prachechny most
Zakharevskaya ul
LITEYNY
Liteyny pr
ul Chaykovskogo
Dvortsovaya nab
Birzhevaya pl
Summer Garden 避暑花园
Fontanka
见442页地图
Chernyshevskaya
Kirochnaya ul
0 1 km
0 0.5 miles
彼得格勒和维堡

重要景点 （见280页）

1 艾拉尔塔当代艺术博物馆 C4

2 珍品陈列馆 H2

景点 （见282页）

3 艺术学院博物馆 G3

4 圣安德鲁教堂 F3

5 城市电力交通博物馆 D3

6 地质博物馆 D3

7 “克拉辛号”破冰船 E4

8 科里奥奇现代艺术中心 C3

门捷列夫博物馆 （见16）

9 缅希科夫宫 G3

10 地铁博物馆 B1

11 动物学博物馆 H2

12 “人民意志号”D-2潜水艇博物馆 B3

13 普希金研究院 H2

14 斯特列尔卡 H2

15 圣母升天庙堂 F4

16 十二书院 H2

17 大学雕塑公园 H2

就餐 （见284页）

18 Buter Brodsky G2

19 Cardamom G2
20 Casa del Myaso H2
21 Gintarus G1
22 Grad Petrov H2
Imperator Restaurant .... （见26）
23 Jean-Jacques F3
24 Marketplace F2
25 Na Kukhnye E4
26 Restoran H2
27 Sakartvelo F3

饮品和夜生活 （见287页）

28 Birzha Bar G2
29 Bootlegger's H2
30 Brúgge F1
Buter Brodsky .... （见18）
Grad Petrov .... （见22）
31 Helsinki Bar F1

购物 （见287页）

艾拉尔塔 .... （见1）

住宿 （见327页）

32 NasHotel E2
33 Sokos Hotel Vasilyevsky F3
34 Trezzini Palace Hotel G3

我们的故事

一辆破旧的老汽车，一点点钱，一份冒险的感觉——1972年，当托尼和莫琳夫妇踏上那趟决定他们人生的旅程时，这就是全部的行头。他们穿越欧亚大陆，历时数月到达澳大利亚。旅途结束时，风尘仆仆的两人灵机一闪，在厨房的餐桌上制作完成了他们的第一本旅行指南——《便宜走亚洲》。仅仅一周时间，销量就达到了1500本。Lonely Planet从此诞生。

现在，Lonely Planet在都柏林、富兰克林、伦敦、墨尔本、奥克兰、北京和德里都设有公司，有超过600名员工和作者。在中国，Lonely Planet被称为“孤独星球”。我们恪守托尼的信条：“一本好的旅行指南应该做好三件事：有用、有意义和有趣。”

我们的作者

莫斯科

玛拉·沃赫斯（Mara Vorhees）

统筹作者，克里姆林宫和基泰格罗德、普列斯妮娅、阿尔巴特和赫莫夫尼、莫斯科周边一日游 玛拉第一次来到莫斯科是1990年，那时古姆国立百货商店依然繁华。她以居住在乌拉尔山的独特角度，见证了苏联解体后的过渡时期。在野性东部地区居住的这些年里，首都莫斯科依然是她“修复之旅”的频繁目的地——但通常“修复之旅”并没有达到修复的效果。这位用笔记录的旅行者已经参与了多本孤独星球指南的写作，其中包括《俄罗斯》和《西伯利亚大铁路》。她有关俄罗斯的故事被刊登在世界各地的杂志和报纸上。现在，她经常和她的双胞胎儿子（他们在莫斯科庆祝了第四个生日）一起旅行。在www.havetwinswilltravel.com上可以关注他们的探险。

雷尼奥·拉格金（Leonid Ragozin）

特维尔和Novoslobodsky、河畔区、梅灿涅和巴斯曼、莫斯科周边一日游 雷尼奥曾在莫斯科国立大学学习海滩动力学，但由于俄罗斯没有较好的沙滩，他转换到了新闻专业，并在接下来的12年里轮转于BBC电视台不同的工作岗位，其中4年是《俄罗斯新闻周刊》的驻外通讯记者。雷尼奥现在是一个自由记者，主要关注乌克兰战争。